在吾余生，必耀荣光，亦如圣嘱，在吾余生。

——摘自电影《在吾余生》，Б. 瓦赫纽克和 П. 弗缅科语录

写书和对接一样，都是大事。

太空对接故事

（第二部）

100 рассказов о стыковке

и о других приключениях в космосе и на Земле

2 часть

20 лет спустя

［俄］弗拉基米尔·谢尔盖耶维奇·谢拉苗尼科夫（В. С. Сыромятников） 著

方吉士 冯 蕊 戴卫青 等 译

中国宇航出版社

·北京·

First published in Russian under the title
100 рассказов о стыковке и о других приключениях в космосе и на Земле (2 часть: 20 лет спустя)
by В.С.Сыромятников, edition: 1

著作权合同登记号：图字：01－2022－1431 号

图书在版编目（CIP）数据

太空对接故事. 第二部 /（俄罗斯）弗拉基米尔·谢尔盖耶维奇·谢拉苗尼科夫著；方吉士等译. -- 北京：中国宇航出版社, 2022.4

ISBN 978-7-5159-2148-8

Ⅰ. ①太… Ⅱ. ①弗… ②方… Ⅲ. ①谢拉苗尼科夫—自传 Ⅳ. ①K835.126.14

中国版本图书馆 CIP 数据核字(2022)第 197592 号

责任编辑 张丹丹　　**封面设计** 宇星文化

出版发行 中国宇航出版社

社　址 北京市阜成路 8 号　**邮　编** 100830
(010)68768548

网　址 www.caphbook.com

经　销 新华书店

发行部 (010)68767386　(010)68371900
(010)68767382　(010)88100613 (传真)

零售店 读者服务部　(010)68371105

承　印 天津画中画印刷有限公司

版　次 2022 年 4 月第 1 版
2022 年 4 月第 1 次印刷

规　格 710×1000

开　本 1/16

印　张 35.75　**彩　插** 1 面

字　数 623 千字

书　号 ISBN 978-7-5159-2148-8

定　价 148.00 元

内 容 提 要

本书延续《太空对接故事》第一部的时间轴，叙述了苏联航天自1975年至21世纪初的发展历程。以苏联解体为分界线，将这一时期的历史分为两个重要时期，即1975—1991年苏联航天的低迷阶段和1992年至21世纪初的俄罗斯航天发展阶段。作者以亲历者的视角，记录了苏联/俄罗斯航天发展进程中的一系列大事件，包括苏联“暴风雪号”航天飞机的研制与试验，“和平号”空间站的组建和陨落，以及俄罗斯与欧美国家在国际空间站等项目上开展的航天合作。此外，作者还详细叙述了自己参与的一系列重要航天研制工作，包括六自由度综合试验台、新型对接机构APAS-89、转位机构和太空机械臂、多次可展太阳电池阵，以及作者认为“最具传奇色彩”的太阳帆项目等。在回顾科研历程的同时，作者也阐述了自己对于苏联/俄罗斯航天科技发展的感想和观点，总结了苏联政治解体和变革对于航天工业整体以及科技工作者个人命运的影响。

《太空对接故事》（第二部）
译审委员会

他脱颖而出不是因为名声在外，也并非因为身材过人。
他不为名誉，也不为金钱。
他以不同寻常的方式，走钢丝一般在舞台上走过一生，
步步惊心，这钢丝就像紧绷的神经。

B.C. 维索斯基

编者的话

你们手中的这本书是我父亲弗拉基米尔·谢尔盖耶维奇·谢拉苗尼科夫于2003年出版的《太空对接故事》第一部的后续。非常遗憾的是，他已经永远离开了我们。2006年9月19日，这位才华横溢、涉猎广泛、蜚声海外、广受爱戴的杰出科学家和设计师与世长辞。

时刻绷紧着神经

作为他的孩子，我决定延续父亲未竟的事业，并出版他剩余的手稿。目前这本书的编辑和插图，部分由作者本人设计，部分由编辑编写。《太空对接故事》第二部的目录已经在第一部中公布过，内容基本不变。

自本书编写开始到世纪之交创作完成，期间发生的许多事件父亲都尽力写入书中。

在他2006年的日记中我找到这样的记录："他们诚挚地建议我出版第二部，可以把当今的事件都纳入这个续集。"可惜的是，现实破坏了计划：我们在便携式电脑中只找到两段故事的电子文档，父亲一直携带这台电脑，

不分昼夜，尤其是在被失眠困扰的那段时间。这两个故事分别是5.8节“混合式飞船”和5.9节“国际空间站的周边环境”。正如你们所见，两个故事编入了作者称之为“未完待续，后20年的起点”的第5章。唉，这个名称意义深远。

《太空对接故事》第二部开篇就介绍了现代宇航事业导师谢尔盖·巴甫洛维奇·科罗廖夫先生。我的父亲自1956年4月10日入职第一特种设计局起就在他手下工作，开篇文章是作为绪论来写的。可惜的是，即使日夜笔耕不辍，父亲最终也没有完稿。很多内容还都只是初稿，碎片化的记录，替作者写完他想告诉我们的内容已经不可能了。我们决定以原文形式呈现出来。而且这些碎片化的评论，在我看来，对于充分理解父亲的用意也极为重要，因为它可以让您更了解作者的思路。所以准确地说，这里是102个对接故事，不是100个，加上2个补充故事以及献给科罗廖夫诞辰100周年的故事“科罗廖夫的学术遗产”，按照现在的用语，这简直是给读者的一份大礼。

我想，需要一些注解才能帮助读者更好地理解本书。首先，建议各位调整时间轴：很多事件父亲写于20世纪90年代末，并以当时的立场进行评价。其次，因为众所周知的原因，作者的想法和观点发生了变化，在某些情况下也确实改变了。我故意未调整文本内容，是不希望破坏整体风格和思维逻辑，也不想用本书写作时间的特征或作者后来生活中发生的事件来分散读者的注意力。特此说明。

本书主要写于“和平号”空间站在轨运行期间，很多故事也是基于那个时代的观点而写的，父亲来不及用21世纪的视角对那些文字进行编辑修改。或许，父亲也无意这样做，就像他说过的，他不打算将这部作品作为终结篇，而是准备在下一部书中描述当今的事件。关于这一点，他在书中这样写道：“在我撰写本书最后章节的时候，我们为‘和平号’空间站的抗争进入了决定性阶段，可以说，全世界都在为‘和平’抗争。”

后面发生的事件可能会改变几个故事的方向。比如“去科学院”（3.24节）中记叙了父亲不止一次参选俄罗斯科学院通讯院士，随后发生了许多有趣甚至扑朔迷离的选举故事，可谓一波三折。今天要说的是，2006年5月，父亲终于入选俄罗斯科学院通讯院士，这是他生前获得的最大褒奖，是对他在技术进步和宇宙开发领域取得卓越成就的肯定。

有一些荣誉是在父亲死后才授予的，这的确令人悲伤，但同时也令人欣慰，因为追封的荣誉充分证明了他的学术工作和他所创造的丰功伟绩不会随着他的离去而埋没，而是将被我们一直铭记，铭记他和他的付出。

空间安全国际奖章

其中有一项荣誉父亲特别珍视：由空间安全国际协会授予他的“太空运行机构安全保障奖”，以此奖励他开发和设计的空间机器人的技术没有瑕疵。在阅读手稿时，父亲的同事不止一次提醒我说其中提供的统计数据已过时不准确了。比如，目前俄罗斯飞船对接次数已达 300 次，更不用说美国航天器也有 30 多次对接了，其中用到的对接系统，正是在父亲的领导下研制的！

或许我们的祖国真是缺少先知，匪夷所思但确是事实：对我父亲弗拉基米尔·谢尔盖耶维奇的贡献，在国外似乎比在国内更早、更多地得到承认。关于这一点作者也在书中写过，甚至他的去世也没有改变这一事实：美国的《华盛顿邮报》为他刊登了整整一版的详尽的讣告（这点真是有趣）。后续这个讣告由许多著名出版物转载，比如英国的《每日电讯报》，然后一些俄罗斯报纸才从美国人那里得知自己同胞的死讯。

父亲的这张照片是他妻子斯维特兰娜最喜欢的。拍摄于勃朗峰，他们曾一起去那里旅行

这里适合提及一些人选科学院的轶事。在第 3.6 节“理论基础”中，莫斯科国立鲍曼技术大学教授康斯坦丁·谢尔盖维奇·克列斯尼科夫——爸爸的终生工作伙

伴，在 1979 年论文答辩后第一个给他打电话，告知父亲已经成功通过最后的答辩，获得了最高委员会的认证。巧合的是，他也是 2006 年第一个通知父亲成为科学院通讯院士的专家。

这份殊荣让经历一场大病的父亲甚为宽慰。父亲总爱说，情绪因素与身体状况息息相关，就像宇宙中的三体。病愈后的他神采奕奕地走进科学院大楼参加入选接见，在楼梯上他遇到了“能源”火箭航天集团公司前任总裁尤里·巴甫洛维奇·谢苗诺夫。作为《太空对接故事》这本书的作者，父亲几乎一生都在这个国内首屈一指的航天企业工作。一般情况下大家都会祝贺，但谢苗诺夫却突然说：“不管怎么说，弗拉基米尔，在‘旗帜-2 号’失败后，我不应该那么严厉。”无语……

还有很多值得一提的事，父亲总说：“生命不会重来，真理往往在黑暗中才会被发现。”在第 3.14 节“建设家园，建设太空”中，父亲曾经描写过别墅温室的航天结构，在这里我只想特别提一下这个故事的意外后续。在父亲和我们亲爱的母亲斯维特兰娜·伊里依尼齐娜·谢拉苗尼科娃去世后，这个纯地面建筑所具有的航天结构意外地得到了园艺研究所专业园艺师的盛赞，她帮助我们原封不动地保留了父母留在“轨道”上的别墅。在她专业的眼光看来，不管太阳移动到天空的任何位置，这个“green house”（在英语国家，温室被称为“绿屋”）全天候都能沐浴在阳光下。这个设计就来自太阳帆的制造经验！

应当承认，是否可以对这本书进行完整的编辑我有所怀疑。我从事的领域是人文科学，对航天科技了解不深，但整本书主要是怀念那些从事航天科技的人们。激励我的不仅仅是作为女儿的责任，同时我也是书中很多事件的直接亲历者，而我们谢拉苗尼科夫家的人，无论是生活还是工作都同心同德。所以我字斟句酌，并且也期望每个文学和科学编辑能够对本书进行一些必要的修正。

和爸爸在纽约，1992 年

另外，我选择弗拉基

米尔·维索斯基的诗作为题诗也并非无缘无故，这些诗句也出现在爸爸的日记中，并认为他们和自己非常吻合。此外，父亲也非常欣赏维索斯基，我曾经饶有趣味地读到过这样的描述：越是深入了解维索斯基，越是能感到他的作品如此巧妙地渗透了我们人性的各个方面，影响了感知和行为的方方面面，渗透在我们生命中的每个角落。事实上西方了解他的人并不多，毕竟我们孤独的吟游诗人、艺术家和全民偶像，不会像披头士乐队那样个性独特且广受欢迎。

我们永远铭记这样的他

最后我想感谢那些帮助出版本书的人，是他们不遗余力地帮助我们保留爸爸的回忆。不论是在国内还是国外，那些真正的挚友都在帮助编辑挑选照片并出版此书。真心感谢你们，我的朋友和同志们！正是由于你们的努力，这本个人回忆录才得以成功问世！

叶卡捷琳娜·弗拉基米洛夫娜·谢拉苗尼科娃

序 言

《太空对接故事》第一部于2003年出版，其序言我是从细数作者的功绩和难以计数的头衔开始的。

三年过去了，在2006年5月，谢拉苗尼科夫获得了俄罗斯科学最高荣誉——俄罗斯科学院通讯院士的头衔，这一荣誉原本可以至少提前三年。然而，就在宣布入选的那段时日里，谢拉苗尼科夫得了一场重病，他于2006年9月19日去世。虽然2006年12月出版的官方学术参考书上，他已经不在通讯院士名单中（因为只有健在的人才会被提及），但不能掩盖他在应用科学领域的卓越建树。

谢拉苗尼科夫撰写的《太空对接故事》第二部未能在他生前面世。这项非常辛苦和责任重大的工作是由他的女儿叶卡捷琳娜完成的。

《太空对接故事》第二部的内容量令人惊讶，无法想象忙于解决各类工程问题的作者是如何挤出时间进行文学创作的。

《太空对接故事》第二部是一部引人入胜的文学作品，它的受众不是仅限于有限的专家圈子，还能帮助那些被航天技术问题所困扰的人们。

《太空对接故事》第一部被划分成回忆录文学类，我认为第二部远远超出了回忆录范畴，作者在书中描述了苏联解体的悲惨历史、20世纪90年代俄罗斯联邦所面临的危机以及21世纪初国家复兴的尝试。

作者在文中描述的问题涉及面很广，当然，主要内容还是对接问题，太空对接永远是大事。但谢拉苗尼科夫还研究了一系列大型航天结构建立过程中的复杂问题，包括多次可展太阳电池阵的研制问题，高增益天线、太阳帆飞船、太空吊车以及太空机器人的控制问题。在他生命的最后几年，他还进行了混合式太空飞船的原创设计，这是谢拉苗尼科夫本人极为珍视的一个项目，民间甚至称其为“谢拉飞行器”。

我列出的远非书中谈到的所有科学技术问题，书中有对航天经验的概括、有对政治的清醒立场、有对经济和哲学的思考，以及丰富的国际合作经验的总结，因此具有特殊的价值。几十次出访美国和欧洲国家的经历，与国外著名专家学者会谈和长期交流的经验，让作者对航天技术的过去、现在、将来形成了完整的概念。在对领导和同事的评价中，作者跳出了常见的自传框架，大概是第一次在公开出版物中分析领导者的创造能力，揭示个性与航天成就之间的关系。

表达对上级领导的看法，需要公民的勇气和担当。谢拉苗尼科夫先生拥有这份勇气。因此，他的直白之词让他成为被暗中迫害的异端人士，使他革命性的思想被忽视，过去的功绩被遗忘。

我第一次看见在一部作品中没有罗列枯燥的编年史，而是叙述了一个个引人入胜的故事，其中有“和平号”空间站太空时代的壮丽尾声，有美国可重复使用航天飞机，有我们宏伟独特的“联盟-暴风雪”系统，还有国际空间站等航天项目的建立。谢拉苗尼科夫饶有趣味地分析了这些事件。

为何是这样而不是另外一种方式？这是因为作者良好的幽默感有助于自己和读者正确地理解看似不太有趣的冒险故事。

在 2006 年年初疾病不太严重时，谢拉苗尼科夫还回到了自己在“能源”火箭航天集团公司的办公室。他来到我这儿，非常形象地描述了体制内的总体设计师对于他提出的有关混合航天器外形的革命性建议所表现出的极度漠视。我问他《太空对接故事》的续集写得如何了，突然，谢拉苗尼科夫用一种不同寻常的激昂声调回答道：“从我刚成为工程师的最初几年开始，我就被航天技术深深吸引，这是值得投入毕生精力的事业。第二部我一定会写完，无论付出什么代价。”

最后，我想援引书中的一段话作为结尾：“我必须做完此事，无论付出什么代价。为了苏联/俄罗斯的航天荣耀，这件事理应完成。”

Б. Е. 切尔托克

俄罗斯科学院院士

目　录

科罗廖夫的学术遗产

谢拉苗尼科夫

2006年

内容

注解

仅以本文献给伟大的航天总工程师，应用航天学科的奠基者和理论家科罗廖夫诞辰 100 周年。本文原本是为 2006 年 1 月份的报告会而写的，我们一向称之为“科罗廖夫报告会”。后来我想可以把它作为《太空对接故事》第二部的绪论，这本书原本就计划在本年度——他的百岁诞辰之年出版。在《太空对接故事》第一部书里，科罗廖夫的故事是分散讲述的，占用了大半的篇幅，本书中我想更加集中地呈现它：因为近年来我们在国内和国际的航天科技成就，很大程度上都建立在我们这位事业奠基人创立的基础之上，对这一点必须重新认识。另外需要简要说明的是，在第一部中基本没有提及 1956 年以前火箭技术建立的重要时期，我在那一年进入第一特种设计局来到科罗廖夫身边工作，我在书中叙述的都是我从别人口中听到的事，而那些非常重要的片段则需要从国内外公开出版或内部资料中仔细寻找。

总之，这篇注解可以为尚未读过第一部书的读者做个引导，同时也可以让已经读过第一部书的读者回顾一下很多写于 20 世纪的往事。

我们这些战争中的孩子们，曾经的科罗廖夫近卫军，也即将离开舞台，“一代人的戏剧”即将落幕，科罗廖夫作为第一个导演，虽然 40 年前就已英年早逝，但在之后的几十年当中，他的剧团仍在宇宙的穹顶之下扮演着重要角色。我们的确有幸完成了很多工作，但还远不是科罗廖夫思虑、梦想和筹划的全部。在第一部书出版之后又发生了很多事件（几乎每天都在发生新的变化）。关于这些我一定要讲述，在新的环境条件下有些人继续完成自己的使命，有些人则背叛了共同的事业和自己的国家。关于这些我都会在本书的最后部分一一谈及。遗憾的是，并没有完全写完（包括一些著名的事件）。

即将离开历史舞台的不仅仅是创立了苏联宇航科技的战争胜利者和战争之子们。我们国家的整个时代也即将结束，科罗廖夫如同滑过无尽宇宙的一颗最耀眼的彗星，照亮了这个时代，难怪整个 20 世纪被称为太空时代。从那时起俄罗斯航天和美国航天都在逐渐发生变化，在世纪之交这种变化愈演愈烈，已经波及整个航天界。而在这些年，世界的其他领域也已日新月异，尤其是跨入 21 世纪的近几年，世界在我们眼前瞬息万变。科罗廖夫和他战友们的很多梦想都没有实现，不过就像我们说起过去很多伟大的梦想家一样，“可惜，你我都没能活在这个美好的时代。”

历史虽不能重演，但最终我们可以从中提炼和学习。如果说 20 世纪有什么特别之处，那应该就是科罗廖夫现象——他人生华彩篇章的浓缩。

但是，谁都知道，学习，尤其是从别人的经验中学习，谈何容易。

1. 引言：科罗廖夫对于俄罗斯宇航技术及世界科学技术的意义——科罗廖夫科学

我们整个航天界和其他各界社会进步人士都准备庆祝科罗廖夫的百年华诞。对于他亲自领导的第一特种设计局和整个俄罗斯航天事业，科罗廖夫的影响力都是非常巨大的。他的影响力不仅局限于俄罗斯，对于航天新时期的世界各国，尤其是美国都有着深远影响。60 年代末地球人成功登月（虽然并非我国），这一突破性的航天成果在很大程度上也得益于这位第一特种设计局的总设计师。

这些研究取得的成就大大改变了世人的生活。科罗廖夫的科学实践涉及生活中的方方面面。鉴于他的生活、事业、工作方法和领导能力，人们把他与过去那些开创人类伟大历史、开疆拓土的重要政治家、军事家相媲美。他们既相似又不同，因为不论是亚历山大大帝、恺撒还是拿破仑，他们完成了自己的征服事业，实质上是拥有了无上的权力。征服太空则完全是另一回事。科罗廖夫留给我们的遗产涉及方方面面，包括新型技术系统的研制及其方法，对未知宇宙的前瞻性研究，如何以史无前例的高效率完成项目，如何克服领导层的误解和保守思想，如何化解同事间的分歧和竞争对手的嫉妒，等等。以上种种都说明，我们需要对科罗廖夫的遗产进行综合研究，即科罗廖夫科学。

科罗廖夫研究

还需强调的是，科罗廖夫的影响力涉及很多方面：他具备空前的技术和组织能力，达到了一个人能做到的极限，很多创新行动由他倡议发起（他没有忽略其他人的建议——相反，还鼓励那些积极工作的同事），他持续参与产品组装和试验的各个重要阶段直至项目结束。他亲自参与飞行准备和航天发射，并在地面接见宇航员。他的工作作风和领导风格也是我们分析研究的重要对象。

总之，科罗廖夫直接领导的第一特种设计局作为龙头企业，和众多协作单位一起开创了人类历史的太空新纪元。

虽然我在科罗廖夫领导下的第一特种设计局只工作了十年，而且与科罗廖夫本人的交集并不是很多，但他在我的记忆深处留下了不可磨灭的印记，并对我日后的工作方式影响深刻。

我本人并非历史学家，也没有翻阅档案的爱好，但过去种种总是不断在吸引着我，不单是人类文明史，还有航天事业的过往。撰写《太空对接故事》

一书又一次燃起了我的兴趣，且提高了我获取信息的技能。在这本书中，科罗廖夫占据着特殊的地位，在150页的文字中都提到了他的名字，这个数字反映了科罗廖夫在宇航技术创建过程中所起的重要作用，这一点通过不同的故事体现得淋漓尽致。

在此开篇文章中，在我认为有把握且恰当的地方，引用了《太空对接故事》中的一系列情节。

尽管工程设计一如既往占用了我的主要时间，但近年来我还是学会了跨界兼职。从最近几次的科罗廖夫报告会（不知为何更名为“院士报告会”）中我获得了灵感，决定为即将到来的周年纪念献礼。应当说，任何情况下都不要自以为是，认为自己的研究完整无缺，这个取之不尽的课题还有待进一步发掘，而这里呈献的只是一篇名为《科罗廖夫的学术遗产》的长文而已。

2. 开始之路

科罗廖夫属于他的那个时代。早在苏维埃政权建立初期，他就已经成长为一个成熟独立的人，在历史的转折点，他和自己的许多同龄人一样，被科学技术深深吸引，尤其令他们向往的是那未知而浪漫的飞行。正如20世纪20年代很多雄心勃勃钻研技术的年轻人一样，他从航空技术起步。首先是观察和学习经验，他考入莫斯科国立鲍曼技术大学，在图波列夫的指导下完成了毕业设计，之后研制并试飞了他的第一批滑翔机和飞机。

我想，真正的飞行器设计实践（就算刚开始都是一些简单的飞行器，但完工和试飞过程都是他亲力亲为的）对于科罗廖夫之后的事业发展起到了巨大的作用。

命运的转折点是他对喷气式推进火箭的热爱。1933年，在他还是个毛头小伙子的时候就当上了火箭研究所的所长，这对他而言是命运的第一个考验。

3. 人格的形成，他的大学

每个人都是逐渐成熟起来的，有人快些，有人慢些。有些人直奔自己的目标，而有些人则在曲折迂回中前进。至于科罗廖夫，通向火箭技术的门直接为他打开，但命运却另有安排，为他准备了这条路上最艰难的考验。

科罗廖夫的生活非常曲折，这一点几乎和20世纪的很多俄罗斯人一样。以现代的标准和规模衡量，二三十年代的第一批火箭几乎都出自业余爱好者之手，他们逐渐形成了当时的爱好者专业团队，有德国人、美国人和俄罗斯人。30年代后期，在一系列因素作用下，德国人走到了前列，并最终创建了第一个全尺寸专业弹道导弹V-2，成就了经典。

如今很多年过去了，可以这么说，即使第一火箭研究所的领导层没有发生1937—1938年间的整体崩塌，我们的第一批火箭研制者也没有机会制造出德国人在三四十年代研制的产品。客观地说，我们的武器研制者在30年代有太多更为迫切的其他研制任务：需要制造更成熟、更重要也更必需的武器，当然还有飞机。除此之外，我们的工业体系也还无法支撑更快的火箭技术发展。还有一点必须补充，那就是德国在第一次世界大战战败后，《凡尔赛条约》对其武器生产的限制固然极大地影响了德国的军事技术发展，但却没有涉及火箭。

于是命运为科罗廖夫安排了极其艰难的考验：领导层并不看好液体推进剂火箭的前景——当时真的很难看到它的机会，又恰逢斯大林主义大清洗的高峰期。那时的评价标准非常简单：拥有独立思想且任性的人就是害群之马，是人民的敌人。与早些年被捕后即被收押入狱的格鲁什科有所不同，科罗廖夫走上了一条最漫长也最危险的道路。大概由于他在调查过程中不太配合，因而在第二次审讯中，对他采取了残酷的手段。他当年的照片，让我不寒而栗，他的眼神好像一个刚刚从地牢里被拉出来的人。

在他母亲多次申诉和奔走下，在当时刚入选最高苏维埃委员会的飞行员M. 格罗莫夫和B. 格里泽杜波娃的帮助下，对科罗廖夫的案件有了新的评价。当贝利亚接替叶若夫担任内务部人民委员会主席后，他们对被捕人员，尤其是专家和知识分子的态度有所改变。6月，科罗廖夫成为重新被审查的候选对象，但他已经在去往科雷马的路上了，没能立即找到他。但无论如何，虽然还要经历更艰难的考验，但这个机会总算让他摆脱了在这年冬天面临死亡的命运。

在被捕后的2年里，命运将这位年轻的火箭专家推到了深渊边缘，在前往马加丹和后来返回莫斯科的路上他多次濒临险境：在过境监狱内、在火车和轮船上，还有经过金矿区的途中。1939年秋天，就在他即将被召回莫斯科之前，奄奄一息的科罗廖夫被飞机制造厂前厂长M. A. 乌萨乔夫从死神手中救出，后者是个体格健壮的人，因与奇卡洛夫之死有牵连而被捕。

经历了种种考验，命运还是留住了科罗廖夫，1940年他被收押（来到了他在莫斯科国立鲍曼技术大学的毕业设计导师——图波列夫身边），战争开始后不久监狱被转移到鄂木斯克。图波列夫对这个重回自己身边但状态依然很差的人表现出了特别的关心。据一位知情者回忆，图波列夫当时就在科罗廖夫身上看到了一些那个年代青年人鲜有的品质：勤奋、有责任感、执着于创新。又过了两年，应他自己的要求，他被转到了另一个关押地——喀山，这里有一群火箭设计师在另一个从事火箭工作的犯人——格鲁什科的领导下工作。科罗廖夫希望重新开始火箭研究工作的意愿是非常明确的：他对于毕生从事的事业有着强烈的向往，即使在如此动荡的年代，即使要远离自己敬重的导师。而且与火箭研究所相比，在这个新地方，两个都有着远大抱负的人要易地而处。后来格鲁什科非常自豪地说，科罗廖夫那时曾当过他的下属。

喀山的火箭专家团队于 1944 年 8 月被释放，因为他们成功地研发了火箭发动机并将其安装在俯冲轰炸机 BE－2P 上。此时当局可能已开始密切关注新技术领域的人才，这些新技术大都出现在从德国人手中抢夺的战利品中，包括反推力技术。很快，关于德国人拥有火箭的最早实证出现了，进攻部队占领了 V－2 火箭在波兰的发射场地，丘吉尔在 1944 年 7 月将这一消息告知了斯大林（如今大家都已经知道，英国人曾经有极为充分的理由对这枚火箭抱有更大兴趣）。

科罗廖夫被整整关了 6 年（从 1938 年到 1944 年），但总的来说这些年并没有白白浪费，虽然这话听起来有点匪夷所思。然而，艰难的考验往往可以使坚强的人变得更为坚强。关于信念坚定的强者如何成为伟人的例子有很多，个性的塑造大抵如此。

监狱也是一所独一无二的学校，它将那些志趣相投、从事共同事业的人结合在一起，教会他们如何工作和怀有梦想。这些铁丝网后面的设计局和研究所，主要从事奴隶般繁重的脑力劳动，在现代文明史中绝无仅有，在不同寻常的牢狱生活中也可以学到很多东西，比如识别人心。很多这样的监狱都成了别具一格的大学，而自由更加深了人们对生活和创造的渴望。这样的人能够重新认识生命和自我的价值。

4. 重获自由

据记载，以格鲁什科为首的喀山火箭团队于 1944 年 8 月获释，他们终于可以以自由专家的身份继续工作了。

1944 年被释放时，科罗廖夫年仅 38 岁，还算是一个年轻人，但已与 6 年前刚被捕时判若两人了：身体饱受创伤但却没被生活打垮，反而变得更加坚定和顽强，更主要的是，经验更丰富，实力更强劲，甚至意志也更坚强，他带着对生活和创造的渴望投身于自己梦想的伟大事业，而这项事业也正以一种不可思议的速度重新崛起。在他重获自由的那一刻也意味着重获新生。此外，提前获释的火箭专家们有幸再度投身于他们钟爱的宇航技术事业，随之而来的成功也让他们为第二次世界大战的伟大胜利做出了贡献，胜利已近在眼前。

所有这些再次唤醒了科罗廖夫对生活和创新的渴望。20 世纪 40 年代末到 50 年代，他又经常离家在外，他在给自己的信中写道，自己对生活的渴望来得太晚了。在那些年，命运再一次让他和他的火箭经受了考验，关于这个话题我后面再叙述。伟大的天才往往都是孤独的，他需要一个“树洞”来倾诉自己内心的声音。在五六十年代，科罗廖夫的这个“树洞”就是他的第二任妻子妮娜·伊万诺夫娜。

顺便说一句，根据他妻子的遗嘱，这些信件是不允许他人染指的，这对于科罗廖夫研究非常不利：几年之后，这些不可多得的资料可能会成为真正的无主信件。

1945 年 8 月，科罗廖夫怀着乐观积极的心情跟随其他苏联火箭科学家来到了战败后的德国，他们在废墟中看到了自己在流失的岁月中没能亲手创造的东西，也许，他们在那里的发现对于自己和未来的事业来说，大大超出了预期。所谓超预期，是因为在战争期间，德国火箭科学家赶上了难得的好运气，他们有机会将自己的技术水平从半手工状态上升到专业层面。至于如何取得并为此付出了什么代价，我们稍后再叙。

5. 新的开始：德国学派

科罗廖夫曾经说过：德国人的主要贡献，是他们让苏联的火箭专家团结起来。这是事实，我们的首位总设计师不会轻易承认别国的首要地位和优越性。必须承认，现代弹道导弹技术起源于德国，而 V-2 火箭是第一个具有专业水准的火箭。它离奇的创造史令人称奇，因此有必要再讲讲德国人研制火箭的历程。不过首先要讲讲它是如何被盟军知晓的，事实上直到德国人首次将其用于作战盟军才发现它的存在，之后美苏两国各显神通，获取了这些火箭的详细资料，这也是第二次世界大战后最具价值的战利品之一。值得一提的是，这一超级武器的制造是举全德国之力研究 10 年的成果，在很长一段时间内几乎没有被德国以外的敌方情报机构注意到，包括英国、美国和苏联。

此外也有必要讲一下如何将我们的火箭专家集结到德国以及他们如何利

用这次机会，毕竟与未来核导弹及航天军备竞赛中的对手美国人不同，他们面临的困难更多。经过整整两年的研究，他们取得了阶段性的胜利，这不仅是工程师和科学家的功劳，整个运动中的各级领导，包括最高层领导都给予了极大支持，这也是一个相当精彩的故事。

我们后来才知道，斯大林在1944年夏天从丘吉尔当时的密信中收到了关于德国导弹武器的第一个官方信息，信中请求苏联帮助收集位于波兰地区的发射装置的信息，当时苏联红军离那里很近。这封信实际上发起了整个情报信息运动，情报信息运动愈演愈烈且持续数月。在战争的最后几年，英国人不仅要采用情报侦察手段，还要预先采取预防措施，因为这样的导弹一旦飞离发射台，就再也无法防御了。

1943年8月，盟军终于对德军位于佩内明德的主要火箭中心成功实施了一次强大的夜袭，随后，第一次导弹和反导较量更加激烈，双方都有成败。

1944年8月，V-2火箭的第一批残片从波兰运到了莫斯科的第一研究所（之前的火箭研究所）。火箭残片被秘密安置后，就开始了困难重重的德国火箭修复工作。在这个阶段，我们的火箭专家堪比考古学家，他们对不同的残片进行研究，不断有惊人的发现。当时著名的火箭发动机专家A. M. 伊萨耶夫（未来的第二设计局领导，为苏联的宇航技术发展做出过杰出贡献）也在莫斯科，他获准仔细查看了德国火箭的发动机，当他发现点火推力达到25 t时，不禁惊呼：“这绝不可能！”的确，当时国内火箭设计师倾尽全力造出的火箭，推力也只有德国人的1/10。

起初收集的德国火箭资料零碎而混乱，后来有两组专家参与了此项工作，他们是第一研究所的民品专家和炮兵总部（ГАУ）的军事专家。必须要说的是，这些制造过著名的“喀秋莎”火箭炮的炮兵精英们从一开始就表现得非常积极，他们注定要在最初的几个月和随后的几年中扮演重要的历史角色。

1944年年底，包括Г. 秋林中校（未来的88研究所所长和通用机械制造部副部长）在内的军方人员，准备向时任中央委员会炮兵事务顾问的盖杜科夫中将提交工作汇报，建议继续开展情报侦察行动。此人在国内火箭事业初期的组织工作中扮演了重要的历史角色。

当时第一研究所隶属的航空工业部领导对该类型的火箭没有特别兴趣，这就阻碍了我们的专家参与这项工作。直到1945年4月，第一批随机选出的苏联专家小组被派往德国，其中就有科罗廖夫未来的助手、火箭及航天器控制专家Б. Е. 切尔托克。50年后，他在自己的四卷本著作《火箭与人》的第一部中详细描述了当时的活动。

终于，1945 年的春天到来了！希特勒和纳粹德国这个恐怖的战争机器被消灭了，每个人都情绪激昂，心中充满了胜利者的自豪感和爱国主义热情。另一方面，许多第一次来德国的人，都被西方文明所折服，战争的胜利者称赞着失败者的强大实力，包括他们的技术成就，不只是我们火箭设计师最感兴趣的火箭，事实上德国的工业技术装备水平要高出我们很多，不论是简单的加工机床还是工厂和实验室的整个设备体系。例如，德国实验室里测量设备的质量和数量就足以令我们的仪器专家目瞪口呆。即使是电缆接头，对战后的俄罗斯人来说也是一种新奇事物，虽然今天看来，这些都很平常，任何带有电路的设备都少不了电缆接头。当时的德国实在是有太多科技让我们大开眼界，从普通士兵到工程师，无一不觉得自己已经被科技文明所包围。难怪专家局的简报常常用这样的话开头：“令人惊讶和赞叹的是……”

我们必须在战后全方位消除这种技术差距，以便在国内建立包括火箭技术在内的新兴产业基础。与此同时，所有在初始阶段可以派上用场的东西，以及我们专家当时关注的东西都被送到了俄罗斯。专家将自己喜欢的设备连同技术文件一起打包寄到自己指定的地址。

我们这些战后的男孩子也有幸在国内接触到这些战利品。在波德利普基郊外有一个半废弃的机场，开阔的停机坪上堆着很多废弃物品，我们在这里踢足球的时候经常饶有兴致地到处攀爬，甚至从拆得七零八落的德国飞机上拧下莫名其妙的零件或捡起某个被遗弃的军用物品。

从德国运来了许多机床设备，这些设备对于俄罗斯人来说有着非凡的吸引力。在学生时代的生产实践和之后的工厂生活中，我们都操作过许多知名德国公司的机床。

在电子领域也发现了与德国巨大的差距。事实上当时在国内没有雷达技术，必须从零开始。此外，德国人还有很多东西是我们当时没有的。当然，我们也拥有一些欧洲人生产不了的武器装备，比如 T－34 坦克、伊尔－2 战斗机、喀秋莎火箭炮，我们富有献身精神的后方英雄们想方设法把这些武器装备大量生产出来，而将军和士兵们学会了用它们来战斗，于是在德国法西斯军队眼中，红军变得愈发不可战胜。我们的武器设计巧妙，是在极度艰苦的条件下用相对简单的工艺生产出来的，却足以战胜武器装备更加先进的对手，这绝不是一个简单的悖论，其中有着多方面的原因值得深入研究和仔细分析。

但在战后我们开始明白，哪些是我们欠缺的，哪些要向我们的手下败将学习，具体需要完成哪些任务。可惜需要弥补的东西太多了，要完全消除所有差距，尤其是电子技术方面的差距，苏联是无能为力的。

之后开始了戈尔巴乔夫的改革，再后来就是叶利钦的休克疗法和最终崩盘……关于这个我实在不想再多说。那些在战后艰难打造、用以支撑现代技术文明的工业基地，被21世纪的野蛮人彻底摧毁并洗劫一空。比如，1946年开始生产火箭舵机发动机和其他电子元器件的“机器设备”厂，大楼正面还保留着旧时的苏联徽章，可内部却改头换面运行着新的经济秩序和法规，腐败的厂长自作主张地取消了所有宇航项目，将工厂变成了自己的私人领地。像这样背叛了自己父辈和祖辈事业的人到底还有多少？

战争结束后，苏联立即开始大范围地进行新一代军事技术研发工作，并演变成一场史无前例的军备竞赛。我们这些战争中长大的孩子，成为这场竞赛的积极参与者。早在20世纪50年代我还在莫斯科国立鲍曼技术大学读书的时候，尽管有严格的保密制度，但我们还是知道隔壁班级和别的系正在为新的国防专业培养工程师。

言归正传，当时摆在这批赴德火箭专家面前的主要任务就是，寻找并研究德国的V系列火箭。

当我们的专家第一次来到位于佩内明德的导弹研究中心时，有价值的资料已经所剩无几。在1945年5月初红军部队占领空空如也的研究中心之前，火箭的核心资料早就被德国人自己拿走了。他们在多诺伯格和冯·布劳恩的领导下，把所有有价值和能运走的东西都转移了。他们从1月份起就开始准备，然后以德国人特有的方式有条不紊地实施疏散。

另外一个重要的火箭基地，是位于柏林西部图林根的诺德豪森地下工厂，这里生产了一系列V-2火箭。这块区域原先由美国军队占领，后来转交给苏联方面（为了交换西柏林），因此比较有价值的火箭战利品再一次与我们无缘。在那之前，美国人已经掌握了很多资料并且努力钻研。他们把那里收拾得很彻底，不仅拿走了德国火箭的所有核心资料，而且把剩下的大部分技术设备统统损毁，这引起了几个主要战胜国的强烈不满。

1945年夏天发生了一件事，对苏联火箭技术的科研力量分布以及很多火箭设计师的命运产生了很大影响，首先是以前的囚徒们。事情的起因是中央委员会炮兵事务顾问Л. М. 盖杜科夫中将（此人是Г. 马林科夫的亲戚）正在准备一份提议最高层扩大在德情报搜集活动的报告，期间得到了科罗廖夫的战友——Ю. 巴别塔诺斯采夫的很大帮助，此人30年代曾在火箭研究所工作，在战前和战时积极参与“喀秋莎”的研制。在盖杜科夫与斯大林会面时，贝利亚做出决定，派格鲁什科、科罗廖夫以及其他还在喀山工作的昔日囚犯前往德国，壮大了赴德的苏联火箭专家队伍。

值得一提的是，在制订技术侦察计划时，我们特情局的战略家决定将派往西方的专家，包括昔日的囚犯在内，都伪装成军官，所有人都身着军装。我们未来的主要火箭专家格鲁什科、毕留金和其他人当时都成了上校，虽然服色和军衔很高，但还是很容易区分这些民间军官和那些胸前挂满徽章和奖章的作战军官的。因为这些昔日囚犯的经历没有留下任何战争印记，比如，身上没有佩戴任何负过伤的荣誉标志。

和格鲁什科、毕留金以及其他苏联火箭企业的未来领导人不同，这些总设计师都被授予上校军衔，而科罗廖夫是以中校身份抵达德国的，最初他被任命为火箭飞行试验（“发射”小组）负责人。他仍然需要证明自己有更多的才干，而这项颇不简单的任务被他一步步出色地完成了。从一开始，他的举止就给人一种未来大事业掌门人的自信，那个时候他就展示出了强大的组织能力、坚定的意志和自信。他能和不同的人找到共同语言，甚至可以用德语跟德国人交流。切尔托克也描述过他在 1945 年与科罗廖夫第一次会面时的心理感受。

这种外在魅力也展现了科罗廖夫才华的另一面，最重要的是，那些有权决定苏联未来火箭技术掌门人的大人物也意识到了这一点。

与自己的喀山下属科罗廖夫相比，格鲁什科的亲和力和领导力明显略逊一筹，这位未来火箭发动机总师最大的特点是热衷于分析精密的结构元件。

再重申一遍，虽然最终总结说战利品分给了所有联盟国，但是冯·布劳恩和其他主要专家携带技术文件和几百枚现成的导弹一起投降到美国。我们只能花费很多精力去搜寻散落在德国境内的剩余残片。讽刺的是，美国人虽然一开始占得了先机，但这种优势很快就被消除了。我们的洲际弹道导弹首先升空，正是这发如今享誉世界的“7 号”火箭开启了太空新纪元。

在诺德豪森地区，我们的专家组织了名为“拉贝”的小型研究所，由切尔托克担任负责人。在这个阶段研究所在获取情报的过程中起到了重要的作用。包括成功找到了美国人未曾带走的德国导弹专家，这些专家积极协助“拉贝”的工作。用现在的术语来说，这是第一个从事高技术开发的国际合作企业。在德国的后续工作以及其后转去苏联进行的工作中，这些德国专家都充当了优秀的顾问。与美国人的做法不同，他们没有参与新型火箭的研发。

另一个由民用专家和军事专家组成的小组也在柏林工作。

1945 年 8 月，在军队的倡导下成立了特别技术委员会，负责协调在德国不断扩大的火箭资料搜集活动。到了 1945 年的秋天，在盖杜科夫将军的努力下，在人民军备委员会的领导乌斯基诺夫等人的指导下，制定了一套行之有效的综合计划，以此推进在德国的火箭资料搜集和后续使用工作。乌斯基诺夫的副手 B. 里亚比科夫的短暂访问对后续活动的组织起到了重要的推进作用。

到 1945 年年底，一些莫斯科领导人认为是时候召回我们的专家了，但是盖杜科夫（在乌斯基诺夫的支持下）坚持继续扩大在德工作。

1946 年 2 月，科罗廖夫被短期召回莫斯科，盖杜科夫安排了他和马林科夫的会面。之后发生的事件足以评价此次会谈的结果：3 月，这位昔日囚犯和未来的总设计师回到德国的时候已经是上校军衔，不久特别技术委员会在德国成立了“诺德豪森”综合研究所，由盖杜科夫任所长，科罗廖夫担任副所长和总工程师。

在 1946 年接下来的几个月里，一个完整的技术综合体在德国建成，其中并入了若干个机构。在它的帮助下，不仅将搜集来的资料进行了系统化整理，更重要的是安排好了火箭材料部分的生产。

1947 年年初，“寻宝运动”全面结束。千辛万苦找到的一批德国专家被送往莫斯科，跟他们一起的还有几十个组装完整、准备在俄罗斯进行飞行试验的 V-2 火箭。不过有一份最重要的组织决议文件早在 1946 年 5 月就准备就绪，并由斯大林本人于 5 月 13 日签署。关于这个我后面会详细叙述，现在我们先讲 V-2 火箭。

6. V-2

由于巨大的技术落差引发了战后绵延数年的运动，关于这个多元话题其实还有很多内容可以说，但这并不是本文的重点，我们要分析的主要对象是火箭技术，而这必须从 V-2 火箭讲起。因此我必须简要回顾一下这个传奇火箭的建造历史。1945 年，当我们的专家在被苏联红军击败的德国见到它时，他们中的大部分人还没有成为专业的火箭设计师。

得益于一系列有利条件，德国人在 30 年代就成功地网罗了一批出类拔萃的火箭设计师，组织他们开展火箭技术的研发工作，之后数年他们的研发工作进展极为顺利，取得了少有的成功。后来的历史证明，第三帝国的首脑丧心病狂，先是在 1933—1942 年投入大量人力、物力研发导弹武器，之后在 1943—1945 年又投入大批资源用于导弹的大规模生产和应用，尽管最终这些导弹的作用大大低于以希特勒为首的德国战略家的预计。另一方面，从历史发展的角度来看，德国人当时研发的技术，是弹道导弹领域的突破，同时为 20 世纪的宇航技术奠定了基础，改变了战后的世界格局。但这些遗产并没有被德国人自己继承，而是作为战利品落在了击败德国的胜利者手中。历史的发展始料未及，战后德国人在自己的领土上基本再也没有参与过后续的火箭研发。

德国人是如何制造出这种超级武器的？在炮声隆隆时如何进行大规模生产？当天平开始明显倒向盟军一方时，它带来了什么实际结果？

在 1932—1942 年期间，德国火箭设计人员异常活跃，他们在多恩伯格将军和当时还很年轻的冯·布劳恩的领导下，工作热情日渐高涨，冯·布劳恩由于领导了包括“阿波罗-土星”探月计划在内的美国宇航项目，成为 60 年代的世界风云人物。在战前和战时的几年中，第一批火箭设计师们得到了德国军队领导层的支持，30 年代中后期，为确保火箭顺利研制，在位于波罗的海沿岸的佩内明德建立了独一无二的集科学研究、工程设计和生产制造于一体的火箭中心，在 20 世纪三四十年代，德国的导弹项目中扮演着至关重要的角色。尽管这个庞大而复杂的项目困难重重，但德国人最终还是把它推向了成功。1942 年中期，全尺寸 V-2 火箭（最大推力超过 12 t）试飞成功。

在 1942 年年末，在斯大林格勒战役失败、盟军在北非登陆之后，德国的火箭专家由以希特勒为首的第三帝国最高当局直接领导，希特勒决定研制“报复性武器”来惩罚难以驯服的英格兰。德国人决定用它向实施残酷野蛮袭击的英美空军报仇雪恨。据统计，联军的空袭造成了将近 100 万人的死亡（尤其是战争末期对中立城市的袭击）。这一次德国人的报复有点得不偿失：发射了近 3000 枚导弹（总共生产了将近 6000 枚），只造成了不到 3000 人的死亡。由于控制系统不完善，导致带有 1 t 战斗部的导弹命中率太低，此外导弹系统的可靠性也不高。

盟军在 1944 年轰炸佩内明德之后，德国人变本加厉，投入巨大的人力物力进行大批量导弹生产，其规模之大令人瞠目，德国人在最艰难的战争年代兴建了很多导弹制造、试验和应用的强大设施，分散在德国本土和占领区。导弹生产都是在地下进行的，在建造地下工厂时使用了大量战俘作为劳动力，在导弹生产过程中，党卫军毫无人性地驱使这些战俘，手段极其残忍，造成了成千上万的战俘死亡。据统计，在被德军俘虏的500万苏联战俘中，死亡人数超过300万！

总体而言，德国的整个导弹项目是一个战略失策：千辛万苦研制的新武器，战斗力如此之低，与原先的预测大相径庭。研制V系列导弹是希特勒在当时做出的典型决定，此时他已筋疲力尽，可依然困兽犹斗，时常会做出一些很不理智的决定。可以说，这些才华过人的德国火箭设计师事实上是在为自己的对手工作，因为德国人用来对付英国人和威吓美国人的武器，最终成了胜利者缴获的最有价值的战利品。

德国的导弹计划涵盖范围很广，根据1933—1945年的计划，共研发了12个类型的火箭（从A-1到A-12），其中A-9/A-10为洲际导弹，不过这些火箭中的大部分还停留在方案设计阶段。战后，去德国的盟友迅速拿走了研制最成熟的A-4（V-2）火箭并以此为基础制造武器，最终它成为未来核导弹对抗的主要手段。

值得一提的是，在德国丰富的技术遗产中，弹道导弹的战略潜力一开始并没有被大多数人认识到。实际上真正弄清楚这一点并没有那么简单。直到1944—1945年初次见到德国战利品，并且在战后很长一段时间内，以这个航程仅为300 km且精度极低的V-2火箭为基础，将该类型火箭逐渐加以改进和完善之后，才成为名副其实的主要战略武器。

德国的工程天赋加上他们的一丝不苟和缜密逻辑，在民族主义（和民粹主义）的上升期，创造出一大批非凡的成就。

7. 战略组织决策

或许有必要再次强调，苏联整个火箭基础设施的建立在组织架构和科技水平上都堪称又一项人类奇迹，可以比拟第二次世界大战期间苏联军工企业的整体东迁。除此之外，那时还建立了包括核工业、雷达工业在内的其他新兴工业体系，航空工业也开始向喷气式航空过渡。战后国家半数领土都成了废墟亟待重建，而所有工业设施正是在这种条件下建成的。成绩显而易见：1949年原子弹爆炸，1957年卫星发射。也许不必细说这些成就所带来的价值以及对国家和人民产生的影响，重要的是，我们国家有能力（并且也不止一次地展示过这个能力）用这些成就建立一个超级大国，同时也可以真正顾及人民的福祉。遗憾的是，对此既没有相关战略，也没有制定战略的人。

我不得已再次提及这些全球共性问题，可是又能如何呢？毕竟政治是建立在经济基础之上的，这是辩证法教会我们的真理。

4 月

5 月

8 月——第 88 研究所，包括第三科室和总设计师科罗廖夫及其他人

同年 8 月乌斯基诺夫访问德国

重制 V-2 火箭

其他部委

开始回撤

10 枚导弹及地面设备

附加组件

德国专家

1947 年年初所有人回到了莫斯科

值得一提的是，弄清楚德国人留下的整个战利资产绝非易事，起初令人眼花缭乱不得要领，要知道 V-2 并不是唯一的火箭。各个独立小组之间的协调也不够充分。庆幸的是，很快就从各方抽调了一批精明强干、经验丰富且思路开阔的人参与到这项工作中，他们的主要任务是分析问题并提出正确的解决方案。这些人中有部队将军、国防工业领导，甚至内务部人民委员会（НКВД）将军。他们这些人在艰苦卓绝的条件下赢得了这场史无前例的战争，斩断了这个起初看起来不可战胜的德国战争机器的命脉。战后不久，他们在这件事上并没有太大的反对意见。

事实上，开展这场德国火箭搜寻运动，其结果是不仅搜集到了技术资料，而且形成了德国弹道导弹再造计划。最重要的是，拟定了具体的组织策略，确定了未来十年国家工作的综合架构。这些决策大概是整个德国运动的主要战略成果。通过对技术、人才和组织问题的综合分析，使我们能够在短时间内筹建新的国家火箭部门，不仅如此，还建立了一个涵盖科研、生产、军事部门和机关在内的国家综合产业结构，从规模和结果来看不啻为一场国家火箭革命。至于科罗廖夫，尽管他在整个火箭管理层的职级不高，但却是一个前途无量的关键人物。对于一个不久前的囚犯来说，这已经是个不小的奇迹了。关于他是如何把握眼前机会的，这段历史尽管已经广为人知，但依然充满着传奇色彩，关于这个故事的细节将在后面讲述。

到 1945 年年底，主力搜寻队伍得到了巩固和加强。协调工作由莫斯科方面负责，这里的工作起初由军方主导，前面已经说过，他们在 1945 年 8 月成

立了特别技术委员会。这里还要再度提到时任中央委员会炮兵事务顾问的盖杜科夫将军，这一时期，他在方方面面都扮演着富有成效的角色，对后续整个国内火箭事业的工作组织有着战略影响，其中包括一个重要的部分，即所谓的“人才选拔与分配”，就与科罗廖夫的命运相关。不得不说，贝利亚（直接参与这项工作的是他的副手 И. 谢洛夫上将）管辖的机关在人才问题上所持的态度是相当务实的，因此在未来的主要火箭专家中有不少是昔日的囚犯。

还有很多专家也为此次搜寻行动的组织和 1946 年战略法令的制定做出了巨大贡献，同时在后续的国内火箭研发过程中不辞辛劳，他们之中有很多是军方和地方的领导者。或许我的叙述不够全面也未必准确，在这里我想提一下炮兵总部长官 Н. Д. 雅科弗列夫元帅和 А. И. 索科洛夫将军，后者在战争时期为著名的“喀秋莎”火箭炮研制做了大量工作（很多参与此项工作的军官后来都成了火箭专家），之后他又领导了佩内明德的督查工作，同时他在炮兵总部担任了一系列重要职务，还指挥成立了第四研究所（成立于 1946 年 6 月）并积极开展业务，此外他还为苏联火箭技术的建立做了很多贡献。第四研究所负责研究新式复杂武器装备的重要问题，包括试验、验收程序、贮存和使用。需要指出的是，在接下来的这些年里，我们一直保持与军方（我们习惯称他们为用户）的联系：在军方通过制造企业的验收之后，火箭和航天器就可以运到发射场进行发射前的试验了。

在国防工业的领导中，我要提一下 Г. Н. 帕什科夫，他在国家计划框架下负责协调新业务涉及的各个部门间的接口工作。

事实上，Д. Ф. 乌斯基诺夫的副手——В. М. 里亚比科夫和他自己的上司一起亲手起草了一份历史性法令，斯大林于 1946 年 5 月 13 日签署了该法令。

我还想说的是，上述人物以及其他包括军事将领在内的大部分领导人，当时都只有 30 多岁，这对于快速全面地推进工作也产生了非常积极的影响。

所有这些在莫斯科和德国进行的准备工作，为苏联今后几十年的长期战略组织决策奠定了基础，确定了整个苏联火箭技术（PT）和十年后展开的宇航技术的研制规划。

1946 年，根据 5 月 13 日斯大林签署的一份现已公开的苏联秘密法令，确定了国内建造和掌握火箭技术的工作组织。几个月后，第 88 研究所于 8 月份成立，内部设立了第三研究处，又过了几天，科罗廖夫被任命为该处负责人及弹道导弹型号总师。

就这样，科罗廖夫成了一名型号总师，名义上与研制弹道导弹主要部件的负责人一样。尽管如此，作为导弹总体设计师，他实际上成了这个导弹大项目的真正领导（不是指行政职务）。这是他一生梦寐以求的，也是决定他未来命运的重要里程碑；不仅关乎他自己的命运，也改变了许多人的命运。这对于一个曾经的囚徒来说，的确是一种成功，之前他并没有在实践中表现出自己的卓尔不群，而今却坐上了一个实际上相当于国家导弹总工程师的位置（没错，当时只是有这个苗头）。这件事在当时好像没人能理解，不过这也许正是幸运之神得以隐身的缘由。但不管怎样，某位独具慧眼的上层人物注意到了这个还不到40岁的人，在他的身上看到了才华、意志力、组织能力和其他非凡的才干。

1946年年初，中央委员会和主要国防部门在莫斯科经过一番激烈的辩论和争执后，军方（炮兵总部）取得了主动权，确定了掌握德国火箭技术（PT）和建造未来苏联导弹的总责任人人选和参与这项复杂工作的核心人员名单。上文提到过，决定让我们的专家继续留在德国工作，并且增派赴德专家，与此同时建立一个统一的研究所，由盖杜科夫担任所长，科罗廖夫为副所长。这对于未来的总设计师和火箭技术本身来说都是最重要的时刻。

1946年年初，科罗廖夫在莫斯科接受任命后，欢欣鼓舞、意气风发地回到了德国，此时他已经是上校，至少在军衔上能与格鲁什科、毕留金以及其他未来导弹分系统的总设计师们平起平坐了，这对他而言也很重要。科罗廖夫和格鲁什科的上下级关系第三次发生了改变。

于是我们的一大批专家有幸来到德国，他们中的大多数都是被人从极其偏远的地方调过来并集中在一起的，后来他们都积极投入到国内的火箭技术研制工作中。对此科罗廖夫是这样评价的，他说德国人最大的功劳在于，他们成功地将所有俄罗斯火箭专家集结在了一起。

喷气式飞机

雷达

军备竞赛

武器装备人民委员部是一个举足轻重的机关，领导人 Д. Ф. 乌斯基诺夫是斯大林时期的武器装备人民委员，曾亲自主持战争后方的武器装备保障工作。在战争年代和战后时期，他的确为国家的国防工业组织工作做出了卓越贡献，其中包括苏联导弹技术和之后火箭宇航技术的研制。后来他担任过政治局委员、元帅，甚至国防部长，但在之后的数十年中，他的表现完全不像一个真正的国家战略家，而更像是一个察言观色、瞻前顾后的政治家。在60

年代，当宇航领域由于客观矛盾和切洛梅动摇方案而出现混乱的时候，他没能或者不想整肃火箭航天计划的主次顺序。曾任 1964—1984 年机械制造部（实际就是宇航技术部）部长的 C. A. 阿法纳西耶夫告诉我，乌斯基诺夫曾不止一次地令他陷入困境。在 1980 年派军进入阿富汗的行动策划中，乌斯基诺夫也是负责人之一。

至于科罗廖夫，乌斯基诺夫对他很警惕：斯大林的忠实弟子不喜欢过于独立的下属，但他与自己的导师不同，似乎缺少真正的智慧。

就这样科罗廖夫进入了自己第一个平静的十年，最终实现了自己的梦想。尽管在这个过渡时期（1944—1946 年）遇到了很多困难，但火箭技术真正的困难还在后面。直到掌握了 V-2 火箭技术，自主制备并在扎沃尔日耶草原上的卡普斯京亚尔导弹发射场发射了德国火箭（以及在波德利普基的第 88 研究所制造的半个德国火箭），苏联火箭设计人员才从 30 年代的学徒变为真正的专家。下一阶段的研制工作几乎同时开始，目的是对火箭进行根本性改进，以增加其飞行距离和射击精度，这项工作同样复杂、危险，令人精疲力竭。要知道，斯大林需要用这样的工具来装载核武器。

乌斯基诺夫在德国

第 88 研究所

三处

对空导弹

来到俄罗斯的德国专家

卡普斯京亚尔导弹发射场的组织工作

沃斯纽克将军

火箭系统的导弹本身只是一个部件，尽管它是核心

国家委员会正在筹备和实施导弹和之后的航天器发射

我想，恐怕连科罗廖夫本人在内，谁都无法想象那些无休无止的探索、殚精竭虑的操劳，以及在国内导弹技术研制道路上遭遇的各种困难和危险，总设计师在斯大林的强硬施压和贝利亚的不断监督下踏上了这条道路，但最终，他走向了胜利。

8. 1946—1955 年：火箭十年

对于我们国家而言，战后时期跟战争时期一样，都是一段不寻常的岁月。尽管苏联遭受了巨大的人员伤亡（仅根据民族肤色和基因统计，就有 100 万

中尉牺牲)，半个国家沦为废墟，但却培养了一批久经考验的干部。无论是在军队还是在地方，都兴起了强大的军事工业，拥有各种手段在最短的时间内快速有效地实现复杂的技术方案。此外，广大群众的爱国主义热忱、对正义事业的热爱和对美好未来的信心不容忽视。当然，作为战利品的技术设备也功不可没。尽管极权主义制度令我们付出了代价，但是由战时和战后时期的干部实行中央集中领导，有助于创造奇迹，事实也证明了这一点。这里所说的干部既有国民经济管理干部，也有其他国家机关干部，还有党内干部甚至内务部人民委员会的干部。战后的镇压不像30年代时那样规模浩大，惩罚机关甚至学会了带领科技人员在特殊条件下工作，包括在北极圈以外的极寒地区。这样的例子不胜枚举：先是制造原子弹，然后是氢弹，接着是创建整个核工业（科技工业综合体——传奇的“中机”，也是一个国中之国)，还有一个例子，那就是创建了独一无二的诺里尔斯克冶金联合企业。

这里将战后的第一个十年称为火箭十年，是因为在这段最困难的时期，先是创建了火箭工业，并成功重建了德国火箭专家的研制成果，然后一路高歌猛进，最终扣响太空之门。

P1

早在德国搜寻行动中就出现了对V-2的第一个质疑，但这方面的研究活动起初被严格禁止，因为可能会干扰对德国火箭技术的掌握。

P2

在德项目Γ-1

P3是研究未来弹道导弹发展道路的基础

1950年：组织第一特种设计局（ОКБ-1）的若干部门，进行P5、P5M的生产试验。

这种技术突破几乎令所有人意想不到，不论是普通民众，还是最高层领导和全世界的战略家。然而这些话不适用于科罗廖夫本人，因为他不仅在思考和梦想太空，而且这些年他一直倡议推动航天项目和试验，更不用说去各个机关和各级领导那里奔走游说了。

科罗廖夫的天赋终于显露，他的才华得以充分展现。

令人难以置信的是，在全力进行越来越复杂的新型火箭技术攻关的同时，科罗廖夫还成功进行了首次太空研究，并为真正突破太空打下了技术和组织基础。

因此，所谓的地球物理火箭早在 1947 年就实现了第一次垂直发射。它们开始被称为科学院火箭，这也不是巧合：科罗廖夫对科学院的向往在那时已经表现出来，并且在以后的岁月里始终保持不变。对于科罗廖夫来说，科学院首先是用于支持科学实验的。

P1A

P2A

小狗们

人的垂直发射

季洪拉沃夫

早在德国时，科罗廖夫就开始与德国人谈论太空飞行。这些思考和讨论在回到莫斯科后仍未停止，尽管他一直忙于研制和试验首批弹道导弹这个第一要务。

在 1949 年 7 月与斯大林会面期间，在介绍完远程导弹 P1 的研制情况后，科罗廖夫本打算简单提一下弹道火箭用于太空探索的可能性。然而斯大林并不满足于这种漫不经心的叙述方式，这对科罗廖夫来说反倒是一种幸运，使他终于可以详细汇报这个问题。要知道在贝利亚看来，那些在国防事业上没有尽全力的行为无异于偷奸耍滑。

战前科罗廖夫在火箭研究所的战友 M. K. 季洪拉沃夫后来在位于布尔什沃的第一研究所工作，他的团队在 20 世纪 40 年代末对使用组合火箭发射卫星的可能性进行了初步计算。该项目的推进受到了很大的阻力，但它作为重要的补充材料和论据，促使学者、军方和官员逐步形成了支持火箭用于太空的意见。第一特种设计局的总设计师利用一切机会，吸引所有盟友组建一个志同道合的团队。这个行动持续数年，但最终起到了重要的促进作用。

卫星

这些年（1945—1948 年），季洪拉沃夫研究了利用垂直火箭将人发射升空的可能性。之后在 1955 年，第一特种设计局研制了几个将人垂直发射到太空并用降落伞返回地球的座舱方案，其中一个方案甚至还考虑用机翼着陆。

1949 年，科罗廖夫邀请太空医学专家一起研制小狗的垂直发射系统。

小狗发射研究一直持续到 1960 年。

科学院不仅支持发射科学院试验火箭，而且院士们对拓展这方面的研究很有兴趣，早在 1953 年科罗廖夫就被选为苏联科学院通讯院士。

1954 年，第一特种设计局开始研究将人垂直发射送入太空的项目。

1951 年，启动人造地球卫星研制工作，整个项目持续近十年。

总师委员会（1947 年 11 月成立）有权协调同一项目中隶属不同机关的各企业工作。

在高新技术最前沿从事研究的高校、研究所和设计局学者关于科学的决议

军备竞赛前夕

竞赛开始

应用科学

毕竟，弹道导弹技术的建造和发展带来了战略武器的真正突破，引发了全球武器（带有核弹头的洲际弹道导弹）的建造和卫星发射，这与当时的其他伟大成就有所不同。这种差异的根源在于，一开始很少有人能够意识到弹道导弹的无限可能性，甚至连专家也不例外。第 88 研究所是行业的首脑，下设约十个设计局，每个设计局都有一名总设计师，科罗廖夫只是其中之一。而且他的情况与别人不同，比如说，跟原子弹之父库尔恰托夫相比，科罗廖夫必须用整整十年的时间来为自己开辟道路，并且还要向别人证明自己的火箭宇航技术方向具有优势。如果细想就会发现，美国人有时问我的问题并不奇怪：为什么是科罗廖夫这个曾经被镇压的人被任命为苏联火箭航天项目的领导人？不，要知道，其实并没有人任命他，而是他亲手为自己开辟了一条登顶之路（是的，并非行政上的逐级晋升）。他在繁重的工作和艰巨的挑战中成长，从第 88 研究所三处处长到传奇的匿名火箭航天总设计师，在这条险象环生的道路上他一次次化险为夷，最终走向成功。是的，他与库尔恰托夫的确不同，苏联人民都知道是谁发射了第一颗人造卫星，是谁第一个把人类送入太空，还有很多“世界第一”是在他死后才公之于世的。

十年火箭战略

在本篇文章中描述科罗廖夫在战后负责的所有火箭项目及其他项目是没有意义的。

首先必须指出，科罗廖夫最终找到了自己擅长的事情——创造自己的火箭。这项工作毫无疑问是多方位的，如果用一个词来形容的话，那就是一项组织-技术工作。正是这些年的经历磨砺了他的高超技艺和对大小团体队伍的领导能力，不论是兵团还是整支部队都管得得心应手。这个领导的根本特点在于：这些队伍的大部分成员不是纪律严明的士兵，而是富有创造性的工程

师和科学家。不能简单地命令他们，而首先要让他们统一思想。此外，这一切的前提是必须严格遵守当时的保密制度，即这条战线上的每个士兵都不能知道相邻战区的人在干什么。要鼓舞所有“战士、指挥官和政治工作者”的士气，激励他们取得新的成就。

这是当时的游戏规则，绝对不能违背，科罗廖夫在经历一切磨难之后比任何人都清楚这些。

从研究掌握德国 V－2 火箭技术开始，科罗廖夫就带领自己的庞大队伍，包括许多协作单位，一路披荆斩棘，从一个火箭到另一个火箭，不断完善它们的效能，同时磨砺自己的工程技艺，终于造出了他们的巅峰之作——“7号”火箭，即第一个洲际弹道导弹。

必须指出的是，在接下来的航天十年里，科罗廖夫继续积极研究各种火箭，不仅仅是独一无二的 H1 火箭。

因此，“7 号”（R7）火箭并非最完美的科罗廖夫火箭。9K 火箭才是一枚无懈可击的液体火箭，一枚清洁环保的液氧煤油火箭。它的设计采用了一系列先进的结构方案，这使得它的重量比接近完美。

我必须提前说一下后面的事，虽然科罗廖夫没有机会建造更先进的火箭，但这样的机会曾经是有过的。此外根据 1960 年通过的苏联火箭宇航技术发展计划，不仅要研制超重型运载火箭，还要研制中型运载火箭。这个提案被重新审查，取而代之的是切洛梅的提案。令人难以置信的是，该提案在 1961 年5 月加加林进入太空后不久即获得了批准。

9. 1956 年：伟大的转折年

在斯大林的第一个五年计划时期，经常流行一些大张旗鼓的口号，号召工人不顾一切艰难困苦创造新的劳动成就。那时开始大规模搞农业集体化，广泛进行工业化，因此 1929 年被称为一个伟大的转折年。

作为火箭十年故事的结尾，我必须稍微回溯一下 1956 年，因为那年对于第一特种设计局、整个火箭技术、科罗廖夫的整个事业以及我们许多人来说也是一个伟大的转折年，那一年第一特种设计局终于争得了独立，火箭技术也在次年变为了火箭宇航技术，我们许多人都被命运带到了地球和太空轨道。

那个转折年始于 2 月 2 日，这一天是世界范围内的第一次核导弹（代号为“贝加尔”）试验的日子：一枚带有核弹头的 P5M 导弹从卡普斯京亚尔发射场发射，击中目标后在哈萨克斯坦的塞米巴拉金斯克地区爆炸。尽管这个试验就其本质而言是野蛮的，但对于以火箭专家为首的执行者来说，无疑是一项功绩。众所周知，科罗廖夫和总设计师委员会的所有成员都成为民族英雄（尽管是匿名的），他们都获得了“社会主义劳动英雄”的称号。

新一届苏维埃领袖赫鲁晓夫早在 2 月 27 日就访问了第 88 研究所，他带着极大的惊喜第一次看到了这些外观不同寻常的苏联雪茄形超级武器，并聆听了关于其未来发展前景的介绍：实验机械制造厂（ЗЭМ）的新车间里展示了第一个当时尚未飞行的洲际弹道导弹，著名的全尺寸“7 号”火箭。利用与国家领导人会面的机会，科罗廖夫毫不迟疑地提到了利用“7 号”火箭发射人造地球卫星的可能性。可以推测赫鲁晓夫从这个对自己而言的新术语中意识到了什么，但话已经说出口了，从某种意义上来说他同意了……不过前提条件是，这个令他费解的科学实验不能干扰全球超级武器的制造，毕竟那个才是主要任务。最主要的是，这话说得非常及时：要知道距离卫星发射只剩下一年半多一点的时间了。

就这样，经过多年的科学技术准备工作以及对各级机关部门的反复游说，加之美国也在进行类似的研究，最高层终于在口头上答应开展此项工作了。主要技术工作一直持续到 1957 年 10 月，还要继续推进，要对“7 号”进行引导，教会它飞行。为了不让美国人抢在前面发射，必须果断退一步，先发射一颗最简单的卫星（ПС），代替他们研究数月、配备了科学仪器、重达一吨半的“真正”卫星。也是在 1956 年年底，通过了启动该设计项目的决定。就这样，突破太空的准备工作正式拉开序幕。

早在 1956 年这一转折年的 8 月，第一特种设计局就是一个独立的组织了，最重要的是我们的实验机械制造厂作为科罗廖夫所辖机构的基础，成为其不可分割的一部分，其车间和实验室可以生产和试验所有即将发射的火箭子级、星际自动探测器和飞船相关产品。

我从莫斯科国立鲍曼技术大学（МГТУ）毕业后，于 1956 年 4 月到第一特种设计局（当时还隶属于第 88 研究所）工作。那时像我们这样的新手并不多，直到 1957 年才迎来一批年轻专家涌入企业，我们协作单位的人数也急剧增加。从那时起，设计局和工厂开始组建实验室和研究室，为这个国家火箭航天领域的龙头企业打下了基础，苏联航天的许多成就都归功于这家企业。无论如何，所有主要的火箭航天计划都是在总设计师谢尔盖·巴甫洛维奇·科罗廖夫的领导下实现的。我在此期间所参与项目的许多细节在《太空对接故事》第一部中叙述过了。

值得一提的是，在 1956 年 2 月召开的对国家具有历史意义的苏共第二十次代表大会上，谴责了对斯大林的个人崇拜。从这一政治事件开始，实质上标志着国家命运进入了一个新的时期，称为“赫鲁晓夫解冻”时期。可惜这个时期持续时间较短，但在苏联国内还是出现了很多不可逆转的积极变化。很快就发现，赫鲁晓夫无法从根本上改变对苏联国家的管理。此外，他的不可理喻和战略短视混杂在惊人的唯意志论中，导致了思想、政治和经济领导方面的混乱，并且也波及了对火箭宇航技术的领导。这种状况严重影响了火箭宇航技术的后续发展和科罗廖夫的整个事业，甚至我们总设计师的个人命运。

在“我们这一代将实现共产主义”这一积极口号的号召下，苏联国家采取粗野的方式推进发展，这导致国民经济出现了更大的扭曲。暴力清除私营部门，特别是在农村，这实际上给农业带来了灾难：20 世纪 60 年代初我们经历了惨败的市场，甚至出现排队买面包的景象……“快速共产主义”的思想家们计划通过那种方式解放劳动人民的双手，从而投入到对社会有用的集体劳动中，并打算用生铁、钢铁和看似是消费品的东西来填满整个国家。另一方面，军备竞赛继续扩大，必须指出这些年这一活动没有被计划好，因此导致了军事能力盲目且不平衡的增长，而这需要付出更大的经济和物质代价。

至于火箭技术，它的研制就是一个以主观方式选择火箭类型并确定整个系统及其主要组件承研单位的典型例子，其总成本达数十亿卢布。总设计师之间的竞争全面铺开，渴望成为最高层领导的宠儿在这其中开始发挥重要作用。竞争持续白热化，火箭研制人员也想参与有影响力的太空项目，这些项目可以让人平步青云，迅速获得声誉、奖项和头衔。这样的例子不胜枚举。更令人难以置信的是决定并行开展两个月球计划，导致最终失去了载人航天计划上的领先地位，也在月球竞赛中输给了美国人。因考虑不周且毫无根据做出的决定远不止这些。

这一切所带来的后果大家都知道，这里无须多言。我从 1956 年开始就亲身参与了第一特种设计局的很多火箭航天项目，因此可以用第一人称的方式讲述许多故事。

可以说，20 世纪对于俄罗斯来说是一场无休无止的试验，其规模和极端程度史无前例，那是一个交织着伟大成就和惨痛损失的时代。我们看起来就像一群尝试开发西伯利亚的人，既没有能力独自挺身出列，也不能始终理性地将自己的命运与西伯利亚紧密相连，苍茫辽阔的西伯利亚就如同这个一望无际的宇宙。

无论如何，1956 年年底苏联和世界上其他国家一起迎来了新太空时代的前夜！谢尔盖·巴甫洛维奇·科罗廖夫再次成为这场划时代运动的关键人物。

10. 1957—1966 年：未竟的航天十年

接下来的十年是科罗廖夫生命和事业的最后十年，是他取得辉煌成就的时期，无论是本质上还是规模上，都堪称伟大胜利，与此同时这也是充满了苦涩失望的十年。虽然听上去不可思议，但事实确实如此。这样的事在生命中屡见不鲜，不知为何在我们俄罗斯尤为常见。这里讲的事情令人感到惊讶，而很多事例则是令人震惊和难以置信的。

科罗廖夫将自己的经验和已有的声望汇聚在一起，爆发出了惊人的力量。继第一批卫星之后，又向月球发射了第一批科罗廖夫自动探测器，并将金星和火星作为第一批行星探测目标；飞船和卫星整装待发，即将完成载人航天（“东方号”和“上升号”）和军事侦察（“天顶号”）任务；还有其他更加宏伟的近地太空和深空探测计划正在酝酿中。

可以指出，苏联火箭宇航技术发展的一个重要特征是，国防订单永远都比最具宣传效果的项目优先，包括科罗廖夫在内的所有总设计师们对此都心知肚明，他们会以此为原则制订自己的计划。

尽管在 1957 年第一颗卫星发射和 1961 年加加林进入太空这些轰动一时的大事件之后，太空领域还取得了很多卓越的成就，但遗憾的是，作为苏联火箭宇航技术向纵深发展的重要时期，科罗廖夫的航天十年显得缺乏章法，甚至可以说混乱无序。缺乏切实有效战略部署这个问题不仅表现在出于政治宣传目的、将大量精力耗费在“东方号”的重复飞行上，而且在新型洲际导弹研制和一些长期航天计划中也表现得尤为突出。所有这一切都发生在中央集权管理下的苏联，以政治局为首的苏共中央委员会对这个国家实行不间断的全方位控制，执政党雷厉风行，且拥有无限权力。

在四五十年代的战争时期和艰难的战后恢复期，国家在这样的统治下显示出了强大的优势，就像上文提到的，那些年创造了全新的技术，因为这些需要大规模的综合实力。最困难的时期已经过去，国家的火箭技术工业和导弹基础设施已经形成，为完成新任务创造了有利时机。但事实并非如此。由于一系列的原因，在一些关键宇航项目的组织上出了问题。

首先，宇航技术和其他高科技领域未来发展战略的制定和协调由赫鲁晓夫领导的新一届国家最高政治领导层接管，而他们在这方面实际上没有任何知识和经验，其结果是放纵了一系列重大的原则性错误。一个比较鲜明且广为人知的例子是将几家主要航空公司转产到火箭宇航技术领域。其中，切洛梅的活动带来了巨大伤害。还有本书的第一部曾经讲到过的：赫鲁晓夫的新宠将这位领袖刚刚大学毕业的儿子弄到自己身边当了领导，在最短时间内实现了看似不可能的事情。且不说他获得了所有最高奖项和头衔（这些殊荣显然是提前透支了他未来的份额），而且还居然签署了一项在当时情境下令人惊讶的国家最高级决议：在加加林飞行后一个月，将包括月球计划在内的主要前沿航天项目转给了切洛梅。而在之前一年，这些持续到 1967 年的计划都被以政府法令的形式批准并委派给了科罗廖夫。这一切简直令人难以置信，但已是不争的事实！

在科罗廖夫的领导下取得了第一批成就后，就开始发生一些纯属闹剧的事情。在这些闹剧中最先遭殃的就是我们的月球计划，首当其冲的是重型运载火箭的研制。科罗廖夫退居二线，被迫改变多年来在火箭发动机等最重要部件上进行的合作。

再度重申，在这段被称为航天十年的时期，至少完成了新型洲际弹道导弹和运载火箭的研制。这是火箭宇航技术领域快速发展的时期，因为保卫国家需要比“7 号”机动性更强的洲际导弹，而完成大规模的航天新任务则需要将整列星际列车发射入轨。

可惜的是，科罗廖夫低估了这些客观因素，比如党内斗争，甚至公开嫉妒和阴谋。不仅如此，他凭借着自己的威望和实力开始过于坦率地行事。为了研制更高效的液氧煤油运载器，他竭尽所能让洲际弹道导弹也采用同样的推进剂组分。最后的结果大家都知道，诞生了新一代科罗廖夫“9 号”（R9）洲际弹道导弹，虽然它最终于 1956 年被用作武器，但在快速高效方面明显不如杨格尔和切洛梅领导下同期研制的高沸点推进剂导弹。关于后者在苏联火箭宇航技术中的作用以及其实现目标的方法已在前文提及。尽管如此，但科罗廖夫在这个危急关头还是缺乏灵活性。

与格鲁什科的决裂是最大的损失。曾携手建造第一代苏联火箭的人不再是战友，而成了不折不扣的敌人，这给整个苏联火箭宇航技术带来了无法挽回的损失。

尽管如此，还是应该旧话重提，即任命科罗廖夫为火箭宇航技术领域的总设计师是一个相当有效的决定，他总体上证明了自己有能力担任国家级领袖（名副其实）。特别是在60年代他将自己的研制成果慷慨地分给了其他企业，不久之后这些企业的领导都成了各自领地上的“一方诸侯”。

至于洲际弹道导弹，随着其作战能力逐年递增，已发展成为固体火箭，而国内这项技术的研制也是60年代初期在科罗廖夫的领导下开始的。至于后来研制试飞和入编战备执勤的进程被推迟，并不是我们总设计师的过错。

最终这位天才人物溘然长逝，众所周知，那是一个悲剧性的结局。

随着我们总设计师的离去，苏联宇航员的探月和登月飞行计划彻底失败了。不能说如果科罗廖夫还健在的话，H1－L3项目能够实现我们人类的登月计划。最高领导层的刚愎自用和计划的混乱无序早已注定了这个项目的惨淡落幕，这里没有必要重复本书第一部已经描述的内容，包括第一特种设计局不得不接受一个拖延很长时间的残缺项目方案。但不论如何，如果科罗廖夫能够再多活几年，或许包括苏联航天在内的许多事情将是另外一番光景。

美国人在月球竞赛中前所未有地打败了苏联，之后就失去了向更高更远的星际进行轨道飞行的主要驱动力。科罗廖夫已经离我们而去，而美国国家航空航天局（以下简称NASA）事实上也拒绝了冯·布劳恩的服务，这位天才的德国火箭专家因此失去了生命的支柱，被迫告别了自己的主要事业，很快也郁郁而终，尽管他曾经创造了非凡的成就。两条截然不同的平行线最终殊途同归。

我只想强调在以后的数十年中对我们的航天项目产生直接影响的因素。年复一年，我常常思考他会如何看待和评价我们所做的一切，作为他事业的继承者，我们在地面潜心设计，只为继续翱翔宇宙。

俄罗斯知识分子天生的智慧

工作能力

大胆思考，快速行动

卫星

伟大的十月太空革命

故乡没有先知

莱卡狗

太空竞赛

进入太空的第一人及其后续……

月球竞赛

对事业的耿耿忠心

梦想的能力和在不脱离现实的情况下实现梦想的能力

爱国主义

在实施第一批航天项目过程中形成的风格，是我们从总设计师那儿继承过来的最宝贵的财富。

合理的冒险

质量控制原则

多题材、多阶段

大胆思考，快速行动

为何我们没有登月

赫鲁晓夫

肯尼迪

阿姆斯特朗

美国人也称呼科罗廖夫为“积分”（应该是英文“intergral”，有“不可或缺”的意思——译者注），从该词的俄语意思来看，不是很清楚指的是什么。在英语中它还有“不可分割的”意思，那就是指他与火箭升空、航天探索和宇航员密不可分，所有那些与他息息相关、每每令人惊喜的新成就也曾经在50年代末、60年代初给美国人当头一击，令他们大惊失色。

去火星？

死亡

继承人

11. 技术遗产

7 – KA

7K –联盟

闪电，通信

更重要的是方法

人们

科罗廖夫的近卫军

12. 假如

据说，毕留金曾说过科罗廖夫死得很及时，因为他不必经历那些严重的事故和沉痛的失望，尤其是载人航天计划进程中发生的一切。

有时人们也会问这样一个问题，如果科罗廖夫健在，我们的宇航员会登月吗？

这个问题显然没有答案。乍一看，用假设的方式谈论过去显得毫无意义。尽管如此，我还是决定暂时做一次不合逻辑的事，因为这能使我以稍微不同的方式看待某些事件，并站在一位资深专家的立场进行评判，毕竟在我们的总设计师英年早逝后的几十年中我一直从事航天工作。这些年来，各种规模和有价值的项目层出不穷，起初还伴随着重大的事故甚至灾难，这需要单独讲述。

首先要讲一讲那些由科罗廖夫拟定却没有完成或者没有全部完成的计划。

第一，至少有两艘“上升号”飞船本应发射入轨。第一艘可以继续载人飞行，那样的话就不会让美国人领先，美国人此前已经在“双子星座号”飞船上进行了一系列密集的短途飞行，如果启用“上升号”飞船，实际上会比“联盟-9号”飞船提早4年给出必要的经验。第二艘“上升号”飞船配备了人造重力，据悉这个独一无二的试验已经完全准备好，但被叫停了，从此无人能重现。

第二，“上升号”的飞行原本可以为“联盟号”无人飞船的调试提供足够的时间和可能性，至少不会让“联盟-1号”载人飞船未经调试就飞行，结果发生了1967年4月宇航员科马洛夫的悲剧。因此必须再次强调，尽管加加林的“东方号”本质上是一艘更简单的飞船，但它的调试方法却要仔细得多。科罗廖夫也冒了风险，但凭着自己的经验、直觉、常识以及无比正确的思路成功了。

由于与探月相关的运载器N1－H1的命运未卜，使得L1和L3月球计划的未来变得更为复杂。

尽管如此，还是要首先讲一讲上面提到的“联盟号”飞船的调试过程。

谢苗诺夫刚开始对L1进行研究

第一次对接……

轨道空间站

探火？

美国人也停止了……起初没人能和它竞争

“阿波罗-联盟”试验飞行（ЭПАС）

美国人

在破布上……

航天飞机

在机翼上

混合体

13. 科罗廖夫现象

和大多数天才一样，科罗廖夫身上表现出了两个主要品质：独一无二的天赋和卓越的工作能力。

朗道天才尺上的科罗廖夫

谁都无法与他比，甚至是伟大的德国火箭专家冯·布劳恩，命运并没有让后者施展出他的全部才能。从某种程度上说，这也是他为自己过去的亲法西斯行为而必须要偿付的代价。我觉得冯·布劳恩或许还会羡慕科罗廖夫和他那既令人赞叹又让人唏嘘的命运。另一方面，尽管谢尔盖·巴甫洛维奇有着深切的爱国情怀，但他有句话却让人印象深刻，他说自己本应与冯·布劳恩配合默契。

科罗廖夫，这是纯俄罗斯现象

总设计师和型号总师的地位

战争中由将军领导的国防企业

美国人根本没有明确的领袖（除了德国火箭领袖冯·布劳恩）

后来新老交替，在NASA第一代精英谢幕后，他们混乱的组织机构开始失效，等他们意识到这一点时似乎已经晚了

休斯敦中心主任受邀做讲座

太空军队统帅

拿破仑："……要是在莫斯科郊外把我杀死就好了。"

自己民众都不知道的事

科罗廖夫没有成为总设计师

这究竟对谁有益

总设计师和型号总师

火箭宇航技术的最高统帅

科罗廖夫与科学院

科罗廖夫与权力阶层

科罗廖夫与宇航员

科罗廖夫与太空通信

科罗廖夫与对接

人造重力

科罗廖夫与太空宣传

波德利普基，一座未来的科罗廖夫城

科罗廖夫与格鲁什科（阴险毒辣之人）

科罗廖夫与赫鲁晓夫……切洛梅与赫鲁晓夫的儿子

科罗廖夫与科尔德什

科罗廖夫与费奥克基斯托夫

科罗廖夫与拉乌申巴赫（美男子）

科罗廖夫与切洛梅

科罗廖夫与他的“囚徒们”

科罗廖夫与阿法纳西耶夫

冯·布劳恩

美国人

人才的选拔与分配

对人的领导：协调行动、坚信自己事业的正确性、知识和心理学应用

他的鹰

找到、抓住最需要的一环并拉出整个链条

火箭和航天器的管理

思考、行动和飞行的速度：比声速还快

设计：双重备份法

机翼与“破布”，其结果是（?）混合体：毕竟是科罗廖夫

年轻时就设计过滑翔机和飞机

爱国主义，谢瓦洛夫事件

哈尔福特的书

设计师（100个故事）

科学家（100）

艺术家

宇航员兼教练

选择方案的权利

积分

个性
多年来的科罗廖夫近卫军
长期服役的 7－KA、7K、11ф67
靠什么生活
如何工作
如何去爱
讨厌的事？
尖叫者（贝利？）
火箭学者（维索斯基？）
《歌唱班主任？》
是什么人
如何领导
感谢什么
给妻子的信
女儿

14. 追随者

再讲讲瓦西里·巴甫洛维奇·米申。

这里我不想重复或者纠正本书第一部第 1.13 节和其他章节中撰写的内容，即他受命运驱使意外地成了我们总设计师的接班人。然而，在第二部中，我不能不补充一些我近几年才明白的道理。也许有人会觉得这些措辞不合适，其实我自己也不愿意把它写下来，和许多人一样，我本人也很喜欢这个不同寻常的人。

关于米申在 1946 年被选为第一副总设计师的问题是很有趣的，因为正是从那个遥远的时代起，这些形形色色的人开始了 20 年的密切互动。现在只能猜测，科罗廖夫在自己的事业刚刚起步的时候就为自己选择了第一位副手，他这样做的动机如今只能靠猜测了，那个时代有太多不可思议的事情。米申有很多吸引人的特质：天性善良，年轻英俊。战争前夕他从莫斯科航空学院（МАИ）毕业，在那段困难的岁月里获得了实践经验，并在第一研究所的博尔霍维季诺夫航空设计局提高了职业素养。作为一名颇具才干且会驾驶飞机的技术人员，这位年轻的工程师很快脱颖而出。从 1944 年开始，他先后在苏联和德国参与研究缴获的火箭技术装备。

米申有一个当时看来很好的农民出身。科罗廖夫对他额外的好感也许是因为未来副手的父亲也曾因一些琐碎的政治事务而在监狱里待过一段时间，而且按照当时的惯例，儿子也会被认为有嫌疑。

在接下来的20年里，第一副手一直在总设计师身边工作，与他一起并肩携手参与所有的火箭项目和之后的航天项目。但从科罗廖夫意外去世后所发生的一切可以看出，米申完全不能担当整个伟大事业的推动者，无力继承和领导自己上司创下的这份基业。我想，对我和许多人来说，都不明白他的个性为何会变得越来越消极，虽然他有酒瘾，但完全能够克服，个中原因实在令人费解。命运对他也莫名其妙，很可能最终都难以揭示引发一切变化的缘由。总而言之，他似乎无法胜任这项伟大事业的掌门人。这不只是我个人的见解。无拘无束的性情作为一种领导风格，他从科罗廖夫那里继承了很多，但谢尔盖·巴甫洛维奇如同一位优秀的演员将这个道具运用自如，而新的总设计师似乎喜欢将其作为管人和管事的主要方法。

如果总结一下他对于主要计划项目的领导成果，包括他领导过和反对过的项目，以及他反驳过或纵容过的失误，那么足以列出一个长长的清单。这其中包括固体推进剂洲际弹道导弹，两艘“上升号”飞船（第一艘用于进行宇航员长时间飞行，第二艘用于人造重力系统试验），载有宇航员科马洛夫却未经调试的“联盟1号”飞船的发射，开展N1－L3月球计划调试试验（首先是N1运载火箭的飞行试验），与切洛梅结成奇怪的联盟，旗帜鲜明地反对长期在轨空间站（ДОС）计划（后者多年来一直是科罗廖夫的敌人并对其事业造成了巨大伤害），以及在美国人成功登月后依然坚持注定失败的L3－M月球计划。

我不喜欢把一切过失都归咎于一个人，原则上这样是不对的。通用机械制造部（MOM）和部长会议军事工业委员会（ВПК，以下简称军工委）的领导在哪里？还有最顶层的中央委员会和政治局的领导又在哪里?！毕竟，历来这种级别的领导都是他们任命的干部。党在一系列危急关头确实表现出了无比强大的力量，是苏联时代的领导者和指挥者。

从另一方面而言，米申在总师负责制这一管理体系下当了七年的总设计师，如果不在这些问题上深挖细节的话，那么他的政治生涯就真的乏善可陈了。

可惜！

格鲁什科

瓦连金·彼得罗维奇·格鲁什科在苏联航天史上占据着一个特殊的地位。尽管他在我们这个火箭航天领域的首席单位担任了15年领导，但他主要的贡献还是建造火箭发动机，那是他毕生的事业，他为此投入了40多年的心血，也的确取得了史无前例的辉煌成就。而且作为总设计师，他同样也为航天事业做出了很大的贡献。

此外，有一个问题很有趣，那就是为什么格鲁什科有这么远大的抱负，却没有成为第二个科罗廖夫呢？我认为，这不仅是因为他太晚成为我们这家首席单位的领导，而且他执掌苏联火箭航天计划的时间也太晚了。

谢苗诺夫

除格鲁什科外，谢苗诺夫对国家载人航天事业的发展也做出了巨大贡献。与前者的火箭发动机总师出身不同，他并不是一名真正的设计师，用现在的话来说，他是一名经理人，按我们当时的话来说，他是一名主管设计师。科罗廖夫推行“产品主管设计师”管理制，将他们称为总设计师的“眼睛和耳朵”。从火箭（后期是航天器）的详细设计开始，经过后续的试验调试阶段，直到产品完工和进行飞行设计试验，在整个过程中他们发挥了全面的协调调度职能。此类岗位首先需要具备丰富多元的工程知识，其次要有灵活机敏、坚毅果断的品质。那些精力充沛、雄心勃勃的人成为领导者，是通往成功的捷径，在科罗廖夫的领导下，这样的人逐年递增，因为每一次新的胜利都会带来奖励和晋升的机会。不管怎么说，在这个领导职位上至少可以获得独特的经验。从50年代下半叶开始，当“上天产品”研制任务开始转到其他企业和城市时，一批主管设计师变成了型号总师（后来又成为总设计师），其中包括Д.И.科兹洛夫，В.П.马基耶夫和М.Ф.列申涅夫。毕竟，没有人比主管设计师更了解自己的产品，这种任命在某种意义上是顺理成章的，而且科罗廖夫需要在新的关键岗位上任用自己历练过的人。一般来说，主管设计师缺乏设计新产品的真正经验（和创造才能），不过如果一个新的大领导者身边围绕着一群富有创造力的人才，那么这个缺陷还是可以弥补一二的。

从第聂伯罗彼得洛夫斯克调过来后，谢苗诺夫先是担任“联盟号”飞船的副主管设计师一职，很快就晋升为L1飞船（绕月飞行）的主管设计师。因此他在60年代下半叶积累了不可多得的经验，而他凭借国家政治局最高层的支持，成为长期在轨空间站（ДОС）这个重大型号的主管设计师（刻意加大权重）。在与美国月球竞赛中失利后，国内载人航天的总体形势和他背后的强大支持，帮助他从切洛梅手中夺回了“一块太空钻石”，并最终将长期在轨空间站变成了苏联载人航天的一个主要项目，而谢苗诺夫本人也成为该项目的总设计师。这在很大程度上得益于费奥克基斯托夫手中掌握的一个酝酿多年的设计，他是科罗廖夫手下的一名总体方案设计师，谢尔盖·巴甫洛维奇将它送入太空，为的是在轨测试他们的第一个多座位“上升号”，就像我们的总设计师年轻时亲身测试自己的滑翔机一样。

格鲁什科 1989 年去世后，这条多年铺就的漫长“轨道”之路引领谢苗诺夫成为我们单位的领导。

很遗憾，80 年代末谢苗诺夫与费奥克基斯托夫决裂了，这从一开始就大大削弱了长期在轨空间站后续的创造性发展。必须指出，在这之前“和平号”空间站已经进入太空，并且整体设计完毕。90 年代，在谢苗诺夫的领导下完成了“轨道世界”（在俄文中，“和平”一词同时又有“世界”的意思——译者注）的建造，在这里它是独一无二的。在那些年中，还准备并实施了新的国际合作项目——“和平号”与航天飞机对接，同时完成了国际空间站的设计，其中俄罗斯舱段的建造大量采用了长期在轨空间站的构型和技术。

值得一提的是，谢苗诺夫作为主管设计师和型号总师，对“暴风雪号”航天飞机的成功飞行试验做出了重大贡献，这个产品既独特又矛盾，就像谢苗诺夫本人一样。

据说可以从对人对己的态度来评判一个人，那样的话谢苗诺夫的“分数”就是极低的。他对自己下属的态度令人震惊。同时，我们天才的“主管设计师”对人性研究得非常透彻，并且他已经学会了如何对人施加影响。多年来我们开始称他为“食人魔”，因为他利用自己的经验和能力来压制别人，全无怜悯之心。

个人的忠诚，更多地体现在鞍前马后地服务，绝不是忠诚于事业，这是谢苗诺夫干部政策的指导原则。

经历了从副主管设计师到总设计师的历程，谢苗诺夫坚信自己的天才和不可替代性。在他执政生涯将要结束时，他越发拼命地为所欲为，着手改革，解散了设计局中一些战斗力很强的部门，让老设计师们尝试放弃绘图仪而改用计算机。当公司的火箭航天副总裁们开始被行政后勤领导取代，我们就说：“这下连厨娘也可以管理国家了”，经验丰富的切尔托克纠正了我们，他说，列宁说过一句话：“……在我们国家（苏联国家），即使是厨娘也能为国家的管理出主意。”顺便说一句，我们总裁的做派常常让人想起政治局成员的领导方式。

当俄罗斯国家航天局新领导上任后，谢苗诺夫认为他可以像过去一样让新领导也对他言听计从，结果这位“能源”火箭航天集团公司的第一任总裁就此失去了自己苦心经营的关系网，来自上级机关和公司内部的打击接踵而至。

幸运的是，对于一个坚强的人来说，命运的打击并不会致命。

塞瓦斯蒂亚诺夫

H. H. 塞瓦斯蒂亚诺夫主持“太空帆船赛”财团会议

虽然现在下结论还为时过早，但我还是想讲一下这个继任领导岗位的新生代人物，前面三位比我年长的领导者都已辞世。尤其这位新任领导某种程度上还算是我的学生。他第一次当领导是在我们研制第一个太阳帆的时候，我们成立了一个名为“太阳帆船赛”的公司，我和布拉涅茨推举这个普通的程序员担任总经理。这个项目的具体细节详见第 3 章。在“太空帆船赛”财团运行期间，他获得了经验，并与很有实力的俄罗斯天然气工业股份公司（Газпром）建立了良好的联系。随后他组建了一个新的团队，并以“天然气管线公司”（Газком）总经理的身份，依靠俄罗斯天然气工业股份公司的资金和“能源”火箭航天集团公司以及谢苗诺夫个人的大力支持，独立完成了一个具有相当规模且需求迫切的通信项目，核心是研制新一代“亚马尔”通信卫星，卫星上使用了大量进口的航天电子设备。

与“能源”火箭航天集团公司现任总裁
B. A. 拉巴塔在科罗廖夫的办公室门前合影

对于我们的新总裁来说，这些宝贵的经验成为他通向未知前途的有利条件。我们的时代有很多独特之处。

塞瓦斯蒂亚诺夫是个有着远大抱负的人，一开始他就想成为一名伟大的领导者，按理说这也是很正常的。他想承担太多的责任，或许这也没那么糟糕。常言道：如果你想得到更多，那就得拼尽全力。从另一方面说，科罗廖夫非常擅长这一点，必须组建一些行动力强、专业水平高、思想统一、目标一致的专业技术队伍，经常督促他们但又不剥夺他们的独立性和创造激情，同时善于向自己的下属学习。

只希望他不会再像年轻时那样言行冒失了。

2005 年，随着俄罗斯国家航天局新领导班子的上任，谢苗诺夫卸任，终于迎来了有利时机。5 月塞瓦斯蒂亚诺夫成为“能源”火箭航天集团公司新任总裁，他多年来的努力终于实现了梦想。我们中的大多数老同志原则上都支持这个决定。只是后来的发展并不符合我们的期望。

月球项目，氦-3，快船

队伍

布拉涅茨是我的朋友，但真相更可贵

失去信任

设计局和实验机械制造厂前景暗淡，这是迟早的事

尽管开头令人沮丧，但作为科罗廖夫所剩无几的近卫军，我们中的大多数人都是现实主义者，我们衷心祝愿新任总裁一帆风顺、马到成功，毕竟这关系到科罗廖夫奠定的事业能否延续。

所谓时势造英雄，此言不虚。但不管怎样，我觉得载人航天和国家的整体发展是两条息息相关的平行线，而线条的走势相当奇怪，简直令人目瞪口呆，几乎到了不可理喻的地步，最近几年尤其如此！

15. 结论

在科罗廖夫意外去世后，我们只能在米申的领导下工作，这一点我已经讲过了。从 20 世纪 60 年代末开始，谢苗诺夫变得越来越活跃，一步步成为长期在轨空间站的型号总师，格鲁什科去世后（他从 1974 年到 1988 年执掌庞大的“能源”科研生产联合体），他成为总设计师。2005 年，他被塞瓦斯蒂亚诺夫接替。

在 30 多年的时间里，我们实现了一系列伟大的火箭航天计划和项目，我也有幸成为大部分项目的积极参与者。关于这些细节我会在本书中详细叙述。

我依然会尽力讲述苏联（1992年之后是俄罗斯）航天是如何发展和如何参与竞争的，还有我们自1992年开始与美国人的再度合作，以及之后与其他国家的合作。我仍旧负责对接，但数量和难度不断增加，在这些年我能够更加深入地思考问题的本质，包括边界问题、技术问题、组织问题和人类的共性问题。

在第一部书中讲到，在科罗廖夫意外去世前不久，他注意到了我，不知道如果在他的领导下我的职业生涯将会怎样。十年的岁月没有虚度，在“联盟-阿波罗”计划完成后，И. Б. 哈扎诺夫曾对我说：“哎，弗拉基米尔，你应该有更大的施展空间。”还有一些其他的暗示，但后来事情的进展就相当慢了。由于我的特立独行和桀骜不驯，我的顶头上司对我没有好感，甚至还有猜忌。“这就是为什么你成不了型号总师”，他直截了当地跟我说。在这个缓慢的成长进化和一步一步的职务晋升过程中，其实也有积极的一面：我组建和领导专家团队的经验得到了加强，这有助于我在更为复杂的综合性技术项目中成为真正的领袖。我有幸召集并组建了一支业务能力强的专业设计师和工程师团队，大家对我信任有加。我像伊万·卡利塔一样，一步一步，把他们逐渐召集在一起。上级领导对我的信任同样也很重要，而且我也没有让他们失望。

应该说，汇聚了力量和信心，我才有足够的能力和勇气去冒险，表现出非同寻常的创造激情，而这有时就会带来精彩的结果。

在我非同寻常的设计师道路上，我还参与并领导了一些原始创新型航天项目，比如太阳帆飞船和太空照明系统、机电动力学绳索系统，以及最后的混合式载人飞船。虽然这些技术构想并没有完全实现，但也能给有志于探索更远太空的下一代人传递一些启示和思路。

我有幸进入这所俄罗斯航天的“母校”，并在科罗廖夫领导下工作了十年，这种经历对于我和我的许多同志来说，是后来一切建树的基础。这些不是空洞的言语，也不是对我们天才的事业创始人和第一位领导人的口头致敬：看完这里所有关于对接、地面和太空的故事后，读者一定能心领神会。

科罗廖夫的遗产取之不尽。

参考书目

切尔托克《导弹与人》第1～4部

科罗廖夫《父亲》第一部和第二部，2002

韦特洛夫《科罗廖夫的遗产》

韦特洛夫《科罗廖夫和他的事业》

《科罗廖夫：学者、工程师和人》

谢拉苗尼科夫《太空对接故事》第一部

诺菲尔德《火箭和帝国》

西迪齐《阿波罗挑战》

哈福德詹姆斯《科罗廖夫》

第3章

停滞期

3.1 引言：损失了20年？

无论是过去还是现在，宇航技术的发展都反映了一个国家乃至整个世界的政治和社会进程，这充分体现在20世纪五六十年代苏联的“复苏”时期。在那个时代，民族的整体精神面貌得以迅速提升，包括科技水平也取得了进步和迅猛发展。在随后几年里，我国的宇航技术在一系列成功和挫折的洗礼中，不断增强实力、积累能量，始终保持着长足发展。就在这个时期，美国航天业逐渐赶上并超过了我们。“联盟-阿波罗”对接计划翻开了美苏两国关系乃至国际关系的新篇章。这个事件成为国际关系缓和的顶峰。此后，苏联的政治经济生活渐显失调，最终整体衰退。从勃列日涅夫患病开始后，国家领导层对宇航技术的重视越来越日薄西山。

20世纪70年代末到80年代初这一段时期被称为停滞期。

对于国家的不同社会阶层以及各个事业领域而言，这个时期充满了矛盾，对于宇航技术包括它的缔造者们来说亦是如此。其他国家的宇航技术也同样出现了变化。西方世界已不同以往，随着新老更替，渐渐丧失了幻想和热情，取而代之的是实用主义和官僚主义。在那些年中，我们彼此疏离，各自为营，同时像五六十年代一样，关注着对方的一举一动。直到20年后才重新联合起来。当我们再一次被允许踏上这个崭新的“新大陆”（喻指美国——译者注），才发现这些年已经发生了翻天覆地的变化。

在这段停滞期里，逐渐形成并明确了苏联载人航天的主要方向——长期在轨空间站（ДОСы），完善并修正了建立和运行此类空间站的各种技术，包括载人飞船和货运飞船的对接技术。宇航员在空间站进行长期工作，这是史无前例的。为确保太空飞行的安全性和可靠性，我们进行了大量的工作。

另一方面，国内党政官僚主义的统治日渐残酷，摧残了一切创新积极性，总体的停顿和衰退越来越明显。与其他“非特权”领域不同，宇航技术的衰落程度没有那么明显，甚至在载人航天和长期在轨空间站这些前沿项目上，常常以追求新设计为主要目标。高层需要的是不断成功，而实用技术却得不到充分发展。有一个所谓的“国际太空”计划在当时备受推崇，根据这个计划，社会主义阵营和第三世界的所有国家都要派驻代表进入空间站，我们时代的航天“共产国际”领导者们试图利用这个计划在太空撑起那面标语“全世界无产者联合起来”。第一位登上太空的是捷克斯洛伐克宇航员，这也许是为了补偿1968年被老派社会主义“严寒”所扼杀的布拉格之春，在他之后是多灾多难的波兰邻居，然后是社会主义的东德。几年之后，“联盟号”飞船搭载的乘客还有古巴人、越南人，甚至阿富汗人。如果“联盟号”和“进步号”（飞船）真能打破政治的垄断和保守以及随之产生的经济停摆，那这一切倒不失为一件好事。

1975年后不久，就开始全面展开“能源-暴风雪”多次往返太空系统（MKC）的研制，即美国航天飞机的苏联版本。这个计划在20世纪80年代后期改革之前已达到实际应用水平。客观地讲，这项计划是苏联科技界的一项重大成就。科技工作者和工程技术人员展示了他们有能力完成这项宇航技术奇迹。但这个杰出方案最终却以悲剧收场，从某种意义上来说有其必然性。

苏联在载人航天计划中投入了大量财力物力，超越了其能力上限。我们的国民经济已完全失衡。如果去掉一些不必要的并行项目，那么长期在轨空间站的部分费用或许就可以节省。

在那些岁月里，苏联的火箭宇航技术解决了几个其他相关任务的问题，其中最核心的任务就是建立所谓的“核盾”，研制了导弹及各种地面、地下、水下的固定和移动发射装置。

这些计划由火箭宇航部门负责实施，有近百万人参与了工作。火箭宇航部门的组织及成立全靠通用机械部部长C. A. 阿法纳西耶夫的领导，这是一位真正的国家级领导。这位部长从战争年代生产火炮起家，经过了非同寻常的历练。可惜他在1983年被调离，这是时任国防部长、大权在握的乌斯基诺夫元帅的意思。

在国家整体处于停滞的时期，我们行业内的许多企业却进入了成熟阶段，这些企业基本什么都能做。20世纪80年代，为了克服物资短缺，我们也开始生产民品，而且质量很好，有冰箱、洗衣机，还有电视机。到改革时期，这种趋势更有增无减。但组织真正的改革，找到行之有效的激励机制我们却没有能力。否则，我们的生产本来可以供应90年代莫斯科商店里的那些进口商品中的一大半份额。

说到“暴风雪”方案，经历多年之后才真正了解，它在许多方面未达到初期的设想，也许本来就不应该投入那么多力量和巨额资金。无人驾驶的

“暴风雪”最终只完成了一次唯一的发射，而且比美国航天飞机要晚得多。20年后，当我们也开始搭乘美国航天飞机时，才对这种多次往返航天系统在技术和经济方面的巨大优点及本质缺陷有了更清晰的理解。80年代后期，“能源”和“暴风雪”的研制人员、设计师、工程技术人员已看到了自己的劳动成果，也为此感到骄傲。但这是一项没有出路的成果。“能源-暴风雪”计划耗尽了国家在这个“特殊”领域，即著名的国防七部门中最后的“存粮”。应该说不是存粮，而是国民经济中挤出来的最后资源，一个资源取之不尽的国家竟然耗尽了自己。军工集团已变成怪胎，常常研制些莫名其妙的东西。国家就这样从内部被掏空。马克思列宁主义曾经用计划经济迷住了我们的父辈，认为可以解救他们于资本主义市场经济的泥潭和国际帝国主义的火坑。初期思想变成目标，后来就落地生根了。

尽管遭遇剧变，但我们并未以悲剧收场。所有那些辛勤耕耘并不断将自己的事业推向前进的人们，热情地投入到戈尔巴乔夫于1985年开始的改革当中。但等待我们的是苦涩的失望，之后苏联解体，大多数人面临破产，大批科研机构经费紧张，这种失望的感觉更是演变成了普遍的悲观情绪。

我自己没有参与“能源-暴风雪”多次往返系统的总体设计，但不能摆脱与这个全新宇航系统的关系。从另一方面说，我明白自己的意见主观上与行业领导和其他专家的观点不一致。但我和我的同志们也只能倾注大量时间和精力，研制这些复杂的新系统，这些系统按计划将在“暴风雪”的第二次飞行中被采用。这一章里我会详细讲述有关内容。这些“暴风雪”系统实际上已经完工，尽管它们注定无法飞向太空，但我们的努力也没有白费。为“暴风雪”研制的新型周边式异体同构对接机构最终不仅找到了用武之地，而且成为下一轮国际太空合作计划中的催化剂和核心。不过这已是多年之后，90年代的故事了。

总的来讲，对于我的团队和我的很多同行来说，那些年过得紧张忙碌而且成果卓著。就我个人而言，这是我最繁忙、也是型号产品最多的时期，承担了许多不同的任务，有些时间段忙得不可开交，甚至比准备和实施“联盟号”“礼炮号”以及“联盟”与“阿波罗”第一批对接时更困难重重。也就是在那些岁月里，我们走向成熟，成为太空对接专家。这个专业就是根据理论和实践建立起来的，并在那段时间奠定的试验和技术基础上进一步得到验证。和以往一样，这条道路并非一帆风顺。在这一章中我将讲述自己工程和科研生涯的新领域，首先要讲的是那些技术方案，是命运把我引领到地球和太空轨道上的这些技术方案中。我参与了大型结构的设计工作，这个结构被称为太空建筑。众所周知，建筑是凝固的音乐。但我们的“音乐”和地面建筑不一样，它不是凝固的，它以宇宙速度绕地球旋转，被一步步建成并进行实实在在的改造，有时它还要绕轴自转，利用离心力来保持自己不同寻常的外形和脆弱的内在。最大也最具独创性的结构要属太阳帆了，这是20世纪初科学幻想家的追求，这个项目在很多方面都非比寻常，首先体现在组织工作上。从这个意义上说，它可以算作改革的正面结果，是智慧和实干的产物。

这个停滞阶段让我在科技文献方面也取得很多成果。那时我已成为真正的教授。所有这些工作都相辅相成，首先应该强调的是科研工作的意义，它成为后20年对接技术研制的理论基础。

顺便说一句，这一章和前面一样，主要叙述的是宇航技术。大家甚至会想，我和我的同志们只为工作而活，心里想的只有轨道对接。这当然不是事实：我们还是有空余时间外出休假和旅游的，做现代人生活中所做的一切，有时甚至更多。那时我已差不多50岁了，重新投身于真正的男人运动——冰球，这也是我年轻时代的爱好。每个星期日早晨8点，我们走上冰场，这不是普通的冰，而是人造冰场，地点不是别处，而是卢日尼科的列宁中央体育馆，有时甚至还会在体育宫。

我的两个爱好：冰球和足球（在足球比赛后与A. 波洛赫夫希科夫合影）

在卢日尼科体育场冰球赛结束后，跟我们这些老兵同场竞技的是我们的孩子安东·谢拉苗尼科夫（前排），B. B. 克留耶夫的儿子扎哈尔

这些年我们经常在国内坐火车和汽车旅行，坐火车增长了不少见闻。关于我们的汽车行业在下一章也会讲述，因为只有 20 年之后，我们才有机会和另一个“新”世界的汽车业做比较。我儿时的伙伴 B. 费多罗夫和我的好友宇航员 Γ. 格列奇科带我去打猎，令我接触了这个古老的男人职业，它还带有当今苏联航天的色彩。

所有这些就是我们生活的点滴，将永远留存在我对往昔岁月的记忆中。关于这些也会在本章和下一章进行描述。

3.2 确保长期在轨飞行

从某种程度上讲，20 世纪 70 年代初期对苏联载人航天的主要项目——长期在轨空间站来说是一个混乱的时期，“礼炮”空间站从 2 号到 5 号既是我们的民用空间站，又被用作代号为“金刚石”的军用空间站。后来这些都被归类为第一代空间站。

直到 1970 年下半年，长期太空飞行的构思和技术趋于成熟。“礼炮”6 号和 7 号空间站飞行了整整十年，被称为第二代空间站。最后是轨道组合体“和平号”空间站，这是 20 世纪近地空间开发的壮丽尾声。

在这 1/4 世纪的最后阶段，长期轨道工作站的技术、配置以及飞行操作细则等均得到完善，在宇航技术的可靠性和安全性方面也做了大量工作。这的确需要在多个领域、多个层次上投入大量的精力。最关键的环节当属运输飞船“联盟号”，它的先进性和完善性每年都在提升。“进步号”货运飞船的诞生亦是很重要的一步。有了货运飞船才能真正使宇航员长期飞行成为现实，而空间站则是长期在轨工作的实验室。

舱段或飞船被称为宇航部分，这部分只有在地面的持续支持下才能飞行，于是地面部分也相应得到了提升和完善。总之，70 年代进行的大量工作为 20 世纪末的苏联航天打下了坚实的基础，也许还有更深远的影响。

我们对接工作者在这一阶段也非常繁忙，新一代的长期在轨空间站要求对接机构有重大的改进。人类在失重条件下长期飞行，最先哭出来的（挺不住的）竟然是空间站上的金属和元器件，这听起来不可思议，但却是事实。最早从加加林上天开始，我们就接触到了航天结构的疲劳现象。

这里我只能稍稍提及复杂、持久的宇航计划中，我们工作的个别片段。从关键的一环“进步号”开始吧，先讲讲我们的第一代空间站。

* * *

在1972—1975年间，“能源”科研生产联合体和许多专家都忙于“联盟-阿波罗”计划，这占用了我们大量的时间、创造性和精力。尽管如此，我们还是加入了轨道空间站的项目，保证了“联盟号”飞船的对接，这些空间站的成功和失败现在都已广为人知了，但有关初期的某些事实还要讲几句，以便顺利叙述后面的阶段。

研制并发射到太空的这些“礼炮”空间站有很多，七个空间站中有五个被简单地叫做长期在轨空间站，但有两个（编号2和5）被称为切洛梅的“金刚石”。苏联航天各派系领导之间的关系，说得好听些，只是寒暄客套而已。但这并不妨碍我们对接人员将“联盟号”和“金刚石”紧密连接。“金刚石”上也装有我们的被动对接组件。我们安装在“金刚石”上的仪表设备要保证与星载电气设备集成在一起，这是一次有益的新尝试。与B.H.切洛梅的设计人员们一起工作，不同于“联盟-阿波罗”试验计划中跟美国人的互动。20年后，当我们把自己的对接系统集成到美国航天飞机上时，又用到了当年的经验。

“礼炮-2”（第一艘“金刚石”）于1973年4月3日发射后不久就在轨道上消失了。飞出跟踪站的可视区域，空间站在盲飞一小时后耗尽了全部推进剂。造成这个大灾难的原因是姿控系统的缺陷，还有地面控制的问题。

控制中心设在远离莫斯科的克里木，那里的监控手段很落后，操作性差，数据处理全靠手工，我们戏称为“脚踏式”。收到一批数据，走廊里就会传出士兵军靴的沉重脚步声，拿来几卷印有轨道遥测数据的纸带。向太空发布无线电指令同时费时费力，那时我们的波德利普基小城刚刚开始筹建配备计算机的飞控中心。

“金刚石”空间站被认为是属于国防部的，因此在上面飞行的都是军人宇航员。我们当时就是这种双轨并行的工作模式。

第二艘“金刚石”（编号为“礼炮-5”）还算比较顺利，主要的成功标志就是对接。五艘“联盟号”飞船中有三艘成功对接，而两艘飞船无法靠近空间站，交会技术没能奏效，宇航员的培训也亟待进一步提高。

最成功的要算是我们的“礼炮-4”，它从1974年12月26日开始持续工作超过一年，有两组宇航员造访该空间站，其中包括П.克利姆克和B.塞瓦斯蒂亚诺夫，他们两个人同时也执行“联盟-阿波罗”联合飞行任务，在轨逗留时间超过两个月。

在“礼炮-4”任务结束前，它与“联盟-20”实现无人对接，这艘飞船

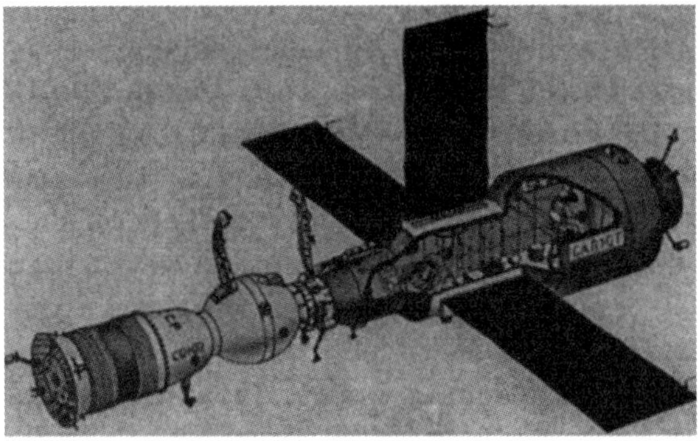

“礼炮号”空间站与对接的“联盟号”飞船

与之一起飞行了三个月，这一步对后来的长期飞行计划非常重要。

在随后的几年里，我们不止一次为“联盟号”无人飞船的发射奔波，因为在技术升级或者故障之后需要对技术设备进行检查。

尽管命运不同，从1号到5号的“礼炮号”空间站都具有相同的结构构型及操作系统：它只有一个对接口，太阳电池阵不能定向，“联盟号”飞船与在轨飞行的“礼炮号”空间站对接，将飞行乘员组和飞行所需物资送到空间站。这种构型和模式极大地限制了空间站的功能，首先是宇航员逗留太空的时间有限。空间站在轨的生存周期，首先取决于生命保证系统的寿命，以及维持在轨姿控所需要的推进剂储备。

* * *

显然，要克服这一障碍，最要紧的就是货运飞船，详细的故事就从太空货运开始。

“进步号”货运飞船

很幸运，我们研制货运飞船时已经有了良好的基础。后来的“进步号”飞船就是在“联盟号”的基础上研制的。货运飞船大大促进了此后的载人航天发展，延长了太空飞行时间，丰富了在轨试验内容。“进步号”飞船的故事要从60年代讲起，当时在科罗廖夫领导下，研制了“联盟-7K”项目、“联盟-9K”推进舱和“联盟-11K”加注舱方案，十年之后，这个设想付诸实施。

在太空时代曙光时期，我们设定了一个有关飞船控制的重要概念，即飞船的飞行既可以是有人驾驶，也可以是无人驾驶。“进步号”就是基于自动飞控及遥控飞行的原理，而自动交会对接系统是其关键点。交会过程采用地面轨迹测量方法，通过计算及机动飞行将飞船引导到计算点，可以说这是在地面导演的太空约会。最后出场的是星载雷达自动交会系统，在这个最具航天规模的复杂操作中，自动对接系统扮演最后的角色，由它将飞船和空间站连成一体。

应该说，这项技术的考核过程极为漫长，其中既有成功，亦有失败。20世纪六七十年代的统计数据是令人沮丧的，第一批“礼炮号”空间站的计划只完成了差不多一半。但坚定的路线，关键“玩家”、领导及任务执行者的顽强意志和天才智慧终于结出了硕果；70年代末、80年代初期的“礼炮-6”和“礼炮-7”取得圆满成功，而接下来的“和平号”空间站的成功则超出了人们最乐观的期待。

“进步号”货船与载人“联盟号”飞船的主要差别在于将返回舱换成加注舱。推进剂的加注装置主要安装在货运飞船上，但也有部分是安装在空间站上。“联盟号”的轨道舱改装成了干货舱，太空货运船可以向轨道上提供约1 t推进剂及2 t干货。

随着“联盟号”飞船的更新，“进步号”货船后来也不断改进，在“联盟-T”及“联盟-TM”的基础上，研制了改进型的“进步号”，各星载系统及操作程序都更完善。“进步号”计划相当成功，可以说是独一无二的。多亏“进步号”货船，空间站才得以成功建立并在20多年时间里获得源源不断的补给。事情还不止于此。“进步号”飞船的发射和飞行记录始终无法被超越：总共42艘“进步号”和40艘“进步-M”飞船全部飞向太空并成功对接。

除了完成主要任务（运送各种必需品）外，这艘飞船还充当了各类研究试验的基地和太空平台。实际上，“进步号”飞船卸货后仍可与空间站组队飞行，在与空间站分离后也可自主飞行。包括供电、导航、姿控系统在内的飞船各系统均能正常工作。无线电通信及遥测系统可以监控试验设备的工作情况，“进步号”飞船确实完成了一系列独特的试验。对接过渡通道是供宇航员进出的特殊气闸舱，与空间站分离后可暴露在太空中。这个气闸舱曾不止一次被用于一些特殊的试验。第一个试验是建立首个10 m镜面的大型太空射电望远镜（KPT-10），该望远镜于1979年在轨展开。

再后来，到80年代末期，为“进步号”飞船研制了专用的货运密封舱，借此可以从太空运回试验装置和材料。这种密封舱重达350 kg，在分离前由宇航员安装在对接组件的通道里。一般情况下货运飞船只要根据计算进行减速并离轨，确保其在大气层中未能烧蚀尽的残骸坠入海洋中即可。但“进步号”飞船的返回要确保带有防热保护层的密封舱能弹射出来，在大气层中减速并用降落伞返回到哈萨克斯坦。

再往后，到90年代初，新改进的型号，也能在空间站上经由无线电通道对“进步号”的机动绕飞进行手动遥控。遥控已可以达到太空级别，大大提升了交会对接的可靠性和灵活性。

* * *

第二代长期在轨空间站“礼炮-6”和“礼炮-7”与它们的前期产品在外观上看不出有明显差别。在空间站后部的仪表舱安装了第二个对接部件，可变身为一个几乎可以停泊的过道，这样空间站内就形成了一个前后都有门廊的贯通舱。但这仅仅是结构外观上的改型，要增加一个对接口看似简单，但实际上要做大量实质性的更改。它究竟给我们这些对接技术人员带来了多少麻烦，正是这个故事中最值得一看的地方。不过首先，我还是想就第二代长期空间站简单地说上几句。

要保障长期飞行，必须研制和加装额外的生命保障系统。事实上，这个新的生命保障系统不是单靠易耗品运送入轨来进行补给的，该系统还配备了水和氧气再生装置。

长期飞行的任务以及新增的设备和程序都需要更多的电能，新的长期空间站上加装了一套太阳电池阵，但这还是不够。要将庞大的空间站整体转向是很困难的。为了提高效率，事先装备了太阳电池阵对日定向系统。现在它已成为标配。“礼炮号”空间站的太阳电池阵对日定向系统是由全苏机电研究所的同行们研制的。

总之，第二代长期空间站的技术及工艺，运行方法，宇航员的选拔、培训、飞行及飞行后的恢复——所有这些因素共同作用，才创造了长期在轨飞行的新纪录。

* * *

“礼炮-6”上安装的对接机构是以第一批长期空间站的对接机构为基础研

制的。从外表上看它们与自己的“前辈”区别不大，但是有一些不大的内部改动却耗费了我们很多精力。改动主要针对两点：第一，在对接时要求把加注推进剂的管道接通；第二，有必要大幅度提高结构的承载能力。这两个变动都令我们进行了长时间的艰难验证。对此值得详述。

在对接过程中将管路连接在一起，这个任务本身就不简单。问题不仅仅是这些管路在运载火箭和太空中经过长期飞行后要在轨自动对接，任务的难点在于喷气控制系统的推进剂组分是高度腐蚀性的，能经受得住这类介质的材料很少。最稳定的橡胶也无法长期与硝酸组分直接接触，而且在几年的飞行当中还要进行多次加注。接头的研制验证延续了数年时间，期间还分成了好几个阶段。一开始先对所有能在一定时间内使用的橡胶进行测试，从中挑选出耐受时间最长的材料。直到后来“和平号”空间站飞行前才研制成一种巧妙的结构，可以用非弹性甚至是可流动的氟塑料来取代弹性橡胶。这种结构至今仍在太空使用。这种巧妙结构的“know how”吸引着全世界的专家们。

长期空间站“礼炮-6”

我还记得60年代末是如何为第一个“礼炮号”的对接组件制定技术任务书的。我们讨论对接状态下结构要承载的负荷。“失重状态下哪来的负载?”——项目负责人B. 波布科夫表示反对。“不管怎样还是增加8～10 t吧，内部压力会造成对接面的断裂，尽管扭矩不大。”我坚持说。最后一致同意取整数100 kg·m，这个数值随着长期在轨空间站项目的进展，在随后的10～15年，竟然戏剧性地增长了两个量级，增加了100倍!

从“礼炮-6”开始，载荷急剧增加，我们的工作难度也相应增加。事情的复杂性在于，不但要保证强度有足够的安全系数，就像专家说的那样，还要事先在地面进行计算，并通过试验来验证结构适用于长期飞行。如果仅仅是强度，那么试验或许并不是问题，最多只是持续时间长一点而已。

我们又到了对接点（十字路口）上，无论是字面含义还是寓意，都是指最狭窄的位置。对接部件的轴向腰部位置确实是这个太空建筑中最柔软、最纤细的部分。我想起了莫斯科国立鲍曼技术大学材料力学专家的训诫，我们要尽其所能，不要让最纤细的部分成为最薄弱的部分而突然折断。

结构疲劳是一个日积月累的过程，在空间站的整个运行期间（长期空间站的名字可不是白叫的）始终存在载荷作用，载荷从各个方向对结构进行晃动，日复一日，月复一月，年复一年。

从“礼炮-6”开始，对结构要计算三种主要外部载荷，其来源首先是位移控制系统，其次是宇航员的身体训练，最后就是对接。可以说，这个三种加载类型、三种计算工况的分析方法被我们后续的所有项目奉为经典。

位移控制系统用于实现空间站的导航定位，它的喷气控制发动机会产生力和力矩，从而对结构元件造成应力，其中就包括对接锁。

为了在失重环境下长期飞行并保持身体机能，宇航员每天都要在轨道上走路、跑步及跳跃。在专门铺设的跑道上原地跑步（照B. 维索斯基的说法就是“平静淡定，不追不赶”）有时会突然变成对空间站结构的重载试验。宇航员就如同在软索桥上奔跑一样，空间站会出现晃动，其振荡次数逐渐累积，很快可以达到上百万量级。

最后一种情况是对接，当飞船与空间站发生碰撞时，形象地说，整个结构都在颤抖。而当第二艘飞船从另一个方向对接时，第一艘已对接上的飞船也要承受对接的动力学影响，而且这些载荷的幅值竟然是最大的。

所有这些载荷的特点就是动力学特性，在分析中可以发现有两个根本性的问题：当材料要出现疲劳时，如何计算动力学应力的量值，如何计算多次循环负载作用下的结构强度。

在许多技术领域里，特别是活动设备，如飞机、轮船、汽车等，这些问题都带有典型性。工程师们常常用所谓的动力学系数来计算这些载荷。例如一辆1 t重的汽车，在不平整的路面上行驶时，它的悬架系统将承受1.5 t力，这个系数就是1.5。再例如，一架100 t重的飞机降落在地面时，起落架上作用的载荷约200 t，那么其动力学系数就是2。再看对接方面的例子，当飞船撞击与空间站发生碰撞时，可以产生1.5 t力。用这个负载来计算对接机构，那么第二艘飞船对接面上的加载情况又怎样呢？这个问题并不简单，甚至连动力学系数都很难确定，而计算加载就更复杂了。

这个典型问题的求解需要用到数学模型及计算机。在计算时要先设定一些结构参数及初始条件，而这些参数在地面上是无法事先知道的。因此仿真结果可能是保守的（取最大判断值），或者是太理想化的（取最小判断值），而要想在飞行中检验这些试验数据也很复杂，光凭一两次个别飞行试验完全不能证实。

宇航系统和结构要想做到可靠，就要采用冗余设计进行备份。但飞船和空间站的壳体是无法做备份的，于是设计师和强度计算师就采用强度安全系数作为备份。当然，在这种情况下，也不可避免会出现安全系数过高和冗余过度。

设计师的观点也不难理解，他们研制和分析计算的是复杂的型号产品，他们不愿意冒险，宁可睡个安稳觉。这只是众多原因中的一个，也就是这样，结构件经常会被累加过多的冗余。要想对航天器进行合理设计，就应该尽量精简结构，以便使它具备快速性和机动性，从而顺利飞向太空，而这一切都取决于总设计师。作为负责技术工作和组织工作的一把手，他应该了解主要问题的实质所在，具有敏锐的直觉和足够大的权力。同时他为了达到总体目标还要敢于承担风险。如果专家和各分系统设计师们都可以为所欲为，那么飞机永远都上不了天。但这个办法不仅仅是针对飞机的总体设计，如果各个分系统都有自己的总师就更好了。

再回到对接强度和抗疲劳强度的问题，从第一批设计方案开始我们就以最大负载进行计算和试验，这个负载就是用文中描述的方法进行计算的，这就是所谓的重复瞬时加载。现在我们要计算材料的疲劳强度了。

众所周知，经受多次负载的部件，就像人一样会逐渐疲劳，最后导致断裂。疲劳性负载一般都小于一次性的最大负载，这和人又是一样的。要计算疲劳强度，就必须对结构进行上万次加载。也有现成的静力学和疲劳强度标准，但都是人为制定的，制定标准的人有时也不愿意冒险，因而也会加上安全系数。我们把各种标准和因素都考虑进去，在专用试验台上用几个月时间反复对自己的组件做疲劳试验。

对接隔框很复杂，必须用焊接肋条进行加固，而焊接通常是薄弱环节，尤其是在多次循环加载的情况下。我们在各级领导的催促下，不得不在很短的时间内解决全部问题。我永远都无法忘记 1977 年废寝忘食的几个月时间，那时我们正在准备第一个双对接口长期空间站的发射。记得那年春天我们就去找过载荷专家帮忙，请求他们把自己手里的“余量”分一点给我们。我们的理论家都是在 Г. 捷戈佳连科手下工作的，结果一无所获，他们的头儿是从来不肯放别人一马的。

长期空间站的首席理论专家K. 费奥克基斯托夫出人意料地提出了一个颠覆性的观点：如果肋条会断裂，那就干脆把它们都去掉！事情已变得近乎荒唐，为了向设计权威证明这是个荒谬的主意，我和C. 季姆诺夫牺牲掉了我们的一个对接组件。当割掉肋条并组装好剩下的机构后，我提醒季姆诺夫采取措施以提高安全性，同时不要让航天英雄们靠近这注定失败的对接部位。幸好担心是多余的——宇航员说，关于地面试验工作，他完全信任我们。

后来，当“礼炮-6”已在轨飞行时，试验还在继续。我们重复做着飞机研发人员做的研究。“伊尔”和“图”系列飞机已经上天飞行了，而它们的兄弟，还像奴隶一样被禁锢在地面，在著名的茹科夫斯基空气流体动力学中央研究所的试验台上抖动双翼。我们也有类似的单位——中央机械制造研究所，在那段漫长的岁月中，他们给我们出了很多主意，帮助我们制定了疲劳强度标准。

* * *

我最终达到了什么目的呢？这要从另一个角度来看问题，在太空的真实负载究竟怎样？譬如说，如果宇航员在轨道站上奔跑，动力学系数有多大？根据我们的提议，准备并开展了一项叫做“共振”的试验。这个名词倒不是随便叫的。实际上动态负载不仅对幅值有要求，对频率也有要求，看这个频率是否接近共振频率。在空间站飞行过程中，宇航员就是主要的试验员。通过走路、跳动来激励空间站，于是空间站开始以自振频率晃动。传感器将这些振动记录下来并传回地面，由专家对数据进行分析。

试验可以进一步修正结构的计算参数，包括用于计算振动衰减的内部阻尼系数。后者之所以重要，是因为当结构晃动时，阻尼可以看作一个内部保险器。我们在地面上担心宇航员跑动的频率会引起共振，因此又多加了一重保险——安装了节拍计，随时记录步行、跑步和跳跃的频率。

坦率地说，我希望试验结果对我们的结构有帮助。然而结果不尽如人意。学究工程师们坚持自己的立场：只能参看宇航员工作手册。

公平地说，根据宇航员本人的叙述，空间站的确在他们的脚下晃动过，太阳电池阵的摆动幅度曾超过1 m。这个早在1976年Г. 格列奇科就对我说过。在“礼炮-4”上他尽量少跑步、多做科学试验。在轨工作的反节律影响到了他的健康，为此他还受到了格鲁什科本人的训斥。创纪录总是很难的。

总之，在考虑共振的情况下，计算和使用结构件是一件很伤脑筋的事情，总是会出现面临危险和保险过度的情况。这项研究虽然不简单，但却很有益处，有助于我们将来摈弃缺陷，进一步完善我们的对接组件。最终我们放弃了焊接，将对接机构壳体做成完全的铣切结构。这已经是80年代的事情了。国家整体的科技进步帮助了我们，尤其是我们的工厂在И. 哈扎诺夫领导下购进了几台伊万诺夫数控机床。

1977年秋天，我们攻克了所有的技术难题，准备送宇航员去长期飞行了。长期空间站项目总体是成功的。只是万事开头难，这个项目遭遇的困难有些戏剧化。

* * *

前面我已经详细叙述了我们为长期太空飞行所进行的工作。但这只是我们工作的一小部分，“能源”科研生产联合体的专家O. 加森科和A. 格里高利耶夫领导的著名医疗生理问题研究所的同行，以及我们众多的合作伙伴一起做了大量工作，保证宇航员能长期在轨工作，开始是几个月，后来达到一年。在1983年，B. 波利亚科夫在“和平号”空间站上逗留了437个昼夜，创下了名副其实的纪录。

我们的总设计师A. 格鲁什科特别喜欢创纪录。那几年里，总体设计师K. 费奥克基斯托夫的才华得以充分展现。长期空间站型号总师O. 谢苗诺夫负责整个大项目的具体实施。这三位大领导都会按自己的想法对我们提些要求，有时看上去简直是无法完成的，但常常会取得杰出的成果。

苏联航天的这些成就是无与伦比的。

多年之后，我们的技术和方法成为全世界的财富，美国专家承认并高度赞誉了这些成就。他们来到“和平号”空间站，希望学习这些经验并将其用到21世纪的发射中去。

3.3 六自由度综合试验台

综合这个词在这里既表示计算机数学仿真，又表示有物理实体的硬件。六自由度的意思是空间六个自由度全方位可用。

在太空飞行的机构或技术系统，只是肉眼可见的冰山一角。而六自由度综合试验台这项技术的研制，则需要数量众多、种类各异的实物试验基地，这跟型号研制工程师一样重要。这是宇航技术的基础。

20 世纪 70 年代中期，经历近十年的对接工作，我们已逐步建立起自己的地面基地，并力争不断完善改进。实践表明，在地面模拟几吨重的飞船与更重的空间站对接是最困难的任务之一，我们曾尝试多种方法。美国人在实践中向我们展示了一种新的综合方法，这种方法很有效，但很复杂。那时在国内流行一句口号："我们也能做到!"于是我们决定自主研制开发这个精妙的技术装备，而且完全依靠自己的专家以及国产的技术和电子元器件。

与以往许多名声显赫的一次性成就不同，这台配置大功率计算机（几百千瓦功率）的精密机电系统投入使用后就实实在在地工作了许多年。"锥体"不仅在苏联宇航技术上发挥了重大作用，在 20 世纪末它还在地面再现了国际太空合作的技术对接过程。

* * *

再现两个几吨重航天器的最后交会阶段、第一次撞击，以及随后的相互作用的问题，从我们刚开始搞对接的时候起就是最复杂的问题。为了在地面再现太空对接，我们研制并使用了几种方法进行理论分析，并建造了各种试验台。理论分析，是通过建立数学模型来描述相对运动过程和相互作用的动力学特性。仿真采用的是计算机，为了进行试验验证，则建造了力学试验台，带有对接飞船和空间站的全尺寸模型。

美国人采用混合方法来解决这个难题。他们将数学模型和对接组件冲击力测量仪连接在一起，用两个平台再现它们的相互作用：一个是带六个随动驱动器的移动平台，另一个是装有六维力传感器的固定平台。

开始设计构型更为复杂的空间站方案时，我们已经意识到未来试验的难度，而将来可能会有更复杂的可变结构对接方案。为了实现这些设计方案并进行地面验证，就需要灵活的全能型试验设备。有了“联盟-阿波罗”联合试验的经验，如今我们已经知道该走哪条路了。综合试验台的计算机里，可以加载任意质量和构型的对接舱段参数。

认识到这一点，就要力争把对接试验基地搞得更完善、更先进，于是我开始积极地投入宣传。首先我编写了一份技术建议书，叙述未来试验台的基本原理和主要参数。然后去鼓动各级领导，希望得到他们的支持，以便进行更详细的设计。有一点很清楚，要完成这项工作，需要巨大的资金和资源，因此必须要由更高层领导来决策，可能要上报部里，甚至军工委。我准备了一套专题资料，仗着我的国际知名度，努力利用一切机会与高层领导会面，说服他们为以后的太空开发再多投一笔经费。我的“客户”名单里有我们的部长 C. 阿法纳西耶夫和部长会议副主席 Л. 斯米尔诺夫，军工委就归他管。

终于军工委的 U239 决议通过了，决议中包括研制一系列的子系统和设备，还包括要单独为这套未来的系统建造一幢实验大楼。

“锥体”

总的算来，试验台的研发差不多花了我们十年时间。试验台代号为“锥体”，于 20 世纪 80 年代中期投入使用。在这个试验台上进行过“和平号”空间站、“暴风雪号”航天飞机以及其他项目的对接试验。这些航天系统对接时的构型方案各有不同，用机械试验台进行验证完全没有可能。“锥体”成了我们不可替代的设备。

功不唐捐，在这件事上我们所有的投入都是值得的。

下面我就讲讲“锥体”，也讲讲后来的变迁。

* * *

未来的试验台要能再现几吨重的飞船在失重状态下的运动，这就要求它的研制者动员国内大部分的知识力量，建造一批最高水平的技术设备，并把它们集成在一起协同运作。

可以设想一下，几吨重的飞船在失重状态下是如何运动的，首先每个飞船都有六个自由度，然后对接机构碰撞，对接动力学过程开始。在试验台上只要再现六个自由度的相对运动就足够了。装有对接组件的活动平台在六个驱动器的驱动下可自由移动，对接组件暂时不与安装在固定平台上的另一个对接组件碰撞。说是固定平台，其实也不完全是，六个力传感器测量出的微米级位移，与六个撞击力分量成正比，这也是它自己的空间运动学和微动力学。平台在碰撞前可自由运动，这样试验和研究人员就可以随意设置速度和初始偏差，初始对接条件为空间运动的6+6个分量。碰撞一旦发生，传感器测到的力值就开始传输到计算机的输入端。计算机按程序把两个飞船的运动方程进行积分，它的空间“想象力”足以解算全部6+6个空间方程。不仅如此，还有一个最主要的参数就是解算速度。计算机要能实时跟踪对接过程，也就是进行实时解算。所有过程都是实时的，研制人员和地面试验人员看到的对接组件运动、减振和捕获过程与太空中的情形完全一致。只需要想象一下，这一切就是在地球上空的轨道上发生的，可以想象自己是坐在飞船控制台前面的宇航员。

众所周知，太空环境可能是奇冷，也可能是酷热。试验台的研制者也要考虑到这一点，故考虑在运动平台和固定平台之间装上密封罩，并在罩内充填冷气/热气。

试验台整体是由先进的技术装备集成的。从计算机、高精度测力器、大功率/长行程液压驱动装置，到试验数据记录仪和液压供给系统，所有这些设备都具有很高的、独特的性能指标。例如，驱动装置是按高速设计的，跟得上对接时的最大速度，约为1 m/s，可以承受几吨的最大撞击力。

与此同时，驱动机构的大功率和启动迅速的特点，以及液压回路中的高压，也带来一定的安全隐患。一旦失控，遭受破坏的不仅仅是试验件，还有整个装置，它会成为一个“爆炸危险品”，所以就要求有故障保护装置，防止一切可能的故障情况。这个问题我们已经解决，采用的特殊监控设备不仅可以在需要的时候切断试验台电源，还可以让它在几毫秒内停止运动。

这就是试验台的工作模式，也是我们的设计思路和理念。接下来就是设计、建造并投入运行。

综合试验台的研制准备阶段是从1976年年初开始的，之后军工委批准立项后进入实质性工作阶段。这个项目也开启了我从事工程组织工作的新阶段。活动范围扩大了许多，我不得不接触许多以前不熟悉的新领域，包括我们所说的大型基建工作，还要协调“能源”科研生产联合体多个部门以及其他企业的工作。

为了完成并协调好这些工作，在我们部门成立了一个专门的科室。由我的赴美团队成员B. 库德里亚弗采夫担任领导。实验室负责试验台及其各系统的工程设计，并处理各类组织问题。力学工程师也要参与综合试验台的理论基础研究工作，没有理论和数学模型就无法建立控制-计算系统。在此基础上建立了计算机程序和试验台整体架构。这部分重要工作由Л. 奥斯特洛乌霍夫负责。他是A. 尼基弗洛夫和Э. 别里科夫团队中的第一批对接研制人员，最终又和我们对接了。

试验台正常及异常工况下的控制以及实验室的电子设备由B. 斯托雅洛夫负责，这是一位有个性的天才工程师，后来成了我的研究生，他的学位论文就是以“锥体”试验台技术为主题进行答辩的。

所有工作我们都得兼顾到，从编写技术任务书，到寻找承包单位或分包单位，以及选择元器件，要把所有事和所有人相互结合在一起。

选择计算机时我大吃一惊，当时我们最快的计算机竟然还是老掉牙的БЭСМ-6，这还是50年代第一代苏联控制论专家在列别捷夫院士领导下研制的。50年代初，当我刚进入莫斯科国立鲍曼技术大学读书的时候，控制论和数字计算机还被归入资本主义伪科学之列。自从三位院士给斯大林本人写了一封著名的信后，党和政府才发文批准在国内研发计算机技术。在众多科学家和天才工程师的努力和激情投入下，我们在极短的时间内补齐了短板，研制出了第一代国产计算机，莫斯科国立鲍曼技术大学第一教研室主任Б. 阿尼西莫夫也参与了这项工作。

总的来说，国家在电子领域投入巨大。在莫斯科郊区建立了一个规模宏大的科研工业区和一个名为“泽列诺格勒”的卫星城。对于很多人来说，它就是现代化城市的典范。这颗“卫星”，就像宇航员一样，可以享受莫斯科的供应标准，而居民登记的也是“近似莫斯科”的户口。卫星城里多少有些近郊农民的痕迹，这毫不奇怪。同时它征收了部分城镇住宅，80年代初我们的房子也被拆迁了。我岳母的别墅就在邻近，一开始我们享受着一系列特殊福利，并亲眼见证了这颗“卫星”的成长历史。不错，这段私人住宅的历史与计算机技术的发展历程不同，它有一个圆满的结局。

苏联微电子行业的领导层不擅长领导大型专家队伍解决国家的紧迫问题。大部分企业只是解决一些用途很窄的军事-航天和政府服务问题。甚至在80年代初期，当美国和其他国家相继发生了计算机革命，诞生了个人计算机“PC”，而在莫斯科、泽列诺格勒以及其他微电子综合区却波澜不惊，领导层对于行业改革没有投入任何力量和智慧，甚至连健全的思想都不具备。他们还停留在戈尔巴乔夫改革初期的状态，没有任何改变。我曾经见过他们中的几位领导，其中有一位领导就是因为给勃列日涅夫的汽车安装了专门的移动通信设备而飞黄腾达。后来他们设计的电子计算机用在了“和平号”空间站上，但到了90年代连这门“高贵”的计算机技术也失传了。俄罗斯航天的短板实际上就是国内的微电子技术。

写这些事是因为我们后来不得不购买，确切地说是换掉对接系统上的星载计算机。不过那是多年以后发生在90年代中期的事了。

就这样过了很长时间，我们一直用老掉牙的 БЭСМ－6 来进行航天对接试验。直到20年后我们才对“锥体”试验台的计算机系统进行了升级，那时“和平号-航天飞机”计划启动，作为服务回报，我们从美国人那里获得了一套现代化的工作站。究竟是谁应该对电子计算机的落后负责？是谁没有能力将其提升到现代化水平？难道是找不到有才干的人吗？不可能！尽管有很多调查资料、座谈和书籍提及这个问题，但我至今仍然感到困惑。尽管如此，想想苏联遗传学以及其他边缘学科的遭遇，也就不足为奇了。

不过，“锥体”的另一个子系统——液压随动系统的研制工作非常顺利。这项工作是委托中央液压自动化研究所承担的。这是一家隶属于国防工业领域的高科技企业。课题负责人是我在莫斯科国立鲍曼技术大学一起踢足球、玩冰球的老朋友 В. И. 拉齐采夫，他是一流的流体力学天才。在他的领导下，为我们的试验台设计并调试出一套出色的液压驱动装置。驱动器由中央液压自动化研究所的工厂生产，我们部里的企业给予协助。其中长行程“油缸”是由列宁格勒（圣彼得堡的前称）“阿尔谢纳尔”厂生产的，还有电气工业部的工厂，包括我们的机械设备厂都给了我们很多帮助。总之，我们克服了很多困难，终于设计、制造并调试好了这套液压系统。

“锥体”的经验推动了六自由度试验台在飞机试验、飞行员训练以及其他任务中的应用。

这些年里，B.И. 拉齐采夫又拉我一起去踢足球，玩冰球，如今已是老兵比赛了。跟年轻时一样，根据个性和踢球风格我们每个人都有一个绰号。组织者是B. 克留耶夫，他是个多面手，既是联合体的领导，又能写科学论文，同时还担任区党委书记和其他很多职务，我们理所当然地称他为“所长”。我的绰号是“打架教授”，也许我是想竭力弥补年轻时错过的东西，因为大家都说“玩得不尽兴……就是爱得不够深……”我们和已经成年的儿子们一起玩，尽管我们都有些病痛，但大家一直玩到90年代中期，最后是年龄终止了我们的激情，而且国内的体育活动也不景气了。

我在莫斯科国立鲍曼技术大学的老同学，我的足球、冰球伙伴——B.И. 拉齐采夫

试验台的测量仪器是由我们波德利普基的测量技术研究所设计配套的。在80年代，他们是该领域里的佼佼者，直到90年代，这个单位还在。该研究所在奔萨市有一个分部，后来成为独立的企业，负责研制和生产高能传感设备，用于测量各类试验台的精度。

关于“锥体”厂房的问题就说来话长了。苏联的建筑业一直是个特殊行业，就像农业一样，从来不缺资源、材料和人员。在我们国家，恐怕没有哪个工程师没在“共产主义建筑工地”上干过活，就像没有哪个人没在农场或集体农庄帮农村劳动者干活一样。而这里是自己的工地，拒绝或逃避劳动都是极大的职业犯罪。

在这个苏维埃国家里，航天及其他技术就是这样艰难地前行！

* * *

我逐步为“锥体”项目组建了一支新老结合的队伍，取得了很好的工作效果。实验室引入了一些业务能力强的工程师，他们后来成了科室的骨干，Ю. 卓林是他们当中的佼佼者，后来成了领导。对于我们大多数人和我们的主要协作单位来说，这个时期也是我们生命中的又一个创作高潮。

“老兵们的游戏”

1981 年年底，我的另一个老朋友 R. 索可夫加入了我们的团队。我和他早在波德利普基就读第一中学时就是同学，后来一起进了莫斯科国立鲍曼技术大学，他学的是计算机专业。由于命运的安排，他所在的 EM－2 计算机班于 1952 年转为数字计算机。于是不同的工程命运让我们分开了整整 25 年，然后又重新会合。

与“所长”B. 克留耶夫在卢日尼科体育场冰球赛后

这个时期还发生了一件非常重大但令人伤心的事件：永远吹毛求疵的领导几乎夺走了我的心肝宝贝。必须承认，那个时候是我自己没有表现出足够的强硬和坚持，未能捍卫自己的权利和……职责。生活中向来如此，一旦我表现出犹豫和软弱，别人肯定会得寸进尺。必须像在冰球场上那样战斗到底，直到胜利。结果我身后只剩下了对试验的设想。好吧，这下我倒是轻松了，但这件事情始终令人郁闷。

在前一年还发生了一件事，其中的奥妙我至今仍不清楚。强势的上级领导向卡拉什尼科夫施压，并以退休为要挟，他不得已就起草并签署了一个任命，要我担任他的副职。几星期后危机解除，这个任命也就搁置了（由于匆忙还没来得及让党委会批准）。“自己人”借口说这是因为我的副手可能无法“胜任”复杂的“对接科室”工作。结果我的下一个任命被拖延了好几年。

我的下级如何成了我的领导，这也是个精彩的故事，充分体现了“干部选拔分派”大师的手段。先选准时机，趁我休假的时候下发任命文件（这次征得了党委会批准），先任命库德里亚弗采夫为卡拉什尼科夫的副手，等他退休后就任正职。也许，这样做比较顺理成章。不足为奇，对于一个有才干、有主见且业务能力强的年轻人来说，这种出人意料的快速提拔还是很有吸引力的。值得一提的是，库德里亚弗采夫很快就提议我做他的副手。我们部门有几十个不同的科室，但机电专业地位特殊，这门技术始终面对的是最有趣的综合性问题。更高的职位会要求我额外付出更多的精力，因此必然影响到我的主业。谁知道呢，也许，命运更眷顾对接吧。由于这样那样的原因，在几年以后的 1987 年，以我的科室为基础组建了一个以机电和大型航天结构为研究方向的“旁支”部门。“锥体”当然没有还给我，因为这也是库德里亚弗采夫的宝贝。再补充一句，80 年代这个实验室在库德里亚弗采夫的领导下进行了“能源”运载火箭的舵机试验，我跟这项工作已经没有直接关系了。

直到 1989 年，我才和库德里亚弗采夫分道扬镳。

* * *

从 1985 年起，六自由度动力学试验台“锥体”已成为极其重要的对接试验工具，同时它还可以快速而准确地分析在轨异常情况。“锥体”不仅是一台技术设备，它还是“能源”科研生产联合体里最吸引眼球的地方。国内外的客人都有兴趣来此参观。在苏联解体以前，有好几位政治局成员来过这里。我们的大领导们一直在等候戈尔巴乔夫大驾光临，可好几次都眼睁睁地看着他被政府要员带到我们波德利普基的邻近单位去了。“锥体先生”以及他的领导和老设计师们很快就发现，那些参观实验室的来宾，在观看模拟失重环境下的运动时，常常从高处进行拍摄，而我们自己却连一部纪录短片都没有留下，很遗憾。

成为俄罗斯公民后，我有幸向 B. 切尔诺梅尔金总理本人介绍对接机构的验证试验。与其他来宾不同，我看到他的眼中闪着光，表现出了真正的兴趣，当然，我并不清楚他在不远的将来会对国内的什么领域感兴趣。“想要做得更好，可结果还是一如既往。”总理的这句话好多俄罗斯人都喜欢。不，并不总是这样。想当初国家没有解体前，曾创造了很多真正的高技术成果，很多人都有能力做得更多，不仅仅只是为了飞向太空。

我并不是在大吹法螺。

在90年代，NASA的行政长官R. 特鲁利和他后来的接班人D. 戈尔丁都来参观过“锥体”，有一次美国副总统还差点要来。“锥体”在宣传我们的对接技术、展示其有效性和能力方面的确发挥了很大作用，并且成效显著。

我们的动力学试验台引起关注的原因有几个：第一，对接在载人航天中至关重要；第二，试验台上演示的技术一目了然、通俗易懂；第三，对接机构和试验台毕竟是精妙奇巧的设备，有几分神秘莫测，这些都会备受推崇；第四，整体展示了研制者高超的技术水平和极大的技术潜能。最后，还有一条也非常重要，试验台上展现的对接过程是动态的，场面精彩、扣人心弦。

最后，对接——“这就是合作”，是多方位的合作。

3.4 “礼炮-航天飞机”：再次对接？

这个故事很短。它不可能很长，因为这个新的国际项目早在萌芽时期就被航天以外的更全球化的政治力量扼杀了。不，不能说被扼杀了，应该说被冻结，陷入长达20年的昏睡状态。以下就是关于这一切是怎么在70年代中期开始，以及结局是好还是坏的故事。

* * *

当我们接到新的任务，开始为新的计划研制交会对接设备的时候，“联盟-阿波罗”项目正进行得如火如荼。众所周知，与NASA就这个项目的第一次会谈是在1973年10月。K. 约翰逊来到莫斯科参加会谈，事后得知，这是他最后一次参加会谈。我们和他快速草拟并商定了对未来对接系统的技术要求。

新项目的后续工作进展缓慢。首先，所有人都在等待“联盟”和“阿波罗”的飞行和对接。其次，两个国家都缺乏真正具有威望和能力的政治和技术领袖来推动项目前进。最后，这个项目还需要目的明确、社会政治意义明显、科学技术任务清晰的杰出构想。自从尼克松总统被弹劾后，国际环境开始经常变化。半年后，1974年年底，约翰逊离开了NASA，这是我始料未及的，我深感失望。由此，这个项目失去了一位可以推进项目建设的设计师。那时候我大为不解，并感到奇怪，为什么这位年富力强的设计师，在为这个项目做出这么多创造性努力后，会留不到新的构想实现之日。我很遗憾中途失去一位合作多年的亲密同事。我们互相告别，表达了对再次会面和合作的希望。老实说，当时我觉得这种可能很小，但我们终究还是在18年后重逢了。

1975年7月以后，我们“能源”科学生产联合体开始探寻新的方向，环境使然。K. 布舒耶夫受命领导“联盟号”飞船工程。同时Ю. 谢苗诺夫获得了更大的权力和影响力。“礼炮-4号”任务成功完成了，正在积极开展设置了两个对接口的第二代“礼炮-6号”空间站工程。美国“航天飞机”宇航系统的建设也正在如火如荼地进行。很自然，在太空轨道合作领域的下一个合乎逻辑的步骤将会是美国轨道飞行器与苏联“礼炮号”的对接。谢苗诺夫已成为这一新的潜在国际项目的技术经理。准备工作开始了。

在那些传奇人物领导的 INTERCOSMOS 委员会框架下，经过长时间往来通信和准备，最终在莫斯科举行了第一次会谈。这事发生在 1977 年年底。我们事实上又回到了 1972 年 4 月摒弃的方案，即新型的双对接口空间站方案。螺旋线完整盘旋了一圈。但是在做第二次盘旋时，这就不够了。

会谈中，双方讨论了设计问题、可能的结构和操作构型。规定将在该项目框架下研制新型异体同构装置。此时我脑海里已经形成了改进后的新型 APAS 的构想了。但是那次会谈并未讨论这些细节问题，我也不想过早展示自己的“王牌”。我只是顺着 Г. 拉宁的话，顺带提了下可能的变构型方案。很多年之后才知道，主要“玩家”不认为这有任何意义。K. 约翰逊不在其中。

美国人走了，准备工作和往来通信在继续。谢苗诺夫参加了一个小型的高级代表团前往美国访问。终于，到 1978 年春，双方约定在休斯敦进行下一轮工作会谈。我们成立了代表团，准备了包括对接系统在内的技术资料。我们在 3 月收到 NASA 的邀请函，邀请我们 4 月 20 日之后前往美国。适逢 5 月份传统节日将至，于是我们致信美国，建议 5 月 10 日举行会谈。出乎我们意料，我们收到了一个不确定的答复：请稍等。这一等就是 15 年！

这封回信成为反对航天合作的先兆，这之后两国间的关系日益紧张。后面几年，这种趋势在其他所有领域都达到了顶峰。莫斯科和洛杉矶奥运会都遭到了抵制，文化和科学领域也在相互牵制。

航天合作项目被缩减到最少，甚至连交流也是最低限度的。得以继续稳步开展工作的大概只剩下航天医学这一领域，政客们对此更熟悉。航天生命保障这一学科可以在任何政治气候下存活。航天医生就是这样教导和培训宇航员的。

在 80 年代，NASA 实际上已经放弃了轨道对接，而仅使用航天飞机太空交会方法和所谓“泊位”的技术：利用通用机械臂捕获在太空中自由飞行的目标，然后将其放入有效载荷舱。

我们的技术得到了进步，系统得到了完善，从而保障了宇航员的长期飞行，以及轨道操作维护的灵活性和可靠性。我们施加了特殊的条件，以完善交会对接系统。

由于丧失了合作、交换具体信息，以及最主要的设计和实现联合项目的可能性，两国的专业人员，包括苏联火箭航天工业和美国 NASA 在这些年里都失去了很多。美国人失去的可能更多：长时间飞行和对接技术成了绝唱。

行文至此，我不由得想起，1978 年秋天，康斯坦丁·达维多维奇·布舒耶夫去世了。随他一同离去的是整个时代——最早的太空飞行，首个国际项目。老一代的领导离去了，带走了他们的优点和缺点，随之一同逐渐消逝的还有 60 和 70 年代围绕我们的那种精神。国际合作开始停滞了，伴随着长久的相互冷淡。我们将所有创意和精力都投入内部，满足自己的利益，实现我们国内的项目。这在某种程度上是很好的。我们成功地做成了那些在面对国际合作时可能会放弃的项目。

和 K.Д. 布舒耶夫（中）合影

我们失去了一些东西，但通过自己的努力收获了更多。到 90 年代初，这一阶段结束时，我们更好地认识到了自身的优缺点。在此期间，每个单位都做好了再次开展对接所需要的知识储备。而对接就是合作。

3.5 “礼炮-6号”：艰难的、近乎危急的开端

1977年年底，国家在筹备苏联建国60周年庆典之际，载人航天为这件大事献上了新的成就。重新构思和调整的航天计划非常超前，雄心勃勃。9月29日刚发射了带有两个对接口的第二代“礼炮-6号”空间站。和六年半之前一样，新阶段伊始充满艰辛。

10月9日发射了“联盟-25号”飞船，由B. 科瓦列诺克中校和随航工程师B. 柳明驾驶，后者兼任我们的长期在轨空间站主管设计师。他是一个兼具物理和自然知识的特殊人才，就像13年前的K. 费奥克基斯托夫，他具备一种罕见的能力，能够亲自测试他参与研制的装备。但是对于他和他的指令长来说，成功“并非唾手可得”。对于在太空的他们，以及在地面的我们，命运为这些对接人安排好了一场真正的考验。

10月10日，“联盟-25号”飞船先按照地面指令，然后利用“针”雷达和自动模式，成功完成所有的远程机动后，接近“礼炮-6号”至150 m距离，相对速度减小到1 m/s。在这些参数条件下，轨道力学的作用急剧减弱，飞船可以像飞机在地球大气层中一样飞行。一共设计了两种对接方式：使用“针”雷达继续自动交会，或转为手动控制，由宇航员自主决定。

科瓦列诺克两次尝试与空间站对接。直到现在都很难解释，为什么会两次都失手。在做第三次尝试时，推进剂不够了。当然，还有备用贮箱，但飞行指挥A. 叶利谢耶夫坚决禁止使用备用贮箱：这些推进剂是用来返回地球的，这比对接更重要。

早在飞船做对接飞行的时候，事故分析工作就开始了。“哎，谢拉苗尼科夫，坚持住!”叶利谢耶夫走在飞控中心走廊上，抛过来一句话。是的，情况很困难，就像1971年4月那次。

这六年半的变化确实很大：新的飞控中心位于波德利普基，就在旁边，

信息处理的效率也更高了。但是这里的专业人员和领导也更多了。我们这些对接人的周围很快聚集了许多人。当然，大家都很担心，都想知道在遥远的太空轨道上发生了什么，并且都想帮忙。收到记录遥测信息的纸带后，我们开始还原事故画面。飞行指挥尽力为我们提供了良好的工作条件，为我们屏蔽了那些仓促的提问和建议。

我是晚上12点离开飞控中心的，第二天8点又回到了那里。

* * *

“联盟-25号”还在轨道上飞行，此时成立了跨部门事故调查委员会，任命中央机械制造研究所的第一副所长B.阿芙杜耶夫斯基院士为委员会主席。在之后的几年里，我又多次和这位睿智、进取、精明强干的管理者见面和合作。总的来说，他和其他大大小小的领导都是客观的，我记忆中对他没有太大意见。

我们尽量利用了所有的现有信息。遗憾的是，对接时没有留下电视画面，缺少客观的可视化信息。当然，我们参考了宇航员从轨道上传回的信息，以及他们10月12日返回地球后的叙述。他们在太空做了力所能及的一切，也亲眼看到了一切。指令长确定，他所有的操作都是正确的，但是有东西在妨碍对接杆进入接收锥，他无法解释究竟是什么东西，只能等待我们去查明。我要说，柳明表现得很克制。目击者的讲述总是偏主观的，乘员组的乘员都是与此事有利害关系的人。

像以前一样，这次我们的“救命稻草”仍然是遥测信息。接触传感器（ДК1和ДК2）、侧部阻尼器的位移传感器（БПР和БПТ），以及几乎所有专业人员都熟悉的、著名的对接杆线性位移又一次帮助我们复现了对接画面，并算出了数量参数。不管是谁，即使是宇航员，都很难推翻这些信息。为了避免宇航员或其他专家说三道四，我们第一时间向他们出示了这些记录帧，它们冷冰冰地记录下了这次异常对接（更确切地说是“未对接”）的经过。我夜以继日地研究这些纸带，然后又花了好长时间将其归档。

从所有传感器的读数可知，在第一次对接时，偏差太大，导致对接机构的对接杆头滑过空间站过渡舱的外蒙皮，没有碰到接收锥，从外面经过，直到触及对接装置的隔框。交会速度是正常的，碰撞后飞船离开空间站，距离不大。在第二次尝试时，对接杆只差2～3 cm就可以伸进接收锥了。分析这些传感器读数的结果可知，撞击时轴向阻尼器是正常启动的，而对接杆头也伸进了对接隔框的端面。第二次碰撞后，飞船再次慢慢离开空间站。此时推进剂正好耗尽，“联盟号”又在距离“礼炮号”不远处飞了很久。

事故调查委员会的工作又持续了几天，完成了地面的“调查试验”。和六年前一样，我们没有躲在别人背后，而是对自己的事情负责到底。这次我的处境更困难，因为这一年秋天已经开始准备将Л. 维尔尼兹基的大科室划分为两个独立的部门。虽然和我一开始就预感的一样，这个过程暂停了，但对于很多人来说，由我担任在轨对接的主要负责人是顺理成章的事，也有利于工作。

最后，尽管面临很多困难，面对与重大的10月日期有关的复杂政治局势，我们还是准备了总结报告，委员会一致同意，签署了意见，做出了一致的结论。

* * *

那时候最受关注的是宇航员及其培训情况。

我清楚地记得与空军司令、空军元帅库塔霍夫的那次会面。那是10月中下旬，在我们总设计师B. 格鲁什科办公室的一次会面。宇航员培训中心隶属于空军，因此空军司令也是这个紧急事件的相关人，属于他的职权范围。库塔霍夫——这位伟大卫国战争的战斗机飞行员详细地了解了关于这次飞行的实际情况。他对乘员组的行为极为不满。我记得他在这次会面中的话：“空战中，在说完‘进攻’后，直到战斗结束，我都是默不作声的，而他们却在不停地说，不停地讨论……”

现在，基于多年的经验，可以将那时候轨道上发生的事情解释如下了。“联盟-25号”乘员组的两个成员都是新手，这是他们的首次太空飞行。对接是在升空后的第二天进行的，就是说还处在适应太空环境的紧张阶段。飞船指令长B. 科瓦列诺克是个容易激动的人。在那次不成功的对接，以及之后成功完成1978年和1981年的两次长时间飞行后，他都表现出了这一特点。这些主观因素和培训系统不完善等客观原因都导致了这次的失败。

应该再次回顾下1968年Г. 别尔科夫在“联盟-3号”上的那次难忘的对接失败。Г. 别尔科夫之后被任命为宇航员培训中心的主任，然后通过了关于宇航员飞行心理学的学位论文答辩。显然，这些都是纸上谈兵。“不打雷就不祷告”——这句谚语也适用于20世纪的航天。当时，在1968年，我们没有把家丑外扬，没有真正地分析原因，也没有做出真实的结论并进行整改。

八年后，在“联盟-25号”失败之后，我们在乘员组的选择、培训方法，以及最重要的驾驶流程方面都做了严肃的整改。之后的每个乘员组至少有一位乘员是已有飞行经验的宇航员。我们还增加了训练的内容和强度，主要是关于交会和对接方面的。最后，在发射入轨后进行第一次对接时，以自动交会为主要模式。

在对乘员组进行飞船和空间站各系统的理论考核时，要求更为严格了。“能源”科研生产联合体成立了整整一打的考试委员会，委员都是主管专家。我也领导了一个对接专业的团队。许多宇航员不得不挺过这段艰难的日子，日夜钻研各个系统的技术说明。我还记得在一次考试过后，一位宇航员委屈地抱怨不公平：他们是根据身体状况选拔的宇航员，现在竟然要考智商！

我也记得，半年过后的一个夏夜，当我坐在拜科努尔2号场地1号宾馆的长凳上时，曾经指挥过波罗的海舰队航空兵的另一位二战老兵米哈伊尔·伊万诺维奇·萨马欣非常直白地向我和B. 列戈斯塔耶夫（他当时负责运动控制系统和交会）说：“要是在1944年，朱可夫元帅都会枪毙我三次了。为什么没有自动对接？我也该把你们枪毙的。”我不能跟“老爷子”（大家这么称呼指挥我们整个夏季中队的米哈伊尔·伊万诺维奇）争辩，也没有向他解释，我既不能为手动对接负责，也不能为自动对接负责。

真正的战争没有发生，谁也没枪毙我们。

* * *

没人动我，我没被革职，甚至没受到警告处分。并且，在委员会工作最紧张、调查尚未结束的时候，总经理B. 瓦齐纳兹签署命令，成立了负责空间对接和其他机电专业的研究室，任命我为室主任。正如我前文提到的，这个决定早就有了，但是照旧推进缓慢，需要经过很多层级。而我的顶头上司也倾向于慢慢推进。这次发生的类似战时的紧急情况极大加快了这个过程。党委代表党组织在特别会议上礼貌地提了几个问题后，也很快同意了。老实说，考虑到对我们的信任是不彻底的，和1971年4月一样，这事办结的速度是令人惊讶的。我还记得，在我职业生涯中的这件大事当时是怎样触动我的。

许多年以后，有人告诉我，瓦齐纳兹是按照C. 阿法纳西耶夫的直接指示办的。在听取关于对接工作组织问题的汇报，了解到设计局里只有一个实验室在从事对接研究时，部长说了句：“难怪我们没对接上。”

就这样，到了1977年秋天，我该离开Л. 维尔尼兹基了。在长达21年半的时间里，他一直是我的领导和导师。新的任务和事业要求我们勇往直前。向前，向上！学生就像子女，在某个时刻总要离开父母，走上独立之路。

随后的几年里，我经常想起Л. 维尔尼兹基，想念他的支持和忠告。在这些事发生的数月前，我多年的助手、独具一格的Г. 齐玛涅克在我们领导60岁纪念日上说道："列夫·鲍里索维奇，在我们之中，您是这样……这样……的人。和聪明人在一起，您就是聪明人；和傻瓜在一起，您也变成了傻瓜。"

我远没有这种智慧，我永远也学不会这种智慧……

新的时期开始了。开头是困难的，近乎危急的。从某种意义上来说，我在孤军奋战，没有防御。

* * *

查明"联盟-25号"的对接偏差很重要，但更重要的是另外一件事：需要回答前对接口是受损还是完好无缺这个问题。这个问题事关"礼炮-6号"的后续飞行计划——这个长期在轨空间站是否能成为第二代空间站？它是否能长期飞行，接收载人飞船和货运飞船？

方法实际上只有一个：向空间站派遣下一艘载人飞船。选择了已通过"联盟-阿波罗"培训的Ю. 罗曼年科，以及经验丰富的Г. М. 格列奇科来执行这次重要飞行。与前对接口和过渡舱的对接都是危险的，因此决定这次先对接至另外一个更可信的对接口上。之后宇航员需要走到过渡舱，对其释压，然后打开对接装置的舱口盖，出舱进入太空，查看对接处，确认是否受损。主要场次就是这样，也被称为"第一场次"。其中详细说明了需要按照什么顺序，查看哪些部件，逐项列出了对接处所有可能发生故障从而影响对接的、至关重要的构件：锁钩、锁、传感器、电气接头和液压接头……

此外还提前设计了维修场次，以防万一，该场次被称为"第二场次"。

我们也提前准备了轨道上可能用到的全套工具，宇航员开始训练。我记得在我们检测试验站的综合试验台上进行的几次预演。最后的指导只得在拜科努尔发射场进行，此时宇航员已经穿好夏季宇航服，身处玻璃隔间，只能通过头盔耳麦与之联系交谈。

"联盟-26号"飞船于12月10日发射，第二天成功完成自动交会和对接：对接杆顺利插入"礼炮-6号"后对接口的接收锥。这是成功的第一步，我们所有人都像需要空气一样需要这个成功。

第二代长期在轨空间站载人计划终于开始了。

* * *

出舱是下一个关键步骤。

我被任命为负责分析太空检查结果的一个专门工作组的组长。我清楚地记得，我和飞行指挥叶利谢耶夫坐在一起，听取轨道上的汇报。一切都按计划正常进行，除了开舱盖时有点费劲，不过这点麻烦早已司空见惯。随航工程师格列奇科穿上特制的舱外活动宇航服，上身探出舱口，检查了对接口。指令长罗曼年科也穿着宇航服，站在已经释压的过渡舱内，抓住执行太空作业的格列奇科的双脚，防止他飞入太空。“对接部件是干净的。”宇航员从轨道上汇报。

和 Г. М. 格列奇科合影

所有人当然都很满意。我已经不去注意对宇航员的那些提问了，包括对第二场次的询问。那个时候，我不明白地面还想让宇航员做什么，我也不在乎。

过了很多年，格列奇科才跟我详细说起当晚发生的事，他们被要求汇报第二场次的维修情况，但格列奇科一口回绝了：“没什么好汇报的。”指令长罗曼年科也同样选择了

和宇航员奥列格·马卡洛夫（中）、副主任维克多·巴甫洛夫在办公室中

沉默，作为军人，他的处境更加为难。按照格列奇科的说法，“联盟-26号”返回地球后，科瓦列诺克向他表示了感谢，因为太空检查员们没有接受“挑拨离间”，让他有了再度飞行的希望。

1979年，当科瓦列诺克再次飞行的梦想实现的时候，他还在尝试挽回因犯错而受损的名誉。在仔细检查了给他带来不幸的接收锥之后，他找到并拍摄了自己的“十月遗痕”，虽然此前已经有几艘“联盟号”与前对接口完成对接了。他后来提交的报告最终不了了之，至少没有人再向我提出任何正式的申诉。

1977年12月底，根据太空检查的结果，我们专家组出具了意见，同意与前对接口进行对接。“联盟-27号”第一个利用了这个机会，这艘飞船的乘员组是全新的——我的好朋友和未来的别墅邻居O. 马卡洛夫和B. 查尼别科夫。这艘飞船的对接成功事实上肯定了空间站前对接口的工作状态。这艘“联盟号”飞船的对接创造了太空飞行漫长历史中的第一，它与之前的所有对接都不同：此时第二艘飞船仍然是从另外一侧对接在空间站上的。罗曼年科和格列奇科按照我们的指示，“躲在”自己飞船关闭的盖子之后。

两艘飞船从两侧对接在空间站上。在它们的这次联合飞行中，首次进行了那个“共振”试验。根据试验结果，确定了结构（包括我们的对接隔框）的负载。宇航员在轨道上又跑又跳，而我们却在地面确定了体育运动对航天器的影响。“我和她都像是金属做的，但只有我是真的金属。”这是维索斯基为举重运动员写的诗句，我觉得也适用于我们。

下一个重要步骤是第一艘“进步号”货运飞船的飞行和对接，这艘飞船于1978年1月将长期飞行所需要的氧气、水、食品和燃料等物资送到了空间站。2月初，通过我们的对接液压接头，首次试用了全新的空间站补加注系统。这是一个巨大的成功。

太空飞行的新阶段开始了。空间站上很快启用了水和空气再生系统，对冷却-干燥设备收集的水和空气进行再生处理。格列奇科告诉我，他和罗曼年科是如何被迫试用这种再生水的：“你是随航工程师，所以也是试验员，你应该首先试喝。”罗曼年科说。格列奇科针锋相对：“你是指令长，你应该身先士卒。”最后两人达成一致意见，一起举杯为敬。

到了3月，“联盟-28号”与“礼炮-6”成功对接，“联盟-28号”飞船搭载了第一个国际乘员组：B. 古巴廖夫和捷克人B. 列迈科。

这个任务对于“受欺负的”捷克斯洛伐克近乎慈善，从此不同国家的宇航员纷纷加入，先是社会主义国家，然后法国、德国和其他东西方国家的宇航员都纷至沓来。

紧跟着捷克斯洛伐克宇航员之后，“礼炮-6号”空间站又迎来了社会主义阵营的其他两个近邻国家——波兰和东德——的代表。德国人曾经在30—40年代研制出第一种弹道导弹，最后却仅仅成为第五个登上太空的国家。当然，他们认为自己是第三名：作为一个严守纪律的民族，他们承认俄罗斯人和美国人作为二战胜利者的领先地位。当时流传着一句恶毒的玩笑话，说俄罗斯人先把狗送上了太空，然后是人。美国人先把猴子送上太空，然后是人。不同于他们，德国人先把捷克人和波兰人送上了太空。这当然是一个有害的、恶意的玩笑，但是太空飞行确实发展到了世界规模，证实国际航天合作日益广泛。我们的斯拉夫兄弟捷克人和波兰人是不会怪罪我的。

和很多后来的“社会主义”和“资本主义”宇航员以及“第三世界”的代表一样，我给他们所有人都上过在轨对接的课。这方面的玩笑也说够了。几乎所有这些在轨停留的宇航员都成功完成了对接，除了出生于卡卡洛夫的保加利亚人格奥尔基·伊万诺夫，他的对接失败完全错不在他。这是个真正的飞行员和好汉。1994年，在他的祖国，我再次见到了他。这一次，我们不是作为社会主义阵营的同志，而是作为斯拉夫兄弟和曾经患难与共的战友见面的。

3.6 理论基础

和其他尖端技术和军事技术一样，一系列“措施和手段”促进了苏联火箭-航天工业的不断进步。最有力的措施之一是应用科学。它对广大工程领域的作用是多方面的。从整个产品（火箭和卫星）到各技术系统、单机甚至人员管理方法，以及从实验室到国家机关，这个阿基米德杠杆首先确保了技术在整个深度层面的不断进步和完善。在科学研究所和设计局都出现了创新的气氛并得到支持，甚至出现了各种科学流派相互竞争的情况。在错综复杂的集体中，学位论文答辩是促进广大“螺钉和螺母”个人发展的最大动力。独立的科学工作可能已成为创新型人才自我表现和自我肯定的主要手段。物质特惠、丰厚报酬和漫长假期进一步增强了这种精神激励。科学博士和副博士能够更快地晋升为实验室、研究室和许多部门的领导。

所有这些条件都是为了一个主要目的设立的：确保发展和进步，将研制水平提升到最高水平。

确实，从设立任务开始，工程师先了解该领域现有研制情况（产品、系统或元器件），再完成理论研究，必要时还包括试验研究。结果往往使产品更完善，开启了未来之路。而工程师则通过这种方式成为高级专家。

我们的军工委培养了数以万计的科学副博士和数以千计的科学博士，虽然代价不菲，但个人和国家的付出都获得了丰厚的回报。产品不断升级换代，研制者在这项全民事业中感受到了极高的参与度，很多人都将其奉为毕生事业。这个过程引发了连锁反应，干部队伍因此得以不断壮大。

* * *

1975 年 7 月以后，我积累了大量独特的空间对接技术资料。虽然繁忙，但还是应该总结一下积累的经验，并且也需要继续制定对接方面的理论基础。基于这些理论，应该寻找研制新型的、更为有效的结构的途径。另外一些情况和观念也推动了这方面的进展。首先，“联盟-阿波罗”试验飞行计划将我们的技术推到了更高的国际水平。其次，各对接项目推动了技术的前瞻性，为新技术的研发开辟了道路。最后还有一个相当重要的因素——我已年过 40。技术科学博士学位论文的答辩应该在 40 岁上下完成。在这个年纪，经验已经足够，头脑尚且够用，并且积累了工作经验。我把生命中的这段时期称为“军团士兵年纪”，恺撒大帝征服现在的法国领土时，率领的就是由包括 40 岁左右的战士组成的富有经验的军团。

我是在林业学院旁边的高校环境里长大的，身边都是大学教师的孩子和大学教师本人，教师们都推崇博士学位和教授职称。我记得，在我已经成为技术科学副博士的时候，我家的邻居 B. 萨姆伊洛对我说：“瓦洛佳，你应该成为博士，无论多么辛苦。”身为一个积极进取又学识渊博的副博士，他受到某个外来博士的排挤，很为自己鸣不平，也因此操心别人。

在大学和其他高校、科学院，甚至在研发新装备和新技术的科学研究所和设计局，科学博士都能获得显著的优势和特惠待遇。博士可以更快地获得职业升迁，薪水更高，假期是普通人的两倍，多达整整 48 个工作日——可以好好休息，恢复消耗的精力。

不难理解，所有这些都是值得的，值得额外投入精力。但是撰写学位论文并通过答辩通常确实很难。虽然时间常常不够，我还是在相当短的时间内完成了这件事。毕竟这些年我都在紧张忙碌地从事这个主要工作，准备新型飞船和空间站的对接，并开始建设“锥体”试验台。而且在撰写学位论文过程中得到的结果为以后几年和后续项目都建立了丰富的储备。

当然，学者所获得的特惠待遇并不总是与博士和副博士在科技、教育和文化领域做出的贡献相符合。尽管如此，这些待遇还是极大促进了科学工作，驱动着年轻人努力学习，开拓创新。仅仅过了 10 年多，所有这一切——无论好坏——都消失了，所有的激励、特惠、吸引力和投入都没有了。

在撰写副博士学位论文的时候也是这样，我经常不得不在下班后的晚上，每天花1.5～2 h 撰写论文，而在休息日和节假日整个上午都在撰写论文。事情进行得不算很快，但很稳定，没有中断。我在这个“科学贡献”上总共花了 4 年的时间。

我的学位论文涵盖了与对接系统相关的所有主要章节，包括方案、结构设计问题，以及用于分析和试验的数学模型和物理模型等。每章都包含新的结果或结论。我可以指出决定今后 20 年对接技术发展的一些情况。

内部装有导向环的新型异体同构装置构型已在 APAS－89 中实现，后者将在几个航天计划中发挥卓越作用。装有可替换对接机构的混合式装置也已在设计“阿尔法”国际空间站时使用了。通用型对接装置的方案已经应用于“和平号”空间站项目。适用于不同类型对接机构的缓冲阻尼系统已经在“和平号”空间站对接装置中和 APAS－89 中实现了。改进后的新型刚性连接锁改善了后续结构的许多性能。在此期间已开始搭建地面试验台，搭建方法成为其理论基础。这个清单还可以扩大。

到 1978 年年初，所有的资料都收集完毕，只剩下最后一件事——准备图表资料，编辑，办理手续，最后编写摘要。这些事花了大约半年时间。答辩的时候到了。

1978 年秋天，K. 布舒耶夫意外死去。他在我们第 119 诊所去世，当时他正坐在椅子上，等着心脏病诊断结果。死因是突然的心脏痉挛，虽然此前的心电图结果是合格的。我们这些战友、“联盟-阿波罗”团队的成员都为他的离去而悲伤。他对于我们来说不仅仅是个领导。

生死无常。这段时间还发生了另外一起不寻常的死亡。1978 年一个炎热的夏夜，星期五，当时我正在写自己的论文摘要，电话铃响了，我这个当时唯一在岗的人接到一个通知：我们科室的副主任 B. 库兹明开枪自杀了。

虽然维克多·彼得洛维奇·库兹明比我略长几岁，但我们俩几乎同时在 1956 年进入第一特种设计局。他是个非常能干的工程师和优秀的管理者，很快就担任了我们部门电子专业的领导。遗憾的是，他逐渐开始在一些次要的事情上浪费自己的才能和精力，酗酒也日益严重。领导放任不管，又不允许公开他嗜酒的情况，终于将他推向了悲惨的结局。可惜啊，多少俄罗斯人才被伏特加（还不仅仅是伏特加）戕害……

* * *

70 年代末，最高学位评定委员会改组，该机构从“最高学府”转为隶属苏联部长会议，完成了所谓“科学的国有化”。由最高学位评定委员会新任主席基里洛夫-乌格留莫夫推行的委员会最新章程使准备、答辩和发放学位证书的整个过程都更为严格了，特别是关系到博士学位论文时。

当时，一些学位申请人不无恶意地拿主席的双姓氏开涮：在最高学位评定委员会批准你的学位论文前，对你来说，他是乌格留莫夫（“乌格留莫夫”意为“忧郁的人”——译者注）；一旦批准了，他就变成了基里洛夫。晚些时候，我也有幸在该组织的一个专家委员会中工作，参与复杂的副博士学位论文批准流程。博士学位论文的批准则更为复杂。当时，在1979年，我必须从头至尾走完整个流程，答辩完后还要集结一本书——多达250页的卷宗。这是额外的“科学”工作。对我来说，最复杂的还是准备并向学术委员会提交学位论文，确认正式的评论员，以及分发论文摘要。

在那些年里，“能源”科学生产联合体的博士学术委员会长期不工作，因为各种手续问题，长期未获得最高学位评定委员会的批准。因此我只能去中央机械科学研究所——我们火箭航天领域的总体科学研究所。该学术委员会的主席是他们的所长Ю. A. 莫兹若丁，但所有事情都是副所长B. C. 阿芙杜耶夫斯基在掌管，他是一位精明、干练的院士，在气体热力学领域成就卓越，后半生致力于科学管理工作。据说他是火箭-航天系统总设计师B. 切洛梅的人。切洛梅在60年代与C. 科罗廖夫作对，并先后在与B. 米申和B. 格鲁什科的竞争中获胜。由于双方企业之间的复杂关系，我也在某种程度上被卷入这些对抗。我们对接人的功劳不小，包括对切洛梅的帮助：我们为他的“金刚石”（“礼炮-3号”和“礼炮-5号”）提供了对接系统，并完成了“联盟号”飞船与“金刚石”的对接。然而他在这个领域有自己的利益考量：B. 切洛梅的子公司“礼炮”设计局也在研制对接系统，用于他们自己的运输飞船。因此B. 阿芙杜耶夫斯基非常谨慎地对待我的答辩，做了非常仔细的安排，亲自挑选评论员。其中包括C. 科罗廖夫的学生——来自萨马拉（当时的古比雪夫市）的总设计师Д. 科兹洛夫。晚些时候，我自己也不得不前往那里，参加起草对自己学位论文的评语。这是常见的做法：如果评论员信任学位申请人，自己又很忙（有时也不是很忙），那么当事人就只好自己动手了，就像文学作品里说的：“各自逃命吧。”但是科兹洛夫确实是个大忙人。

也是在那段时间，在1979年年初，空间站主设计师Ю. 谢苗诺夫的学位论文也送到了中央机械制造研究所的学术委员会。鉴于他的地位和高层的支持，他当然是无须竞争的。在他成功完成答辩后才轮到我。

确实，正如我永远的辅助评论员、著名教授B. 费奥多谢耶夫所说的，“答辩需要导演。”弗谢沃洛得·伊万诺维奇是我1968年副博士学位论文答辩时的辅助评论员。11年之后的这次，科兹洛夫请他担任自己的辅助评论员，科兹洛夫在1979年夏天因病住院了。我是在部里逮到科兹洛夫，请他给我的教授打电话的，当然是在遵守一切科学礼仪的前提下。

费奥多谢耶夫确实是一个杰出的学者，在为火箭-航天工业培养干部方面发挥了巨大的作用。早在大学时代，他就开始了科学生涯。他很快就成为莫斯科鲍曼高等技术学校（现称为“莫斯科国立鲍曼技术大学”）材料力学和弹性理论领域的泰斗之一，制定了薄壁结构的计算方法。火箭确实是一种薄壁结构。战后的40年代末期，当莫斯科鲍曼高等技术学校获得德国的V－2火箭后，这位年轻的教授就积极投身于火箭技术的研究和发展。他领导了火箭技术系的M1教研室，为大学生和研究生讲授材料力学和火箭技术方面的课程。晚些时候，他在1956年出版了《火箭技术原理》（与希尼亚廖夫合著）一书，首次在国内以公开文献的形式系统性阐述了火箭技术的原理。这本书培育了整整一代的未来火箭专业人员。遗憾的是，我在莫斯科鲍曼高等技术学校未曾听过B. 费奥多谢耶夫的课，和许多第一特种设计局或其他企业的工程师一样，我们都是通过他的书，填补了自己相关专业教育上的空白。这其中有一个现实的原因，在航天和其他国防领域都实行严格的、军队模式的保密制度：这支部队的每个战士都只能了解与其工作直接相关的那些秘密。有效的保密制度严重制约了专业人员的视野，导致设计质量的下降。例如，部组件的研制者经常很不了解系统的工作，不知道系统的所有特点，而系统研制者则可能不清楚火箭的很多重要细节。因此费奥多谢耶夫专著的出版具有重要意义，他的榜样也激励了其他专家去编写和出版类似的著作。

与弗谢沃洛得·伊万诺维奇的交往是我的另一个成功之处，长久地留在了我的记忆深处。

我的学位论文包括公开资料（350页）和保密资料（70页），被总体上认定为保密论文，因此所有的评语也都是保密的。这使得本来就烦琐的手续流程更加复杂了。只有上帝、学位申请人本人和他们忠实的帮手才知道，怎么样才能按时完成所有这些事情。为此不得不做些半合法的手脚。

为了使学术委员会的成员有效地熟悉我的学位论文，我截取了论文的公开部分，夹在腋下或插在腰带上，想办法通过了门卫室。我至今仍会回忆起这些惊心动魄的时刻，在中央机械制造研究所门卫的眼前，我的手稿从外套中滑落的情形。这个意外让我俩都不知所措。幸好我首先恢复了镇静，显然，这个保安此前从未遇到过这种情况。我迅速收拢了掉落在地的纸张，旁边的小伙子也帮我快速捡起来，然后急忙致电莫斯科，为这个“收获”而激动万分。距离答辩只剩下两天了。我碰到了一个更严格的女保安，肯定有人想借机大做文章，我们这里还从没有过这种事……

跟往常一样，费时费力做的准备其实与6月22日的答辩内容截然不同。

我们这代人永远无法忘记这个一年当中最长的一天（指夏至——译者注），因为38年前，希特勒就是在这一天进攻了苏联。6月21日，我和妻子以及特地从乌法赶来参加我答辩的好友伊列克·海卢里恩（对接阻尼器用电磁制动器的研制者）在莫斯科街头经历了一场“遭遇战”。跟38年前一样，这也是一场机车对决。三对三：一个莫斯科出租车司机和两个高加索人对阵我们。两辆GAZ-24多次差点全速相撞。这之后我们又差点使用上冷兵器：对方操起了硕大的螺母扳手。我觉得，是伊列克的冷静和斯维特兰娜的气场挽救了局面，使我没有进医院，没有鼻青眼肿地出现在那些学者们的面前，正如近几年在冰球赛之后经常发生的那样。

这个战争日的答辩进行得很顺利：学术委员会的成员们都认识我，了解我在对接技术领域的贡献，他们一致投了赞成票。然后又花了两三周的时间准备并向最高学位评定委员会寄送所有必需的纸质材料。这之后我休了假，跟妻子和女儿去了克里米亚。

凭着我们的“守护天使”伊万·伊万诺维奇的介绍信，我们分到了紧靠海边的一家膳宿旅馆的两个独立房间。这使我们得以像口号“午饭前的工作就是最好的休息!”宣传的那样生活。在那个夏天，趁着顺利通过学位论文答辩的余热，我开始准备写作一本关于对接技术的专著，但是真正的写作还是拖了好几年。

直到秋天，莫斯科鲍曼高等技术学校的另外一位杰出教授K.科列斯尼科夫致电给我，告诉我，他已经将我的学位论文呈送最高学位评定委员会主席团，于是主席团主席乌格留莫夫很快就变成了我的基里洛夫。

最近几年，在研制新型对接系统时，我的很多工作都是基于这篇学位论文获得结果之上的。因此，无论代价多大，我在人生这个阶段所付出的努力绝不是徒劳的。

3.7 教授

乍一看，森林离太空并没有那么遥远，而且不仅仅是对我而言。小时候，我住在莫斯科林业学院（МЛТИ）旁边，该学院简称为“林业学院”，或者直接称为“林大”。这所林大是我的第一所母校。当我还是个小男孩的时候，他们就给我起绰号叫“奶酪”。等我长大了，美国人开始叫我 Big Cheese，即“大奶酪”。我的另一个绰号是“教授”，这个称呼由来已久。多年后我被授予教授职称，那是我在为身边的护林员工作几年后的事。就在这份额外的林业实习之后，我在系统工程与电子技术系（ФЭСТ）主持控制论教研室的工作。该学院专门为“能源”科研生产联合体、飞行控制中心以及波德利普基及其他火箭航天企业培养火箭宇航技术专业的工程师。

林业学院系统工程与电子技术系的历史是这样的。加加林进入太空后，科罗廖夫积极投身到太空和地球上的活动中。在规划未来时，他不禁想到了青年人才。除了为火箭宇航技术培育专家的大学（鲍曼、莫航等）外，他还关注到了离他最近且相似的林业学院。这一时期恰逢赫鲁晓夫提出使大学和其他学院靠近生产基地的倡议。如你所知，农业部几乎被迫搬到了莫斯科郊外。那种情况下，林业学院就得直接搬进真正的森林里了。火箭专家积极尝试实施了这次“太空行动”，但是冲锋受挫了，因为林业的兄弟也是硬汉。他们找到了列宁本人颁布的一项法令，该法令强调了林业集中发展和莫斯科林业学院正确组织的重要性。

但科罗廖夫并没有放弃自己的想法，这是他的作风。于是护林员学者决定向自己强大的邻居做出让步。林业学院成立了系统工程与电子技术系，开辟了一条通往太空的小道，就这样火箭宇航技术在林大占据了一席之地。新教育成为一项互惠互利的创举：第一特种设计局获得了一批管理人才，而林业科学开始从太空汲取新技术。波德利普基的青年表现出对现代技术的向往，来到系统工程与电子技术系。数以千计的青年专家来到波德利普基和其他火箭宇航技术企业。系统工程与电子技术系给世界培养了一位杰出的宇航员柳明。

宇航员瓦列里·柳明

我必须再次提及，我出生在一个林业学院的教师家庭，并在林业学院旁边长大。我的一生和我的家庭都与这所学院息息相关：我的两个姐姐娜塔莉亚和玛格丽塔和我的儿子都从那儿毕业，我的妻子在这所学院的理论力学系任教了近30年。最终，轮到我成为这所学院的一名教授。

教授！这个头衔和这个单词，无论过去还是现在都是任何领域一个代表最高知识水平和权威的象征。美国人恭敬地称呼我们的主任——布舒耶夫"教授"。我已不记得确切的时间，但我开始在大学任教之前很久，"教授"这个绰号就一直跟着我。记得1973年年底从休斯敦回来后，我遇到了隔壁车库的邻居——全苏理工函授学院汽车运输教研室主任谢维列夫，此君是一位没有博士学位的"冷"教授（苏联教育体制中，有博士学位的教授视为正牌教授，而只有副博士学位却被破格提升为教授的，俗称"冷"教授——译者注），他带着几分挑衅地问我："你是教授吗?"听到我否定的回答后，他竟出人意料地建议我："电视上他们都叫你教授啊，你可要好好利用这个机会，要知道这可是苏联的中央电视台啊!"

荣誉称号的含义可能因环境和情况而发生变化。亲密的朋友和同事有时会夸张地在教授这个职位前加上"海象"一词，因为在他们眼里我就是在冰水里游泳，我怀疑他们是在暗示一些更大的东西。1973年11月，怀特和克里斯甚至将冰块扔进我游泳的水池，并拍摄了"极地"水域照片，可惜它们没能保存下来。工农知识分子将荣誉称号概括为一个刻薄的称呼："教授"。尽管如此，在工人阶级的真实环境中"教授"一词通常以适当、尊重的方式被理解。

经年累月的繁忙工作使我无法开展真正的教学活动，没有时间给本科生和研究生授课。而促使我投身于教学的是某些特定原因，关于这个我曾在第3.3节“六自由度综合试验台”中有所叙述。1982年夏天，我与B. 卡拉什尼科夫的关系恶化，也就在此时，我与林业学院的正牌教授们达成一致，搞定所有必要手续，准备授课。我的目标有两个：第一，最终要成为一个名副其实的教授；第二，如果本职工作中的矛盾冲突愈演愈烈，那么不妨给自己多一个选择。

为获批开展兼职工作，需要获得各级机关官员的同意：从直属领导、工会委员会和党委书记到企业领导甚至部委领导。所有这些均以书面形式拟定并加盖相应的公章。因此我们通往教授的道路通常并不轻松，也不容易。与此同时，有人在自己的整个教授生涯中连一节课都没有上过就进入了它的行列，正是这位最高学位评定委员会（BAK）的主席基里洛夫-乌格留莫夫，他轻而易举就获得了这个带蓝色边框的证书。

碰巧，我开始教电气工程基础课程。选择这个主题，首先是由于机电学是我的主要活动领域之一，其次，正如生活中经常发生的那样，许多事是由人际关系决定的：林业学院的电气技术教研室主任巴维尔·帕夫洛维奇·巴兹欧拉是我父亲的一位朋友。

巴维尔·帕夫洛维奇是一位典型的“红色教授”，他早年作为共青团员参加了卫国战争后的乌克兰战后重建工作，几乎完全受帕夫卡·柯察金本人的直接领导。这段共青团员的经历令他终身受益。他和我父亲一样，最初在阿尔汉格尔斯克的林业学院工作。巴兹欧拉告诉我，他一开始并不顺利，因为意识到自己知识有限无法给学生授课，他曾一度离开电气技术教研室。经过坚持不懈的努力，他最终取得了成果：先是成了一名真正的讲师，然后是副博士、副教授，直至成为教授。巴兹欧拉为林业专业的学生打造了一个优秀的电气技术教研室，拥有几个很不错的实验室，并建立了一套良好的教学方法。虽然年事已高，他仍继续给学生们讲课、培养研究生，并尽力为自己的教师们提供帮助。

这些年里，巴兹欧拉已经在为自己寻找一位愿意为电气工程系奉献余生的继任者。即使是在莫斯科的大学里，也严重缺少拥有博士学位的专家和教师。此外，他一方面认为我是一位先进太空技术领域的科学家，另一方面把我看作林业学院的儿子，所有根源都可以追溯到遥远和不久的过去。我认为，我首先让他失望的就是我没有成为他事业的接班人。

那个时候，我真的很认真地考虑过去从事更轻松的教学工作的可能性，很多四五十岁的科学副博士和博士，当还有很多精力和时间的时候就是这么做的。这是人之常情。然而内心的声音告诉我：你是一名设计师，你还可以创造很多新的东西，你根本不应该离开。因此我没有断送后路，而是向管理层展示了我的机动性和能力，之后我开始花一些时间准备这门经典的工程学科课程。在随后的几年里，经典电气工程和电子技术知识不止一次地成为一些学生专业课程的一部分，这些系统性知识帮助我更快地投入设计工作，尤其是当设计水平上升到创建整套系统的时候。

随后的几年里，我碰巧讲授了各种专业的课程，并自己准备了新的课程，如“对接系统”“机器人技术基础”“建模概论”。

“机器人技术基础”课程发挥了重要作用。80年代时这个现代技术方向在国内变得重要起来，并开始在我们“暴风雪号”航天飞机、“和平号”空间站及其他项目框架内的研制工作中不断巩固。该领域的两种活动，即教学活动和设计活动相辅相成。

在我给学生们做的所有讲座中，最有趣的大概是“自动化系统设计方法”这门课程。我试图将自己在建造航天器系统的漫长岁月中积累的所有丰富经验都融入其中。设计的各个阶段，从技术任务书和计划开始，到现代工程的所有主要部分，即设计和计算、模型和建模、工艺和元器件、测试和试验台、可靠性分析和保证、整个研制工作的经济性和效益分析——所有这些内容都纳入这门基础课程。讲述方法时辅以许许多多以太空技术为主的实例，虽然我努力让我的听众相信，太空不仅推动现代技术发展，而且可以教会其他领域的设计，提高研制的效率。一辆现代汽车，这种自主地面设备就像太空飞船一样，必须同时满足许多要求：轻便耐用、可靠安全、经济方便、技术可控。这些例子同时丰富了这门方法论课程。

教什么并不重要，重要的是怎么教。

很遗憾，我从来没有充足的时间系统准备讲座，所以不能自夸自己的课程讲得很出色或者很好。每逢上课那天，我不得不抽出大约一个小时的时间提前翻阅旧的纲要并重写提纲，不过十多年的教学时间积累了一份庞大的档案资料。

讲课时我从不使用任何笔记小抄和预先准备的提示条（这都是我们学生时代的称呼），我觉得这么干实在有损尊严。另一方面，为了便于学生掌握要点，我会尽量在黑板上写下讲课材料的所有章节名称和提纲以及公式和图表。

这不仅有助于学生备考，而且这种授课方法也更一目了然，保证了课程内容的有序和完整。

自从开始讲课后，我想起了我的很多讲师，他们是我大学时代真正的大师。莫斯科国立鲍曼技术大学的材料力学非常强。当时，这门学科的经典课本是由波诺马列娃教授、马琳妮娜教授及其他作者撰写的专著。这不仅仅是一门科学学科。我们的讲师车尔尼雪夫并不是最著名的讲师之一。据说，他和许多俄罗斯农夫一样，因酗酒而受到影响。这一点甚至在考试时被学生提出，并说他应该在休息前给予答复。车尔尼雪夫是一位出色的讲师，给我们留下了出色的笔记，这使准备考试几乎成为一种乐趣，正如美国宇航员的话："It was a small cake（小菜一碟）。"讲座的主要秘密之一是车尔尼雪夫几乎口授所有的内容，说话的同时还工整地在黑板上写下公式。我们的另一位讲师彼得洛夫教授，他讲授"机器理论"课程，他的做法更加独特：他用小而清晰的笔迹在黑板上写下了他所说的所有内容。我们的眼睛年轻而且锐利，能够清晰看到写的内容，但跟上他却很难，不过准备考试要容易得多。直到现在我仍认为这是一种幻想，如果自己不是这位教授的学生，我是永远都不会相信的。就像很难相信可以用诗句写出普通讲座甚至技术安全讲座的提纲，但我们有欧卡叶莫夫这样一位学生，他是一个非常有能力且独具一格的小伙子，很好奇地想知道他的命运是如何发展的……

有什么样的教授，就有什么样的讲座，本科生和研究生也是如此。但是我必须说，根据我的经验，极具才华的学生实际上不会超过5%，当然，顶类大学和神童班不在此列。

教授的一部分工作是指导研究生。我必须承认，我的研究生中只有一小部分能够通过论文答辩。他们都有很好的题目，充分依托研制实践，并在其中得到了充分论证。在我看来，除此之外他们最缺乏的是将工作自始至终坚持到底的坚韧意志。我无法真正吸引他们，无法做到迫使他们把事情进行到底，这也许是我的错。另一方面，我非正式但积极地帮助过几名研究生，他们通过了副博士和博士的论文答辩。除了一名申请林业学院的中国学生外，现在我只剩下一名研究生了，这显然是因为国内几乎所有促进科学发展的动力都消失了。如你所知，科学是由年轻有抱负的研究生完成的。这是另一种崩溃，科学的崩溃，更糟糕的是其衍生学科的崩溃。

* * *

我定期参加研究生的副博士英语考试，为我们“能源”科研生产联合体科学人才的培养做出了一些额外贡献。起初我甚至被当成考试委员会的主席，但这个做法很快被部里的某位官员纠正了，他们任命了一位副总设计师（级别要求就是如此）担任考试委员会主席，尽管此人对英文的读写一窍不通。不过我倒是也无所谓。林业学院的女教师玛琳娜·瓦西里耶夫娜和其他教研究生英文的可爱老师们，每年都乐意邀请我参加与企业优秀青年的座谈会。前来参会的年轻人通常为 40 人左右，后来人数有所减少。我尽量鼓励这些研究生继续学习英语，甚至给他们讲了一个关于一只狼大喊“ku ka-re-ku”抓到狐狸的故事，这让它后来可以炫耀：至少掌握一门外语是多么重要啊。

80 年代末我再次开始经常出国，并且必须在国际会议上用英语演讲，那时已不能像在 1970 年戈达德航天飞行中心演讲那次一样简单地照着早前准备好的文本读了。要求多了很多：用英语表达主题、理解评论和问题、做出反应和即兴发挥。我继续提高自己的英语水平。

最大的挑战和磨炼是 1992 年 3 月我和约翰逊一起讲授对接短期课程。启程前，我在莫斯科郊外的一家医院住院，它位于列宁格勒公路远离谢列梅捷沃机场的另一边。我有足够的空闲时间来思考人生下一阶段道路的走向，并研究太空飞船的设计问题，以及讲座课程的材料。

我们根据 AIAA（美国航天航空学会）的要求准备了课程提纲和插图材料。这几乎是一整本书，后来我们的每个听众都收到了它的副本。这种硬拷贝（计算机术语）是软拷贝的一个重要补充，也就是说我们的学生或者更确切地说，他们的企业为获得这些知识向学会支付了 600～700 美元。我们通过自己的劳动获得了相对多一点的报酬：每人1 000 美元。这是我这辈子挣到的第一个 1 000 美元，这对于当时的俄罗斯来说是一笔不小的数目，但不久很多事情都变了，钱也是，“山雨欲来”。我必须说，AIAA 对我非常不公平：他们没有支付从莫斯科到华盛顿的机票费：对待俄罗斯人，甚至是教授，显然是可以办到的。贝尔先生拿出一张纸写好了递给我，里面的内容我一开始不明白，后来才恍然大悟：机票将在第二次课程后予以报销。当然，不再有下次了。

讲座非常成功，反响热烈。宇航员弗兰克·卡尔柏森甚至送给我一张照片，上面写着非常漂亮的字：“致真正的教练（事实上对于他们来说，instructor 是讲师的意思）。”

这次短期课程是我第一次真正用英语授课的。讲座的成功首先是基于20年对接工作积累的知识和经验。讲课过程中，幻灯片（美国人称之为“透明胶片”）帮到了很大的忙。第一次的成功使我大受鼓舞：我变得更加大胆，而且不再拒绝单独演讲了。自从1970年在戈达德航天飞行中心第一次做报告开始，这条在奥赫兹姆斯基领导下开发的路径，后来帮助我在不同国家进行了数十次讲座和报告。

宇航员弗兰克·卡尔柏森

有时我也想顺应俄罗斯新潮流，在林业学院（后来更名为“林业大学”）使用幻灯片讲课。但尽管学校有了新的名字，我们仍然缺乏投影设备。

我也很喜欢和翻译一起讲课。语言之间的过渡有助于更清晰、更深入地讲述材料。这在与中国人的交流过程中特别有效，因为听懂他们的语言是完全没有可能的。

讲课过程中如果突然出现了对年轻一辈有启发的新鲜想法，我也喜欢在黑板前即兴发挥。

* * *

每当心灰意冷的时候，比如在太空技术方面遭遇了困难，或者对领导甚至总裁的管理方式感到不满，旧想法会再次在脑海中浮现：何不乘坐电气火车回到心爱的“建设者”村，成为一名真正的教授。去静谧的斯特拉斯堡讲课也会是很惬意的事，国际航天大学（МКУ）就设在那里，我也曾有幸去过，在那里用英语给学生授课，而城市里则讲的是法语和德语。

Parlez vous francais?（“您会说法语吗?”），在“巴黎–斯特拉斯堡”的火车上，检票员不知为何这么问我。我反问道：“Do you speak English?（您会说英语吗?)”于是他二话不说地走了。

在阿尔萨斯，我不得不用德语进行交谈。

一个月后，我就相当认真地拿起了一本法语课本。顺便说一句，直到那时我才知道，教授充其量就是一名教师。

国际航天大学的领导也对我表现出了兴趣，尤其是P. 多勒给我留下了深刻的印象。他们每年有一到两次邀请我给国际学生讲课。当然，我没有让他们失望（尽管取消了报酬），除了一次“不幸的意外”：我的一位女同事在出差时丢了护照，于是我被迫回到莫斯科，没有去成维也纳。

作为一名教授，我对自己教学活动的成果越来越感到不满。这其中有几个原因。在我40年的工程师生涯中，与1956年我从莫斯科鲍曼高等技术学校毕业的时候相比，技术已经取得了长足的进步，而教育水平却还停留在50年代，这完全不符合技术系统的复杂变化。此外，获得良好教育的动力也减弱了。教育几乎陷入深渊，教授们垂头丧气，有什么样的老师就会有什么样的学生。有时我觉得一切需要从头开始，“let's begin from the very beginning (让我们一切从头开始吧)。”

在这个讲述教授的故事中，我已经扯得很远，是时候讲回自己的主要工程故事了。

3.8 著书之年

碰巧我直接参与的三本书——《航天器对接机构》《载人航天器》和《可靠性与风险评估》——都在 1984 年出版。

我在 1979 年论文材料答辩时写了第一本书，当时的工作进展比预期慢。造成这种情况的原因有很多：时间和经验不足，申报程序复杂，机械制造出版社的兴趣不高，他们更愿意制作带有明亮空间照片的昂贵礼品书，还有其他一些无法预料的延误。其中有一个原因来自审稿人 B. И. 费奥多西耶夫，我已经称他为“我的教授”。

《航天器对接机构》一书

我觉得有必要摘录一段他的评论。

“……对接方面的专家并不多，单手就数得过来。一群没有准备的读者需要这本书，他们希望补充新的和不寻常的技术领域想法。青年学生也需要这本书，他们需要学习更多更详尽的知识……”

“作者提交的稿件内容丰富，完全符合当前的技术状态，作者对这个问题也很在行。寻找手稿中的明显错误是一件希望渺茫的事，因此，本次审查的关键在于材料提交的格式和方式。我认为我的任务是帮助作者使这本书‘可读’和有趣。我希望它在读者中取得成功。”

“我在空白处做了批注……有些话可能略带挖苦，但总体来看不会破坏我与作者的个人友谊。”

评论的结尾处这样写道：“手稿应该还给作者进一步完善，材料非常有趣，肯定会受到读者欢迎。——费奥多西耶夫，18.03.82”。

书评比书本身更“可读”：我未来的编辑、校审和插图设计师开始在机械制造出版社大声朗读它。因为有很多良好的“善意”评论，这份手稿广受欢迎。

我耐着性子花了几天时间，把书从头到尾校对了一遍，优化了文字形式，内容上也更通俗易懂。

这本书成为世界上唯一一本讲述太空对接的专著，在国内外广受好评，后来被翻译成英文、法文和西班牙文。我怀疑其他航天国家的专家们也已经将它作为官方使用手册了，就像法国人和西班牙人那样。在这些情况下，版权没有得到任何保护：就像保护计算机程序和视频记录一样困难。一方面，这本书的商业价值令人怀疑：没有那么多工程师和科学家致力于研究对接系统的研制和使用；另一方面也不尽然如此，因为这个系统中有很多典型的航天技术，可以作为范例进行教学并指导其他专业的工程师，提高他们的专业素养。同时，对接系统是独一无二的，其许多特性、开发方法吸引了来自其他技术领域的专家。例如，对水下救援问题感兴趣的潜艇制造商找到了我。

1984 年的第二本书有一个不寻常的开始。它是由我们的总设计师格鲁什科发起的，他也是知识出版社的主编。该出版社出版了一系列的科学、技术和文化丛书，每月发行一份《天文与航天》月刊。付一个可笑的价钱（每月 11 戈比），您就可以将实用有趣的信息资料订阅到家，而这些资料都是由该领域的资深专家以通俗易懂的语言写给普通读者的。

叶尔马科夫打电话给我，提出要写一本名为《载人航天器》的书。这个提议从几个方面来说令人意外：第一，我不是飞船总体专家；第二，我从来没有写过类似的公文书；第三，这个提议完全出乎我的意料。我确实犹豫了，并向叶尔马科夫表达了我的怀疑。“是格鲁什科推荐了你。”他说，“就是说，瓦连金·彼得洛维奇（指格鲁什科——译者注）信任你。”

有必要与格鲁什科谈谈，向他表达我的观点和犹豫。但是最高管理层不喜欢改变他们的决定：既然他们信任你，你就必须应对。

我不得不寻求妥协，我找到自己的朋友鲍勃科夫作为本书的合著者，他

《载人航天器》一书

是“东方号”和“联盟号”的总体方案设计师，虽然他不是产品的主创人员，但他至少是产品的构型设计师，也就是美国人所说的集成设计师。此外，瓦伦丁·尼古拉耶维奇非常善于精确描述技术细节，并且收藏了大量的图片和模型。B. 鲍勃科夫是我们设计局公认的总体设计权威。有他参与合著，可以从根本上填补这个宏大主题的所有缺失，包括图表资料和本书作者的形象宣传。鲍勃科夫对材料的准备做出了不折不扣的贡献：他仔细审阅了我的手稿，对其中的内容和数据进行了校对和修正，最重要的是提供了图片。

这本专为普通读者编写的科普书系统地描述了我们的宇航员和美国宇航员所乘坐的所有载人航天器，从尤里·加加林和 A. 谢泼德开始。在 30 多年的太空飞行中，航天器的数量并没有那么多，包括“东方号”和“上升号”，“水星号”和“双子星座号”，“联盟号”和“阿波罗号”，最后还有航天飞机。书中不仅成功地描述了这些将人类从地球送入太空的独特装置的结构布局，而且还讲述了选用这种设计方案的理由。

这本书获得了好评，有一次想提名它入围某个奖项，并在面向国外发行的“行星”出版社推出英文版。这一倡议无人响应，后来就销声匿迹了。几年后，这本书的英文版于 1990 年在美国出版，不过并未获得广泛传播。

我曾计划编写一本更翔实、更专业的书，但只停留在了草稿阶段……

这本书的大部分内容是 1984 年 1 月在索契市的阿德勒宿舍楼 11 楼写的，在一个面朝黑海的房间（午饭前的工作就是最好的休息）。这本书对于我成为宇航技术专家和设计师起到了非同寻常的作用。就像讲师从第一堂课中受益良多，作者从他的第一本书中也同样受益匪浅。此外，正是在索契的冬季海滩上，从 8 ℃的冬季海水中游泳归来后，我突然萌生出一个叛逆的想法，要重新设计未来的太空船，关于这一点将在稍后叙述。

1984 年的第三本书也很不寻常。碰巧我不得不成为其俄文出版物的发起人、翻译和科学编辑。

在 1982 年夏天的莫斯科书展上，美国人亨利和日本人熊本在美国出版的《技术系统的可靠性和风险评估》一书首次引起了我的注意。对空间技术的两个主要要求是低重量和高可靠性。在我的整个设计生涯中，在设计的各个层面，我都必须努力工作并确保我们开发中的这两个主要要求。对可靠性理论和实践的兴趣是这本书吸引我的主要原因，它的快速出版也让我好奇。两个不同国家的数学家联合制定的基本方法和表述也增加了可信度。曾几何时，俄罗斯数学学派在概率论、数理统计、可靠性理论等领域处于领先地位，后来逐渐丧失了优势。世界在该领域的科学发展一直未曾止步，而在我们的文献中却没有了此类出版物，但这方面的需求越来越迫切。

《技术系统的可靠性和风险评估》

先后与美国出版社和我们的机械制造出版社签订合同后，我就着手进行这本书的翻译和编辑了。1983 年，我用整整一年的时间撰写《载人航天器》一书，那一年是我满 50 周岁的重要年份，在数日的隆重庆祝和忙碌之后，我又来到了黑海岸边，上一次来这里是一年前，这次我住在克里木海岸。午饭前的工作就是最好的休息，我在这里做了很多工作，翻译了几个最费力的章节。书中罗列了许多与核反应堆有关的实例和问题，尽管可以感觉到作者缺乏实践经验和设计实践。该书是在切尔诺贝利事件发生前一年出版的，从未在商店的货架上出现过，全部是根据预售订单印刷发行的。在那些将可靠性和安全性放在首位的技术领域中，实践工作迫切需要良好的理论指导。

从那之后的十年中，我又写了很多东西：报告、文章、科技报告和提案，唯独没有写书。看起来写书的时光再度来临了，只是换了一种风格。

不过，B. И. 费奥多西耶夫和 B. П. 格鲁什科已经不在了……

3.9 “暴风雪号”——苏联航天飞机

来自异国、漂亮非凡、神秘莫测的火凤凰是我们从小熟悉的俄罗斯古老童话中的神物，20 世纪末她再次以科技奇迹的形式出现在我们面前，在天边勾勒出彩虹般的亮丽条纹。有翼飞船“暴风雪号”令人难忘的飞行正是如此。“她会带来很多很多的不安……”一百年前，阅历丰富的善人们曾这样警告英俊少年。没有人提醒过我们，但结果最终是一样的……

* * *

众所周知，月球计划 H1 - Л3 是最失败、或许也是最昂贵的苏联太空工程。初期工作由科罗廖夫领导，尽管存在设计疏漏和各种技术、组织困难，但 H1 超级火箭最终成功飞行。虽然没能飞上月球，却也将太空开发水平提升到了一个新的层次。但在 B. П. 米申的领导下，这项任务最终没能完成。

另一个超级项目——“能源-暴风雪”却有着不同的命运。火箭成功发射并将第一架航天飞机送入轨道。在杰出的火箭发动机专家 B. П. 格鲁什科的领导下，火箭技术人员、航天器设计人员和飞机人员全面完成了摆在他们面前的前期工作。但很快我们的总设计师去世了，又过了几年，这个伟大的项目也随之陨落。当然，项目结束另有原因：整个国家发生了翻天覆地的变化，高科技产业开始一个接一个地消失，与民生相关的科技产业甚至比宇航技术产业情况更严重。

如果条件适宜，那么我们的多次往返空间运输系统（MTKC）将面临什么样的命运？今天想来，它不可能成为俄罗斯，甚至苏联真正服役的运输系统，但至少“能源”运载火箭可以有机会将这个独一无二的有效载荷发射到太空，而“暴风雪号”航天飞机也能够将有价值的设备送回地球。“暴风雪号”成功制造了 3～4 个版本，还不包括实验件，或许可以将苏联宇航员送入太空执行一系列特殊任务。也许在“暴风雪号”的帮助下，可以从轨道上移除“和平号”空间站的舱段，但即使是像苏联这样的太空强国也无力定期将“暴风雪号”送入轨道。

直到70年代中期，苏联和美国的宇航事业都是独立发展的，两个国家的火箭和飞船设计师根据自己的想法和概念进行设计。虽然设计师们也互相观望，但苏联的“东方号”“上升号”和“联盟号”与美国的“水星号”“双子星座号”以及“阿波罗号”有着显著的不同。我想，即使科罗廖夫可以活到研制多次往返空间运输系统（MTKC）的时代，他也不会去复制美国的航天飞机。总设计师在自己的事业初期就设计出了滑翔机和飞机，肯定会找到自己的道路。“暴风雪号”与美国的航天飞机非常相似。这是有故事的。

在这个短短的章节中，我并不打算描述这个宏大的“能源-暴风雪”计划，叙述它的内容和创作历史。我不是这个大系统的开发人员，因此，没有足够的信息，应该说，没有第一手资料。这应当让拥有更多资源的其他人来做，已经有一系列优秀的出版物对此进行了局部描述。客观地说，这个计划是苏联没落时期两大主导产业和数百家企业共同创造的真正科技成就，值得著书铭记。

* * *

В. П. 格鲁什科是1974年5月成为我们的总设计师的，从他的指示和行动判断，格鲁什科在他事业的最初阶段，有一些制造超级火箭和航天器的宏大计划，但在我看来，这些计划有些模糊。70年代中期之前，他还不是研究火箭的科学家，他是杰出的火箭发动机设计师。尽管如此，我们的总设计师是一个非常有野心的人。他嫉妒科罗廖夫，并与他公开冲突。他想研制一系列反推力飞行器（这个名字是我们的第一位总设计师起的）用于深空探测，即征服月球并飞向其他行星。渐渐地，很多人都看出，从实践的角度来看这些方案太玄幻了。更重要的是，火箭航天部门领导，我们部委和军工委（ВПК）领导，以及苏共中央国防部的政治家甚至乌斯基诺夫本人都对此心知肚明。尽管格鲁什科是享有盛誉的火箭发动机设计师（大多数苏联火箭都用的是他设计的发动机），而且他善于机变，甚至成了勃列日涅夫的私人顾问，但反推力飞行器计划最终未获支持。管理层需要在载人航天领域制订更清晰、更现实的计划。

在下一个十年战略的选择上起决定性作用的还有一个情况：行业领导和

国家最高领导层一直在密切注视大洋彼岸的动向。NASA 和美国火箭航天工业正在集中主要精力和资源研制多次往返航天运输系统，即航天飞机。该计划确实具备新的特质，与之前所有苏联和美国项目的根本区别在于创造了一架有翼航天飞机（KC)，它能够以飞机的方式降落在地球的着陆跑道上。多次往返航天运输系统中唯一被发射到近地轨道的部分称为轨道器（orbiter)。轨道器本身是该系统的主要部分，按计划可以进入太空多达 100 次。

在苏联和美国的火箭设计师之中，关于多次往返航天运输系统的概念设计曾有过很多争议。这些争论一直持续到今天，情况恶化时争论会升级，项目成功完成后又会平息。我也曾经撰文描述过航天飞机，就收录在我前面提到过的流行小册子《载人航天器》中。这里摘录一个简短的段落。

“……除了可重复使用性之外，多次往返航天运输系统的主要特点是能够将有价值的设备从轨道运回地球，在轨道上特别是在大气层中具有出色的机动性，可以直接对航天器进行在轨保养和维修工作，可以在航天发射场着陆，而不是落在一望无际的海洋、沙漠或戈壁中。未来会在多次往返航天运输系统的基础上研制新的轨道系统，并在地面监控和宇航员参与下，进行大型天线、太阳能反射器等大型结构的组装。”

鉴于该系统的多功能性、强大的技术能力和灵活性，在多次往返航天运输系统使用过程中很可能会发现目前难以预测的其他可能性。另一方面，目前已实现的多次往返航天运输系统方案也存在明显的缺点：如果仅将多次往返航天运输系统当成向轨道运送有效载荷的工具，那么这个系统就不太合理。因为在推进剂消耗相同的情况下，类似的运载火箭可以发射的货物重量是它的 3～4 倍。

应该说，这种不合理性至少要用其他因素来补偿。前面讨论过的许多优点也是显而易见的。但这些就足够了吗？

因此，对于现有的多次往返航天运输系统目前很难从整体上给出最终的评判。

该文撰写于 80 年代初，当时这样写原则上是正确的。十年后，我们对多次往返航天运输系统有了更多的了解，对它的优点和缺点都有了更深入的认识。关于这一点在下一章的开头会有讲述。

* * *

苏联最高领导层和宇航业领导非常担心美国在这个异常机动灵活的航天

工具研制方面一家独大。两国的军政界都将这个航天工具视为潜力无限的先进武器。这些圈内预测都有意无意地刺激着彼此和各自的政府。

在这些观点的鼓动下，再加上国家和个人的野心，最终决定创建我们苏联的多次往返航天运输系统，后来被命名为“能源-暴风雪”。

首先摆在苏联专家面前的任务是，要在短时间内“消除落后”并创建具有相似性能的系统。如此就没有时间进行深入的研究和论证了。在这种情况下，管理层不想冒险：保留航天飞机的总体配置和基本空气动力学特性，这样可以避免出现重大的错误。而且科罗廖夫和图波列夫这些老一辈的时代已经过去。对于领导层的行政指挥风格而言，一大特色就是一刻不停地盯着对手，情报中心此前已经收集了大量的材料，在某种程度上可以不必自己摸索。

我不想说自己设计师同行的坏话，包括“暴风雪号”的设计师们。他们当中有很多才华横溢、爱岗敬业的专家和富有创造力的专业技术人员。但是，模仿已定为设计主线。

另一方面，这并不意味着完全复制。相反，我们的多次往返航天运输系统与美国原型有很大不同。在某些指标方面，超越了美国“先驱”。首先体现在火箭-航天系统的整体构造上。美国航天飞机的多次往返航天运输系统由一个轨道飞行器、一个外部悬挂贮箱和两个推进剂助推器组成。该系统是基于轨道飞行器研制的，没有航天飞机就无法飞行。主发动机安装在轨道飞行器上，加注在悬挂贮箱内的数百吨液氧和液氢通过主发动机泵入。这些可重复使用发动机可在地球和轨道往返飞行几十次。从这部分来说，系统的设计构思是合理的，另一个问题是，它在实践中带来了什么好处？关于这一点将在下一章的开头进行论述。

相反，“暴风雪号”航天飞机（KC）被设计为独立的飞行器（ЛA）。将它送入轨道的运载火箭也独立于航天飞机，可以独立飞行。难怪这种运载火箭被赋予“能源”这个专用名称，选用这个名字的正是 B. П. 格鲁什科本人。因此在实践中，能源火箭的首次飞行是在 1987 年，没有搭载“暴风雪号”，带了其他有效载荷。

* * *

可以说，航天飞机（KC）本身具有双重特质：首先，它应该是一个在大气中飞行的装置；其次，它必须是一艘在轨执行主要航天任务的飞船。航天飞机还有一个重要的第三特征，就是从轨道下落到大气层的过渡段飞行。这是一个时间相对短但负载强度最大的飞行段，此时速度应该从轨道速度降到亚声速。总而言之，双重或准确地说三重特质决定了航天飞机的构型、结构特点及主要系统组成。

航天飞机的技术特征决定了研制队伍的配置和主要参与人员的选定。

首先最高层下达了人事决定，由宇航部（MOM）和航空部（MAП）两大领域的企业负责研制“暴风雪号”。飞行结构主体（“机身”）研制及所有飞机系统的集成由“闪电”设计局负责，这是一个通过重组后实力明显增强的总装企业，总设计师 Г. Е. 罗梓诺-洛辛斯基是一位年长但才华横溢的飞机设计师，第一副总设计师 Г. П. 捷门季耶夫是前航空部部长的儿子。图辛斯基机械厂（TMЗ）成为“暴风雪号”的总装制造单位。不仅在总体单位需要飞机设计师，设计局和工厂也需要。根据苏联航空制造业的实践经验，“暴风雪号”要分成若干部分进行研制生产，发动机、控制系统、起落架以及许多其他系统和组件由航空系统的各专业单位分工负责。

的确，“暴风雪号”上使用的航空发动机与美国轨道器上的发动机一样，以前是没有的。它们都要在大气中着陆。为了让“暴风雪号”飞行，总归要安装一个发动机，但这个发动机只是一个初级的、纯粹的飞机发动机。最终在“暴风雪号”上安装了一个轨道器发动机，更确切地说，是一整套反推力控制系统（PCУ），可以使其在无空气和零重力条件下进行太空机动飞行和导航定向。该系统的研制单位是“能源”科研生产联合体，它不是格鲁什科学派的产品，而是科罗廖夫学派的成果，是由我们联合体的波德利普基部门研制出来的。

科罗廖夫研制的运载火箭以及后来的航天器所使用的发动机都是由国内的几个领先企业生产的。同格鲁什科的西姆金企业齐名的，还有我们在波德利普基的邻近单位—— A. M. 伊萨耶夫的“化工机械”设计局（“Химмаш”），以及位于沃罗涅日的 C. 克斯别尔克“化工自动化”设计局（KБXA）。在科罗廖夫和格鲁什科分道扬镳后，萨马拉的 H. Д. 库兹涅佐夫开始为 H1 运载火箭制造发动机。与此同时，科罗廖夫意识到火箭发动机（PД）在火箭和宇航技术中的地位和作用，于是在自己的第一特种设计局加强了这个专业，在我们的实验机械制造厂（ЗЭM）进行了试生产。这项工作由两位颇具才干和进取心的专家负责，他们是学者兼发明家 M. B. 梅利尼科夫和资深设计师 Б. A. 索科洛夫。于是一个可多次发射入轨的独一无二的火箭发动机研制成功，并在此基础上还开发了一个轨道推进级“Block D”，计划用于探月飞行计划。这个火箭航天模块就是“质子号”运载火箭的第四级，用它可将大部分通信卫星和星际探测器发射到地球静止轨道。我们部门负责研制该模块的电机驱动机构和舵机。

在索科洛夫的领导下，研制出了“暴风雪号”火箭发动机，并在“实验机械制造厂”完成生产，这款发动机后来被称为“组合推进系统”（ОДУ）。在“暴风雪号”的第一次飞行中，该发动机成功通过考核，对航天飞机进行了正确导航并使其从轨道返回大气层。

“能源”科研生产联合体作为总体单位，负责将航天飞机的机身与组合推进系统以及其他轨道系统（确保起飞、轨道飞行和离轨）进行装配。这些系统的单机设备部分由我们研制，部分由莫斯科和苏联其他城市的外协单位提供。“暴风雪号”的集成和测试分别在我们的检测试验站（КИС）和拜科努尔发射场进行。

在这些系统中，值得一提的是航天飞机的控制系统，该系统是基于星载计算机建立的。这个大型系统是由一个代号为“НИИАП”（航空仪表研究所）的单位研制的，该研究所有很多外协合作单位。起初该研究所也在科罗廖夫的“地球轨道”上，但在火箭太空时代的发展初期，交由 H. A. 毕留金负责，他也是科罗廖夫的亲密战友之一。

“暴风雪号”中还有一个全新的自动着陆系统值得一提。为此，在拜科努尔建造了一条长 6 000 m、宽近 100 m 的专用着陆跑道。自动着陆系统的承研单位是列宁格勒无线电设备公司（半公开的名字），公司负责人 Г. 格罗莫夫是一个精力充沛的人。这个无线电设备在“暴风雪号”的首次飞行中也表现出色，不论在航天界还是航空界，这都是一套绝无仅有的独特设备。

单是列出这些系统、组件和研制及供货单位的名录就需要很多页的篇幅。

* * *

从一开始，“能源-暴风雪”项目的研制就由伊格里·尼戈拉耶维奇·萨多夫斯基负责。他是一位经验丰富的火箭科学家和精明的领导者，从科罗廖夫时期开始，就多年致力于固体火箭的研制。70 年代中期，他还担任了第一副总设计师一职，也就是格鲁什科之下的“能源”科研生产联合体二号人物。我记得 1976 年年底我曾在某处与他短暂交谈过。我说：“我妒忌您，伊格里·尼戈拉耶维奇，纯粹是作为工程师的妒忌，因为您领导着这么有趣的项目。”正如那句俄罗斯当代俚语所说：“真希望我今天能像我妻子明天一样聪明。”也许那时我还太年轻……

萨多夫斯基在“能源-暴风雪”项目的初期做了很多工作，这个项目是苏联当时最大、最复杂的火箭航天综合系统。然而，一个人的实力和能力，总是受限于他自己的内在局限。在特定时刻，这些限制被触发。当时的研制规模、担负的责任以及不断来自四面八方、上上下下的压力，实在是太大了。而他的副手Г. 捷戈佳连科和Б. 切勒尼耶夫在这方面没有给予他太多帮助。萨多夫斯基在1981年年底卸任，将“暴风雪号”的研制交由Ю. 谢苗诺夫负责，“能源”火箭的研制交由Б. 古巴诺夫负责。新领导人的坚定决心和持续努力使该项目走到了最后，飞行试验顺利完成，项目获得了应有的殊荣。

由萨多夫斯基和古巴诺夫先后负责研制的“能源”运载火箭在很大程度上独立于“暴风雪号”。在项目的所有阶段，我们的总设计师格鲁什科负责该项目的总体工作。

然而，他的贡献并不仅限于这个角色。他同时还继续领导着一级火箭发动机（四个侧部助推器）的研制工作。尽管困难重重，发动机还是顺利完成了研制。它不仅在“能源”火箭上使用，还成为“天顶号”运载火箭的主体，“天顶号”运载火箭是位于第聂伯罗彼得洛夫斯克的M. K. 杨格尔“南方”设计局研制的，负责人是B. Ф. 乌特金。与“能源号”运载火箭不同，“天顶号”运载火箭注定要在经历一系列改革、混乱和崩溃之后继续独立前行。

关于“能源”运载火箭的研制可以说很多。与“暴风雪号”航天飞机一样，这枚运载火箭也是举半个国家之力制造的。中间的二级氢氧发动机在苏联火箭宇航技术史上第一次如此大规模地使用。但所有问题都得到了成功解决，包括与使用这种易爆燃烧剂相关的安全问题。

跟我一起工作的舵机专家中，很多也是卡拉什尼科夫和维尔尼茨基的学生。在我的同事B. 舒坚科和B. 穆哈诺夫的领导下，研制出了独特的火箭舵机和火箭发动机自动系统的驱动装置。舵机驱动系统的试验是在库德里亚弗采夫领导的“锥体”实验室进行的。我们还为“能源”运载火箭研制了机电传感器，可在低温环境运行，包括在液氢温度下工作。主管设计师萨多夫斯基曾经想要我们研制一个伺服系统，以限制火箭发射时在最初几米上升段的尾部侧倾。基于这个目的建议使用的电动液压装置，与我们在“锥体”试验台上测试的驱动机构类似。但是后来决定，不用这个系统也是可以的。

事实上，两枚“能源”火箭从发射开始，四个侧部助推器和一个中央氢氧助推器就一直工作到最后，没有发生任何故障。

我可以想象，当该项目最后取得成功时，我的别墅邻居萨多夫斯基有多么失落。他或许会责备自己半途而废吧。这是毫无疑问的，一次次的经验让我确信：如果你表现出畏缩，丧失了坚定的信念，暴露了自身的软弱，那么你就会一败涂地。

И. 萨多夫斯基于1993年去世。

* * *

此外，我也在“暴风雪号”项目中承担了一些工作，参与解决了“能源”运载火箭和“暴风雪号”航天飞机的一些问题，并为它们研制了单机。80年代中期，我的部门受命监制“暴风雪号”的飞机机电系统及其驱动装置。

我们部门承担的“暴风雪号”相关工作主要是有效载荷（ПГ）的在轨操作。为此需要在轨进行交会，在飞行中抓住有效载荷或与之对接，操纵并将其收拢，卸载或固定太空货物，这都要用到有效载荷舱中安装的主动机电系统，其中包括对接系统、星载机械臂和有效载荷固定系统。事实上，“暴风雪号”正是为了完成这些任务而研发的。

研制这些复杂的系统花了我们10多年的时间，而且工作强度越来越大。

机电系统的部分研制工作是由我们的协作单位完成的，包括星载机械臂系统（СБМ）及其展开锁定子系统（СКБМ）。在“暴风雪号”整体研制过程中，我们有一个很好的参照物：加拿大研制的远程机械臂系统（RMS），美国人将其用在了航天飞机上。

根据技术任务书，星载机械臂系统是由列宁格勒的“机器人技术与控制”中央研究所（НИИИРТК）研制的。我们部门负责该系统在“暴风雪号”上的集成，包括与星载计算机的对接。同时与列宁格勒的另一家单位——“全苏运输车辆”研究所合作，开展机械臂展开锁定子系统（СКБМ）的研制。

关于这个机械臂、星载机械臂系统和机械臂展开锁定子系统，以及我们与两个列宁格勒研究所的合作，将在“3.10 太空机器人技术”一节中简要介绍。关于我们的这部分工作其实可以写一本书，讲述将近15年的工作。这项工作的复杂程度相当可观，机械臂的尺寸超过五层楼的高度，地面卸荷装置要能保证这只“猛犸象”在地球重力条件下移动。

“暴风雪号”的其他三个系统是我们“能源”科研生产联合体自主研发的。本书将详细叙述新的异体同构对接系统。先简要讲一下其他两个系统。

可伸缩通道系统（СВТ）的作用是：在有效载荷舱的舱门打开后，将

APAS 对接装置伸出舱外。我们的总体设计师将带有 APAS 对接装置的通道安排在距“暴风雪号”驾驶舱很近的位置，不将其伸出是完全行不通的。结果证明可伸缩通道系统异常复杂，简直绝无仅有。1992 年，当我们第一次就航天飞机与“和平号”空间站对接问题与美国人接洽时，我们提议将这两个系统打包卖给他们。美国走了，再回来的时候带来了自己的布局设计，简单而有效，无须任何伸缩装置，包括这个可伸缩通道系统。

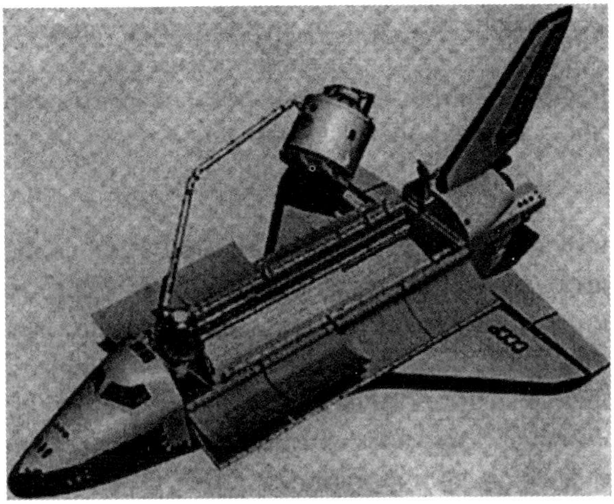

“暴风雪号”上的星载机械臂

美国航天一直比苏联航天更讲究成本节约。

三个系统中的最后一个是有效载荷固定系统（СКПГ）。如果不将仪表舱考虑在内，那么并没有设计真正的有效载荷。计算表明，如果不对“能源”运载火箭或“暴风雪号”航天飞机进行升级，就不可能像美国的航天飞机一样将 20～30 t 的货物送入轨道。唯一安装了 APAS-89 的舱段重约 1 t，它将依靠机械臂与“晶体”舱的侧部 АПАС-89 对接。发射入轨时，用这个“有效载荷固定系统”（СКПН）将该舱段固定。该系统的“聪明”机构可以及时地将舱段解锁，如有需要，还可将其重新锁定，以便从轨道返回。

在研制所有系统时，我们第一次碰到了采用星载计算机进行控制、监控和诊断的问题。这个经历令我们受益良多，机电专家的水平被提升到了更高、更现代化的层次。

1988 年 11 月“暴风雪号”成功飞行之后，所有五个系统的研制工作更为积极。在 80 年代末 90 年代初，这方面的研制工作和在轨飞行的“和平号”空间站研制工作成为我们部门的主要方向。我们一直承受着来自管理层和监管部门的压力。按照诸多行政指令、传统计划表和各种技术决议中规定的期限完成工作，是一件非常困难的事。计划表中的那堆缩写我到死都忘不了。

* * *

“暴风雪号”的成功飞行可谓辉煌绚丽、令人瞩目，可却意外地造成了反常局面。一方面，在成功的基础上再接再厉是合乎逻辑的，已经具备了良好的先决条件。另一方面，许多人，主要是企业和生产部门的领导，都亲身体会了这个新型火箭航天系统的复杂性和潜在的危险。此外，随着经济杠杆的管控力度加大，该计划的昂贵成本显而易见。随着苏联的解体和国内工业部门及研究机构的瓦解，该项目全面叫停，保存和维护相关的生产和试验设施也变得越来越困难。

还有一个因素也起了一定的作用，在某段时间里有种倾向希望“暴风雪号”可以进行第二次飞行。但它最主要的基本目标已经实现：苏联航天又诞生了一项辉煌成就，这颗明亮的星辰闪耀在航天的苍穹之上，也照亮了日薄西山的苏维埃政权。它突然亮起又迅速熄灭。可以尝试将它再度点亮，但这需要付出巨大的人力物力。这是一条险象环生的道路。对成就的需求一开始慢慢滋生，然后迅速衰减。值得再为一根火凤凰的羽毛而付出额外的代价和努力并承担巨大的风险吗？有人或许认为不值得。

至于奖励，那么针对“暴风雪号”的一次成功飞行和“能源”运载火箭的两次成功飞行所兑现的奖励，遵循了苏联最好的传统标准，也许最后还超出了定例。除了给予“社会主义劳动英雄”的称号，颁发无数的勋章、奖章和徽章以及列宁奖和国家奖（当然是发汽车，无须排队）之外，还以前所未有的方式授予博士和科学副博士的学位，只要提交一个简短的报告，有时甚至什么都不用提交。“能源”科研生产联合体就成立了一个专门的学术委员会，由谢苗诺夫担任主席。这是一个特殊的委员会，高高在上颁布自己的决定，就像著名的“三位一体”。我作为大型博士委员会的成员，当然不会被纳入这个学术委员会。这场运动的后果是，所有科学学位和称号一下子都贬值了。

在这种情况下，我们电气工程师并没有获得任何奖项和称号：这次我们的功劳相对较小，但汽车还是需要的。只能指望这个，因为在“能源”科研生产联合体我还从未得到过这个特权，不过为了我的副手 Э. 别里科夫的利益，我不得不放弃这项特权，因为他的汽车被人盗窃了。后面我还会再讲到这个故事。但这个问题最终没有解决，一切都是高层说了算。

所有为“暴风雪号”第二次飞行开发新系统的人最终都成了该计划悲惨

结局的牺牲品。我们部门的人员首当其冲，还有我们的主要协作单位——“机器人技术与控制”中央研究所和“全苏运输车辆”研究所的同事。辛勤工作和对事业的奉献既没有换来荣誉，也没有带来金钱。

令人欣慰的是，完成了这个独特系统（主要是星载机械臂和对接系统）的研制后，我们不仅获得了宝贵的经验，同时为了该系统的地面试验，我们还建造了世界上绝无仅有的试验设备。

当国外的专家和“贵宾”开始从世界各地来到“能源”科研生产联合体访问时，这些系统引起了 NASA、ESA 以及其他国家航天局的广泛关注。90 年代，美国航天飞机的对接主要借鉴了在“暴风雪”计划中获得的技术和经验。我们也利用星载机械臂系统的技术，将欧洲机械臂（ERA）集成到国际空间站的俄罗斯舱段。

这些项目将在下一章详细讨论。

3.10 太空机器人技术

无人航天器有时被称作机器人。或许，这样的称呼不太合适。“机器人”这个词来自捷克斯洛伐克语，最初的含义是能够完成主人任务的假人、机器奴隶。这个词逐渐演变成了机械臂，手臂是最重要的人体器官，相当于人的劳动工具。现代的经典机械臂是用计算机和其他电子设备控制的机电臂。如此一来，机械臂就是最复杂、最先进的机电系统。我一生大部分时间都在进行航天器机电系统的设计和验证，各种性能的系统，从简单的到复杂的都有。在我的工程师生涯中，曾经不止一次地接触机器人技术并进行人造机械臂的研制。我们设计并验证了若干个为太空工作的机器人。

在这条设计之路上，我有时感觉我们自己也成了机器人，就算是最高等的机器人吧，说到底也是某些主人的奴隶。

人类靠自己的四肢来移动和做事，四肢又受控于大脑。机器人由机构、控制器和电脑构成。智人是地球上最复杂的生物。尽管如此，好的机器人可以完成非常复杂的操作，超过了自己的主人，就像是人类社会的奴隶那样。总之，这是一个近似哲学范畴的大问题。

建造一个真正的机器人是要花很多功夫的，如果不想机器人只是来回做个直线运动，喝个彩就完事的话。造个难度系数一般的机器人通常要花费 9 个月以上的时间。

成果的水平如何不仅仅取决于研制者的能力和经验。伟大的动力只源自伟大的目标，这还是“一切时代和民族之父”教导我们的。不同时代和目标在我们这里产生了不同的动力。有时我们走在自己时代的前沿，而有时我们却在末尾蹒跚而行。我们有幸将机器人的方案付诸实际，指使它在太空工作，可是我们的其他计划却注定要破灭。

这个故事主要是关于机器人和太空机器人技术的。

* * *

人类建造机器人是为了将自身从单调无聊和令人疲惫的工作中解放出来。人类利用自己最强大的武器——大脑，建造出了比自身更快、更强、更服从指挥且不知疲倦的机器人。大部分机构的行为都比较简单，无非就是移动和翻转某个物品。简单情况下对于工作速度和位置没有过高的精度要求。更高级别的机构则可按规定时间完成空间内的精确位移，这就是随动机构，比如跟踪通信卫星的天线瞄准机构，或者观测天体的定向设备。机构也可以按照其他特点分类，比如所谓的运动自由度，简易机构仅具备直线往返功能，而与之截然不同的则是具备机动能力的全能机构。根据理论力学，这种机构具有六个运动自由度，APAS 对接机构导向环和“锥体”对接机构试验台就是很好的例子。机器人也是一个全能机构。

讲完一个简短的工程问题，现在从控制的角度来看一看机电系统。通常一个机电系统由控制部分（最简单的情况下是采用一个电气开关）和执行机构（比较常见的是电机）组成。一般来说，比较复杂的系统由执行机构和电子控制设备组成。顺便提一句，飞行电子学在我们这里沿用了美国人的说法，称为航空电子学。运动越复杂，活动自由度就越多，机构的复杂程度就越高。对机构的运动精度（空间和时间）要求越高，系统的航空电子控制就越复杂。比如具有精确控制功能的万用机构，就是根据人手的特点进行设计的。人手的工程技术替代品是机械臂，这一点在我们那个时候基本上是人尽皆知的。我想说，机器人技术中最精妙的部分当属航空电子、机电和航天电子技术。

促使机器人技术发展的另一个原因是，需要其在对人体有害和危险的条件下进行工作。因此苏联（其他国家亦是如此）机器人技术最强劲的推手是核研制计划。在战后开始核弹研制和使用辐射材料的过程中，出现了第一批远程操控机械手。

太空，尤其是舱外太空环境是不适合人类生存的。这个从一开始就是明确的。在 60 年代中期，始终致力于拓展太空开发能力的 C. 科罗廖夫，倡议我们开始太空机器人技术的研究。

攻克机器人技术需要各个专业的高精尖工程师。为此核工业领域组建了专门的机器人研制机构。正是这个被称为“斯列特马什姆”的行业领域打造了军用和民用核技术。我们在他们这里找到了位于列宁格勒的专业机器人技术研究单位。列宁格勒工业地区对机器人技术的偏爱在我国由来已久。

1966年，当时科罗廖夫已经辞世，在我们的波德利普基出现了一个可行动的全能双臂机器人工程样机，正是我们的列宁格勒同行研制的。位于航天器内部的操作员可以控制位于舱外的机械臂。样机还配备了包括摄像机在内的必要辅助设备。假如我们的“国王”（喻指科罗廖夫——译者注）多活几年的话，我相信这个在当时极其前卫的系统一定会在航天界崭露头角。他去世后，这个“铁人”一直放在我们的实验室里积灰，直到后来赠送给了莫斯科国立鲍曼技术大学的机器人教研室。

该教研室建于60年代初期，颇具实力，研究人员中不乏著名学者，包括Е.П. 波波夫院士、Н.А. 拉考塔教授、В.С. 古列绍夫教授等，堪称国内首屈一指的机器人研究中心之一。除去教学事务外，教研室还从事自己的研究工作，基于这个目的，教研室内设有实验室，后来还组建了科研教学中心。在那些年中，就是以这种方式最大限度地利用高校的顶尖人才来发展国内的高精尖技术。在60年代采用同样方式的还有美国，麻省理工学院就是最好的例子，该院的实验室曾积极参与“阿波罗”计划中控制系统的关键技术研制。遗憾的是，这种高校参与研究的方式后来在美苏两国都进行得不太成功。

在莫斯科国立鲍曼技术大学机器人技术教研室，首席教授们的兴趣以及教研室的主要科研项目都集中在一些新技术领域：航天、核研究和水下技术，这些研究方向可以得到工业各部委的大力支持和可观的经费。总之国家在高校的科研项目上投入了大量的财力物力。举个例子，莫斯科国立鲍曼技术大学在莫斯科市郊的科研中心（НИИ-ТМ）员工多达一千多名，这已经是一个大型企业的规模。最有才华的学生在毕业之后就留在教研室或实验室工作。那里逐渐建立起了一些颇具实力的研究团队，只是最终的工作效果并不理想，这其中有方方面面的原因。专家的理论水平和专业素养是很高的，而按照惯例，最终的研究成果仅仅是完成了试样研制，其功能严重受制于生产基地的不足而无法充分展示。

与此同时，国家的工业机器人技术整体处于较低的水平。工业企业的薄弱首先体现在生产方面，元器件基地发展不足，经济刺激疲软，这些因素都严重制约了工业机器人技术的发展。机器人首先要求大批量生产，不过它们的数量和质量还停留在较低的水平，最终导致如今的停滞和衰落。机器人技术的普遍低水平，根本无从谈论航天机器人技术。尤其是高校内人才配置不足，就连享有特权的宇航企业也是如此。经常是高校专家在我们这里工作一段时间获得了一些经验，而后重返高校，因为他们更向往比较自由的生活，同时可以比较快地获得学位。

* * *

这些窘境我们在70年代末期都经历过了，当时距我们第一次研制机器人已经过去了10年，于是我们又重操旧业。在叙述“暴风雪号”的章节里，我已经提过这个话题了，在这里可以讲得详细一些。

列宁格勒的“机器人技术与控制”中央研究所（ЦНИИ РТК，以下简称“机器人研究所”）是由Е. П. 尤列维奇教授领导的，在很多方面与莫斯科国立鲍曼技术大学的科研中心类似，二者的区别在于，莫斯科国立鲍曼技术大学是全苏部委编制，而机器人研究所受控于俄联邦高教部，由列宁格勒理工学院创建，尤列维奇同时担任那边的“机器人技术”教研室主任。他是一个很有魄力的人，凭借着些许冒险精神，他找到了最有影响力的政治局成员并得到了对方的支持。好像他们彼此都需要对方。在80年代的停滞期，机器人研究所成为整个社会主义阵营中机器人技术的首席研究单位。这无论是对于社会主义的机器人技术，还是整个阵营来说，都毫无助益。

在列宁格勒的维布尔克方向，距“英雄广场”地铁站不远处，建有一座机器人研究所的新大楼。它的塔楼直到改革时期才建好，高30 m，里面放着一台“暴风雪号”航天飞机机械臂的试验台，这座在新彼得堡市高高耸立的塔楼就是那个时代的纪念碑。90年代，塔楼上安装了商业电视台的天线。

机器人研究所具备很不错的试生产能力，很多来自列宁格勒老厂的高级技工都投身该所，从而可以在该区新建住宅中得到一套公寓。尽管整个宇航领域的领导层都给予了帮助，但该所仍然无法依靠自己的力量生产出“暴风雪号”航天飞机的机械臂。通用机械部下属的列宁格勒企业在苏共中央州委员会的号召下，纷纷协助产品的试生产，而关键阶段的飞行件则是在“能源”科研生产联合体的工厂以及我们行业的莫斯科工厂里生产的。最终，“暴风雪号”的第二次飞行基本准备就绪。一套机械臂飞行件运往拜科努尔发射场并放置在装配试验间。在列宁格勒机器人研究所的高塔中安装了一个三自由度的模拟失重试验台。我们在这个试验台以及列宁格勒和我们波德利普基的其他试验台上完成了所有的规定试验。机械臂的展开锁定系统由列宁格勒的全苏运输机械制造研究所负责研制和提供（由通用机械部相关企业协助）。到1991年年初，这个大型复杂系统的飞行鉴定试验终于在众多单位的共同努力下宣告完成。最终一切化为乌有，对此我实在不忍再写第二次。

所有人都痛心不已，无论是列宁格勒还是莫斯科。

不久列宁格勒更名为圣彼得堡，跨入了新的时代，同时也涌现了一批新人。B. A. 拉波塔担任机器人研究所的新所长，老近卫军们还想再有所作为，然而已经力不从心，关键是，钱也捉襟见肘了。

* * *

与“暴风雪号”大型机械臂的主要研制工作同步进行的，还有一个为“和平号”空间站研制的小型转位机械臂，这个产品是我们“能源”科研生产联合体研制的（详见本章的其他故事），我们还完成了一系列不同功能的产品。最新的一个是在轨自动组装系统，是在工业机器人基础上研制并在地面完成测试的。我们还提出了另一个加长桁架的组装设计方案，由宇航员和机器人共同参与组装。

这些方案都是在80年代末期研制的，那是我们事业中最充实也是成果最多的时期。

90年代初，我参加了几个欧洲举办的国际机器人技术会议，就我们的研制情况做了报告。其中有一个1992年5月在尼斯举办的国际会议，是我的老同事和老师德米特里·叶夫盖耶维奇·奥哈吉姆斯基邀请我参加的。他在应用数学研究所担任“机器人技术实验室”主任多年。就像20年前第一次去美国一样，德米特里·叶夫盖耶维奇还是跟过去一样照顾我们，尽管我们已经不再是毛头小子，他甚至还会检查我们报告的质量。这个以俄罗斯科学院（我还是更习惯称之为“苏联科学院”）名义组织的代表团由科学院主席团秘书长И. 马卡洛夫担任团长。他是公认的机器人技术大牌专家，一直在顶层工作，包括苏共中央委员会科学处以及各类委员会和学术组织。在这些身份不凡、威望显赫的杰出人物当中，他被公认为天生的领导者。然而事情的另一面却令人担忧：系统渐渐摸清了这个级别领导人的行为算法，将程序推演到偏离最终结果的方向——国内机器人技术并未得到切实的发展（其他领域的情况也是如此）。也没有营造出全心致力于新技术研发的氛围，而只是由中央委员会和部长会议定期发布一些行政指令，在短时间内刺激一下新技术的发展。研发计划逐渐销声匿迹，毫无疑问都没有完成，因为国家没有给予持续而有效的激励。但身居显位的领导依然经常出现在公众视线中，下面很多人的思想受他们左右。

随着改革的开始，И. 马卡洛夫和许多他这个级别的领导迅速调整岗位，接着又重新上马。马卡洛夫领导着几个国际联合会，有机会接触基金、研发计划以及有利可图的新项目。而重建机器人技术当然要困难得多。相反，那些埋头实践的企业和团队，哪怕工作实力很强，也逐渐失去了支持，慢慢衰落，最终纷纷倒下。

在尼斯的时候，И. 马卡洛夫是我们当中表现最为活跃的，受到了各路人士的邀请，甚至受邀参加了戛纳电影节，他的儿子带着刚拍完的现代风格电影——《限额工》参加了影展，电影讲述了现代俄罗斯人的生活。

* * *

参加科学会议的主要目的之一是结识新朋友。我在 1992 年的图卢兹国际研讨会上就认识了一些国外同行，M. 弗兰奇就是其中之一。他是荷兰佛克尔空间系统公司（Fokker Space & System）欧洲机械臂的一位研制负责人，就在我们会面后一年半左右，我在"能源"科研生产联合体的外国人食堂又与他偶遇。这个机械臂开始是为欧洲的"赫尔墨斯"航天飞机研制的。当计划遭遇困难的时候，欧洲人开始为自己的研制成果寻找出路。我们商定于 1993 年年初举行专门的会谈，自那次见面后我们之间开始合作。在对欧洲机械臂用于"和平-2 号"空间站的可能性以及对任务进行初步分析之后，我们向领导层提交了建议书。与其他很多在筹备阶段就告吹的俄欧研制项目不同的是，ERA（European Robotic Arm，欧洲机械臂）项目实现的可能性越来越大，就像它的名字一样（欧洲机械臂的缩写为"ERA"，英文意为"时代"——译者注）。欧洲机械臂的设计方案现已被"阿尔法"国际空间站俄罗斯舱段所采纳，得到了欧空局领导层和欧洲国家部长理事会的支持，尤其是荷兰政府决定提

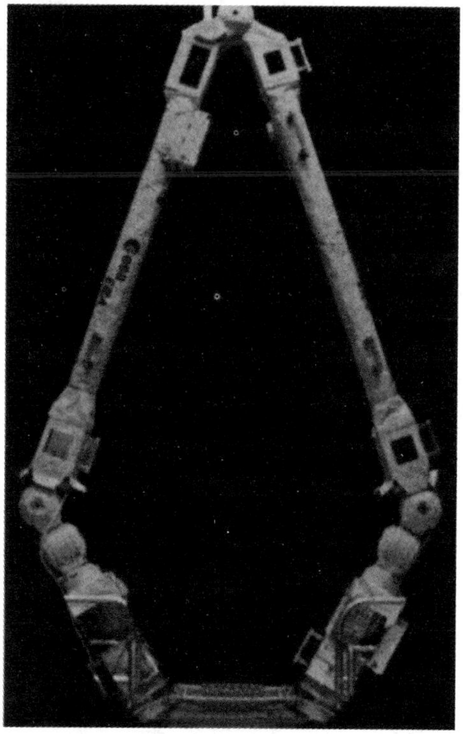

欧洲机械臂 ERA

供一半以上的财政支持。在之后的几年中，我也努力说服“能源”科研生产联合体和俄罗斯航天局，不要拒绝与欧洲伙伴在这一前沿领域的合作，我们单凭自己的力量已经做不出这样的机械臂了。要想涉足西方的机器人技术，必须与欧洲人开展合作。

欧洲机械臂绝非一般的机械臂，这是一个现代化的机器人技术系统，采用先进的机电技术和微电子技术，集成了布局合理的一体化结构。机械臂的主要控制系统都在手上，包括一个独立的计算机。机械手有七个铰链，每个铰链都配备一个带有精密的角度传感器和控制电子的电驱动器。这样的结构缩短了铰链和计算机之间的电连接，减少了重量，提高了可靠性。

欧洲机械臂属于第三代机器人：该系统配置了人造视觉系统，可以看见目标，自主接近并捕获。

欧洲机械臂的设计理念是确保控制的灵活性，基于这个目的，它既有自动模式，也可手动控制。同时，不论宇航员在空间站内部还是处于舱外的太空环境，都可以对机械臂实施自动控制或手动操作。在计划开始阶段，在轨建造和组装过程中的所有工作基本都和地面一样，用手动操作和机械操作相结合的方式完成。根据计划，欧洲机械臂和我们的太空吊车一样，都是用来搬运重物的，与电梯类似，还可以转运宇航员，在失重条件下将他们运送至需要的工位并协助其工作。

用柔性缆绳连接的便携式控制台是为穿着宇航服的宇航员设计的，基本可保证在轨完成地面吊车工可进行的所有操作。

将来等空间站建成、太阳电池阵在轨展开、所有设备到位之后，欧洲机械臂就可以服务于空间站的各个系统，为试验研究提供帮助。而在这个阶段，宇航员无须经常从事舱外活动，星载控制台设在空间站内部，计划从地面飞控中心对无线电控制功能进行额外的调试。

从各方面来说，与欧洲的合作令人兴趣盎然。首先，在机械臂上采用了先进的西方工艺以及机器人技术的最新成果。其次，在合作中可以了解欧洲机械臂在设计、管理、接口协调等方面特有的工作方式。最后，从人的角度来说，我的专家们通过交流也收获良多，首先他们能了解到双方的优势和劣势。因为有了这个项目，他们中的一些人获得了人生第一次出国的机会。如果不是政策“不允许”（有时政策是受领导左右的），其实很多既有需求、又有资格的人也应该获得出国机会，可是他们却被刻意排斥在出国行列之外，就好像他们没能挣到足够多的荷兰盾一样。与“佛克尔”公司的合同是为数不多的给参与者支付报酬的合作项目之一，虽然数目不大，但也接近了文明世界的标准。

再说一个观点。对欧合作是和“航天飞机-和平号”的对接准备工作同步进行的，后者是为NASA旗下的美国“洛克威尔”公司提供一台APAS－89（顺便说一句，这也是个文明合同）。在这两个项目中，我们的角色是相反的：我们是对接系统的研制方，而“洛克威尔”公司将我们的产品集成在轨道器上。欧空局和“佛克尔”公司研制了欧洲机械臂，而我们将其集成在“阿尔法”国际空间站的俄罗斯舱段上。从两个项目中获得的经验相互补充，可以更有效地推进项目。我们一直都缺人，缺业务能力好的人才，遗憾的是，他们的数量还在减少，最有活力的人才这些年都去经商了。

应该说，欧洲机械臂的系统集成是一个非常复杂的任务，因为机械臂不仅仅要求固定安装，还要保证所有的电连接正常。根据功能，它不仅是一只欧洲手臂，我们还合作把它变成了一只非洲猿猴，要在空间站的枝杈上攀爬，从一个舱段移动到另一个舱段，一会儿用这一侧固定，一会儿又用另一侧固定，而空出来的那一侧就可以摘下“成熟的香蕉”了。从一处移动到另一处，不单要固定，还要在每一个新固定点上接通星载供电网、机械臂内置计算机和空间站星载计算机之间的数据母线，同时还要连接图像和遥测数据链路。需要在俄罗斯舱段上分布一些固定基点，这样机械臂就可以沿这些基点移动。为了缩短行走路径，我们研制了一个可以沿主桁架运动的运输小车。不过由于技术上的困难，最终没有用上。

对我们来说，欧洲机械臂研制和集成项目的重要意义在于，我们获得了为“暴风雪号”研制机械臂的经验。这些经验的运用在某种程度上可以补偿我们之前白白浪费的精力。

1995年年初，当我们为“阿尔法”国际空间站研制俄欧机器人系统时，意外地遭到了加拿大航天局的反对。加拿大人想要垄断与该计划相关的机器人技术研制工作，他们声称，如果有需要的话，他们可以让步进式机器人移动到俄罗斯舱段。为“暴风雪号”研制机械臂的时候，我们自然要找加拿大SPAR公司，该公司作为主要承制方，与加拿大航天局一起为美国航天飞机研制同类系统。加拿大人为这个计划做出了巨大贡献，也为发展本国宇航技术做了很多努力。客观地说，他们应该感到骄傲，加拿大传统的枫叶标志越来越多地成为现代科技的象征——它的轮廓就像是一只人造的太空之手。在加拿大航天局（KKA）的支持下，国内建立起了强大的航天机器人技术研发生产基地。这个基地应该是加拿大在“阿尔法”国际空间站计划上最主要的投资。加拿大人声称，不需要欧洲机械臂，他们准备利用自己的机械臂系统解决所有问题。

我们的分析表明，无论从技术上还是组织上都很难确保这样的操作。欧洲、美国、加拿大、俄罗斯航天局只能进行几轮会谈，举证和听取很多论据，包括反垄断法如何适用于宇航技术。首先，我们成功地捍卫了“旧世界”（喻指欧洲，与美洲代表的“新世界”相对——译者注）继续前行的权利。

* * *

我在机器人技术国际会议上做完报告后，经常被年轻人问及这样的问题，我们是如何在这么短的时间内，花费较少的投入，实现了若干个航天计划。“自由号”空间站的研制让NASA投入了9亿多美元，这还只是停留在纸面上的方案设计！欧洲人（欧空局）也为“赫尔墨斯”这样的项目投入巨大，却未取得任何实质性成果。随着冷战的结束，俄罗斯也参加了大型国际航天项目，我们对合作表现出了极大的兴趣。我们开始认识到合作伙伴的很多优势以及不足。我们有些领导甚至对西方的工作风格大为欣赏。一方面，他们的工作方法确实很扎实：非常细致，也很有条理，在项目的不同阶段分步完成研究和研制，以避免疏漏和失算。不过在实践中，如果没有强大的集中领导和日常协调，这个方法可能会浪费时间、拖延周期，有时会拖上一年甚至十年。大项目涉及的人员众多，有志同道合的人，也有机会主义者，项目往往会变得千头万绪。

首先我觉得无法理解甚至难以置信的是，各级领导在飞向太空这件事上都无意加快事情的进度。从另一方面来说，所有人都清楚，每一次飞行都是冒险，项目越复杂，风险就越大。我觉得自己最终明白了这个方法不适合谨慎的领导。为什么要冒险，如果现代计算机技术可以营造出美好的虚拟场景，那这样也不错啊。计算机可以在空调间里完美模拟飞行程序，而领导可以拿着高薪，在漂亮的办公室和舒适的实验室里工作，让衣着优雅、踩着高跟鞋的女秘书端上茶和咖啡。

想要改变现状，需要领袖人物拿出办法，带动大家往前走。

或许和其他领域的人类活动一样，航天工业也需要竞争，如果不是政治上的，那么就是其他方面的竞争。

当科罗廖夫和冯·布劳恩的时代落幕之后，我们在20世纪末经历了艰难岁月。新的创意要么枯燥无味，要么与现实脱节，对当代年轻人缺乏吸引力。政治领袖和航天局领导不时想鼓动我们飞向火星或重返月球，但都没有结果。在1961年，一切情况都比现在复杂得多，但事情反而简单了。说它复杂，是因为这么高、这么远的地方从来没有人涉足过。说它简单，是因为创意吸引了大众，不论专家还是普通人都为之向往，而其中的困难还没有彻底弄清，因此也就没那么可怕。我们那时都很年轻，初生牛犊不怕虎，一心向前冲，只要能飞得更高更远，不知恐惧和迟疑为何物。政治上的对抗催生了很多领域的竞赛，这其中就包括作为世纪象征的载人航天领域。社会主义瓦解后，俄罗斯航天表面上进入了统一的世界河道。

是否还有出路？难道20世纪下半叶最引人注目、最宏伟神奇的成就之一真的要走向没落了吗？我和我的同行，以及我的很多同辈人都在寻找这些问题的答案。也许好好思考总结一下走过的路可以帮助我们展望未来，在世纪之交的层层迷雾中找寻到灯塔。

至于机器人技术，需要为机器人在太空找到施展的机会。如果宇航技术本身真正为人所用，为文明发展而服务，那么机器人一定会在太空找到一席之地。需要科学，也需要应用研究，要“让太空为人类服务”，这句话是社会主义时期的一句话，那时候的很多话都是对的，只是嘴上说的跟实际做的经常相差甚远。

这个关于太空机器人技术的小故事已经讲完了，可我还是忍不住要说一下各国共同合作的任务。的确，为“阿尔法”国际空间站研制的机器人系统，不论是欧洲-俄罗斯合作研制的欧洲机械臂，还是美国-加拿大合作研制的机器人和机械臂，都为人类有效开发太空、完成舱内舱外的工作提供了可能，它们都将成为未来此类系统的样板。如果人类注定要在21世纪进行真正规模的太空开发，正如K.Э.齐奥科夫斯基在我出生之前就曾预测的，而我的同时代前辈G.奥尼尔和K.埃里克也在书中有所描述，那么我们酝酿的这项技术将会在其中占据重要的位置。

在后续的故事中我还会谈到这些观点。

3.11 “和平号”空间站：太空时代的神话

埃菲尔铁塔的故事尽人皆知，它是为1889年巴黎世博会开幕式建造的。这座铁塔象征着19世纪工业化的成就。这个项目鲜明地体现了埃菲尔这位机械专家、建筑师和设计师的天才，但也伴随着无数争议。争议的焦点在于，这座巨大的工业建筑物会不会破坏巴黎这座历史名城的人文环境？为此甚至还通过了一个决议，准备在世博会闭幕后拆除铁塔。但是奇迹发生了：20世纪巴黎的形象已经与埃菲尔铁塔密不可分，铁塔成了巴黎的象征。

在20世纪这个太空时代的最后20年里，我们的所思所为与“和平号”空间站紧密相连。无论是规模、体系架构、飞行时长以及国际参与的广泛度，还是对人类智慧和想象力的影响，“和平号”空间站都远远超出了其设计者的期待和计划，它在蓝色地球或无垠太空背景下翱翔的身影，是如此美丽和壮观。为了建造这个设施并保持其在轨运行，数万人坚持不懈，付出了巨大的努力。项目汇集了人类各个活动领域的杰出人才，专家们在长达数十年的时间里献身于这一事业。

在20世纪末，围绕如何处理“和平号”空间站展开了争论。

可以将分属两个世纪的这两个设施做一个对比。这两个工业和建筑学奇迹在很大程度上都代表着自己的时代。人类的想象力和技术能达到什么程度？工程师是如何将自己的设计方案付诸实施的？所有这些都鲜明地体现在这些杰作中——先是在地面，一百年后又在太空中实现了。

本章将讲述这部航天史诗的初始阶段，讲述20世纪80年代中期，我们为推动这一项目所做的工作。本书的其他章节也或多或少地与我们的“和平号”空间站相关联。所有这些都开始于当时已日渐成熟的航天建筑师的脑海中，以及图纸草案中。

* * *

“礼炮-7号”空间站于1982年4月19日发射入轨，在地球上空飞行，“联盟号”载人飞船和“进步号”货运飞船与之对接。此时我们已经开始从事下一代空间站项目，该空间站后来被命名为“和平号”空间站。

“礼炮-7号”与其前身“礼炮-6号”的区别不大：相同的两个对接口，相同的主系统。两个项目总体上都是成功的。1982—1985年，先后有9个乘员组到访“礼炮-7号”，这座空间站的飞行和乘员组的生命活动保障是由12艘“进步号”飞船提供的。飞行的可靠性和安全性大幅提高了。虽然时不时还会发生故障，但故障频率并不高。

“礼炮-7号”自1984年10月2日开始在无人模式下飞行。1985年3月，它突然停止了回应：遥测中断，指令接收中断。“礼炮-7号”在轨道上奄奄一息。电气系统首先发生故障：由于不能正确定向，太阳电池阵的帆板没有得到充足的太阳光照，从而未能产生必需的电能。现代生活尚且要依赖电能，何况在太空中。地面仍然在使用各种被动方法监视着空间站，最终决定对其进行抢救。

当年夏天成立了一支救援队，由“联盟T-13”乘员组组成，成员包括：执行过飞往“礼炮号”空间站任务的“联盟-阿波罗”项目的老将B. A. 查尼贝科夫，以及B. П. 萨维内赫。1985年6月，他们成功地执行了在轨操作，取得了在太空中开展维修抢险工作的最大成就。我不打算在此详细描述这次抢救任务，虽然我和许多专家一起积极参与了这次操作的地面准备，并在飞控中心为我们杰出的“高空作业人员”提供技术支持。这次太空抢险壮举使我们获益匪浅，其经验也在不远的将来发挥了重要作用。

1986年年初新的“和平号”空间站发射时，“礼炮-7号”仍然在轨飞行，它的各个主要系统都在继续工作。1986年5月，又进行了一次举世无双的操作。“和平号”空间站的首个乘员组由Л. 齐金和B. 索洛维耶夫组成，他们于3月15日驾驶“联盟-T”飞船抵达。他们于5月5日与“和平号”分离，飞往“礼炮-7号”空间站，并在次日与“礼炮-7号”对接成功。宇航员在那里完成几个科学和应用实验后，于6月25日重新与“礼炮-7号”分离，再次追上“和平号”，与其对接，在“和平号”上又停留了20天后，才回到了地球。经过讨论和争论，按照K. П. 费奥克基斯托夫的建议，决定将“礼炮-7号”保留在轨道上，并尽量抬升其飞行高度：这有助于获取关于星载系统工作性能的更多的珍贵信息。

“礼炮-7号”继续在太空飞行，直至1991年2月7日。当它再次变得不受控制后，逐渐降低了高度，直到进入大气层，之后它坠落在阿根廷南部人烟稀少的地区，所幸没造成任何损害，除了招致纷纷议论。

但这是后面的事了。而在20世纪80年代中期，载人航天却呈现一片停滞。是时候迈步向前了。开发近地空间需要提升规模。并且，高层也需要新的政绩。众所周知，两个对接口为第二代空间站“礼炮-6号”和“礼炮-7号”增色不少。“和平号”空间站的主要部分也采用同样的装备和技术、同样的组成和运载工具——“质子”火箭和“7号”火箭，以及同样的20 t重舱段、“联盟号”和“进步号”飞船，后者组成了空间部分。地面部分也保持不变：拜科努尔发射场的准备和发射设施、地面指令测量系统、飞控中心、宇航员培训中心、乘员组返回地球后的救生设备等。一些改进后的系统也被用于这两个部分。但是新的构型或者说新的航天架构才是最关键的一步，正是这种架构改变了空间站的外貌和内涵。

正如向第二代空间站的转变，新型空间站从采用新型对接口开始。在空间站前部过渡舱上又新增了4个侧向对接口。这个球形舱现在变成了独特的“一串”，几乎由一些相同的对接装置组成。

托媒体的“福”，对接装置开始被称为“对接接点”。我从不喜欢这个名称，它没有反映出其结构的本质：“接点”是某种起连接作用的东西。例如“和平号”空间站的过渡舱上确实有一个“接点”，它将五个对接装置连成一体。说到底，设计这个接点的目的是可以在未来轨道系统上连接五个舱段（空间站本身共有四个舱段）。随着各个舱段先后飞抵并完成在轨组装，只剩下轴向对接口保持空置，可继续与执飞的“联盟号”飞船（有时是“进步号”货运飞船）对接。

“和平号”空间站的构型和配置是在К.П.费奥克基斯托夫的领导下设计的。作为项目设计者，他的才能在这项工程中展现得淋漓尽致。我在1983—1984年经常与他一起工作，主要是协调过渡舱的构型、转位对接和其他系统。К.П.费奥克基斯托夫是当时的轨道系统总设计师Ю.П.谢苗诺夫的副手。他们合作无间，相互补充。总师是组织者，挑选团队，擅长区分想象与现实。他的副手则是个视野开阔、学识渊博的设计者，是许多创意的发起人。遗憾的是，他们之间富有成效的合作并未持续很久。

构型的设计首先是成功的，因为这种构型有助于建设一个相当美丽和有效的轨道太空之家。太空中的“房子”按理应跟地球上的房子一样好看，外观需要反映出设施的特点和用途。看着“和平号”空间站，我总会深信，这就是真正美丽的太空设施，它比幻想艺术家和未来学家创作的图画还要美丽。

当然，外观并非全部，它只反映了项目的本质。“和平号”空间站的构型很快就变成了经典构型：后续年代的所有项目都竞相效仿这种在轨组装大型空间设备的组合方法。这一策略也成了国际空间站（ISS）项目的主要组装原则，先后在“自由号”和“阿尔法”上使用。这些节点舱（Node）成为 ISS 的各个舱段，我们在 20 世纪 90 年代中期在这些节点舱上安装了我们的 APAS。

一种构型从最初的创意到最终实现总是任重道远。真正的建筑学家是掌握各主要系统技术的工程师，这些系统组合、构建成为轨道之家，并为之服务。在太空中，交会对接技术系统是主要的。过渡舱不仅仅是对接装置的接点，它上面安装了天线、靶标、信号灯——所有用来保障交会对接的设备。

过渡舱上还安装了我们新型转位对接系统的构件。原来，由于一些原因，舱段无法接近侧向对接口并与其直接对接。为解决这个问题，在过渡舱上组装舱段时，我们采取了两步走的策略。我们决定先将舱段对接至轴向工作对接口上，然后利用专用机械臂转位对接至侧向对接口上。

转位对接系统值得单独叙述，本章有一个故事就是关于它的。

X X X

过渡舱是一个不大的舱室，内部狭窄，外部负载众多。受制于“质子”火箭的头部整流罩，它的尺寸是不能增大的。为此只得发挥创造性，展示出真正的灵巧，以便将所有必需的东西都塞入比“联盟号”飞船的生活舱更小的一个球体中。

过渡舱的功能不仅仅是转移。从计划开始到 1989 年计划结束，当“量子-2 号”舱段对接到“和平号”上时，过渡舱承担了空间站唯一的气闸舱功能，通过它，乘员组得以多次出舱进入太空。在这个窄小的舱室内，每次出舱只能容纳两人和两套肥大坚硬的宇航服。即使在地面，穿戴（严格来说是钻入）这套宇航服都不是件轻松的事情。穿上后，在拥挤和失重的环境下进行舱外活动大概更困难了。

为了设法给过渡舱减负，也为了略微扩大其内部容量，我们不得不经受另一个考验——在地面重构过渡舱。直到工作的收尾阶段，我们才决定减小盖子的尺寸，减少其型式。被动对接装置的舱口盖通常制成圆锥形，对接时，对接机构的对接杆插入圆锥中。五个圆锥竖立在舱中，占据了大量空间。我们将三个圆锥更换成平盖，成功地略微扩大了过渡舱的内部空间，同时也节省了大约 30 kg 的重量。

关于这个重量的故事应当单独讲述。

重量超标的问题直到发射前 9 个月才被发现，当时“和平号”空间站已经从菲力的赫鲁尼切夫工厂转运到了波德利普基，通过了我们检测试验站的集成试验。这又是一起近乎重量级的灾难事件。超重 1.5 t 主要是由额外的电缆造成的，电缆远远多于之前所有“礼炮号”上的电缆。这样的误算谁也没有料到。

原因在于，空间站的基础段还承担了电气枢纽的功能，它需要联接后续所有其他舱段，成为一个统一的整体。为此事先设置并沿整个 15 m 长的基础段敷设了电线。于是就多出了这些额外的电线，多出了大约 2 t 的铜线。Л. 戈尔什科夫部门的设计师（尤其是他本人）遭到劈头盖脸的痛斥。包括我们和系统设计师在内的所有人都不得不卷起袖子，对自己的结构减重。不知道为什么，在随后的日子里，我们对接人还得多次为这些设计师的错误买单。

当时，在 1985 年，许多设备转而被列入所谓的补给品清单中，以减轻基础段的重量。这些设备随后搭载货运飞船或其他舱段送到了空间站。

将侧部圆锥盖改为平盖后，解决了一部分问题，但却造成另一个操作上的难题。仅剩的一个侧部圆锥盖做成了可更换式，当需要对接下一个舱段时，每次都要在飞行过程中将其更换到其他位置，即安装到对接机构的杆要插入的那个对接口上。更换盖子，将圆锥重新置于需要的位置并不容易，因为这扇门后，盖子后面就是太空。因此，为了完成这个更换操作，需要经历长时间的复杂流程：宇航员穿上宇航服，排出过渡舱中的空气，打开、置换和重新关上盖子，对舱室增压，检查密封性，之后重新脱下宇航服。所有这些都是实实在在的操作，需要迎着困难，冒着风险，出舱进入太空。

而在 1985 年的当时，并没有别的办法。

* * *

在以前的“礼炮号”空间站计划中，我们曾经将仅重 7 t 的“联盟号”和“进步号”飞船与 20 t 重的空间站对接。和基础段一样，每个舱段的重量均为 20 t，而“和平号”本身却如同怀孕的母象，在每次对接后不断增重：20 t、

27 t、47 t、67 t、80 t。我们老式的杆式对接机构需要加强。在受到这么多吨重的结构碰撞时，这套对接机构的阻尼系统需要吸收3倍的巨大能量。在研制新型结构时，对接设计师们从老式机构中吸取了一切可用的资源，保留了基本尺寸，以及所有久经考验的构件。作为补充，只是略微加长了对接杆，加强了侧向缓冲器。为此参考了20世纪70年代末制定的理论和方案。新的对接机构变得更聪明，它能学会如何适应更严苛的条件，是一种自适应设备。这套对接机构也成为下一代的结构。

1987年4月，第一套经过升级的对接机构对接了“量子”舱段。这次对接很不平常，但这又是另外一个故事了。

完成了“礼炮-6号”和“礼炮-7号”空间站计划后，我们积累了大量的燃料补加技术经验。但是对于“和平号”空间站来说，需要一套更为复杂的系统，包括成熟的推进剂输送管系，而对接时需要连接的液压接头也亟待升级。原因在于，燃料成分都是腐蚀性液体，其中包含的并不都是好东西。液压接头需要密封，封严物通常是橡胶件。但是最好的橡胶也无法承受多次对接，会在戊基和庚基等燃料成分的腐蚀下发生裂解。设计师为此绞尽脑汁，然后实验员又进行了数百次的试验，直到液压接头的强度满足要求为止。最后得到的密封效果确实令人惊叹。

* * *

除了完成传统的对接任务和研制大量的机电驱动机构和传感器，我们还要解决“和平号”空间站的其他特殊问题，其中包括转位对接机械臂系统和可重复展开太阳电池阵两个任务，它们的故事将单独讲述。现在我简要介绍一下其他两项工作，即两套随动系统，其中一套是我们独立研制的，另一套是通过国际合作研制而成的。

“能源”科研生产联合体向几个研究室下达了任务，要求它们研制通过中继卫星与空间站进行通信的系统。卫星通信可以大幅提高与控制中心通信的能力，增加通信周期和范围。不管国土多么辽阔，辅助浮动设施和专用海上测量船有多少，分布在苏联境内的地面监测站仍然如同普罗克洛斯忒斯之床（古希腊神化中，强盗普罗克洛斯忒斯开设一家黑店，内置一床。旅客投宿时，将身高者砍其双脚，矮者强行拉长，与床的长短相等。形容削足适履，强求一律——译者注），严重缩小了该计划的能力，限制了信息量，使轨道系统的控制和监测更加困难。因此需要像“联盟-阿波罗”联合飞行期间美国人向我们展示的那样，采用经过太空的全球通信。

为了扩大未来无线电信道的信息量，经过长时间的研究、评估和讨论后，选择了厘米波段。这个波段决定了“窄方向图无线电波束”（无线电技术用语）的大小，也决定了需要对其进行高精度制导。我的研究室负责研制用于这一高增益天线向中继卫星制导的机电系统。

高增益天线

天线本身是一个复杂的系统，重量超过 100 kg，安装在一根 2 m 长的天线杆上，以便观察中继卫星所在的天穹，并跟踪卫星。驱动机构自动控制系统（我们缩写为 САУП ОНА）总共包括 6 套精密驱动机构。两套高精度随动驱动机构将天线指向卫星，由星载计算机控制这些驱动机构，向步进电动机发送电脉冲。驱动机构不仅产生指令脉冲，还将系统状态反馈信息发送回计算机。回转和反馈的精度很高，误差不超过 2′。该精度取决于许多因素：各组成部分的参数、活动和固定结构件的性能等。该项目的所有研制人员都非常努力和辛苦，包括一直作为我们的机械设备研制方、为我们配套的“无线电仪器设计局”（航天无线电设备总体研制单位）的专业人员、我们这个国家设计局的设计师，以及电机厂的技术员和工人。

装有随动驱动机构的天线杆也需要转动。在随运载火箭发射时，天线杆处于运输状态，所有结构件都隐藏在头部整流罩下面。入轨后启动爆炸螺栓完成解锁，然后利用根部驱动机构使天线杆进入工作位置。可设置三个工位，以便在不转动整个轨道系统的前提下，更方便地跟踪中继卫星。

根部驱动机构也需要费不少脑筋。原因是，这根 2 m 长的天线杆上装有重型天线，属于典型的承受密集振荡载荷的结构件。定向系统是否工作，宇航员是跑是跳，有没有对接，天线杆都会受到干扰产生振动。特别是根部机构负荷较大，因此需要为其配置额外的固定驱动机构，以增强其强度和刚性。

还有一个问题也不简单：沿着整根天线杆的所有铰链接头都敷设了电缆和专用高频波导管。柔性电缆包含了大约 500 根各种截面和构型的电线。为了弯曲或缠绕这种电线束，电缆需要采用特殊结构。因为外形鲜明而被我们称为蜗形线的电线也给我们带来了很多麻烦。这些蜗形线连接了很多分系统。因此，我们首先就不得不耗费很多精力去尽量减少电缆束，缩小每个分系统保守主义设计师无法满足的“胃口”。为了确保高可靠性，每个系统设计师都喜欢对主电路设置备份，甚至设置三重备份。我已经习惯了与形形色色的保守主义者进行斗争，而且不仅仅是在这个领域。我总是力求减少、削减承载能力、强度、工作温度范围等方面的余量。

说到可靠性，应当指出，我们也对我们的系统做了备份。对所有的随动驱动机构、回转和固定驱动机构都做了备份，是成对设计的。宇航电机学中的常用措施和其他措施可使系统无故障运行 10 年以上。苏联解体后，随着部分地面监测站被废弃，游动通信设施“停泊不用”，利用高增益天线，通过中继卫星进行通信就成了支持宇航员在轨飞行不可替代的辅助手段。

我清楚地记得电机厂总工程师 И. 哈扎诺夫每周的碰头会。1985 年，他在仪器生产主任的办公室召开这些会议。会上讨论了很多细节问题，以及所有驱动机构的装配问题，巨细靡遗，解决了大量问题。他在这个阶段展现出了一个生产组织者的才干，是统领自己（有时还包括我们的）设计师队伍的真正指挥员。在这个项目和其他项目中，在“能源”火箭和“暴风雪”航天飞机项目中，他总是精神抖擞地冲锋陷阵，经常冲在团队这辆“蒸汽机车”的前面，甚至冲在“汽笛”鸣响之前。

遗憾的是，И. 哈扎诺夫慢慢离开了空间结构件的生产。新的时代到来了。20 世纪 90 年代初，И. 哈扎诺夫转向了民品领域，开始在电机厂仿制从日本三洋公司采购的厨房多用机。厨房多用机也是一种机电产品，因此我的设计师们也积极地参与了这项工作。

是时候结束关于高增益天线的话题了。

天线系统只用了不到一年就完成了试验和验证。从 1985 年 1 月至年底，整套系统经过调试后被送到了基地：在拜科努尔将进行最后的地面测试。为完成这些测试，“和平号”空间站被从装配试验大楼中推出，将高增益天线对准中继卫星，确认了天基通信的有效性。

为了对所有机构和系统进行充分的地面检验和测试，我们一直竭力营造最接近于太空工作环境的地面试验条件。

针对需要登高、接近太空的试验，我们还搭建了专门的高塔，可以说，我们“爬到了树顶上”。

* * *

另一套随动系统的研发工作很有意思，我们也受益颇多，它是我们与捷克同行在20世纪80年代中期一起研制的。我指的是自主随动平台。平台上装有科学仪器，用于观测地球表面和天穹，平台可在相对于空间站本体的半球内转动，将仪器对准需要观测的目标。随着空间站自身尺寸和重量的增加，如果像“礼炮号”那样经常转动整个“太空之家”，操作难度变得越来越大。由此产生了自主随动平台。

需要说明的是，这些自主随动平台是承袭自“织女星”项目的。“织女星”无人探测器是拉沃奇金科研生产联合体在宇航研究所领导下研制的。“织女星”的研制采用了广泛的国际合作，P. 萨格捷耶夫院士促成并支持了该项目。我们领域的工作人员当时只能对这个项目表示向往。

我这一代人先后在中小学、大学、研究生班和夜校政治课上，周而复始，几乎终其一生都在不间断地学习列宁的纲领性著作《怎么办?》。因而我们都熟知：党是工人阶级的大脑，领导党的是领袖，领袖知道该怎么办。院士亦如领袖，他们比我们知道得更多，知道该怎么组织工作，并且率先为我们工人阶级开辟了道路。于是，当两个“织女星”探测器在1981年成功飞往哈雷彗星，并为其研制者带来了满足和荣誉后，留下了“尾巴”（就像每个彗星的彗尾），这就是两个备用的平台。可不能浪费东西，不管是备件还是已经理顺的合作关系都不能浪费。于是这个主意应运而生，并且在两年后产生了实际效果：1989年秋，一个装有科学仪器的随动平台随“量子-2号”补给飞船被送到了“和平号”空间站。

自主随动平台

从各方面来说，和捷克人的合作都很有意思。首先，他们很专业，设计出了独特的主机构，可以承担和我们的高增益天线机构一样的功能，即精准地进行空间制导。他们选配了一支由各专业人员组成的优秀研制者团队，包括驱动机构、机构结构、微电子和系统工程等现代机电专业。团队由 B. 列切克领导，他是一位优秀的工程师，还知道很多苏联笑话和反苏联笑话，也许知道得比我们还多。这种态度并未影响到他的工作，他仍然很好地完成了这个社会主义阵营的项目工作。我们和宇航研究所的年轻一代工程师的协作也不错，他们比我的同事们开放得多，很少紧张和封闭。改革开始了，不管刚开始有多微弱，变革之风愈刮愈猛。

捷克斯洛伐克是我到访的前社会主义阵营中的第一个国家。三到四次的布拉格之行给我留下了很多愉快但又略带忧伤的回忆：这座古老的城市坐落在欧洲的最中心，市内有许多教堂和桥梁，有数不胜数的啤酒馆，那些面对我们沉默不语的人们，却在啤酒馆里无休止地高谈阔论着。瓦茨拉夫广场角落里的捷克啤酒和香肠为这座欧洲城市增添了一抹色彩。我还清晰地记得，我曾前往著名的卡罗维瓦利，被安置在苏联使馆的膳宿旅馆中过周末，而前往卡罗维瓦利的旅途会经过漫无边际的啤酒花田——原来，这就是啤酒佳酿之根。

来到捷克斯洛伐克后，我们用 500 卢布兑换了 5 000 克朗，因此没有遇到前往资本主义国家时发生的消费窘境，并且当时布拉格的社会主义商店比我们的苏联商店要好得多。结果，为了纪念这趟旅程，我莫斯科的住房内就多了两盏廉价但却精美的吊灯，以及其他几件捷克玻璃制品。

在从事这些工作时，我有机会多次与捷克工业界和科学院的领导交流，他们令我十分沮丧。20 世纪 80 年代末，这个社会主义国家的官僚依然十分保守，我感受不到任何改革的气息，陈旧的教条和口号仍然大行其道。

改变在晚些时候开始，但那时我们已经不在了，包括航天工业在内的社会主义合作都不复存在了。很可惜，如果采取明智的策略，本来可以保留技术精英们倾注才华和心血、经年累月才创建而成的那些好东西，包括宇航技术。遗憾的是，当真正的风暴来临时，所经之处，将一切清除殆尽，无论好坏。

* * *

最后，我想讲述我们另一个小任务的工作情况，这是在“和平号”空间站计划框架下完成的一项工作。我们为“太空摩托车”研制了几套机电部件。“太空摩托车”的正式名称是“宇航员转移设备”，是由“能源”科研生产联合体的一个主要配套企业“星辰”联合体研制的。从科罗廖夫时代和加加林升空开始，“星辰”厂就为我们提供宇航服和宇航员座椅。这是个不太大但很有活力的企业，属于航空部门，为所有军用飞机提供弹射座椅和飞行服，由个性鲜明、富有才干的盖·伊利奇·谢维丁领导。我和他很早以前就关系很好。他请我为他的新项目帮忙。

宇航员转移设备堪称一艘微型飞船，各主要系统一应俱全：生命保障、电源、喷气控制、热控、通信和遥测等。所有这些系统都需要通过专用控制台来实施控制。参照为“联盟号”飞船进行的设计，我们为宇航员转移设备提供了两个控制手柄——运动控制手柄和定向控制手柄，并为了适应穿戴宇航服而做了一些改进。Г. И. 谢维丁还请我设计微型安全绞盘。原因是，将用以连接宇航员与空间站的脐带完全扯断是很危险的，传统方法需要加上保险。美国人也研制了自己的宇航员转移设备，并在航天飞机飞行期间进行了测试。他们没有设置安全绞盘，因为在紧急状态下，他们的轨道飞行器可以从浩瀚太空中“打捞”失控的宇航员。而我们的“和平号”则无法做这种机动飞行。

我们设计的绞盘很小，但和任何新的实际工作一样，它的麻烦事也不少，我们只得慢慢往前推进。

我清楚地记得 1988 年 12 月的“星辰”厂之行。出于保险起见，我们的总经理 В. Д. 瓦齐纳兹突然将我派去那里，理由是，我们已经延误交付绞盘了。到达工厂后，我才明白为什么要派我来：我们当时的部长 О. Д. 巴克兰诺夫需要听取汇报。在 4 月份“量子号”完成那次著名的对接（下一章将详细讲述这个故事）后，我和巴克兰诺夫的关系就已经很好了。这次来访出人意料地非常有意思而且不同寻常。谢维丁向我们介绍、展示了最有意思和最新的研究成果。虽然“星辰”不直接归我们部长管辖，航空人还是为宇航部门做了很多，因此

宇航员转移设备（“太空摩托车”）

他们非常注重展示的效果。部长可不是每天都会来访的，而他们又很大程度上决定了对企业的物质和政策支持。

“星辰”厂最后为我们演示了宇航员转移设备的功能，这套设备甚至可以模拟飞行。通过使用被称为“气垫”的专用支架，操纵我们的运动控制手柄和定向控制手柄，地面的宇航员完成了转移。其他所有设备也都是真实的，宇航级别的，甚至包括喷气控制发动机在内，它们也通过这些手柄点火成功。最终目的通常都是对接：需要和空间站模型连接，完成停泊。

“来吧，弗拉基米尔，演示一下是怎么对接的。”Г. И. 谢维丁说。我感觉在大领导面前卖弄不妥，于是建议由 О. Д. 巴克兰诺夫亲自尝试。真应该看看这人当时的表现，他大概是第一次也是最后一次亲自操纵飞船，尽管是在地面。孩童般的笑容都不足以完全表达他的激动心情。从那次之后我再也没有见过他。很快巴克兰诺夫就获得高升，继候补委员之后，又成为苏共中央政治局委员。又过了三年，发生了著名的 1991 年 8 月事件，最终导致了苏联的解体（奥列格・德米特里耶维奇・巴克兰诺夫，苏联政治家，原苏共中央书记，国防会议第一副主席，八一九事件领导者之一，1991 年 8 月作为国家紧急状态委员会领导人之一被逮捕，1994 年 2 月根据俄罗斯国家杜马决议平反出狱——译者注）。

这些事件都发生在晚些时候，此时“和平号”空间站还在轨道上竭力飞行，而众多飞船和舱段仍在一如既往地与“和平号”对接。

但是对接始终是件大事。1987 年 4 月第一个“量子”舱段的对接是最大的事件。后文将单独讲述这个故事。

3.12 “量子”舱：对接——永远是大事

“量子号”是与“和平号”空间站对接的第一个舱段。它于 1987 年 3 月 31 日发射入轨。“量子号”的初次对接是在 4 月初，对于空间站的大多数研制人员，尤其是对接技术人员来说，这次对接是一个货真价实的大事件，也是一场惊心动魄的考验。

按理说，与空间站的交会只需要几个小时，之后再要十几分钟就可以完成对接。可这一次交会过程用了将近一个星期，经历了四天四夜才与空间站核心舱对接成功。首先介绍一下项目初期的总体情况。

“和平号”空间站的核心舱是 1986 年 2 月 20 日发射升空的。我是在拜科努尔的 2 号楼观看发射的。“质子”运载火箭腾空而起，在我们上空自西南向东北划出一条火焰轨迹。自此太空史诗拉开序幕，这其中充满了大大小小的事件，更凝聚了成千上万人的智慧和汗水。

这些年地球上发生了翻天覆地的变化，我们的国家改头换面，苏联的“和平号”空间站依然在太空飞行，只不过变成了俄罗斯的“和平”，关于这些我们后面再说。

1986 年，“联盟 T15”飞船把包括 Л. 基奇玛和 В. 索罗维耶夫在内的第一批飞行乘员组送到“和平号”空间站。空间站上还对接了两艘“进步号”货船，编号是 25 和 26，还有第一艘改进型“联盟 TM”无人飞船。

1987 年 2 月初，“联盟 TM－2”飞船与空间站对接，搭乘飞船的是参与过“联盟-阿波罗”计划和“礼炮”项目的资深宇航员 Ю. 罗曼年科和第一次飞上太空的 А. 罗维金。这个飞行乘员组要与“量子”舱对接，并跟我们一起直接参与飞船的手动对接。

根据“量子”舱的结构，它只能与核心舱段的后端对接。在此次对接前，核心舱的后部对接口停靠着 3 月 3 日发射的“进步 28”货船。后来我们才知道，我们最大的对接历险就是由这件事引发的。为了在“量子”舱发射前 3

天让出对接口，这艘“进步”货船于3月28日实施分离，正是这次分离造成了恶果。

* * *

我曾多次护送“联盟号”和“进步号”飞船去拜科努尔发射，看到对接机构，我总是不由自主地想象它们从发射到太空对接这个过程中暗伏的种种风险。飞船的大部分都包裹着太空外衣，即所谓的真空绝热层，这是由多层反光性能良好的镀膜组成的，其主要功能是尽量减少与外界的热交换，同时还可以隔绝地球或太空的尘粒。飞船和空间站有些部件是不允许有防护层的，其中就包括对接机构和对接隔框的端面，带有触针的电接插件，带有特殊密封件的液压接头，传感器的微型螺销以及其他许多部件。它们看上去是这样的无助。

结合20多年的轨道对接经验，制定出了航天器发射准备最后阶段的严格工序。为了保护航天器免受升空时突然袭来的气流影响，要将其放入火箭整流罩，放入前要进行最后的操作：去除“红色物”，也就是所有的防护盖罩，这些盖罩专门涂成红色，以免发射前一时大意未将它们去除。

“拍照留念”（和对接机构一起）

有些系统的部件在飞船外部，这些系统的设计师和研制人员就要进行所谓的自主检查。看一看、摸一摸，最后一次“人性化”地评估一下自己宝贝的状态。对接机构的研制人员要做的事情比别人更多一些，要擦拭、检查一下对接杆及其他工作部件，再最后做一次润滑。头部整流罩及其隔框梁架等要用湿布和吸尘器清理。

准备工作的尾声——拍照留念作为证明，以备不时之需。

即使进行了如此细致的准备，不免还是会心存疑惑，担心会不会发生什么不可预见的意外。

意外的发生都是偶然的，没有规律也不常见。如果技术系统设计完美，而且加工质量有保证，那么故障就很少出现。在宇航技术领域，依靠一整套严密措施，故障情况的确少见，但无论如何无法避免。1977 年秋冬，我们对接机构研制人员曾经历过史上最艰难的时刻，那件事比我现在叙述的故事早了 10 年。当时还年轻的宇航员 Ю. 罗曼年科与 Г. 格列奇科忐忑不安地踏上了“遥远的征程”，去检查因第一次对接失败而受到质疑的首个双对接口“礼炮”空间站的前部对接机构。

然而谁都没有想到，10 年后的“量子号”对接又出了问题。正如后来证实的那样，所有的事都是由一系列鲜见的小概率事件造成的。令人意想不到的是，造成这次对接失败的原因既不是绒毛破坏了对接面的密封性，也不是金属薄片掉到了电接插件里，而是一个拳头大小的硬物卡在了接收锥和对接机构之间。

法国《费加罗报》的记者在对接最终完成后的第二天发表文章说，这个肯定是在地面被遗落的东西，应该把它放进航天博物馆里。

但事情并非如此。

* * *

与大部分飞船不同，“量子”舱在太空飞行时对接机构是向下的，几乎像 A. 特瓦尔道夫斯基所言“作战大炮行进时炮筒向后——这不是信口开河”。所以垃圾从整流罩掉进对接机构这种事似乎不大可能，相反，过载作用会将对接面清理干净。

这事说来话长。

航天器的许多系统都是彼此关联的。交会系统和对接系统更是密切相关。因此，当 4 月 4 日夜晚到 5 日凌晨的时候，“量子”舱在距“和平号”空间站 280 m 时突然停止了交会，我们这些对接机构设计人员也被叫去一起分析情况，尽管当时离对接机构出场还早。我清楚地记得大约一年前的意外事件，当时“进步”飞船由于某位宇航员（好像是 B. 萨洛维亦夫）不小心按下了空间站另一端的捕获传感器而停止交会。这一次我们又要和交会专家们相互讨论了。

第二天，4 月 6 日，我们在部长 O. 巴克兰诺夫和型号总师 Ю. 谢苗诺夫率领下飞赴哈尔科夫：舱段控制系统是在那里研制的。这次我们很幸运，根据分析结果找到了唯一的解决办法，即去除对系统的限制，但这可能会增加航天器对接时的轴向偏差。

深夜，更正确地说是 7 日凌晨，我们就所有问题达成一致，多数参与者都对下一次操作充满信心。

像航天器这样的复杂系统，其操作结果是用概率指标来评判的，成功率 99%，或者 90%等。每个子系统也有成功率，而这个概率值毫无疑问应该最大限度地接近那个实际上无法达到的极限 100%。通常两个小概率事件同时发生的可能性微乎其微。每一次航天飞行都是独一无二的，其结果受很多偶然因素的影响，这就导致火箭研制者都有点迷信倾向。科罗廖夫和巴巴金都很迷信，其实很多运动员也都有些迷信，对他们而言，运气对于成功的影响非同小可。总而言之，好兆头会提升信心。

不管你们信还是不信，但这就是事实：在我 4 月 8 日深夜去飞控中心的路上，有几只黑猫从我面前两次窜过，那天很冷，我的帽子好像没有帽檐，我定了定神，竭力忘掉这些猫，直到 4 月 12 日夜晚又想起了它们。

在经历了有惊无险的交会之后终于完成了捕获，接着丝杠开始正常拉紧并完全校正，可就在对接面差 50 mm 就要吻合的时候，对接机构突然停下来了。在我们中央飞控中心的屏幕上，丝杠线性位移的遥测参数定格在 370 mm 刻度上。当时我脑子里的第一反应是，遥测中止了，虽然此时离通信区段结束还有 5 min，而且这种情况也不是第一次发生，但微弱的希望很快就破灭了。冷漠的遥测数据显示了真实的过程画面。

大家开始分析，开始都有些冲动，然后就冷静下来了。要弄清几千千米外的轨道上到底出了什么问题是很困难的，各种可能性都有。首先这个舱段采用了新的构型，而最主要的一点是，对接丝杠停止运动的时候，对接隔框正在导向销的作用下开始吻合并校准，而导向销的长度正好是 55 mm。这其中存在几十种可能性，跟往常一样，周围很多人都在各抒己见。

在飞行指令长 B. 柳明的坚持下，迅速决定再尝试一次拉紧，而在这之前为防万一，先要把一个可疑的天线移开，因为它竖起的方向直指那个倒霉的舱段。到了下一圈时，根据无线电指令启动对接丝杠的驱动机构，先把丝杠分开，然后再一次拉紧。丝杠仅仅移动了 5 mm 又停下来了，这下终于弄明白了，是“进攻”受阻。大家意识到，不找出问题的根源并加以解决，我们就进展无望。于是整整四天四夜，我们的丝杠线性位移遥测数据一直停留在 375 mm 的刻度上，直到 4 月 12 日那个值得纪念的夜晚。

那几天对我们来说真是度日如年。

一一细述我们在那段时间的所作所为毫无意义。我们分析了各种可能和不可能的原因，即对接未完成的各种推测。不久，宇航员们从侧面的舷窗看到一根从星箭分离传感器上垂下来的细绳。细绳在对接区域的某处被遮住看不到了。于是传感器实物和图纸被送到了飞控中心。有段时间“细绳说”一直被大家挂在嘴边。“眼见为实”，当时经验丰富的Э. 考尔仁涅夫斯基说了这么一句话，所有过去的实践和故障分析的经验都证实了这个结论。提高可靠性的方法之一就是进行故障情况分析。专家事先寻找一些会造成故障的情况，然后设想出避免这些情况发生的方法。这种方法的有效性已多次在航天实践中得到展示。

多年以前美国航天项目负责人 K. 克拉夫特在“联盟-阿波罗”计划执行期间就说过这样的话：“有时预先设想的情况不一定会出现，但把可能和不可能的情况考虑得越多，系统的可靠性和生存率就越高。”我们遵循的也是这个原则。

在飞行过程中我们要寻找已经发生的情况，而不仅仅是假设的异常工况。

透过现象看本质，“量子”舱与“和平号”的对接处一定发生了什么，可惜我们看不到对接部位。在这种情况下只能通过遥测数据来推测。在我的对接档案里收藏了一些遥测数据带，记录着我们对接人员看来最极端事件中的对接参数：1971 年 4 月，1975 年 6 月，1977 年 10 月。这些活生生的数据可以重现太空发生的真实情景。有时非常短暂，仅仅几秒钟时间。这些数据的处理系统确实是全球性的，由分散在全世界的几百名专家参与工作。只有在困难的时刻才能体现出他们劳动的价值。当有事发生或需要帮助的时候，他们的必要性才能显现。

我们的遥测数据始于对接系统本身，可测量的参数不是很多，大多只能得出一些最基本的数据，例如信号参数，可以显示诸如接触有无发生之类的信息。而更多的数据参数，包括我们的丝杠线性位移，是用侧部缓冲变形传感器（БПР、БПТ）来测量的，也有用电位计测量的参数。

航天系统的遥测设计简直是一门艺术。不过设计精妙的系统可以创造真正的奇迹，可以归入特技、魔术之类。说真的，就算明白实质，我仍然觉得不可思议，到底如何确定出丝杠头与接收锥的接触点呢？要知道锥体表面是没有任何传感器的。当然，之后会留下一些蛛丝马迹，宇航员可以据此检验对接结果是否与地面计算结果相符。

再接着讲“量子号”的艰难对接。应当说，这一次遥测信号给我们提供了极其重要的帮助，我们的主要分析就是以此为依据的。

根据遥测，我们发现丝杠与锥体的碰撞有异常。与正常的对接不同，捕获传感器不知何故被触发了。按逻辑推理，偏差接近允许极限值，同时丝杠的头部碰到了接收锥的圆柱边缘。其他参数也证实了偏差较大。但其他传感器的读数难以解释，没有明确指征。

必须立即采取措施，我们对这个“量子”无比珍视。无论是在“和平号”空间站中的地位，还是舱段包含的科学仪器以及为之投入的人力物力，“量子号”都是独一无二的舱段。这项科研计划的一位领导说过，该舱段包含一台西欧国家参与研制的望远镜，其观察角度受到全球各界的广泛热议，不仅在科学界，甚至还引起了梵蒂冈的关注。

对于我们对接人员来说，搞定这个带有两个改进型对接组件的舱段也不是一件容易的事。我们第一次把两个重量分别为 20 t 和 30 t 的结构对接在一起，为此要改进整个缓冲系统，使之能够吸收撞击时的动能，并在捕获后平息相对振动。此外，我们采用了新型的可控阻尼器，首次将系统做成可自动调整的自适应系统。对接动力学过程在计算机里进行了仿真，并在六自由度试验台“锥体”上再现。同时还在真空罐里做了高低温补充试验。

太空中的大质量（结构）不仅意味着对接时的巨大能量，而且在对接状态下联合飞行时也会增加对接锁承受的负载。必须加固对接锁，但这还不够，我们还改进了对接隔框的结构，加了专门的沟槽，从密封通道方向可以够得到，宇航员可以手动加装特殊的锁钩，以增强对接的牢固性。

这些改进初看平淡无奇，螺纹锁钩的结构也不复杂，类似螺旋弓形夹钳，但对整个“和平号”空间站和长期飞行计划来说却至关重要。正因为所有对接组件上都加装了这些锁钩，才有效确保了对接面的强度。后来空间站的尺寸和重量都成倍增加，正是依靠我们的锁钩，才保证了其必要的承重能力。几年之后，我们拒绝启动空间站对接锁的闭合驱动器，因为它们的寿命已终结。就这样，一个小小的改进预见到了多年后的需求，从而确保了复杂的长期飞行计划。

10 年之后，这些螺纹锁钩令 NASA 的可靠性和安全性专家赞叹不已。

领导，就必须有前瞻性。

* * *

可是在 1987 年 4 月，一切才刚刚开始，第一个“量子”舱还悬停在未完全对接状态，两个对接面之间隔着 50 mm。

前面说过，对故障原因的猜测有很多说法。在对技术文件、试验记录以及在发射场拍摄的飞行前照片进行分析之后，一部分说法很快就被排除了。没错，在照片上还发现了一些斑点，有人认为是多余的零件，但这个说法也被否定了。“量子号”的主动对接组件在发射场进行过与标准件的对接检验，只不过是在发射前 3 个月。

最可能的是在飞行过程中有什么东西掉到了对接面处，根据物体掉落的位置，这些说法分成三组：在舱段与空间站的端面之间，或者在对接隔框之间，又或者在对接机构与接收锥之间。

为了检查这三种可能性，我们在地面做了试验，分别设定各种位置出现障碍，重点关注丝杠线性位移传感器和侧向缓冲变形传感器的读数。如果地面数据与天上一致，那就靠谱多了。不能说原因已经找到，但至少是方向对头。

这样做还可以缩小可能的范围，甚至可以判断在哪个面上寻找障碍物，而且还不止于此。

围绕对接隔框之间有无障碍或者接收锥与对接机构限位器之间有无障碍，设定了各种情景。就是这个像立领一样的圆形限位器，早在 1971 年 4 月就装在对接机构上了，在那次太空灾难之后被形象地称为“花领”。在“花领”处定位后，相互平行的对接隔框开始移动，如果隔框间有异物，端面就会倾斜，出现情况必须进行分析，而后实施在轨维修。

还有一种情况也很重要，如果有细绳缠绕在导向销上，就会导致完全卡死，既不能对接，也无法分离。但这个说法也被否定了，因为我们尝试第二次对接时，从遥测数据上看，对接面分离得十分顺畅。

最后决定，全力准备宇航员出舱。

* * *

在第二阶段结论中，存在无关异物的说法并不是主流意见，这种不可解释的“超自然”原因通常还是令人生疑的。我们还考虑了“花领”折断的可能性，如果撞击时的偏差达到最大值，有可能对它造成损害。但这种小细节并不构成致命影响。

我们这些对接机构专家明白，现在最重要的工作是制订乘员组的行动计划，要在有限的出舱时间内完成工作，同时还要受到很多条件制约，包括轨道光照时段、通信区域、太空雷达作用区域以及其他太空作业的限制条件。对我们的要求是：第一，任何情况下都必须确保宇航员在舱外工作的安全；第二，务必弄清拉紧不到位的原因；最后，在时间和条件允许的情况下，可以进行修理。而我们还是希望通过努力，引导宇航员少走弯路，尽快到达故障位置。我们希望通过分析和试验可以解决问题。

4 月 11 日晚上约 10 点钟，我到达飞控中心，O. 巴克兰诺夫把我叫到大阳台角落竖立着一台对接机构的地方，带着信任的口气问我，上面到底出了什么状况？我对部长的回答大体是这样的：“无论我们现在说什么，几个小时以后可能完全是另一种情况。”

我至今保存着 B－1，ЭО－2 的行动计划表复印件；“B－1，ЭО－2”表示第二次主要勘查任务中的第一次太空漫步。这是飞控中心的代号，这里包含着在 4 月 12 日那个令人难忘的夜晚所发生的事，那天正好是宇航纪念日。

从莫斯科冬季时间 22 点 35 分打开出舱口为基准点，到关闭出舱口为另一个基准点，两个基准点之间的时间不足 4 h，这就是舱外工作的时间，穿脱宇航服的时间未计算在内。

整个计划操作场次都是以分钟描述的。这个电影行业的术语被搬进技术领域并一直使用，特指那些主要操作人员和技术支持专家有明确分工的协调配合行为，我们在这里有自己的照明，自己的马达，甚至有真正的摄影摄像器材。

“和平号”空间站共有六个对接口，其中两个位于纵轴上，已经频繁使用了两年。现在轮到侧面的第三个对接口上场了，这次它并没有被直接使用，也就是没有用于对接，而是让宇航员从这个对接口出舱。

B. 柳明和他的副手 B. 索罗维耶夫负责领导此次操作的准备和实施工作，他们个人的舱外工作经验对任务的成功实施起了非同小可的作用。我作为操作组的负责人与他们并肩作战，辅助飞行指挥。

出舱场次安排得严丝合缝，几乎是一气呵成。只是罗维金的宇航服气压意外下降引起了一阵小小的慌乱，其实是这位飞船工程师在通过舱口时，碰了一下增压控制阀的手柄。

我记得柳明立即发出指令“泰梅尔（宇航员执行任务时的代号，这里指罗维金——译者注），迅速撤回，回到过渡舱！”几秒钟后就搞清楚了，没什么大不了的事。

但也不完全如此。

亚历山大（指罗维金——译者注）由于压力太大开始出现心律不齐，有早搏出现，我们的医学遥测仪马上对这个非技术性异常做出了反应。这次挫折对这位年轻宇航员还是有影响的，此后他未能再飞上太空。

飞控中心以及我国的整个海陆指挥测量系统，就像一个有机的整体，都在为此事煎熬：先是担心和期待，然后是惊讶和等待，最后是喜悦和欢笑。我坐在型号总师和飞行领导人之间，脑子里闪过各种念头，每当进入轨道阴影区，失去了通信，时间似乎被拖延，过得特别慢，而有时却又过得飞快，我像往常一样习惯性地看看自己的脚下，找到了什么东西，我从地上捡起一枚硬币。鹰面朝上，这代表成功。我把它放在身边的控制台上。

没有传送出舱录像，这样做是为了不给飞行乘员组增加额外的工作。但在飞控中心的大屏幕上，在飞行路线图的右边可以看到宇航员培训中心的后备宇航员在失重水池实验室里进行的复现操作，水池中装有“和平号”空间站的模型，可模拟着太空情景。试验者身穿宇航服，实时进行太空中的同步操作。“在陆地，在天空，在海洋”——这句话是此刻的真实写照，所有人都在相互扶持、并肩战斗。

长时间的间隔令人难熬，我们时而等待通信时段，时而等待轨道光照，时而又等待检查结果，最后修复是否完成。轮到对接杆出场的时候，感觉它的运动速度比往常要慢。

终于空间站到达了通信区。等到了来自前方的报告，诚如我们所估计的，对接组件周围没有发现任何异常，那根惹祸的细绳并没有触及我们的对接面。两个对接隔框面之间也未发现多余物，隔框已伸出且相互平行。这意味着“花领”起到了限位作用。

轨道上暂时还是一片黑暗。“小伙子们，到叶夫帕托里亚上空我们会发出指令，让丝杠伸出 150 s。”B. 柳明告知宇航员们。150 s，这就是说可以在两个对接面之间伸出150 mm，或者 200 mm，在这个位置，舱段和空间站的振动还很有限，所以是安全的。亲爱的宇航员，可以工作，不用担心，你不会被几十吨重的巨大模块夹住。为防万一，指令长坐在观察位，飞船工程师在隔框的断面处。他们给出建议：“莎萨（这是罗维金的名字“亚历山大”的小称——译者注），先往第一个平面方向看一看。”根据大家的判断，那里或许藏着“黑猫”。接下来又是停顿，等待下一个通信时段。在旁边的控制台上，指挥测量系统（КИК）的领导正在忙着传送必要的工作指示。终于又到了遥测区域，我们的屏幕上显示驱动机构已启动。飞船工程师报告：“丝杠行进时一冲一冲地，并有响声。”很快他不只是听到，而是感觉到、触摸到了这种运动。我闪过一个念头：“难道真的是什么地方卡住了，要拼命拔出楔子吗?”然而不是，我们屏幕上的丝杠线性位移读数开始减小，370 mm、364 mm，直到 265 mm 处，驱动机构关闭了。

“现在什么也看不清”，“泰梅尔”报告。月亮不能照明吗？不能，轨道上一片黑暗，等吧，目前主操作员还不急着与太空对话。蓝色大屏幕上有一个亮点慢慢靠近昼夜分界线。这是最紧张的时刻……我发现谢苗诺夫手指间转动着一枚硬币——当然啦，他也在焦急不安。

在光照条件下，一切很快弄清楚了，在“花领”与接收锥体之间的一号平面上的确有一块异物，而且没有造成任何损伤。后来我们的医务人员说，那时亚历山大又出现了心跳加速，因为他看到了令人震惊的一幕。空间站后部对接口的接收锥内竟然有一只塑料袋！塑料袋被舱盖卡住。估计这是最后一艘“进步”货船为第一个舱段腾出对接口，宇航员在货船分离前关闭舱门的时候发生的。在失重条件下，任何没有看管好的东西都会从手底下漂浮出去。

现在必须给修复工作准备工位。“小伙子们，现在我们把对接面分开，让你们可以够得着那里。”于是重新发送指令启动对接机构。这次是让丝杠完全伸出。我们再次提醒他们要多加小心，在这种状态下，空间站和舱段之前的相对振动可能超过 20°，任何方向都可能出现。我脑子一直想着，但愿那个穿宇航服的人不要为了不惜一切代价取出异物被夹住啊。我们在失重池中，潜水员在水下不止一次遇到这种情况，但潜水员对这部分工作也爱莫能助。罗曼年科在轨道上给自己的同伴打气：“快了，快了，它就快被搞定了。”此时飞船工程师已气喘吁吁。可是通信区再度终止，下一场又要等候 1 h，我们边等边猜测上面情况究竟如何，最主要的是有没有成功取出这个“不明飞行物”——这是飞控中心给这个异物取的名字。

我们坐等通信恢复，又过了 1 h。在通信开始前，柳明顺口说了句：“如果他们不是傻瓜，那肯定是不小心把它弄掉了。”“广播”是开着的，所以整个飞控中心的人都听到了这句话。终于，“泰梅尔”的报告来了：“对接部件的异物已清除！”柳明问道：“这个异物现在在哪儿?”回答说：“很遗憾，它从我们手里飘到太空去了……”这时，整个飞控中心都笑了起来，要再等 10 min 才能到达叶夫帕托里亚测控站区域，从那里将再次发出对接机构启动指令。于是测距仪又开始转动，在屏幕上显示 10，15，50……宇航员们这时还未离开对接处，整个飞控中心都在数着缓慢的秒数。终于375，380，390——看来已穿过了之前的障碍区，427 mm——丝杠停了下来，而这正是我们等候已久的终点，此时对接面闭合，传感器启动。“开始锁紧”——对接锁驱动器开始工作，但不知何故，丝杠的驱动机构没有关闭，不会又出什么问题了吧？柳明看起来也很疑惑。我无法和自己的团队取得联系，我取下耳机，跑了出去，窜上楼梯跑到二楼找分析组的同事，不管到什么时候都要腿脚利索、心肺健康啊。

原来是为了减缩操作过程，决定不关断系统，不发多余的无线电指令，于是我们的“受难者”只得让保险离合器多工作几分钟了。最后对接密封件压紧，飞控中心人人都熟知的四个密封保障传感器ДОГ——“密封守护犬”（该缩写的发音类似英文“dog”，因此有此绰号——译者注）发出了信息。又发了几个无线电指令后，对接完成。这一次时间差一点就来不及了，刚完成对接的空间站和宇航员一起消失在地平线之外。

又等了超过1 h，大家忙碌着，解释着，说笑着，甚至接吻庆祝。大家担心的不是对接是否彻底完成，而是宇航员们能否顺利返回空间站。

* * *

通常对接过程是自动完成的，需要12 min左右，既不需要飞行乘员组，也不需要地面人员的干预。“量子”舱的对接用了四天四夜，所有参与人员都奉献了自己的专业技能、机敏智慧，以及坚韧不拔和自我牺牲的精神。

3点20分，也就是莫斯科时间5点20分，“泰梅尔”报告说，他们已经回到空间站内。接下来我们只要关闭空间站这一侧的第二套对接锁就可以了。有一个人还开玩笑说，这样做是为了不放走这个不可预料的任性舱段。又过了1 h，才等到了对接面密封性检测结果。

像很多事一样，这个发生在1987年4月加加林日的故事有一个不同寻常的结尾。我走出飞控中心已是清晨5点，汽车前挡风玻璃上结了一层厚厚的霜，我费力地擦出一小片窗户。空旷的停车场上，一辆“扎波罗热”小轿车不知从哪里突然冲到我面前，没撞上它可真是奇迹，这算是我那一周遇到的最后一件怪事了。又过了4.5 h，我用昨夜已作废的俄航机票，飞往巴黎去见法国专家，他们正在为未来的欧洲航天飞机“赫尔墨斯号”研制交会对接兼容设备。我第一次没有在飞机上睡觉，脑子里不断翻转着前一晚的事情，但我在巴黎圣母院的长椅上睡着了，在礼拜日的管风琴音乐会上……什么叫经典!

* * *

差不多过了一年，我有机会与亚历山大·罗维金共进午餐。餐厅里除了我们没有别人，我们两个聊了起来。

记得亚历山大是这样说的。

“我怎么也够不到那个塑料袋，无法从夹住它的舱盖下面拉出来。指令长尤里只好扶着我，甚至还在后面推。他使劲把我往空间站接收锥和‘量子’舱对接机构之间推，甚至连舱体都出现了偏斜，不过还没碰到限位器（我们在那一刻有点害怕，好像它还没有晃动）。空间变大了一些，我拉出了袋子。袋子外面的膜撕破了，里面散落出很多小袋子，里面装着……粪便。而正在这时，太阳在轨道上升起，这些袋子像星云一样散开，在晨曦中闪着光芒，映衬在黑暗的太空背景中，比最亮的星辰还要耀眼……”

而我们那时却在想宇航员会不会遭遇不幸……

我觉得很好笑，这毫不奇怪，要知道当时正值星辰时刻（没有遥测信号），由事件的主要参与者——宇航员本人描述的这个非同寻常的场景，正好填补了这个时段的空白，让我知道了此前不知道的事情，而且还带着强烈的反差。我联想起一个杂技团的笑话，这不是作家尼库林的笑话，而是一则来自苏联的幽默之都——奥德萨的笑话：有一位外地的苦行僧来到了奥德萨杂技团，声明他的工作能让人产生强烈的对比。什么强烈的对比？请想象一下：奥德赛的夏夜，衣饰华贵的观众，助手在圆顶下举起一个袋子，不好意思，里面是狗屎，这时舞台边响起了枪声，袋子破了，所有的观众，不好意思，身上都沾上了狗屎，而我出现在舞台，身上一尘不染!

与笑话不同的是，我们都从这场屎事中净身而出。可能正因为如此，我们才要无时无刻地提醒宇航员不要疏忽大意。

3.13 再次走出国门

我们是“联盟-阿波罗”实验飞行计划（ЭПАС）的积极参与者，也是争取和谐合作的斗士，在五年的项目工作中积累了丰富的国际合作经验，这在我们这些苏联航天专家当中是非常罕见的。我们学会了出国，学会了在异国待人接物，我们当中的一些人还学会了说英语。我们甚至还接触到了西方的生活方式。对于大部分苏联人，对于涉密受控的专家来说，这都是独一无二的经历。实践出真知，马克思主义辩证法几乎教导了我们一生。我们成了在实践中被检验的人，并用实际行动证明自己对苏联政权的忠诚。我们是获准出国的可出境人员，人们通常这样称呼政府机关中有一定级别的此类人员。这个身份作用很大，有时具有特定的意义，是参选国际事务工作的重要指标和必要条件。不过我们本来就是国际级别的正牌专家、科学家、职业设计师和工程师，后一种作用对我们来说意义不大。在我们年轻的时候，能称之为体育健将的都是可以与国外名将一较高下的。

虽然我有国际和国内工作的经验，但我还是太天真了，以为所有与国际合同相关的项目和活动对我这种双料专家的需求会逐年递增。而实际情况却让我大跌眼镜。1975 年 11 月最后一次赴休斯敦进行“联盟-阿波罗”项目的收尾工作后，我直到 1986 年秋天以前都没有再出过国，期间长达 11 年。并非我没有接到过邀请，不是这么回事。

就在“联盟”和“阿波罗”飞行后不久，我们被邀请参加 1976 年年底在美国举行的国际会议。一些主要专家和项目的积极参与者都准备了报告，陈述苏联科学家的成就以及他们为这个非凡的联合项目所做的贡献。我们通过了在公开会议发表报告所要求的各级审查手续。我们行业的专家应该按照流程与各级专家和委员会共同审批报告。先是本单位领导审查，然后是主管单位——中央机械制造研究所（ЦНИИмаш）审查，再后来是我们通用机械制造部（МОМ）审查，最后是报刊保密审查总局（国家书刊检察机关）审查。

在这之后报告送交苏联科学院“国际航天”委员会。这一路走下来最终等待我们的是失望。

由“国际航天”委员会主席、“我们”的 Б. Н. 彼得洛夫院士率领代表团飞去了大洋彼岸，只有聪明的 В. П. 列戈斯塔耶夫随团前往。连技术负责人 К. Д. 布舒耶夫也留在了家里：他跟领导层之间时常有纠葛。不管怎么说我的汇报安排上了，那篇关于“联盟”和“阿波罗”对接的报告由莫斯科航空学院的某个副校长宣读，他的靠山好像是最高苏维埃主席的儿子……

前面讲过，与 NASA 合作的“礼炮号”空间站与航天飞机项目于 1977 年 4 月终止，当时我们的代表团（团长是“礼炮号”空间站以及未来国际合作项目的总师 Ю. П. 谢苗诺夫）正准备去休斯敦。可是我们的美国之行却意外地推迟了将近 20 年。

坦率地说，在 20 世纪 70 年代后半段我在各种事务和项目中忙得不可开交：建造六自由度动力学试验台，为二代空间站计划研制对接系统，业余时间还要准备学位论文。因此我没有采取任何积极的措施去拓展自己的出国活动。后来我才明白，应该采取一些行动，否则就会与另一个世界完全失联。

争取新一轮出国机会的道路漫长而艰难，某种意义上也令人受益匪浅。再次说明，一切努力都是值得的。

我的外国同行们偶尔也会想起我，不论熟悉的还是不熟悉的。同时我们“国际航天”委员会的院士们也希望我加入代表团，有正牌宇航技术研制者的加入也有利于强化队伍的纯科学性质。

与 J. 哈尔福特合影

我想具体说说 1981 年发生的一个插曲，尤其这件事还和我未来的好友 J. 哈尔福特相关，我跟他是很多年以后才认识的。当时他担任美国航空航天学会（也就是大家熟知的 AIAA）总裁一职。那年 5 月份是该学会的 50 周年大庆。在那个遥远的年代，J. 哈尔福特写信给“国际航天”委员会，以个人名义邀请我参加国际会议。在周年庆中安排了报告会，听取有关“近期研制的最可观、最成功的航天器及飞船项目”系列报告。信中说：“由于‘联盟-阿波罗’的对接设计毫无疑问地符合这个重要指标，会议组织者们邀请B. 谢拉苗尼科夫先生作为该设计的直接责任专家参会……希望他能就该项目的特殊性进行讲解，同时对设计思路进行论证，最后提出建议。”

“国际航天”委员会的人把这封邀请信牢牢攥在手里，以此为理由，成功地选拔了一支混合的小型代表团去参加这个有趣的国外活动，并给我们部里发了一封公函，请求部里批准派员参加。这封公函在部里兜了一圈，最后落到了我另一个朋友手中……令我吃惊的是，此人签字拒绝，理由是我的工作过于繁忙，可以说他表现出了对同志的关心。当我把这件事告诉第三个朋友时（他应该是我们三人当中最聪明的一个），他说：“都是你自己的错，你应该跟人家说清楚，到底应该怎么做。”

“都是自己的错”，这是一句放之四海而皆准的法则，迫使我们修正自身的行为，教我们不时地进行自我完善。“都是自己的错”，世界文学经典也是这么教我们的。米哈伊尔·佐琴科的短篇小说《自己的错》讲述了一个年轻男子因自己的行为不符合所爱女友的心意而由此引发的遭遇。理论上这也是我们从马克思主义辩证法和历史唯物主义课程中所学到的东西。在这些哲学课程中包含了很多人类积累的有益经验。可不幸的是，在很多方面加入了一些错误的教条，好的准则被随意演绎或者干脆置之不理。理论和实践渐行渐远。

文明创造出全人类的监督准则——道德，这是来自社会的反馈。苏联社会的道德逐渐下滑，不过，世界的其他地方也是如此。从20世纪70年代初期开始，这个过程急剧加速。言行越来越不一致。但谎言不可能持久，另一个哲学家和政治家A. 林肯说，谎言骗得了一些人但骗不过所有人，骗得了一时但骗不过一世。最终，该发生的还是会发生，但是晚了很久，而且也不是最好的结局。

我和J. 哈尔福特直到1990年才见面，完全是在其他的场合，又过了几年，我们之间的互动产生了不可思议的成果。也许是时机到了。

* * *

通过了博士论文答辩，我的书也出版了。“联盟号”和“进步号”成功地完成了在轨对接，新项目投入研制，而在铁幕的另一面，航天科学家和宇航技术研制者举行着各种会议、交流和研讨。我们断绝了与外界的联系，在自己的小天地里故步自封。这样做最大的坏处是，强制性的绝缘限制了我们的眼界，让我们远离了很多先进技术。

1985年中期，改革已经开始了，我也接受了“新思想”并且意识到要寻找自己的道路，其中就包括出国。需要说明的是，此时组织受控专家出国都要以“科学”工作为理由。这个机制的起因是我们的主管所——中央机械制造研究所搜集并整理了世界各地的信息，编制了一份专门的国际会议清单集，在每年年底给所有感兴趣的单位寄一份“工作用”会议目录册。企业领导将选择权逐级下放，特别活跃的可出境人员根据专业选择自己感兴趣的会议，写申请书并陈述理由，所长批准后报送部里审批。之后，中央机械制造研究所主动参与审定最终入选的会议名录。第二年年初，在注册截止期前3～4个月，向各单位领导寄送征询函，既可以批准原候选人参会，也可以另指派新人，即最终参会人不一定是提交申请书的人。

出国被看作一项很大的优待。当时在我们“能源”科研生产联合体全权负责此事的是Ю. 谢苗诺夫，他与两位总设计师就这些权力的归属达成一致，由他来确定谁去、去哪里。

当候选人最终确定后，就开始了复杂的逐级审批流程，要应付半打的各级机关和比这还多的文件。要跑企业中的几个委员会、大小党委会，有时还要跑到市委，首先是副部长领导的科学家出国管理委员会。这个过程大概要1个月，经常是手续办完后，文件通过外交部送达会议主办方国家的使馆时已经延误了。我后来在1989年就碰到了这种情况，我的文件到达日本大使馆时已经迟了两天。日本人是非常一丝不苟的，没有给我发签证。很可惜，其他所有的事情都办好了，但是那次还是没能看到“太阳帝国”。

直到几年以后我们成了俄罗斯公民，人们才学会自己去莫斯科的外国使馆排队，或者让自己信任的亲戚朋友去。对于我们这些半受控的苏联公民来说，这种体验曾经是完全不可想象的，毕竟使馆所在的区域已经算是国外了。我无法忘记，当我第一次走进美国使馆，与那些难民、未来的移民以及我的同胞站在一起的时候，我的心情是何等复杂。

开完科学会议回国后，对专家而言要开始另一个同样烦琐的流程：不仅要编写一个总结快报，叙述和谁、在哪里见过面，还要写详细的技术报告，同时还要提交一份会议成果实施建议，以此作为经费结算的依据。“经济应该是节约”，这是勃列日涅夫同志教导我们的，虽然这话与当今的市场大相径庭。

在会议之后的几年当中，会数次收到中央机械制造研究所的质询，每次都让人战栗不已，因为要汇报在会议成果运用方面所采取的措施。

* * *

1986年夏天，所有这些手续、麻烦和要操心的事还要更甚。我休假的时候给“能源”科研生产联合体的老朋友打电话，得知我提交的有关赴西德杜塞尔多夫参加展览会的申请收到了征询函，马上就冒出了几个想得到机会的人。Ю. 谢苗诺夫把我的位子给了B. 柳明，而他又通过B. 克拉维兹找到了自己的候选人。当时我很想出国，展览的主题很吸引我，最后还有一个原因，那就是我很想亲眼看看西方技术在这十年多的时间里发展到什么程度了。而且我那时还从来没去过德国，虽然学了半辈子德语。总的来说，这是我的申请，我的提议。为了维护自己的权利，我只好绞尽脑汁、使出浑身解数，数次游说谢苗诺夫，请求柳明的支持和老朋友克拉维兹的公允。

所有的努力和奔忙都没有白费，那是一个很有趣的展览，的确很值得一看。那里展示了很多有趣的新技术，包括航天机器人技术和其他的机电及可操控微电子设备。在展会上我认识了德国的机器人技术专家，想让他们参与我们的项目。他们与NASA合作，由于切尔诺贝利核事故的影响，不得不将飞行试验延迟几年。但是当时没能安排务实有效的洽谈，好像那些德国人对我们俄罗斯人有很大的疑虑。坦率地说，很多时候也是我们自己予人口实，因为我们既没有留下真实的电话号码，也没有留下地址。而传真呢，我们当时根本还没有听说过。

在我的记忆中还一直留存着对工业化德国几个中心城市的印象：杜塞尔多夫、杜伊斯堡、科隆、达姆施塔特。

1986年以后，国际合作以及我们参与的合作项目逐步扩大。在我们通用机械制造部成立了宇航总公司，作为与其他国家合作的中介，可以与科学院的国际航天学术委员会平起平坐，公司总经理由副部长A. И. 杜纳耶夫担任。

通过宇航总公司，我们在1987—1988年期间与法国航天局的法国人以及西班牙人开展了合作。这些合作项目以及与此相关的差旅记录都在单独的章节中叙述。

随着改革的深化，我们的观念也更新了，我们变得更加自由和勇敢，开始自发地提出倡议。于是有了后来的“太空帆船赛”项目，关于这件事下文会单独叙述。

新的合作时期和合作形式催生了新的联络、邀请和出国机会。在前两年，我们开始以“能源”青年中心的名义进行太阳帆研制。在20世纪80年代末期，很多企业响应共青团中央的号召成立了这样的中心，以此来激发年轻人的创造热情。一开始这些中心的确支持了一些创新项目，我们的“能源”青年中心也是如此。可惜后来这些中心变成了靠做小生意给领导增加收入的机构，毫无顾忌地售卖航天徽章和其他小商品，所获得的经费也不用在正经事务上。后来中心开始卖计算机，然后卖进口汽车，都是有利可图的生意，最后变成了售卖高级技术的中间商。技术本身获利甚微，至少不会比生意的赚头高。

在1989年秋天西班牙马拉加举行的国际宇航联大会上，“能源”青年中心经理参加了太阳帆的第一次国际会谈。我当时忙于多次可展太阳电池阵的试验考核，Ю. 谢苗诺夫当然不会放我走，虽然在繁忙的工作中抽两三天出来换换环境是非常适宜的，可是这种行为与新任总经理的原则相悖。整个1989年我都没有出过一次国，我的名字一次次地从出国代表团的候选名单中删除。

20世纪80年代末期，专家出国的经济条件也变了。在成熟的社会主义时期和停滞阶段，国家和每个机关会保证出差者的所有必要开销：为所有出国人员购买往返机票，同时提供现金用于支付宾馆住宿费和每日的出差补助。由于苏联的卢布不能自由兑换，出差补助以统一货币形式给付，由苏联专家在国外自行支配，这些钱要用于吃饭，尽管看一次电影就没了，当然还要算上买礼物的开销：亲戚朋友一直都期待我们带回的舶来品。我们每天有15～20美元的零用，谁都知道，这点钱根本不够消遣享乐，苏联的出差者们都是尽可能地省钱。有时候外国公司根据某个协议支付专家额外的费用，在这种情况下这些钱是需要上交的。我在其他林业机关工作的朋友B. 费多罗夫曾经告诉我，他去瑞士出差的时候，商务代表处不仅要求他交出从外国公司得到的一小笔费用，还要他写一个自愿上交的声明，他把这些东西留在桌子上，然后大摇大摆地走了。“完了”，我说，“这下根本不知道这笔钱落在谁手里了。”

改革使这个制度慢慢发生了变化。并非变得更好，但是自由度大了。行政管理的限制弱化了，经济关联加强了。部里渐渐不再为出国提供经费支持，后来连管理机关都没有了。大部分企业的领导层都不能，有时候也不想把钱浪费在看不到或搞不清经济利益的出差事务上，甚至连对外合同规定的出差费用都不愿意报销或者出手吝啬，只好在合同中用附加条款规定出差费用（包括机票）的出处。

这样的处境迫使所有人，首先是科学家，为出席科技会议寻找新的资金来源。在一开始的几年中，很多组委会开始接洽俄罗斯专家，尤其是那些有独到经验的专家，他们不仅无须缴纳会费，而且所有出差费用全额报销。当然，这种情况不能持久，慈善基金渐渐用完了，而独到的经验也传播开了。

至于“太阳帆”项目的出差，在开始阶段我们用的是“哥伦布-500”周年庆典委员会和宇航总公司提供的为数不多的支持经费，甚至共青团中央也给过经费补贴，只是后来随着共青团的消失补助也没有了。德国“汉莎”航空公司给我们提供了巨大的支持。宇航员B. 塞瓦斯蒂亚诺夫和该公司的总裁X. 雷诺很熟，他们商定在项目出差时提供航空运输服务。作为回报，我们利用一切机会宣传“汉莎”对于这场世界性的发现新大陆庆典活动的无私贡献。太空帆船赛没能举行，这个事件没有发挥改变地球文明的巨大影响力。太空帆船赛未能将“汉莎”的标志印在1993年2月4日在轨展开的第一个太阳帆“旗帜”上，我们的总经理反对这个广告。但是“汉莎”的鹤（“汉莎”航空公司的logo——译者注）后来还是被画在两个小的太阳帆样机上，到访了“和平号”空间站。这两个太阳帆不止一次地被宇航员演示，叙述这个不平凡的项目。

让“太阳风”来得更猛烈些吧，它在人类世界的声望一定会越来越高。

这样的历史，既不是唯一，也不是全部。

3.14 建设家园，建设太空

在 20 世纪 70 年代末和 80 年代初，我爱上了在地球上造房子。先是为我们的六自由度试验台“锥体”设计并建造新厂房，几年后我又亲手设计并建造了自己的乡间别墅。之后在 20 世纪 80 年代中期，我们开始了太空建造。对接技术和工艺使我可以采用更通用的方法实现大型航天结构的在轨组装。

总的说来，建筑师比我们设计工程师要幸运。他们的灵感、创意、形式和风格可以永世流传，我们周围就一直保存着各个世纪、各个民族的建筑，它们是“凝固的音乐”。在我们身后，在我们 20 世纪下半叶冲出地球进入太空之后又会留下什么呢？一个个陈列着航天展品和美丽照片的博物馆，在蓝色地球和黑色太空映衬下的“和平号”空间站画面，它是苏联航天的埃菲尔铁塔。遗憾的是，它不能永远屹立，也不能像建筑设计师和工程师埃菲尔设计的人间奇迹一样传世不朽。那座高耸入云、身形匀称的铁塔看起来壮观而美丽，只是它不能像“和平号”那样飞翔，但无论如何它还是为千百万世人所赞叹。我们不能抱怨命运，毕竟我们也在地球和地球之上的太空留下了自己的痕迹。

建筑涉及的内容很多。宏大的尺寸和华丽的外形自古以来就很有吸引力，如果还能满足自己的目的和条件就更好了。但凡事总有挫折和缺憾……

* * *

我先从地面造房子讲起。

早在 20 世纪 50 年代初，国家通过了一项重要的决议——建设全新的苏联微电子系统。苏共中央和部长会议的指令是国家一切重要事务的决策，这一次的指令具有相当大的规模——要建一座大城市，也就是所谓的卫星城。“卫星”一词在当时非常流行。这个居民人数很快就超 10 万的城市后来被命名为“泽列诺格勒”（绿城）。城市建设得相当有规模而且有很大的提升空间，投入了大量的人力、物力、创造力和热情。一系列现代化的高科技企业与生活区同时建起。最后，除了这些我前面提到过的大型苏联企业之外，我还想在这个章节中讲一下苏联的微电子行业，虽然这不是主要内容。

所有的建设工作持续了十年之久。不过初期和中期的建设成果出现得很早。大量的村庄和小镇都被划入未来的泽列诺格勒市版图，一个接一个地被逐渐拆除，从地球上消失，甚至连名字都没有留下，不像莫斯科，至今还有切列姆施克居民、库兹明柯居民、别斯库德尼科夫居民……不过好在泽列诺格勒是个绿树成荫的美丽城市，而且非常现代化。城市被设计成现代西方风格，有很多商店和最早的国内超市。为了使商店中有充足的食品和其他商品，这个城市享受特殊的莫斯科式供应待遇。

作为有着光明未来的样板城市，这个新城的优厚待遇不仅让它的市民得益，而且也惠及了尚未拆迁的村庄和小镇居民，我的家庭就在此列。因此我要描述一下这个社会运动的全貌。

我岳父的乡间别墅在泽列诺格勒和“克留科沃”火车站之间。我们的街对面没有房子，因为那边开始就是森林了。这个原因也使得我们这个小镇一直到20世纪80年代初才被拆迁。

这就是故事的开始，这个故事至少有两个方面。

第一，拜这些情况所赐，我们几乎等同于难民，我除了另找地方盖新的乡间别墅外没有其他选择，然后我既当建筑设计师，又当施工队员，掌握了很多对我来说新的技能。还经历了很多与这段历史相关的事，否则我一辈子都没有机会尝试。乡间小镇迁移到了新地方，起了一个航天味十足的名字——“轨道”，至今我都觉得是某种奇迹。

第二，在我们搬离旧址前，我们就亲眼见证了卫星城的崛起和在停滞期刚开始时的繁荣，接下来原先的想法被推翻，城市建设得过于庞大。微电子城建好了，可是对苏联人来说微电子产品并没有造出来。也许新的俄罗斯政府并不需要这个。国外的微电子产品塞满了商店，而且也不仅仅是日常必需品。

城市发展的整个历程，包括延续至今的航天故事，值得用一个单独的章节来细述。这段历史反映了我们在那个时代的很多生活缩影。

新的乡间别墅建设合作社（ДСК）——“轨道”，是在宇航员的倡议下组织起来的，首先是我们的常任主席B. 阿克谢诺夫。宇航员在当时获得了大大小小很多福利。一块好的乡间别墅用地属于比较大的福利。

一开始我们有 14 个人：7 个宇航员和 7 个航天工程师，都是宇航技术的功臣、劳动英雄和获奖者，后来又加上了几个领导人员，没有他们很难应付新土地开发的事务。这当中有厂长 A. 鲍里森科、分管基建的副总经理 A. 马尔顿诺夫斯基和国防部基建副部长 H. 切科夫。最后一位甚至领导过 M. 戈尔巴乔夫在法罗斯的乡间别墅修建工作。20 世纪 80 年代末，我们的队伍中又增加了 4 个人：通用机械制造部最后一任部长 O. 施什金、国家安全委员会最后一任主席 B. 巴佳金、建设部副部长 B. 索申和我们的秩序部副总 H. 切金，这是一个很好的团体。后来，在靠近我们的另一侧，几个宇航员又建了乡间别墅，他们是：Г. 绍宁、A. 谢列布罗夫、И. 沃克和 B. 波利亚科夫，他们可以算是我们这个乡间别墅建设合作社的，也可以不算。有时候他们被称作“轨道-2”。

所有的“卫星人”“轨道人”、宇航员和航天建设者们都是非常出类拔萃的角色，可以说都是与众不同的。这些品质就像镜子里的影像一样，首先反映在建筑风格上——一座座房子所展示的“凝固的音乐”、院落格局以及其他很多元素。在组织建造过程中多少都展现了每个人的个性。就连在哪儿砍树、怎么砍树造房（所有房子都是木质的）都能反映出主人的个性。主人怎样亲手造房子，怎样找建筑队并领导他们，怎样参与集体活动，所有这一切都反映出我们卫星人和“轨道”成员的个人品质。所有人都是独特的：工农特色兼具的Г. 斯特列加罗夫，擅长设计的 K. 费奥克基斯托夫，善于持家、精明能干的 O. 马卡洛夫，大力士 B. 柳明，演说家 Г. 格列奇科，固执的 O. 马卡洛夫，机灵的 B. 萨维内赫，所有人都在地面“轨道”上留下了自己的宇宙印迹，如果绕这个“轨道”顺时针走一圈的话，一切尽收眼底。

关于我们的故事可以写一本书，素材如此丰富的书必定会是一本好书。我的书不论有趣与否都与此无关。不过我不能只字不提我们的地面“轨道”，毕竟在十年的土地开发和建设中我们投入了如此多的心力和体力。在建设期间，我们成了名副其实的土地丈量员、园艺师、设计师、建筑工、水电工和施工员。

大洋彼岸的一位同行给我看过他的住处并对我说，真正的美国人首先就是自己房子的设计师。的确，在美国，有多少人就有多少房子。我们也是自己盖房子。我是这样开始的：规划一下地块，拿出所有的现金，托熟人花 3 000 ～4 000 卢布买砖头、房子用的木头配件，先盖一间小房子：要先解决住的地方，还要存放物品和工具。这个小房子就是一个很好的“学校”，我在

1981—1982年的整个冬天都在画房子的设计图，同时准备夏季开工用的建筑材料。房子的结构，尤其是内部格局设计得非常合理，设施一应俱全：厨房带饭厅，装有嵌入式餐柜、炉子、料理台和水槽，甚至还有通向二楼的楼梯，一间带两张床的卧室，同样也装了嵌入式衣柜，所有这一切都在25 m^2的空间内。

当科罗廖夫的女儿，医学博士娜塔莉亚·谢尔盖耶夫娜来拜访我们的时候，她说："这是航天布局哇。"几近真实的航天结构出现在我家是几年以后的事儿，那时我决定建一个温室。我的妻子对我的设计不太满意，她对我建的这个三面都能照到太阳的金字塔总感觉不合心意，这也许是因为我们的妻子都没受过航天专业培训吧。

这些都是后话，万事开头难，刚开始的时候我做得很不顺利，因为缺乏这方面的经验。夏天我的朋友从巴什基尔来莫斯科出差，他们都比我能干而且做事果断。他们来看了一眼后，立刻撸起袖子，像玩儿一样往土里打了几根桩子，用两三个晚上加上休息日就把框架搭起来了，这就是未来房子的承力结构。又过了几天屋顶出现了，而且覆盖着柔软的顶棚。这一步至关重要，是整个工程的开始，基地建起来了：可以烧饭、避雨，甚至还能过夜。我大概永远都无法忘记在这个没盖好的房子里度过的那些最初的夜晚，房子四面的墙只有一半高，而地板还是黑土。当时正值夏天，我们还很年轻，看着明亮的星星入睡，而早晨一到，墙就会不停地慢慢变高。

乡间别墅里的温室

至今这个长着鸡脚的小木屋依然矗立在院子的一角，如今已经废弃不用，里面还放着一台旧冰箱和一大堆陈年旧物。

有句话这样说，一生中最好盖三个房子：第一个，给仇敌住；第二个，给朋友住；第三个，给自己住。

这些话意义深远。的确，我的第二个房子几乎算得上一处建得比较专业的住宅了，首先因为房子是由真正的设计师——我的表弟 Л. П. 塔拉索夫设计的。而我凭着已有的经验和设计师素养，以及亲力亲为的执念，把整个房子的内部格局重新改了一下（当然先从炉子开始），不过外部设计基本一动不动。房子盖得相当不错，当然也有不尽如人意的地方，但我想第三个房子我已经无心再盖，也希望不会有这样的需求。

更多的细节就不再赘述了，我只说最主要的：我热爱自己的乡间别墅，因为我为它投入了太多，而它也的确有着很多美妙之处。

此刻是夏天的清晨，我在农舍中写下这样的句子。天越来越亮了……我爱自己的农舍，这种爱是多方面的：爱有很多原因，就像对大地母亲的爱，就像对我们孕育、拥抱、抚养长大的孩子的爱。

我非常爱自己的农舍。我在这里倍感舒心。我喜欢没有围墙的感觉，一切都是敞开的，可以不锁门也不会被禁锢。我喜欢这里品行良好、与众不同的人们，可以聊聊天，但没有谁会强人所难。我之所以爱：

在乡间别墅

是因为这里有家人和朋友；

是因为这座美丽的木屋是我亲手所建，

是因为有壁炉和炉火，屋内温暖宜人；

是因为挖了一口水井，还敷设了水管；

是因为不仅院子里，连屋内都装了洗手间；

是因为可以在树荫下乘凉；

是因为四周有白桦和松树、鲜花和石头，夏天还有浆果甚至蘑菇；

是因为公共围墙上爬满了常春藤；

是因为离城市不远，距单位更近，而且路况良好；

是因为有狗迎我回家，送我出门，还有一些狗奔跑巡夜；
是因为有草坪可以踢足球，有镰刀和割草机；
是因为总是有事可做，心有所系，言之有物；
是因为有我热爱和为之骄傲的东西；
是因为可以帮助他人并受人帮助；
是因为我们有瓦洛佳·阿克谢诺夫，不可替代的真正主席。
我热爱，因为所有这一切都是我们在地球上的“轨道”。

* * *

乡间别墅的共产国际

和狗狗斯塔西在一起，她总是迎我回家、送我出门

我们在此居住了很多年，也经历了很多事，包括改革、政治风暴，甚至火灾。

俄罗斯人的房子历来是木制的。在古罗斯时期就有不计其数的房子被烧，不仅是毁于暴乱和战争，和平时期亦是如此。我们这个小集体也遭遇了这种不幸：在10年当中发生了4次火灾，烧毁了20座房子——这是令人生畏的统计数字。一次是故意纵火，虽然没有得到证实；三次是因为当事人粗心大意引发了火灾。有一场火灾的情景我至今还历历在目。

那是9月里一个温暖的夜晚，我难得一次看电视看到很晚，妻子已经上楼睡觉了，迷人的女歌手C. 罗塔鲁的歌声安抚着我寂寞的心。突然一道光闪

跟我们的宇航员常任主席 B. B. 阿克谢诺夫（右）以及 O. C. 茨冈科夫合影

过，接着又闪了一下。我走到门口的台阶上，在昏暗的夜色中看到了一股烟，赶紧朝格列奇科家跑去……火苗正从镶着玻璃的门里冒出来……我一把拉开门，火苗直冲面门，马上点燃了门口的台阶……我扑向水龙头，突然想起当晚停水，于是赶紧掀开井盖，打了两三桶水，可我马上意识到这样无济于事，又马上跑出去喊人。回来后我跑到后门台阶，亚历山大和他妹夫基奥尔吉可能在那里……房子的这部分全是烟，但还没有烧起来……我决定冲进去……我被绊了一下差点摔倒，原来是萨什卡躺在地上不省人事。我把他拖到院子里，他醒过来后开始围着火光冲天的房子来回跑，浑身颤抖，脸上一片狼藉。我们意识到他想再冲进房子里去，所有的东西都在里面，正在化为灰烬。我使劲拽住他，我们两个扭在一起，他力大无比……见鬼，你跟房子一起烧掉好了……后来我们被人拉开了。

房子通通烧光了。我们忙到半夜，抢救了隔壁的两个农舍——柳明家和马卡洛夫家。

一年以后，亚历山大盖起了一座新的农舍，但他本人从头到尾几乎没有参与。新房子不像老房子那样别具特色。也许偌拉也意识到了这一点，他现在几乎不来“轨道”这边了。也许还有别的原因……（亚历山大、偌拉、萨什卡，都是指格列奇科——译者注）

1991 年以后，我们的生活发生了很多变化，包括建设。周围如雨后春笋般盖起了一批砖砌的宅第，称为“农舍”。很快就出现了大批闲置的土地，以及被疯狂挥霍的材料和金钱。苏联政府对于普通民众来说绝对是一个刻薄而吝啬的后母。但无政府主义、缺乏管制、毫无底线的状态则更糟。从一个极端走向另一个极端，我们似乎都不会过正常人的生活了。

在地球上搞建设总是很困难的，而在太空搞建设有时候更难。

二者的经验可以互补，但不管是这里还是那里，都会遇到形形色色的人。

* * *

太空的建设始于组装和在轨对接，也许因此我才被卷入了这个过程。我们最伟大的成就是建立了由若干舱段组合而成的“和平号”空间站。这个项目直观而生动地展示了在轨组装的方式和对象。对接系统和机械臂使建设方式更加灵活，成为当今、后续以及未来项目的经典设备。不过除了对接以外，还需要其他组装方法和其他类型的大尺寸结构（KГK）。

最早的大尺寸结构出现在航天世纪初期。随着任务的复杂化和在轨科学试验的增加，结构件越来越多，尺寸也越来越大。在这个规划中最具特色和借鉴价值的是太空射电望远镜 KPT10 的试验，其镜面直径为 10 m。该工作是 1979 年“礼炮-6”空间站项目的工作内容之一。该设备由“进步-7”货船送入轨道。当货船卸载时，宇航员 B. 柳明和 B. 利亚赫夫将这个复杂的结构安装在对接通道内，舱盖打开，以备货船分离。展开过程中，大量弹性部件开始振动，导致部分区段没有完全展开。尽管如此，还是按照既定程序进行了无线电测量。我不打算对所获得的结果进行价值评估。曾经有传言称，试验没有取得任何有价值的成果。领头羊萨文院士是国家科学与防务试验的总指挥，他一直坚持把试验做完。研制团队获得了苏联国家奖。

这都是后话，而太空试验的完成过程还贡献了一个惊喜，考验了很多人。天线分离时又出现了振动，它钩住了空间站突出在外的结构件。这可能导致空间站整体损毁，因为后部对接口被堵住了。此时飞行乘员组已在轨工作了半年，正准备返回地球，经过讨论做出了一个冒险的决定：进行一次计划外的舱外活动。柳明从前舱出去，穿过整个“礼炮号”到达后舱，把天线解开，腾出了对接口。这是一次真正的成功，这次行动绝对配得上英雄的称号。

KPT-10 试验结束后，我们的领导给出了两个主要结论。第一，产品尺寸越大，与之相关的麻烦和严重问题就越多。第二，结构越大，工作就越引人注目，所获结果和成就的分量也越重。

的确，大尺寸结构在轨展开绝非易事，为后续提供了一整套经验。问题的难点在于，地面模拟在轨展开过程和机构工作情况是一件非常困难的事。狡诈的失重环境跟设计师开了一个邪恶的玩笑：失重带来了轻盈，所有元件都能在太空中轻盈运动。可在地面上却引发了这样的问题：进行对接测试时，每次都要想方设法、大费周折，就像当初测试新的大尺寸结构一样。在实践过程中没有什么事是简单轻松的，如果觉得简单，那就意味着有什么地方不对头。

* * *

在 20 世纪 80 年代研制大尺寸结构的过程中，逐步吸引了很多国内单位参与其中，这些单位来自俄罗斯和其他加盟共和国。除了莫斯科人以外，乌克兰人、乌兹别克斯坦人、格鲁吉亚人和亚美尼亚人也表现得特别活跃。

在莫斯科，除了萨文院士领导的研究所之外，还有几家单位也参与了大型射电望远镜的设计和生产。他们不仅要解决宇宙无线电观测的科学和天文问题，而且也想趁机探查一下潜在的对手。太空和卫星在这一领域提供了很多机会，于是出现了一大批与大型天线在轨展开有关的项目。

我的领导层明白，这些势头强劲但缺乏组织的科研力量需要协调一致。上级机关的领导也支持这项工作。虽然我的职位不高，但是从 C. A. 阿法纳西耶夫开始的所有部长都注意到了我。在 1987 年 4 月“量子”舱段艰难但成功的对接之后，我的声望越发稳固了。整合科研力量的想法在 1988 年得以实现，“能源”科研生产联合体成立了机电和航天大型结构的科技专业组织，不久后就下发了由新任部长 O. 巴克兰诺夫签署的专门指令，要求采取外聘专家及其他措施来加强这个专业的科研实力。在那个时代，想切实有效地组织工作就必须有上级的指示。记得我当时不得不在部里来回奔波，上上下下找各级官员审批文件。

B. 贝尔扎特的部门被调到我这里，这个部门也参与了大型航天机构件的试验和研制。他们跟基辅和塔什干都有工作联系，同时跟法国也有合作。机构重组后，我和自己的老“近卫军”们尽力将自己手里的研究工作与跟其他单位的合作项目结合起来，首先是跟基辅单位的合作。关于那些年俄乌的主要合作我在 3.15 小节中有详细叙述。

调到我身边来的技术人员中有很多业务水平高而且非常敬业的专家，不过可惜的是，也有几个热衷名利的人。这与我的本性以及我的整个事业都是背道而驰的。最后这些人走了，他们成立了一个所谓的科研中心（НИЦ）。那里的科研工作很少有从头做起的，渐渐地也就彻底放弃了。中心的主要精力大部分放在接待外国客人上，随着国际合作的扩大，这方面的需求越来越迫切。

* * *

在 20 世纪 80 年代末，“能源”科研生产联合体开始准备研制“和平-2”

空间站。从设计理念上看，我们的新空间站在某种程度上与美国的“自由号”空间站类似，也是主桁架向两侧延长，太阳电池阵装在桁架的两端，密封居住舱位于中间部分。NASA 及其主要承包商“麦道”公司的专家起初计划让宇航员在舱外手动组装桁架。这部分计划让美国人投入了大量的资金和人力。最终该计划被否决，不过后来当我们在“阿尔法”国际空间站一起合作的时候，还是实施了这一操作。

研究了桁架在轨展开的几种方案后，我认为采用组合方式比较合理：首先将在地面收拢折叠的辅助桁架展开，然后由宇航员将它手动装好。为了使组装工作更加轻松，可借助于机械臂进行机械化操作。我至今都确信，这个方法是各种极端方案之间的最佳折中方案：自动展开、手动及利用机械手组装。

1988 年 9 月，利用类似的组合方式，成功拟定了空间站在轨展开的总体构想，由“能源号”运载火箭进行发射，它可将 100 t 左右的有效载荷送入太空。同时建议将“暴风雪号”航天飞机的机身作为居住舱使用。该方案可大大简化组装过程，缩减“和平-2”空间站的建设经费和周期。我给 B. 格鲁什科写了一份汇报材料，他把所有材料都转发给了 Ю. 谢苗诺夫，后者让自己的亲信搜集了一些有力的论据，否定了我的报告。这份带有批示和否定结论的方案报告至今还放在我的档案柜中。

几年后，“自由号”国际空间站开始改建。当我看到 1993 年的《太空新闻》(Space News) 周刊首页刊登的空间站草图时，不禁大吃一惊，这个设计思路基本和我的那个如出一辙：采用“太空梭轨道器”的机身作为最初的核心舱。我第一时间打电话给 K. 约翰逊，因为新的建议书正是出自他和 M. 法耶之手。看来在形势复杂的时期，迫于国会和社会的压力，NASA 终于想到了自己的元老们。然而好景不长，建议很快被放弃，政治左右了后续的设计工作。在和 K. 约翰逊的电话交谈中，我们有一个共识：设计师的哲学是不分国界的。

主桁架设计思路的选定工作又持续了几年，在那之前至少对于“阿尔法”国际空间站的俄罗斯舱段来说，没有选择相对简单的方案。决定将桁架分为两段，由新型“进步号”货船运送至轨道，然后借助于大型组件将其对接在一起。又过了两年，终于将桁架成功地装在了舱段上。

我还想提一下那几年让我很着迷的一项研究。一开始激发我研究兴趣的是职业建筑师，我看了一个德国公司的建议书。他们给我们寄来了一些说明书，里面介绍了用单独的杆和关节件组装新型桁架和穹顶建筑物的原理和工艺。这种组装方法看起来非常适合用在航天任务上。我们的莫斯科建筑学院也在研究类似的方法。德国专家为太空建设提供了帮助。我把这个建议向 B. 格鲁什科和部长 O. 巴克兰诺夫做了汇报，也给德国人发出了同意合作的信息，但不知何故没收到他们的答复。那两三个月中发生了什么事，我至今不得而知。

通过对在轨杆状结构件组装问题的研究，我也开启了另一种研究思路。这就是利用机械手进行平面平台或曲面反射器之类的二维加长型桁架的自动组装。这个原创的思路我迄今都觉得非常有效而且完全可行，尽管需要较高的工艺以及投入很多的人力物力。从另一个角度来说，掌握了这一技术就可以建立非常庞大的结构，完成更加宏伟的任务，譬如在轨建立大型太空天线和太空望远镜，或者建立从太空向地球输送能源的大型平台。

只有宏伟的目标才能激发巨大的能量。

* * *

现在要回过头来叙述一下我们与基辅、塔什干和第比利斯专家在大型结构研制方面的合作了。

基辅电焊研究所（ИЭС）多年来一直由 Б. Е. 巴顿院士担任所长，他是该所的创始人 Е. О. 巴顿的儿子。父子俩都是杰出的科学家和苏联科技领域的组织者。Б. 巴顿不仅是基辅电焊研究所的所长，也是它的智库和灵魂，同时他还担任乌克兰科学院院长。虽然拥有许多尊崇的头衔和职务，但他非常平易近人而且民主，大家对他的尊敬和爱戴都是发自内心的。鲍里斯·叶甫盖尼耶维奇如今还健在，而我用过去时态来写这些，只是因为我们在苏联时期的合作如今几乎都已经是过去时了。我之所以说“几乎”，那是因为“晶体号”舱段还剩下一个备用的太阳电池阵，是我们一起研制的多次可展太阳电池阵飞行件，“亚特兰蒂斯号”航天飞机将其作为备件于 1995 年 11 月运送到“和平号”空间站。这件事将在下一章详细描述。

С. 科罗廖夫和 Б. 巴顿是亲密的同事和战友。后者从那个遥远的时代开始，穷其一生都在衷心支持着航天工作，并参与了上天项目的研制，在 20 世纪 60 年代末期科罗廖夫去世后，“联盟号”飞船上准备并实施了第一次太空焊接试验。为此基辅电焊研究所研制了专门的设备，我们则提供了曾在“东方号”飞船上使用过的驱动机构。设备安装在“联盟号”飞船的生活舱

(БО) 内，生活舱解除密封并启动焊接时，宇航员 Г. 绍宁和 В. 库巴索夫在返回舱里。遗憾的是，试验没有成功，发生了一些失误：我们的驱动机构太弱了，试件没有被焊接上，只是被烧穿了。不过幸好一切平安无事。苏联的新闻媒体自然不会报道这些细节。

虽然试验失败，但焊接工作依然在继续。基辅电焊研究所的专业实验室针对航天材料学以及结构元件的焊接进行了研究和研制。到 20 世纪 80 年代中期，基辅人研制出了通用工具，可进行空间站在轨的多个工艺操作。1988 年，宇航员 В. 扎尼别科夫和 С. 萨维茨卡娅走出“和平号”空间站舱外，完成了这个试验。

当我们和基辅的技术人员合作时，这些研制工作由 В. 贝尔扎特的部门负责监督和协调。大型结构的研制工作进展得并不顺利，多次可展太阳电池阵的宏大史诗直到 1989 年还没有开始。也只有在那个时候，在艰难时期才能明白，什么人有什么价值，基辅人和莫斯科人哪一个可以依赖。

也就在那个时候，1989 年秋天的那几个月中，我相信了一个道理，不论热衷于研究的人多么有才干，多么忠于事业，对于研制在轨系统这件事来说，需要的是专业的手段、真正的生产试验基地、该领域对口的专家以及他们的传承和坚守。

1988 年，我们和巴顿领导的基辅电焊研究所一起，积极投入“和平-2”空间站大型桁架其他方案的研制工作。为了切实推进这个大项目的研制，必须建立一个装备精良的试验基地，我们赞成对基辅的实验室进行改造：我们认真考虑了新实验-生产厂房的建设计划，希望引入芬兰专家参与建设，但这项工作需要财政支持。记得我当时四处奔波，去了部长委员会、军工委，还有我们自己部里，找了部长 О. 巴克兰诺夫和其他高层官员，拼命想弄到这笔钱。那些年资金审批非常谨慎：该项目只能停留在纸面上。也许，有人已经预见到形势就要急转直下，俄罗斯和乌克兰即将分道扬镳？不过后来实际发生的事情，恐怕谁也预料不到。

1991 年的事件发生以后，基辅电焊研究所航天实验室的很多专家都离开了。只有 А. 扎格列别伊内和几个同志继续研制由航天飞机送入轨道的多次可展太阳电池阵备用件。

* * *

塔什干设计局归属于我们的机关——通用机械设计部，该局从事一系列月壤探测机构及其他项目的研制工作。工作人员主要为乌兹别克斯坦人和俄罗斯人，其中大部分来自塔什干飞机厂，具有航空研制经验。该设计局有不错的生产组织能力。太空射电望远镜-10（KPT-10）发射成功后，塔什干人获得了 30 m 镜面-射电望远镜 KPT-30 的研制任务。我没能真正参加这个项目，但我有幸见到了它的地面样机，其主要设计思路与 KPT-10 类似。在郊外的天山山麓建成了包含厂房、实验室和航天地面样机在内的巨大建筑设施，地面样机就在露天展开。修建这么一个真正的航天设施要花费多少人力、物力和资金，大概只有真主才知道吧。

设计局局长 A. 瓦西多夫告诉我，为了完成部里的计划，他是如何在项目收尾阶段动员塔什干工人和帮他们干活的设计局人员完成建设任务的。为了鼓舞工程队的士气，激发大家的工作热情，他每天都亲自准备一大锅乌兹别克斯坦有名的抓饭，午饭时送到工地上。计划如期完成，通用机械制造部为项目的建设工作发放了一大笔奖金，该项目也被戏称为“瓦西多夫的抓饭”。

1994 年夏天，我在拜科努尔发射场见到了 A. 瓦西多夫，当时哈萨克斯坦宇航员将乘坐“联盟-26”飞船发射升空。他说，塔什干还在继续航天方面的工作，并邀请我去他那里看看。我还是有兴趣再看看那些设施的。

* * *

格鲁吉亚……这里的人民才华横溢、情感丰富、热情好客，为世界贡献了斯大林和伟大的艺术典范，他们在某些方面跟美国人很像，大概是二者的好客行为都表现得过于夸张吧。在很多事情上，格鲁吉亚人好像缺少一点认真务实和持续一贯的精神，在大型结构研制这件事上表现得尤为突出。

当第比利斯理工研究所成立设计局的时候，有很多热衷于航天项目研究的人员在此工作，他们研制出了一系列大型可展开天线。他们的主要研制成果是萨文院士负责的 30 m 天线项目。这是一个天才的设计，在很多方面都要完成大规模的工作。在第比利斯郊外建立了与塔什干不相上下的试验基地，分别在专用厂房的试验台和露天环境中进行未来航天大型结构的试验。30 m 天线的工程样机在试验台上展开，地面是经过精确水平校正的。所有的一切都给人留下了良好的印象。总的说来，这个受到格鲁吉亚共产党中央委员会支持的项目，在创立者的热情感召下，呈现出了最佳效果。

在此之前（1990 年）我在航天大型结构研制方面已经取得了丰富的经验，很清楚要通过何种途径才能使结构达到飞行标准，鉴定为合格的上天产品，不过无论如何我都要支持这个项目。酝酿阶段的天才设计，往往会在成熟之后更具吸引力。需要为这个天线找到一个好的应用对象，我们想到了通信业务。

自从我们中断“闪电号”通信卫星工作后，已经过去了20多年，所有的（通信卫星）业务都转到了克拉斯诺亚尔斯克，我们决定在新的时期重回这个曾给人类带来显著成果的宇航技术领域。首先这是一项创新性的工作：我领导的创新者团队准备了一份有关大型通信平台的技术建议书，这个平台有望由“能源”运载火箭发射入轨，该项目的核心是一个30 m的第比利斯天线。考虑了该天线在不同频段的几种使用方案，当时我只能致力于航天通信技术。我甚至开始为自己的项目做广告，寻求国内外的支持。此时美国和欧洲已经将大型通信平台作为补充，未来将会取代在拥挤的地球同步轨道上运行的小型低效通信卫星。我几次带着自己的方案来到莫斯科的苏联海军部，参加国际航运卫星通信组织在这里举行的会议。这个国际组织负责保障所有海洋舰船和其他海上移动设施的全球通信。大型航天平台甚至可以考虑角逐国际航运通信卫星组织的第三代卫星。

意识到该项目的应用前景，高层领导决定将该项目正式纳入“能源”科研生产联合体的工作轨道。我们作为项目的最初培育者，被无情地赶到了第二梯队，后来又落到第三梯队。虽然有点失落，但其他工作也没有让我觉得无聊。在几年当中，大型通信平台的工作还在继续。在总设计师的办公室里一直摆放着几个大型平台的精致模型，新的时代和新的时兴项目暂时还没有掩盖它的锋芒。新兴项目中还包括小型通信卫星，它们的根系还延伸到了太阳帆航天器的研制中。关于这个项目我将在下文叙述。

* * *

航天结构尺寸增大的趋势波及了一系列领域：通信卫星、能源平台、火星飞行、月球开发以及其他在轨建设项目。很多航天强国都进行了相关研究并有了一些研制成果，但大部分还停留在设计的初级阶段，还未投入太多的人力物力。有些方案却已经研发出产品并具备上天条件了。比如，美国人针对航天飞机项目准备并实施了几个试验，其中包括多次可展太阳电池阵样机的展开试验，这个样机跟我们的有几分相像。在法国航天局的支持下，根据苏法合作项目“安塔列斯”研制出了可展开桁架的全尺寸样机。这项工作由B. 贝尔扎特的部门负责，我有段时间也参与过。在项目的结束阶段，这些人都调去了科研中心。1989 年，样机被运送到“和平号”空间站，宇航员将其拿到舱外进行试验。

与维克多·布拉戈夫合影

展开机构出了问题。外太空环境不仅对人类来说危机四伏、充满敌意，对金属也是如此，它再一次展示了自己的暴脾气。我们大家都在飞控中心，为自己也为法国人捏着一把汗。我清楚地记得这个试验的惊险一刻。这一次我的身份已经是独立专家了，感觉比以往更有信心。法国人和俄罗斯人几次走过来找我，科研中心的主要负责人好像趁机提醒我，他们当初是在我的领导下开始项目工作的，如果结构未能展开，责任应该由我的设计师来承担。对于这种极度圆滑的巧妙说辞我简直无言以对。

那次一切有惊无险，宇航员 B. 季托夫手脚并用，跟 Ж. Л. 科列季因一起成功完成了操作。飞行副指挥 B. 布拉戈夫开玩笑说，法国桁架和俄罗斯靴子配合完美。

我们每个人，俄罗斯人和法国人，都从这次的外太空试验中吸取了教训。

这篇叙述好像太长了。看起来是因为结构太大，所以“建设”得就比较久。

太空建设还在继续。

3.15 多次可展太阳电池阵：超出视野的庞然大物

每个俄罗斯专家都知道 СБ 这个缩写：它的意思是“太阳电池阵”。太阳电池基板上有大量的太阳电池片，也就是光电转换器，当太阳光照射的时候可以产生电能。理论上太阳电池阵结构简单而且很轻，是一个没有活动部件的静力装置。主要缺点只有一个：为了产生足够的电能，一般要求太阳电池阵的面积比较大，常常要超过航天器本身的尺寸。比如，“联盟”飞船供电站的功率接近 1 000 W，太阳电池基板的面积约为 8 m^2，“和平号”空间站太阳电池基板的总面积是它的 10 倍，而“阿尔法”国际空间站的太阳电池阵面积几乎是它的 500 倍。由此引出了航天器和飞船的外形特点：一个外形不大的航天器带着两个摊开的大翅膀，很像滑翔机，又像高空中一只凶恶的猛禽。有些人想，这些飞船也可以展翅飞翔，像飞机一样，从某种程度上说这也是可以的。但只是某种程度上而已，因为让它们飞起来还是很困难的。大型结构的展开也并非易事，比如太阳电池阵在太空中展开。

在 20 世纪 80 年代中期以前，我没有参与过太阳电池阵的研制。这个既是特权也是重担的任务压在其他设计师的肩头。要把这个伟大的事业进行到底，把产品送上天，需要特殊的才干和专业的素质，也许还有别的能力。我或许应该说，太阳电池阵是典型的航天大尺寸结构。由于这些结构具有尺寸大和其他特点，无法在地面条件下模拟其最终状态下的工作情况。由于尺寸较大，它们需要以折叠状态发射入轨，在太空失重环境下展开。展开机构都是典型的宇航技术组件，其结构相当复杂。要把它们设计并制造成可靠的航天产品绝非易事，而且地面试验也很难做。这方面和对接试验一样，要在地面条件下模拟失重，需要对展开的活动结构进行卸荷。但是其卸荷装置与对接试验台不同：太阳电池基板不但很大，而且过于柔软，这也加大了卸荷的难度。

这样一个颇不简单的任务在 20 世纪 80 年代末交给了我的团队。要为“和平号”空间站的下一个舱段研制太阳电池阵。不过任务的复杂性还不止于此，要求我们研制的是多次可展太阳电池阵（MCБ），也就是说，我们造出的太阳电池阵要能够在太空中多次展开收拢，完成一些其他的额外功能。

1990 年年初，多次可展太阳电池阵已经做好上天准备，它们收拢得很紧实，看着不大而且很齐整，在它们的外表之下隐藏了很多外行人看不到的东西。“MCБ”这个缩略语像很多其他的缩略语一样，深深地印在我的脑海中，我想它永远都不会褪去了。关于这些多次可展太阳电池阵，还有一个章节会讲到，这段历史也许是我职业生涯中最复杂的一段。

原因何在，文中自有答案。

* * *

第三个舱段与前两个“量子号”不同，取名为“晶体号”，它的主要用途是工艺加工：舱段中包含一台可生产各种材料的设备，包括熔炼非常纯净的半导体晶体。它的名字也由此而来。该工艺设备需要大量的电能，因此供电问题尤为突出。“普通千瓦”电炉是不够的，新的舱段装备了更大功率的电池阵。不仅是太阳电池阵的尺寸加大，有别于普通的太阳电池阵，而且由于一系列原因它的设计理念和结构都是全新的，其使用过程也相对复杂和特殊。

有几个原因促使我们研制可多次展开收拢的太阳电池阵。情况是这样的，“和平号”空间站的十字构型对于建构和组装非常有利，但不利于太阳电池阵的分布。舱段的太阳电池基板会相互遮挡甚至相互干扰。基于这个原因，在第一个“量子”舱段的运行初期就预留了专门的位置用于安装多次可展太阳电池阵，甚至还安装了导电接头，可将其连通到统一的供电系统。“量子号”的太阳电池阵在对接前的自主飞行中使用过，后来就和服务舱一起被遗弃了。这个舱与后来改进过的舱段不同，为了腾出后面的对接口就将其抛弃了。

在“晶体号”上还安装了两个加装定向驱动机构的太阳电池阵，这样就可以和多次可展太阳电池阵一起转移到“量子号”上。这个复杂的操作计划由宇航员身穿密封宇航服在舱外完成，而事实上，这个工作直到十年以后才完成。

展开状态的多次可展太阳电池阵是无法转运的，因为太大，它们必须要先收拢起来，因此就需要多次收展。需要转运的载荷超过 500 kg，由身着宇航服的宇航员来完成这项操作，即使是在失重环境下也不是一件容易的事。虽然载荷没有重量，但它的惯量依然存在，就像在地球上一样，要把这个质

多次可展太阳电池阵

量推开或者挡住，而宇航员是在无所依附的空间完成这些操作的。太阳电池阵新的安装位置距离原先位置的距离为40 m，为了减小操作的难度，我们研制了所谓的起重臂，也就是太空吊车。这也是一项不同凡响的研制成果，有关它的具体细节将会在后面的章节详述。

* * *

多次可展太阳电池阵的创意在“能源”科研生产联合体萌生已久，其他设计单位也在研究。在我们设计局数次尝试研制不同结构形式的多次可展太阳电池阵。设计过所谓的卷式太阳电池阵，太阳电池贴在薄膜上，薄膜卷成卷，再由可伸缩桁架将其展开。只是“纸”方案后来没有继续推进下去，而有着丰富太阳电池阵研制经验的“礼炮”设计局则研制出了成功的产品，通过了考核试验，于1987年将其送上了“和平号”空间站。宇航员Ю. 罗曼年科和A. 拉维肯将太阳电池阵展开，迄今为止它不仅扩充了空间站的外部轮廓，而且一直为空间站提供电能。美国也在航天飞机的一次飞行中进行了太阳电池阵样机展开试验，并计划在国际空间站上采用该太阳电池阵的设计方案。欧洲的荷兰“福克尔”公司也生产出了多次可展太阳电池阵，我们与该公司开展了太空机器人技术的合作。与我们的多次可展太阳电池阵不同，其结构设计是针对无人卫星飞行的，本质区别在于，结构承受的负载要比载人空间站小得多。

问题就在这里。我已经说过，载人空间站上的结构要承受长时间的强负载。负载主要有三个来源：导航控制系统、宇航员身体控制和飞船对接时的影响。如果负载频率与空间站结构件的固有频率发生耦合，则负载会大幅增加，此时就产生了共振。较长的非刚性部件受影响最大，太阳电池阵就属于这类部件。即使负载强度不是太大，但在几年的飞行中，多次加载也会使结构承受很大的负荷，同样会引起结构老化。因此需要关注的是，我们应该做什么试验，需要建造什么样的试验台。

我们设计建造了几个大型的试验台，可以考核多次可展太阳电池阵在所有测试阶段的功能运行、展开和收拢。我们甚至还需要寻找一个很高的场地来放置这些试验台。虽然试验台外形很大，但在真空试验、热真空试验和高低温试验中，部分试验台要便于搬运到真空罐中。只找到了一个这样的热真空罐，可以把多次可展太阳电池阵连同试验台一起放进去。这个真空罐放在市郊，离我们也不算太远，当时那个地方叫作“扎戈尔斯克”（该地名的意思是“山外”——译者注）。我们把这个热真空罐称作“山外的真空罐”，尽管它并不在群山之外。

动力学循环加载试验用于检验疲劳强度，该试验台要将所有将要贴太阳电池片的基板悬挂起来以保证卸荷。这个试验台由我们建造，试验是在中央机械制造研究所进行的。

* * *

多次可展太阳电池阵的所有试验后来都做过了，在 1988 年我们还要面临一次设计方案的选择。

在考虑了各种方案之后，我们最终选定的多次可展太阳电池阵方案采用了 Б. Е. 巴顿麾下的基辅电焊研究所研制的桁架。15 m 长的试验桁架此前已经在太空做了技术应用试验：年初在“和平号”空间站上进行了展开和收拢。试验件和现役系统的真正区别很快就见分晓，一年半过后，多次可展太阳电池阵的工作进入白热化阶段，莫斯科的试验人员和基辅的专家们都意识到了这个差别。而一开始只有少部分人认识到了这一点，还有一些人根本不愿意去了解。在我的职业生涯中，曾经不止一次地遇到此类只有试验件的情况，往往会听到这样的声明：“它们一切准备就绪”或者“那里没什么可做的了”。而在实践中这种话往往会变成繁重的工作，即考核和更改，试验和鉴定。多次可展太阳电池阵就是如此。

一开始工作开展得比较慢，可以说是按部就班。我的设计师们在 E. 波布罗夫的领导下完成了总体布局，将基辅桁架和主结构绑定在一起，研制了单独的部件，自己设计了太阳电池基板。自动化专家 B. 日沃格鲁托夫研制了桁架机构的航空电子控制器，机构中安装了 Ю. 图尔宾小组的驱动器。也没有马上开始投入生产，当时工厂正忙于几个大项目的生产，除了“和平号”空间站的所有飞船和舱段外，还要继续“能源号”火箭和“暴风雪号”航天飞机的生产工作。生产计划的不均衡，导致完全无法并行，工厂领导层根本无法应付这么多的订单。为了协调计划，分清主次，“能源”科研生产联合体总经理 B. 瓦齐纳兹每周都要召开所谓的指挥部会议，会上针对计划缺口甚至供应告急的零部件进行督促。党委会和部里的外出巡视人员会定期协助指挥部的工作，部里会派出自己的官员进行日常监督。一句话，监察员和调度员的人手绰绰有余，这对实际协调工作帮助不大。真正有效的决定是由生产负责人和车间的主任技师会同设计部门负责人一起协商做出的。

那段时间是我们最危急的时刻。事关“晶体号”舱段的产品配套，没有这个舱段，“和平号”空间站计划就无法继续。到 1989 年夏末，第一个待考核的多次可展太阳电池阵初样件组装完毕，开始了第一轮试验。

* * *

8 月底我回到自己的乡间别墅休假。天气宁静和暖，我可以享受一周半的自由时光。突然从单位来了一个报信的人，说叶甫盖尼·波布罗夫急着跟我电话联络。“赶紧过来吧，桁架不管用了”，叶甫盖尼在电话里告诉我。我午饭后离开别墅去单位，想着也就是 2～3 h 的事。当时我万万没有想到，再次返回乡间别墅已经是第二年了。1989 年的艰难之秋开始了。

问题五花八门、层出不穷，工作形势严峻加上领导层不断施压，时间节点紧而阶段工作持续时间长，各种困难交织在一起，使这段时日成为我工程师生涯中压力最大的时期。不是自我标榜，从 8 月的那一天开始直到次年（1990 年）的 1 月底，我没有休息过一天，星期六和星期日都在加班。每天都要去设计局，还要经常去工厂或者我们的协作单位，比如去 100 m 真空罐所在的扎戈尔斯克，去太阳电池片制造单位——“量子”科研生产联合体，或者复合材料部件外协生产单位——“复合材料”科研生产联合体。不知道为什么，8 月到次年 1 月的这段时间令我想起 45 年前的往事，1944—1945 年间，苏联红军站在通往华沙的路上，却不知怎么就是无法占领这个波兰首都。

在那段时间里，要围绕这个头绪繁多的复杂结构，解决部件组件工作过程中层出不穷的技术和组织问题。当时我们遇到的主要困难，都与展开收拢组件（APC 桁架）及其基辅研制者相关。试验的攻坚阶段堪比战时，在艰难时刻最能展示每个人的本性。不论莫斯科团队还是基辅团队，并非所有人都能在困难面前表现得坚定不移。只是有一点，当普通人表现出软弱的时候，那只是一个士兵的个人行为，但如果这是指挥员的表现和领导行为，那就完全是另一回事了。如果事情出在莫斯科人身上那还好说，这种人直接就靠边站了。可惜是基辅人的总指挥、首席实验室主任表现得不在状态，可他仍然继续带领团队。几年以后，当时自始至终积极参与此项工作的 A. 扎格列别伊内对我说，基辅电焊研究所的 Б. 巴顿所长虽是乌克兰科学技术领域的杰出领导者，但并不能时时为自己挑选称职的助手，不能始终做到量才而用，伟大的人物总有自己的软肋。

抱怨也没用，Ю. 谢苗诺夫不许我们招惹乌克兰人。必须修正所有的错误。展开收拢组件原本是认定为经过太空考核的结构，可当太阳帆板开始展开，桁架受到真正的负载作用时却出了问题。尤其问题是在热真空罐中做低温试验时发生的，当时的温度为－50 ℃。对于我们的电机来说，在这样的条件下做试验一直都是很危险的。经验表明，如果机构可以在极限温度下正常工作，那么在正常条件下它基本都能正常启动。因此我们总是尽量让自己的“孩子”经受这样的考验，趁机锻炼一下他们。

展开收拢组件的桁架展开机构是由基辅人设计的，结构精妙复杂，具有独创性，在演示试验中表现出色。在真正的试验中它却掉链子了：底座刚度、部件强度以及承力性能都不达标。由于工期严格限定，已经无法从根本上进行改进了。

形势非常严峻，10 月中旬就要决定是否启动备用方案——采用哈尔科夫的另一支天才乌克兰工程师团队研制的展开桁架。这个新桁架六年后还是飞上了太空，不过那已经是另一个时期了。

我们的设计师和基辅人一起，全力修复这个展开收拢组件的结构。雪上加霜的是，机构飞行件的鉴定试验和生产加工与考核试验同步开始。11 月份通过了一个宇航技术史上绝无仅有的决定，授权“能源”科研生产联合体的设计师下发基辅图纸的更改通知书，由我们机电厂的人员进行新零件加工和结构改进。基辅人名义上是技术文件责任方，同时也是所有产品的加工方，其实只是确认了这个更改通知书而已。偶尔有基辅来的技术检查部门代表和订购方（军方代表处）代表检查他们产品的改进质量。如此粗暴地破坏宇航技术既定生产程序和责任分配原则的事情，在此之前和之后我都没有参与过。

在机电厂新车间大楼五楼的工程技术人员休息区，我们每天下午四点在装配生产负责人 A. 安得利加尼斯的办公室召开业务碰头会，经常是听他发号施令，很多时候周六周日也照开不误，一直持续了 4～5 个月。参加会议的除我们之外，还有主要研制人员以及主车间的领导和技师，根据需要还会邀请设计局和工厂其他部门的专家。受邀参会人数有时会达到50人，总计下来有一半是科研生产联合体和工厂的人，还有莫斯科、基辅和其他城市外协单位的代表。

为了更好地协调工作，“司令部”为我们安排了一位高参——型号总师Ю. 格力高里耶维奇（后来成为副总设计师），他是一位非常好的领导者，业务能力强，具有超强的记忆力和领悟力，同时平易近人、品行端正。我和尤里·伊里奇一起合作过很多项目，但在他的记忆中，似乎1989年的秋天是我们共同事业中最艰难的时期之一。

我们要制造和考核的不是一个展开收拢组件，要知道多次可展太阳电池阵不仅仅是由桁架组成的。太阳电池阵首先是带有几千片太阳电池的基板。当时第一次在太阳电池阵的设计中创新使用了所谓的复合材料（主要成分是碳纤维线，很多性能参数都优于钢铁）。太阳电池片本身也是第一次拥有如此庞大的规模（简直是为它们建了一整个菜园），提高了工作效率，还具备了其他优点。新的锁定机构可以让宇航员身着宇航服在舱外演示并重新安装多次可展太阳电池阵，断开并重新接通包含近千个供电、控制和监测电路的电接头。特殊的锁紧爆炸装置可以保护500 kg重的柔性基板包免受火箭发射和主动飞行段的所有过载和冲击。带蛛网状集电器的分叉电缆网从近15 000个太阳电池片中提取电能。在多次可展太阳电池阵上还安装了温度传感器和电加热器，以防万一，可在轨道的寒冷时刻对系统最柔弱的部分进行加热。最后还有航空电子设备，即电子控制仪，将所有部件连成一个系统，以保证单个部件之间的互动，在额定工况和冗余工况下按照正确顺序完成所有的操作，首先进行地面测试，然后上天。

* * *

不记得是哪位先贤说的，要想在生活中多有建树，就要背负千斤重担。有时我觉得，其实在我偶然看到这句箴言之前很早就开始践行了。至少在1989年秋天，这句箴言非常有效。12月中旬，向“哥伦布-500”赛事提交技术建议书的期限到了。我们对这一世界范围的征集参赛活动非常重视，关于这个项目的详细介绍记录在3.26节中。当时我们的太阳帆原始设计思路已经成形，需要编写俄英两种文字的技术建议书。时间所剩无几。“要想做得快，就得自己上”，这是另一句屡试不爽的生活箴言。在电气火车上写稿子早已成为习惯，但是每天1 h是不够的，必须挤出其他时间。比如，在加高试验台和试验装置上做试验时，单个试验项目之间会有一个间隔，可以趁这个时间为建议书做点准备和不太费脑子的事。夜里，偌大的机电厂车间内空无一人，很多空余的角落摆放着桌子和电话，万不得已的时候，在这里也可以写完一个段落。到11月14日，离截止期限还有两天，厚厚一沓技术建议书终于完成，紧急寄往大洋彼岸。

与太阳帆不同，太阳电池阵后来出现了问题，与以往一样，问题又是出在意想不到的地方。

* * *

在情况出现恶化的危急时刻，Ю. 谢苗诺夫敏锐地觉察到了事态的发展，召开了一个简短但火药味十足的会议。不夸张地说，会场气氛一如既往地紧张，但是必须承认，采取的决定基本上是正确的。在这个寒冷的冬日，会议进行当中有一只山雀从打开的小窗飞进来，摔落在窗框之间。"要救救它，可怜的山雀，叫个人过来"，总设计师情绪激动地说。我和E. 波布罗夫一直到现在都没忘记这句话，有事没事还会想起来回味一番。不管是当时，还是之前或之后，从来没有谁可怜过我们，虽然我们也不图这个。要说我们缺少什么，那就是应得的尊重和人性化对待，以及对我们忠于事业、顽强工作的公正评价。

结果，在我的事业第二次陷入危机的时候，我得到了晋升，被任命了更高一级的职务，差不多在12年前，1977年秋天，"联盟-25"对接失败后成立了故障分析委员会，在委员会开展工作的时候，我被任命为处长。这一次Ю. 谢苗诺夫提议我领导一个独立的部。这个任命同时也意味着信任和表彰，更是为了提升被繁重工作消耗的责任感和精神力量。说实话，那段时间是我个人受到指责最多的时期。在那种时候总会有一刻让你对现实和未来心灰意冷。当这一刻来临，我什么都不想做，除了让大家明白：你们大家都走开吧……走远一些。我不是在装模作样，而是被消耗殆尽之后的彻底调整。

成立独立的部门还有另一个理由，根据当时开始的转制计划，"能源"联合体承担了为残障人士生产义肢的任务，这也是新部门要开展的工作。义肢也属于机构，那么就在我们的专业范围内。我唯一的条件就是把B. 巴甫洛夫从大党委调回来，担任我这个新部门的副职，他是我和O. 罗森伯格的学生。如果不算上醋意偶尔引发的一些小摩擦的话，与B. 库德里亚弗采夫领导的老部门分家进行得很顺利。也许，应该归还"锥体"实验室，不过这要耗费大量的精力。那个时候我一点多余的精力都没有。

从那一刻起，就像12年前一样，我只能一对一地处理自己的问题，这次是多次可展太阳电池阵，下个月计划进行转位对接，还有其他需要关注的系统和问题。

没有退路可走！

到11月底，我们结束了大部分考核试验，调整好了所有大小试验台，包括机电厂车间里的基辅水平试验台和垂直试验台，在任何地点均可进行局部展开的机动试验台，以及可以放在大真空罐中的便携式试验台。所有这些设备在接下来的几个月中要用于多次可展太阳电池阵的鉴定试验和飞行检测。

11月26日，“量子-2号”舱段发射入轨。这是第一个侧面舱段，两周后与“和平号”空间站对接，首先在轴向对接口实现对接，然后再转位对接到侧面。转位对接过程在3.16节“转位对接，如同钟表机构”中有详细描述。这是我们对接技术的一次真正成功、我们所有人的重大成功。

下一个就轮到“晶体号”舱段了，万事俱备，就差我们的多次可展太阳电池阵了。所有人的目光都盯着我们。

这算是一种光荣吧。

* * *

我忍不住要叙述一段不寻常的插曲，这是1989年11月发生在我身上的一连串小事，与我描述的大事件息息相关。

在“山外”热真空罐（实际上这个热真空罐放在一个名叫诺瓦斯特罗伊卡的小城内，距离扎戈尔斯克，也就是今天的谢尔盖耶夫镇15 km）中进行的最后一个-50 ℃低温试验早上就结束了，做总结报告又花了半天。我们决定在城里的咖啡馆吃午饭，顺便庆祝一下中期的成功。我们跟往常一样，聊了聊手头的工作，也聊了一下自己和上司，然后就分手各走各的了。那天是周六，单位大巴已经开走了，值班车辆还没来。我步行去坐公交车，眼看着一辆车刚刚开走。我买好车票，就坐在售票处的长椅上，从打开的门里可以看到一部部车子从外面驶过。我从包里拿出太阳帆技术建议书的手稿，写了一会儿，后来有点困就把手稿放在膝盖上打了个盹儿。觉察到有动静，我睁眼一看有辆公交车停在那儿，最后几个乘客正在上车，我一把抓起膝盖上的纸，拔腿就跑，赶着从前门跳上了车，居然还找到了空位子。在路上我又接着写了点东西，公交车终于开到了火车站。这时我好像被什么东西推了一下：我的包呢？那里面可是装着我的所有文件、通行证、家里钥匙，还有钱。怎么办？回去！我转身冲向即将开走的去往诺瓦斯特罗伊卡的车。

已经快到下午4点了，11月的天黑得早，公交车站几乎没有人，长椅上空荡荡的，售票处已经关了。不知道为什么我又重新跳上了即将开走的车子，上去以后才知道这个车是开往另一个方向的。过了一会儿，我下意识地走向后门，发现有个女人正盯着我看，这让我停下了脚步。“您有没有把包落在车站啊？”陌生的女人问道。“我是根据通行证上的照片认出您的，我们把包放在售票处了。”

我连忙向自己面前的善心女神道谢，为防万一还记下了她的地址，接着又往回坐上了开往诺瓦斯特罗伊卡的车。到哪里去找售票员呢？有人让我去公交停车场，在小城市中很多人互相都认识，调度员也知道点什么。我继续在全城搜索：文化宫，宇航员大街，40号楼，38号楼，2号通道，接下来3号通道，3楼，2楼，30号公寓，然后29号。终于，找到了她，我的售票员，连上了两个班以后（接她班的人生病了）她正在睡觉。包？有的，不过放在售票处。不过女人说如果没有代步车，她就不去。我好不容易说服了她的丈夫，一个看上去很阴郁的老男人。就这样，我倒霉的包终于又重新回到我的手中，钥匙和文件都在。当时是晚上九点左右，我回到自己“马林考夫卡”的家已经快半夜了，很累但很开心，我用自己的钥匙打开了门（妻子在乡下别墅过夜）。

第二天是星期日，又是一个新的工作日。

* * *

终于所有的工作都快结束了。多次可展太阳电池阵的试验也结束了，完成了考核。1990年1月底，多次可展太阳电池阵飞行件完工，进行最终的交付验收试验：又是一轮高低温试验、振动试验，在我们波德利普基进行最后一次完全展开，用人造太阳进行光照试验之后，他们就准备踏上最后的地球之路——运到发射场，“晶体号”已经在这里望眼欲穿了。

我到发射场的时候是3月份，E. 波布罗夫和Э. 别里科夫已经在这里了。“晶体号”在95号场地上四面透风的装配试验厂房里做准备。我们和负责飞船和空间站总测的试验人员一起再次检查了我们的系统。首先用加长的工艺电缆进行试验，将太阳电池阵在水平试验台上完全展开，最后一次用地球太阳照射。然后依次将它们安置到位，再次完全展开，由于允许地球引力作用存在，因此只展开2～3块板。进行第二个多次可展太阳电池阵试验，就要将

20 t 重的舱段扭转 180°。只有这样才能最终收拢锁定，可以说，是把我们的第一个大块头“宝宝”裹在襁褓里。

在这个舱段上，还有我们的另外两个“头生宝宝”准备发射升空，这就是异体同构双胞胎 APAS-89。它们装在“晶体号”的前部，离多次可展太阳电池阵不远。5 年后我们不止一次地被它们这种相邻关系所困扰，采取措施把它们相互分开得远一点，避免它们相互干扰。

在舱段的后部通常竖立着对接机构的杆，这个是用作“晶体号”和“和平号”对接的。要知道，作战的大炮都是背面向前行进的。对接组件的侧面蜷着一个“爪子”——外表粗笨的转位对接机械臂，这个系统此次准备完成第二次飞行。

所有产品均已就位。命运给我们准备了什么？去太空，永远都是飞向未知之地。

* * *

5 月份我们再次来到发射场，这一次是发射。跟往常一样，大概在发射前一周，进行了对接系统的最终操作：最后检查对接杆，清理头部整流罩。最后，所有入口和舱盖关闭，等待发射。

又过了几天。根据由来已久的惯例，召开技术领导和国家委员会的会议。舱段各系统总师报告飞行准备和考核完成情况。这次我一下子汇报了四个系统：两个对接系统，转位对接机械臂和多次可展太阳电池阵。大家提了很多问题。

计划凌晨 3 点发射。晚上 10 点左右，我们下到离发射场地不远的地下掩体。距发射还有 5 h，战勤班在进行火箭和有效载荷（我们的整个“晶体号”舱段）的准备。我们这些研制人员在那里无所事事地走来走去，时间过得非常慢，表针走得不疾不徐。

发射很正常，“晶体号”进入预定轨道。结构部件开始展开。该轮到我们出场了。地下掩体收不到轨道遥测数据，所有数据都在飞控中心。还要坐立不安地等待几分钟。终于，电话传来了第一个喜讯：指令准时发出，两个多次可展太阳电池阵展开到第一个过渡位置。这意味着每一侧展开了 5 m，即 25 m^2 太阳电池已经被太阳照到，差不多有 3 000 W 功率：生存没有问题了。

从掩体出来的时候，天已经全亮了，太阳已经在我们头上升起。接下来的 1 h 过得飞快，我们又重新进入掩体：要等待新的消息。飞到第二圈，两个太阳帆板根据地面无线电指令，展开到第二个过渡位置，到达 10 m 线，现在终于可以放松下来，在飞机起飞前睡 2～3 h 了。

几天后我们已经在飞控中心了，大家深夜集结于此，看凌晨进行的“晶体号”舱段与“和平号”空间站的对接。

从拜科努尔发射场回来后，我们还是第一次在遥测屏幕上看到它。“量子号”张开双翼，飞翔在奔跑的地球之上，那是两个 10 m 长的多次可展太阳翼。所有人，所有于 1990 年 6 月 10 日身在莫斯科郊外加里宁格勒飞控中心的人，都是这一事件的参与者。这幅以星载计算机图像为背景的画面是由安装在“和平号”空间站上的遥测摄像机发出的。距离不断地慢慢缩短，200 m，20 m，1 m，终于，接触了！可以看到太阳翼的非刚性基板晃了一下，有些部分进入了遥测图像的画面。

这个故事讲的是我们其中一个系统。应该再说说那些从事这项事业，把自己的生命献给宇航技术的人。我应该把所有的同志列一个长长的名单，他们为这个人类共同的伟大事业做出了自己的贡献，他们夜以继日地并肩工作，表现出了高度的专业性和坚韧不拔的精神。首先是 Б. 奇日科夫处里的设计师 Е. 波布罗夫、И. 奥布曼金、И. 卡维林、И. 叶列姆琴科、Ю. 图尔宾、С. 梁赞诺夫、Р. 丘卡文、Л. 阿尔西宾科，我们的主要计算专家 С. 杰姆诺夫和主要的机电专家 О. 罗森伯格，还有 В. 日沃格洛托夫处里的自动化专家 Б. 瓦库林和 Н. 菲克柳宁，以及动力学和试验专家 Э. 别里科夫。还有很多优秀而忠诚的同志，我叫不出他们的名字，但我觉得将来我一定会为自己的疏漏而后悔。

1992 年 3 月，AIAA 杂志刊登了我的一篇关于多次可展太阳电池阵的文章，题目为 *There are much more to it than meet eyes*。文章主要叙述了这个不同寻常的传统航天大型结构的内部奥秘。在这里我又尽力讲述了我和我的同志们如何打造出这个具有巨大尺寸和全新指标的产品，又是如何在地面模拟出严苛的太空工作环境的。

本故事的第一个读者对我说：“这种事现在不可能发生，没有这么干活的。”但实际上，我和我的同志们在 20 世纪 80 年代末就是这样的。故事中既没有任何虚构的情节，也没有夸大其词的成分。

这些事一直伴随着我们，余生亦是如此！

我感觉，多次可展太阳电池阵的故事也很长，甚至有些拖沓了，因为这一次，情感左右了我的理性。因此，多次可展太阳电池阵在轨工作的下半段坎坷经历将在下一章继续。

3.16 转位对接，如同钟表机构

1989年12月8日夜晚，我们聚在莫斯科近郊飞控中心的新大厅里，这个大厅是为“能源”-“暴风雪”火箭宇航系统专门建造的控制大厅。这次用于“量子-2号”舱段的控制工作，两天前这个舱段克服种种困难终于顺利地与“和平号”空间站对接。当晚我们要完成一项新的操作，将这个舱段转位对接到侧部对接口上。这个操作是首次进行，我们将和自己的系统一起再度经历太空“考试”，甚至不止考试那么简单，因为这次绝不能有任何失手。每一个舱段，就如同1987年4月第一颗著名的“量子”一样，都是独一无二的“量子”，将为逐渐壮大的空间站添砖加瓦。

对舱段和空间站的各系统进行初步检查后，我们就开始了这项无比漫长的操作。从地面向空间站发送若干无线电命令，指挥两个连接在一起的系统完成整套动作：对接和转位对接。在这项操作中，转位对接机械臂是一个全新的单元。有时我们就直接叫它“爪子”。这样更容易理解，因为这个结构简单、力大无穷的机电手臂，真有点像西伯利亚大狗熊的爪子。机械臂安装在舱段主动对接装置的侧面。

两个系统交替进行，一步一步地开始了这项任务。转位对接包含二十几个单项动作，都将在两个系统的星载航空电子设备控制下依次自动完成。整个过程将费时整整60 min，之所以需要这么长时间，是因为要将舱段从轴向位置转到侧向。这样一来就组成了一个新的构型，同时也有了一个很形象的新名字——“靴子”，空间站有点像巨大的俄文字母“Г”。很快我们的宇航员把空间站的照片传回了地面，尽管空间站的新形状让人不太习惯，而且控制起来也不太方便，但是它还是令我们的藏品增色不少，而且这张照片还印在了1990年的新日历上。

当然这些都是后来的事了，而在那个晚上，这个新系统和这项新操作着实让我们捏了一把汗。

经过地面测控站的通信持续时间不超过20～25 min，这在长时间的在轨操控过程中是很不方便的。转位对接时，我们只获得了开始阶段的系统工作遥测信号，随后就是长时间的停顿。

当空间站消失在地平线之外时，它正在我们辽阔祖国的东部边境上空，此时整个空间站的构型正呈现非刚性、不稳定的过渡状态，一个20 t重的舱段挂在“爪子”上。我们除了在屏幕前苦等之外，什么也做不了，下一个通信时段要1 h以后才开始。在这些年的对接控制过程中，我们已经在飞控中心等待了无数个小时，差不多已经习惯了这种模式，可以利用这段时间干各种琐事。通常我们都会消遣一下：喝杯咖啡，跟同志们聊聊天，而更有经验的专业人士甚至还能抽空打个盹儿。可以说，我们是按轨道时钟生活的人。但这次，整整1 h，没有一个人挪过地方，也没有人离开过自己的计算机显示器。大家都盯着那个既没有数据也没有对话的屏幕，默默等待，屏幕上那一串串被称为“鸟语”的字母和数字在空气中凝滞不动。

60 min，可能是一个漫长的钟点，一分一秒，似乎永远不会结束；有时也可能过得飞快，似乎一眨眼就转瞬即逝。这次的1 h过得非常慢，但终于还是结束了：10，9，8，…，2，1，屏幕上的数字又开始滚动，信号从祖国的西部边境传过来了。我们大家的目光聚焦在屏幕上，不知为什么我第一个看到的是缩写为ЛПШ的丝杠线性位移遥测参数，读数为440 mm，这就是说侧位的刚性对接已完成，“靴子”完全穿上了！

谢苗诺夫此时已是整个“能源”科研生产联合体的总设计师，他离开控制大厅的时候，绕道从我们身边走过去，并没有停留，只是边走边撂下几句话：“你们这块儿，嗯，还是很能干的，有些时候。”他这句话也让我和波布罗夫铭记于心，在不同场合还会情不自禁地想起来。

在那些日日夜夜里，我们还继续着多次可展太阳电池阵的研制工作，我在后面的章节里称它为“超出视野的庞然大物”，而那个12月的夜晚正是这项始于20世纪80年代的重大工作的结束曲。而转位机构的工作并没有在繁忙的1989年结束，我们以后还将多次经历这样的转位对接时刻。而1995年这个钟表机构又要面临多次来回启动，情形紧张异常。看来这个系统还将不止一次地改进自己的钟表转动方式，或许直到30世纪。

因此应该对它详细描述。

＊ ＊ ＊

我们是和K. 费奥克基斯托夫领导的总体设计师们一起研制转位机构的，那段时间里我与他合作密切，但他仍是一如既往地保持着若即若离的态度。

我已多次写过舱段与“和平号”空间站前端过渡舱的侧向对接问题，我说过，直接对接到侧部基本是不可能的，所以就有了先对接到过渡舱的轴向对接口，接着再将舱段翻转到侧向对接口的操作方案，舱段翻转需要用到机械臂。

我们总体设计师们一起研究过各种可能的方案。方案分为几种，区别在于机械臂的安装位置和传动路径，即不同的运动学过程。

我的资料里至今保留着第一批方案的草稿，其中有些方案的机械臂安装在过渡舱，有些方案的机械臂安装在舱段上。我们也研究过机械臂与关节的各种传动形式，有的只用铰链连接，有的采用直线运动副。如果有可能，我们尽量避免使用直线运动关节，尽管我们擅长做这个，因为每个对接机构中都会用到，但是大自然从未创造过任何一个带直线运动肢体的活物，就像没有谁的身上会长着轮子。这也许是因为，没有比活动关节更简单的机理。

最后我们选定了双铰链机械臂方案并将其安装在舱段上。在空间站的过渡舱上布有专用孔位，可以插入机械臂头部的定位销。孔位共有两个，每个孔位可供两个侧面对接组件使用，机械臂可以先在地面安装好，根据舱段对接的不同侧位选择安装在右边或者左边，机械臂头部插入其中的一个孔位内。设定的方案和子方案很多，甚至有混淆的危险。关于这一点我们等后面开始真正的太空转位对接时再叙述。

虽然每个舱段上都不得不安装一套机械臂“爪子”，但这样做利大于弊。首先这个方案中的对接和转位对接两个主动部件一起安装在舱段上，大大地简化了控制，可以自动完成操作。后来的计算分析以及在太空的工作经验都表明这个决策是正确的。但这一切都是在十年之后，即1995年中期才被大家认可。当时在方案设计阶段，我们只是通过对主要工作模式和备用工作模式的分析而做出的正确决定。航天系统的这种设计方法，如多数部件备份以及故障查找和分析，其主要价值或许正在于此。

方案确认并固化后，我们着手进行详细设计。这阶段工作分为两方面：机械臂设计和转位对接控制设计，包括与对接系统的集成。两方面设计工作密切相关，同时还涉及一系列局部问题的解决。

机械臂，或“爪子”，是由设计师鲍布洛娃和奥布曼金娜设计的，她们的经验、智慧和热情成就了自己的事业，结构设计得很成功，没有辜负大家的期待。

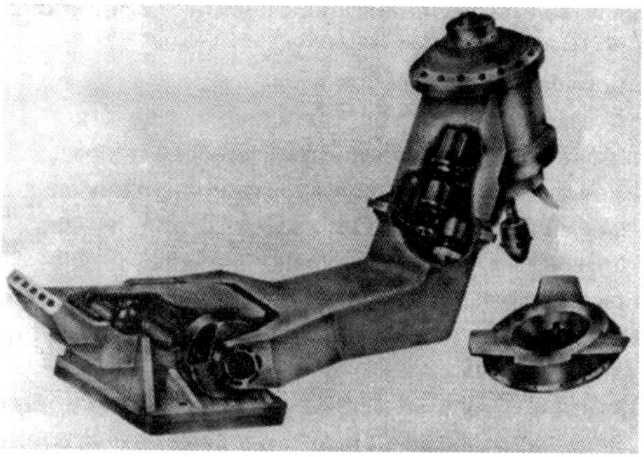

转位对接机械臂

系统控制是由B.日沃格洛托夫部门的自动化专家研制的。记得我建议他把这个任务委托给E.巴宁的实验室，他们曾经从事“暴风雪号”航天飞机大型机械臂的研究并将其集成到航天飞机上，我前面说过，这个实验室是由列宁格勒的机器人技术专家组建的。我觉得，独立的研制成果也有利于实验室的展示活动。我想再次强调，领导一定要有预见性。虽然“暴风雪号”机械臂最终无缘上天，但转位对接系统的确是我们的关键系统之一。巴宁和他的同志们出色完成了任务。他们带着自己设计的系统通过了所有阶段的考核和试验，包括鉴定试验和飞行前的检查，飞控中心的准备和测试，只差不能亲自飞上太空了。巴宁本人是有天赋、有个性的人，早在20世纪60年代，当我们还都年轻的时候就一起踢足球、玩冰球，他一直领导着自己的同志和自己的技术工作，直至因病卧床不起。我们想尽力帮助他，遗憾的是，人类还没有学会随时随地更换有故障的生命控制设备……

1992年我和B.日沃格洛托夫建议巴宁领导欧洲机械臂ERA在“和平-2”空间站的集成工作，但他拒绝了。他不想以牺牲国内技术为代价，去推广发达的西方机器人技术。我不同意他的观点，因为我确信，在新的条件下不可能再做一个大型的空间机械臂，而且空间广泛合作的时代已经到来。但我对他的选择表示尊重。

1995年6月，E.巴宁特地从医院里出来一段时间，参加“和平号”空间站与美国航天飞机对接前的改造，即各舱段的转位对接控制。我记得当“晶体”舱被过渡舱钩住，整个系统悬挂起来时，他当时异常激动。那次我们一起度过了数小时惊心动魄的难熬时刻。

我扯得太远了，再回到设计问题上，先来简单说明一个技术细节。

与B. 日沃格洛托夫合影

从一方面说，机械臂并不复杂，它只有三个活动自由度。任务的复杂性体现在其他方面，首先就是机械臂要操控和翻转20 t重的大型舱段。尽管机构是按失重条件来设计的，其转动和翻转速度都不大，但惯性力却很大，它需要克服和吸收相对运动的动能。

机械臂的结构在很多方面也取决于控制逻辑和顺序。

最后，把两部分设计合并在一起，在机械臂上布好所有必要的传感器，甚至在对接机构里也装上一个新增的传感器。系统合成后，在基本模式下它是自动工作的。整个转位对接流程是由一个个单独的操作组合而成的。根据惯例，所有这些操作都可以根据地面的无线电指令来完成，暂时还没有机会启用这项功能。事实上太空中的一切都比想象的更复杂。

技术设备如同生命一样具有多面性。它由各种仪器和系统组合而成，能执行各种操作。一架三角钢琴可以用来装饰房间，也可以用来营造另一个世界。这个例子有点古老，就说现代的计算机，它能孕育奇迹，也能创造出任何虚拟的生活，新一辈人对此理解更深。这是超级样板。宇航技术系统也能进行各种操作，可在各种模式下工作。控制这些系统也是一种艺术，无论是在轨控制、星载设备控制，还是从飞控中心进行地面遥操作。这里是指飞船和空间站的所有系统，包括我们的对接和转位对接系统。这一点适用于飞船或空间站的所有系统，包括我们的对接和转位对接系统。

在一次以飞行操作为专题的国际会议上，我曾经做过一个有关转位对接的报告。我展示了一个运动学并不复杂的机械臂，并竭力强调它的工作过程实质上并不简单。

“巴黎，永远都是你的节日，如果你年轻时候有幸生活在那里的话。”海明威在生命末期曾这样描述自己的青春岁月。

* * *

当转位对接系统这个“航天器环节”已完成最终设计后，就要考虑如何在地面进行试验，如何对系统进行考核。如同对接机构一样，这里的主要问题是如何让一个庞大的结构在一个专为失重环境设计的小机械臂带动下，在地面上转换位置。要测试整个系统的所有功能：运动学和动力学，所有系统组件的协同，自动装置的工作等。应该说，这个问题解决得非常成功，比对接整机试验做得还要好，可谓相当出色。

常常会有这种情况，突然涌出一个创意，有时甚至在梦里。这次一切都不是白日做梦。

“和平号”空间站的基本模块——过渡舱成了主要的试验台，在这个球体上安置了我们的五个对接组件，一个是使用中的轴向组件，四个是用于舱段对接的侧向组件。对接组件之间就是那两个孔位，是机械臂头部的对应插孔。所有部件都采用与正样件类似的 1∶1 实物产品。

为考核转位对接研制的这个试验台，或者我们这里常说的试验装置，是我们在这个领域最成功也最漂亮的工作成果之一。试验台是一切工作的基础保障，可在地面再现太空工作过程，确保航天设备的可靠性和安全性。与其他同类系统的试验台相比，这个试验装置能够更好、更顺利地完成自己的任务。

我前面已经讲过，在进行其他结构尤其是对接系统考核时，我们不得不将试验过程分类，分解成不同部分。例如，单独检验自控系统工作，静态强度、运动学和动力学，在真空和高低温条件下的功能。差不多每项试验都要有不同的试验台或试验设备。好像只有转位对接系统，我们为它成功地研制了一个试验台，几乎可以覆盖所有试验。

该试验台的基本构思似乎也没有太多奥妙。可是后来在我演示这个装置、介绍其创意和构造的时候，却屡屡碰到奇谈怪论。一切似乎都一目了然：哪些部件在运动，往哪个方向运动。有首流行歌曲中的歌词说：“蓝色气球慢慢转动。”我们的球不是蓝色的，但转动起来却很奇妙，连我有时也弄不清楚，哪一面是轴向，哪一面是侧向。整个系统和所有试验装置并不像看起来那么简单：转轴以一个巧妙的斜角立在空中，速度非常慢，肉眼都能观察到，差不多像钟表的分针。总的来说，操作过程看起来甚至有几分神秘，“要想受人敬仰，就得让人有点琢磨不透。”后来，在参观的时候，许多贵宾和领导都会到我们这里来看。试验台的可贵之处不仅在于它成功的运动学设计和那些巧妙的小心思，还有很多技术细节都令人赞叹。

我们采用两台特殊的飞轮替代庞大的空间站和几十吨重的舱段，同时模拟它们的相对运动，飞轮可以营造出类似失重条件下操控产生的动力学负载。此外，试验台上不仅进行了力学测试，而且所有E. 巴宁的控制设备都采用了真正的飞行件。

最后，我们研制的装置是轻便型的，它的外尺寸是可以放入热真空罐的。这样就可进行高低温真空试验，这对航天机构非常重要。所以说我们的转位对接机械臂——我们的“爪子”是很幸运的，它只需在严酷的气候条件下测试两次，一次是自主试验，另一次是与系统的其他机构和单机一起进行整机试验。可以说，这台机械臂已受过严寒的锻炼，练成了“白熊爪子”。

试验装置就放在“锥体”试验台所在的试验大厅里，整台装置就是在这里组装和调试的，这里可以进行正常温度下各种工况的试验。在大批宾客和外国代表团参观“锥体”试验大厅时，除了对接试验的六自由度试验台外，这套试验装置总是能引起宇航技术专家们的极大兴趣，对它展示出的杰出性能赞不绝口。

这也令人愉快！

在那个值得纪念的夜晚来临之前，即“量子-2号”舱段开始转位对接前，12月7日深夜，“锥体”试验大厅里来了一个党政府高级代表团，带队的是苏共中央委员会书记O. 巴克兰诺夫和部长O. 施西金。巴宁说当时不得不把巴克兰诺夫从运转的试验台边拉开，以免他跌到两个转动部件之间。

以这个试验装置为范例，可以学到如何进行综合机电系统的测试，如何在发射入轨前对它们进行考核，如何直观地演示系统需要完成的所有操作，以便使系统能够可靠地工作并进行备份。可以说转位对接机构的考核试验台是一个经典的案例，可以参考它进行系统的研制策划和地面考核。

也许有朝一日，这个不为外人所知的试验台会作为地面设备的代表陈列在航天博物馆里，与模型、样机以及上过天的真正飞船并排而立。

但这都是以后的事了，我们目前还是要回到这台设备跟前进行很多次试验。那是在1994—1995年期间，我们要对转位对接系统进行改造，这是为“和平号”空间站最后两个舱段“光谱号”和“自然号”做准备，避免轨道上出现大麻烦，此外还要准备首批美国航天飞机的对接以及之后的STS-71和STS-74发射任务。关于这些我们后面再说。

在结束第一个转位对接机械臂的故事之前，还应该提一下，这些设备的制造和对接机构一样，都是亚速光学机械厂负责的。在那里完成了零部件的装配和试验，但其中有一部分照例是在我们波德利普基做的。在苏联时代，自己加工零件不划算。这种观念是长期形成的，一直保持到20世纪90年代中期苏联解体后。至于这个科学设备的造价，那是个特殊的问题。

20世纪80年代中期，当转位对接系统正在紧张研制的时候，K. 费奥克基斯托夫领导的总体部门突然要改变舱段的外形，准确地说，他们想把该舱段的仪表舱在飞行后保留下来并成为空间站的一部分，而不是像第一个“量子”舱那样抛掉。从整体上讲这个决策是对的，可以增加新舱段的功能，但这个变化给我们的系统又增加了额外的负担，转位对接时的惯量和动载将会大大增加。我们只得立即改进设计，尽其所能挤出所有剩余的冗余缓冲能量。但结果是系统承载更大了，几乎接近极限工作状态。

通向那个难忘的12月之夜的道路是漫长而艰难的。在最后阶段，我们一切都得靠自己，与地面和太空试验人员、飞控中心人员及宇航员本人沟通协调。其实这项操作与宇航员是毫不相干的，他们不可能在空间站里控制对接和转位对接系统。这次操作中，我们只要求他们别做激烈的运动，不要给机械臂施加多余的载荷，因为它承受的动载已经超限了。

在这1 h里，所有操作就如同钟表一样，好像一个钟表机构。我认为这个名称很恰当，它的确在我们转位对接系统的很多方面都有所体现，包括总体思路、结构设计、试验方法以及取得的成果。

钟表机构是精准、按时、无误工作的象征，而钟表，是由人类制造并促使它不断行走的。

在后面章节里，读者还会多次接触到这些钟表机构。

3.17 太空吊车

很多人也许还记得，第一颗卫星的发射对全世界的人们产生了怎样的影响，那只是一颗体积不大、结构简单的卫星，简直就是极简版。有些人所知道的还不止这些。在这颗卫星发射前，它的建造者、未来航天的领导者以及20世纪的科技巨擘们曾经有过怎样的预想和期望，现在已经不再是秘密。这个事件产生的影响大大超出了所有人的预期，也超出了最具远见的未来学家和政治家的预测。

我举出这个典型事例是有目的的。在后来的航天发展中，科技发现和技术成果变得更容易预测，而它们的影响力也比较符合预期。但并非全然如此。我们于1990年研制的太空吊车可以算作少数的几个例外之一。这个有点不同寻常的名字是1991年年初宇航员把它安装到“和平号”空间站时才有的。最初我们只是研制一个起重臂，它极其简单，如果不考虑用途和长度的话，那它就是一个普通的机械装置。负责保障宇航员在轨工作的专家和设计师把技术任务书交给我们，是他们机智地想出了“太空吊车”这个名字，为吊车规划了一个广阔的航天前景。很快它就成为宇航员在空间站舱外活动的一个不可替代的装置。不过无论是他们，还是我们这些研制人员，当初都没有料到最终会达到这样的效果。

* * *

太空飞行在很多方面都是不同寻常的。失重不仅对人体机能有影响，还对其在轨工作能力有影响。这种现象甚至会出现在飞船上或空间站内的封闭空间。不过舱外活动在太空飞行中占有重要地位。首先宇航员需要特殊的宇航服，这是飞船中的“个人飞船”。可以让人在真空和大气层外太阳光直射的情况下生存，抵御严寒和酷热，同时保障他的对外通信以及很多其他需求。与此同时，宇航服严重限制了宇航员的运动灵活性、视野范围以及其他能力。

这也是为什么在太空中需要特殊的工具和辅助设备、各种用途的手工具和脚工具。最后，还需要太空吊车。在 20 世纪 60 年代的首批飞行中，所有这些航天专用工具是没有的。此外，那些计划在太空进行第一批试验的人也不知道能做什么、不能做什么。直到很多年后才终于明白，原来宇航员站立要“用锚固定”，否则就会漂走，要在无支撑的空间里找一个固定支点，这样才能解放双手。采用这些辅助设备后，宇航员就成了一个完全具备工作能力的人了。就像我们自身在地球上的进化一样，尼安德特人站立起来解放了自己的双手，劳动造就了人类。然后开始创造和改进狩猎及劳动工具。最终太空吊车成为必需品。

我至今都没有忘记 A. 列昂诺夫令人难忘的生动描述，他是第一个完成太空行走的宇航员。事实上他费了很大周折才返回“上升-2 号”飞船的气闸舱。我也读过美国著名宇航员 Э. 奥尔德林和 M. 柯林斯写的书，非常有趣。他们早在“双子星”项目时就曾多次在舱外工作，在毫无羁绊的空间里经历了太多的困难。

我觉得，他们在那里非常需要一个太空吊车。

* * *

起重臂的设计初衷是完成有限的任务。从名称上看，它只是用来转移太空重物。而实际在轨应用中它的用途可不止这些，在“和平号”空间站上它就变身为楼梯、空间客运装置、升降梯以及其他多种工具。

人类在太空大多是重复他们在地球上走过的科研建设之路，不过是以一种飞快的速度进行，可以说是宇宙速度。太空建设方兴未艾，“和平号”空间站的组建工作按总体计划是从 1986 年开始的。自动化装置和人一起，一步一步、一个阶段接着一个阶段地建造起自己的太空家园。在 12 年的建设中，不断修正总规划图。渐渐地，太空改建工作迫在眉睫。先要移除一些结构元件，清理出空间用于进行新的大规模建设。没有机械化手段，就无法完成那些劳动强度大的重体力工作。

在空间站的整体建设和运行过程中，宇航员在舱外完成了很多独特的操作，转移了所有重物。失重环境有助于挑起这些沉重的负荷，可是也越来越感觉到，负荷已经接近极限。失重并不会改变宇宙第二定律，牛顿惯量在轨道上依然起作用。物体的质量越大，宇航员对其加速和制动的难度就越大。也就是说，重物要么会从人的手中脱离，要么会将人压出或推出飞船以外。

因此要发明一个轨道起重机，也就是太空吊车。1991年1月23日，这个吊车被安装在空间站上，仅过了三天，也就是1月26日，宇航员B. 阿法纳西耶夫和M. 马纳罗夫第一次在“和平号”空间站上对其进行试用。

太空吊车的杆（在技术文件中称之为“起重臂”）展开长度将近15 m，第一次看到它的人都大为震撼，不论是在飞控中心的显示屏上还是在当晚苏联中央电视台的“时间”节目中。马纳罗夫充当第一个太空“吊车工”的画面更加震撼，他遵循不同时代、不同民族、不同科学领域中真正试验者的最佳传统，决定在自己身上做试验。他成为第一个荷重，爬到起重臂的顶端，让自己的指挥官启动转动机构。事情可不止抒情这么简单。首先，宇航员控制起重臂的方向，使它从最远端的“量子-2号”舱段斜穿空间站，以最短距离到达它的同姓舱段“量子-1号”。起重臂不仅可以缩短距离（我们知道，直角三角形的斜边比两个直角边的总和要短，因此沿着起重臂运动要方便和快捷得多，没有任何转动和阻碍），同时还可以作为栏杆扶手。根据录像，我们甚至还可以计算结构的动力学特性、振动频率和阻尼。

宇航员在起重臂上

坦率地说，我们一直都很担心第一次“真人”荷重试验的结果，对这些和起重装置一起翱翔太空的探索者们怀着难以抑制的敬仰。一开始宇航员转动得太慢，很快就超时了，在出舱的最后阶段，时间通常会被压缩，舱外工作时间是有严格限制的。尽管如此，飞行领导B. 柳明还是说服为第一次成功所鼓舞的开路先锋们不要在起重臂末端沿大弧飞到气闸舱出口，虽然这样做可以缩短回基地的时间，而是按照先前制订的计划行动。

第一次吊车操作圆满完成，皆大欢喜。结构设计和机构操作证明了所有功能都是正常的。起重臂经过加速、平稳运动，停在了指定位置。

根据最初的计划，第一个真正的起重操作是搬运多次可展太阳电池阵。这一太空改建计划原定于 1987 年。事实上这项复杂的操作推迟了四年半的时间。我后面会再讲这件事。

第一篇有关太空吊车的文章刊登在 1991 年年初的《起重机》杂志上。我记得，该杂志的主编怀着对太空起重的浓厚兴趣编辑了这篇手稿。

* * *

起重臂的设计思路并不复杂：一根可伸缩的杆，底部带有一个二自由度铰链，铰链上安装两个可手动旋转的驱动器。在详细设计时，又在结构中附加了很多元件。实践中永远没有“简单”二字。

像经典的地面结构一样，太空吊车原本也有三个活动自由度：杆可以绕两个轴旋转并改变长度。安装了两个可手动转动的驱动器。同时宇航员可以手动拉伸和缩短可伸缩结构，改变起重臂的伸距。

根据计算，该结构可搬运质量不超过 1 t 的重物。从某种意义上说，这就相当于太空吊车的载重量，准确地说是“质量负载能力”。在失重作用下，由于轨道上没有重力，这个非标参数只能用结构承受的动力学负载来计算。当这个力学系统的扰动相同时，载重物的质量越大，过载就越高，这里引用的术语与平常不同，可以说是航天专用参数。

设计师为吊车配置了各种各样的夹具，目的是更方便地完成太空操作。其中有一些普通的地面装置，包括展开和固定夹具。还需要一些航天专用夹具，首先要在吊车的底座为宇航员安装新工位上的固定锚。

甚至在起重臂上也要安装夹具，使其可以轻松地伸长和收缩。另外还要沿起重臂方向安装专用的保险拉绳。因为自 1990 年起，宇航员改用所谓的“海鹰”自主宇航服，与空间站没有了机械连接。这种宇航服是根据“宇航员移动系统”（СПК）建设计划研制的，被形象地称为“太空摩托车”，该年夏季已经两次在舱外试用成功。老式宇航服采用软管和电缆与空间站连接，以此实现供氧和供电，并与舱体保持通信。机械连接实质上限制了宇航员的行动，同时还造成了额外的麻烦，但是它们有效防止了不可避免的危险，不至于在远离岸边的某个“冰块”上被带入茫茫的宇宙瀚海。割断了“脐带”，宇航员获得了很大的自由，但要时时提醒自己当心死亡危险，用专门的拉绳来保护自身安全，钩住栏杆扶手或者其他部件，这些固定装置或者事先在地面安装在空间站的密封舱外，或者在轨道飞行中由宇航员自己安装。宇航员移动系统要保证与空间站的生命安全连接，这辆“摩托车”就像一匹不会走丢的种马，一直被拴在了绳子上。我们在那些年研制了一辆专门的绞车，将宇航员拉回空间站气闸舱的入口。

与地面的同类装置不同，起重臂是个十足的新型航天结构，首先体现在它所用的材料上。伸缩结构的主要部分由碳纤维制成，在刚度和强度上接近钢铁，但密度却比铝还轻。选择碳纤维不仅可以减轻太空吊车的重量从而降低发射入轨的造价，而且极大地优化了结构性能：增加了刚度，同时也增加了杆的振动频率。

对 15 m 长的杆进行试验考核也不是一件容易的事。在地球上无法将其抬升于地面之上，因为驱动器的力矩很小，它是针对失重环境进行设计的。只能使用带气枕的支座。在起重臂的末端放置 200 kg 的配重块，相当于一个身穿宇航服、手拿 1 t 重有效载荷的宇航员。

* * *

在那之后世界发生了很多变化。全苏优秀期刊《起重机》杂志已经停刊，苏联和它的许多研究所都不复存在了。如今“和平号”空间站还带着太空吊车在轨道上飞行，期间它已经搬运了很多航天货物。几个飞行乘员组都借助这根 15 m 长的起重臂飞翔在太空“世界”（指“和平号”空间站，俄语“Мир”一词是“和平”和“世界”的双关语，这里作者用了“世界”的意思——译者注）的上空。如果我们第一位热衷于航天统计的总设计师 B. 格鲁什科还在世的话，他大概会统计宇航员在起重臂上进行高空作业的人次和小时数以及搬运航天货物的吨数。

严格地说，在起重臂的帮助下，成功完成了很多特殊操作和常规操作，虽然“常规”一词并不适合描述人暴露在宇宙环境工作的情形。利用太空吊车，从“进步号”货船上卸下了数个专门用于外部安装的大尺寸货物，搬运并安装在空间站上。于是，“和平号”空间站上出现了“萨弗拉”桁架，上面安装着所谓的可移出式推力装置（ВДУ）。我后面还会讲到起重臂在 1995 年 5 月至 6 月的在轨使用情况，虽然这些操作晚了几年才进行，但这正是我们设计起重臂的初衷。

提前说一句，如果没有太空吊车，我们就不可能完成轨道系统的飞行计划，也不可能实现俄罗斯“和平号”空间站与美国航天飞机的对接。

1996年，第二个起重臂运抵太空。由于一个杆只能在舱外空间的半个球体范围内使用，这样就只能服务于半个“世界”。而在“世界”另一半还有两个多次可展太阳电池阵，其中一个是旧的，当时处于半收拢状态（为了不妨碍航天飞机靠港），第二个是新的，于1995年秋天由第二架航天飞机运送到空间站。

NASA同行们很喜欢我们的太空吊车，ESA（欧空局）的欧洲人不怎么喜欢。美国人甚至打算向我们订购这种结构用于国际空间站。不过他们好像因为经费不足，后来自己研制了类似的产品，缩短了尺寸。此时我们已经研制了新的升级版太空吊车，起重臂上加装了第三个手柄，可通过转动这个手柄来实现伸展，无须像老版那样一步步地分段展开。我甚至建议将这个过程自动化，就像最新型的汽车那样，开启收音机时伸缩天线就会自动伸出。不过后来想了想，我自己放弃了这个建议：此时的起重臂是和欧洲机械臂ERA一起设计的。为两个“孙辈”（一个是“嫡亲”的，另一个是“过继”的）考虑，我要尽力安抚一起合作的同行，证明吊车和机械臂是互为补充甚至相互协助的关系，就像左手帮右手。

因此就这样延续下去了。

3.18 航天器的概念

前面已经讲过了我在“能源”科研生产联合体总设计师 B. 格鲁什科倡议下写的一本书。在这本薄册子《载人航天器》的编写过程中，首先促使我深入思考各种概念的航天器，然后激发出新的想法，衍生出各种方案的飞船，可以将男人和女人送上太空轨道，之后再返回地球。作为设计师，我忍不住要对已实现的概念进行分析和批判，同时寻找方法对其进行升级和完善。当时美国的航天飞机已经马力全开，而我们“能源”科研生产联合体正在秘密地加紧研制苏联的“暴风雪号”。欧空局（EKA）框架内的欧洲国家，以法国航天局（KHEC）为首，以航空特种设备公司（AERO Specialties）为主要承包商，着手研制“赫尔墨斯”航天飞机（KC），即缩小版航天飞机。其他国家提出自己的概念以及航天飞机的不同方案。专家对于载人飞船两种主要建造方式的优劣性一直争论不休：一种是可重复使用的有翼飞船，一种是类似于“联盟号”飞船的一次性使用飞船，配有可返回地球的密封舱，可以进一步完善并继续飞行。这个问题直至今日仍然重要且具有现实意义。

著书工作令我沉迷其中，思考最初的概念设计。作为一个务实的人，我一开始对这件事的态度并不是太认真。这其中有多重原因，首先，在此之前我并不是专门从事飞船总体研究的。第二，实现这些设计方案的困难程度显而易见。第三，我的主要工作占据了我大部分的精力和时间。不过随着时间的推移，一些宏大的想法和设计规划渐渐在我脑海中形成，我把它们画成草图并加上简短的说明和论证。最初的想法是在黑海边出现的，当时我刚刚在1984年1月冰冷的海水中游了个泳。

就像我们所知道的那样，思想诞生于纸面。

* * *

飞向宇宙的天然条件是自相矛盾的。飞行可以分为三个主要阶段：火箭发射入轨，飞出大气层进入太空，最后从轨道返回。在三个阶段中，对飞船及其构型和主要参数的要求是不一样的。如果决定采用有翼方案，那么航天飞机的机翼只在飞行的第三阶段才会需要，也就是在返回地球的时候，确切地说，是在降落地球和着陆的最后阶段。在起飞和轨道飞行时是不需要机翼的，这甚至会下拉飞船，对其造成干扰。也许把机翼当作太阳电池基板那样使用会比较好。在第三阶段的大部分时间里，也就是进入大气层并实施制动时，机翼在高层大气受热燃烧，因此必须在其表面涂覆防热绝缘层，这会使得原本就不堪重负的结构更加雪上加霜。在机翼上所花的代价可以使飞船以惯常的可靠方式降落在跑道上，优化了实施降落的可操作性。

我觉得针对不同飞行阶段改变航天飞机构型的方案是值得考虑的，即针对发射、在轨飞行和离轨返回三个阶段改变构型。通过对已有方案的分析和任务的准确理解可以做出几个可行的方案。其中之一是将机翼收起并折叠。这样就出现了一个新的概念，准确地说是一个主要思路。可以再多说一些：收拢机翼的想法并不新颖，它曾经不止一次地运用在对机翼造成过分干扰的情况。在我的设计中，飞船和早先一样分为若干舱体，但这些舱体不同于“联盟号”或“阿波罗号”，没有单独的被抛弃部分（为了系统优化而应该牺牲掉的部分），它们全部返回地球。优缺点永远都体现在细节上，也就是细微的差别上。

我个人比较喜欢新设计：第一，它逻辑上更合理，也更能满足任务要求；第二，它达到了全新的效果，飞船变成了可重复使用飞行器，其参数与返回密封舱的构型接近；第三，它是基于现有的系统组成、技术和工艺而设计的。

但是事情不仅仅在于设计思路。建造任何一种宇航系统，仅凭头脑中的设计概念都是不够的。飞机和飞船都要经过漫长的试验考核，有时比实际飞行还要严酷。正因为深知这一点，我制订了一套渐进的返回舱式可重复使用飞船的建造计划。于是就有了将一次性使用货运飞船“进步号”改造成可重复使用飞船的计划，首先从单独的舱段入手，然后再将这些舱段组合成可重复使用的载人飞船。

这个办法既可以减少新型宇航系统的建造费用又能缩短周期，是一条将计划引入正轨、实现目标的捷径。从无人飞船入手也可以减少载人飞行的风险，将飞行试验的时间大大提前。

正如我此刻撰写自己的工作经历一样，当时也是想法推着我走。不过当我和很多专家讨论这个方案的时候，他们的反应却冷淡而礼貌。当然，对于这种源自设计爱好者的创意，这样的反应再自然不过，不能奢望其他。难怪当年“老狼”教导我们：“不要当出头鸟”，这位“老狼”就是我眼中英明的Э. 考尔仁涅夫斯基，他多年担任我们设计局的主管设计师，早在年轻时就给自己立下准则，绝不自作主张提倡议。而我的个性不同，既不能为生活所扭转，也不能将其湮灭。如果总设计师或型号总师对我的方案感兴趣，那么我还有些许希望。我想，科罗廖夫至少不会对我提出的概念嗤之以鼻，毕竟这个提议满足了两个要求：第一，能够切实优化飞船的性能；第二，方案现实可行。

但时过境迁，此一时彼一时也。格鲁什科问我，飞船如何着陆，当他知道不是采用火箭发动机时，顿时对这个建议失去了兴趣。

在方案没有被彻底否认之前，我直到今天仍然抱有一线希望。或许也可以和西方的设计师合作，譬如法国人或美国人，还有东方的日本人或者中国人。

* * *

到20世纪80年代末，根据B. 格鲁什科和K. 费奥克基斯托夫的倡议，并在后者的领导下，“能源”科研生产联合体开始研制可重复使用飞船，在降落的最后阶段和着陆时采用火箭发动机。B. 格鲁什科是一位卓越的发动机设计师，因此用他心爱的反推力发动机来解决这个新难题的想法吸引了他：他的发动机曾经把所有的宇航员送入轨道，他有责任尝试用同样的方法将他们最终接回来，使飞行成为完全的反推力模式。

费奥克基斯托夫也是一个容易被打动的人，他坚决拥护所选择的方案。凭借着过人的顽强和机智，他开始设计一种新的飞船，定名为“曙光号”。在此之前他与Ю. 谢苗诺夫的关系已经恶化，在格鲁什科的支持下他全面负责新项目，进行飞船和宇航系统整体方案的研制。针对反对者们对于飞船及其主要系统的总体设计和个别参数的质疑，他找出了新的论据和更加完善的技术解决方案。

我也不喜欢“曙光号”飞船的既定方案。坦率地说，没有人询问我的意见或者建议。不过这不是一个主观态度的问题。对于任何一种飞行器来说，着陆都是最危险的飞行阶段。着陆方法的选择主要取决于两个最重要的因素，即有效性和安全性，后者当然更为重要。从这个意义上讲，反推力制动发动机，即“反推火箭”，相较于其他两种常见的着陆方式，通常是不予考虑的，另两种方式分别是降落伞式和有翼式，所有已建造的飞船都是采用这两种方式着陆的。如果不想自然滑入大气层（实际上几乎所有飞行器都是这么做的），则建议在飞船上安装配有若干燃料贮箱的反推火箭，以及所有与之相关的系统和分系统。这个反推火箭有100%的燃料备份，甚至要把液氧带到太空，加速到轨道速度后再将速度降为零。在几百米高空像石头一般自由降落到地面只需几秒钟飞行时间，要在这几秒钟内启动这些发动机以确保平稳落地。即便对于最机敏的火箭专家来说，这也是一道真正的超级难题。这样的代价值得吗？

采用降落伞下降的构型理论上是稳定的，空气动力学形状可以使飞机平稳飞行。而要确保带反推火箭的飞船平稳着陆，则必须采取额外的甚至说强硬的措施，做到这一点绝非易事。必须对飞船进行持续的精确控制，否则飞船着陆时就会失稳。

在当今技术水平下，完全实现这个类似的设计方案是一项相当复杂的任务。很多局部问题从表面上就能看得到，还有一些不显见的问题如同水下的石头，在进行考核试验时会一下子冒出来。不过最核心的问题还是触地时的安全性。

宇航技术的历史虽短，却风波不断，给我们留下了一系列火箭着陆系统的案例。在“阿波罗”计划中，宇航员登月时就使用了月球舱着陆器反推力发动机。由于月球上没有大气，这是唯一的选择。着陆月球是飞行任务中最复杂最危险的环节之一，可谓千钧一发。为了降低落月时的风险等级，反推火箭发动机精简到一个。同时主要的系统都做了备份，完成危险操作时可启动备用方案。如果着陆器发生不测，宇航员可以与之分离，启动上升级发动机返回环月轨道，乘坐在此等候的指令舱返回地球。

还有一个例子就是垂直起降（ВВП）飞机。飞机上使用喷气式发动机，因此不需要氧气贮箱。尽管如此，垂直起降飞机在现代航空业中仍是最复杂最高效的。其应用领域非常有限。

提高安全性的唯一可能是加装宇航员救生设备，比如带降落伞的弹射座椅，这是一种类似于战斗机中使用的设备。只是在飞船上实施弹射是非常复杂的，还存在其他的危险。

1989年年初，В. 格鲁什科去世。很快 К. 费奥克基斯托夫与 Ю. 谢苗诺夫的关系濒临破裂。两人分道扬镳后，“曙光号”的工作也停止了。

* * *

20世纪90年代初，我偶然看到一则消息，美国人开始研制单级飞船，确切地说，是火箭航天系统。这令我十分震惊，要知道这不是对轨道往返的可能性进行理论评估，而是实际研制一体化的火箭航天器，根据设想，在发射、飞行和返回地球的过程中应该采用同一种构型。该计划命名为“Single Stage to Orbit - SSTO（单级入轨）”（OCHA）。乍一看该计划极具吸引力，只不过这只是第一印象而已。

关于采用反推力发动机着陆的主要难点前文已经说过。不过SSTO不单单只是像“曙光号”这种类型的飞船，它自带运载火箭，集船箭于一体。这样的怪物着陆地球，任务的复杂性无疑更甚。然而最难的还不是这个。众所周知，火箭的最大速度取决于燃烧剂从发动机喷管的流出速度，而这个是由燃料以及火箭加注前后的重量比来计算的。用齐奥科夫斯基的经典公式进行简单推导后可以发现，即使采用迄今为止最有效的化学燃料（氢氧），也无法使火箭航天器的发射重量与在轨重量的比值达到最完美火箭的标准。不过还不止于此。

在SSTO计划中，带有航天器的“干”火箭重量中要算上附加绝热层的重量，这是为了防止火箭和航天器在返回地球阶段在大气层内制动时受热过度，此外还要加上着陆所需的附加燃料重量以及着陆器本身的重量。就算成功解决了所有这些问题，如果结构超轻，那么从轨道返回进入大气层的时候，可能会像蛋壳一样四分五裂。

上述这些都只是肉眼可见的最大问题，所进行的分析也未经严谨的科学研究。这些只是表明，当代的宇航技术还远未达到可以严肃探讨单级航天系统的地步。这需要新一代的技术，首先是非化学或者某种超化学火箭燃料。

1992年在华盛顿的时候，我认识了一些退役的美国军人，他们组成了一个火箭宇航系统联合会。这是一群SSTO计划的狂热拥护者，他们的逻辑基于一些浅显的观点，更像是广告话术：航天飞机的操作使用性较差，因为它在每次飞行前都需要更换加速器和燃料贮箱，同时需要花费大量的时间和设备准备下一次发射。相比之下飞机是理想的飞行器，在每次飞行结束后它只需加注燃料并进行一些相对简单的技术维护就可以准备下一次发射了。理想如果无法企及，那就先幻想一下好了。可对于那些退休的将军来说，真相值得怀疑。

SSTO研制的后续发展出人意料。著名的“麦道”公司着手研制第一个SSTO飞行样机，前后花费了几亿美元，他们终于造出了代号为“DX-10”的火箭飞行器。应该向该公司的专家们致敬，他们这么快就造出了可以在地球上起飞并成功降落的火箭飞行样机，获得了此类飞行器无与伦比的研制经验。不幸的事只有一个，但却是个大问题，那就是它只能上升到几千米高度，只能加速到一分钟几米的速度。人们开始恶言讥讽：这是所有航天飞行器到达的最低轨道，可以写入吉尼斯世界纪录了。

问题当然不是高度，而是DX-10飞行器可以达到的速度值。这个速度只有轨道速度的百分之一。

德国半唯心半唯物主义者黑格尔创立的辩证法教导我们，量变引起质变。将飞船加速到马赫数26使其入轨，然后降低速度使其返回地球，旧的手段目前解决不了这个问题。在这种情况下将火箭分级就是创造新的质变，K.Э.齐奥科夫斯基提出过这个概念并进行了理论论证。宇宙太高了，要想一跃而上，就需要分级助推充当阶梯。基于现有技术和化学燃料火箭发动机研制的航天器结构，其计算分析结果表明，在目前的技术水平下，建造类似于飞机的单级火箭航天系统是不可能的。想要飞向宇宙，要么需要增加分级助推，要么就要在火箭发动机和轻量化结构的技术工艺上有质的飞跃。

没有别的路可走。地球（齐奥科夫斯基称她为人类的摇篮）不会这么轻易地让我们离开她的怀抱，扯断脐带是很困难的。

可以多讲一下飞行分级的原理和火箭宇航系统的结构分级。助推飞船达到宇宙速度的火箭是分级的，不止火箭，实质上除了航天飞机和“暴风雪号”航天飞机以外，所有飞船都是采用分级原理进行设计和实施飞行任务的。“东方号”“联盟号”“水星号”“双子号”和“阿波罗号”都有隔段舱，在飞船返回地球进入大气层后与密封舱分离。“联盟号”飞船由三个隔段舱组成，这个设计原则堪称经典。返回地球时将飞船分段，虽然不是必要的，但却能使系统更为合理，提高了落地的可靠性和安全性。这个原则还是科罗廖夫定下的，还远没有过时，我想它还会延续很长时间。

所有在返回时实施舱段分离的飞船，目前都是一次性使用的。另一方面，分析表明，分级原则也适用于可重复使用飞船的建造，它们也是由若干隔段舱组成的。这些年我曾经不止一次地回顾这些设计思路和工作，希望它们现在还不会过时。

航天飞行力学也是一种量子物理力学。

* * *

我的飞船设计工作还有一些与所谓的救援飞船相关。这个课题涉及20世纪90年代初“能源”科研生产联合体进行的空间站飞行乘员组返回设备的研制工作。三座“联盟号”飞船原本可以用于将飞行乘员组从“自由号”(Freedom)空间站紧急遣返，不过有两个参数不达标：一个是乘员人数（希望能容纳6～8人），另一个是在轨时间（不是半年而是几年）。首先我接触这个课题的原因跟往常一样，因为新飞船上要安装对接装置，这个任务没有引发任何特殊问题和后果。尽管如此，1991年年末我的脑海中产生了一个想法，一整个冬天都在我脑海中挥之不去，之后几年我仍旧一遍遍地回想。有一次“洛克威尔”公司差一点就考虑关于这个方案的技术建议了。

这个想法的主要思路其实非常简单：建造一艘可以容纳9个人的飞船，包含三个连在一起的着陆器。幸运的是，这个三头飞船完全可以放置在航天飞机的有效载荷舱内，方便地运送到飞船的工作轨道。飞船的整个构型一目了然而且非常简洁，除了极简的构型外别无他物。但是技术建议书中表述的不仅仅是飞船的构型。

在围绕技术建议书的后续工作中，出现了很多局部问题。从另一方面来说，合理的设计思路可以延长飞船的在轨寿命。不仅如此，想要理解构型的真正优点，就必须明白着陆器或者说密封舱在航天飞行中所承担的作用。自始至终它都是为飞行乘员组服务的：从火箭发射到空间飞行、返回地球，一直到每次飞行任务的结束时刻。对于宇航员来说，密封舱是最后一个舱段，保护他们免受高速压力、真空、过热、过冷及其他恶劣因素的伤害。为保证密封舱完全满足使用要求，需要对其进行长达数年的考核完善。在空间飞行前，首先要进行地面试验，其次进行飞机抛落试验，然后进行多次不载人发射试验，最后才进行载人飞行。这个过程一开始进行得非常困难，甚至以悲剧收场。一直到几年以后，“联盟号”飞船才开始了定期而可靠的轨道飞行和地面返回。保留这个可靠的飞船头部对于未来的载人飞行具有重大意义。

我又在旧事重提了，虽然我在前面的章节中已经讲过，比如有关1967年4月发射的“联盟-1号”和1971年6月发射的“联盟-11号”的内容。带有三个着陆器的救援飞船让我想起俄罗斯童话中戈里尼奇蛇，长着三个火热通红的头。与之不同的是，这些头不会攻击善良的年轻人，而是准备为他们提供帮助，保护他们度过从太空返回途中的艰难时刻，平缓地着陆地球。

这个救援飞船的概念和构型还有很长的路要走。我在下一章节还会再度讲述它的历险故事，而本书之外的故事还有很多。

可以再看得远一点，思考如何将这里罗列的多个设计思路进行整合：分级化和模块化，重复使用性和安全性，但必须停下画上一个句号了。我们还需要一些时间来认清内因和外因，将必要性和可能性结合在一起。

3.19 接触赫尔墨斯

赫尔墨斯是古希腊的神，是商人和旅人的保护神，也意味着是宇航员的保护神。根据传说，第一个雌雄同体神就和赫尔墨斯的名字有关（古希腊神话中的雌雄同体神赫马弗洛狄特斯是赫尔墨斯和爱神阿芙洛狄忒的私生子——译者注），而我们的APAS就是以这位（雌雄同体）神为原型的。在我的同龄人当中，赫尔墨斯这个名字非常流行，不管是俄罗斯人还是其他民族的人。在我们的时代，很多项目和公司以他来命名，商人们相信，这个名字会对生意有帮助。有时候神或者赞助人会帮助探路者，有时候不会。

前面提到过，法国人用这个名字来命名航天飞机项目，该项目在欧空局的支持下进行了十年有余。法国航天局在其中担任主导角色。法国人曾经成功研制且使用了“阿里安”系列运载火箭，并着手研制推力最大的“阿里安-5号”火箭，此次在欧空局其他成员国共同参与的“赫尔墨斯”项目上，法国人表现得非常积极。20世纪80年代中期，研制者们竭力要使这架航天飞机具有竞争力，不论是与美国的航天飞机相比，还是与俄罗斯的“联盟号”飞船相比。

这架小型航天飞机的发射质量约为20 t，只有美国“Orbiter”航天飞机的五分之一，但它却复制了这位“老大哥”的主要性能。航天飞机研制过程中有很多自主设计，力图修正苏联“暴风雪号”相关文献中提到的那些缺陷。设计中也根据新出现的信息或者最近发生的事件，适时引入了一些修改。1986年1月，“挑战者号”航天飞机悲剧发生后，开始考虑并设计一套附加设备，用于在各种飞行阶段营救宇航员。

“赫尔墨斯”项目在设计早期就已将交会对接设备列入了研究范围，用于实现与欧洲“哥伦布号”空间站及其舱段的联合工作。毫无疑问，他们找到了我们。

1986年在莫斯科举行了几次会晤，地点是重组后的宇航总公司。这个时候我们已经不再通过“树洞”工作，也不必编造机械学会和宇航研究学会（ИКИ）“工作人员”的故事来掩人耳目，我们的火箭航天领域稍稍开启了一扇小门，这就是宇航总公司。虽然距“能源”科研生产联合体敞开大门还为时尚早，但已经进了一步，火箭研制单位开始改革。我们渐渐回归自己本来的名字。

法国航天局“赫尔墨斯”项目的负责人是菲利普·古伊亚尔。他来过莫斯科，并且和我们一起在图卢兹工作过，我们从一开始就互相有好感。后来我们在马德里不期而遇，我是途径那里去塞维利亚。当时西班牙正举办一个高规格的欧洲技术展。F. 古伊亚尔给我看了一个未来航天飞机的全尺寸模型，就在城市的中央公园里展示。这是一次愉快的会面，本来会对以后有所帮助，但是并没有。很遗憾，对于“赫尔墨斯”项目我们一无所获。

* * *

我们与法国人的合作进展缓慢：第一次会晤后，双方制定了信息交换、研究和初步整合“赫尔墨斯”航天飞机在轨交会对接设备的工作计划。1987 年 4 月，我们第一次访问了法国航天局设在图卢兹的研究中心。在这次法国之行前，我刚刚经历了险象环生的“量子”舱段与“和平号”空间站著名的对接过程。谈判在图卢兹近郊的宾馆里进行，法国人跟我们的做法一样，虽然组织我们参观了一次法国航天局研究中心的办公室，可我们在那里没有看到任何航天相关的东西，安保措施却做得滴水不漏，就像古罗斯语一样严谨。

举行谈判的宾馆的名字叫做“Patio”（内院），很现代化，非常便于工作，但不知为什么安排我们住在图卢兹市中心的另一家老宾馆，好在那家宾馆也很令人满意。经历了几个在飞控中心的不眠之夜，加上我们来图卢兹的前一晚参观了整个巴黎市，我很想睡觉。我们等了很久才入住宾馆，在我们前面办理入住手续的是一个大型的青年旅行团，他们既不是来度假的，也不是来巡回演出的。直到半夜我才躺到床上，立马就入睡了。接着被电话铃吵醒，我心想，这就像 15 年前在休斯敦被自己人查房一样，可是电话里传来一个女人的声音，说着法语。我恼怒地回答：“I don’t speak French（我不会说法语）。”然后挂了电话，接下来我久久不能入睡，为最近发生的事情焦虑不安。早晨，B. 布拉戈夫听说了我深夜接到电话的事，他的反应十分机敏而且恰如其分。作为宇航员的飞行领导，他果然笑话我说：“也许姑娘听说来了个著名的苏联对接专家，想了解一下苏联在这一领域的最新成果，而你却这么粗鲁地对待人家。”

我们中的大多数人都是第一次来法国，置身于这个春意盎然的欧洲古老城市。记得我们总是早早睡下，每天早晨都去琳琅满目的商场看热闹。从勃列日涅夫到戈尔巴乔夫的生产计划都没有带给我们丰富的商品，这一切令我们羡慕不已。

我们的办公宾馆“内院”不仅仅是便于工作，西方的服务很快就把内院变身为午餐大厅，在这里我们可以享用地道的法国菜。在一个工作日，法国宇航员 Ж. Л. 科列季因和他的预备队员来拜访我们，于是宾馆老板拿出来传统的法国香槟。我们再次相信了航天和宇航员在广大民众中的吸引力。记得当时我又一次觉得，研究宇航技术确实值得奉献一生。

* * *

对于我们苏联人而言，这样的出差机会不仅仅是 business trip（商务旅行），也不仅仅是有趣的工作以及与同行的交流，它还让我们获得了难得的境外旅游机会，为我们打开了西方文明的窗户，而且不单是西方文明。在我 1987 年 4 月这次精彩的法国首度旅行中，还有一次有趣的邂逅值得回味。

从图卢兹返回巴黎时，我们照例在航班起飞前两小时到达机场，我们乘坐了一个奇怪的包机航班。“波音-747”上有一半座位是空的，我邀请布拉戈夫在飞机上转悠一下。我们费劲地爬上二楼，看到三个穿着半飞行员制服的男人，“你们是谁?”“老大”问道。“我们是俄罗斯人。”“我们是黎巴嫩人。”原来飞机属于黎巴嫩航空公司，因贝鲁特国际机场再次关闭，老板就把自己的机组派到眼睛看得到、翅膀飞得到的地方挣钱。

与维克多·布拉戈夫合影

我们和“老大”聊着天，40 min 的航程不知不觉就过去了。“这位，”他指了指自己的人说，“这是我的随航机械师，可以在飞行中搞定所有的飞机部件（简直就像电影《机组》中的情节）；而这位，是无线电话务员，他可以跟地球上的任何地点取得联系。”“那您本人是干什么的？”我在话题结束的时候问道。“我，”他骄傲地回答，“是高级服务生。”他可远不是服务生。这个东方男子是大公司中任命的所谓 Public relation officer（公共关系官员），这些官员可以谈论一切话题，在法国上空的飞行中就是如此。我们聊了上帝、战争、UFO。“哦，你们有另一个上帝，阿拉，”我随口说了一句。“哎，不对，上帝只有一个。”他纠正我说。“你们为什么要不停地打仗？”他的回答也很精彩：“以色列不想我们停，美国也不想，俄罗斯也不想，那我们这群蠢货，就只好打喽。”从此以后可以不用看报纸了。

然后“服务生”谈到了他在巴西听说过的 UFO。此时我还没有去过巴西，就给他讲述了曾经有个 UFO 飞到“和平号”空间站，导致“量子”舱段四天都没有对接成功。当时宇航员还在轨道上，我们无从知道这一神秘现象的本来面目。

法国之行中这个愉快的插曲让我记忆犹新！我想这都多亏了赫尔墨斯，他是旅行者的庇护神嘛。

* * *

在 1987 年 4 月那次美好的法国之行中，还有一个意料之外的事件就不仅仅是回忆了。毫不夸张地说，这个东西伴随了我将近 10 年，而且不只是我，它还陪伴我的亲人一起周游世界，在这些年中它飞行了一百多万公里。

我讲的其实是一只珍贵的包，但那是怎样的一只包啊！它应该被列入吉尼斯世界纪录，这不仅仅是因为它几乎到过所有大陆并迈过太空轨道的两个门槛：拜科努尔和卡纳维拉尔角，创下了无与伦比的公里数，转运过超过 1 t 的物品。这只包不是在随便的什么地方买的，而是在巴黎的塞瓦斯托波尔林荫大道，出资方是“民航公司（Aeroflot）”。这个行为确实是非常慷慨，可以看作是苏联航空从业者送给苏联航天代表的礼物。当然，也有正式的理由：我的旧包在莫斯科飞往巴黎的途中损坏了，那天正好是 4 月 12 日“航天日”：当晚“量子”舱段对接，对于航天对接人员来说那是星光熠熠的时刻。不过，作为经常看着那句苏联广告语“请乘坐 Aeroflot！”（当时我们这里还没有真正的广告，只有苏联政府自己的广告）乘坐该公司班机出行的人，大家对这个“类资本主义”航空公司的吝啬一向心知肚明，任何一个行业的垄断者都是如此。

也许，这次又是多亏了航空航天旅行者的庇护神——赫尔墨斯的干预。从图卢兹返回莫斯科途中经过巴黎，在 Aeroflot 设在法国首都最中心香榭丽舍大街的办事处，我提交了一个申请，换来了一张 250 法郎的支票。这笔钱足够支付一次奢侈的购物，甚至还可以买一瓶真正的法国香槟。

有关这次不寻常的经历和这个包本身还有很多故事，在以后的差旅中它与我如影随形。

不，赫尔墨斯是存在的，他没有忘记我们这些几乎可以算作宇宙旅行者的人，并不时地提供庇护。

* * *

另一个太空之“神”，“赫尔墨斯”航天飞机，却日渐凋零，很快就几近衰落了。该项目中我们小部分参与的交会对接工作又持续了几年。法国人到过我们这里，我们也在 1988 年再度来到图卢兹。对于第二次法国之行我几乎没有什么印象。

我从心底对法国人、德国人和所有欧洲人感到由衷的遗憾。在国内外与同行交流时，我总是千方百计劝说他们应该慎重选择方案。交谈时他们都赞成，但过后就置之不理了。1993 年我再次来到图卢兹，这次是参加一个有关机器人技术的国际会议。当时欧空局决定暂停项目，并分出去一些设备用于进行其他的研究。我与 F. 古伊亚尔通了电话，我们约定见一面。他派车把我接到航空特种设备（AEROspecial）公司的办公室。虽然这次探访非常短暂，几乎是走马观花，但我还是对参观这家知名企业很有兴趣，毕竟他生产出了飞行在世界各地的空中客车和将世界各国的通信卫星和其他航天器送入轨道的“阿里安”火箭。我们主要谈论了“赫尔墨斯”项目及其继续研制的可能性。分别时古伊亚尔答应写信给我。看来，神不喜欢这样。

* * *

无论是航天之神还是上天之神，都有自己的命运。在古希腊人那里，神的居所并非高不可及、远离凡尘，而是在海拔不到 3 000 m 的奥林匹亚山上。随着文明的发展，神的地位越来越高，离凡人也越来越远，不论在环地轨道还是月球之上，我们都无法与之相遇。我们对周围环境认识得越深越广，上天的力量就变得越发神秘莫测。就像第一位火箭宇航科学家齐奥科夫斯基说的那样：关于宇宙的思考越深入，被未知的主观意识所左右的世界就变得越加神秘、越无法解释。齐奥科夫斯基兼顾地上和天上的分级，用自己的多级火箭将它们联系在一起。他将神的力量赋予人，那是他的起源，也是他的智慧所在。他相信人类，相信人类有能力从自己的摇篮——地球出发，在全宇宙驻足。为了继续这条道路，必须摒弃眼前的动机和利益，远离政治，打破地球上各国人民的界限。也许到了那个时候，赫尔墨斯会再度来到人们身边并履行自己的使命：继续为牧人、行路人、火箭设计者和宇航员提供保护，当然还会守护生意和利润。他将扶持互惠互利的国际合作，如果用直白的现代语言来说的话。

3.20 又见 APAS

现在该讲讲 APAS－89 了，即 1989 年款的异体同构周边式对接机构。

这一篇原本可以放在本章的开头，因为新型对接机构的研制工作在 1975 年之后就立刻开始了，贯穿了整个停滞期，并成为跨入新纪元的跳板。APAS－89 承继了自己的著名前辈——异体同构“长兄”APAS－75 的事业，后者于 1975 年实现了“联盟号”和“阿波罗号”的对接。“小弟”的知名度也毫不逊色，20 年后它在两个强国的载人宇航技术领域发挥了更为重要的作用，成为美国航天和苏联（俄罗斯）航天之间的链接，推动了新一轮合作，即在更广阔的国际范围内进行空间站舱体的对接。

新型 APAS－89 的正式问世时间公认为 1989 年，当时它在巴黎勒布尔热国际航展上首度亮相，向世界航天界展示其功能。在这场受洗仪式暨检阅典礼前，我们经历了长达 9 年多的孕育过程，先是萌芽阶段，接着是胚胎发育。EPAS 刚一结束我就有了灵感，开始孕育我的异体同构幼子了。

苏联“能源”科研生产联合体的 APAS 对接机构，1989 年

新构型的第一批草图成型于 1976 年年初。通过对 APAS－75 的分析，我明白它的构型存在本质缺陷，对其使用前景有着致命影响。早在

1973 年 10 月与 NASA 会晤商讨未来飞船及空间站的对接机构项目时，我们就商定了过渡通道的扩展问题以及其后续扩展的可能性。只是这件事做起来并不简单，对接机构原先的结构缺陷使之增加了难度，带有外翻导向片的对接环已经很大了，这样一来可能会变成过于肥大的丑八怪。通过对几种方案的分析，我得出了一个理性的结论：带有导向片的对接环应该移到对接隔框内部，直接安装在通道内。这样的改型是很独特的“变脸”，一下子解决了很多关键问题，比起原先的结构有很多优点。

当 APAS 刚设计出来的时候，我花了很长时间为自己的异体同构“孩子”做宣传，一开始是想努力卖创意，然后在它问世后，又想要扩大它在本国航天项目中的应用范围，之后就是应用在国际项目中。那时候需要对新设计的优点进行论证，确实总结了一些，从最主要的到次要的都有。

首先，任何一个航天结构的要点都在于总尺寸和总重量。此外，对于对接装置而言还有一些特殊参数：承力性能和刚度，过渡舱的尺寸和工作便捷性，以及安装附加部件的可能性和操作的灵活性。

APAS-75 的外翻导向片决定了它的外部尺寸：装置的最大直径是 2.2 m。如果过渡舱尺寸达到 1 m 或者更多，则装置的最大直径还要增加。在国内外进行的新型设计中不时会出现对大尺寸过渡通道的需求。另一方面，在对接隔框的直径保持不变的情况下，无法真正增加承载能力，也就是无法在完整性和密封性不受损的情况下增加对接面可承受的负载。对接面的刚度在很大程度上取决于这些基本尺寸，这一点与强度不同。

将对接导向环反转至对接隔框内部则要求增加后者的直径，这就必须提高结构的强度和刚度。的确，必须增加对接锁的数量，以确保对接面的完整性和密封性。不过机构的功能得到了极大的提高，做到了完全备份。12 把对接锁分为两组，每组半套，都配有单独的驱动器和独立的传动装置。这样一来，大大提高了这个关键机构的可靠性。

在新的结构中，对接锁的设计采用了非常有效的，可以说是最佳的对接力传动方式，通过主承力部件实现传动。这样也增加了对接面的刚度和强度，缩小了隔框的尺寸。

在进行新型 APAS 的概念设计时，一个在 60 年代末萌生的想法再度被唤起：在飞行过程中更换对接机构。此时这个想法有了新的含义：由于拆除了 APAS-89 中的对接机构部分，从而使过渡通道的直径大大扩展，增加到 1.25 m，也就是原来的 1.5 倍！

应该说，与带外部对接环的APAS-75相比，新的构型还有一个主要的优势。将对接环移至对接隔框的内部，研制人员就把它的周边空出来了。现在那里通常会安装电气和液压接头，对接时接通，从而将空间站舱段和飞船的很多系统连接在一起。这对于加注系统尤为重要：前面已经说过，燃料有很强的毒性，如果将加注管路的液压接头放置在宇航员所在的过渡通道内，是完全不可理喻的。而在空出来的周边内就形成了很大的操作空间，可用于安装这些重要的部件。

在对接系统的技术理念中还有一个情况也是至关重要的。那就是对接装置和安装对接装置的飞船舱体或空间站舱段之间的内部连接尺寸。

虽然对接隔框的尺寸增大了，但我们还是想尽办法使新的APAS安装在原来的位置，这个部位曾经安装了我们所有的对接机构：锥杆式机构、主被动式机构和APAS-75。务必使它们的尺寸在运载火箭整流罩中不超出有效载荷的区域范围。这一点也很关键，新设计的技术理念可以使未来与总体设计人员及结构布局人员之间的沟通协调更加轻松。当未来的新型APAS装在“联盟号”以及其他飞船和舱段上时，所有这些因素都有助于成功。

这样在进行各种飞船和舱段的方案设计时就可以避免很多问题，且不仅仅是纸面上的问题。这些问题后来变得很突出，差不多是在20年以后，当时装有APAS-89的小型“能源”系列改型飞船已经问世。我们因此规避了很多麻烦，也大大地节省了资金。

领导就应该高瞻远瞩。

更换对接机构的想法引起了特有的链式反应。

隔框作为结构底座，在此基础上可以建立各种改型的对接装置。由此就萌生了所谓通用型对接装置的方案。这一型的对接装置有着相同的基座安装尺寸和相同的外部对接面参数。外部对接面，或者美国人习惯说的“接口”，是由对接时相互作用的单元部件所决定的，可确保对接的一致性。所有通用型对接装置都相互吻合。可以根据配件和其他参数来区分主动和被动装置，是异体同构装置还是纯被动装置。预计会研制非密封结构和去除刚性连接锁的简化装置，只能实现航天器之间的连接。

通用型设计理念再度唤起了更换对接机械件的想法，而这一想法早在1968年为“联盟-礼炮”项目研制对接机构时就出现了。在新的阶段，这一卓有成效的创意打开了更多新的可能，可以创造出通用型的结构，既可以变成“爸爸”、也可以变成“妈妈”，或者变成他们的异体同构后代，只要更换对接机构，就可以实现主被动组件之间的转变。

这种转变有点像科技神话，是古希腊神话及其继承者现代宇航技术共同打造的神话。

不管是不是神话，20 年后终于出现了所谓的混合式对接装置，先是图纸层面，然后是实物层面。关于这个我在下一章里还会具体描述。

* * *

我的答辩是在 1979 年夏天进行的。此时设计师们已经开始进行详细设计了。

后续的工作沿两个方向开展，可以说我们工作在两个战场。一方面，我的部门是一个于 1977 年年底成立的独立科室，汇聚了所有的对接研制人员，开展新型对接机构、对接控制系统以及主要配套性设备的详细设计。另一方面，我继续为自己的异体同构“new baby”（新生儿）寻找出路，当时还在孕育，尚未问世。

还有一系列的内部结构问题：首先要完善两组主要的机构。对接机构的运动线路转移到过渡通道内部，它的差动运动学和大部分主要部件还是维持原状。只有一个差分单元需要简化。这个单元有点像汽车的后轴，但是它的齿轮差动装置不是一个而是两个，用于完成整个功能操作。想要减少活动零件的数量，使结构更紧凑并且效率更高。如果还是用汽车做比喻的话，可以说我们想把我们的车做成前轮驱动。当然，这个比喻只是为了说明任务的复杂性。似乎我们做成了很多事，尽管改进后的单元是 APAS 中最复杂的部件。希望这个方案不是最终的，只要有想法总归能找到路继续前行。

第二个机构甚至可以称作机电分系统，就是对接隔框锁系。需要说明的是，这个系统的作用非常重要，是对接面强度、刚度和密封性的保证，同时对接后宇航员的舒适度和安全性也取决于它。完成共同飞行任务准备返回地球时，应该打开隔框锁系并实施对接分离。锁的设计方案、受力图和结构在很多情况下决定了对接装置的整体外形和主要参数。通过对轨道对接基础理论的研究，这个问题也成功解决了，选定了一个非常成功和有效的方案并进行了论证。在之后的数年中，新型 APAS 的这个主要部位得到了很多专家的高度评价。

在 EPAS 过去 20 年后，两个异体同构对接装置 APAS－75 和 APAS－89 一直并存。新结构的优点一目了然。我给自己留下了唯一的一个老 APAS，它也有一段精彩的历史。

1975年后，剩下的16个对接装置各奔东西，有一部分飞向了太空，其他的或者送去了博物馆，或者送去了大学和科学院的教研室。我最钟爱的一个异体同构孩子，1974年曾与我一起去过美国，而今在我的办公室已经矗立了将近20年。直到1993年它才被搬到了新的实验室，与航天飞机的新对接系统综合试验台并排放在显著的位置。两个对接装置并排放在一起，可以清楚地看到“弟弟”（指APAS－89——译者注）的优点，虽然年幼但却更加成熟：它的外形小巧、紧凑、端正。就算以非专业的眼光，也能看出它布局紧密，装满了各种机构和其他配件。而在专业人士的眼中，则能看出其他重要细节，比如，对接隔框锁系的承力设计以及它们的双圈传输。

与NASA关于“礼炮号”-航天飞机在轨对接新项目的谈判刚开始就突然中断了。双方专家只在1977年秋天会晤了一次之后便没了下文。当时美国代表团中没有一个设计师，K. 约翰逊早就退休了，没有人想让他参与新项目。代表团中不管是Г. 兰尼还是其他成员，没有人注意或者重视我的简短发言，即我们准备改变对接装置的结构，并建议在合作项目中采用这个新设计。至少我没有发现在美国未来的研制中有什么跟我相关的东西。

* * *

总之一开始，新的APAS看起来在空间站上没有用武之地，尽管有些部位适合安装新型对接机构以承受较高的对接载荷。把它们安装到飞船上就更困难了：即使不装它，那里还总是超重，而我们新的APAS比APAS－75重了60 kg，而带锥杆的主动装置则重了整整120 kg。装在“进步号”货运飞船上也有一个问题：自动控制系统可确保在一定初始条件下实现自动交会和靠港，但新型APAS的内部导向片太短，达不到交会的初始条件。控制系统的研制者无法保证交会精度。

空间站的主设计师K. 费奥克基斯托夫根本不喜欢APAS。也许他还在为70年代初未能参与“联盟-阿波罗”项目而耿耿于怀，也许他认为过于沉重和复杂的机构是毫无必要的华丽奢侈品。他无意弄清我们的产品细节，也从不喜欢研究别人的问题。他感兴趣的是大规模的全球性项目。

相反，B. 格鲁什科却从一开始就喜欢我们的APAS。1974年，当他被任命为我们的总设计师时，我有幸跟他讲述异体同构系统。当时“联盟-阿波罗”项目如火如荼，而对接在其中占据着核心地位。格鲁什科是一位真正的设计师，对技术有着浓厚的兴趣。在 80 年代初期和中期，他始终如一地支持着与 APAS 有关的项目。我们也尽力利用这份支持，从中受益良多。

通用系列很受我们总经理 B. 瓦奇纳兹的喜爱。在通用系列中可以看到一些技术战略元素，而这正是领导层应该关注的。在那几年里，我的技术建议书中的几页一直放在他的保密柜中。但这些材料在当时并没有派上用场。研制全系列对接装置的时机还没到，它们直到 90 年代中期我们与世界航天界共同建立国际空间站的时候才用上。在此之前还要坚持下去并多做一些事。

在 80 年代初，我继续为自己的孩子寻找出路。在这些年，制定了各种“暴风雪号”航天飞机的使用方案。一开始在方案制定者当中找不到很多热衷于对接的人：航天飞机升空，完成了自主任务，没有跟任何航天器对接，大家好像也很满意。渐渐地我们找对了人，同意将新的 APAS 纳入“暴风雪号”的有效载荷舱，尤其真正的有效载荷并不是很多。苏联航天飞机需要一个比美国航天飞机更复杂的飞行计划。到 1988 年最终制定了“和平号”空间站和“暴风雪号”航天飞机的联合飞行计划。两个项目都是 Ю. 谢苗诺夫负责的，他先是型号总师，然后是总设计师，两个项目相互交叉。可以说，它们首先是在地面对接的。计划在第二次飞行中将航天飞机对接到空间站。为此要完成三大部分工作：第一，“和平号”空间站的第三舱段“晶子号”要马上装备两个 APAS；第二，对于“暴风雪号”航天飞机来说，对接舱段的 APAS 位于可推出的通道上；第三，两个改装过的“联盟号”飞船也装备异体同构对接系统，以备不时之需。在各种情况下，要考虑宇航员在“暴风雪号”飞行中遭遇不测时对其实施救援的可能性。还要额外分析一种方案，就是乘员组坐“联盟号”到达轨道，然后再转乘“暴风雪号”。当时有论据认为航天飞机的考核不够充分。两艘“联盟号”中的一个注定要飞向太空。这一点前面已经讲过了。

一个小的附加舱段也装备了 APAS，计划放在有效载荷舱内升空，之后用大型机械臂——我们的列宁格勒“鹳”将其对接在侧面对接口。所有这些复杂的操作一开始都计划在 1990 年完成，渐渐地发射日期开始推迟，苏联解体后，“能源-暴风雪”项目彻底不能完成了。“能源”科研生产联合体的大部分部门、我们部门下属的几个实验室，以及我们的大量协作单位都一无所获，只是白白干了一堆重活儿。

在那段时间里，虽然 APAS 考核验证计划进行得很慢，但始终在向前推进。所有主要的试验在 80 年代末都完成了，新型 APAS 的飞行鉴定试验首先是在“晶体号”舱段上进行，之后是“暴风雪号”航天飞机。

* * *

1989年来临的时候，新型异体同构周边式对接装置终于问世，并有了自己的名字“APAS－89”。1990年，它装在“晶体号”舱段上飞向太空，1993年与新异体同构的“联盟 TM16”实现对接。1995年，APAS－89两次实现航天飞机与“和平号”空间站的对接。之后还有七次成功的对接。就这样，它在俄罗斯和美国航天合作中扮演了非常重要的角色，将两个派系团结起来组成一个统一的联队，共同进行人类的宇宙开发事业。

最终，新的APAS－89正式出道了，它成为一个大事件。可以说，它创造了一个时代。我经常想，这一切为什么会发生，为什么注定是由它来担当如此重要的角色。这个为全世界所认可的完美结构是如何创建的？又是为了什么？为什么其他的团队，包括全能的美国人、天才的欧洲人或者富有艺术气息的亚洲人都没有做出类似的产品？为什么他们全都来找我们？原因有很多，其中最主要的一点就是，我和我的同志们从零开始，自己摸索，一步步完善自己的设计，最终达到如今的成熟水平，结出了成熟的金色果实。

这一切我是后来才想明白的，而在90年代初还有很多工作要做，绝不仅仅是打磨技术。通向巅峰的道路上并不只有工程问题要解决，很快我就发现，APAS这位现代的雌雄同体神，也需要真正的广告来宣传。

广告是商业的助推器。

3.21 去西班牙

20 世纪 30 年代的孩子，包括我在内，都清楚地记得西班牙孩子。在 1936—1939 年的西班牙内战中，很多西班牙公民的孩子都来到了苏联。他们中的大部分人在我们国家长大，和我们一起经历了战争，很多人读完了大学。1956 年以后他们开始回国。多亏了空间对接，我又有幸见到了他们，这些 30 年代的孩子，可能已经成了爷爷奶奶。尽管如此，重新见到这些完全成年的西班牙孩子还是非常有趣的，这些兼具两种伟大文化的孩子非常与众不同。

* * *

我第一次去西班牙是 1987 年，当时我的机械研究所同事——几个机器和机械理论（TMM）专家邀请我参加一个国际性会议，此会议在世界不同地区每 4 年召开一次。这个古老专业的科学家明白，科学无比强大且不分国界。这一年的会议是在塞维利亚召开的。这个在学校里学到的城市名让人联想起西班牙的历史，堂吉诃德、哥伦布，当然，还有“塞维利亚的理发师”；我怀着迫切的心情期待这次旅行。在会议上，我做了一个六自由度差动机构运动学的报告，该机构由我们自主研发并首次用于 APAS-75。我这几位机器和机械理论同行后来才明白，这个机构不属于任何一个已知的机构门类。此事姑且不提。

我们途经马德里，之前提到过，我意外受邀参加一个宇航技术展。

我做了一个简短的报告，介绍了苏联航天的过去和现在，并提到了马德里地面跟踪站，这是 NASA 自“阿波罗”计划以来设在全球的几个主要航天通信跟踪站之一。我的发言吸引了“赫尔墨斯”计划负责人、法国人 F. 古伊亚尔的注意，与此同时几个西班牙人也走到我面前互致问候并相约会面。他们中的一个人用车把我送到了宾馆，于是我们的关系更进了一步。H. 杜拉多讲了西班牙和他的公司“赛尼尔”，以及他的宇航技术工作。在陌生的国度结识同行是一件有趣且令人愉悦的事。这次相识并不是一个小插曲，在以后的几年中我们一直保持着联系，而“赛尼尔”公司很快就与“能源”科研生产联合体开展了合作。我们都参加了这项工作，因为欧空局选定一家西班牙公司为“赫尔墨斯”航天飞机研制对接装置，后者有意与我们合作。关于这个后面再叙。

首先讲讲此次合作之前的故事。

第一次在马德里见面时，我送给H. 杜拉多一本自己写的有关对接的书，而他给我讲了在他们公司工作的“俄式”西班牙人。据他说，他们中一个叫H. 利巴科柏的人有这本书，而且他已经把有些部分翻译成了西班牙文。利巴科柏正好也是“俄式”西班牙人团体中的一员，他也在苏联经历了“二战”，读完了中学，后来又从莫斯科能源学院毕业，成了一名工程师。一年后我们再次见面时，我可以确信，这些长大成人的“俄式”西班牙孩子的确不同凡响，他们是两个民族的孩子，也是两种文化的产物。回到祖国后，他们依然保持着与我们国家的联系。我们的西班牙孩子经常说，他们感谢俄罗斯给予他们的帮助，或者可以说，在那个艰难的黑暗岁月中挽救了他们的生命。他们被抚养成人，受到了良好的教育。在50年代末回国以后，照他的话说，他们成了西班牙最有教养的人。

H. 利巴科柏与俄罗斯保持联系的纽带之一是通过书和苏联出版社的目录。他先获得目录，然后订阅俄语的文学艺术书刊，更多的还是技术类书刊。通过这种联系，这种信息脐带，第二故乡为这些人的精神世界注入养分，同时也增强了他们的知识潜力。顺便说一下，我那本1984年出版的书，只能通过订购才能发行。这是一种新的经济型出版方式，可以将印刷量降到最小，我的书只印了1 000册。除此之外，为了尽可能多卖书，从一开始就要做一些“割舍”。如果它卖84戈比，大概会有些许收入。在西班牙，这本书先是引起了“塞尼尔”公司的研究兴趣，后来促成了为一系列欧洲航天项目研制对接装置的任务，包括“赫尔墨斯”航天飞机、“哥伦布”空间站以及单独飞行的试验舱段。公司挑选了一批有才干有活力的工程师，在时任国际宇航联（MAΦ）主席的A. 阿斯加拉克领导下开展工作。

上述的大部分事情都是我几年后才知道的，当时“塞尼尔”代表团在简短的书信往来后，来到了莫斯科，团长是A. 阿斯加拉克，代表团中有我认识的第一个西班牙人H. 杜拉多和“俄式”西班牙人H. 利巴科柏。

我们到谢列梅捷沃机场迎接西班牙代表团。那次见面至今还留在我的记忆中。我非常有兴趣见到这些同事，像之前期待的那样，与他们一起工作，为整个欧洲建立空间对接系统。我记得与H. 利巴科柏的第一次握手，他那口略带古旧的俄语，以及他探询的目光。他注视着我，就像看一个他从书中认识很久的人。

第二天我们在宇航总公司进行会晤，开始计划我们未来的合作项目。

* * *

这一切都是后来的事，而在1987年秋天，等待我的是第一次在西班牙南部的旅行。我的科学家同事和朋友A. 贝松诺夫、A. 考伦加谢夫和其他科学院成员是以科技游客的身份参会的。这是一种经过改良的新型科学家出国形式：游客承担部分出行费用，再加上500卢布左右的补助。有了这些钱他们可以得到很多服务，没有什么需要操心的事，一切都已经提前预订并安排好了。在马德里他们有巴士接送，就像正牌科学家和真正的游客一样，巴士载着他们穿过整个国家，直达他们事先预定好的体面宾馆。

我只能自己管自己。自由固然是好，前提是有机会享受自由并善于这样做。我们的领导机关直到最后一天才通知我远行，只给了一点能报销的钱。由于出差的决定是最后一天才做出的，订宾馆已经来不及了，“到那边自己解决吧”。只身前往一个陌生的西班牙语国家，在别人的城市里摸索问路，谈何容易。我之所以写了这么多细节，是因为我一路上克服的困难至今历历在目，实在是不吐不快。我好不容易到达了自己的宾馆，最终还是住进了那几个“科技游客”所住的宾馆，只是我直到半夜才精疲力竭地赶到。我又见到了自己的同事，他们个个愉快而满足，沉浸在沿途观光的美好回忆中。

不过，当我的飞机中午刚抵达塞维利亚时，距离这个愉快的会面还要走很长的路。在机场我先是被送到了一个比较空的酒店，但我住不起，房费超过了上级机关规定的限额。只好再出发去寻找。

好不容易找到组委会，到达时正是人家午睡的时间，我只好在一座看起来很破败的大楼里等了两个小时。然后工作人员请求我再等一下，他们要先安排那些有组织的代表团成员，那些懂得事先关照自己的人。不过在等待的几个小时中我看了很多从未见过的事，也认识了一些来自不同国家的学者：彬彬有礼的日本人，节俭的中国人（他们从隐秘的裤子内袋中掏出自己的钱），还有一位坐火车穿过整个欧洲到达塞维利亚的保加利亚教授，他也疲惫不堪，用粗话咒骂着自己的政府，怪他们让他这样的大牌教授沦落到这种地步。眼看要到晚上了，看来要采取一点措施了。在我的随身行李中有一盒糖果和一些莫斯科的纪念品，打算用来“贿赂”管事的人。姑娘们很喜欢糖果，会务接待主管——漂亮的西班牙姑娘捷列莎最终用自己的“日古里”把我送到了上面提到的那个宾馆。虽然很疲惫，但是坐着苏联车，与一位美丽的西班牙女郎在夜晚的塞维利亚兜风也是一件十分惬意的事，而且在路的尽头等待我的是一间舒适的客房。

但是我的宾馆历险记还没有结束。第二天晚上，当我们结束第一次会议回到宾馆时，我发现自己的东西被拿到了大堂，宾馆给我的解释是来了一个新代表团，他们提前在这个宾馆预订了房间。我只好再给组委会打电话，幸运的是，我的美人儿捷列莎正好在办公室，她马上开着自己的“日古里”匆匆赶到解决了纠纷。我的东西被送到了隔壁宾馆，而我们则去参加女市长在中世纪城堡为我们这门古老的工程科学举办的招待会。

经历所有磨难后，我尽量不跟自己的“游客们”分开了。他们带我一起游览了马拉加，我们中的大部分人还是第一次在地中海游泳。有一天我去拜会了我们代表团中的院士们，他们就被安排在那个我之前住不起的四星级宾馆，对我们这些普通的科学家来说，那个地方太奢华了。我们的代表团团长K. 弗拉罗夫院士没有在宾馆里，他一直是个活跃分子。不过另一位院士Л. 考什金上了年纪，身体发福，他待在自己的房间里。我们度过了一个宁静愉快的晚上。列夫·尼古拉耶维奇（指K. 弗拉罗夫院士——译者注）在转盘生产流水线研制和制造行业非常有名气，这种流水线可以大幅提高大批量简易产品的生产效率，比如卡拉什尼科夫冲锋枪的弹夹（已经生产了数亿个）。这位有实践经验的院士作为深度涉密人员，多年来一直待在苏联国内，我觉得这可能是他第一次走出国门，看来也是最后一次，因为不久以后他就去世了。我记得他站在一个设计师的角度，对宾馆房间的装潢大为赞叹，他说这简直是人类手工无法触及的细节，看来他在塞维利亚也没有忘了自己的自动生产（线）。他请我看看为什么他房间的电视机用不了：屏幕亮着但没有图像。原来是因为天线的电缆藏到了桌脚，从桌子下面穿过去，又被装饰挡住了很多，加上天线本身有缺陷。我们约定在他位于莫斯科郊外波多利斯克市的家里见面。不过跟往常一样，回国后我们就又忙于各自的事务而无暇他顾。后来我们就没有再见过面，太遗憾了！

我的会议报告做得比较成功，报告厅的人不算多，但各个国家的人都有。有一个德国人特别喜欢我带的原型机构和数学模型。德国的“法因力学”学派多年来一直是世界领先，当我大学时代在鲍曼技术大学研究战争缴获的电动机械时就记住了这一点。总的来说，此次会议给我的印象不佳：事情虽然按部就班地进行，但看不到创新、提升和进步。

* * *

我第二次去西班牙是 1991 年，在宇航总公司组织的莫斯科会晤之后。我们飞抵马德里，“塞尼尔”公司的总部设在那里，然后 A. 阿斯加拉克用自己的车子载着我们去北方巴斯克地区的比尔鲍市，公司的工程设计部在那里。

那次出差使我对这个地区有了更多的了解，所见所闻颇多，尤其是“俄式”西班牙人给我们讲了很多，他们还多少保持着我们俄罗斯人对生活的看法，同时兼具西班牙人的气质。H. 利巴科柏，不知为什么大家都叫他切丘，他和他那些同在俄罗斯经历过战争的朋友和同事们大部分时间都陪着我们。共同的过去使我们格外亲近。回国以后他们在西班牙度过了 30 年，期间发生了很多重大变化。他们刚回来的时候，国家正处于弗朗哥独裁的高压之下，他们在那里艰难地度过了 60 年代，也经历了 70 年代初在独裁者生命末期西班牙特有的“解冻期”，而在独裁者死后他们积极投入到国家政治经济的复苏运动中。我记得 1987 年第一次去西班牙时，我被马德里市的内战敌对双方牺牲人员纪念碑深深地打动。这座纪念碑是弗朗哥在他去世前几年建造的，成为民族和解的象征。但事情还不止于此。

到 80 年代末，虽然西班牙的自然条件相比于法国、德国还很差，但它基本已经赶上了西欧的文明程度。即使经历了多年的独裁，但它的经济并没有像我们俄罗斯一样彻底崩溃，尤其是国家的农业。

西班牙人民坚不可摧并最终冲破束缚的创新热情拯救了国家，也发展了工业。就像 H. 利巴科柏说的，在 60 年代西班牙只有一个生产滚珠轴承的小厂，而数年后国家日渐强大，也开始涉足航天研究，只是在这个领域的进步还没有那么大。显然，要建立强大的火箭宇航工业，需要一个超级大国的极大努力和人民坚持不懈的付出。

H. 杜拉多不久就离开了“赛尼尔”公司，在马德里建立了自己的小公司。H. 瓦里耶赫·冈萨雷斯接替他的位子，成为对接项目负责人，那是一个能干且讨人喜欢的年轻人。在以后的数年中我和他还有很多见面及合作的机会，他甚至在 1992 年美国举办的短期对接课程中做过我的学生。后来我们合作准备了一份“赫尔墨斯”对接机构的研制报告，提交给欧洲 ESTEK 航天中心举办的研讨会。遗憾的是，“能源”科研生产联合体和“赛尼尔”公司的合作不久后便终止了。Ю. 谢苗诺夫出人意料地没有签合同，尽管A. 阿斯加拉克想尽办法，并且利用他国际宇航联主席的身份进行了额外的努力，促成我们的总经理荣获阿兰·德·埃米尔奖。而这个时期也正好是我与领导层的关系再度恶化的时候。

切丘·利巴科柏把我的书译成了西班牙语并付梓出版。1991年年末，他把西班牙版本的书寄给了我，在我看来，这本书非同一般：它的译者不是普通翻译，而是一位专业工程师和教授，他是带着兴趣和热情来做这件事的。邮局给我送来了两个一模一样的包裹，里面装着书和信。切丘在信里解释了寄两个包裹的原因，他对往俄罗斯寄邮件不太有信心，曾经有过不愉快的经历。当地的通信部门知道我，小心翼翼地把书和信送了过来。这封信仍留在我的资料室里，它值得一读。信基本是用斯拉夫语写的，开头是这样的：

我的大人，尊敬的先生，仁慈的君主：

给您寄去我向您承诺过的西班牙语译本，我希望您在美好的冬日早晨收到它的时候，身体康健、心情愉悦。

如果译文与您的文字有出入，事先恳请您不要见怪。

改革前与苏联的邮政联络很不顺畅，现如今很可能更糟，古时候用马运信到俄罗斯或许还更快一些。为保险起见我给您寄去两份，看两份的寄送情形如何。它们很可能在圣诞节前送到您手中，这样您收到的译本就当作是我送给您的圣诞礼物，代表了我对您作品的由衷敬意。

请允许我对您说，我的大人，尊敬的先生，仁慈的君主，在我的职业生涯中与您相遇，与您优秀的飞船机电部件研制团队合作，我感到非常高兴。

在此也向杜布罗夫、别里科夫、瓦西里耶夫先生致敬，请务必转达我的圣诞祝福。

我的大人，尊敬的先生，仁慈的君主，请接受我对您诚挚的敬意。

很荣幸能成为您的同事和令您团队满意的“采矿工”。

切丘

1991年10月22日

这些“俄式”西班牙人苦于多年见不到来自第二故乡的人，也没有机会说俄语。切丘告诉我他们在比尔鲍的海港转悠，寻找苏联船只，为的是跟船员聊聊天。客气地说，那些人还是很克制的。那些年西班牙和苏联理论上是两个不相干的国家，尽管他们过去有很多共同和相似之处。弗朗哥死了十年之后，这道壁垒终于破防了。

应该见见这些西班牙人。

除了早先可以弄到的苏联出版物之外，一些以前被禁止的俄罗斯作家和历史学家的作品也开始为西班牙人所接触。就像俄罗斯的小伙子们一样，他们甚至有兴趣阅读在莫斯科刚出现的、像巴尔科夫这类作家的作品，当他们还是少年的时候，就听到过他的禁诗。他们无法忘记自己的童年、少年和青年时代。每次他们来到莫斯科，都会去看望自己 40 年代在西班牙寄宿学校的老师和保育员。我也有几次从马德里帮他们捎东西给这些老人，他们也是我的上一辈人。

* * *

在与“塞尼尔”公司的合作中，我也像以前一样，拉上了自己亲近的同事——自 EPAS 时期就与我并肩作战的 E. 波布罗夫和 Э. 别里科夫。后者以前是动力学专家和设计人员。在 EPAS 初期，我把他从其他部门挖过来参与 APAS－75 的考核验证，1975 年后促成他通过了副博士论文答辩。在之后的数年中，他参与了很多我们的项目，逐渐成为我身边的得力助手之一。1988 年他成为部门主任，负责系统设计、动力学分析和其他问题。

在那一年，顺应时代的风潮，所有的新领导都从内部选拔。我那时对选拔谁没有任何异议，尽管也有其他的副博士被提拔。几年以后我让他作了我的副手。

C. Э 别里科夫（左）

别里科夫也积极地参加了我们的创新研制工作，如大型耦合试验台、太阳帆飞船、“旗帜”演示试验。应该说，他在自己的部门是一个主教练，很多事情都亲力亲为，直接和研制人员一起工作。不过遗憾的是，他不善于挑选好的分管负责人进入自己的部门，其中也有一些客观原因。

1991 年 8 月过后，我们生活中所有的经济和社会状况都开始恶化，之后开始崩塌，而我们在围墙之内的

“能源”科研生产联合体同样感受到了崩塌，甚至蔓延到了它的界限之外。

1991年年中，别里科夫的汽车被偷了，可以说是光天化日之下、在他眼皮子底下从家具店门口开走的。只有那些靠工资和偶尔业余时间挣的一点微薄外快生活的苏联人，才能完全理解和评估这次损失的后果。尽管想了各种办法，汽车还是没能找到，虽然真正的汽车抢劫和其他掠夺还在后面。此时正好国家政府部门为表彰“能源-暴风雪”航天飞机的发射分发了一批暴风雪号汽车作为奖励。虽然我们一再申请并采取了行动，包括我放弃自己享有这项“福利”的资格，联合体领导层和Ю. 谢苗诺夫还是拒绝给别里科夫分发汽车。这是1992年年中的事，年底他为了挣钱和弥补物价飞涨造成的商业差价，向我们请假去西班牙赚外快，并答应从那里开着日古里回来。但他没有回来，既没有乘船也没有坐飞机。

别里科夫最后一次给我打电话是在1993年2月底，当时我们已经完成了“联盟TM-16”与新型APAS的对接，展开了我们的第一个太阳帆“旗帜”。后来我才知道，他第二天就跟“塞尼尔”公司签了合同。在此之前，我一直竭力顶着没按领导要求开除“未归人员”。再继续拖下去已经没有意义了。几件事合在一起，让我失去了自己的副手和同志。

据说，每个人随心所欲的行为都是受头脑和良心支配的。这话没错。在解体时期，国家和整个民族都分裂了，更不用说单独的个体了。我们的人民在20世纪经历了太多这样的时期。人是复杂的生物，在不同条件下可能表现出不同的样子，只有少数人准备一成不变地站在原地。这样的例子不在少数。离开自己人和自己的事业同样也需要特别的勇气。但这一切和这种处世哲学却给我带来了困扰，留下一个群龙无首的部门和一大堆没干完的工作，让一切听天由命，这就是困难所在。真是一言难尽，在以后的数年当中，我们承受了并继续承受着巨大的困难，因为APAS的数学模型没有最终调试好，不能进行动力学和运动学试验数据的分析，用于航天飞机飞行的最后一个多次可展太阳电池阵也无人监管。这一切突然都丢给命运处置了。

在两年多的时间里，部门工作由副主任B. 沃罗申负责，他也是我从其他部门调到别里科夫这里的；他在1995年秋天意外去世，当时我还没有决定任命他为主任。

西班牙没有错，但它跟我开了一个恶毒的玩笑，令我再度想起那段可恶的往事，而那些活生生的人则让这一切更加不堪回首。

3.22 广告——贸易的助推器

1991年夏天，美国海军上将理查德·特鲁利来到了“能源”科研生产联合体。这次访问是NASA官员第一次造访苏联宇航技术的母校，而苏联宇航技术的地位和名称再过几个月就彻底终结了，这一点大家很快就会明白，而在当时我们还一无所知。访问日程中包括了在“锥体”试验台上演示对接系统。我和特鲁利见面就像老熟人一样：在“联盟-阿波罗”项目执行期间，他是支援乘员组中的一员。后来他数次乘坐航天飞机飞向太空。

展示APAS-89时，我决定讲得生动一些，好让大家记住我的话：“你看，迪克（迪克是理查德的昵称——译者注），他是雌雄同体的，也就是说既是男人，同时也是女人。像真正的男人一样，他强壮可靠，时刻准备对接。也像真正的女人一样，优雅迷人又带着几分神秘，所以，他就是一个阴阳人！”

大家都笑了，来自美国某报社的一位年轻可爱的女记者记下了我的俏皮话。

* * *

在这之前，广告潮流已在1989年兴起。改革后的第四年，我们才逐渐开始摒弃那些成熟的、不成熟的以及不够成熟的社会主义思想，对于我们这代人来说，这些思想是从母亲的乳汁中吸取的，随着母亲的血液和后来父亲的恐吓植入我们的身体。慢慢地，我们一步步变得勇敢起来，我们想从事自由工作。我希望有权力讲述自己的劳动成果和成就，参与劳动所得的分配，无论是精神上的还是物质上的。

所有与对接有关的欧洲项目“赫尔墨斯”“哥伦布”等都进行缓慢，与西班牙“塞尼尔”公司的合作陷入了僵局。不过我们参与这些工作的一个正面结果是，新对接技术的信息已经越过“能源”科研生产联合体和宇航总公司的边界，飞到了国外。这使我得到了正式的权力来广泛使用这些信息。我下定决心做得更勇敢一些，扩大宣传范围和自己的行动范围。

1989年春天，我们和宇航总公司展览处的同志们说好，把新型对接机构列入巴黎勒布尔热航展的展品清单。这个非标展品为宇航总公司的参展注入了新鲜血液。

尽管Ю. 谢苗诺夫对我和对接都抱有成见，但他还是下令准备一个APAS参展。我们给产品配了一段不起眼的简介。没想到的是，我们还要克服最后一个由“好心人”炮制的麻烦，配备APAS的“联盟号”飞船的主任设计师是异体同构方案的反对者，他找了一个强有力的理由阻挠该机构参加航展：机构必须继续进行热试验，“想运出国？那可不行。”“它们有什么好的？”这句话不知道把多少倡议扼杀在萌芽中。这次我们没有就范，新的“雌雄同体”奔赴巴黎，自那年5月开始，它有了一个属于自己的附加号码，被称为APAS-89。

我当然也想跟自己的异体同构“养子”一起去巴黎，这对我们两个都有好处。“你去跟谢苗诺夫说说呗。”宇航总公司主席A. 杜纳耶夫说。当我去找Ю. 谢苗诺夫的时候，他直直地盯着我，好像不明白我在说什么。

我没能跟自己的APAS-89一起去勒布尔热，没能亲眼看看航天专家们对我们花了近十年时间研制的产品有何反应，也没有机会跟NASA、欧空局以及其他国家航天局对国际合作有兴趣的领导见面。很快我就知道，这场异体同构秀并没有引起轰动，大家对它反应寥寥。与此同时，法国航天局试图把我们和美国人联合起来的想法也没有奏效。在1989年夏天休斯敦举行的交会对接设备国际会议上，没有“能源”科研生产联合体专家参加，会议基本没有什么结果。当决定是否派代表团参加此次会议的时候，Ю. 谢苗诺夫在拜科努尔。我游说B. 列戈斯塔耶夫哪怕派个人去参加一下也好，可他什么事情都做不了主。

很显然，需要另外采取一些特别的手段来推动停滞的空间对接合作，提振一下靠惯性运行的系统，唤醒各国航天局昏昏欲睡的官僚体制。

1989年的秋天和整个冬天我都顾不上APAS-89的广告，除了这段时间有两个新型对接机构要安装在“晶体号”舱。我们一直忙于测试该舱体的多次可展太阳电池阵。“晶体号”舱最终在1990年6月初与“和平号”空间站对接，两个APAS准备在太空进行异体同构式对接。我们的异体同构“新娘”需要“新郎”，而一个“暴风雪号”是指望不住的。

发射前一个月，也就是1990年5月，我终于在时隔15年后再次踏进美国。有关这次旅行的情况我会在讲“哥伦布-500”项目的时候再叙述。在这里提起是因为在访问普林斯顿期间我经人介绍认识了詹姆斯·哈尔福特，他是美国航空航天学会（也就是我们熟知的AIAA）的名誉会长。他也曾担任国际宇航联主席多年，对美国和世界航天界的所有情况都了如指掌。我们彼此很快就产生了好感，在以后的几年中建立了非常友好的关系。后面我还会提到我们在许多项目和事务上的相互关系。我之所以在这里提到他，是因为J. 哈尔福特注定要通过一系列国际渠道和措施为苏美关系的发展和两国宇航员的交会做出巨大的贡献，首先是通过对接系统，即通过APAS-89。

1990年秋天，经过这么多年的宇航技术工作，我第一次有幸参加国际宇航联大会。这又是一次乘着“太阳帆”的旅行，我们这个小代表团是由苏联共青团中央委员会组织的。在这段不长的时间里，即将解散的共青团给我们提供了援助。在共青团团委书记的领导下，我们这个青年代表团开始办理赴德意志民主共和国（ГДР）的材料，9月底收到了德意志联邦共和国（ФРГ）签证获准的通知，而我们入境时德国已经统一了，不早不晚就在它统一的第二天。此前我没有去过德意志民主共和国，想看的地方非常多，包括柏林的国会大厦、勃兰登堡门，以及拆了一半的柏林墙。我们在会议举办地德累斯顿逗留了几天，参观了著名的博物馆、美术馆以及战争遗留下来的废墟。不过现在要说的不是这个，而是参加会议的情况。

这个共青团代表团是以青年科学杂志的名义出访的，不过只是挂个名而已。A. 米希耶夫显示出了绝对的商业天赋，他在会议组织章程中发现了一个条款，根据这个条款新闻界可以免交会费，否则每个代表团成员都需缴纳整整650美元。从哪儿找这笔钱?! 为了彻底给共青团省钱，我们干脆住进了学生宿舍，而我作为教授得到了一个独立的小单间。我们坐有轨电车去会议大厅，午餐就吃肉肠和喝啤酒。我感觉又重新回到了学生时代。

我又跑题了，这些回忆真让人欲罢不能。关于德国、德国人、会议以及参会者，我还可以讲很多，不过必须回到APAS上来。

作为“记者”，我不能寄送提前准备好的报告。不过我还是在不同专业组会议上做了几个简要的报告。我随身带了几张APAS、“和平号”空间站以及“晶体号”舱的草图，这样我就可以用幻灯片形式进行展示。作为一个新面孔，J. 哈尔福特给了我很大的帮助，他把很多有趣的和有用的人物介绍给我。我们之间的互动非常积极。如果说那里就像冰球联盟（НХЛ）一样，给予最活跃的新手以特别的奖励，那么我应该是得到了与其他参会者截然不同的待遇。我几乎跟遇到的所有人讲了对接：从记者到讨人喜欢的女秘书。甚至在宴会上都要抽时间跟休斯敦中心的主任助理J. 洛夫图斯讨论，他耐心地听我讲异体同构结构改进的成果。在以后的几年中，洛夫图斯一直坚定不移地支持我和我的APAS，推动它实现与航天飞机的对接。

过了一段时间我才明白，所有这些行动都收效甚微。不过至少在这个阶段我尽力宣传了俄罗斯异体同构对接机构，让大家了解了它的状态、特点和成果。

在会上我还见到了Г. 谢维林，不论何时何地他都是公众人物，因为他是宇航服和弹射器的研制者，而且人品也不错。得知我是作为“共青团”记者参会的，他说：“如果我是谢苗诺夫，就派你出国，不拿到好的合同就别回来。”我的确是出国了，但没有经过谢苗诺夫，而合同在我回国后自己飞到了“能源”科研生产联合体。

1991年，我不放过宇航总公司组织的任何一个展览，尽量利用国内外的所有机会宣传APAS－89。信息传播得虽然慢，但很广，大部分圈内专家都知晓了。不过决定性的一步还没有迈出，为此还需要经过一系列事件和会谈。

这年春天，A. 米希耶夫和我再次受邀赴普林斯顿参加空间研究所（Space Stadies Institute ，SSI）举行的会议，该研究所是由著名科学家——未来学家、科幻小说家G. 奥尼尔担纲领导的。我又做了一次即兴报告并与美国专家进行了会谈。报告结束后，我把印有“和平号”空间站照片的日历分发给大家，照片上的“和平号”空间站飞翔在太空，背景是蓝色的地球，我在“晶体号”舱的异体同构对接口上留下了自己的签名并加上了一个后缀“Big cheese”（作者的姓“Сыромятников”中的“Сыр”意为“奶酪”——译者注），就像我要邀请大家进行一次不寻常的对接。领日历的人排起了长队。

在按照美国传统举行的闭幕宴会上，美国宇航员乔·阿兰到场，他也是我在“联盟-阿波罗”项目中的一个老相识，当时他是支援乘员组中的一员。在80年代他也曾数次乘坐航天飞机成功执行飞行任务，退休后领导着一个名为“太空工业”的小公司。他带来了很多骁勇善战的NASA著名老兵：M. 法瑞，K. 约翰逊，B. 克瑞斯等。冠冕堂皇的致辞结束后，我们交谈了一番，决定共同努力，联手推动对接项目的进展。他邀请我飞去休斯敦，去一个有那么多成就和经历的城市，这个诱惑太大了。可惜我已经没有时间了，我短暂的休假即将结束，我们约定在不久的将来要第一时间抓住机会。

秋天的时候机会来了，而且这次见面比那次偶遇要长得多。以前J. 哈尔福特说好要在AIAA的教育活动计划中开设一个对接相关的短期讲座课程，他挑选了K. 约翰逊和我作为“Instructor”，也就是美国人所谓的“讲师”。让第一批参与美苏太空对接项目的老兵和第一代APAS－75对接机构的创造者走到一起，这真是一个绝妙的主意。世界上没有谁比我们更了解对接，也没有谁像我们一样为飞船在轨对接技术付出过那么多努力。

11月份，受“Space industries”（太空工业）邀请，我飞到了得克萨斯州，这是我时隔15年之后第一次造访得克萨斯州。当然，我很想去看看那些我曾经工作和生活过的地方，见见和我当年一起建造最早的APAS－75并进行“联盟-阿波罗”飞船对接的那些人。此次出行的迷人之处还在于我的女儿叶卡捷琳娜陪在我身边。我安排她在普林斯顿大学进行为期半年的进修，担任“空间研究”（Space Studies）学院的助手。这也预示着我们两国将扩大合作。

与克里斯·法拉涅塔、叶卡捷琳娜、伊琳娜·古伊德曼在普林斯顿合影

我们与怀特一家见面，我的女儿出生在我们的合作项目刚刚开始的时候，而此次与她见面的劳拉·怀特只比她早出生一年。在我看来，最感欣慰的当属两位父亲，在她们幼年的时候，我们就听说过彼此的女儿，如今第一次看到她们在一起，两个小女孩都已经出落成了亭亭玉立的大姑娘。

20年后与鲍勃·怀特重逢

虽然是11月份，我和叶卡捷琳娜在约翰逊一家惊讶的目光中跳进墨西哥海湾游泳。这次出差的

主要成果是我们编好了未来讲课的具体内容并确定了备课和提交材料的分工。过了几天，我和叶卡捷琳娜去华盛顿处理了一些 AIAA 的手续问题，然后就去了普林斯顿。

与约翰逊一家合影（右边是凯德威尔）

1991 年秋天，我在 CNN 全球电视系统发表讲话并做了航天广告，关于这次讲话的情况我之后立刻写了一篇文章，文中反映了后苏联时期的宇航技术以及国家本身的特点，我做了一些删减后将该文作为本书的一个单独章节。1991 年的秋天以及 1992 年的冬春，是俄罗斯和所有苏联加盟共和国分崩离析的时期，新的时代开始了。后来我才知道，1992 年春天对于新世界格局下的航天项目来说至为关键。

关于这些事件和后续发展请看下一章：20 年后："和平号"与航天飞机。

3.23 “能源”科研生产联合体总裁——谢苗诺夫

“能源”火箭航天集团公司于1992年成立。在我们单位将近半个世纪的历史中，第一次公开以“航天”二字冠名。然而事情绝不仅仅在于一个名字，确切地说，完全不是名字的问题。在这件事之前已经出现了很多变革，而这些变革的背景是整个国家发生了根本性的转变。

1989年1月，B. 格鲁什科去世，之后“能源”科研生产联合体在总设计师空缺的情况下继续运行了半年之久。经过漫长而激烈的竞争，包括我在内的很多主要技术部门领导都参与其中，最终苏共中央委员会任命Ю. 谢苗诺夫担任这个职务。新的总设计师很快就成为我们这个航天龙头企业的唯一领导，摆脱了总经理，也摆脱了权力之争。他在这个位子上坐了很多年。

在前面的章节中我讲述过自己的几位大领导：C. 科罗廖夫，我们航天实践事业的奠基人，已过世多年；B. 米申，科罗廖夫的第一副手和他意外去世后的接班人，现已过世；B. 格鲁什科，起初是优秀的火箭发动机设计师，是科罗廖夫的战友，也已过世。

我应该说说自己的最后一位老板Ю. 谢苗诺夫。作为“能源”科研生产联合体的掌门人，他积极地投入工作，将科研生产联合体私有化，并成为它的第一任总裁。四个领导人都有着出色的个性，而最后这一位是最矛盾的人。俗话说，时势造英雄，应该说，每一个时代都会选择自己的英雄和领袖。

至于我和我的书，写这一章节来叙述自己的最后一位大领导，这个任务好像（也许是肯定）非常艰巨，其中的原因有很多。不过我必须这么做，不管要付出什么代价。这样做是为了苏联和俄罗斯航天的荣誉，为了更具体地理解我们的历史，也是为了讲述在我们航天业界谁扮演了何种角色，谁为这项伟大事业带来了什么。

* * *

Ю. 谢苗诺夫是1964年从第聂伯罗彼得洛夫斯克调到我们第一特种设计局的。他在那里上完了大学，那所大学主要是为M. 杨格尔总设计师领导的第456设计局培养火箭技术专家的。在那个年代，能从其他省调进莫斯科的都是优秀人才，或者说是成功人士。对于我们未来的总设计师来说是二者兼而有之：他娶了州委员会书记A. 基里连科的女儿。这样的亲属关系为他的仕途发展提供了良好的先决条件，而书记本人也很了不起，他在第聂伯罗彼得洛夫斯克就开始追随自己的领袖Л. 勃列日涅夫，后来又到了首都。这个因素最终起到了决定作用。很久以前，在坐车前往“伏努科沃-3”机场的路上（当时身为型号总师的谢苗诺夫有时会用他的黑色“伏尔加”载我们去），我碰巧听到这位未来的总裁亲口说道，假如他真的错过了自己的婚礼，那么他永远也当不了型号总师，这就是命运。

应该说，谢苗诺夫在我们波德利普基这里的升迁之路走得并不快。他不像H. 赫鲁晓夫的儿子谢尔盖一样，刚出校门立马就成了另一位总设计师B. 切洛梅的副手。在科罗廖夫这里，我们未来的老总一开始是副主任设计师。只是这个职位的获得并非出于偶然。

“产品”（即火箭、卫星或者飞船）主管设计师的职责在我们这里是很特殊的。实质上主管设计师是设计局所有部门的技术协调人，同时还包括工厂、协作单位和发射场试验部门的协调。他的工作直接由型号总师调派和监督，包括科罗廖夫本人。这就使得主管设计师的职责一下子凌驾于其他领导之上。提拔为主管设计师的都是头脑敏锐、遇事果断、具有顽强钻研精神的工程师，能够带领大家认准目标勇往直前，不迟疑不动摇。科罗廖夫手下的第一批主管设计师包括：Д. 科兹洛夫，负责“7号”；B. 马吉耶夫，负责潜艇导弹；后来的M. 列舍涅夫，担任过型号总师和总设计师，后来去了其他城市“列土封疆”。他们的事迹激励着那些有上进心的工程师和其他的主管设计师。他们中几乎所有人都做出了成绩，但是有的人运气不佳，有的人智慧不够，除了Ю. 谢苗诺夫，他们当中没人当上型号总师。众所周知，他首先成为第一个空间站“礼炮号”的新型主管设计师。

如果说型号总师是整个产品的方案设计者，那么也只有科罗廖夫当得起真正的型号总师，格鲁什科也只是火箭发动机设计师，而对于主管设计师的要求首先是有效执行计划和贯彻型号总师的意志。因此，要挑选具备相应素质的人担当这个职位。科罗廖夫非常知人善任，他能把很多消极怠工甚至脑子不灵光和缺乏自制力的人用得得心应手。他去世后，总师的思想和意志由集中贯彻变为分散执行，转移到了不同层次的人手中。技术领导也从原来（一人拍板）的极权体系变为具有俄罗斯特色的民主体系。只是政权仍旧掌握在一双手中，保持着一人独裁的本色。

这样一来，副主任设计师的责任虽然不大，而且是辅助性的，却大有可为。在有能力有后台的情况下，这个职位会获得直接的升迁机会。未来的总裁很好地利用了这个优势。

Ю. 谢苗诺夫到我们这里担任的就是这个职位，之后是主管设计师，成了A. 托波里的副手，后者当时负责“联盟号”飞船的研制。整个团队成了研制载人飞船和整个载人航天系统的特色科研队伍。在“联盟号”的基础上研制出了绕月飞船 Л1，谢苗诺夫毫不留情地挤走了托波里，成了独立的主管设计师。关于他们的关系有很多说法，我不是他们的直接目击人，不打算说三道四。

谢苗诺夫对 Л1 飞船的考核和试验做出了很大的贡献，这个项目也是独一无二、无与伦比的，总共发射了 13 艘无人飞船，试验结果各不相同，接下来就准备进行载人飞行了，但是该项目于 1970 年叫停。

继主管设计师之后，谢苗诺夫先是被任命为长期空间站的主管设计师，后于 1972 年成为型号总师，从此开始了他的上升之路。长期空间站逐渐成为“能源”科研生产联合体的主业，与此同时型号总师也成了最举足轻重的人物，其分量超过了两个总设计师：B. 格鲁什科和 B. 瓦奇纳兹。

我已经说过，Ю. 谢苗诺夫很善于利用 1975 年夏天出现的情况，他不仅将自己的项目与 EPAS 国际合作项目相提并论，还使事情朝有利于自己的方向发展，声称自己的项目是务实的国家项目，与“做做样子”的国际项目相比是占有主导地位的。结果，在上级领导的支持下，他成了民族英雄，获得了“社会主义劳动英雄”的称号。EPAS 结束后，作为型号总师的 Ю. 谢苗诺夫的地位进一步稳固。1977 年，他被任命为国际和国内载人航天项目型号总师，在他的领导下与 NASA 进行了初步的会谈。

这里应该向他致敬的是，他在一系列工作的组织方面做出了很大的贡献，包括研制二代空间站，切实完善飞船的准备系统，空间站在轨支持，以及提高飞行可靠性和安全性等。

1978 年，K. 布舒耶夫去世后，由 B. 季姆琴科担任谢苗诺夫的副手，负责“联盟号”和“进步号”飞船。而谢苗诺夫主管的空间站工作从一开始就由 K. 费奥克基斯托夫担任他的副手。后者作为长期空间站的总体主任设计师，思维相当活跃，对空间站的构型有诸多创意。这两个完全不同的人相互取长补短，他们的良好关系促成了卓有成效的工作结果。他们合作的鼎盛时期出现在 80 年代中期，从“和平号”空间站的设计阶段到投产初期。

虽然 K. 费奥克基斯托夫是关键人物，但他在团队中始终显得格格不入，最终离开了团队。与谢苗诺夫不同，K. 费奥克基斯托夫不善于选拔自己的队伍，他一贯表现得非常特立独行。渐渐地，总师手下的队伍出现了自然选择现象：越来越多忠于领袖的人加入进来，相比忠诚而言，其他品质在这里都是次要的。这种情况一年比一年严重，很多深谙此道的人因此获得了升迁。一切就像经典历史中演绎的那样，有些人因为时过境迁而失去了往日的荣宠，或者纯粹因为失去用处而被弃在一旁。

在 70 年代和 80 年代，长期空间站的型号总师（指谢苗诺夫——译者注）获得了耀眼的学业成果，先是副博士，然后是博士，甚至成了教授。在他的成功路上有一件事起了不小的作用，那就是最高学位评定委员会主席基里洛夫-乌格留莫夫对他另眼相看，因为谢苗诺夫安排为他和他的研究所研制了一个的专门天体物理飞船“伽马”，并于 1990 年发射到太空。1987 年 12 月，Ю. 谢苗诺夫参加了科学院能源部的选拔，在他参选通讯院士过程中起主导作用的是 B. 格鲁什科，在很多方面都给予他巨大的支持。

80 年代初，Ю. 谢苗诺夫因病做了一次大手术。幸运的是，脑肿瘤是良性的，几乎没有留下任何后遗症，身体上完全康复，不过，心理上却未必没有问题。

1981 年中期，“能源-暴风雪”宇航系统考核的重要阶段开始了。之后 И. 萨多夫斯基交出了自己的权力，谢苗诺夫成了“暴风雪号”的型号总师。凭借自己特有的干练和顽强作风，他使这个极为复杂的项目最终取得了胜利。幸运之神这次也没有辜负他，项目的成功超出了所有预期。

再次强调，在空间站和飞船总师的岗位上，谢苗诺夫确实表现出了卓越的组织才能。在他身上除了领导的天赋、强悍的意志和难得的运气外，其他的才干也随着时间和阅历不断加强，比如：敏锐的察觉力、技术的直觉，以及善于抓住设计问题的核心和选择正确方案的能力。遗憾的是，他的选择有时会受到主观的非技术因素左右，而这些因素通常是谁跟他比较亲近，或者是谁先提的倡议。

与 Ю. П. 谢苗诺夫合影

一个朋友告诉我说，Ю. 谢苗诺夫本人对航天并不感兴趣。他自己就是他个人宇宙的核心。也许这话没错，他其实对科学家和他们的试验并无兴趣。如果科学仪器耽误或妨碍了既定目标，就会被毫不留情地从轨道器上移除，这种事不止一次发生。

当然，很难期望一个人能够集所有优点于一身。这种事世间罕有，除非天降奇才。谢苗诺夫的糟糕之处在于其他方面，首先是他对人的态度，那些不为他个人效忠，而一心追求事业、信念和真理的人，凭良知工作而不畏强权的人，都会受到冷落。如果谢苗诺夫能够在自己周围营造创新氛围，把有才干的人团结在自己身边甚至只是给予他们支持和鼓励，那么俄罗斯航天的母校（喻指“能源”科研生产联合体——译者注）还会完成更多的国内国际项目。

但谢苗诺夫没有这样做，也许他的本性限制了他。

如果对他担任“能源”科研生产联合体总裁八年期间的新项目研制情况做个中性总结的话，那么结果可能是矛盾的。

在谢苗诺夫的领导下，“和平-2号”空间站不仅仅完成了方案设计和工作部署。在困难重重的时候，他不仅渡过了难关，而且变得更加顽强，打破了所有想得到和想不到的纪录。我先说几个项目，首先是独一无二的国际合作项目“和平号”与航天飞机。这个全球性的航天项目定名为“海上发射”，这个虽然不算新但绝对有吸引力的想法是谢苗诺夫提议并在新的环境下重启的，项目的成果在他领导的国际合作中最为耀眼。新总裁还打算把科罗廖夫40年前草率分出去的通信卫星和运载火箭业务重新整合进来。

另一方面，大型通用型通信平台的研制因陷入绝境而终止。小型低轨通信卫星“信号”“受命长期生存”。在“联盟号”基础上研制的救援飞船没能为自己找到出路，即便拥有极其充分的研制理由：没有救援飞船，“阿尔法”国际空间站根本无法使用。与欧洲的合作项目还没有一个进入实质性阶段。不过，这些工作大部分是Г. 捷戈佳连科主管的。

“阿尔法”国际空间站俄罗斯舱段的整体研制不算成功：设想的方案无法全部实现，这一点在项目实施初期就已经明确了。问题不仅仅在于经费不足，经济状况只是让设计者的预算频频落空，而完全实现这样的宏伟设计单靠“党和政府”的坚强领导是行不通的。根据谢苗诺夫的提议，1995年下半年开始尝试将“和平号”空间站与未来的“阿尔法”国际空间站合并，但最终未能成功。当然，“能源-暴风雪”项目的终结不是我们总裁的过错，只是后来的事情没有做到位，应该从水底的沉船中打捞些什么出来，比如APAS-89，而且还不止这个。

俄罗斯航天局作为我们的上级，不赞成“能源”全盘私有化（这是客气的说法）。当这一切发生之后，航天局给“能源”火箭航天集团公司的拨款自然而然降到最低。众所周知，载人航天之所以能够生存并发展，只因它是国家项目。80年代末从国外宇航员身上挣到的第一笔百万美元（当时美元汇率在刚刚兴起的俄罗斯市场上非常高），促使“能源”科研生产联合体的领导层建立股份制，之后成立了股份公司。这样一来，领导层的权力大大加强了，尤其是未来的总裁。但形势也在逐渐变化，包括公司的各种开销，设备和服务的价格，原先只要计算运载火箭以及飞船组件的费用，现在还要支付飞涨的电费和税收，其价格之高堪比世界水准。这样一来，就算是为发达国家提供航天服务也未必每次都能赚到钱。种种原因导致公司的经济状况恶化。领导层拿出英雄气概毅然支付员工工资，可劳动者的工资水平和分配机制大都还停留在社会主义时期。

我的叙述好像跑题了，不过应该提一下我们生活的方方面面以及领导层的特点。经济第一位，这是马克思主义教导我们的。

在Ю. 谢苗诺夫身边围绕着各种各样的人：极有才华且实干的Н. 泽伦施科夫，超级外交家В. 列戈斯塔耶夫，善于持家的А. 马尔特诺夫斯基，不屈不挠的В. 尹内拉乌尔，有些不择手段的Г. 捷戈佳连科，共青团的领头羊А. 伊万尼科夫，以及莫斯科电气的生产者А. 索布克和В. 巴尔梅诺夫。只是他们并没有都靠得很近。

对于其他下属，包括大部分副总、部门领导，以及拥有知识和经验的企业技术骨干，这个前总师和现任总裁的态度是令人震惊的。因为某个过失甚至客观原因造成的一些工作差错，他经常毫不留情地羞辱他们，还张榜公示弄得人尽皆知。不，这不是科罗廖夫式的愤怒，后者经常是虚张声势做做样子，目的是给个教训，没有恶意，当然也不会有严重的后果。尽管谢苗诺夫对于科罗廖夫的做法比谁都理解得更深刻，但是对他而言，犯了错挨鞭子的人是不配得到姜饼的，甚至于那些应该褒奖的人也经常得不到姜饼。当他还是型号总师的时候，就将福利分配的很多大权逐渐掌握在自己手中：奖金和荣誉，汽车和房子，当然，还有出国的机会。或许，在苏联时期出国参加国际会议通常被当作一种特殊形式的奖励。而在国际合作的出国名单中经常会加上领导的亲信，甚至食堂经理和木工车间主任，名义是经验交流。

当我撰写这个有些棘手、或许还很危险的章节时，我不止一次地停下笔，将不同人物的行为做派进行对比，包括与我自己的行为做比较，同时也会参考后续取得的结果，这些结果真的令人印象深刻。

另一方面，我不能不将我们的生活和航天事业与整个苏联时期我们国家发生的一切相比较。为了那些伟大的目标和成就，无数平凡和不平凡的人做出了牺牲，在这个背景下领袖的生活有什么截然不同之处。在我们的生活中，个人事务与公共事务之间存在着很多共同之处。

众所周知，我们有几百万人为了伟大的目标贡献了全部的力量和生命。大家也知道，我们的领袖是如何对待工人阶级、劳动农民以及工农知识分子的，他们都说过什么以及在生活中得到了怎样的回报。谢苗诺夫在这样的时代和环境中如鱼得水，他的出人头地靠的是上佳的运气、强悍的个性和其他卓越的品质。

1989 年 1 月，B. 格鲁什科去世，此后半年多的时间我们是在总经理 B. 瓦奇纳兹的领导下工作的。谢苗诺夫为了当上总设计师使出了浑身解数。原则上有若干个候选人，其中包括“能源”火箭的型号总师 M. 古巴诺夫。谢苗诺夫当上总设计师后，迅速将竞争对手排挤出局，过了一段时间他又赶走了总经理，自己接任了这个职务。

在我们新的总设计师手下没有一个型号总师，不论是飞船、火箭还是其他产品。这些领域的所有领导都是型号副总师，如果问到某人为什么，他的回答就是：“去问总设计师。”

从党政官僚体系过渡到所谓的民主体系，导致中央和地方政权的权力更大，实际上是没有了监管，钱权交易加剧。以前令人闻风丧胆的党内监督早已不复存在。部里的管控大大削弱，后来随着所谓的私有化和公司成立而彻底消失。

那些为建立苏联航天贡献了全部生命的人，最终成了它的殉葬品。而那些不能或者不想离开的老将，则变成了无足轻重的附属人物，不论在经济上还是精神上。

有人称我们的时代为职位革命，非常准确地反映了当今分配制度的一个主要特征：经济干部管理着国家，与党内高层分享权力和利益。他们抢先一步抓住时机，走进了政治经济的无监管乱局。当权者怀着对权力无法遏制的欲望，同时意识到自身的强大实力和新形势下的潜在可能性，于是开始放手大干。

一个人的行为取决于他对己、对人、对事的态度。而这些品质则决定了一个人在公众中的表现。对于领导人来说，这些品质具有特殊的意义，地位越高，影响力越大，人品也就显得更重要。

在自己领导的事业中，不能只看到自己，即使你位高权重，要多看看那些俯首听命、埋头工作的大多数人。

3.24 去科学院

在古老的俄罗斯有很多圣殿，俄罗斯科学院就是其中之一。在革命期间和革命之后大部分圣殿都被损坏了，但科学院依然屹立不倒。苏维埃政权需要真正的科学家（在一些领域），他们大大加强了这个圣殿的实力、影响和财力，并对这个圣殿中经严格筛选才有资格加入的成员关怀备至。当国民经济开始工业化和农业集体化之后，科学院的地位更加稳固。没有一支先锋队伍发挥引领作用，技术革命就无法进行。马克思主义是这个圣殿的权威，同时也凌驾于其他自然科学和非自然科学之上。美国的原子弹试验及其1945年的反日攻击在苏联的科技界引发了链式反应，而且不仅仅是苏联。

由苏共中央和部长会议通过、斯大林于1946年签署的一项著名法令，将科学家的地位提高到普通人之上，可以说是普罗大众之上。

我清楚地记得那个时候：在我们的林业学院村，所有的副博士和博士、副教授和教授都获得了很多特权。他们的工资提高到之前的2～3倍；此外，科学家和教师可以获得限量供应证，而不是普通的战时和战后配给卡，那种卡除了面包几乎什么也领不到。在莫斯科开设了几个专门的商店，凭那种限量供应证发放当时稀缺的珍贵食品。在这场全国性的运动中，最令人惊讶的是对科学家给予了全面的关注，不管他们的专业是什么，从真正的原子弹专家到林业专家全部囊括。这之后就衍生出一句名言：“做人要从副博士开始。”那个时候我对于院士还一无所知，院士在我们的圈子里还不曾出现过。

作为科学圣殿的科学院更是被提到了一个不可企及的高度。当上院士基本上就意味着成为人间神圣。

而真正杰出的科学家都在为了祖国的强大坚定地工作着，不断学习新的知识，征服未知的领域。工程应用科学取得了长足的发展和很高的知名度。对高水平技术工艺和新型复杂系统的需求日益增长。因此就需要对各种现象、材料和结构的本质进行深入探究，而这正是科学真正关注的东西。原子弹和氢弹、第一代超声速飞机、火箭和第一代航天器的缔造者们不仅是设计师，他们还是现代技术奇迹的创造者。A. 图波列夫、C. 科罗廖夫等很多设计师都是杰出的科学家兼工程师。他们不是普通的专业人士，没有人会因为这些设计师当选院士而感到惊讶。

为了扩大新技术研制的规模，越来越多的首席设计师和总设计师成为院士。这个运动的规模巨大，正如生活中经常发生的那样，好的初衷总是会渐渐被曲解，这就更不用说当时的苏联科学院了。领袖和科技破冰者敲开未知领域的坚冰，开始进行头脑风暴，紧跟其后的是分系统设计师和研究人员。与他们密切合作的还有科学院和高校的纯理论科学研究人员。

很多学院、研究所和设计局的一把手都是院士或者想成为院士的总经理和总设计师。当发展速度减慢的时候，党内官僚主义旧习便会开出繁盛的花朵，科学院的编制逐渐发生了变化。老一辈科学家隐退了，新的苏联科技先驱继任，他们秉承的是 1992 年新俄罗斯式的工作作风，不再有怀疑精神和坚持己见的勇气。

在苏联成为院士不仅仅是一件有威望的事情，就像被评为社会主义劳动英雄那样。苏联科学院院士享有终身年金，在那个年代可以生活得相当富足。此外还有其他特权：疗养院、诊所，甚至科学院单独号牌的汽车，以及“只向科学院投放的定量配给品”，按照 B. 费奥多西耶夫的话来说。

* * *

1990 年举行了苏联科学院最后一次选举。我入围候选人名单。但是，我没能当选，只是到此一游，仅仅在圣殿门前挤了一下。这也是一种学习，让我体验了最后的苏联式科学院。

我的“教父”是苏联科学院副主席 K. 弗罗洛夫，也是我曾就读的科学院机械研究所所长，我作为函授研究生在那里迈出了科学研究的第一步。作为一名非常有才干的当代科学型政治家，他在国内外都享有盛誉，难怪他凭借“能源-暴风雪”项目被授予“社会主义劳动英雄”的称号，尽管他与“能源”科研生产联合体领导层的关系并不紧密。与美国航空航天巨头麦道公司合作，在机械研究所成立了科研中心，计划进行大型航天结构相关的合作课题研究，这种大型结构将被用于“自由号”（Freedom）国际空间站。国际空间站改造开始后，该公司很快就退出了 NASA 的第一梯队。其结果是财政支持大幅减少，导致合作项目搁浅，国际科研中心也关门大吉。

这个事件是后来发生的，那个时候苏联已经解体了，而在 80 年代末，很多麦道公司的副总裁、经理、科学家和工程师都曾经造访过机械研究所，我也在莫斯科和洛杉矶接待过他们中的一些人。我作为大型航天结构设计专家，在这个项目中担任了其中一个重要的角色。我和麦道公司的“集成”结构专家 A. 毕古斯甚至准备了一个关于在“和平号”空间站上合作进行桁架展开试验的建议书，可惜 NASA 当时不支持我们的建议。看来在“自由号”空间站的残骸之下也埋藏着很多智慧的瑰宝。

不过我现在主要讲述的不是大型空间结构，也不是麦道公司，更不是国际空间站，我要说的是科学院和院士。

在 1990 年年中的一次会面中，K. 弗罗洛夫院士竟建议我参选他领导的力学与控制过程部通讯院士。我把这事告诉了 Б. 切尔托克，我们对情况进行了讨论，决定先不指望“能源”科研生产联合体的支持，而是通过院士个人推荐，这种形式符合正式的章程。很显然，Ю. 谢苗诺夫未必同意我当候选人，他通常只支持自己的亲信。呈送科学院的正式报告是由 A. 伊什林斯基院士签的字，他是在研究真空摩擦问题的时候认识我的，切尔托克本人也签了字。尽管如此还是需要获得主要工作单位的评价，于是我只好去找总经理。Ю. 谢苗诺夫在路过飞控中心的时候，对我的请求含糊地回应了一声，看来没打算彻底拒绝我。后来 B. 列戈斯塔耶夫给我签了一份极其普通的评价。

在“消息报”上通知的最后一天，我亲自将一包数量可观的文件送到了科学院常务委员会，准备进入下一阶段。

1990 年，科学院首次实行了新的候选人“滚压”程序，要求我们做一个有关本人科研活动的报告。我的报告题目为“1957—1990 年间航天机械制造领域的研究和研制”，报告篇幅为 44 页，报告提纲好像是此次科学院活动的主要成果。在编写报告的过程中，我尽量从格式化的行文中获取最大的收益。回望过去、环顾周围，明晰已做过的事，并努力放眼未来。这种方式实在是相当有益和及时。

很多时候，好想法未必能得到理想的结果。报告陈述的过程进行得非常形式化，K. 弗罗洛夫本人基本没有在我们部的会议上出现过。会议是由他的副手 B. 阿芙杜耶夫斯基主持的，他也是我的老相识，11 年前他是中央机械制造研究所科学委员会的副主席，我在那里进行过博士论文答辩，阿芙杜耶夫斯基也经常在我们的事故委员会工作。参加我们汇报会的院士很少，候选人们的报告都做得不错，介绍了自己的科研和实践成果。

在汇报当天我还参加了其他几个候选人的报告会。令我印象深刻的是一个关于切尔诺贝利核电站可靠性和安全性提升结果的报告。在健全的社会中，如果一个人所负责的工作造成了世界范围的灾难，那他至少应该退休，而在这里，却能“凭借功绩”进入科学院。

汇报结束后，我决定拜访一下学部的主要院士们，于是复印了报告，乘车在城里转悠，顺道研究一下莫斯科的“科学地图”：B. 巴尔敏，E. 菲多索夫，Г. 琼尔内，Л. 谢多夫。我很想见见苏联航天科学与技术领域的巨擘和泰斗们，听听他们的意见和问题。我没能见到有“卫星之父”称号的 Л. 谢多夫院士，他之所以被称为我们的卫星之父，是因为他在 1957 年 8 月的哥本哈根国际宇航联大会上宣布了苏联的发射计划（Я. 戈洛万诺夫在一本有关科罗廖夫的书里是这样写的）。我的老师 B. 菲奥多西耶夫、Д. 奥赫吉姆斯基、K. 考列斯尼科夫、B. 拉乌申巴赫都答应支持我。遗憾的是，B. 格鲁什科、K. 布舒耶夫、Б. 彼得洛夫已经辞世。有个通讯院士，自己在申请提升为院士，直言不讳地表示可以助我一臂之力，但作为交换，“我的”院士们要投票支持他。科学界的市场经济很超前，并且很快就成为常态：科学应该走在实践的前面。

有经验的人向我提出的第一个问题是：这次申请对我来说是第几次？“第一次？那你没有任何机会，这都是非常稀缺的位置，意味着要排长队，很多人都等了十年之久了。”

没办法，科学的停滞也超乎寻常，有时难以撼动。院士的平均年龄在当时已经超过 70 岁了。

结果不出所料。别人安慰我说：“你获得了 20 多票，已经很不错了。下一次应该会更好。”

那年（1990 年）被选为“力学和控制过程”部院士的全部人员我已经记不清了，只记得有我的老同事 Г. 谢维林，他研制航天服和其他特殊系统，是 C. 科罗廖夫学派中的一名型号总师。还有中央机械制造研究所的 Г. 车尔尼亚夫斯基，以前是通信卫星副总设计师。那年他主管负责航天及其协作领域的经费分配。

老实说，对于这次失利我并不感到十分失落和烦恼，我已经准备好接受这个结果，并不期望其他。我也不后悔为此付出的时间和精力，尽管最终一无所获。这次的科学院竞选开阔了我的眼界，教会了我在各类人群中识别人心，也让我认识到不同目标的价值以及个人在科学技术史上的作用。

最后，我的报告提纲和浓缩精简的个人简历有助于自我认识和自我肯定。

在苏联科学院遴选院士之年，我受J. 哈尔福特推荐，当选为AIAA成员。几年后美国航空航天学会提升我为助理研究员（associated fellow）。

与J. 哈尔福特（右）在当选仪式上的合影

1995年年初，就在航天飞机与“和平号”空间站对接前不久，AIAA又授予我一个荣誉称号，我被选为真正的研究员（fellow）。我是继赛多夫之后第一个进入AIAA正式职位序列的俄罗斯人。虽然对接准备工作千头万绪，我还是挤出时间到华盛顿参加为期两天的仪式活动，说了很多话拍了很多照，还参加了按惯例举行的宴会。照片中保留着我的记忆。我生平第一次盛装出席，穿着黑色晚礼服打着领结，这身行头是我的美国朋友用150美元租借来的。

* * *

这段科学院历史差点在1995年中期继续上演。

在过去的5年里风波迭起，发生了很多具有全球性和地区性意义的大事件。苏联科学院和整个苏联一样，解体了。俄罗斯科学院作为往昔圣殿中最大的一块残片，依然继续着它的事业。与俄罗斯科学院一样，所有不得志的俄罗斯科学家们组织成立了整整一打其他的研究院，涵盖所有可以想到和难以想象的领域，这其中就包括航天科学院。虽然不算很快，但我还是成为这个科学院的真正成员。在此之前我已经成为国际宇航科学院的通讯院士，几年后成为正式院士。

在航天飞机与“和平号”对接后的夏末，Б. 切尔托克对我说，好像开始推选俄罗斯科学院的候选人了，这次我应该有很大的概率入选。后来他决定亲自和Ю. 谢苗诺夫谈谈。正如我之前预料的，提议的三个候选人中，我们的总裁最终同意推荐В. 列戈斯塔耶夫，他说，В. 布拉涅茨也有可能，但否决了我。公平地说，他也没有把自己作为科学院候选人推荐。这个称号的威望只属于遥远的过去。

与斯维特兰娜（右）及J. 哈尔福特的夫人米莉在宴会上的合影

身穿晚礼服与斯维特兰娜合影

所有重建的俄罗斯研究院都处于发展初期，由于完全没有财政资金一直处于过渡阶段。俄罗斯科学院作为领先机构仍旧可以从国家那里得到一些经费，尽管它的地位已无法与苏联时期相提并论。1995年秋天，俄罗斯科学院主席团不仅取消了新院士的推选，还决定不再按照惯例举行一年一度的推选。最后的家底已经不够供养剩下的老院士们以及举行大会了。

科学院收缩了自己的编制。

В. С. 谢拉苗尼科夫于 2006 年 5 月当选为俄罗斯科学院通讯院士

3.25 CNN，航天与商业

几天前我接到了一个好朋友的电话，是宇航员基奥尔吉·格列奇科，朋友和认识他的人都叫他偌拉，之所以强调这一点是有原因的。第一，他本人喜欢偌拉这个名字。第二，这个名字跟他的形象非常符合。第三，等下再说。第四，偌拉身上有一种奥德赛式的商业浪漫气质。

但现在讲的不是宇航员偌拉·格列奇科，而是今天我们航天业的商业期。

具体地说，基奥尔吉曾经建议我站在 CNN 电视广播公司的摄影机前发表讲话，他们 24 小时向全世界播报新闻，而当时很多人都在谈论我们国家发生的事。偌拉自己就很喜欢演讲，毫不夸张地说，这事对他而言可谓炉火纯青。演讲的时候，他很善于讲笑话，不只是俄语笑话。偌拉每次跑到我这里都像是来拿应急储备，也就是说，不到十万火急不登门。他的第二任妻子是一个英国翻译，我要说的不是这个，而是一次英语直播节目。

我有个老毛病：起因是我的大儿子上了第六军事预备学校，为了不落后于自己的儿子，不在生活中落伍，不被学校抛弃，我拿起了英语书，很快就有了“联盟-阿波罗”空间对接的国际合作项目，我们和美国人首先要在地球上对接，不懂英文我们什么都谈不成。正式的说法叫“语言障碍”，或者说是语言不相通，在当时那种情况下就成了障碍。

于是我来到了 CNN 的演播室，当时我在库图佐夫大街乌克兰大饭店对面的国际化街区转悠了一会儿。我甚至不得不两次找警察问路，虽然我不喜欢也不擅长这种事。第一个警察，好像也是个奥德赛人，非但没回答我的问题反而问了我两个问题：“为啥到那里？包里装的什么？”“别怕，”我含糊地回答，“不是炸弹。”其实我的包里装的是 APAS－89 模型。第二个警察没问我问题，还给我指了路。

令我感到意外的是，CNN 演播厅很像莫斯科本地的合住公寓，只不过很现代化，有电脑，当然还有看得见和看不见的摄像机。演播厅在一座居民楼的三楼，并不是在电视塔旁边的楼里。

这种情况暗示 CNN 对经费很节省。

CNN 演播厅就像合住公寓一样，每个房间都坐着几个职员或外来人员，不过大家好像互相都认识。我很快就被吉拉·格里什科芙认出来了，我和她通过电话。她问我要不要咖啡，我拒绝了，于是她马上把我带到了航天记者汤姆·曼吉尔那里，然后转身离开，一个小时后我离开电视公寓时她才出现，这就是现代的职业化分工。

汤姆·曼吉尔没有任何开场白就开始录制了，也没有问我任何诸如我是谁、从哪里来之类的问题。也许就像我预想的那样，问了一些战略和战术性问题。第一个问题就开门见山："委员会真的打算出售'和平号'空间站吗？"对此我的回答很短，是脱口而出的："这个问题提得不太对。"然后，我没有把自己心爱的模型拿出来（也许是不想失去信心吧），而是开始解释自己为什么这样说。这是因为，单单一个"世界"是不能出售的（在俄语中"和平"和"世界"用同一个词表达，这里的"世界"意指"和平号"空间站——译者注），为此还要出售我们地面世界的好东西，包括航天工厂、科学院供给研究所、飞行控制中心和境外拜科努尔发射场提供的综合服务。或许，关于供给研究所的部分我有点夸大其词了，不过其他的都是货真价实。记得我还插入了一个发音很怪的词"logistics"，这在美国军队中意味着一切形式的供给。

印在 1991 年日历上的"和平号"空间站

这次我为 APAS-89 做的广告看起来不太成功。对于 CNN 这样的大公司来说它实在太小了，更何况还是一个 1∶50 的模型。

第二天黎明，我的脑海中突然蹦出一个绝妙的主意，让我一下子惊醒了（这种情况经常发生）。我的车上就有"和平号"

空间站，纸质的，印在1991年日历上。日历上的照片是我的朋友萨沙·谢列布罗夫拍的，日历是在芬兰印刷的，非常精美。我当时应该建议汤姆买下我的纸质“和平号”，当然不用几百万美元，只要几美元就够了。这可是童叟无欺、货真价实的买卖。

“好主意总是马后炮。”70年前国内革命以后就开始倡议：“学做生意吧。”可是我们既没学会也不被允许做生意，如果用心尝试一下的话，也许还会有所斩获呢。

仅仅过了一天，我就发现所有这些方案都太肤浅，完全是错的。当一个真正的专业人士得知了这个“世纪和平交易”的故事时，他把我笑话了一番。这位名叫托尼·扎拉的商人，很快就在两个世界，也许是三到四个世界中做生意了。他很早以前就告诉过我，他那个小小的马耳他几个世纪以来一直湮没在阿拉伯和欧洲世界之间的某处不为人知，而今终于找到了自己的位置，并从自己几千年的历史渊源中发掘出了精华。文明源自两个世界，并将这两个世界对接在一起，后一句话是我补充的。对接，永远是大事和合作！借助于克里斯托夫·哥伦布和国际商务的灵巧之手接通了新世界，另一边，日本的世界正快步走来，其他的远东国家也正在加入。

但这些是全球性的。至于我们的局部商务，托尼·扎拉说想不到轨道上的“世界”会被很快卖掉，暂时搞不明白为了什么。如果细究原因的话，主要是因为它需要不间断的补给和全方位支持，保障这个“logistics”，于是就启动了真正的商务。后来就一发不可收拾了。

那天晚上在CNN我还是把自己的咖啡喝了，我注意到美国人在这件事上还是很有一套的。说起来不太礼貌，我不合时宜地想起先前在德国时有个德国人跟我讲过的话。人我已经不大记得了，只记得他说过的话：“论起喝咖啡，谁都比不过美国人。”坦率地说，当时我很不以为然，对美国人我还是很了解的，毕竟漂洋过海几十次也不是白去的，但我心里总是有什么东西难以释怀，或许是妒忌吧。因此（在CNN）沟通完之后我就立刻离开了。

顺便说一句，喝咖啡的时候我才知道，CNN的采访是完全不付钱的。据说这样是为了让受访者有尊严地向全世界说出自己的观点。这种做法和社会主义如出一辙，这一套我们太清楚了。在苏维埃政权初期，布尔什维克们从资本主义、从美国那边学习借鉴了很多有益的东西。而资本主义这些年看来也没闲着，也从我们这边学到了一些东西，而且学得更快，可惜并不是最好的那些。

一句话，CNN 真的很会省钱！

第二天晚上，我很想看一下自己录制的世界节目。可是发生了几个状况扰乱了这一切。以前老师总说我："事情没做好，干吗要扯那么多原因，说一个主要的就够了。"可是我习惯了每次多找几个原因，也许是为了更有说服力吧。所以，我没看成节目的原因是：第一，我没赶上晚上 8 点钟看节目；第二，我的老电视不是每次都能调好天线；第三，调好以后，信号还是非常弱，有声音没图像或者有图像没声音。据说莫斯科的电视转播功率很小，总共只有 300 W。

也许，是为了对 CNN 省钱！

1991 年 11 月

3.26 500年之后：扬起太阳帆，飞向“新世界”

孤寂的帆闪着耀眼的白，

绽放在迷雾般蓝色的海……

M. 莱蒙托夫

首先要说的是，“联盟号”和“阿波罗号”对接已过去20年，现在应该讲述一下20世纪末最特别、最富传奇色彩的航天项目。我有幸全权负责这个项目，既担任指挥也负责经费管理，同时又是总设计师和飞行负责人。虽然项目最初的设想和方案并没有完全实现，但它展现在全世界面前的成果足以令它获得殊荣。不论从组织形式、经费管理、科学技术甚至社会政治角度来看，这个项目都是一个彻头彻尾的非标项目。在这个项目中，我们第一次接近了一个目标，那就是实现世界航天奠基者及科学泰斗们的创意和梦想。另一方面，项目的研制和实现鲜明地反映了世界宇航技术的研制状态和能力，体制中的官僚主义现象，各国航天局及其政府的保守特点，他们对寻求新的特殊发展道路的漠

与“哥伦布”合影

视，甚至还有委员会中的腐败。

只是这一切显现得太晚了。1989年4月，永不疲倦的“包打听”和“点子大王”B. 克雪廖夫搜罗到一个去年底宣布的消息——为纪念美洲大陆发现500周年将举行一个国际比赛，当时我们对太阳帆还知之甚少。美国国会一致通过并由总统庆典委员会对外宣布了举办国际赛事的决定。这个创意听起来确实很精彩：500年前，哥伦布率领船队扬帆出海，发现了美洲大陆；500年后，现代文明可以展示全人类的科技进步，扬起太阳帆飞向月球和其他行星，完成前所未有的飞行壮举。根据构想，三艘以哥伦布船队命名的太空帆船“尼雅”“平塔”和“圣玛利亚”，分别来自与哥伦布发现之旅有关的三个大陆——欧洲、亚洲和美洲，从高处的环地轨道启航，经过缓慢但持续地加速，一直抵达月球，或许飞到更远的火星。

组织方确定了该计划的主要任务：

· 验证太阳帆的概念；
· 在世界范围内拓展航天研究的视野；
· 促进科技进步；
· 认识太空开发的必要性；
· 吸引尽可能多的年轻人参与该计划。

事实上还不止这些。很快就明白，我们曾经有能力为全人类再打开一个真正的“新世界”。

这项由美国发起的名为“太空帆船赛”的计划，是20世纪末期太空时代的缩影。遗憾的是，这个飞行计划没有完成，未能像30年前的肯尼迪总统一样，将美利坚民族提升到一个新的高度，也没能成就人类智慧、精神、高端创意和先进技术的伟大胜利。此次飞行也不像尼尔·阿姆斯特朗及其同伴搭乘“阿波罗-11号”登月那样，受到整个美国乃至全世界的关注。如果深究内在原因的话，那么这个“太空帆船赛”计划反映出了我们时代的很多特征，首先是苏联航天和美国航天在该阶段的发展特点。计划的整体失败和设计构想的落空都反映出这个阶段的很多本质特征。有时觉得，我们只是运气不好，没有落在“螺旋线”的合适位置，就像哥伦布当年，如果升起的不是那个黄道星座，哥伦布或许永远也不会根据这个标识发现新世界或者无法返航。我们用小型样机发现了自己的新世界，而且也返航了。我们返航是为了开始新的探索，或者是为了留下关于自己和这项事业的记忆，这份记忆不必留存百年，只要留到“螺旋线”的下一圈。

我并不是无缘无故地提起螺旋线，这不仅仅是个比喻。太阳光压飞船的确是螺旋加速的。如果把它们送入环地轨道并升起巨大的太阳帆，那么在精确导航的作用下就可以飞到月球或者更远的太阳系行星，而后再返回地球。主要的技术难题在于，必须在轨升起并展开数万平方米的太阳帆，同时要求帆的重量很轻很轻，此外还需要独一无二的导航技术：必须正确控制这些巨大的薄膜帆布，一会儿要保证太阳照射，一会儿又要求必要的抢风方向。宇宙缔造者对光压力相当吝啬，这个力太小了，几乎察觉不到，在地球的距离范围内，1 m^2表面上的光压力还不足 1 mg。目前还没有哪个人或哪种技术可以达到建造太阳帆飞船的水平。另一方面，宇航技术已经创造了很多令人惊叹的成就，也为实现这一构想开创了良好的先决条件。航天奠基人和理论学家 F. 赞德尔和 K. 齐奥科夫斯基都提出并论证过太阳帆的概念。研制出重量足够轻、帆面足够大的太阳帆飞船，使其加速度达到1 mm/s^2，理论上这是可以实现的。在这种加速度条件下可以克服地球引力，用几个月的时间就可以飞到近日空间。

美国曾经数度尝试建造太阳帆飞船。1977—1978 年，NASA 斥资 400 万美元实施了采用太阳帆飞向哈雷彗星的计划。著名专家 L. 弗里德曼在《太阳帆和星际旅行》一书中援引了该项目技术总监 U. 雷曼的话：“太阳帆总是能吸引全国最优秀的人才，不论是国家航天局，还是工业部门，或是高等学府。”

1989 年 6 月初，我在莫斯科航天建筑展上有幸遇到了 L. 弗里德曼，这简直是惊人的巧合，甚至像预言一般。他送给我一本自己写的书，在扉页上用不太通顺的俄语写着：“弗拉基米尔 · C，祝幸福……希望我们能一起研究行星。”可惜当时我们已经感受不到真正的激情了。不过，我还是从书中获悉了很多有趣的内容，当然，还学到了很多有用的英文术语，后来都派上了用场。作为行星协会的组织者和主席，他的工作主要是解决面向全球范围的问题，但他一直关注着我们这个项目的发展，而他的观点往往会出现在大的新闻媒体中。

也许这一次太阳帆的时代终于来临了，面对航天科技巨人们的攻击，这个科学技术难题不会屹立不倒，美洲、欧洲和亚洲的大企业都在关注着参赛队伍。

很多科幻作家都形象地描写了未来的飞船乘着太阳风飞行的情节。最突出的当属奥杜尔 · 克拉克，他甚至绘制了飞船比赛的画面，预言了俄罗斯和美国之间的争夺战。也许比赛的组织者正是考虑到了这些因素：首先从技术角度看，任务既有难度又有独特性；其次，就算使用最先进的技术，任务能否实现仍有悬念；还有就是该计划的象征意义，它与 500 年前的伟大发现相得益彰；最后，迫切需要给现代航天树立新的指引目标，实现航天奠基者、过去的伟大幻想家以及当代创作者的基本构想。

C. 科罗廖夫是航天实践的奠基人。众所周知，他也对扬帆遨游宇宙极为看好，在 A. 列奥诺夫第一次舱外活动前，科罗廖夫对他的临行赠言是：“让高处的太阳风吹吹你的后背吧。”

* * *

举办比赛的消息于 1988 年末对外发布。项目负责人克劳斯·海思代表庆典委员会签署了告各国和民众书，AIAA（美国航空航天学会）的专家则起草了建议书要求。

要简单介绍一下 K. 海思。20 世纪 70 年代，这位有经济才能的奥地利科学家曾对多次往返航天运输系统进行了论证，因此引起了 NASA 的注意而被邀请到美国工作。此君激情四射的个性将他推到了新的“航天空间”。后来当我们相遇并成为朋友的时候，我想我明白了他身上那种随机应变的强大能力。当代科学技术研究工作千头万绪，往往交织着政治因素以及各种形式的国家和民间出资，他擅长在乱潮汹涌甚至晦暗迷茫的瀚海中找出关键线索，然后顺藤摸瓜，直到真正可行的结果浮出水面。人们对 K. 海思的评价褒贬不一，很多人认为他背后没有强大的机构或者实际的金主，有人甚至认为他不过是个肥皂泡。但是像国际宇航联大会这样的大型航天集会以及各种学会和组织，都与他接洽过，听取他的建议并讨论各种规模的活动计划和项目。不过像 NASA 这类正式的国家机构，以及航空航天大公司的首脑

与克劳斯·海思合影

却竭力回避此类会晤。法国人不认可K. 海思在太阳帆研制组织工作中的主导地位，他们把欧洲的爱好者们联合起来，成立了一个名为“光子发动机发展联盟”的组织，关于这一点以后再详述。

AIAA编制了一份详尽的建议书征询要求，阐述了技术建议书的技术要求和经费组织要求。我之所以能够这样说，是因为不到一年之后，在1989年夏秋之交，领导让我仔细研究这份文件，率领自己的团队编写俄英两个版本的技术建议书。

这个工作是很晚才开始的，前面四个月是争取让建议书征询要求落到我们“能源”科研生产联合体手中，毕竟它是苏联宇航技术的母校。

申请书提交期限截止到5月初，我们只剩几天的时间来进行组织安排、文件准备、提交参赛申请，并将文件投递到大洋彼岸。当时是改革的第四年，建立了一些小企业和小公司。共青团支持建立了一批青年中心。我们“能源”科研生产联合体的青年中心设在党委、工会、团委等公共组织所在的办公楼，中心主任A. 米希耶夫是一个非常有事业心的年轻人，该中心开始从事一些小的商务活动，对这个内容独特且具有全球规模的新项目，他们也非常感兴趣。中心经理很乐意把这个包括老专家在内的项目技术领导组庇护在自己年轻的羽翼之下。

我们迅速有效地完成了申请书的编制，我说服自己的好友宇航员吉奥尔基·格列奇科在5月初赴美出差的时候将我们的文件随身带去。吉奥尔基为了保险起见将我们的文件转交给了驻华盛顿的苏联外交官，我现在知道，这份急件并没有送交收件人，看来批准所花的时间大大超出了预期，而此时距离苏联政权解体只剩下一年多时间了。航天经验和技术告诉我们，在轨操作和地面操作都要备份，普通邮件虽然慢，但至少是正常的：我们最终还是在庆典委员会登记成功了，尽管有一些延误。

从那时起，也就是1989年4月底开始的随后几年中，我的生活就和这个空间太阳帆项目联系在一起了。那段时间大家时而紧张时而轻松，有时会稍作停顿，有时又积极性爆棚，所有力量都被调动起来，工作一步步向前推进，从人员组织和方案设计，到协商谈判和外交迂回，再到详细设计和产品生产。我们一路闯关，最终将产品送入太空，进行在轨试验。

至于我们这些年所做的工作，我不能也不需要一一细述。我会尽量讲一些主要和精彩的内容，否则就无人知晓我们是如何在1993年冬季之末，将航天理论大师们的梦想变为现实，令一些人欢呼雀跃，也让另一些人愤怒不安。

* * *

一切始于1989年5月，我们首先从志愿者中选拔并成立了一个小组，着手进行方案设计。从一开始我们就明确知道，完成太阳帆飞船（СПК）的设计任务需要不同行业的专家共同参与。青年中心旗下正式成立了一个项目组，由来自“能源”科研生产联合体各部门以及其他企业的工程师组成，这些企业都是我们的传统协作单位。项目组中包括：“莫斯科能源研究所”（ОКБ МЭИ）的通信专家，“全苏机电研究所”的工程师，泽列诺格勒“ELAS”计算机公司的工程师，萨拉托夫“戈尔普斯”的陀螺专家，来自托姆斯克的西伯利亚机电专家，“飞行控制中心”（ЦУП）的控制专家，“全苏电缆和导线研究所”（ВНИИ КП）的电缆专家以及国际海事卫星组织的航天通信专家。太阳帆飞船的方案设计工作正式开始了。

整个过程我们都表现出了极大的工作热情和敬业精神。在这一阶段我们的主要精力是拿出一个可行的方案，既符合任务要求又可以实现。我至今仍然认为，我们的团队出色地完成了这场头脑风暴，我们设计的太阳帆飞船可以在轨飞行、加速、制动，并完成了其他独特的操作。

太阳帆飞船的基本设计思路是采用离心力迅速完成几个主要功能：膜面展开、形状固定、最终的姿态控制以及巨帆展开后整个飞船的导航定位。

太阳帆飞船由两个相对于中心轴反向转动的膜盘构成。中心轴上安装仪表箱，内装太阳电池、太阳敏感器和星敏感器及其他部件，以确保太阳帆飞船的导航、控制、转动及定位。

如果将转动系统的运动学总力矩归零，即两个膜盘的运动学力矩相等，那么这一对配对陀螺仪就具备了完美的性能。一个膜盘相对于另一个展开，可以使系统绕横向轴转动。很棒的是，膜盘的惯性力矩越大，其运动学力矩也越大，同时陀螺力矩也越大，可以驱动系统转动和旋进。

实现对巨大帆面的控制，还有一个关键的设计思路，将中心轴分为两部分，中间用铰链连接。铰链的小角度摆动会造成运动学力矩矢量的实际转动（不仅是理论上的），从而生成陀螺力矩，促使整个飞船绕横向轴转动。虽然塑料铝化薄膜“帆布”的厚度只有微米量级，但近200 m膜盘的惯量相当大，需要巨大的控制力矩才能使其转动。所选方案的妙处恰恰在于，随着帆船惯量的上升，转动膜盘的运动学力矩同时增大，陀螺控制力矩也相应增加。

方案的第二个优点是，无须喷气推力系统进行控制，所以没有燃料消耗。

从重量角度及其他更重要的观点来看，更优的系统几乎不可能出现。对于将重量指标置于第一位的太空船来说，没有比“无消耗”系统更适合的方案了。太阳帆飞船既不需要燃料进行太空加速，也不需要燃料来实现导航定位。

飞船的尾部安装了一个登月舱，计划在飞向这颗夜间天体的时候将其发射出去。这也是建议书征询要求中所规定的。

太阳帆飞船的很多部件和分系统，其原理和设计都是真正的原创，具有创新性。迫使我们一下子启用数个新系统的主要原因是，技术要求中对重量的限制极为苛刻。我们不能超出 500 kg 的限制，否则我们的帆船可能无法克服地球引力，不能飞向遥远的太空了。

虽说解决所有这些难题极为重要，但最核心的问题还是太阳帆自身的结构：首先要缝制巨大的帆布，然后要折叠收纳到狭小的飞行箱中，最后要在太空中将其展开。这些让全世界各个国家的设计师们伤透了脑筋。

对于这个核心难题，我们也找到了合理的解决办法，我们把圆形的帆分割成扇形，并折叠成窄条缠绕在线圈上。所有线圈都安装在唯一的滚筒内，用运动学方式连接，以便展开时能够同步转动。

三年半以后，这个工作原理以及以此为基础研制的 20 m 样机结构成功完成了在轨测试。

我们的太阳帆飞船不仅性能优良而且颜值在线，我称它为“太阳飞船”“向阳花”或者英文的“Solar craft”，就像“Space craft”，意思是飞船。这艘 Solar craft，就像它的名字一样，看样子就应该能飞。至于它没能起飞的原因，既不是它的错，也不是我们的错。

为了弄到钱，我还不得不置身于一堆完全陌生的事务中。根据建议书征询要求，我们不能在国家体制内参与这项工作。我和年轻的 A. 米希耶夫主任花时间造访了加里宁格勒的几家公司，这些刚起步的商人只关心自己的生意，让他们把钱扔到风里，哪怕这风是太阳风，那也是万万不肯的。意识到了这一点，我就去投奔

与 Л. 布切利亚科夫（左）和 B. 克柳耶夫

自己的老朋友——莫斯科企业的老总们了。从他们那儿弄到了一笔数目不大的资助：几个“老家伙”决定慷慨解囊支持一下20世纪的哥伦布们，他们还借钱给我们，有人给1万～1.5万卢布，还有人甚至给了3万～4万卢布。我首先应该说说他们的名字：全苏电缆和导线研究所所长 И. 别什科夫，全苏半导体研究所领导 Л. 切尔聂夫斯基和 Р. 克罗斯塔雪夫斯基，国际海事卫星通讯组织领导 В. 波格达诺夫和 Л. 布切利亚科夫，飞行控制中心主任 В. 罗巴切夫，多尔戈普鲁特自动化设计局局长 П. 捷门季耶夫，“极地”总经理 П. 格鲁别夫。那时候几万卢布几乎算一大笔钱了。我们都是非常遵守规则的参赛者，没有向国家机关和部委申请经费支持。

筹措来的资金用于支付与工程师和科学家团队签订的承包协议，这种工作形式是我们从农庄和建筑工地照搬而来的，毕竟处在这样的过渡时期。

我是作为大型航天结构的技术负责人来领导这个团队的，我的副手是“能源”科研生产联合体的首席控制专家，我的老同事和老战友 В. 布拉涅茨。每周二上午十点我们召集本单位和主要协作单位的专家举行业务碰头会，听取他们的工作进度，讨论问题并交代任务。在随后的几年当中，这种业务碰头会隔一段时间就会召开一次，对太阳帆飞船的研制和改进起到了显著的作用。

不过这种大规模集体活动是后来才开展的，而在1989年夏秋之际，要求的是快速而有效地进入工作状态。

与以往一样，当短时间内要编制一份综合性技术材料时，我会写出目录，然后分给若干执笔人并确定交稿时间，最后我把这些章节进行对接并统一校对。在叙述太阳电池阵、多次可展太阳电池阵的章节“超出视野的庞然大物”中，我也曾回顾过编制太阳帆飞船技术建议书的这个关键时期。虽然那段时间遇到了很多困难和阻碍，在截止期前两天，11月14日，两大本技术建议书跨越大洋，寄去了“新世界”。

在第一册中详细描述了太阳帆飞船及其主要系统的核心设计方案。飞船看起来很不错，但它的样子有点与众不同，或许这正是它没能立刻上天的原因。但它可以飞，因为它的设计如此完美和专业。即使按照航天标准，飞船的重量也轻得不可思议。飞船的设计参考了各方经验，很多系统都进行了优化，一些最先进的技术和几乎全新的理念也被引入到设计方案。

在第二册中叙述了项目的组织工作和经济考量等内容。在以后三年的工作计划中也包括了广泛的公共教育措施，与年轻人的互动，甚至为纪念500

周年庆典举行庆祝狂欢活动的建议。建议书征询要求还让我们提交应用试验的建议，对于这部分内容我们获得了一个巨大的成功。

进行一个名为“新光明”补充应用试验，这项建议是整个方案中最特殊的部分。这个试验的确是个难得的意外收获，对未来宇航技术的发展具有深远的意义，甚至连它的名称都非常有象征性。从理论上说，太空照明的创意并不是新的，早在1929年德国著名教授Г. 奥贝尔格就曾提出过。

对太阳帆进行认真研究后，我发现它同时也是反射阳光的太空镜：为什么不能将它反射的太阳光线射向地球，照亮地球的黑夜面？这是显而易见的事。简单明了、确切表达的想法是最清楚不过的了。

后来我是这样写的：500年前，哥伦布扬帆起航，去寻找通往印度的新途径，结果发现了新世界。500年后我们也打算扬起太阳帆进入太空轨道。结果我们将为全人类发现从太空获得“新光明”的可能性。（俄语的“Свет”一词既有“光”的意思，也有“世界”的意思，作者在这里用了一个双关语——译者注）。

后来我想，在这个方案中多多少少融入了我年轻时代难以磨灭的记忆：那是1957年的秋天，每逢晴朗的夜晚，我们这群稚嫩的工程师都会跑到外面，根据报纸上提前公布的数据，仰头凝望第一颗人造卫星。

* * *

1989年10月发生了一系列与项目相关的重要事件，对此后的发展有着实质性影响。

在西班牙马拉加召开的国际宇航联大会上，进行了“太空帆船赛”项目的第一次会晤。收到参会邀请后，我们向总经理提出了申请，不出我所料，Ю. 谢苗诺夫没有让我去，В. 克雪廖夫和我们年轻的主任А. 米希耶夫参加了国际宇航联大会。而我接下来要做的事是写技术建议书，以及把另一个太阳组件——多次可展太阳电池阵的研制工作做完。不过我可以骄傲地说，他们要到的这个马拉加我早就去过啦！

我们的使者从西班牙带回了K. 海思的肯定，他期待我们的技术建议书并承诺给予经费支持。有一个令人意外的消息：以法国的“光子发动机发展联盟”为首的欧洲人不支持美国的倡议，而是提出了自己的竞赛组织方案，同样也是带着太阳帆奔月。在萌芽阶段他们就已经分裂了。

我们的代表团认识了一个名叫克里斯·法拉涅塔的美国人，这次相识对

与 K. 法拉涅塔在大学见面后合影

我们及我们的事业，甚至对“能源”科研生产联合体来说都具有未来的实际意义。

在冬天开始了一段风平浪静的日子。我们期待着大洋彼岸的消息，我们乐观地、或许有几分幼稚地认为，那里正在进行热火朝天的准备工作，毕竟距全美洲的纪念日只剩下两年半的时间了。

我们相信自己和自己的设计方案，同时也相信，我们的建议书做得很专业，提交的方案卓有成效、设计独特，最主要的是具有可实现性。而“能源”科研生产联合体及其协作单位的工程设计和生产试验基础、我们独一无二的经验和工作热情都是后续工作取得成功的保证。为了巩固自己和公众的立场，赢得时间，我们决定编制运载火箭部分的补充建议。与“能源”科研生产联合体负责航天器发射设备研制的部门联系好之后，我们的主创团队——“太阳帆船赛”技术委员会又编制了一册补充技术建议书。

我也和宇航总公司主席 A. 杜纳耶夫谈妥，他们支持该项目并以优惠的条件提供“质子号”运载火箭发射服务。在当时的经济情况下，这样的交易完全可行：苏联的火箭宇航技术价格非常之低，发射价格只有世界水平的几分之一。在这种情况下，节约出几百万美元用于研制太阳帆飞船是完全可能甚至是可行的。

一切，似乎都进展顺利。

* * *

终于，在 1990 年 2 月中旬传来了令人欣喜的消息，我们的方案进入了下一轮角逐，我们受邀到华盛顿参加 4 月底的汇报会。这条赴美之路的艰难和漫长简直超乎想象。

去美国，首先还是要得到总经理的批准。虽然多次可展太阳电池阵已经研制完毕并通过了所有试验，正在拜科努尔发射场等待与“晶体号”舱一起发射升空，但 Ю. 谢苗诺夫还是不同意我出差。看不出来有什么拒绝的理由：

出差时间不过就几天而已，可以算作休假，而且不用花一分钱的差旅费。这就是不可理喻的专横。当时副总经理、宇航员 B. 柳明伸出了援手，他对于我们所做的事、我们的团队和我个人都很支持。在从事该项目工作期间，我不止一次地克服种种阻碍，承受针对我个人的非议。吞下所有的不公和欺凌之后，我终于不再忍气吞声，决定冒险放飞自我，虽然心里还是有些恐惧的。

第二个阻碍来自另一方面。看起来我们不受任何人待见：美国大使馆没有发给我们所需日期的签证，电话沟通根本没用，就连"联盟-阿波罗"项目的主角儿 B. 库巴索夫打着"哥伦布-500周年"的旗号去见大使本人也无济于事。"他们不需要任何500周年（庆）。"我对 A. 米希耶夫说，于是我再一次跟这事儿擦肩而过。隆重的汇报会上没有我们。那时我们还不知道，这一轮竞赛实际上没有结果，首要原因是后续阶段的经费没有落实：尽管有各种承诺和高层的签字，钱，还是没有。几年后，K. 海思和支持太阳帆项目的前美国参议员 J. 塞明顿告诉我一些细节：资金短缺的问题出在庆典委员会主席 J. 古奇身上。在向国会汇报委员会的工作并被问到举行庆典飞行是否需要额外的经费时，主席的回答是，他什么都不缺。这位来自迈阿密、有着古巴血统的美国商人好像牵扯进了一些与庆典活动相关的经济诈骗案，据说还为此坐了一小段时间的牢。按照 J. 塞明顿和 K. 海思的话，这些违规事件与"太空帆船赛"的资金断裂是互为因果的。

一星期后，当我们几乎放弃等待并为此烦恼的时候，意外地收到了 K. 海思的第二次召唤，而大使馆也迅速发放了签证。

5月初我们乘坐汉莎航空公司的飞机抵达华盛顿。我必须讲一讲这个西德航空公司的作用，以及它如何成为我们慷慨的赞助人和出行的"承运人"。

在1989年8月的一个雨天，我和宇航员 B. 塞瓦斯蒂亚诺夫在雅罗斯拉夫公路出口一处"禁止停车"标志下的停车处偶遇，我们谈论起共同的兴趣爱好。我们讨论了他即将参加的与"和平号"飞行计划相关的测试，我向他介绍了太阳帆的事情，此事有可能在时髦电视节目《人类、地球、宇宙》中被提到，维塔利（塞瓦斯蒂亚诺夫的名字）参加这档节目的次数比主持人还多。我在1974年年底也曾参与录制过一档关于我们为"联盟-阿波罗"项目研制 APAS-75 对接机构的节目。那天我也顺便提到了太阳帆项目急需寻找赞助人的事情。塞瓦斯蒂亚诺夫想起在法国的时候参加过一个精英俱乐部，他建议我去找汉莎公司作中介方寻找西德的合作伙伴。几天之后我们给汉莎公司的总裁写了一封信，他也是那个精英俱乐部的会员。

1990年1月我们收到了回信，信上说他们没能在冯·布劳恩的追随者中找到“太空帆船赛”的狂热者，但汉莎公司很乐意为我们提供交通服务。

多亏这个航空公司，多亏公司总裁和驻莫斯科总代表——和善而高尚的Г. И. 巴拉克林，我们才得以参加很多与太阳帆相关的国外会谈。我们飞到过美国、法国和意大利，米兰的科学家和工程师们在离哥伦布故乡不远的地方举行了第一次有关行星际航行的科学会议。

我尽可能在“太空帆船赛”和世界航天界面前彰显汉莎航空公司的功劳。首先必须要说的是，1992年夏天几个小型太阳帆飞船样机发射到太空，这些样机上画着我们几个主要赞助方的标志，最显要的位置留给了那只著名的德国“鹤”（指汉莎的logo——译者注）。几个月后，当大型太阳帆的膜布已印上了巨大的鹤，并且准备签署正式太空广告合同的时候，Ю. 谢苗诺夫拒绝签字，他不想和任何人分享广告的利润，就算是有着宇航员和精英俱乐部成员身份的B. 塞瓦斯蒂亚诺夫也不行，而且后者后来还当选了俄罗斯议会的议员。

当太阳帆样机在太空展开的时候，我邀请Г. 巴拉克林于2月4日一大早来到飞控中心，让他亲眼看看这一在太空和地面的生动场面。

1990年5月抵达华盛顿后，我们没有感受到任何特殊的气氛。美国首都接纳我们的是一个如水晶般洁净、冰冷的新区——水晶城，20年前还不存在。没有人来接我们，放眼四周，有关500周年庆典的标语一个也看不见，貌似首都根本没人知晓太阳帆奔月赛即将举行。

K. 海思展示了主人的热情好客，把我们安排在富丽堂皇的万豪酒店。虽然没有问，但我已经感觉到，我们的住宿费用他是自掏腰包的，第二天我就建议年轻的中心主任跟我同住一个房间，顺便给他讲讲“学术住宿餐”的故事。前参议J. 塞明顿也在他位于宾夕法尼亚大道的豪华办公室里接待了我们，他是庆典委员会的积极支持者。我们渐渐开始明白，主要的问题还是缺少财政支持，说白了，就是没钱做项目。尽管总统和国会批准成立了最高委员会和专门委员会，但钱，最终没有到位。一个没有财政支撑的项目，就像建在流沙上的大楼，没有地基。

不过K. 海思还是希望争取一些必要的基金，试图唤起我们的乐观情绪。其实我们是不需要别人说服的，尽管一开始有些失望，但我们仍然希望，在富庶的美国可以找到资源来体面地庆祝他们的纪念日。坦率地说，我还有两方面指望：

第一，根据与 A. 杜纳耶夫的协商结果，宇航总公司承诺以优惠的条件提供“质子号”火箭的发射服务，这对于整个项目的推进来说是一个颇具吸引力且相当有利的提议。发射到初始轨道的费用在整个项目预算中的占比非常可观，比如，“德尔它”运载火箭的造价为七八千万美元，而我们的建议书看起来非常诱人：宇航总公司用一枚运载火箭一次性发射三艘太阳帆飞船，费用只有区区 2 000 万美元。在那个年代苏联运载火箭的低廉价格让这一切成为可能。从美国回来我立刻给 A. 杜纳耶夫写信，信上甚至声称，我已就之前的协商结果与驻美大使 E. 库托夫达成一致。

第二，我们建议开始空间反射器的研制并进行试验，在此基础上有望建立人造太空光照系统，这会使整个项目的创意拥有全新的视角。从一个纯粹的象征性周年庆典活动——用一个奇怪的老式帆船（尽管是太阳帆）工具飞向太空到达一个无人居住的行星，演变成了一个完全不同的项目：一项人类以前设想过如今可以看到的实用近地空间技术，有助于解决全球各国人民每时每刻最迫切的问题——能源问题。

500 年过去，扬帆寻求新光明，这一切有了全新的释义。

太空光照的创意在那些年非常令我着迷。我没有偷懒，而是花了相当多的时间去弄清该技术的理论，研读了 K. 埃里克的著作，甚至还学会了书中的一些响亮的术语，如“lunetta”“soletta”，它们都非常形象地描述了太空射向地球的光照程度。1991 年夏天，我趁着休假起草了工程报告，结合了过去的理论成果和当今的实践经验。通过对镜面轨道几何形状的深入研究，终于找到了对太空光照系统有利的轨道，因为在一些奇妙因素的作用下这些轨道显得“很亮”和“差不多很亮”。噢，我终于成功跨界了！

我觉得，AIAA 那些编制建议书征询要求的专家绝对想不到，他们那些极其充满幻想的要求和大胆的建议竟然在我们提交参赛的建议书中得以充分体现。

可是从接下来几个月举行的国际会议和论坛来看，不论是在人们的观念中还是在庆典委员会内部都没有任何进展。就连最优惠的发射条件都无人问津，不论航天局还是高等学府或其他研究机构，没有人在意这个前沿科技项目。学术界和社会各界一片缄默。

在 5 月的会晤中我们没能见到在第一阶段角逐中胜出的其他参赛团队，后来我才通过私人见面或通信的方式认识了一些参赛者。在英国女宇航员准备太空飞行时，我试图说服英国人搭载一个小型的（太阳帆）样机，可是没能如愿。我先是通过书信，后来在加利福尼亚的帕萨迪纳与罗伯特·斯坦利见面并相识，他对新一代航天飞行，包括奇思妙想的飞行方式非常有兴趣。在我为“和平号–航天飞机”项目出差期间，我们曾多次见面并为太阳帆的命运愤愤不平。

我们在华盛顿起草了一份备忘录，计划成立一个象征性的公司，取名“四西格玛集团”——一个非理性概率论的名字。在米希耶夫的箱子里装满徽章（青年中心真正的业务），我们乘火车到北方的普林斯顿，拜访A. 米希耶夫早年在国际宇航联（МАФ）的旧相识K. 法拉涅塔。

在空间探索研究所组织的活动上
与贝蒂·葛莉波合影

初到新泽西的特兰顿和普林斯顿，我们首先感受到的是一派宗教式的宁静。克里斯（法拉涅塔的名字——译者注）就职的空间探索研究所是一个不大的团体，由著名学者和科幻小说家杰拉尔德·奥尼尔担任领导或者说首席，他的书以未来的宇宙占领和开发为题材撰写。研究所的日常管理由贝蒂·葛莉波负责，这是一位家境优渥、温和干练的女士，性格和她身为建筑商的丈夫非常般配，后者也与我们相识。两年后奥尼尔去世，葛莉波虽然不是技术专业出身，却有能力接任研究所负责人并继续领导这些航天学者，还成功组织了一些针对航天开发热点问题的学术会议。这些都是后话。

与K. 海思（前排）和A. 米希耶夫（右二）合影

第一次造访普林斯顿期间我们结识了很多人，从法拉涅塔的大家庭到一些大学教授。研究所有关航天热点问题的会谈非常有趣，我第一次见到了AIAA的名誉会长J. 哈尔福特。我们的出席着实让主报告人有些错愕，他当时正在做有关下一代空天飞机最新研制的报告，这款飞机的推力发动机有两种工作模式：一种是从空气中摄入氧气模式，另一种是传统火箭发动机模式。我们讨论了航空航天的共同话题。我也简单介绍了我们最新的成就和计划。

短暂休假结束后我就飞回了莫斯科，随身携带了一台空间探索研究所赠送的退役个人电脑，虽然是最简单的配置，没有温彻斯特硬盘，而且有些损坏，但毕竟是一台真正的IBM公司1982年出产的电脑。A. 米希耶夫还要在美国多停留几天完成他原本的商务计划，但是他盯着我，求我把这台电脑分给他。年轻人一下子就把老一辈手里的实惠好物件全抓出来了。在我去支援“自然”中心主任、宇航员B. 阿克塞诺夫的时候，我把自己的个人电脑带到单位给安纳托里（米希耶夫的名字——译者注）用，显示器是否修好他回答说不知道，因为电脑不久后就被丢给他的某个朋友了。年轻人掌握计算机技术的速度比我们这些老家伙快得多。青年中心很快就出现了带温彻斯特硬盘的新式电脑，它们既被用于工作，也用于商务。

总的来说，我们和米希耶夫之间的互动很不错，我们一起参加了在德累斯顿举行的国际宇航联会议，我在高耸的“太阳活动”背景墙前宣传自己的APAS对接机构。K. 海思也来了，虽然他还在继续倡议扬起太阳帆，但私下告诉我们，华盛顿的某个人物试图将该项目全盘否定，以维护美国的战略利益（?）。听说此事后，我征求了J. 哈尔福特的意见，给美国副总统写了一封信，不过没有收到答复。1991年春天我们再次来到普林斯顿参加奥尼尔研究所的会议，会上我做了太阳帆飞行的报告。不过我们的兴趣逐渐产生分歧，安纳托里意识到太阳风不会吹起商业之帆，于是他转去做当下的生意：当电脑生意刚开始火爆的时候，他敏锐地捕捉到风向的变化，他换了辆进口车，后来又换了辆其他什么车。他辞去了青年中心的职务，逐渐从我们的视线中消失，甚至当我们发射第一个太阳帆样机的时候他也没来跟大家喝一杯，这可是我们当初说好的。

我最后一次见到他是在加里宁格勒第一中学的校庆上，他看起来还像是在那里读书的样子，虽然已经过去了20年。

另一个时代，别样的歌曲。

* * *

早在1990年，太阳帆研制工作在“能源”科研生产联合体内部已经采用

1991年“太空帆船赛”财团的第一次会议（从右到左：B. 布拉涅茨，Б. 阿尔捷莫夫，H. 塞瓦斯蒂亚诺夫，B. 柳明，B. 谢拉苗尼科夫）

了新的财务模式，我们明白必须成立自己的组织才能推进项目。一年后，1991年8月，几个参与太阳帆飞船研制工作的企业合资成立了“太空帆船赛”财团。我和B. 布拉涅茨无暇顾及行政事务，我们决定找一个年轻人担任财团的经理，而且有一个现成的绝佳人选：H. 塞瓦斯蒂亚诺夫，一个精力旺盛的30岁小伙子，正在寻找机会释放自己的活力。他确实很有行动力，夏末召集财团创始人开会，十二月份安排汇报总结，之后开始寻找国外合作伙伴和赞助商。他想尽办法，不随便找人组建合资企业，而是选择了马耳他商人托尼·扎拉，一个反过来寻找投资渠道的人。1992年年初，在财经危机爆发前夕，我们一起成功买下三部“莫斯科人”轿车，真是太及时了。遗憾的是，正当我们尝试选择新的合作伙伴和赞助人并准备为我们的“旗帜”打广告时，我们之间的互动关系被打破了。与“扬堡天然气”集团北方佬的合作是塞瓦斯蒂亚诺夫最大的成功。从技术上深究的话，我并不认为这些合同很有必要，虽然我无条件地表示支持。很快他们就脱离了我的掌控。随着“扬堡天然气”资金投入的不断增加，H. 塞瓦斯蒂亚诺夫变得越来越独断，他们找到了共同的利益，比我们的“新世界”要现实得多，对于有着漫长极夜的北方边区来说，这个“新世界”没有什么前景和希望。就这样“太空帆船赛”进入了中场暂停，成了一个象征性的筹码，也成了H. 塞瓦斯蒂亚诺夫及其众多盟友走向未来的跳板。只过了一年他们就成立了“气通”公司，“太空帆船赛”是它名义上的创始人之一。“气通”就是天然气和通信，首先是采用太空通信工具。他们与行业翘楚——“能源”科研生产联合体合作研制新的通信卫星“雅马尔”，采用太阳帆飞船的技术方案。在这个项目和机构中没有我的位置，尽管当时我也无暇参与奇妙的新项目，因为“和平号”和航天飞机的对接正在火热进行中，几乎占据了我全部的时间和精力。不过我还是觉得有些郁闷，也许是我自己的错。不，我并不羡慕“气通”公司那个配备进口家具和年轻女秘书的豪华办公室，我只是觉得，自己在通信卫星研制方面的经验对于他们当前的事业而言，或许是有助益的。

B. 布拉涅茨与 H. 塞瓦斯蒂亚诺夫在一个部门共事，他也是个人物，但待人接物的能力比我好，与上司和下属都能和睦相处。他们俩在“气通”的发展规划、“雅马尔”及其他项目等很多方面都合作良好。希望他们的合作以及从“太空帆船赛”中萌生的新项目能够结出丰硕的果实。

敬你们，乘着太阳帆进入轨道的人！
[与 H. 塞瓦斯蒂亚诺夫（左）和 K. 法拉涅塔在一起]

T. 扎拉也放弃了对“新世界”的梦想，他在旧世界及其邻近地区继续自己的商务旅游业务。

* * *

上面这些故事都是后来发生的。而1991年12月，在“太空帆船赛”财团的汇报总结会上只确定了一个主要问题：进行太阳帆样机“旗帜-2”的演示试验。应该说，B. 克雪廖夫和他的人两年前就研制了同名的离心力成型薄膜反射器，只是像点子大王（指克雪廖夫）的大多数创意一样，“旗帜-1”没能变成“纸蛇”腾空飞起（《纸蛇》是俄罗斯寓言家克雷洛夫写的一则寓言故事——译者注）。这一次设计师们让创意“赢得了群众”，我们闪亮的薄膜“旗帜”注定要飞上太空，令全球瞩目。

关于我们的这面“旗帜”还会在下文详述。

现在已经很难记起，太阳帆样机在轨展开的想法是何时、怎样出现在我脑海中的。很遗憾，1991年夏天的记录没能保存下来，不过设计师的思维逻辑还是很清楚的：需要在轨试验平台，带有通信和控制设备，有自动化装置和真人操控，有地面测试和技术支持。当然，这个试验平台就是“和平号”

空间站和“进步号”货船，以及空间站的在轨和地面设施。

1991 年秋天，一切准备就绪：太阳帆样机设计方案，“进步号”货船，样机在对接过渡通道的安装位置，试验流程和顺序。

样机是以对接机构为基础进行设计的，因为要装在舱口盖上，对接之后不再需要的主要零部件甚至爆炸螺栓和电缆接头都要派上用场。

膜盘本身分为 8 个扇区，折叠缠绕成卷轴，在薄膜展开机构的驱动下转动。带卷轴的滚筒用另外特制的转动机构驱动，其功能乍看简单，实则不然。为使膜布正常展开，要按照设定的规律改变转速，以保证开始时转速较大，随着薄膜的展开平稳减速。力学专家、数学专家和机电专家一起共同解决这个经典的带可变惯量的旋转物体问题，先是理论计算，再用试验验证，以确保一年半之后太阳帆可以按照预想正常展开。

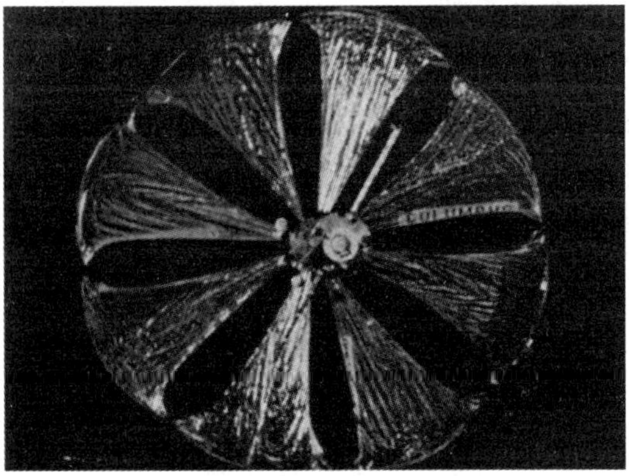

展开的“旗帜”

不过遗憾的是，太空中的情形并不完全如我所愿。不足之处在首先是薄膜扇区之间的连接存在夹角，虽然展开了，但是薄膜并没有完全铺平。并不是所有的经典和非经典力学理论计算都非常高明。1993 年 2 月的一个大早上，我们看到太空中的转动膜盘有 8 个不平整的间隙，这个问题原本可以在地面上进行专业的计算并采取改进措施，使其成为平整闪亮的镜面。

这是我的错。作为领导，我应该仔细审查并提醒自己的专家注意这个细节。作为领导，就是应该要有预见性。

“旗帜”样机的生产和试验主要集中在 1991 年下半年到 1992 年上半年。在我们厂里，只要不是没完成就会被“打死”的活儿，都算是计划外的非主流任务，样机的生产工作可不能听之任之。我不得不去鼓动说服所有的人，首先是我们嫡系的第 52 机电车间的工人师傅，他们负责主要零件的加工和机构组件的装配，最后是主机安装的试验人员。在莫斯科郊外多尔戈普鲁特的自动化设计局（局长是年轻的捷门季耶夫）工厂，H. 塔塔林科瓦雅和她的同志带领工人进行薄膜的剪裁、粘合、折叠和缠绕。大家都展现出了奇迹般的热情，H. 秋卡文、И. 奥布曼肯、E. 利亚布科、И. 卡维林、A. 博特温科，还有其他很多同志。还有 O. 森金领导的弹道专家，B. 布兰涅茨领导的控制专家：B. 布拉顿诺夫和 T. 季马科夫，鲍里索夫和 A. 毕丘茨基，他们的很多同事都全力以赴地做这件事，虽然离最后的飞行总装还为时尚早。

我要特别讲述一下帆布展开过程的测试，这是整个操作的核心。

样机虽然名为缩比模型，但其实是真正的大尺寸航天结构，其地面测试具有相当的特殊性和难度。在地面条件下将其完全展开是根本不可能的。除了尺寸大之外，该结构既不能固定成型，也不能保持形状，而且在空气中完全不能转动。只能把它弄进真空罐。可是这么大的真空罐当时还没有，就算是找到了合适的真空罐，在重力条件下把 20 m 的膜盘悬挂起来也是不可靠的。看来只能动用各种技术试验项目中经常采用的方法了，从空气动力学试验到强度试验莫不如此。在航空和航天领域工作中逐渐学会将飞行操作分割成若干部分，然后再把试验区段连成一体。我们采取的是实实在在的切割：当帆布展开到真空罐可容纳的尺寸，我们就停下来，打开盖子，用剪刀把已展开的膜剪掉，如此反复若干次。为了检测转动机构的动力学，还临时发明了一个试验装置，这样就可以在同一个真空罐中测试这个参数。

我们有个数学专家甚至开玩笑说："把结构按几个部分进行微积分。"

纠正了几个小错误后，我们准备进行最后的集成。经过与领导层的矛盾争执，包括广告问题的争吵，我们终于在 1992 年夏末冲到了终点线。

9 月份全体人员终于飞到了发射场。到了那里就跟我关系不大了，由于 APAS 的事务我无法参加发射前的最后检测。太阳帆组件装在"进步号"飞船上的最后一系列试验由我们的专家——老将 A. 东琴科和年轻的 B. 布雷科夫负责。

最后的准备阶段进行顺利。

* * *

1992 年 10 月 27 日，"进步-M15"飞船发射升空，两天后与"和平号"空间站成功对接。我们终于赶在哥伦布庆典月的末尾，及时将第一个太阳帆样机送入太空，登上了"和平号"空间站。样机上用亮丽的蓝色颜料印着几个一米见方的大字："哥伦布-500"。当时空间站上有两个乘员：A. 索罗维耶夫和 C. 阿弗杰耶夫。

我们满怀喜悦地给华盛顿的哥伦布区发了一封电报，通报了这个消息。

一开始我们计划在 1992 年年底展开哥伦布的“旗帜”，12 月上旬，确切地说是 7—8 日。这个展开日期基本是遵照美国航天的规定，但试验总体上非常具有苏联航天的特点。

在很大程度上，它的运行条件由一些特定因素决定，比如轨道参数取决于其倾角和高度、太阳甚至月亮的位置，以及经常提到的通信范围、光照区与阴影区的边界。为了利用我们的“新光明”来实现轨道光照，很重要的因素是确定晨昏线在地球一定区域甚至城市上空的运行时间。后来天气起了很大的作用，超出了我们的想象。进行“新光明”试验时，太阳必须在轨道平面上占有一定的位置，角度接近 10°，膜盘要得到充分的太阳光照，同时我们还要担心其温度过高。正如我们所知，轨道平面是一直转动的，就像弹道专家说的，它是进动的，当飞行高度为 350 km、轨道倾角为 51.6°时，其运动速度约为 5°/昼夜。据此推算，每两个月会有一次条件最佳的机会。

可是计划在 11 月份出现了变化：“进步号”飞船在“和平号”空间站的飞行时间延长了将近 2 个月。主要原因是下一艘“进步号”的发射时间推迟到第二年的 2 月份，受温度和其他飞行条件制约，对接口不适合长时间空置。我们对此也并不十分反对，毕竟带有“哥伦布-500”标志的太阳帆已经在轨道上了，我们已经满足了竞赛条件，无人匹敌。

12 月底，法国“光子发动机发展联盟”的“帆船手”们邀请我到巴黎进行为期两日的专门演讲。AIAA 的美国人也邀请我去夏威夷参加一个国际合作会议，但我没有前往，因为这些与哥伦布无关的岛屿实在太远了，而且那里也没有太阳帆船。欧洲要近得多，而且那里是我们最想用“新光明”照亮的地方。

1993 年来临了。

试验的最终日期定在 2 月 4 日。

看来，帆已经在不远处的地平线上出现：

孤寂的帆闪耀着白，
绽放在迷雾般蓝色的海……
它在遥远的国度追寻什么？
它将什么抛在了故乡的一隅？
浪在狂舞，风在呼号，

弯曲的桅杆嘎吱作响。
噢，它不是去找寻幸福，
也不曾逃避欢愉！
它的脚下是碧空映照的水波，
它的头上闪耀着金色的阳光……
而它，却躁动地渴求风暴，
仿佛在风暴中才能获得安宁！

我记得M. 莱蒙托夫这首天才的诗并把它拿到了单位，我那些年轻的孩子们把这首诗输入电脑，并用美国绘图仪打印在一张很大的纸上。我们把这首诗挂在我办公室最显眼的位置，它在那里挂了很久，令我们时时忆起那些浪漫的往昔岁月以及与今天千丝万缕的联系。

进行试验的时候，在轨工作的已经是宇航员Г. 马纳科夫和A. 波利修克组成的新乘员组了，他们乘坐带APAS对接机构的“联盟TM－16”飞船于1月16日抵达空间站。他们将作为主要的试验人员，完成A. 索罗维耶夫和C. 阿弗杰耶夫已经开始的工作。必须向他们致敬：两个乘员完成了所有该做的工作。

1月最后几天到2月初这段时间非常紧张。不仅要制定好详细的试验大纲，把所有工作严格按时间表分类梳理，还要妥善处理与外部的沟通，重要事件来临时，总是要面对来自领导层、社会各界以及大众媒体的各种声音。

我们通过自己的“太空帆船赛”，而不是“能源”科研生产联合体，向国际通讯社发布了“旗帜”飞越欧洲和其他大陆的日期、具体时间和路线等信息。这样做是为了把太阳帆飞行和点亮地球的计划提前告知社会各界和世界各地更多的人。我们的行动还是有作用的。

不过就像过去经常遇到的情形一样，有人觉得我们的做法有越权和其他违规行为。这里必须向领导层致敬：当时他们只是提醒我们，所有行动都应该报批。

抛开对政治问题的调侃，最主要的问题还是技术问题。在“旗帜”的飞行中，各种技术问题和流程问题交织在一起。试验之前我们最后一次确认了所有测试检验项目，飞船分离后的机动飞行和角度转换，膜盘展开时的操作流程以及安保措施。此外还要校准摄影摄像时的照明度。通常所有的航天操作都离不开通信区域，此外还有光照和阴影时间、电源水平以及安全条件等。

需要考虑的因素还远不止这些，要将所有的条件、限制和可能性综合在一起制定一个统一的计划，然后最终实现它。

先是跟副总设计师Ю. 格里高利耶夫开了几次会，然后和飞行负责人B. 索罗维耶夫开会，最后在副总经理H. 泽伦施科夫那里开会，所有情况由他向总经理Ю. 谢苗诺夫汇报。离2月4日越来越近，工作也越来越紧张。

试验开始前几天终于确定了飞行控制操作小组，由一些负责过主要系统和操作的资深专家组成。几乎在试验前夕，Ю. 格里高利耶夫建议由我担任这个组的领导。再难也要上，我想了一下就答应了。担负了额外的工作责任，就需要有额外的鼓励支持。

2月伊始，K. 海思和画家И. 古伊德曼从美国飞抵，法国方面来的是Г. 宾奥乐。在那些日子里，他们表现出了愿意为太阳帆船献身的真正热情。

* * *

结束了2月3日的最后一次业务碰头会，我在晚上5点多一点回到家，准备在夜班之前稍事休息。可是实际上根本睡不着，一起去飞控中心的客人很快就来了。我们坐了一下，聊了几句，在路上喝了些茶，就往前走了，当然，是往上走。

“对我来说，这一夜已经被剥夺了。”B. 维索斯基用唱歌一般的腔调说。对我来说，这一夜在很久以前的某个时刻就已经开始了。

我们到达飞控中心的时候是2月3日晚11点刚过，参加操作小组最后一次会议稍微迟到了一些。他们已经全部到齐，开始紧张不安地核对最后的细节，像往常一样要考虑各种正常和非正常工况，如果……，该如何……。最重要的是，在任何情况下都不能弄丢飞船，不能让飞船被薄膜缠绕，始终保持可控状态，出现不测可以让它沉入海洋，上帝保佑不要砸在无忧无虑的巴黎人头上。

午夜过后不久，宇航员报告对接舱压力下降并进行了密封性检查。再飞一圈儿就要对“进步号”的计算机进行最后设置了。

快到夜里3点了，深夜比早晨可靠，领导们都来了，Ю. 谢苗诺夫，И. 泽伦施科夫，还有客人们。控制大厅的楼上挤满了人，那情形就跟观摩最危险的操作——国际合作的对接任务一样。

3点刚过，我们就来到自己的工位前，面对显示屏。“进步号”的控制间在一个小厅内，212房间。在我的显示器周围聚集了一大群人，简直比看最惊心动魄的对接过程还要火爆。我的正前方是通信专家，在我背后是控制专家，所有重要专家齐聚于此，在彼此的视线、声音和手势可及的范围内并肩作战。听到宇航员传来的消息，我们请求他们尽可能进行详细的报告。在我们的屏幕上只有实时的遥测数据，画面暂时还没有，应该会出现在晚些的记录中。

终于在3点42分，在“轨道日出”前3 min发出了分离指令，似乎一切正常，遥测信号中没有发现偏差。时间一分一秒地过去，3点54分，开始转动，展开……宇航员说：“它走起来了……什么东西让它不舒服……有点不大对劲儿……”周围的人越来越多，我环顾四周，居然看到И. 古伊德曼手里拿着摄像机，这玩意儿是怎么拿进工作区的？不过现在摄像机里记录着活生生的视频。而我们还没看到太空的真实影像，这个只能1 h后通过中继卫星来接收。接下来又是等待……需要以8 km/s的速度在400 km高空绕地球飞一圈儿。

试验结束了，我向领导汇报：根据遥测数据我们没有发现任何偏差。很快就会看到图片，届时自然会有定论，无须多言。

果真如此，1 h后什么都不用解释了，基本无话可说：我们在屏幕上看到的情形超出了所有预期。太阳帆膜盘在蓝色地球背景下转动的样子看起来无比壮丽，这是一场神话般动人心魄的视觉盛宴。

当然，我们很快就发现扇区之间有很大的间隙，有人甚至用手指去指那些间隙，而Л. 高尔什科夫则断言：“不，它没有展开，没展开。”

不管怎样它还是展开了，尽管种种原因导致它没能呈现出真正的完美镜面。匆忙涂上的广告颜料还没有完全干透，有些地方粘住了，不过太阳晒一下会逐渐变得平展。涂在帆上的所有广告语中只有“哥伦布-500”几个字看着不错，其余部分显得皱巴巴的。镜面不完美的主要原因是我们对这个看似简单，实则庞大而复杂的结构考虑不充分，没有给设计师提供具体的建议。

太阳帆

在主厅的楼上举行了临时发布会。居然不是记者招待会，尽管中央电视台的人员就在旁边而且拍了很多照片。当时颇受欢迎的评论员П. 奥尔洛夫也一大清早来到我们这个郊外的地方，也许是因为他当时是“早晨”节目的主持人。几个月后他为我们制作了一个关于首个太阳帆的优秀影片。后来我们当中的许多人，不管有没有参与过影片的拍摄，都不止一次地在国内和世界各地展示过这部影片，美洲、欧洲、亚洲甚至非洲。

发布会的影像资料也被收录在影片中，真实地反映了在2月3日—4日深夜飞控中心内所有人的共同心情。有人说太阳帆像大风车，有人说像华丽的马车，而B. 布拉戈夫甚至说它像列奥纳多·达·芬奇设计的直升机。记得我是这样说的：它转动着飞行的样子，就像一架滑过天空的马车。不过奥尔洛夫好像不是很喜欢我的这句玩笑。

这场“大楼台”活动是在第二圈和第三圈试验之间的通信间隔期进行的。我们已经知道，太阳帆的表现完全正常而且稳定，即使在飞船进行有角度绕飞或者转向的时候。

在飞控中心的临时发布会上

确认了太阳帆在定向控制过程中可以保持稳定，我们毫不犹豫地转入下一个试验：检验并运用自己并不理想的空间镜面为地球提供光照。晨昏线靠近莫斯科，西欧还是黑夜，我们的“进步号”飞越亚洲、太平洋、南美洲和大西洋，奔向刚刚苏醒的欧洲。飞过加纳利群岛上空，那里曾经是哥伦布到达美洲前最后的栖息地，经过西班牙上空的时候还是一片黑暗，刚过比利牛斯山脉就沐浴在轨道的第一缕阳光下，此刻下方的地球仍是漆黑一片，反射的光线射向法国南部，掠过航天城图卢兹，接着穿过瑞士伯尔尼，通过德国南部的斯图加特和慕尼黑之间，擦过捷克斯洛伐克的布拉格上空，飞向波兰的罗兹上空，越过白俄罗斯的布列斯特，之后在戈梅利上空消失在旭日的光芒中。

这个冬日早晨的天气“不适合谈恋爱”，它并不优待我们的超级宇航技术，西欧被厚厚的云层覆盖。因此很少有人能看到“新光明”，也很少有人意识到，有一只空间太阳“小兔”曾经以 8 km/s 的宇宙速度奔跑过地球。

镜面反射的太阳光线其移动角度与太阳的角尺寸相等，为 0.5°，或者约等于 0.01 rad。那么从 400 km 高度的轨道上，这个可以照出直径为 4 km 的光斑，考虑到散射可以很方便地计算出，在 8 km/s 的速度下光斑的直径等于 8 km。

观察地球，就可以看到持续 1 s 的闪光。最让人惊讶的是，还真的有人看见了。最难得的是，德国气象学家在阿尔卑斯山高处的云端之上看到了这道闪光。还有人在法国看到了宇宙之光。这些都刊登在 2 月 5 日的报纸上。

当然，我们也反复问宇航员从轨道上观察到了什么。有一个在“和平号”空间站飞行过程中的采访片段也被收录进了影片中。宇航员们说，“光斑当时确实很模糊，看得不是很清楚。”

镜面还需要进一步完善。

在那天早晨的发布会结束时，大家讨论了下一步的计划。鉴于之前的观感，Ю. 谢苗诺夫说，他准备把整个“进步号”给我们继续试验。В. 克雪廖夫马上做出回应并声称，一定要做出一个整片的，也就是不可分割的反射器。整片的当然好，这一点毫无疑问，可是问题来了，我们根本无法将它展开。这个活儿我干不了，因为我不知道怎么干。我摸摸肚皮，自忖没把握设计并制造出这样的机构。这场争论并没有就此打住：过了一段时间，我的反对者们再一次向总经理告我的状，这次总经理做出了措辞严厉的书面批示，不过这也解决不了设计问题。最终我们分道扬镳。

试验结束后与 Г. 宾奥乐、И. 古伊德曼、К. 海思和斯维特兰娜在我家

不过在当时那个夜晚，争执只是带来了一丝苦恼，却并没有破坏大家愉快的心情。

“新光明”试验结束后不久，飞船进入通信区域，我们马上进行了反射镜的动力学试验，根据地面指令，反射器被弹开，就此结束了演示试验。在执行最后的决定前，飞行负责人B. 索罗维耶夫再一次询问我要不要再做点什么，比如，再飞一圈儿。不过我觉得意义不大，而且还要承担风险：太阳已经在欧洲升起，而加拿大太遥远，到那里还要飞三圈儿。通信区域变得越来越短，我们可能来不及弹开反射器了。电源储备也不多了，而“进步号”还要对远程操控新系统进行重要的测试。

根据俄罗斯习俗，我们当然还要为这个大事件庆祝一番，地点就直接选在飞控中心里的小餐厅。H. 塞瓦斯蒂亚诺夫还惦记着大家，我们也没有让他难堪，除了“扬堡天然气”赤裸裸的广告之外。大家互相赞美和祝福，前方的确闪耀着希望之光，但它究竟能带给我们怎样的未来，没有人知道。

剩下的几个小时我们都在会面、交谈以及祝酒中度过，大家一直闹到晚上才有说有笑地结伴回家。

夜里很晚的时候，我已经上床睡下了，突然传来了电话铃声：先是巴黎打来的，然后是加拿大。后来才知道，多伦多有一档每周播出的科技节目叫“Quirks & Quarks”，发布了我们的空间站和反射器经过北美各地上空的时间表。加拿大的天气非常适宜，正值晴朗无云的寒夜。安大略省和魁北克省的居民很早就起床了，有些人还带着小孩子，他们走到户外，观察空间站和大薄膜帆闪耀的光点飞过天空，在朝阳的光芒中翻滚，如同一只被射中的小鸟。当时我真后悔没有让B. 罗维耶夫冒险继续我们这颗发光天体的飞行。所有这些细节我都是在一个月后知道的，那会儿我收到一个加拿大电视台人员寄来的大包裹，里面有一沓信以及星空的图片和照片，上面有我们的人造发光天体留下的痕迹，至少，它闪耀了光芒。

2月4日深夜，我竭尽所能与这些来自正宗“新世界”的航天爱好者们畅谈，他们的出现是我始料未及的。他们甚至给我听了那些加拿大普通民众的电话录音，都是天刚亮就打给他们的。录音磁带后来也寄到了我们的“太阳帆船赛”公司。

这些都说明民众开始认可我们的创新、努力和坚持，没有这些就没有进步，航天研究尤其如此。

在之后的几天，媒体继续给予我们极大的关注。当我们的宇航员带着录像带返回地球时，我们这才拿到了重要的录像资料。

美国、法国、德国、日本、加拿大和其他国家的各大报纸都在头版报道了我们的“旗帜”。所有媒体都提到了俄罗斯这一成就的创新性和前景。巴黎的《费加罗报》《雷蒙德报》以及其他报纸刊登了大标题的长篇报道。《纽约时报》和《华盛顿邮报》等有影响力的报纸也在第一版刊登文章并附上了试验的照片。当时恰巧在美国的宇航员C. 克里加列夫后来讲述称，美国人将“旗帜”的影响力与轰动一时的人造卫星发射以及加加林的第一次太空飞行相提并论。我们的媒体也很关注第一个太阳帆的飞行，当然，在他们这个行当，如果没有轰动效应甚至几乎歇斯底里的叫喊肯定是行不通的。我们的大部分记者很快就效仿起了国外同行的做法，如果在苏联时期，他们一定会因追逐“资产阶级庸俗”报刊的哗众取宠之风而受到斥责。早在两年前“文学报”就刊登了A. 菲利波夫的一篇轰动文章“谢拉苗尼科夫工程师的双曲面”，文章的名字参照了我们这代人的畅销书《加林工程师的双曲面》，不过作者可不仅仅是取了个相同的名字，他几乎是毫不隐讳地控诉我尝试建造一个全球性的航天超级武器。

2月4日以后我又受到了来自另一方的控诉，这次是宣传生态保护的人。“消息”报登载了一篇名为“他们妨碍小鸟睡觉”的短文，C. 列斯科夫转给我一封生态女学者的信，她说了一堆完全不靠谱的东西，头脑清醒的人决计想不出来。比如，我们那“冷冰冰的月光”可能会吓到正在洞穴里睡觉的熊。信的末尾还罗列了俄联邦有关环境保护的法律条款，声称“这位对接教授已经触犯了（这些法律）……，世界上哪里还有这样的人”。大家都说，我们国家没有权威。我认真地写了一封回信，站在工程师和全人类的立场上给出了合情合理的答复，并把这封信寄给了报社。他们的做法非常正确，并没有不公正地对待那个有点歇斯底里的女士，而是把两种截然相反的意见都登了出来。虽然我竭力克制，但还是没能忍住。

不管怎么说，太空之光如果没能照亮世界，至少也惊动了“黑暗的王国”。我们的演示引起了世界各国广大民众的注意，媒体对此也进行了大量的报道。我有意无意地询问过各个阶层的人，从出租车司机到国际航空公司的空姐，再到政治家和科学家。他们中的大多数人都听说过我们的空间太阳反射器。

1994年夏天，由华盛顿史密斯尼安航空航天博物馆出版的杂志《航空航天》中刊登了F. 库兹尼克的一篇文章，名字很长：“有谁需要成吨的燃料和灵敏的导航系统用于太空旅行？少数爱好者说：来吧，最好乘着太阳帆去遨游”。文章开头是这样写的：“把克里斯托弗·哥伦布和莱特兄弟合二为一，你会得到什么？是弗拉基米尔·谢拉苗尼科夫，他是第一艘由太阳风驱动的飞船的创始人，也是航天飞行领域潜在革命的领袖。”

我为此骄傲，从开始到结束，都有令我骄傲的事情。

就像经典小说里写的：未完待续。

关于我们还做了什么，在后面章节的“第三个天体”中有叙述。

我也希望，这不是全部。

而它，却躁动地渴求风暴，

仿佛在风暴中才能获得安宁！

3.27 “政变前后的苏联航天”

1991 年 10 月，我以此为标题在 AIAA 期刊上发表了一篇文章。我决定将这篇文章原封不动地纳入本书，保留原文标题，不做任何删减和更改。个人认为此文值得一读。

（以下为上述文章的全文）

作者的话

我是何时开始研究宇航技术的，对此我最喜欢的回答是：从它还不存在的时候（1956 年）。从那个久远的年代一路走来，我参与过众多国家项目及国际合作，亲历了苏联航天发展的整个过程：从蹒跚起步到走向繁荣，从一度萧条到实行改革。35 年过去，我仍旧活跃在自己的岗位，与同志们一起忙于多个航天项目的研制，如今，我站在了深度改革的十字路口。

下文写于政变刚结束，是对过去的深思、对当下的感受以及对未来的忧虑。

苏联的航天和变革，1991 年 8 月

苏联航天的历史并不算长，但却历经了几个时期。今天她又面临新的转折，前途未卜，令人不禁想回顾过去、认清现在并放眼未来。

一、腾飞

苏联的宇航技术是老式行政指令体系的产物之一。尽管机构庞大且存在组织缺陷，但这一科技领域却获得了一系列顶尖的科研成就，其中有一些直至今天欧美都无法超越。比如，“能源”运载火箭，在轨运行的“和平号”空间站，它的供电系统，以及与“联盟号”和“进步号”飞船的自动交会对接。

这种（宇航技术的）腾飞源于多种因素，其中最主要的因素如下：

二战结束后，国家的政治军事领导层决定依靠自身的科研成果和德国的火箭技术自主研制火箭武器；

国家组建了一支强大的专家队伍，为首的都是火箭宇航领域的一批先驱，深受齐奥科夫斯基、赞德尔以及其他航天理论领域重量级人物的熏陶和著作影响。谢尔盖·巴甫洛维奇·科罗廖夫把他们团结在一起并引领他们不断向前，他的角色非同凡响；

在20世纪50年代及之后的60年代，科罗廖夫及其战友领导的设计局中吸引了一大批积极向上、才华横溢、志向远大的年轻人，他们成了技术中坚，直到今天仍在发挥作用；

火箭宇航技术需要大量的材料储备，尤其是高质量的材料、优良的通用技术仪器等；

1957年10月4日发射第一颗人造地球卫星后，尼基塔·赫鲁晓夫对火箭宇航技术予以了特别的关注，正式宣布其为"社会主义的发射场"。在他之后的其他国家领袖，也都积极支持航天发展，尤其是勃列日涅夫。

很多人对苏联航天在20世纪50年代末、60年代初取得的杰出成就记忆犹新，这一切都归功于领导层的决策和С.П.科罗廖夫卓有成效的工作。第一次探月飞行，尤里·加加林第一次绕地飞行，人类第一次走出外太空，还有其他很多很多。最重要的是，国家建立了火箭宇航工业，培养了一批极具创新能力的专业队伍，同时促进了其他工业领域的发展。

二、停滞（原因及后果）

得益于上述原因，享有特权的火箭宇航部门相对稳定，衰退和下滑的程度也有限。但无论怎样，它依然难免凋零破落。国内的政治经济特点加剧了这个过程，主要有以下因素：

失望和颓废的社会大环境以及道德力量的下降，从最高政权阶层开始，直接和间接地影响了火箭宇航部门的领导和专家；

科罗廖夫的去世和后续的领导更迭，以及致命的政党官僚主义人事政策，极大地削弱了各级领导对组织和技术工作的把控；

无视工作成果的平均主义；

不再注重专业人才的培养，只热衷于各类党政活动。

人事政策的危害尤其严重，规定由党委来决定关键岗位的任命。在火箭宇航工业建立之初，发挥作用的总设计师协会，最初成立于航空工业。第二次世界大战期间，负责战斗机和其他重要武器装备的总设计师都被授予将军的称号。火箭总设计师虽无此头衔，但也被赋予了极高的权力：科罗廖夫、杨格尔、伊萨耶夫、毕留金继续担纲这个艰难角色，他们列出了一长串名单，为这个新部门下属的主要企业任命了掌门人。在出色完成第一批任务后（研制洲际战略导弹、行星探测、加加林太空飞行），开始了科罗廖夫设计局的筹建，吸收合并了一批工厂。这里出现了第一个负面倾向。新的总设计师有时并不是字面意义上的设计师，而是技术协调人，其主要任务是将各部门工作进行整合。这种模式就给了那些觊觎总师之位却又缺乏才干的继任者以可乘之机。在后来的20世纪70年代和80年代之初，不少党委书记被任命为总设计师。

真正的总设计师都有自己的风格，他们的特点首先表现在设计方案的独到性。第一个“东方号”和“联盟号”飞船与“水星号”和“双子星号”截然不同。“能源号”和“暴风雪号”也不是美国航天飞机的翻版。不论成功与否，都是独一无二的项目。

总的来说，火箭宇航部门的领导越来越活跃，越来越有影响力。每一次载人飞行，每一次月球、火星和金星探测，都为他们在最高领导层增加了知名度和威望。渐渐地，他们将其他部门的领导挤到了第二梯队，其中包括20世纪30～40年代时期的偶像——航空业的领袖们。

三、改革之初的苏联航天

“能源号”-“暴风雪号”项目始于萧条期的高潮阶段，“能源”火箭首发和“暴风雪号”首飞是在改革初期。随着经济改革的推进，苏联火箭宇航业第一次开始计算开支、考虑收益，重新审查新的航天运输系统任务。航天飞机可没有像20年前方案初期阶段设想得那么便宜，她曾将各式各样的有效载荷送入轨道。“能源号-暴风雪号”系统本身就是一个宏大的科技成就，在萧条期其主要任务宣告完成，她的首飞已经为社会主义体制增光添彩。在改革的大环境下，需要回答一个问题：这个火箭宇航系统的有效载荷在哪里？相比航天飞机，“能源”运载火箭有一个毋庸置疑的优势：这个火箭可以不带“暴风雪号”单独使用。对于解决多个任务来说，这样的方案要有效得多。

“能源号”和“暴风雪号”的有效载荷在哪里？运载火箭和航天器的传统订购方是苏联国防部和科学院，后来这两个机构逐渐失去了主导地位。越来越多的决定权转到了火箭宇航技术研制方。为“能源”运载火箭研制一个与之相配的有效载荷迫在眉睫，这个有效载荷称为通用空间通信平台。而决定利用现有技术基础加速研制，并使该平台投入使用已经是近几年的事了。曾经想吸引西方和日本参与这项计划，但未能如愿。一大批公司派来了自己的专家和代表团，我们向他们介绍和展示了很多东西，他们看过、听过，然后就默默地离开了。

公开性，这个改革初期取得的最主要成果，也走进了苏联航天。那些还在昨天深藏的秘密，今天就几乎对所有人公开了，最不可思议的是，首先是对外国人公开。苏联航天史上很多扑朔迷离的往事都被公之于众。读者从国内报刊上获悉的秘密细节，远比J.奥伯格的书《红星闪耀在轨道》以及其他激进的西方出版物上所描述的多得多。

在公开的前提下，苏联的航天企业开始宣传自己的成果。卢布的跳崖式贬值以及大众消费品制造和商品的普遍短缺是导致这种局面的主要因素。很多壁垒不复存在。相反，各级领导都开始鼓励贸易。记得列宁在新经济政策推行之初倡导的口号：“共产党员们，学学做生意吧。”可在过去的70年当中，他们不仅没有学会这门古老的手艺，还彻底摒弃了贸易。

今天航天商品的广告宣传做得很多，但通常显得笨拙而杂乱。贸易本身的进展情况也不乐观。国家在普通事务上表现出的无知和粗俗几乎是不加掩饰的。不论西方还是东方，都是极其谨慎地，带着很大的成见进行实际交易。与国外航天局和企业的一体化合作暂时不进行实质性讨论。西方世界的国家壁垒、禁运以及冷战时期的其他政策依然存在，并严重阻碍了合作的发展。

包括火箭宇航业在内的国防领域改革的方向之一是转产。在最近几年做了很多有益的尝试。火箭宇航企业部分偿还了在过去几年间对阿富汗人和其他残疾人所欠的“债务”——由火箭设计师研制并由工厂生产出了高质量的义肢和轮椅，可以媲美奥托博格、布莱彻以及其他国际知名公司的产品。此外，在这个有益的、必需的但仍然是行政指令式的官僚转产计划中，转产大都毫无条理且工厂不善经营。在国家缺少民用客机、航空发动机和高水平专家的情况下，火箭宇航企业却一窝蜂地转去生产最原始的“犁头”。

四、1991年8月，困难时期开始

1991年8月事件颠覆了苏联。国家机器发生了真正的革命，彻底分裂成为若干个共和国。苏联航天是作为一个全联盟行业创立和发展的，尽管俄罗斯在其中一直居主导地位，但整个行业是由联盟政府拨款、协调和监管的。乌克兰凭借其雄厚的工业和资源潜力，在航天上的投入与俄罗斯不相上下。而哈萨克斯坦是拜科努尔航天发射场所在地，同时运载火箭的第一级也降落在这里，接下来依次为：乌兹别克斯坦、白俄罗斯以及其余共和国。政变之后，航天的困境更是雪上加霜。之前只是逐步削减预算，如今是大项目的中央财政拨款全面停止，其他项目的拨款锐减；以前只是与其他共和国企业的关系不稳定，如今则要彻底断裂；以前是中央统一领导和协调，而今则面临无政府主义的危险。一些因素看起来尤其危险。塞米巴拉金斯克核试验场的关闭创了一个先例，使得拜科努尔航天发射场的前景一片黯淡。希望寄托在纳扎尔巴耶夫总统的理智和对利弊的权衡。哈萨克斯坦宇航员定于10月初执行飞行任务，这既是为他祖先的土地所尽的义务，也是一个独立共和国未来航天的象征，如今这个国家可以自由选择自己的轨道了。

尽管遭遇行业巨变、困难重重，但宇航业领导层要面临的问题远不止这些。这些领导人如今的身份和归宿，也是一个不容忽视的问题。苏共中央委员会书记O. 巴克兰诺夫（1988年之前的宇航部部长）——“政变”领导人之一（我们这些熟悉他的人都感到不可思议，像他这样一个谨慎、持重、理性的人怎么会与那帮人为伍），B. 德古日耶夫（O. 巴克兰诺夫之后的部长接班人），以及现任的宇航部部长O. 施什金，都随着B. 巴甫洛夫的政府一起隐退了。今天的科学院和科学技术委员会，几乎听不到他们的声音。

五、未来？

决策的重心转移到了宇航业几大巨头的掌门人手中，比如“能源”科研生产联合体总设计师Ю. 谢苗诺夫，精密机械（通信卫星）联合体总设计师M. 列舍涅夫。这些领导人是否有能力认清形势，准确定位，切实转变工作方式，带领庞大的团队走向正确的道路，这些问题只能在不久的将来寻求答案了。

有一句英国谚语，需求是发明之母。现在必须让这个需求成为普遍现象。航天公司和国家机构都过于庞大、迟钝和惰性十足。即便像美国这样的发达国家亦是如此，NASA也在逐渐丧失它的灵活性和进步性。必须给那些擅长创新的人才以真正的自由。只有依靠实干和对劳动成果的追求而进行大量的创新，才能真正避免宇航技术的衰落。摆在国家经济领导者面前的问题确实既复杂又生疏，从某种意义上来说是无例可循的。国家已经承受过一次资本主义到社会主义的蜕变，付出了巨大的牺牲和损失。如何再从社会主义过渡到资本主义，或者转化为第三种亟待开启的新形态？只是千万不要退回封建社会。航天不适应人类发展的初级阶段。飞向太空需要最先进的技术，科学的组织管理，大量的人力物力等很多要素。对于所有掌握宇航技术的国家来说，这项先进技术始终是反映国家总体技术水平的重要指标，也是推动其他工业领域进步的领航者。如果俄罗斯能够支持其他独立共和国保存先进的航天实力，那么他就有机会重建一个先进的工业强国。这一切不仅取决于联盟和各共和国的最高政治领导，也要依靠经济领导的决策。

至于火箭宇航部门的整体命运，很大程度上取决于鲍里斯·叶利钦和伊万·西拉耶夫的立场。前者对航天的冷漠态度已是众所周知。而西拉耶夫却对这个行业了如指掌，在他担任航空工业部部长期间，曾与O. 巴克兰诺夫一起领导过“暴风雪号”的研制工作。1991年8月，他们分道扬镳了。如今西拉耶夫事务缠身，最大的麻烦当数“暴风雪号”，也许对他来说，“暴风雪号”就像一个儿童玩具，但问题是，事到如今到底该拿这个几百亿的玩具如何是好。

在轨飞行的“和平号”空间站是这个国家最耀眼的项目，吸引了国际社会最多的关注。近年来开始致力于商业计划，她的确开始为“礼炮”设计局创收了。“和平号”轨道舱进行了多个国内外航天项目，包括科学、技术及商业项目。不过这里也出了很多技术和资金方面的问题。

面对市场经济大潮的到来，在诸多不可预知事件的夹击下，一个航天强国的陨落之势已不可避免。

* * *

上文写于所谓的政变之后。关于这一点可以从题目中看出，这是为了纪念那个被称作萧条期的时代。国家发生了令人瞠目的剧变，规模之大令所有人始料未及。我们的生活也发生了诸多变化，唯一不变的是，我们还在继续自己的事业。

我同样也要面临很多大事件和项目。其中之一在3.26节“五百年之后：扬起太阳帆，飞向‘新世界’”已有叙述，更多的关于苏联宇航员和美国宇航员的重要事件会在第4章进行描述。我又一次站在了他们之间，先是策划项目，然后充当他们联结的桥梁。

对接，永远是合作！

而且不止于此。

第4章

20年后：“和平号”与航天飞机

4.1 引言：进一步，退两步，新思维

我们无法摆脱过去，割裂我们的历史。这是我们人类的纽带。我们苏联人一生都在学习共产主义经典，包括弗拉基米尔·列宁的著作。就其本身而言，它们无疑都是优秀作品。其中之一就是《进一步，退两步》。那样的情形经常出现在政治、生活甚至科技中。自 1975 年以来，无论是苏联载人航天，还是美国航天，虽彼此孤立，但都取得了实质性进展：苏联航天在空间站长期在轨飞行方面成果卓著，而美国航天则研发出了可重复使用的航天飞机——Space Shuttle，也就是太空梭。这些成就都可谓是向前迈进了一大步。

但是我们退后了两步，甚至可能退得更多。

很遗憾，在国内改革的五年当中，最高层的改革口号虽然正确但却只是流于表面。真正的新思维逐渐深入人心，并产生了积极效果。而美国航天也同样需要改革。

套用人类在月球上说的第一句话，我想说："也许，我们携手合作，能够向前实现一个巨大的飞跃?"

* * *

20 世纪 90 年代初期苏联航天取得全面进步，在载人飞行和不载人飞行的许多领域都取得了举世瞩目的成就。"和平号"空间站成功飞行并完成在轨建造。宇航员乘坐"联盟号"飞船抵达空间站。"进步号"货运飞船可靠地为空间站提供一切需求保障，定期为其补给燃料。对飞船的升级和优化扩展了其性能，提高了飞船的可靠性。"闪电"和"牛郎星"通信卫星为我们的"和平号"提供了近乎全球通信的能力。"联盟号"和"质子号"运载火箭将飞船、舱段和通信卫星送入轨道。

"能源-暴风雪号"可重复使用火箭航天系统成功进入太空。原则上，它本可以成为苏联已掌握并调试合格的运输系统的一个重要补充。从这点上看，

苏联航天几乎追上了美国航天。作为研制"能源号"运载火箭的副产品，"天顶号"运载火箭也扩展了入轨能力。

所有这些航天设施和运输工具，都需要地面设施的支持作为基础。它们依托航天工业（科研生产联合体、设计局和工厂）、拜科努尔航天发射场综合设施以及飞控中心分布在国内外各处的跟踪和控制站点。当然，核心还是忠于这份事业的高素质人才，他们由系统内的各大院校负责培养和调配。最后，这些项目和计划还得到了科学院及其下属众多科研生产联合体和无数实验室的支持。

"和平号"空间站仍处于太空组装的初级阶段，我们已经开始新的空间站项目——"和平-2号"了。在研制中借鉴了我们所有的经验。从技术上来讲，它基于已经掌握的技术和工艺建造，是一个完全可以实现的项目。它所带来的新东西也是真实的，并且扩展了未来空间站的能力。其中也借鉴了国外在"自由号"空间站项目上的相关信息。当然，国外也在看着我们。不出所料，两个空间站在外观上有不少相似之处。

所有这些都是苏联航天积极的一面，也可以说是它的加分项。自然，它也有消极的一面，但先不说它。这里需要强调的是，苏联航天积蓄了多大的潜能，它就能拥有多大的能力。

此外，整个国家及其国民经济都变得畸形了。包括火箭航天工业在内的庞大军事工业综合体陷入了泥潭。新兴的改革曾给我们带来希望。遗憾的是，计划经济未能按计划进行改革。新思维只被用于宣传，而如果领导有方，改革是完全可以用另一种更人性的方式完成的。我们要的不是空谈，不是一味赞叹"新思维"，而是行动，是真正有计划的改革。很遗憾，事情没有这样发展下去。崩溃的旧制度、新的执政者和当代的"变色龙"打开了恶魔的封印，任凭黑暗势力大行其道，进而掌控国家，更确切地说，是瓦解和摧毁国家。为所欲为和听之任之的后果立竿见影，如同山体滑坡一般势不可挡。始于1992年的经济崩溃将整个国家连同航天工业都置于危险的境地。每个人只能被迫独善其身。奇怪的是，航天业却表现出强大的力量和组织性。最重要的因素是，我们在太空领域遥遥领先，被世界其他国家所需要。

20世纪90年代中期，中国载人航天专家到访我们这里，我问他们的飞船将在哪一年上天。回答让我感到惊讶：要过七八年以后了，想想你们是如何在极短时间内大功告成的，我们就决定悠着点。

* * *

现在再看看国外。

1972 年 12 月，宇航员最后一次飞向月球，那时我们的“联盟-阿波罗”试验飞行（EPAS）工作正在如火如荼地进行。包括“天空实验室”（Skylab）在内，这些都是最后一批使用“阿波罗号”飞船和“土星号”运载火箭的项目。项目结束后，包括几套正样产品在内，所有这些独一无二的装备都被无情地封存起来。当我们再次来到美国工作时，我们发现，这些装备已经以博物馆展品的形式，分散在美国的几个航天中心。

NASA 以如此决绝的方式，为进入太空的新工具扫清了道路。早在 20 世纪 60 年代，美国人就开始有计划地研制可在平流层飞行的飞机。这些尝试促使他们研制可重复使用的飞机型运输系统来进入太空。在对主要的航空航天公司制定的多个方案进行分析后，他们最终选择了“航天飞机” （Space Shuttle）这一方案。这个削减版方案是在财政和政治压力下，作为降低总费用的折中选择被采纳的。它是否真的降低了整个计划的成本，尚无定论。

20 世纪 70 年代我们还碰巧接触到了航天飞机项目的一个重要工作阶段。那时美国人正在竭力编写工程文件并开始投产。1975 年 1 月，在洛克威尔公司，他们向我们展示了轨道器的首个模型方案。但是直到五年多以后，航天飞机才开始太空飞行。

航天飞机进入关键阶段的工作时，已经没有我们的参与了。那些年，NASA 的大部分专家都对他们这套未来的火箭航天系统持乐观态度，包括它的成本和效率。这种类似飞机的可重复使用系统可带来巨大的好处，而一次性使用的运载火箭似乎已经过时了。这些预测似乎与美国宇航技术的发展开了一个恶意的玩笑。而早在试飞开始前，对美国的一些人来说，这幅蓝图已经不是那么美好了。

1995 年年底我偶然看到了一篇有趣而引人入胜的文章，标题为《让我们摆脱这个致命的陷阱吧，斯科蒂》（《Beam us out of that dead trap，Scotty》）。该篇文章于 15 年前被刊登在《华盛顿月报》上，那时一架航天飞机都还没有上天。文章的作者、月报的出版商 G. 伊斯特布鲁克（G. Easterbrook）非常有远见，并带有批判性地从各个方面分析了当时全新的美国太空计划。从技术、经济甚至哲学政治等不同角度看，这篇文章都是很有意思的。这位记者竟然在“挑战者号”悲剧发生前 6 年就预测并描述了这一灾难场景。然而，更有意思的是，文章还对航天飞机的成本进行了分析。

20 世纪 70 年代初期推出第一批航天飞机的时候，据估算，如果每年发射

50次，则单次发射成本为2240万美元。根据这个数字估算，将卫星送入轨道的成本将是一次性火箭发射成本的三分之一。这篇文章的作者还试图证明成本可能会上升到1.05亿美元，而这一成本已几乎是一次性火箭的两倍。而实际发生的费用更远远超出了最悲观的预测。20世纪90年代中期，一架航天飞机的发射成本已接近5亿美元（根据一些估算，可能更多），也就是至少上升到最初成本的20倍。

有意思的是，奥地利经济学家K. 海斯积极地参与了这些经济评估，他后来搬到美国，我后来有机会认识他，并与他在太阳帆项目中建立了协作。

然而，正如G. 伊斯特布鲁克对这一计划所评论的那样，问题并不仅仅在于经济上的"不惜一切代价"。他的批评还涉及这种可重复使用火箭航天系统的其他方面：飞行时间短，在太空中的其他功能有限。从轨道返回卫星，特别是在轨道上没有拖曳飞船的情况下（NASA很快就完全停止了拖曳飞船的建造计划），看起来既不符合实际又不有效。作者同时指出，从起飞到降落至具有特殊长度、宽度和强度的跑道的所有阶段，航天飞机的每一次飞行都面临巨大风险。

第一个可重复使用的火箭航天系统的天然缺陷是多种多样的。一部分原因既在于太空飞行的特殊性，又在于当前技术的局限性。一下子解决所有问题是很困难的，需要渐进式改进，也可能需要新的技术突破。另一部分原因与更现实或者说是更接地气的问题相关。首先是轨道器的飞行间维护工作组织不力，美国人将这种维护称为"过程"（Processing）。这个术语可以定义从飞船着陆后，为准备下一次飞行，在两次飞行间所有需要完成工作的过程。我在20世纪90年代亲身参与了轨道器的飞行准备和对接准备。在接触了这一套很不简单且漫长的流程后，我多少理解了，为什么航天飞机在天地间"往返一次"需要耗资上亿美元。我们看到数以千计的专业人员在从事这个复杂的维护"过程"，其背后又有分布在国内外的大量中心和公司在支撑。下面我将详细讲述我亲眼看见的故事，以及从NASA和工业公司同事那里听到的故事。

由此可见，航天飞机造价极其高昂的原因不止唯一的一个。问题不仅在于工作组织不力。这项技术的背后隐藏着更深层次的原因，或者说是更本质的原因，即太空飞行的特殊性。

如果深入挖掘，可以窥见"可重复使用"所包含缺点的一些技术根源。为便于理解，我可以将一枚执行了航天任务的火箭与一辆破旧不堪的汽车进行比较。虽然这个类比不是很恰当，甚至不完全准确，但是它从整体上反映了火箭航天装备和技术特点的本质属性。首先，为了飞入太空，为了加速到27倍声速的轨道速度，然后再减速返回地球，需要从火箭发动机开始，尽量减轻火箭结构的重量，并加强所有的火箭航天部组件。一台优质、轻量和高效的火箭发动机工作时，可以发挥其全部能力，与此同时，它也会快速磨损，消耗寿命，这并不奇怪。这就是为什么航天飞机的主发动机是飞行间维护时最麻烦的部件。航天飞机的其他被高度加强的组成部分也是如此。其中包括由上千片特殊陶瓷板构成的隔热层。尽管采取了超强防护，但轨道器在再入时还是会受热，甚至在着陆后一段时间内仍会强烈“气化”，还有一些部件，比如起落架轮，必须在每次飞行后进行更换。这些条件和加强措施使得“太空汽车”的磨损远远快于地面汽车。

这就是每次飞行后需要更换的起落架轮

此外，许多人都知道怎么修理旧汽车。许多俄罗斯驾驶员都碰到过这种“乐事”。从经济角度看，这是一种野蛮的操作。只有在我们刚刚过去的畸形经济中，在物资普遍匮乏的条件下，我们才会“奢侈”到去修理旧汽车，通常这都是一些简单的手工操作。国内甚至还建起国营修理厂，来维修已经破旧不堪的汽车。

不，这种比较毕竟过于苛刻了：将先进的宇航技术与因经济管理不当而产生的浪费进行比较，是不太合适的。我的目的并不在此，我是想指出并强调宇航技术的一个重要特点，它在第一次尝试建造可重复使用火箭航天系统的过程中有所体现。当然，建造这种前所未有的系统的道路是漫长而曲折的，很难事先就发现所有的困难。

由于航天飞机的固有缺点，需要寻找更有效的替代方案。但在寻找过程中，产生了很大的分歧。未能形成一个既有前景又贴合实际的计划。由此产生了一些几乎无法实现的项目，导致了资金的流失。

早在 1997 年，我就问我的同事 K. 约翰逊，为什么航天飞机项目没有按计划进行，他像往常一样简短地回答道："因为这是我们第一次做。"对于这样的一个系统来说，这是非常本质的原因。

此外，美国是一个强大而富有的国家，完全负担得起像航天飞机这样昂贵的玩具。一位愤愤不平的经济学家可能会说，这个耗时多年的计划提供了许许多多的工作岗位。冷战时期的美国政客还可能因其成功地将苏联拖入这一代价高昂的竞赛而感到自得。它从苏联经济中吸走的资金远比臭名昭著的星球大战多得多。

我认为从批判的角度切入来讲述航天飞机的故事是合适的。客观地讲，可重复使用航天系统是美国专家的伟大成就，给了他们大量全新的机会去探索宇宙。问题在于，NASA 缺少真正的战略家，能够批判性地评估取得的成就，并勾勒出一条清晰的前进道路。

自然，多年以后对此进行批评和建议更为容易。我也想让今天的自己像明天的妻子一样聪明……马克思主义科学同样教导我们要开展批评与自我批评。但是并非只有社会主义需要批评。我应该这样做，更何况这个话题涉及的任务并未失去其现实意义。必须谈及这些缺点，并告诉大家，在我们停滞不前的年代中，大洋彼岸的伙伴也并非一帆风顺。

我还必须谈到所有方面和细节，因为接下来就要讲述"和平号"-"航天飞机"项目，讲述美俄两国两个载人航天系统是如何对接的。正是在这个全新的俄美联合项目中，装有对接系统的航天飞机成了一种更现代化的运输工具，以及组装未来轨道系统的一种工具。

* * *

航天飞机的研制初衷不仅是推出一种可重复使用的系统，它还得是一种多功能系统。在航天飞机能够完成的所有任务中，有一个重大任务也许是最突出的：借助它建设一个大型空间站。只有用于建设空间站，这个系统的功能才能实现最大化，只有在太空组装中才能使用轨道器的基本性能。这里需要强调一下航天飞机的一个二重性。一方面，它是一种运输工具，利用有效载荷舱将空间站组成件送入轨道。另一方面，这种轨道器也是执行各种太空作业的一种工具。它配备了一个大型通用机械臂，设计用于卸载、转运和组装，以及后续各个运行阶段的维修和服务。航天飞机的机械臂是一个可以远

站在航天飞机旁

程控制的太空吊车，身着宇航服的宇航员可以完成更精确的装配操作。如果需要，机械臂甚至可以在20世纪最高的建筑物上移动最高的高空作业人员。所有这些优点都为在太空开展大规模建设提供了良好的先决条件。

20世纪80年代初期航天飞机开始定期往返飞行后不久，就启动了国际空间站的研制工作。该项目的设计规模很大，就像一座宏伟的建筑，配备了所有的现代化技术设备。不久之后，该计划变成了一项政治活动，旨在将一个共产主义之外的世界联合起来，彰显其优越性和未来的能力。空间站被命名为“自由号”，象征着与我们社会主义封闭社会相对立的“自由”。美国人邀请了加拿大、欧洲各国和日本的合作伙伴，力求减轻自己在最初方案中制定的巨额资金负担。但是在该计划的研制过程中，暴露出这个庞大而复杂系统的一系列严重缺点，包括组织层面的不足和技术问题。

早在太空工程展开之前，在每次太空任务耗资五亿美元的航天飞机发射之前，“自由号”空间站的研制费用就很快超出了计划中的预算。不仅如此。为了组织开展这一最复杂的大型项目的研制和实施工作，还需要一个优秀的智囊团，以及对众多国家航天团队的高效协调。很遗憾，该项目的建设显然未成功。在划分系统时，还出现了一些计算错误。

距离建造一个货真价实、可以长期运行的空间站还缺少很多东西。项目存在漏洞，包括飞船的对接。不知道为什么，配备喷气发动机和控制系统的舱段的研制工作也举步维艰。救生飞船的研制工作陷入僵局，这艘飞船是空间站乘员组长期停留所必需的。随着欧洲停止“赫尔墨斯号”工作，研制一种补充的“地面-轨道-地面”运输工具的希望落空了。单靠航天飞机无论如何是不够的。

随着时间的推移，项目越拖越久，成本逐渐攀升，达到了一个灾难性的数额。到1992年，仅美国就在“自由号”计划上耗资约100亿美元。这些巨额资金多数都花在了纸面设计上，只有一部分用于地面测试，用于太空测试的则更少。

也许，最重要的原因是，NASA 和美国火箭航天工业的新老更替，以及国内外知识界的一些负面倾向，他们的工作效率降低了。这些因素中，最主要的是中学和高校的教育恶化，年轻人的优先事项开始转移。因此，不仅新产品的研制水平出现下降，而且总体工程技术水平也开始滑坡。

众所周知，美国人不仅为享有自由感到十分骄傲，而且很会享受自由。的确，一方面这里有值得骄傲之处。但另一方面，频繁更换工作和住所也会导致消极的后果。不同于日本人甚至我们俄罗斯人，他们一点也不喜欢终身从事一份职业，而众所周知，终身职业能够带来出色的成就。这一点在本书中尤为清晰可见。

在麦道公司

全世界的实践和历史证明，任何一个行政管理体系都在逐渐加剧官僚化。这在一定程度上也适用于非政府机构，特别是承担国家计划的大型组织。管理层的混乱不仅出现在作为统一技术组织机构的 NASA，而且发生在牵头的麦道公司中，反映出这个计划存在的诸多问题。以前，许多著名的企业都是从一粒种子慢慢茁壮成长的，企业的创始人管理自己的公司，成功地实施了一些独特的项目。这里发生的新老更替导致了效率的潜在丧失。旨在提高领导和普通员工工作热情的措施作用不大。在 20 世纪 70 年代和 90 年代，我曾经与洛克威尔公司的几任副总裁认识并共事，我对后一时期时任副总裁的印象远不如前一时期。在与麦道公司一起工作的三年里，我没有见到任何一位副总裁。这两家公司在 1997 年计划调整时就被出售给了波音公司。

总之，这种美国式的管理方法无助于有效识别并消除负面倾向。

* * *

"自由号"计划的遭遇促使 NASA 管理层、国会和白宫邀请苏联航天加入这一国际航天计划。起初，政治体制的对立阻碍了这一合作。我们兴起的改革又开辟了联合的前景。1991 年 8 月及之后发生的事情则加速了这一进程。但是这需要勇气和决心，以及与这些“神秘莫测的”俄罗斯人联合的政治意愿。也许并非巧合，正巧这时 NASA 的管理层发生了变化。

在开始这一全球联合计划之前，需要先经过一个试验过渡阶段。这就是“和平号”-“航天飞机”项目的由来。这是一个非常重要并且对双方都有利的项目，我们学会了以一种新的方式重新合作。除此以外，美国人学习到了我们的丰富经验，而俄罗斯人则挣到了活命钱。

“新思维”成为最受欢迎的改革口号之一。但是戈尔巴乔夫没能使我们理解其意义，最重要的是，他没能将这个原则上正确的思想付诸实践，而这一思想的核心是承认了两种社会制度的优缺点。当然，发达的社会主义有更多显而易见的缺点。

我不想再将注意力分散到全球分析上了。至于苏联航天和美国航天，它们确实很符合这个情况。在一定条件下，在载人航天领域，总体上低效的社会主义经济比资本主义经济更有效。这是通过一系列因素实现的，主要是由于集中管理，这种管理已经达到了很高的水平，否则根本不可能持续那么久。

随后的许多事情和项目都证实了这一结论的正确性。

对接再次成为所有事情的开端。我们又及时到位了。起初，对接是俄美两个现行航天计划的联合，即将俄罗斯“和平号”轨道系统和美国航天飞机连接起来。“对接就是合作！”我们那句熟悉的口号的正确性再次得到证实。20 年过去了，我们又开始与美国人合作了。时过境迁，唯一不变的是我们的经济状况。在美国人看似平等的伙伴中，俄罗斯人依然是穷亲戚。我们挣脱了一种奴役，却陷入了另一种奴役。

在合作初期，对“自由号”国际空间站计划进行了调整。不再需要“自由号”这个名称了。是时候重新命名，更新内容了。几年后，我半开玩笑半正经地建议，用“改革”这一流行词命名新的空间站。

20 世纪最后十年开始时，俄美航天界乃至世界航天界就是这种情况，这是在新世界继续开展航天计划的前提条件。现实生活依然丰富多彩，大事由具体的小事组成，而这些小事都是由人来完成的。

本节的故事结束了。

4.2 APAS，再度促成国际合作

20 世纪 30 年代建造 T－34 坦克的传奇故事是众所周知的。它是第二次世界大战中当之无愧的最出色、最强大、最有效的坦克，与伊尔－2 强击机、“喀秋莎”火箭炮和苏联后勤部门的其他杰作并驾齐驱，成为胜利的武器。T－34 的故事近乎神奇。1940 年 3 月，这辆战车的缔造者 M. 考什金和 A. 莫罗佐夫不顾地方当局的禁令，躲过内务人民委员部工作人员的监视，驾驶自己的“34”，从哈尔科夫秘密迂回行驶到莫斯科来。他们成功展示了这辆坦克，并受到了高层领导和斯大林本人的“认可”。这是一个令人难以置信的故事，具有划时代的意义，我甚至不便将它和我的故事、我神话般的异体同构 APAS－89，以及 1992 年春天对 APAS 的秘密宣传相提并论。但它们之间确实有相似之处。

世事难料，天意难解！神话来源于生活。

* * *

在之前“广告——贸易的助推器”一节的最后提及，AIAA 的名誉会长 J. 哈尔福特提出开设一个关于太空对接的短期讲座课程，并选择了“联盟号”和“阿波罗号”两种对接装置的设计师 K. 约翰逊和我作为讲师。该提议得到了支持，并计划在 1992 年 3 月底在亨茨维尔太空城讲授这一短期课程。

1991 年 11 月，在我第一次前往休斯敦拜访 K. 约翰逊后，我回到了“能源”科研生产联合体，继续从事自己的主要工作，同时开始准备讲座。事情应接不暇。需要收集和整理大量材料。当然，我的书提供了很大帮助，那时“太空研究”（Space Studies）研究所出版了这本书的英文版。但是，对于讲座来说这还不够，需要补充其他形式的资料，包括新的资料，因为这本书主要是围绕“联盟-阿波罗”计划写成的。这些年我们还做了很多，主要是设计并试验了新型的 APAS－89，并将其发射到太空。它已经成为一个主要形象，我

们打算通过亨茨维尔的代表向整个航天界展示一个全新的异体同构装置。

很快，我就和K.约翰逊商量好了讲座的内容、授课资料的组成，以及讲座准备中的各自分工。在书信和传真中，凯德威尔（即约翰逊——译者注）多次向我抱怨，他很难适应这种高强度工作，他很多年都“没这样了”，很多地方都要指望我。但从一开始我们就明白，我们讲座的任务不仅是简单地教会未来的学生如何“对接”，以及如何研制太空对接系统。我们还充分认识到，我们的主要任务是得出通用性的结论，向设计师、世界各国的航天机构以及国际项目的参与者给出共同建议。

在轨道上实现对接之前，我们应该先制定一个共同的方案，在地面上先完成我们思维的对接。

与K.约翰逊和斯维特兰娜在休斯敦

像20年前一样，约翰逊再次对当前时刻表现出极其清晰且富有建设性的看法，明白“对跖者”（指生活在地球任一直径两端的人——译者注）联合团队短期班的主要任务是共同实现飞船的在轨对接。对我来说最困难的是，我现在（以前也一样）才第一次理解这个新世界来客的独特语言逻辑。以下摘录他那段时间众多来信中的几行文字。来信日期是1992年1月2日：

“关于我们讲授这门飞船国际性对接系统课程的目的，我越想越觉得，我们应该把‘系统’这个关键词看作一个单数，而不是复数。我认为，如果我们将任务聚焦于确定一个单一系统的要求和本质，满足当前的最小需求，而不是未来飞船的最大需求，那么这门课程将会更有帮助。如果能足够详细地设计出一种装置，实现两艘自由飞行的飞船的机械连接，保证乘员组在两者之间通行这一基本任务，那么这一目的是可以实现的。

如果我们的课程指向一个通用的方案，那么我们当然可能受到指责，指责我们是在推进我们的最终方案，而不是单纯地教会学生如何去做。此外，相对于一个能解决问题的合理方案，还有更好的例子可以拿来教学吗？‘阿波罗号’/‘联盟号’证实，我们最初的构想是正确的。您和您的同事已经将‘阿波罗号’/‘联盟号’的结构改进到了APAC（89）。需要为这套用于解决这一最小任务的系统制定标准，而这方面要做的事情显然已经不多了。我想知道您对此事的看法。"

只有具备世界格局的设计师才能写出以上文字。

这就是我和约翰逊为这个转折阶段制定的俄美联合战略。最终结果表明，这个战略是非常及时和成功的。但是通往成功的道路仍是漫长而曲折的。

1991—1992 年的秋冬天，在八月政治事件之后，经济开始崩溃之前的这段时期，各类当前事务中都充斥着发展倡议，首先是筹建"太空竞赛"财团。我还在继续为即将到来的讲座准备材料。我们需要提前准备好详细的授课提纲、草图和其他图表，它们将做成内容丰富的讲义，提供给我们未来的学生。这些都是我们打算向他们口授的内容的复印件。

在一台美国报废并归属我们俄罗斯的 XT 计算机上，我迈出了自己在计算机上的第一步。那是我第一次真正用英文写作。教会这台 PC 俄语是根本不可能的，因为它没有这部分的"电子大脑"。当时也不需要。正是在这台 XT 上我敲下了未来讲座的提纲。

还有一个关于个人的问题需要解决：夏天我被查出长了息肉，医生们催我尽快进行手术。不应该再拖了，于是 2 月底我住院了。时间过得很快，很快就到了 3 月，手术后医生仍然没让我出院。最担心我的是华盛顿负责组织讲座的美国人。他们多次给我家里打电话并发来传真。

有一天，我妻子来了，她说单位知道了我计划外的讲座，领导为此很担心。主治医师证实，单位突然打来电话，某个大领导的秘书详细地询问了我的健康状况。我的休假申请还没有获得批准，必须得做点儿什么。我想到了各种方案。过了一段时间，最终"海关批准了"我的假期。几天后我出院了，经过一番周折后拿到了美国的入境签证和俄罗斯的出境签证，于是我飞到休斯敦准备好材料，然后和 K. 约翰逊一起从那儿去了亨茨维尔。

* * *

我们讲座的举办地是凯悦（HYATT）豪华酒店，它是美国一个举办各类聚会、会议和其他各种活动的地方。就像空间站一样，各种各样的设施和服务都集中在一栋大厦里：卧室、餐厅和大厅、游泳池和体育馆，甚至还有设备齐全的礼堂和实验室。

我们于 3 月 21 日晚入住酒店，过了紧张的 66 个小时后，我们才离开酒店。这段时间充满了对接相关的议题，伴随着见面、认识、讨论、提问和回答。

那是我第一次用英语做讲座。这比在国际会议上做一个简短的报告要困难得多。第一次的尝试很成功。精心准备的材料和两个投影仪（一个显示提纲，另一个显示草图）都很管用。多年来，这已经成为我的主要方法，在讲课和演示时非常有效。

我还记得 R. 贝尔先生，他是 AIAA 学会教育处的处长，一位退役的美国空军上校，他是专程从华盛顿飞过来的。在听了我前 1 h 的讲座后，他看出来听众们听得懂也能接受我的讲课内容，就放下心来，悄悄离开了，直到最后他才出现作总结发言。他的原则是："士兵睡大觉（或者干脆在闲逛），就说明一切正常"——这才是真正的国际化风范。更何况他本来也不是必须在场的人。

我负责讲座的主要章节，包括课程的分析章节、运动学和动力学问题、试验和演示验证，但约翰逊的作用是巨大的。他为我们共同的讲座一如既往地带来了美式原创哲学。他讲授的内容吸引了很多人。

此前，我从未去过亨茨维尔和著名的马歇尔中心（在我看来，它比沃纳·冯·布劳恩中心大很多）。我很想看看这些独特的建筑，但是学生也就是该中心的员工回答得很含糊，而约翰逊的老同事跟他一样，那时都离开了NASA。我俩在这个城市停留的最后一天，确切地说，是在去往机场的返程路上，我唯一看到的是一个露天的航天博物馆，那里矗立着许多火箭，就像站岗的士兵，屹立在辽阔的天空下。

按照 AIAA 的惯例，主办方建议学生们填写一张讲座评价表。我们收到了很高的评价。但这不是此次活动的主要结果。

共有约 40 名学生参加了这个培训班，包括 NASA 各主要中心和华盛顿总部的代表、许多大型航天公司的代表，以及欧洲和日本航天机构和航天工业的代表。学生中还有美国宇航员 F. 卡尔柏森，他送给我一张有自己签名的照片留作纪念。几年后，弗兰克（即 F. 卡尔柏森——译者注）成了"和平号"-"航天飞机"计划的领导之一，他指出正是 1992 年 3 月底的讲座课程，对倡议开展后续工作起到了关键作用。我与约翰逊共同提出，基于 APAS-89开展未来国际计划中的飞船对接，这一建设性立场具有特殊的意义。首先这引起了"思想转变"，并很快激发出富有建设性的意见。几个月后，一个新的国际项目就启动了。

于是，这个由 J. 哈尔福特提议、AIAA 于 1992 年 3 月底在亨茨维尔举办、由约翰逊和我担任主讲的非正式短期课程，首次提出了“和平号”-“航天飞机”这一新国际合作项目的倡议。仅过了一年，这个倡议就促成了俄美两国在国际空间站项目上的航天合作。

* * *

20 年前，“联盟-阿波罗”计划是在科学界的倡议和两国领导的支持下启动的，最初的工程构想基于两国此前独立研制的系统的结构。耗时多年才研制出了两种可以兼容的新型异体同构装置。与第一个联合计划不同，20 年后出现了完全不同的情况。继承了苏联航天的俄罗斯已经拥有一套验证合格的对接系统，用于对接“暴风雪号”航天飞机。该型航天飞机在构型、尺寸和重量上都非常接近于它的原型——美国航天飞机。1988 年年底，在完成第一次成功飞行后，“暴风雪号”自身陷入了危机，由于资金削减和其他问题，其第二次飞行的准备工作一开始就变得缓慢，然后完全停滞了。并且，由于耗资巨大，“暴风雪号”被其研制单位视为隐患，几乎成了弃儿，看不到任何希望。相反，一个新的国际项目却预示着很多好处，包括荣誉和金钱。

此外，美国的航天飞机在向“自由号”国际空间站运送物资的过程中扮演了重要角色，它也需要对接系统。20 世纪 80 年代末期，美国人开始重新设计对接系统。但是，在过去的 20 年里，NASA 和工业部门已经丢失了原来的对接经验。许多专家、老一辈的设计师们已经退休了。K. 约翰逊和 V. 克里斯离开了 NASA，J. 坎贝尔和 K. 布柳姆离开了洛克威尔公司。NASA 的力学部门仍由我的美国同事——资深的 D. 韦德管理，其中有一个小组，由 U. 施耐德负责。但是他们从来都不是真正的设计师。洛克威尔公司组建了研制团队，其中包括资深的 R. 阿杰米安和 E. 霍尔曼，以及 B. 勃兰特和一些非常年轻的专业人员。他们花了几年时间研制了一种结构，但遭到了约翰逊的严厉批评，最终前功尽弃。“锥-杆”型对接机构被移到一旁，在转移通道之外，看上去很怪异。尽管只是个外部顾问，但约翰逊的意见仍然受到 NASA 的重视。

S. 戈弗雷尼安是洛克威尔公司研制团队中的一名年轻工程师。后来他跟我讲了那段时间的事情，并炫耀说他们被评为全公司的年度最佳团队，就像社会主义竞赛的获胜者一样。但如果社会主义原则不用其他品质筑牢的话，那么即使在资本主义制度下，它们也无能为力。新型对接装置的研制绝非易事，这项工作需要时间和经验的积累。我后来告诉西马克·戈弗雷尼安，对于航天飞机这样的重型飞船，利用对接杆来进行对接是不可能的。他沉默了。

* * *

1992年4月，还在老布什总统时期，NASA局长R. 特鲁利突然被解职。乍一看，这似乎不合逻辑：苏联已经成了历史，冷战结束了。这位经验丰富的前宇航员参与过“联盟-阿波罗”项目，是航天飞机计划的积极参与者，也是第一批搭乘航天飞机进入太空的人之一。在基于过去的经验和计划开始联合过去对手的新时代到来之际，他将再次出山。但是，特鲁利并不支持与我们俄罗斯人合作。我也不认为，这是让一位已经退役的海军上将再次退休的原因。

57岁的D. 戈尔丁被任命为NASA的新任局长。他此前是航天界的一位籍籍无名的专家，曾担任一家较大的TRW宇航公司的副总裁。那时，“自由号”国际空间站计划已经到了最危急的时刻：工作计划被无限拖延，成本剧增，项目执行中的管理和技术问题不断。NASA的新任局长总体上是一个刚强、坚韧但又矛盾的人，注定会在联合俄美两国航天力量、启动和支持新的俄美联合航天计划方面扮演最重要角色，带领大家开启太空探索的新时代。

1992年秋天新一届美国总统的选举和总统团队的更迭并没有改变NASA的权力格局，尽管之前NASA内外都存在着各种预测和威胁。

1992年6月，俄罗斯新任总统D. 叶利钦访美。苏联航天由这个国家的新一届领导所继承，能感觉到他们对航天的态度发生了变化，后面几年只不过证实了最初的预测。这种变动进一步恶化了“能源”科研生产联合体和业内其他企业的经济状况。但在俄美两国总统签署的一揽子协议和建议方案中，航天合作协议仍然占据一贯的显著地位。正如首脑会议后发生事情所显示的那样，我们的APAS-89在新计划和新的俄罗斯航天中占据了核心地位。

1992年盛夏，戈尔丁来到莫斯科。在新的联合项目启动之前，剩下的时间已经不多了。

4.3 1992年夏：NASA与洛克威尔公司到访

自20世纪90年代以来，外国代表团越来越频繁地到访“能源”科研生产联合体。这个过程一开始发展得很慢，后来频率越来越高。1992年夏天是一个转折点。D. 戈尔丁于当年春天接替海军上将R. 特鲁利担任NASA局长，他于7月到访“能源”联合体。8月，由NASA和牵头航天飞机轨道器项目的洛克威尔国际公司组成的一个专家团来访。正是在这两次访问之后，双方进入了合作的准备时期。之后“和平号”-“航天飞机”、“和平号”NASA等俄美载人航天计划，以及建设国际空间站的长期合作项目都接连展开了。

此前在接待国内外高级官员参观期间，已经制定和理顺了高级代表团的接待方案：在总经理办公室接待—参观企业博物馆—参观检测试验站—参观“锥体”试验台。

对于任何对俄罗斯航天的历史和现状感兴趣的人来说，“能源”科研生产联合体的博物馆都是一个非常吸引人的地方。我国航天的历史通过大量的展品呈现出来，其中许多是独一无二的实物。这些是到过太空的“东方号”和“联盟号”飞船的返回舱，包括加加林乘坐的“小球”，以及调试剩下的舱段、附件和组件。博物馆中有许多珍贵的人物照片，他们成就了苏联的航天事业，为此贡献了自己的全部力量和智慧。

一些照片和文件反映了我们家乡的历史，这座城市最终被命名为“科罗廖夫”。很遗憾，没有一个市政机关想到去建设一座真正的城市博物馆。只有在城市的东部，在以前的科斯季诺村，至今仍保留着列宁的故居。这位世界革命的领袖在生病初期从克里姆林宫的皇家宫殿搬到了那里，并在那里度过了他的最后岁月。

博物馆的最后一个房间献给了我们事业的创始人，它讲述了科罗廖夫的故事。他办公室里的私人物品似乎预示着他构思和创造的东西，恰巧就是博物馆大厅里陈列的那些展品。

我们检测试验站的首要功能是为所有飞船和舱段进行检测和试验，它们在被运往拜科努尔发射场前在这里完成集成试验，然后才能执行飞行任务。其次，它是综合试验台（许多飞船和舱段的综合集成试验台）的实验室。综合试验台是我们太空产品的现行代表；这些试验台可在这里“演示”任何空间操作，或者组装一种新的构型，并首先在这里对该构型进行地面测试。“和平号”空间站各舱段和运输飞船在这里进行相互对接，以开展联合试验。轨道系统在这里完成整体组装并开展试运行。

检测试验站也成为博物馆放不下的所有东西的栖身之所，从全尺寸的“暴风雪号”，到按1∶5比例复制的“能源号”运载火箭，都摆放在这里。即便如此，可能是由于尺寸太大，这枚火箭的模型看上去仍像是一枚真正的火箭。很快它就被运到了企业博物馆的露天场地。

室内博物馆和检测试验站展出的所有展品通常都会给游客留下深刻的印象。不足的是缺少动作、运动和动态效果。也许是因为我们尚未安装一套好的演示设备，也可能仅仅是因为，还没有安排好展示我们独特的电影史料馆所保存的资料，以及太空电影爱好者B. 弗鲁姆松多年拍摄和收集的资料。

这种静态展示的缺点被我们的一个试验台部分地消除了，这个试验台位于“第二”展区，距离中心1 km，在铁路桥后面。我们的“锥体”六自由度动力学试验台通常都是一系列参观地点的最后一站，它部分补偿了博物馆航天展品的静态展示效果。通过“锥体”试验台可以看到设备的运动，感受到飞船和空间站舱段在上面是如何运动和对接的。“锥体”试验台吸引了大量的参观者。可惜当时我们没有为贵宾准备一本宣传手册，否则这本手册也可以成为“能源”科研生产联合体的一个对接展品。

* * *

与以前的许多代表团不同，戈尔丁的到访是一只真正的“春燕”，推动了后续的工作对接和实际项目。当时，1992年7月，我们向NASA局长展示了与新项目和太空合作有关的一切，而众所周知，对接总是关乎合作。

因此，首先从APAS-89使用动力学试验台展示对接动作开始演示。为加快进度，经总经理同意后我用英文做了介绍。我援引著名的希腊神话，作了富有奇幻色彩的介绍和宣传，以期在贵宾心中留下一个鲜明难忘又略带神秘的形象。我不知道，自己做到了多少。成功的原因无疑更深刻，还关系到领导之后下达的指令和采取的行动。但是生活告诉我们，偏爱、好感和真实性一样重要，它们只有细微的差别。

在检测试验站内，在“暴风雪号”使用的综合试验台上，我们也展示了真实的对接构型和对接设备，并利用它们验证了基于APAS-89建立的一整套系统。有效载荷舱里有一个对接舱段，通过一个短通道与主舱室相连接。

在对“暴风雪号”进行布局并设计其与“和平号”的对接时，产生了一个严重的问题。飞船相对空间站振动时，结构件可能相互碰撞。为避免在对接时发生碰撞，对接舱段的顶部被做成可移动式，又称为“伸缩式通道”。这个特殊装置及其机构控制仪表是20世纪80年代末我们为“暴风雪号”研制和改进的五大系统之一。现在，我们利用综合试验台，展示了它们与航天飞机其他各系统之间的协同工作。

所有这些构型和设备都是很好的原型样机，展示了实现美国航天飞机与“和平号”空间站对接的真实路径。但是结构布局并不是需要解决的唯一问题。演示结束后，D. 戈尔丁身边的一个人问我，在拟议的联合项目中，难度最大的可能是什么。略作思考后，我回答:“用来与航天飞机上其他系统对接的那套系统，其电气集成是最难的。”

1个月后，NASA和洛克威尔公司的一个大型工作代表团于8月到访“能源”科研生产联合体，设计局的所有部门、对接舱段及其子系统的研发人员都参加了谈判。但是我们很快就发现，美国人并不打算向我们订购多余的东西，他们没有这些也能让联合项目继续下去。我很理解“暴风雪号”其他系统的设计师们失望的心情，他们未能在美国的航天飞机上找到一席之地，但是新的结构设计方案的确更简单。

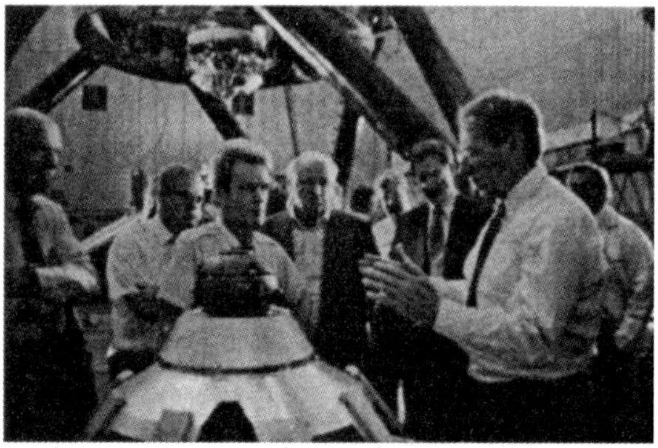

与NASA局长D. 戈尔丁在“锥体”试验台上

NASA和洛克威尔公司的专家设计了一个更加简单的构型，避免了对接前将顶部装有APAS的通道伸出去。这大大简化了对接舱段，他们自然决定自己建造它，而不是向我们订购。于是对接舱段和我们的伸缩式通道就显得多余了。但是没有APAS-89他们没法继续，我们这位苏联-美国“联盟-阿波罗”计划的异体同构继承者仍然是无与伦比的。

8 月份那次的谈判主要是在梅季西科研中心（所谓的“科学研究中心”）进行的。很多俄罗斯人和美国人集中在那里，分成几个小组。科研中心主要用于与外国人举行会谈。那里的许多东西在我看来是无序和混乱的。我从科研中心成立之初就不喜欢它，人所共知，这是有主观原因的。它孤零零地位于另一座城市——梅季西，距“能源”科研生产联合体 5 km，就像一个异类。去那儿很不方便。乘坐公共交通往返需要半天时间。那些早上过去参加谈判的人，哪怕差事不大，有时也干脆不回来了。

直到 1 年后，在与国外同事合作的前夕，我才做完力所能及和看似不能及的所有事情，将自己在“能源”科研生产联合体的基地和自己的国际办公室安置到一栋设有部门实验室的大楼里，距离我的办公室只有 50 m。在我看来，如果没有这间办公室，就跟不懂英语一样，是无法完成新的任务的。

* * *

1992 年来到莫斯科的我们的美国同事中，有几位是我在 20 世纪 70 年代中期从事“联盟-阿波罗”工作时认识的老熟人。洛克威尔公司的资深设计师 R. 阿杰米安是 E. 波布罗夫的同行。他是我的同龄人，出生在乌克兰的一个亚美尼亚家庭，名字叫拉兹米克，二战后不久，他随数千被苏联当局称作“迁移者”的同胞经德国来到了美国。他继承并同俄语一起保留了许多优良的品质：战前俄罗斯的性格、深深的同志情谊和真正的集体主义。多年的异国生活并没有令他丧失俄罗斯人的幽默感，在以后的岁月中，正是这种幽默感支撑着我们共同度过艰难时刻，尽情品味成功的喜悦。他在各方面都成了我们共同事业的“战友”。后来，我有机会结识了他的大家族成员，认识了他的岳父，我叫他“老爷子”，我和他一起唱战前俄罗

与 R. 阿杰米安和 Б. 鲍恰洛夫合影

斯的歌曲，甚至还唱了《国际歌》，以见证我们真正的国际团结，而非政治性团结。我见到了他的兄弟阿尔乔姆和米哈伊尔，他们都是真正的俄罗斯亚美尼亚人，即使在今天的俄罗斯也很难找到像他们这样的人。

10月，又一位“俄罗斯人”加入了我们联合国际团队，这是一位名叫A.穆拉什科的乌克兰人，他也有战后移居美国的相似经历。在一定程度上，他、他的妻子列娜、妻妹吉娜和姨母奥利娅（她在见面时莫名地叫我“孩子”）为我们揭开了一层帘幕。多年来，这层帘幕将他们与我们，与俄罗斯和美国共同的过去和现在分隔开来。我们第一次有了真正了解对方的机会。很多这一代人一生中的大部分时间都在异国他乡，在不同的环境和不同的世界中度过，但他们没有忘记自己的祖国，也是第一次与我们亲近。

斯维特兰娜和A.穆拉什科、他妻子列娜、他姨母奥利娅合影

在“联盟-阿波罗”时期，美国的俄罗斯移民仍然是我们的潜在“敌人”，是祖国的“叛徒”和世界帝国主义的“间谍”。我们被迫与他们交往、讲话温和谨慎，但不管怎样都是冷淡并与他们保持距离的。这是当时的游戏规则。更不用说人性化地亲近他们，融入他们的圈子，和他们谈古论今了。对我们来说，这些人的世界有许多的未知和不解。在之后一起共事的岁月里，在和他们亲友交往的过程中，才发现他们的性格是双重的，思想、情感和行为是矛盾的，他们的世界展露出了一点点。我认识他们的孩子，他们已经成为截然不同的人了，他们生长在国外，在美国，吮吸着俄罗斯母亲的乳汁，也吸收了新家园的精神和特质，他们几乎已经变成了百分之百的美国人。

也许，这不太适用于亚美尼亚人，他们的侨民保留了更强韧的内在联系和对年轻一代的影响。

我们直到很晚才认识到所有这一切。

* * *

8月会谈结束后我们签署了双边纪要，约定签订直接合同，年底就交付对接系统并集成到航天飞机上。与此同时，计划1994年年底至1995年年初进行轨道器与“和平号”空间站的对接，并完成与该项目相关的所有工作和必需的试验。后来，事情进展得确实很快，但没有一开始预想得那么快。

10月，两家公司的专家在莫斯科又召开了一次工作会谈。我们继续讨论未来“和平号”-“航天飞机”对接系统的相关技术问题。会谈中首先研究了APAS-89和专用舱段之间的机械接口和电气接口，该舱段将被研制并安装在有效载荷舱中，称为“外部气闸舱”。不出所料，工作重心是对接控制部分，包括星载遥测控制分系统的设计、我们的系统在轨道器上的供电管理和其他集成问题。我回头还会更详细地讲述这些内部接口及相关问题。

在10月的会谈中，我们还制定了一份针对所有工作的详细计划表，包括接下来几个月的专家会谈。很遗憾，这份计划表没有得到全面落实，后文我也会再次讲述。即便如此，设计工作仍在向前推进。

早在8月的第一次会谈中，我们就讨论并计划利用“锥体”六自由度试验台开展联合动力学试验。那是S. 戈弗雷尼安第一次来到我们这里，我认出他是我的一位学生，参加了我和约翰逊三月份在亨茨维尔举办的在轨对接讲座课程。他出生在伊朗，在美国长大并接受教育，西马克（他的大多数美国和俄罗斯同事都先后这么称呼他）成了这个项目最积极的参与者之一。他凭着干练、坚毅、坚韧不拔和持之以恒的工作品质，很快就取得显著成效。他领导的动力学小组建立了一个与我们APAS-89对接的详细动力学数学模型。在接下来的几个月，他们与我的专家们（主要是与C. 杰姆诺夫和O. 罗森伯格）一起，继续有条不紊地工作，从我们这儿获得对接机构主要构件的设计特性和实验特性后，他们将自己的模型完善到一个很高的程度。

遗憾的是，我们当时没有如此详细的模型，也没有足够的时间和精力去建模，我们拟定了一个弥补性的计划。遗憾的是，在1992年与1993年之交，随着E. 别里科夫出走西班牙，这些计划都被打乱了。

与西马克（中）合影

10月和8月的两次会谈结果总体上是非常乐观的。从各方面的感受来看，此次谈判不再只是宣传演示、口头交谈和寒暄祝福了。

4.4 试金石：在“锥体”试验台上

当你思考或阅读一些与基本的自然规律有关的太空类课程时，你会意识到，世界不是从无序的混乱中自然产生的。比如，地球不会过热也不会过冷，水体不会完全冻结，只是被表面的浮冰覆盖。如果水结冰时体积没有变大，那么冰就会沉到水底，这样一来就不可能有生命。自然界总体上是成比例的，如俗话所说，是线性的。但是热辐射与温度的四次方成正比。我曾开玩笑地向学生指出这一特点，说道：“这个规律一下子被斯特凡和玻尔兹曼两个人同时发现，不是没有原因的。”两个人都不约而同地求出了温度的平方数。正是由于这一双重互导，在地球上才形成了适合孕育和维持生命的条件。

还可以举其他的例子。

但是即使在全球性较小的现象中，也能看到其发展的逻辑。甚至在部分事件中，有时会观察到惊人的逻辑联系。有时我觉得，我的生命和活动、一生的成长和转折冥冥之中都相互关联。有必要再举个例子。

新国际计划起源于 EPAS，即“联盟-阿波罗”计划。那时我们的 APAS-75 诞生了，它异体同构的渊源更深，可以追溯到更遥远的过去，第一个空间站“礼炮号”上的对接装置就是这种结构，不知何故它们的隔框当时就已经是相同的了，也就是异体同构式。在 EPAS 之后，我首先想到了通往康庄大道的小路。在这条路上，除了 APAS-89，我们还设计了“锥体”试验台，其设计理念也是我们在 EPAS 年代里从我们的美国同事那里学到的。这一点也显示出我们命运的一些逻辑。

20 年来，历史的车轮似乎已经完全转向。倒塌的不仅是柏林墙。铁幕被拉开，禁令被取消，向美国人展示了许多意想不到的有趣事情。其中一件就是我们的试验台。很快，兴趣就转变为职业，我们从演示和思考起步，进入了一个共同的事业。正如我们一年后发现的那样，这项美国领先 20 年的超级技术不仅没有进步，反而丢失了。1993 年到访休斯敦时，我发现了我们曾用来测试 APAS－75 的试验台，它被放置在航天中心的某个偏僻角落，无声无息。大洋彼岸当年令我们欣羡并吸引我们的东西已经过时了。确实，发展已经完成了一个循环。

人们相信，做实事不会没有结果。正如经济学家所言，做实事终有回报。这很重要，尤其在我们经济转型时期。看起来我们的“锥体”试验台在 20 年后收获了回报。但这并没有给我们带来收入。其他人以其他手段获得了收入。尽管如此，“锥体”仍在推动我们前进。首先，它使我们更接近达成航天飞机飞往“和平号”的协议；其次，我们利用它鉴定了 APAS 的技术水平，确认后者可以承担太空对接。几年后，我们又利用该试验台，检测了国际空间站（ISS）计划的对接能力。

* * *

在入轨之前，任何航天器都需要在地面进行轨道操作仿真。专家们对整个航天器及其各个系统作了建模。通常这样的模型有很多，以便对所有系统进行数学计算或物理试验。

在采纳最终方案启动联合项目之前，美国人还决定进行对接系统的建模和联合试验。为此他们选择了我们的“锥体”动力学试验台。

最初这个试验台在演示我方宇航技术的能力时起到了重要作用。它为 APAS－89 的开发以及后期的宣传做出了贡献。是时候了，需要在美国同事面前展示我们“锥体”的专业能力，并在这个关键计划的初期阶段证明 APAS－89 对接航天飞机和“和平号”空间站的适用性和有效性。

六自由度试验台只能模拟航天器对接过程的一小部分：初始接近条件、碰撞和相对运动动力学以及相互振动阻尼。这个阶段非常短暂，而且在该阶段对接机构只有部分构件工作。然而这个阶段正是变数最多的部分，生死攸关且危机四伏。对接装置其他所有性能的评估均可通过计算分析轻松实现，而这些转瞬即逝的过程则最好在实际操作过程中进行检验。还有一点也至关重要，那就是两个百吨级航天器的对接尚属首次。正因为如此，在“锥体”试验台上进行试验成为首选。

早在 1992 年 8 月的第一次会谈中，NASA 和洛克威尔公司的专家就建议尽快做好准备，尽快开展联合动力学试验。我们的同行想检验一下 APAS 对接机构的运行状况，亲眼看见其工作情况，并获取对接过程的详细参数。

在 1992 年亨茨维尔的讲座上，我们班的一位学生西马克·戈弗雷尼安就对接建模作了简要的介绍。西马克那时说了什么，我已记不清了。他在 8 月作为洛克威尔公司的一名专家来到莫斯科，从联合工作的一开始，以及在之后的所有阶段，他都是最积极的参与者之一。凭着干练和坚毅的个性，他深入地掌握了我们这套复杂机构的所有细节。他成功地将理论与实际相结合，调整了数学模型，使其最终开始得到非常接近于实验数据的良好结果。在 1992—1993 年的秋冬季节，我们一起为未来的合作成功打下了基础。

* * *

在完成 8 月会议纪要要求的同时，我们开始积极准备第一次联合试验。"锥体"试验台的责任部门领导仍是 В. 库德里亚弗采夫，他不得不投入大量时间和精力为试验做好准备。该室主任 Ю. 卓林和其他专家已经着手工作。从大楼建成和试验台投入使用已经过去了十年多，厂房已经破旧不堪，许多设备已经损坏，需要更新。我们必须向库德里亚弗采夫及其员工致敬，他们正确评估了现状，并利用现有条件，尽一切可能完成了这一重要阶段的工作。大家都很清楚，后续工作量只会增加，项目后续所有阶段都需要开展试验。

9 月，我们起草了一份命令，要求采取所有的必要措施。在随后的一个半月里，设计局、我们工厂和主要协作企业的各部门都完成了各自的工作。

在 Б. 奇日科夫、Е. 波布罗夫、С. 杰姆诺夫和 О. 罗森伯格的带领下，我们部门的电机工程师准备了几套试验用的 APAS-89，它们需要为自己和自己的异体同构"兄弟们""负责"，而且要经受住外国专家的考验。Э. 别里科夫和他的动力学设计师制定了试验计划。和美国人一样，我们也采用经典试验方法。针对适用于这种飞船的典型初始条件，开展了两项研究：基于数学模型的理论分析，以及试验台上的试验。然后对仿真和试验得到的数据进行了比对和相互验证。

应当承认，我最终也未能建立起一支优秀的对接动力学团队，创建一个真正的"学派"。这有几个原因。根源可以追溯到 20 世纪 60 年代，当时仿真是在我们第一试验设计局的其他部门进行的。在"联盟-阿波罗"项目工作中，Е. 列别捷夫的动力学设计师帮了我们很多忙。但是 1975 年之后，他们放下对接工作，回去从事更具全局性的工作了。于是我们只得壮大自己的动力学设计师队伍，在数学力学系和高校毕业生中寻找有能力的年轻人，并让他们真正对此产生兴趣。如果我足够坚持的话，也许我就能说服领导给我们增加名额编制了。显然，我没有坚持到底，也许也没有足够的时间，而且也没人帮忙或支持我们。我们做了几次尝试，吸收有数学模型编写经验的高校教师参与分析工作。但实践证明，他们通常缺乏实际工作经验，包括工作管理经验。最主要的是，高校学者缺乏我们设计局所具有的目的明确的工作风格。即使在分析工作中，我们也一开始就习惯了去完成类似生产性的任务，即先提出具体的结构问题，结束时需要给出是否已做好飞行准备的结论。在根据完成形式和时间确定的边界参考点之间，是根据计划进度表需要完成的所有中间阶段工作。相应内容被列入阶段性文件，包括原始数据和技术任务书、草图设计和技术方案，快速报告和研制报告。进度表中的分析工作与其他工作内容密切相关，后者包括实验和试验，其他关联系统的研制、飞船和空间站的整体准备阶段等。

实验室和工作小组的负责人扮演着一个特殊的角色，他们应该很好地了解自己的劳动成果及其制造工艺，意识到任务并且感受到量化的工作成果，这样才能告诉自己的工程师：差不多或者“这里出了什么问题”。

像学习滑冰或骑自行车一样，从年少时就开始学习这样的思维、生活和工作方式是很好的。一个人在高校待的时间过长，除了学到知识以外，也会被另一种非建设性的方式所塑造。缺乏专注于主要事情的能力，不会正确支配自己的精力和分配帮手，行动不一贯，这些都会导致事与愿违。我的父亲曾经历繁重的实践工作考验，最后几年在林业大学教书。他常说：“会了就去做，不懂就去学。”他善于自嘲。

我们的对接动力学数学模型没能正常及时地产生作用。我觉得，这个情况也对贝利科夫的决定起到了作用，促使他在关键时刻抛弃了部门和他所有的动力学设计师们，将其他问题也抛诸脑后。他是在 1992 年 12 月底，正当用人之际离开的，那时刚结束利用“锥体”试验台进行的第一阶段联合试验，正在对试验结果进行分析。对我们来说，他的离开是一桩突发事件。

这就是我们在工作关键时刻经历的令人郁闷的事情，而这些工作关系到太空对接的地面准备情况。

* * *

20 世纪 80 年代，我们用 APAS－89 演练了“暴风雪号”航天飞机与“和平号”空间站的对接，其中包括在“锥体”试验台上的对接。这个“工件”成为我们与美国人开展联合动力学试验的基础。美国航天飞机与我们的航天飞机在重量和构型上都非常相似，这非常有利于联合试验。早在为 APAS 宣传的时候，我就不止一次地强调过这些相似点，为了增强说服力，我甚至说，现在这个事实对任何人来说都不是秘密了。事实上，可以说，在研制苏联航天飞机对接系统的时候，我们就是按照适用于美国航天飞机原型来设计的。在接下来两年半的时间里，我们还有很多事情要做，但是APAS－89的基础、它的结构和主要的特性都保持不变。

到11月时，我们已经做好了试验准备，更新了试验台的主要系统，调试并重新检测了APAS－89，商定了试验方案。对"锥体"试验台所在大楼进行了维修，我们甚至设法为我们的同事准备了一个专门的房间，根据美国样式在机房安装了透明的半隔板。我们开始缓慢但坚定地不断装备微型化的电子设备，它们帮助扩大和逐步释放了被老旧笨重的设备所占据的空间。最后开始弥补15年前没做好的事情。我们甚至维修了卫生间，使其焕然一新。

试验分两个阶段进行。第一个阶段从11月中旬开始，到12月初结束。这个阶段的试验做得很成功，验证了APAS－89的工作性能、阻尼器计算性能的还原性、航天飞机对接"和平号"的可能性。正如预计的那样，在交会速度小、捕获偏差大的情况下，即在与同轴位置的边际偏差下，很难保证联接。按照我们采取的策略，为了保证联接，通常将主动飞船喷气控制系统发动机接通至"压紧"状态，推动飞船，使导向环对准导向销，并连接卡锁。美国人几乎没有这种经验，如果不算1971年"阿波罗14号"的紧急对接的话。因此NASA和洛克威尔公司的专家决定暂停。

直到1993年夏末，美国人才回来找我们，要求使用"锥体"试验台开展额外的动力学试验，进行分析和仿真。这已是主合同签署后的事了。只有进行这些额外的试验，才能最终选定飞行控制程序、交会速度和其他初始条件，当然还有选定轨道器喷气控制系统发动机的点火时序和点火时间。

不仅仅是飞行控制程序（航天飞机乘员组和多个航天飞机自动和半自动系统都对该程序起到了重要作用），所有这些都经过了多次仿真。它们先是在洛杉矶和莫斯科，继而在肯尼迪航天中心的"海角"，通过试验台和模型进行了演练，并且在休斯敦的训练器上对宇航员进行了训练。

洛克威尔公司向"能源"科研生产联合体支付了几十万美元进行这些联合试验。这是我们赚到的第一笔美元，不是吃大锅饭赚来的，也不是作为整个"能源"科研生产联合体的一部分赚来的，而是作为对接人，以自己的劳动、才智和天赋换来的。不出所料，这笔钱中的大部分被统筹了。直接开展试验和协助试验的部门多少分到了一些，大约是总金额的1％。而即便是这样的奖励，我们那些吃苦耐劳、默默忍耐的人们也已经很满意了。另外约有 1% 的金额被用来购置了设备。

我们真的非常缺乏现代化电子设备。在第一阶段试验结束后不久，我们就添置了几台很好的计算机、试验台的模数转换器，以及最早的两台复印机。在 20 世纪的最后十年，我们终于拥有了复印设备，对于设计工作和公文处理而言这都是最必需的物品之一。从此，我们再也不用为复印微不足道的一张纸而东奔西跑、低三下四地找人审批了。当然，我不得不将这台“机器老大”安放在自己的办公室里，以免对自己人造成不必要的诱惑。

* * *

忙碌的 1992 年接近尾声，这是苏联解体、价格“放开”、通货膨胀开始和军工综合体崩溃后的一整年，而且不止于此。12 月和 1 月发生的一些事情也引人注目，我们工作和生活的条件已变得截然不同，这个国家在我们眼前发生了巨大变化。世界其他地方也发生了变化。这是显而易见的。

12 月初，在第一阶段试验结束后，我们的一组专家受邀访问美国加利福尼亚州的洛克威尔公司。在经过一些延迟和领导对人员组成进行缩减后，我们的出国护照和其他的签证文件被送到了美国驻莫斯科大使馆。对于我团队的许多人来说，这应该是他们第一次去美国。我们认为，这样一个具有国家意义的严肃计划会得到“国务院”及其官员的相应支持。但情况并非如此。两周后对接团队成员仍然没有拿到签证。圣诞节（天主教圣诞节）临近了，希望正在消失，很快就完全破灭了。

值得一提的是，我是当时专家小组中唯一有现成入境签证的人。美国航空航天学会（AIAA）邀请我参加国际合作发展大会。会议计划在夏威夷召开，这是太平洋地区最好的度假胜地之一。会议主办方将支付长途旅费和五星级酒店的住宿费。去夏威夷须要途经洛杉矶。因此，我原则上可以参加两个活动，做完两件事情。但是，我不想离开我的团队，我甚至没有向自己的领导提及这个独一无二的机会。洛克威尔公司的总裁 B. 麦尼尔当时在莫斯科，他说我应该去的，他自己也将飞回国内。

关于签证的故事还没有结束。最后，我还是用到了那张签证，但这已经是四个月之后，也就是 1993 年 4 月的事了，那时我们即将签订主合同。

* * *

本节讲述的最后一件大事发生在1993年1月26日，"和平号"空间站与"联盟TM-16"完成对接。这是一艘不同寻常的飞船。新型APAS-89首次被用于这艘飞船的对接。这次飞行是我们这套新系统在太空的第一次试验。在轨对接期间，一组美国专家在莫斯科。他们和我们一起，为两年半前发射升空的"晶体号"舱段上的异体同构对接口终于得到检验而感到高兴。

"能源"科研生产联合体将首次装备APAS-89的"联盟号"飞船称为11Φ732 No. 101产品。它的历史同样值得关注。No. 101和No. 102是两艘为"暴风雪号"计划准备的救生飞船，必要时可用来为同样安装了APAS-89的（"暴风雪号"）航天飞机上的宇航员提供帮助，还有一个使用方案就是借此让乘员组登上以空载状态发射的航天飞机。"暴风雪号"计划终止后，No. 101飞船失去了与之对接的异体同构伙伴（No. 102还没来得及投入运行）。我只好亲自为它的命运努力奔走了。

1992年5月左右，主管设计师们制定并开始签署一份我们称之为"技术方案"的文件。当需要对飞船或舱段、其系统或部组件作任何或大或小的改进，并且需要描述用来实现这些作业计划的所有任务和工作的时候，一般会发布此类文件。所有层级的工作内容都是由任务执行人商定的，有几十项，甚至多达上百项。关于No. 101"联盟号"飞船，有人建议将APAS—89更换成普通的杆式主动对接机构，以便将飞船与空间站的轴向工作对接口对接。因为除了对接装置，还需要更换一些仪器、电缆和其他设备，所以工作量巨大。我拒绝签署这份技术方案，建议不改装飞船，将其对接到"晶体号"舱段的异体同构对接口上。

这次我的抗议产生了效果。总设计师谢苗诺夫批准了新的技术方案，9个月后，11Φ732 No. 101产品变身为太空轨道上的"联盟TM-16"。此事在当时至关重要。

4.5 技术任务书—技术建议书—合同

我记得在改革中期，B. 伊恩涅拉乌尔绕过设计局的工程部门来找我们，当时他是负责组织和经济问题的副总设计师。他向我们传达重组科研生产联合体活动的管理方案，让我们准备好赚钱，转为自负盈亏，甚至创收。他甚至报了一个大概的数字，这个金额在几年后就会达到十位数，即数十亿近乎金黄的旧卢布，也就是数十亿美元。我们恭敬且半信半疑地听着，注意到这位副总设计师是一个刚强的人，就像一名拉脱维亚射手。坦率地说，所有人，包括我们的领导，那时都不太清楚，在太空和在地球上能卖什么东西和怎么卖。尽管有这种怀疑，许多人还是相信，总会有人找我们买点啥东西的。我们开始为自己的企业和自己去赚钱。几年后时代就变了，我们清楚地知道，我们的哪些产品可以变成商品了。

几乎一切都变得不同了，很多事情都和预料、计划和期望的不同。当然，我们并没有赚到十亿美元，我们没这能力。但是在 20 世纪 90 年代，银行账户确实变成了十位数（指几十亿卢布，当时通货膨胀，卢布大幅贬值，几十亿卢布仅相当于几十万美元，企业财政窘迫可见一斑——译者注）。赚到一亿美元是什么概念，只有在实践中才能明白。

* * *

1993 年到来了。距离航天飞机首次飞往“和平号”并与其完成对接还有两年半的时间。又花了半年的时间完成了合同的准备和签署。

在六自由度“锥体”试验台上完成动力学试验后，又发生了两件重大事件：1 月底完成了异体同构“联盟 TM－16”的对接，2 月初完成了世界航天史上的首次太阳帆板展开。之后就是日常的工作。这些天我们收到了洛克威尔公司的技术任务书。在我们看来，这份技术任务书很特殊，美国人称之为 RfP（Request for Proposal），即“对建议书的要求”。事实上，这份文件比我们对“建议书”一词的理解还要宽泛。它同时瞄准几个目标，包含了关于对接系统的非常详细的结构设计、组织-程序和操作等要求。我们还需要建造这个系统，将其安装在航天飞机上，并保证这艘飞船与“和平号”空间站实现在轨连接。

按照合同签署前第一个阶段的要求，我们需要在一个半月至两个月的时间里，将这些技术建议汇编成俄文版的技术文件，同时编写一份英文版的Technical Proposals。需要说明的是，我们“能源”科研生产联合体之前已经发布了名为“技术建议书”的文件，但是这些文件属于另一阶段，即我们产品的最初设计阶段。因此这些文件的内容局限于总则，不包含详细的技术和组织信息。更加详细的资料被放在了其他文件中，它们将在更晚的研制阶段发布。如果系统是由另一家企业研制的，那么在与各协作单位签署合同之前，需要向协作单位提供详细的技术任务书。协作单位（即承包方、工作执行方）将根据这份技术任务书，在合同规定的工作框架下，完成草图设计，编写图纸和其他详细的技术文件。

1993年年初，我们第一次按照美国模式开展工作。应该说，我们掌握了编制第一份此类俄美文件所需的全部信息。难点在于，美国人要求以另一种方式组织文件，描述许多问题和章节。这些对于我们来说都是陌生的。此外，在RfP的一些章节中，在所谓的规程中列出了非常详细的要求、量化的参数和特性，而这些是需要在实践中实现的。许多地方和章节都需要再次讨论和协调。在随后的几个月里，这份文件成为我们联合工作的基础性文件，我们频繁使用它，将其作为共同的工作标尺和依据。

为了帮助编写这份特殊的文件，我们的俄罗斯-亚美尼亚裔美国人R. 阿杰米安再次来到莫斯科。他将许多的问题和术语从俄语翻译成英语，又从英语翻译成俄语。对同一个词语的意思往往包含着不同的理解。我们第一次遇到这些技术理念上的差异还是在20年前。在20年后的新项目中，我们面临着另外一些更详细的技术分歧，我们开始按照美国的要求工作，开始编写他们的技术任务书。

每到紧要关头，需要在短时间内编制出一份内容庞大的文件时，我就不得不采用自己多年以来总结积累的一套行之有效的办法：先由我亲自制定出内容纲要，分派好各章节的编制人并规定初稿完成期限。而在下一阶段，我们大家再一起将各个章节汇总在一起，最后进行修订并翻译成英语。

计算机对这项文件编写工作提供了很大帮助，这些计算机是我们用1992

年年底开展动力学试验的收入添置的。计算机设备越来越多地进入我们的生活，成为我们的有效工具。它很快变得不可替代。

3月底，“和平号”-“航天飞机”对接系统的俄文版技术建议书编制完成，并发给了美国。技术建议书成为一份非常重要的文件，它对准备阶段的工作进行了总结，并为启动下一阶段工作指明了方向。在将其作为签订合同的依据文件之前，我们还有几个月的时间可以“打磨”和协商我们的技术建议书。

然而，事情正在迅速发展，需要采取其他的果断行动。

* * *

大洋彼岸，也在进行政治、组织和技术各层面的准备工作。4月中旬，我们的首席“对外”经济专家A. 杰列钦和我接到命令，准备前往美国。我们组成了一对好搭档，除了最高层领导的飞行路线之外，我们几乎掌握了所有的情况。我们的首条飞行路线直到最后一刻仍不明确。这件事情很复杂，Ю. 谢苗诺夫正在拜科努尔，他和B. 列戈斯塔耶夫一起，从那儿直飞华盛顿。后者向我们转达了总经理的指示，要求我们也飞过去。此外，我们收到洛克威尔公司副总裁U. 科洛比发来的传真，他邀请我们去洛杉矶访问该公司，他指示公司驻莫斯科代表Г. 西姆钦科夫把我们送出国。4月23日周五的晚上，当我们结束一天的工作时，加利福尼亚州才刚刚迎来清晨（整整11 h的时差），需要解决一些问题。在回复科洛比的传真上，我向他建议大家先在华盛顿见面。为了弥补他这次的额外飞行，并作为鼓励，我答应给他十几岁的儿子带一根俄制曲棍球棒，他曾为洛杉矶少年队效力。比尔（即科洛比——译者注）非常为他的儿子自豪，为他热衷于真正男人的比赛而感到骄傲。

几小时后，加利福尼亚州给出了积极答复。我们费力找到了西姆钦科夫，约好周日早上六点在“谢列梅捷沃-2号”航站楼见面。我动员了最近的驾驶员亲戚来送机，所有人都在约定的时间到了机场，我们甚至还买到了空余的机票。

由于跨洋航线的复杂性，长途旅行非常累人。除了预先计划在法兰克福和纽约的两次转机外，在旅程的最后阶段，我们的达美航班在快要飞抵目的地时遇到了雷暴，被迫返回了肯尼迪机场。我记得，我与亚历山大是怎么飞奔，赶搭靠谱的达美航空公司的其他航班飞过去的：“达美常伴你左右”（Delta ready when you are），从“联盟-阿波罗”时期我就知道这句标语。我跑在前面，一条腿有点瘸（这条腿是在最近的曲棍球比赛中受伤的），倚靠在作为礼物的曲棍球棒上，亚历山大走在我后面，手里提了两个袋子。"快点到，慢慢等"（Hurry up and wait），正如美军中说的那样。又等了几个小时，雷暴过去了，我们最终乘坐一架标准的波音727飞机起飞了，1 h后终于降落在了位于"水晶城"中心的国家机场。这个机场距离我们的"万豪"酒店5 min的车程，三年前我因为"太阳帆"项目住过那里。

第二天早上，我和列戈斯塔耶夫与从加利福尼亚州赶来的科洛比和勃兰特在洛克威尔公司的豪华办事处见面了。经过长时间的讨论，我们几乎就所有事情都达成了一致。我们很快就明白，过渡到市场经济后的主要困难在于协商价格。我们那时并不确切了解我们的对接设备价值几何，也不清楚技术任务书中包含的其他工作，即建议书中所描述的未来两年需完成的内容到底该怎么报价。我们不知道如何衡量20年前我和我的同事们在另一个截然不同的过渡时期所创造的成果：我们共同设计、生产、调试、试验的机构在两年以后实现了太空对接。尽管如此，即使没有经验，我们似乎也一开始就对自己做了正确的估价。至少，这些价格已经成为今后几年各种合同和协议的基础。

总的来说，我们向新的在轨集成对接又迈进了一步。

那时我们不得不讨价还价。我记得，我们在墙上钉上一张大纸，上面列出了主要的工作和对应的美元价格。除了基本价格外，我们还为自己额外争取来100万美元，用于采购计算机设备。这在之前只是一种奢望。科洛比亲自在纸上写下了这个条件，我们请他在这张纸的末尾签字确认。以防万一，我请求他将这个"初步"协议的复印件给了我们一份。后来发现，这是非常聪明的一招，几个月后，当双方在莫斯科签署正式的合同文件时，这份文件起到了重要作用。

谢苗诺夫和列戈斯塔耶夫留在华盛顿，继续参加高层会谈。我和杰列钦则穿越整个美国，前往遥远的加利福尼亚，去拜访洛杉矶的洛克威尔公司。我们需要去那里处理技术和管理方面的一些详细问题。

我们第二天就飞过去了。

我已经将近20年没来过这个美国的西部大都市了。加利福尼亚在这些年里变化巨大，大兴土木——建起了很多新的居民点，取代了以前的橙子种植园。即使在洛克威尔公司所在地——清一色平房的道尼市，也出现了许多新的东西。只有生产厂房还跟20年前甚至50年前一样矗立在那里。战争时期，这些厂房里摆满了军机。我在 1973 年和 1975 年来过这里，那时“阿波罗号”-“天空实验室”计划的工作即将结束，航天飞机计划正在展开。从那时起，员工的数量减少了。生产工人大幅减少，车间沉寂了，设计大厅也空了。但是到处都是计算机。

我们美国对接同行的办公室位于一个偏僻的角落，那是一栋外表像营房的建筑物。勃兰特和克鲁格说，他们暂时在那里办公，但他们喜欢我对“营房”的定义。的确，当我时隔三个月再次来到洛克威尔公司，我发现整个 100 多人的联合对接团队都搬到了公司的一栋主楼里办公。杰列钦的美国同事弗雷格尔是公司法务部门的负责人，他亲切热情、彬彬有礼，他的办公室坐落在一个豪华的房间：再怎么说，这也是公司的门面。你甚至不能从外面看到“营房”里的工程师，但技术问题多得很。

我们住在新的尊盛酒店（Embassy Suites），它位于道尼的行政中心，毗邻市政厅、警察局、城市剧院和图书馆。这个美丽的现代化酒店相对小而紧凑，有一个庭院和一条山涧，有一个室内游泳池和一个舒适的餐厅。在随后的两年里，我多次来洛克威尔公司出差并住在这里，我对它一直保留了最美好的回忆。那个时候，4 月底，每天早晨 7 点，我和亚历山大都会去游泳池游泳，在有水果和西瓜的自助餐厅吃早餐，然后坐车去上班，车程大约 5～10 min。一个非常热情的名叫鲍勃的墨西哥司机为我们开车。在随后的几个月里，他经常去机场为我们接机或送行，每次我都很乐意与他相处，讨论漫无边际的国际和地区问题。

三四天后，列戈斯塔耶夫将杰列钦召回华盛顿，解决一些政治和商务问题。留下我独自面对许多美国同事和无数的工程问题。离开之前，在我作为直接相关人的参与下，杰列钦为未来的合同起草了补充商务文件草案。其中，关于随后两年我们工作的条款也是不可或缺的部分。

我独自留下来，与美国同事们起草包含一百多份工程文件的清单，“能源”科研生产联合体需要编写和准备这些文件，提交给洛克威尔公司。清单中包括许多 APAS 及其主要组件的图纸、电气图，以及大量关于各种装置、仪器、星载控制台和地面设备的工作细则。在起草并商定纪要后，我于 5 月 8 日西方胜利日那天登机离开，于 5 月 9 日我们的胜利日那天回到了莫斯科。

这个胜利日过得有点悲伤和压抑。不记得是为什么，我独自度过了这一天。经过长途飞行后，我好好睡了半天，断断续续地看了会儿电视。我无法承受节日的忧郁，因此来到莫斯科市中心，但是大剧院旁边几乎没有人。周围的一切都在变得老旧而潦倒，但这还没有结束。

* * *

"能源"科研生产联合体的工作已经全面展开。我们发布了APAS、宇航电子仪器、电缆和许多试验设备的工作图纸。

历史性的合同

最后，经过短暂的延迟，科洛比、弗雷格尔、勃兰特带领整个团队于六月初来到莫斯科，准备磋商。经过又一轮的谈判、争论和讨价还价，在6月6日这个对我们来说具有历史意义的日子里，双方签订了这份独一无二的合同。谢苗诺夫代表"能源"科研生产联合体签署了这份合同。列戈斯塔耶夫成为项目经理，我被任命为这项工作的技术负责人。传统的宴会结束了，在喧嚣的发言和表达祝贺和祝愿成功的祝酒词之后，美国人带着几瓶写有"仅供在轨对接后饮用"标签的伏特加离开了。

在随后的几年里，在准备第一次对接和随后的几个工作阶段，我多次翻阅这份合同。

不，从各方面来说，这都是一份独一无二的文件。我后来直接称之为俄罗斯航天史上第一份，也是最后一份文明的合同。有以下几个原因。首先，我们在互惠互利的条件下完成了交易。买方，也就是洛克威尔公司和它背后的NASA，需要对接航天飞机，而他们自己无法快速做到。卖方，"能源"科研生产联合体，则有一套就像为轨道器专门设计的系统。与此同时，我们不是简单地出售我们的创意，就像那些年一直在俄罗斯发生的那样，我们没有出让许可证和图纸。我们和我们的工厂一起开始销售自己的高科技工业产品。我们按照国际价格互利互惠地出售了该系统，最初只签署了一次飞行的交易。因此在我们面前，在不久的将来，还有一笔真正的大生意。美国人按照高技能劳动的国际标准，为该系统支付了一个正常、合理的价格。不仅如此：不是简单地将我们的劳动成果输出到国外就好了。作为该系统的创建者，我们也被外方所需要。没有我们，他们无法接收这项成果，使用这套系统。因此我们被作为专家，作为这项技术真正的主人受到邀请。我们开始作为高级专家前往洛克威尔公司和 NASA，他们也开始按照国际标准向我们支付报酬。我们第一次感到自己几近平等地接近文明的生活方式。我们几乎成了自由人，甚至可以自己开车前往美国各地，汽车在这个国家不是一件奢侈品，而是一种交通工具。

正如前文提到的那样，后来又在合同中增加了提供现代化计算设备的条款：不多不少，提供价值 100 万美元的计算机。这在之前只是一种奢望。

我甚至还为自己和其他会英语的先进同志争取到了优待：我们的劳动报酬比别人多一半——我们“配备”了俄英双语软件的大脑被认为更值钱。这是多年来的第一次，似乎也是最后一次。

整个文明只持续了两年。有人非常不喜欢它。这座脆弱的大厦很快就倒塌了，由 NASA 和俄航局达成的某份庞大、粗糙、官僚主义十足的协议将它彻底压垮了。

* * *

6 月，在结束设计局和工厂的业务工作后，我准备休一个短暂但非常充实的暑假。除了主要工作外，我还需要准备一份用于 7 月份“和平号”空间站会议的报告，这次会议在现阶段对我们科研生产联合体具有至关重要的意义。我们也开始展开与欧空局和研制 ERA 机械臂的 Fokker 公司的工作。与 Fokker 公司的合同要求去阿姆斯特丹出差几天。当时我的同事中没有一个人有出国护照，这段时间正巧在例行更换护照，因此我成了唯一可以快速出境的人。每个时候我们都有自己的“歌曲”，一些必须克服的困难。

列戈斯塔耶夫只给我放了三周的假，但这点时间我实在无法完成所有的计划。我只得又请了一周的病假，医生早就因为过度疲劳和永久性健康问题而建议我休病假了。稍微恢复后，我开启了一段漫长旅途，后面我会说道。我回来时，一切仍在按计划进行，但是领导并不满意。

我们面临着一场战争，在其他的紧张工作的背景下，我们还面临着“和平号”-“航天飞机”项目下的为期两年的高强度工作。

4.6 内部接口

我从来没有参与过一个有机活体上的器官移植手术。那样的手术应该会产生一种强烈的情感印象。不仅如此，它从工程角度来看，应该是非常有意思的。的确，有如此多的管子、线和导管将任意一个器官与其他分系统连接。比如，设计师可以从活体心脏或者肾脏与人体其他部分连接的所有复杂事物中学习到很多东西。

我认为，一个在功能和结构上活跃的技术系统可以使人联想到，如果从太空飞船，或者说从飞机上扯下的同样画面：电气管路和液压管路、元器件和部组件、神经末梢和传感器几乎是一样的。此外，在设计航天器系统时，我们复制了大自然母亲创造的东西，将所有移动、机动、对接的东西都做得可以运动。我恰好为“工程自然”的进化做出了自己的贡献。但是在 20 世纪 90 年代之前，我从未把我们正常运作的一个生命系统移植到一艘飞船上。

* * *

当我们在研制“联盟-阿波罗”对接系统时，苏联和美国的两个设计团队解决了三个主要任务。首先，他们设计了异体同构周边式对接机构——APAS（АПАС）。其次，他们确保了这些机构彼此之间的连通性和兼容性。最后，每个团队独立负责每一个 APAS 与自己飞船之间的内部接口。这就是为什么两个团队仍负责所有内部机械、电气和逻辑的连接，每个团队都对自己的部分负责，对每个系统在自己飞船上的集成负责，对自己的内部接口负责。

与“联盟-阿波罗”试验飞行（ЭПАС）不同，在“和平号”-“航天飞机”项目中，我们的任务既简单又复杂；更简单，是因为外部接口现在由同一个团队保证，即我们团队。事实上，在将 APAS-89（АПАС）安装到航天飞机上时，我们立即解决了兼容性问题。这个异体同构对接机构被构思和构造成与自己同类和自身相兼容的。这就是异体同构结构的主要构思之一。

但是，我们新的任务也同时变得更加复杂，因为俄美联合团队需要在航天飞机上集成对接系统。那样，我们就得一起负责内部接口。事实上，俄罗斯和美国的两个工程师专家团队，需要一起完成这项复杂的工作。首先，要求原则上协调所有的内部连接，接着设计并发布详细图纸，然后用实验证明内部接口的兼容性，所有工作阶段都要对系统进行试验。最后要在发射进入太空之前，准备和检查飞行用飞船——美国航天飞机，然后进行在轨对接。这个任务是独一无二的，也是史无前例的。

瓦库林（左二）和松古洛夫（右二）

由瓦库林和克鲁格分别领导的俄罗斯和美国两个专家团队开始着手研制对接系统的宇航用电子设备和其他一些设备，他们直到飞行前才把这项工作结束。航天飞机与我们的轨道空间站“和平号”对接，为鲍里斯留下了一个真正的里程碑。

两个团队的新任务因为一些情况，突然变得复杂起来。首先，尽管俄罗斯和美国的宇航技术有很多的共同点，但是一些系统建造方法的总体原则和基本细节都是不一样的。我们的系统通常有几个控制回路，包括：自动控制、宇航员座舱控制台手动控制，以及通过无线电传输的地面远程控制。美国人一般不会使用无线电线路指令（КРЛ）控制单机系统。这种差异反过来又决定了系统建设的不同。我们的控制传统上基于集中处理和指令传输，由所谓的星载自动控制系统（СУБА）实现，该系统本身又与供电系统（СЭП）、无线电线路指令（КРЛ）、星载计算机、中央操纵台及其他分系统一起工作。根据美国的方式，航天飞机要求保证更加自主的对接控制。

差异不仅限于一般原则和结构。本质的区别在于航天飞机的电路，与大多数的飞机和所有熟悉的汽车一样，是根据带有连接到壳体上的所谓公共负极的单线方案建造的。我们所有的火箭航天电路图传统上是双线制的，负极线不与壳体连接，它们与正极线平行铺设在整个飞船上。我必须提及这两种方法的优缺点。可以说，我们还算幸运的是，在轨主电源的供电电压设置在我们的范围内。

这些重要的电气细节迫使我们从整体上适应美国的太空飞船。尽管对接系统的集成乍一看并不需要对设备进行大的改动，但不可能一下子就辨别出整体设计的所有细微之处，在随后的所有阶段我们都遇到了陷阱并消除了潜在的危险。一个额外的难点是宇航技术传统上使用双份或者三份冗余方案，旨在保持所有部分以及在单机甚至部组件失效时所有控制通道的工作性能。

总体而言，航天飞机的对接系统对我们来说是第一个真正自主的系统。我们有自己的星载操纵台，但它不作为“控制和信号场”的一部分，就像在“联盟号”飞船上所实现的那样。顺便说一下，那样的结构使我们的调试变得更加简单：能够在实验室组装系统，固定它并将它作为一个整体进行试验。这一阶段的工作将在本章节的后面继续讲述。

尽管有很大的自主权，对接系统仍需要与航天飞机的其他电气和电子设备进行很多的连接。我们的仪器、驱动器和传感器需要电源供电，这必须重新设计。航天器的每一个系统都需要在飞行和地面试验时进行远程控制。无论对我们还是美国人来说，这个任务都要通过整套技术综合体来解决。这个技术综合体包括机上部分、船上部分、分布在世界各地的地面部分和通信系统。

必须指出，航天飞机这艘太空飞船也不例外，供电由两根相同的导线通过简单的插座实现。用户之间的电力分配通过一个复杂的系统实现，该系统通过单机驱动器将“电源”供给到每一个非常重要的元器件，这些驱动器具有自我保护功能。不仅如此，那些电路通常备份，旨在保证在任意一个元器件失效时，所有重要功能仍能实现。此外，传感器的信号处理，指令的产生和传输，所谓系统的宇航用电子设备，根据三通道原则构造，通常称为三冗余。每一个那样的通道都有自己的供电导线和一根独立的总线。系统的通道化，更确切地说，它的三重通道，是电气架构的一个重要特征。这个特征不仅是一种内部形态，它还表现在控制方法和机构本身，这些机构由太空中的宇航员或者地面试验操作者控制。操纵台上不仅有标记为A、B和C通道的控制开关，还有三排光导管和透明发光灯组，可以看到对接系统的外形和结构：三通道的指令电路和主备份驱动器的双份控制电路。面板，通常称为操纵台面板，可以说是整个系统的脸，反映了其整个的构架。

电气构架和系统结构本身决定了地面试验的方法。它们的设计不仅是为了检查整体的工作性能。还要单独检查三控制通道的每一个通道，以及每一个主备份驱动器和装置。

就像在俄罗斯飞船上一样，所有设备工作的控制和飞船状态的控制都是借助一个完整的信息综合体实现的，其中包括单端口传感器、信息转换和处理设备。航天飞机采用类似的现代化系统，它通过星载监视器的屏幕向宇航员传递信息，该监视器安装在侧面，紧挨着其他的控制机构。它在地面通过无线通信信道，传输到休斯敦的各个地面设备上，再以同样的鸟语展现在地面操作员面前，只有训练有素的操作员才能理解。这种方式促进地面与太空之间更好地相互理解。

10 年前，我们曾为苏联的“暴风雪号”设计过一个非常类似的系统。宇航员从未在轨道见过加密的信息，尽管他们在国内研制过程中获得了有关我们研究航天飞机系统很有用的经验。我们由布里亚特金领导的遥测队伍，研制并协调俄罗斯所有的内外部接口：一方面与洛克威尔公司的专家们，另一方面与自己的分承包商们，我们传统的分承包商——“无线电器”研究所的无线电电子工程师们，以及其他分承包商。

我们为系统的电子大脑在“地下”找到了一个合适的地方，即在外部压差室内的面板下面放着 APAS－89（АПАС）。与其说我们选择了一个体面的地方，也许是因为我们的电工技术水平，我倒不如说，它几乎是史前时期的，因为其中使用了电磁继电器。尽管如此，电工技术符合它要解决的任务，这也许是最重要的。必须指出，我们的美国同事对此并不感到惊讶。他们自己经常使用类似的单元基，如果它能够简化研制过程并且节约时间的话。微电子产品在许多方面变得更加精细，但通常会带来更多的麻烦，需要花费较长的时间进行调试和试验。

在 APAS（АПАС）、对接控制面板和宇航用电子设备后，最重要的就是电缆了。它们总共大约有一百根。电缆对太空飞船和空间站非常重要。这一直都是这样。在合作项目中，电缆的研制、生产和连接花费了我们、美国同事、不同领域的设计师和生产工人大量的时间和精力。如你所知，电缆的两端有电气连接接头，并通过它们与仪器和系统的不同元器件相连。其中我们还必须解决一个兼容性问题。问题在于，几乎一半的电缆需要将其一端做成俄标接口，另一端做成美标接口。这些电缆被称为俄-美电缆。这些电缆的制造工艺和流程成为真正的国际化。技术链始于我们一家位于波德里普基的工厂。然后，半成品电缆被运输到大西洋彼岸。在洛杉矶，再按照美国的工艺，它们被制成成品。

连接所有的仪器后，APAS（АПАС）和控制面板组成了一个整体，通过电缆的连接将这些不同元素的器件变成了一个正常运行的、准备在轨对接的系统。

* * *

我应该根据开头的内容做个结尾。

对接系统是一个几乎鲜活的、积极运行的系统。一般而言，它包含着一个近似有机体活体固有的各种不同元素。它的组成包括传感器（这些几乎是神经末梢）、驱动器和机构（这些是真正的肌肉）、一个完整的电缆束（这些是神经干和血管）、支撑基（这些是骨架和壳体）和宇航用电子设备（这些是系统的电子脊髓）。

如果断开连接、解剖APAS（АПАС）的对接设备并把它从飞船上抽出来，那么它将被身后的电缆拽着，然后出现与其相连的仪器，然后继续被数米长的电缆干线拽着，在这些电缆干线的另一端挂着控制面板和其他的"器官"，甚至会拉断太空飞船这一个大有机体上其他系统的尾部。

这就是对接

我们需要将带有所有组成部分和内在特征的俄罗斯对接系统改造成另一番模样，至今我们仍不了解外国航天飞机及其区别于我们飞船的轨道器，因为它有不同的父母。他们，就像我们一样，根据自己脑袋中的哲学，构思它、孕育它，将不同于我们的遗传密码注入其中。与此同时，现代化技术，就像创造了这些太空飞船的人类本身一样，正在不断接近和适应内外部的兼容性。比喻地说，通过手术干预进行几乎活体器官的移植能够克服异物间的排异性。这需要"外科医生"电气工程师额外的付出、高超的技能和专业的品质，使它们兼容并工作，执行所有规定的功能。最后，航天飞机带着我们的APAS（АПАС）首先开始在地面上工作，过了几年之后它在轨道几乎以神话般的方式与自己类似的异体同构机构完成了对接。

对接始终是一种合作。

4.7 新项目启动

就这样，大势已定。用现代语言来说，就是合同签了。后面没有退路，我们无处可退，也不需要后退。我们有一个很好的基础，那就是我们的APAS－89。它通过了“暴风雪号”计划的演练，在“联盟TM－16号”飞船上顺利完成了太空试验，后者与“晶体号”舱段的异体同构对接口实现了对接。因此，“和平号”空间站的这个特殊对接口也在未来的国际对接前经受了一次考验。在过去的9个月内，在我们的美国同事面前进行交叉实验分析检测时，另外两套APAS－89也经受住了考验。与富有经验的“洛克威尔国际”公司协调后，我们编写并签署了详细的技术任务书。“洛克威尔国际”是美国航天工业界的巨头，我们与其建立了良好的沟通，与其团队互相理解，他们也做了动员，准备为我们提供一切可能的支持。我们自己也为即将到来的工作做好了准备，我们添置了现代化的计算机设备，并期待充实更多。“和平号”－“航天飞机”项目，就像20年前的“联盟-阿波罗”计划，受到最高层国家领导的重视。它引起了世界航天界的瞩目。而我们再次处在了瞩目的焦点，在对接处，也就是说，处在国际接口上。对俄罗斯航天来说，这将是我们第一次安装我们的系统，并通过许多管线，将其与当时最复杂的飞船——航天飞机的其他星载系统捆绑在一起。我们有着良好的工作条件和美好的前景。我们将与洛克威尔和NASA的同事们一起长期共事。我们明白，我们甚至需要训练和教会美国的男女宇航员们如何对接。

只能前进!

前面有多少困难？也许有很多，甚至比当时估计得更多。什么时候容易过？过去不曾有，将来也不会有!

随后的几个月，就像1993年整个夏天那样，看起来非常忙碌。尽管如此，如我所说的，我还是成功请到了3～4周的假期。只有上帝知道它的代价是什么。这个假期收获满满：那几个星期我做了很多事情，并且完成了一次最令人惊奇的旅行，关于旅行的故事晚些再讲。

休假回来后，领导对我的第四周休假数落了一通，我再次投入到了新项目和其他许多事情中。

* * *

7 月中旬，我们这支由总设计师亲自选拔的"能源"科研生产联合体"联队"准备好了关于"和平号"空间站国际会议的报告，该会议由我们联合体驻华盛顿代表处（Energia USA）主办。Ю. 谢苗诺夫一贯非常重视报告的内容和形式。事实上，他是对的：经常可以通过外部表现来判断企业的运行状况。此次会议的主旨是介绍我们的主要计划，即运行中的"和平号"空间站，本质上是介绍整个俄罗斯载人航天。会议的举办时间也非常符合年轻的俄罗斯航天和不再年轻的美国航天之间关系发展的最重要阶段。紧随 NASA 之后，美国航天工业界大大小小的公司纷纷到访"能源"科研生产联合体。

在总经理办公室安排了报告排练。大家都很关心材料在透明大幻灯片上的呈现效果。就像之前没少发生过的一样，报告人遭到了斥责。尽管我幻灯片的质量是不错的，部分还是借鉴了去年的讲座课程，但还是受到了批评。他们提到没有"能源"科研生产联合体的公司标志。我没有解释材料的来源，只是答应改正不足。会议期间，我直接在现场手动兑现了自己的承诺。

另外一个需要解决的问题与出国护照有关。当时适逢证件例行换新。所有旧护照都被注销了，所有的商务人士和旅行者都需要到新成立的签证登记处去领取新的护照。为了加快进度，我在休假之前就让我妻子开始在莫斯科区的签证登记处办理手续。斯维特兰娜是如何准备所需的材料，获得这本护照，他们是怎么相信她并把护照发给她的，又是怎么转交到我们护签组的，这整个故事值得单独讲述。当我已经飞往美国后，事情发生了意想不到的变化。区政府要求立即交出这本护照，因为护照不是联邦反间谍局授权的签证登记处签发的。最后，当我回来时，几乎是在下飞机的舷梯上，护照就被抢走了，而这一切仅仅是因为这份重要的证件被送错了地方。这是现代俄罗斯形同犯罪的官僚主义的一个典型故事。

在新生的"民主"的俄罗斯国家，我们能够开展最先进科学技术领域的国际合作实为不易。

7 月 25 日周日，我们在下着雨的凌晨赶到了"谢列梅捷沃-2 号"航站楼，然后在那里待了一整天，直到傍晚。刚开始，俄航伊尔-62 飞机的发动机出了点问题。这个机型以前是苏联民航的旗舰机，曾在20世纪70年代初把我们带到大洋彼岸。接着，当它已经滑行到跑道上后，我们的伊尔再次返回到泊位——控制系统运转异常。我们总经理的官气爆发了，他走向乘务员。“他们正在雨中铺设电路，没办法。”他这样告诉系紧安全带并老老实实坐在座位上的我们。我们的飞机最终还是起飞了，12 h后安全降落在华盛顿，那里还是周日的晚上。

美国首都以美好温暖的天气欢迎我们。会议在凯悦酒店举行，那里可以举办大大小小的各种论坛。我们论坛的规模很大：两百多位嘉宾注册成为正式参会者。作为会议主办方，“Energia USA”做了大量工作且生意不错：每位参会者的入场券是700美元。NASA、美国航天工业的所有主要公司及其分包商均派出专家参会。还有来自欧洲的代表，其中有许多熟人，我甚至充当起国际向导，为双方互相介绍同事。按照此类论坛的惯例，我们为谢苗诺夫安排了几场会谈，包括会见马丁·玛丽埃塔公司、麦道公司、通用电气公司等航天业巨头的总裁和副总裁。我们的洛克威尔则由公司总裁出席。

在7月30日周五上午的会议上做完报告后，我在午餐时和谢苗诺夫说好，我需要飞一趟加利福尼亚，去我的团队那里。我在“太空竞赛”和“普林斯顿”项目时的老朋友K. 法拉内塔（那时他是“Energia USA”公司的员工）帮我迅速联系了洛克威尔公司，预定了机票并将我送到了华盛顿国家机场。下午5点钟，我已经登上了飞机，逃离了领导的监视，坐在头等舱宽大的座椅上，尽量使自己放松，几乎大声地对自己说：“你真棒，弗拉基米尔，这是你应得的，你值得享受这样的舒适。”

与K. 法拉内塔、斯维特兰娜、J. 哈尔福特和他的妻子米莉合影

几小时后，在洛杉矶LAX国际机场，一位熟悉的洛克威尔公司的司机、波布罗夫、瓦库林和松古洛夫一起迎接了我。第二天早上，我们所有人都到齐了，与半年前来到这里的人员组成一样，继续我们的对接游戏。

这次见面，我们不仅讨论了系统的总体配置，还需要详细研究并协调所有的机械接口和电路。除了机上设备，我们还讨论了试验辅助设备、控制台和地面电缆。所有这些"铁块"和"铜块"都需要在俄罗斯完成设计、制造和准备，并且在不到半年的时间内从数千英里外送到这里。洛克威尔公司这里已经设计了一个新型的航天飞机 Aerolock，也就是外部气闸舱，并且已经准备好对双方的电缆进行加工。然后将采用被称为"实验板"的全套工艺性实验系统，对所有这些进行测试。一年后还需要采用正样实验系统，将这些测试再做一遍，甚至做得更多。这么决定的目的是确保所有设备在太空中都能正常工作。

真正的工作已经全面展开。

* * *

几天后列戈斯塔耶夫打来电话，指示我返回华盛顿：那里已经开始下一个项目——国际空间站（ISS）。这个项目是我们俄美合作的最终目标。

留下自己的人在洛克威尔公司完成工作后，我回到了华盛顿。一个莫斯科的访问团已经在那里工作了，其中包括我们的空间站总设计师Л.戈尔什科夫和一周前在国际会议上做过报告的一些人。现在大家都住在"水晶城"并在那儿工作，就是美国首都的那个最新的晶冷区。戈尔什科夫和列戈斯塔耶夫很好地进入了新的角色，他们正在与美国同事们一起设计、更改和创建未来国际空间站的一种新构型。除了他们以外，我们团队中的大部分人大概都被自己模糊不清的任务和日常生活所困扰。我们尝试丰富自己单调的生活，到城市的其他地方游玩、购物或者散心。坦率地说，我想念自己的团队、那个具体的新项目、APAS、洛克威尔公司以及清一色平房的道尼市。

周日我们前往一栋美国别墅拜访P.萨格捷耶夫院士，这为我们的生活增添了一抹亮色。这次一百多英里的旅行是令人愉快、丰富多彩而且难忘的，值得详细讲述。

J.鲁比茨基是一位美国姑娘，她顽强地学会了俄语，并且具备专注、关心和有条理等优秀品质。这位善解人意的珍妮驾驶大巴，带着我们出城了。

一条色彩缤纷的道路横贯西弗吉尼亚州，土地肥沃、植被丰富，一派未经雕琢的自然风光，有点像我们的南俄罗斯地带，与华盛顿的水晶城街区截然不同。我们不慌不忙，临近午餐时间才到达萨格捷耶夫-艾森豪威尔家。院士亲自做好了著名的鞑靼抓饭，食材的质量非常好，其余的小吃和各种饮料也是如此，可谓鲜花配美酒。房子的女主人苏珊·艾森豪威尔是那位著名军人总统的孙女，她非常出色：迷人、有教养并且热情好客。并且，我可以说，她耐心包容地接待了我们这些俄罗斯大老粗们。我们这些男人当然感到很放松：身处大自然，周围像俄罗斯一样辽阔，和自己人结伴玩耍，两位主人的国际性结合和丰富的菜肴，一切都充满了友爱。我们甚至踢起了球，虽然未能踢成足球：男主人不知为何不支持这个倡议，而我们知道，除了具有其他许多才能以外，这位进步的苏联院士即使在成年后仍喜欢这一运动。显然，美国已经改变了他的一些喜好，而且他更多的是一些顾虑：周围堆放着一些建材，正准备彻底翻新这栋建于20世纪的老房子。此外，这次还来了很多重要的客人，包括NASA总部的代表，需要与他们谈谈。在本书的最后我还会写到与其中几位的一些对话。

周日的夜晚悄然来临，是时候向两位好客的主人告别和表达感谢了。我们意犹未尽。我们是真正的俄国客人，不同于通常不告而别的正宗英国佬，我们俄罗斯人是告而不别。

下一周的工作刚开始，列戈斯塔耶夫就再次催促我完成设计，并且这次要返回莫斯科。他明白，那里的工作重要得多。的确，波德利普基已经做好了在“锥体”试验台上的下一轮动力学试验。我匆忙写完自己的部分，就这样为未来“阿尔法”国际空间站的设计做出了自己的贡献。把一切交给B.勃兰特和Ю.格里高利耶夫负责后，我回到了莫斯科。

* * *

“能源”科研生产联合体正在全力开展工作。在初期阶段，技术和组织问题一如既往地盘根错节。补充试验的主要目的是，结合航天飞机火箭控制系统发动机的作用，检测和演练从第一次接触到形成联接这一初始对接阶段的程序和流程。受益于多次太空对接获得的经验，我们小心翼翼地接近飞船的对接阶段，这个阶段非常短暂却至关重要，同时扣人心弦：此前自由飞行且几乎毫无关联的飞船和空间站在几秒钟内就转入了另一状态。多吨重的结构相互联接，开始以另一种形式运动，而且再也不能轻易分开。我曾经将这一刻比喻成一个人从单身生活过渡到婚姻生活。就像普希金说的那样：“……妻子不是手套，你不能甩手一扔，也不能别在腰上。”

飞船和空间站已经不能轻易地分开了，因此需要限制其相对运动，并消除和抑制振动。

我们的航天经验（主要是1971年和1977年的事故）也告诉我们，需要在听到响声前调整好对接过程。我们说服了我们的美国同事不要吝惜花费精力、时间和资金，对这个问题给予应有的关注。需要的不仅是完善模型（美国人非常重视这个），还要制定火箭控制系统发动机的控制算法，进行仿真和试验。

20年后，与T. 斯塔夫特和E. 列奥诺夫重逢

我必须向由洛克威尔公司的S. 戈弗雷尼安和NASA的J. 马克·马涅曼带领的美国团队致敬：他们出色地完成了这两个任务。数学模型越来越精确地描述了我们这套复杂系统内外部发生的事情，而虚拟的火箭控制系统发动机有效地促成了对接。我们试验台的模型重现了这些发动机的工作：通过计算机和其他电子设备的复杂电路，指令被传输到平台的液压驱动机构，后者推动对接装置执行动作，使它即使在最小的接近速度和最大的捕获偏差下也能实现联接。

我们非常希望两年后美国宇航员能够更轻松地完成对接，希望万事顺利。我无法忘记20年前斯塔福德的表情和1975年的艰难经历。

4.8 20 年后：1993 年秋

1973 年整个秋天和初冬的日子，我的对接团队都在休斯敦度过，进行 APAS-75 试验，后来我将这段时间称为金秋岁月。当时我们所有的思想和行动都集中在解决最主要任务：准备“联盟”和“阿波罗”的对接。20 年后，我们又面临一个任务，调试新型的 APAS-89，准备美国航天飞机与俄罗斯“和平号”空间站的对接。时过境迁。这段时间，俄罗斯发生了巨变。社会主义成为历史，带走了所有的优点和缺点、尊严和卑微、善良和丑恶。现在很多人变得自私自利。其余人也不得不改变观念，考虑何去何从。

20 年前，我们的周围遍布监视者和帮助者。现在这两种人都减少了。我们只能自己关心自己。我和我的同志们需要在“能源”科研生产联合体组建新的实验室和 NASA 的第一个国际办公室，处理其他的日常事务，包括房间的维修，甚至门口和卫生间的维修。

和 1 年前为“锥体”试验台进行试验准备时一样，我们制定和发布了两个命令：一个是关于工作组织的，另一个是关于对接实验室和办公室建设的。有人认为这么做过于夸张，但是这些措施成了后续几年决定项目成功的最重要措施之一。天知道，我和我的同志们费了多大劲才多争取到一间房间。很重要的一点是，这几间房间都离我们部门的其他科室很近。出入和布局的便利为即将开展的工作提供了方便。我不得不利用自己的关系和声望，指出这一计划的重要意义，花别人的钱来达到目的。

我得说，我一直是一个单纯的技术负责人，唯一的责任就是尽己所能，做好事情，没有任何权力，没有票子，也没有车子，甚至没有安排自己和自己同志的权力。我们继续按照社会主义的准则工作，而真实的生活却迫使我们接受新的规则，更多的是接受无法无天。20 年前我们过着双重生活，20 年后我们的生活已经变得截然不同。但生活的基础仍然是工作，工作的评判标准仍然是原来社会主义的标准。资本主义正在上面某些暂时未知且不可触及的领域悄然滋生。

我们计划将未来的实验室放在一楼的No.173室，将办公室设在三楼的No.373室，这是由三个房间组成的一个套间。它们都坐落在20世纪30年代中期建造的我们最老的一座大楼里。斯大林的主要炮匠格拉宾上将的第58科研所的设计师曾在这座大楼里工作。1959年第58科研所并入科罗廖夫的第一特种设计局（OKB－1）后，OKB－1的各部门接手了这座工程大楼，使它成为辅助性工作场地，退居二线。各级总设计师先后占据了大楼内的主要区域。旧时期和老主人仅留下破烂不堪的正门和大理石楼梯，这座楼梯通向三楼我们未来的办公室。

与R. 阿杰米安在No.373室旁合影

20年前，我们过着双重生活，通过写信与海外的同事们进行交流。现在我们的生活进入了新的时代。在这块曾经绝密的场地上，我们新的实验室和办公室几乎成了一个公开的基地。我们学会了新式的工作方法，亲手打造了通向我们未来的一栋新的大楼。

最初，我的领导百般阻挠这项改造：首先，他们不想让外国人进入这栋留有过去奢华痕迹的建筑。但这似乎不是主要原因。我们的坚定意志和务实立场最终赢得了胜利。“嗯，想干就干吧”，最后B. 列戈斯塔耶夫挥手同意了。在总经理签署了命令后，我们发现，距离完全胜利还差得很远：我们的军方客户占据了No.373室，他们消极对待，以各种借口拖延搬迁，虽然为了按计划开工，我们已经替他们找好了合适的地方。尽管如此，老百姓这次表现得更加强硬。

第一个行动成功后，我们获得了施工人员的大力帮助。在我们企业的总建筑师呼赫洛夫的带领下，他们承担了所有的施工和装修工程。与洛克威尔公司签署的合同是整个改造的资金来源。我应该对呼赫洛夫多加称赞的，很遗憾，不久他就去世了。

我之所以不厌其烦地描述这些细节，是为了再次强调追求新事物是多么不容易，获得高新科技，落实总裁的指示、命令和重大跨国项目是多么困难。最终，普通的执行者和专业人员解决了所有的问题。尽管如此，这场游戏还是值得称道：我们搬进了宽敞明亮的新房间，正门焕然一新，对于我们和我们的同事来说，更多人可以享受干净的卫生间了。

新办公室的确对实施项目，部署联合工作、内部和外部工作等起到了显著作用。办公室成为一个真正的总部，成为联合工作的指挥中心。在18个月里，我们就和洛克威尔公司和NASA的同事召开了大大小小共计30余次会议。会议间隔期间，那里总会出现洛克威尔公司的代表。No.373室的门上出现了一个牌子“Rockwell International”。一些受过联共（布）短期班教育的爱开玩笑的老人管这个组织叫“373国际”。

出于某些原因，洛克威尔公司很快就失去了自己名称的国际化前缀。我有时没有心情拿我们设计局首次出现的这个“国际”组织开玩笑。我的上司时不时会责备我，因为我们把外国人带到了保密单位所在的区域。后来我解脱了，主要是因为我们严格遵守规定程序接待外国代表团：制定和协调所有的接待方案，并得到总经理（成立火箭航天集团公司之后为总裁）的批准。按照程序，所有涉外事务都由他亲自批准。

为了事业，我们不得不忍受各种各样的指责。我至今难以想象，如果相互隔绝，如果美国人远在大洋彼岸，甚至仅仅一墙之隔（梅季西科研中心），我们怎么能开展所有计划内和计划外的工作，解决所有的问题，克服大量困难。有时候，往梅季西打电话甚至比往休斯敦或加利福尼亚打电话都难。

373号房间是我们的“373国际”，不仅仅是我们用来进行国际谈判的办公室。很快，我们就在里面架设了自己的第一个计算机网络中心，它是基于按合同获得的电子设备搭建的。尽管我们延迟半年才收到了计算机设备，但随后真正的美国专家F.莫斯卡尔和A.斯万来了。他们与我们计算机中心的员工和A.扎伊采夫领导的我的下属们一起，首次在我们单位设计并敷设了专用电缆，安装并开通了计算机。这些是我们几年前想都不敢想的。

No.173室的实验室正在工作

这场游戏确实值得称道！

在下面一楼的No.173房间内，历史上首次建成了我们的对接实验室。在两间房组成的一个大房间的中央，我们放置了一个小型综合试验台。大型综合试验台仍然放置在检测试验站，在那里，对接系统是电气部分工作的综合试验台即地面飞船的一部分。我在本书中已经讲述过检测试验站、飞船和空间站综合试验台，以及我们参与这些综合试验的故事。我们确实需要这个小型综合试验台来开展新项目。原因是，这次我们对接系统的大型综合试验台远在美国，还需要由俄罗斯和美国两部分组装而成。甚至连这个综合试验台的名称都是外国式的——"实验板"即brassboard（逐字翻译为"铁板"）。就像美国人告诉我们的那样，这个名字是有来历的。后面我还会讲到这个故事，暂时先不讲。

No. 173室的STS-86乘员组

用于美国航天飞机的设备编号为No.2，这些设备连同宇航电子设备和地面设备都已经开始在我们的工厂制造，需要在1994年1月中旬运往海外。但是运往美国之前，它们需要先在本厂测试对接系统。由此产生了新实验室的第一个任务，也是建造一个小型综合试验台的目的。

加宽新的大门入口后，我们将美国构型的No.1号APAS拖到No.173房间，开始按部分组装系统的其他部件。

我们的首个异体同构产品APAS-75也被搬到新实验室了。它几乎在我的办公室放了20年，使许多访客和极少来访的大领导都感到惊奇。也许，多年来我的办公兼实验室已经日益变成了一个Office（办公室）。那里堆满了纸张，是我的大型资料室，它随着各个项目研制的推进还在扩大，几乎连一个铁块都放不下了。机器人设备是最早搬出去的，现在轮到对接装置了。在整体维修期间，我们也翻新了自己部门所在的房间，对我们的"总部"略作改造，在里面添置了计算机和通信设备。几个月后，又敷设了直通NASA的电话和传真线路，开通了我们与休斯敦和NASA其他中心的每周电话会议。

如果能够向EPAS的技术经理K. 布舒耶夫教授展示这一切，他会说什么？不，他不会相信的。

* * *

完成实验基地改造，成功地在对接系统综合试验台上进行了首批试验后，我们再次准备出发了。由设计师、电机工程师和自动化工程师组成的对接综合团队前往道尼的洛克威尔公司，以便现场确认最后一些细节，协调“实验板”的装配和顺序。

我的行程更复杂：NASA 邀请我访问休斯敦。我在约翰逊中心考察了一组训练器，它们将进行改进，用于航天飞机与“和平号”空间站交会对接的操作演练，以及用于训练未来的乘员组。这次短暂的参观对我非常有益。我的向导是 S. 麦克朗和 S. 聂格尔，前者周六晚上在机场接了我，后者是一位宇航员，曾搭乘航天飞机升空，并参加了在莫斯科的多次会谈。

和 20 年前一样，美方再次为我提供了亲自“飞行”的机会，让我操作主训练器找到会合点，完成对接。的确，这次我没有赢得任何赌注——汤姆·斯塔福德不在旁边。但是我的操作成功地惊讶到了那些老练的操作指导：他们的轨道器与我们空间站机械接触时，只有很小的捕获偏差。

我的主要目的已经达到：现在我很清楚，该如何控制数吨重的轨道器去进行对接。我记住了座舱的布置、各控制机构的位置，包括我们的控制台、电视监视器和计算机监视器。后部舷窗朝向有效载荷舱，有效载荷舱内装有包括我们 APAS－89 的气闸舱，通过上部舷窗则可以在头顶上方看到不断靠近的“和平号”空间站。这些都补充了座舱的视野。所有这一切都似真似幻。此时距离发射还有 600 多天。

周一的傍晚我就飞到加利福尼亚州了。

列戈斯塔耶夫带着协调“阿尔法”国际空间站研制的一个大型专家组正在美国，还没等到与洛克威尔公司的会谈结束，我就被他再次召回休斯敦。

回到休斯敦又待了几天后，我就飞回了莫斯科，为所谓的“Preliminary Design Review”（PDR，初步设计评审）做准备。美国人一贯认为这类评审是航天结构设计漫长道路上的一个重要且普及的阶段。从久远的 20 世纪 70 年代开始，我们这些“联盟-阿波罗”对接项目的研制者就已经熟悉了这种评审。现在它给我们带来了新的意义。洛克威尔公司和 NASA 的工程师对我们进行了审查，刨根问底地检查了我们的工作，“内容、地点和时间”，所有一切都被仔细地研究过。要知道我们要为他们提供用于他们航天飞机的系统，不是闹着玩的。

* * *

1993年即将结束，无论是在我们“能源”科研生产联合体的内部还是外部，这一年都充斥着各种事件。这一年我们的事业取得了巨大成功，我和我的同志们以及其他许多部门仍在继续忠诚而专业地推动这份事业，但更多的是，军工部门另外一些企业开始崩溃了。我们的身边正在发生彻底的经济转型、政治热潮和斗争，就像一场集中的经济革命，使人民日益贫困，使俄罗斯新贵日益骄奢，这一切都是瘟疫期间的盛宴。对俄罗斯“白宫”的十月炮击事件成为这些事件的“壮丽尾声”——当着全国人民和全世界的面，坦克中射出的100 mm炮弹直接轰击了这座议会大楼。

我还会再次无奈地回顾这些悲伤的日子。

4.9 国际空间站的“改造”

1991 年年底，经过 6 年的空谈和争论、政治和民族冲突后，改革最终以苏联解体而宣告结束。1992 年，在花费约 100 亿美元开展了多年的探索和设计，进行了多次地面和空间实验后，NASA 决定改革“自由号”国际空间站项目，从而开启了太空领域的改革。可以将这些事件做一个对比。

所谓的冷战结束了。新生的俄罗斯继承了苏联大部分的宇航技术能力，对自由的国际合作表现出积极的态度，形象地说，对在地球上和太空中建设自由都表现出积极的态度。可以说，重建自由开始了，而“自由”这一名称也失去了其最初的意义。出于各种原因，国际空间站（ISS）计划确实需要改革，首先需要更改作为整个计划象征的名称。原来的想法已经过时了，但是新的名称一时尚未想好。在国内，在全世界和太空都开始了全局性的改革。1993 年开始了重新设计国际空间站的工作。这些工作正不断被积极推进。在过渡期间，他们决定给该项目起一个中性的名称“阿尔法”，这是人类最古老字母表之一的第一个字母。

与 D. 汉密尔顿合影

大约直到 1994 年，我们才听说，NASA 宣布开启了这个全球性国际合作项目的征名竞赛，这是在新的合作中孕育出来的项目。我现在已经记不清了，但有人曾问过我对新名称的考虑，我想了一下，半开玩笑半正经地回答说“改革”——“改革号”国际空间站。一方面，这个俄语单词为全世界所知，所有人都能理解和接受它。另一方面，这个流行词确实反映了我国乃至全世界、地球上乃至太空中，以及俄美两国航天正在经历的许多过程。研究和探索人类文明的两支力量开始改革，寻找新的道路，挖掘新的潜力。

就像第一个联合项目"联盟号"-"阿波罗号"一样，在新的全球性项目中对接仍起到连接的作用。对接设备将俄美两国航天直接联合了起来。我们与我们的美国同事已经就这一新的项目积极工作起来。D. 汉密尔顿是我在NASA的最亲密同事，他最早是"联盟-阿波罗"项目期间D. 韦德领导下的一位年轻工程师。我们很快成了志同道合的朋友。

1995年2月，在莫斯科编写协议时，我提到了我起的含有"改革"的名称。大卫立刻做出回应，称这是"又一个爱尔兰好名字"（another good Irish name）——他这样称呼所有他喜欢的名字。在编写涉及这一新项目的协议章节时，大卫将其称为"ISS Perestroyka"（"改革号"国际空间站）。回到休斯敦后，汉密尔顿向NASA总部提出了正式建议，并收到了回复，专门委员会主席在回信中对我们的提议表示感谢，并承诺会研究这一很有意思的建议。

至此，这个故事结束了。但没有完全结束。

在演讲、讲座甚至祝贺太空国际合作的祝酒词中，我都多次使用了这一形象的称呼。我唯一一次决定不使用这一代号，是在1995年6月29日航天飞机与"和平号"完成首次对接后在休斯敦飞控中心的一次正式采访中。这对我来说是一次非常正式的讲话，它将被广泛传播。然而，可能只是徒劳！

在国际空间站这一新项目中，对接再次成为连接的纽带。未来空间站的组成部分沿袭自俄美两国的航天经验，需要"和平号"与航天飞机、"和平号"与NASA彼此连接。决定再次使用已成为传奇的APAS，作为未来空间站对接设备的基础。APAS不需要改造，改进后的异体同构构型已经可以用于新的全球性项目了。

* * *

几年后，我有机会开设了一期关于国际空间站的短期课程。我从空间站的历史和概况讲起，首先向学生介绍，新空间站的构型和组成是在两个未成功的前型号的基础上开发的，这就是"自由号"——自由世界，以及"和平-2号"——被遗忘的社会主义世界。后者和前者的一部分都继承自仍在飞行的"和平号"空间站。这种集成策略合乎规律，大大减少了对项目的修改。未来的国际空间站实际上将分成 2 个部分：俄罗斯部分和其他国家部分。在每个部分内，新的合作伙伴都保留了自己的结构和操作设计。总之，不得不做出让步来寻找妥协。首先，需要在共同的国际轨道飞行。这里美国人别无选择，他们不得不同意采用我们的 51.6°倾角，因为俄罗斯火箭无法按照美国航天飞机常用的 28°倾角飞行。

在联合设计时，能够很清楚地看到两种策略各自的优点及其局限性。首先必须指出，俄罗斯各舱段都是自动化航天器，它们能够在飞行中保证自己的所有需要。这对于第一阶段的国际空间站建设是非常重要的。此外，航天飞机无法在太空中飞行超过两周。返回时，由于没有返回舱，它无法将乘员组留在轨道上。在救生飞船尚未建成时，只有“联盟号”能够实现这种方式，它能够在太空停留半年甚至更长时间。但航天飞机还是有其自身的优点：这种轨道器具有双重属性，除了载荷能力巨大以外，它还是一种天地往返的工具。得益于出色的机动能力和其他操控性能，借助可遥控的机械臂以及优良的宇航员舱外作业装备，轨道器成了组装国际空间站的主要工具。燃料大概是航天飞机无法运送至国际空间站的唯一物资。因此“进步号”飞船就显得无法替代了。我们的货运飞船也有自己的双重属性：可以运输到“和平号”，也可以运输到国际空间站，它还可以作为轨道上的拖曳飞船使用。该飞船对接在空间站上，当需要保持轨道高度时，飞船的喷气发动机可以多次点火。

与航天飞机上的居住舱和实验舱一样，需要向国际空间站运送基础桁架，这是分段组成的 100 m 长的空间站龙骨。这个桁架大致决定了空间站的构型，这与以前的构型是不一样的。大桁架的作用先后体现在“自由号”和“和平-2 号”项目中，主要是为了布置太阳电池阵帆板和辐射散热器。只有这样才能保证新空间站的高能量供给。太阳电池阵的总面积约为 400 m^2（“和平号”的约为 200 m^2）。桁架不仅能增大太阳电池阵的尺寸，还能使电池阵绕两轴转动，使它们始终对日定向。总电功率需要达到约 100 kW，这将是空间站上最迫切需要解决的问题之一。与地球上一样，太空中的大部分电能会转换为热能，需要散热。因此需要辐射散热器，其面积也大约在 100 m^2 以内。

总体而言，就像在轨道上有一个足球场大小的地方。算上自身的电源系统、空调系统、通信和控制设备、机械和运输设备，空间站的总重量将近 400 t。

所有这一切都需要先在地面进行设计和试验，再发射进入太空，完成在轨组装，然后运行 15 年。对于一个由各个科学和工程领域的高技术专家组成的国际团队来说，这是最高任务！

这是一个千年之交的重大项目。

* * *

NASA与俄航局签署的合同的主要部分规定，俄罗斯的企业将参与美国人需要他们参与的工作。合同中包括了对接、为航天飞机和各舱段提供设备的工作。但这仅是故事的一半，而且是较少的一半。调整后的“阿尔法”国际空间站由两大部分或两“段”组成，即俄罗斯部分和美国（确切说是“其他国家”）部分。其他国家包括加拿大、欧空局（ESA）领导下的欧洲国家和日本。俄航局和NASA还约定建造另外一个带有神秘名称FGB的舱段。可以说，这个舱段在项目中占有特殊的组织和政治地位。原因如下。

“功能货舱”（FGB）实际上沿用了自己在中央机械制造设计局（OKB-52）时期的名称，当时总设计师B. 切洛梅领导的该设计局正在研制“金刚石”载人轨道空间站和货运补给飞船。那些年，菲力的“礼炮”设计局正在设计这些舱段，而赫鲁尼切夫工厂则负责制造。1993年，在这些企业的基础上组建了赫鲁尼切夫国家航天科研生产中心。1994年，该中心获得建造这个舱段的订单，这是“阿尔法”国际空间站的第一个舱段。而且这个舱段与俄罗斯其他舱段不同，所有权不归属俄罗斯。它甚至没有纳入NASA与俄航局的大合同中。总的来说，它是由俄罗斯专家利用“波音”公司的经费建造的。因此美国人认为它属于美国，而我们认为它仍属于俄罗斯。

在这个错综复杂的关系背后，有各种政治动机和算计。其中，NASA就毫不掩饰地说，他们不想完全指望“能源”火箭航天集团公司，不想依赖一个强硬固执的总裁领导下的公司。

对于这样一个全球性项目，没有点外交手腕看来是行不通的。

FGB舱段设有三个对接口：一个是后轴向对接口，即（被动的）异体同构对接口；另一个是侧向对接口，也是被动的，装有接纳锥；第三个则是前轴向对接口，即所谓的混合对接口。我将详细讲述构思于近20年前的这一混合对接口。它设置在两大部分的对接处，带来了几个问题。原因是，这个对接处和其他几个对接处都承受了过大的负载。在建造了上述的混合式构件后，这些要求都能满足了。

总的来说，我们从自己的领导（有时也从其他领导）那里接受了任务，开始为另一个协作单位工作，而且也是完全无偿的。一开始我们以为，后面将会和赫鲁尼切夫国家航天科研生产中心签署一个单独的对接合同，我们将从中获得哪怕一点点的提成。我让我的经济师 P. 沃罗诺夫起草了原始文件草案，并准备采取新的经济政策，采取 20 世纪 90 年代的“新经济政策”。但是领导及时想起了这件事，压下了我们的热情。我们仍然需要制订计划进度表和其他的输入数据，并且和往常一样，还需要开展所有的主要工作，操心工程上的事和工程以外的事情。

似乎到了可以欢笑的时候了。然而，周围的人无暇欢笑。

FGB 舱段的后面与服务舱对接，后者是俄罗斯部分的核心舱。该服务舱与“和平号”的核心舱类似，其后向对接口也是用于对接“联盟号”和“进步号”的。除了两个轴向对接口，它还配备了两个侧向混合装置，用于对接其他的舱段，包括位于上部，名为“科学能源平台”的舱段。这是一个承力桁架，用于放置太阳电池阵和辐射散热器等外伸的结构件。另一个下部侧向对接口用于对接所谓的通用对接舱段。该舱段恰如其名，既是对接舱，又是通用舱：在它上面不多不少安装了 5 个不同类型的对接装置，以便可以对接飞船，然后再逐个对接上其他舱段，从四面八方包围飞船。

共计为国际空间站的俄罗斯部分设计了一打多的舱段，不包括货运飞船。为确保在轨组装，使用了将近 50 个不同类型的对接装置。对接人投身工作，倾注了自己的知识和力量。

* * *

除了对接系统，我们还照旧承担了为俄罗斯部分的所有组成件、舱段和飞船研制传统机电系统的任务。这些机电系统可保障转位对接和高增益天线的制导。此外，还有一个与欧洲和欧空局一起研制的大系统。在太空改造过程中，ERA 机械臂从“和平-2 号”移植到了“阿尔法”国际空间站的俄罗斯部分。我们得以快速改造该系统并将它整合进新的构型中。在这个项目的技术和管理上，与欧洲伙伴的相互关系方面，也有许多值得关注的地方。

早在 20 世纪 80 年代中期，在“自由号”国际空间站研制的初期，NASA 就依托加拿大公司，联合欧洲国家和日本，着手研制机器人技术系统——我称之为近乎科幻的未来人类太空活动方式。那些年，我偶然看到了一篇关于“自由号”项目这部分内容的评论文章。正如评论所述，设想建造一个计算机化和机器人化的系统，将宇航员从单调的工作中解放出来：计算机用来接收、存储和处理信息；机器人用来完成体力工作，包括收拾太空之家，在空间站实验时充当实验员，以及出舱建设、维修和维护空间站。计划从国际空间站建设经费中拨出很大一部分来研制这一大型集成系统。美国、加拿大、欧洲和日本都组建了实验室，在其中开展分系统及其组成件的研制工作。很难计算出这项工程共耗资多少。但是很遗憾，这些工作的目的性是很弱的。在荷兰的欧洲空间研究与技术中心（以下简称“欧空局工程中心”），我有幸参观了其中的一个实验室。那里有良好的设备和高水平的专家。尽管已经在学术会议上做过多次报告，也出版过许多技术报告，但是在过去的10年里，进入太空的机器人系统极少。

在航天飞机的加拿大机械臂旁边

20世纪90年代初期，迎来新一轮的机器人技术发展时期，加拿大航天局和企业利用为航天飞机研制机械臂的经验和以前的技术储备，继续为“阿尔法”国际空间站研制机械臂。他们将从事ERA机械臂研制的欧洲人视为竞争对手，采取一系列反制措施，试图将自己的影响力扩展到俄罗斯部分。在美国、欧洲和加拿大召开过多次会议。1994年12月，在莫斯科召开了一次会议，期间欧洲支持俄罗斯，捍卫了自己的权利。

但是需要指出，我们的领导总体上没有对发展机器人技术表现出特别的兴趣。此外，我们必须向欧洲ERA机械臂研制人员致敬。他们依托在“赫尔墨斯”项目积累的多年技术储备和工业机器人技术的良好基础，提出了一个很好的设计方案。方案采用了很多技术成就，使其具备了良好的潜在能力。在“阿尔法”国际空

ERA团队的“俄罗斯部分”（左二是B. 日沃格洛托夫）

间站上工作的将不是一台普通的机械臂。得益于对称抓取的设计和长达 12 m 的大尺寸，这只“手臂”可以服务于大范围空间，甚至可以变为“腿脚”。机械臂有点像会爬树的猿猴，它的“手臂”可以像我们的先祖一样活动。沿着空间站设置了所谓的基点，机械臂可以依靠在基点上，ERA 可以沿着这些基点行走，获得能量，以及受到程序控制。为了提高太空吊车的机动性，我们决定建造一辆专用小车，它由我们的全俄运输机械研究所为我们设计。他们在 20 世纪 60～70 年代研制了著名的月球车，在 20 世纪 80 年代与我们一起研制了“暴风雪号”的机械臂。宇航员身处空间站外面的这辆小车上，能够像地面上真正的吊车司机一样工作。与“和平号”上的起重臂不同，ERA 堪称第二代太空吊车，可在计算机操控下自主工作。

ERA 机械臂开启了一个大系统的研制，我们一般称这样的系统为“综合体”：沿着空间站设置基点，基点通过电缆相连，用于供给电源，并将操控指令、遥测、电视等信息传输到站内的计算机和其他设备。为此需要将该系统与地面的飞控中心保持连接。最后确实研制成功了一个综合性的大系统，可解决重大而复杂的任务。

* * *

最后，让我们再次回到对接这个话题。我们在这方面的工作不仅仅适用于俄罗斯部分。除了航天飞机以外，我们还需要保证两个部分之间的接口，为三个转接舱段提供对接系统，转接舱段又被称为“密封对接适配器” (Pressurized Mating Adapter，PMA)。

FGB 的前端安装了被动型 APAS，第一个适配器 PMA-1 应与 FGB 的前端对接。其他两个 PMA 被用作航天飞机的对接口。由此，和轨道器本身一样，所有三个 PMA 适配器都配置了 APAS。

这就是 PMA-1

在由四架轨道器（按美国人的

叫法，最早的"我们的""亚特兰蒂斯号"）和另外两架"奋进号"与"发现号"（用于组装和维护国际空间站）组成的整个太空舰队中，只剩下最老最笨重的"哥伦比亚号"没有安装 APAS。

对我们来说，另外一个困难是，对接系统和 APAS 本身并不是默默无闻的，它们甚至是不一样的。只有它们的外部异体同构接口是通用的。这有几个原因。首先，用于对接 FGB 的 PMA－1 适配器是主动型的，它上面装有 APAS，与我们以前为对接舱研制的适配器类似。一个非常相似的 APAS 应随航天飞机完成太空首次飞行。PMA－2 和 PMA－3 这两个对接适配器则配置了带有被动环和对接隔框主动卡锁的 APAS。为实现对这些卡锁的在轨控制，需要从座舱开始，穿过整个轨道器，穿过对接处的电插头，将电路敷设到国际空间站的对接口。与 PMA 不同，航天飞机的 APAS 需要彻底升级。原因在于，对接时作用在整个巨大空间站结构上的载荷可能会导致不可接受的巨大弯曲振动。此外，载荷破坏了微重力，可能会影响到需要纯失重环境的实验。

关于所谓轻型 APAS 的研制也需要讲述一下，因为它的研制工作已经构成了国际空间站框架下我们异体同构生命中的一个重要篇章，同时也反映了 NASA 和俄航局之间的分工变化。

我记得，在 1993 年与 1994 年之交，根据洛克威尔公司的任务书，我们研制出用于 APAS 的所谓轻型对接机构。联合工作计划中规定，需要建造一台实验样件，计划于 1994 年秋天制造。详细研究表明，光靠量化参数是无法解决问题的，需要质变。由此出现了很多新的构件，甚至还研制了一个驱动机构和一个附加的差动装置。还有一个重要组件是可控阻尼器。

众所周知，由于 NASA 采取了"新经济政策"，我们没能与洛克威尔公司签署新的直接合同。"能源"火箭航天集团公司由此遭受损失，轻型 APAS 的研制工作急剧放缓。我们和协作单位一起经历了这个额外的困难。出于一些考虑，我们决定将可控阻尼器的详细研究和制造交给"捷尔任涅茨"科研生产联合体，我们曾和这家企业合作过"暴风雪"项目。于是我们与这个目前不大的航空公司签署了一份不大的合同。新的部件和其他变更不仅可以减少对接时的载荷，这些阻尼器甚至可以控制对接时的振动。20 年前奠定的理论原理正适用于这一新的阶段。种子掉落进肥沃的土壤，发出了新芽。

但是其他的种子和果实却伴随着绚烂的颜色成熟和被收割。

1994 年年底，刚完成改进后组件的制造，又一波银行破产潮席卷而来，洗劫了约 2000 万的储户。不仅是无权无势的普通老百姓蒙受损失，与国际协议相关的国家订单也遭受了直接损失。我们的协作单位只得通过 FGB 来补偿经济损失。

但这仅仅是国际空间站的开端。

* * *

我想在本章最后讲述的故事也是关于“阿尔法”国际空间站的。作为对接专家，我们在国际舞台上的知名度和权威性正在不断提升。当欧洲公司开始积极研制所谓的 ATV 货运补给飞船时，欧空局首先向俄航局询问的就是对接系统。他们向我们建议，为“欧洲”建造并交付与“阿尔法”国际空间站俄罗斯部分的对接口兼容的对接装置及其相关宇航电子设备。

彼得一世曾借普希金之口说过：“万国来访”。继西方人来找我们之后，东方的客人也来了。

4.10 老办法尚未过时

APAS 让我们认识了古希腊神话中的雌雄同体人物。数千年来，这些双性生物吸引了雕刻家、作家和演奏家等众多艺术家，以及只是感到好奇的普通人。然而，这些只是虚构的美丽神话。只有 25 年前，工程师和设计师开始关注这些相同结构的设计。自那时起，异体同构成为科技的现实，而不是科幻小说的产物。奇迹首先发生在 20 年前，那时 APAS 在地球上空将两个超级大国的太空飞船连接在一起，这两个国家对人类地球文明发展道路上的观点和立场都是极端对立且不相容的。飞船通过异体同构方式完成对接，此举引人注目且具有象征意义。20 年过后，改头换面的 APAS 装置将再度连接两个对立国家各自的航天器。不过，也许俄罗斯航天和美国航天的合作应该不仅限于异体同构技术。

从诞生、成熟、有新发现、回到老想法、进一步完善到向前推进，太空对接技术的发展有一定的规律。

我们坚持不懈地开展 APAS 对接机构的研制，努力验证和完善其异体同构外形和内部航天构造，与此同时，久经考验的老式“锥-杆”对接机构依然在轨使用，也就是民间俗称的“爸爸-妈妈”对接方式。25 年来，利用这个 20 世纪 60 年代末设计的装置，在轨对接了将近 200 个“联盟号”载人飞船和“进步号”货运飞船，总对接次数超过了 200 次。在我们波德利普基和亚速市研制考核的对接机构，始终保持着在轨的无故障工作记录。工厂开足马力，机床工人加工零件，装配工人组装部件，试验人员测试驱动器、机构件和传感器，整个过程一气呵成、驾轻就熟。就连不轻易夸赞的列戈斯塔耶夫也说，我们在有生之年应该为这个机构建一座纪念碑。通常我这位顶头上司表达的都是上级领导的意见。未来无论对于正在飞行的“和平号”空间站，还是筹建中的“阿尔法”国际空间站，不管有什么样的创新神话和技术升级，“锥-杆”式对接机构仍然会占据重要的一席之地。它依然会被东西方国家所需要，无论是发明了自行车的欧洲还是发明了火药的中国。在地球上相互依存的东方人和西方人，在太空中也想拥有兼容并蓄的结构，太空比我们的地球更加国际化。

不，可以说："老方法不可抛弃！"

赞美完老的"锥-杆"试验法后，我差点忘了我们的 APAS。如果说老方法是如此的好，那么我们为什么要发明自行车和火药，难道已经不是出于纯粹地对神秘构型的好奇或对异国情调和美丽神话的热情追逐了吗？十几年前，我不得不花费大量的时间和精力来阐述 APAS 可以用到哪里，后来我不得不多次利用技术论据阐述为什么需要 APAS，为什么"锥-杆"不适合"暴风雪号"，而现在要阐述为什么它不适合航天飞机。

杆长而细的构型很适合太空飞船细长的轮廓，它就像太空飞船的延伸，是它的击针。它看起来不错，所以它应该上天进行对接。杆插入空间站，与其相连并抱在一起，消除阻力，克服它们在连接成一个整体前引起的振动惯性。

另一方面，航天飞机轨道器，与"暴风雪号"一样，带有伸开的机翼和修长的机身，但是是完全不同的。航天飞机的外部压差室位于机身中部，上面安装了对接装置。在该位置的背面，杆看起来不对劲，它像一根细管，仅适合用于传输信号和蜂鸣声。杆不适合，因为它不能在与空间站相连后支撑轨道器，无法消除哪怕不大的振动余量，飞船的翼展和尺寸超出了杆的承载能力。换成技术工程语言来说，就是："轨道器的惯性力矩太大，振动的动能也是如此，杆细薄的设计无法应对它。"像航天飞机如此庞大的东西，能够轻松拧掉它的头。

这次要采取新办法了，在原有性能质量不变的情况下，增加杆的数量。由六根杆构成的环，这就是斯图尔特平台，据判断它是稳定的。而且不止很稳定：该装置带有六根可移动的杆，可以承受非常大的能量。该装置好像是专门建造用于沿六个自由度全方位移动的，如果需要的话，可以对抗这一运动，大量消耗能量，然后主动行动、对齐、收紧并连接航天器。如何利用这些能力，需要另起一个工程章节讲述，但部分已经描述过了，但它"就像原子是取之不尽的"。难怪列别捷夫曾经不止一次地提到空间缓冲系统的巨大效力，这位被切尔托克在《火箭与人》一书中称为"上帝派来的"动力学专家，最初是科罗廖夫手下一名年轻的火箭工程师，70 年代他为我们的对接团队研制出了 APAS-75 的数学模型。

20世纪80年代初，我成功地让自己的领导和其他的领导确信空间运动学的优点，好像说服了所有人，除了费奥克基斯托夫，他仍坚持自己的想法和我们的“锥-杆”装置，认为它不仅简单，而且清晰自然。

但是APAS的优点并不限于神奇的构型和六自由度运动。正如前面提及的，它是在智慧和精力都非常成熟的时候被孕育和建造的。在轨连接的对接口，通常都是直接或者间接意义结构中的最窄点，是飞船和在轨空间站舱段之间的腰段。在20世纪70年代中期长时间在轨空间站（ДОС）优化调整中积累了丰富经验后，我们尽力保护APAS免于过载，最大限度地增加其承载能力。上一章节已经提及这些内容。我再次说到这些，是因为APAS－89的优点还在于，与“锥-杆”相比，它在能力上有很大的优势。“锥-杆”是第一代产品，比较稚嫩，它是在匆忙中被设计和构思出来的，有其固有的优点和缺点。正是这些属性，每一型产品的优点和缺点，促使我们与其共生并创造出新的合成型对接装置，我们将其称为混合式对接机构。

新的混合式结构还有其他两个优点：一个优点是，它能够在飞船的地面准备阶段甚至飞行阶段调整对接机构——安装对接杆或者接纳锥，如果有需要，异体同构对接机构可以将其变成异体同构周边式对接装置（APAS），既可以是主动对接环，也可以是三个导向片的异体同构对接环。另一个优点是，它在对接隔框大尺寸的情况下，能够扩大过渡通道，可任意扩大或者缩小盖子的尺寸。

* * *

我早在开展太空对接理论基础研究和20世纪70年代下半叶准备博士论文的时候，就有了关于混合装置的想法。就这样，这个想法等待了近20年成为现实，而且等到了。

过程是这样的。

1994年夏天，那时“阿尔法”国际空间站俄罗斯舱段的构型已经确定，各组工程师正着手开展分析工作，其中包括机械载荷专家。由于舱段的尺寸增大，作用在结构部件上的力和弯矩明显增大。提高老对接装置承载能力的所有可能性早已耗尽。另一方面，无法采用APAS－89进行飞船和舱段对接。这有几个原因。首先，“相邻者”不愿共享自己的余量，不想降低自动泊位时要求APAS－89的最大允许捕获偏差。此外，APAS变得更重了，没有什么可以再补充做的了。它们产生了重量赤字，这是一个让所有飞行器设计师一直感到头痛，让所有飞船和航天飞机设计师始终关注的问题，而且需要 100 多千克的重量。

在这个设计的关键时刻，我再次决定提出新的建议，尽管我明白“任何提议都可能受到惩罚”，也知道必须拖着这个额外的载重，这一“有效载荷”，并将其送入地球太空轨道。我想起了在一次与副总经理采廖宁什科夫的会议上，我第一次在如此大的场合提出了这个由波布罗夫和奥布曼金设计的混合式结构草图。这是一次大型的会议，与会人员包括国际空间站的主要构思者列戈斯塔耶夫和戈尔什科夫以及大大小小的领导，他们对于这一提议持谨慎态度。但是过载问题需要解决。

过程已经开始，想法适时被提出，种子落入了肥沃而温暖的土壤。小晶体再次掉入过饱和的溶液，开始结晶，“想法涌现”。又经过几次会议讨论后，他们准备向总经理提出这一问题。

我必须说，谢苗诺夫几乎立刻肯定了这一想法的建设性并批准开展详细研究。又过了几天后，在接下来的一次会议上，他已经亲自部署并确定，在“阿尔法”国际空间站上的哪个对接点安装 APAS，在哪些地方使用老的“锥-杆”法，哪些地方要求引入新的混合式结构。

国际空间站的改建仍在继续。

又过了几天，总经理为“能源”火箭航天集团公司签署命令，批准其组织开展混合体的建造计划。我试着写得更好，从标题开始，正如预期的那样，列出了任务、概念和实现途径。

我们将这份命令称之为“一步也不退”，的确也无路可退，只能向前进。

命令就是命令：在未来的几个月，我们需要拿出几套这种混合式安装图纸（ГУЧ），根据这些图纸进行舱段所有内外接口的匹配设计，空间站正是由这些方形舱段搭建而成的，它们需要在太空进行对接。第一张混合式安装图纸是为赫鲁尼切夫国家航天科研生产中心准备的，这就是第一个舱段——“功能货物模块”（ФГБ）的图纸，按照要求，在这个尚在酝酿中的未来空间站舱段上将安装第一个混合式对接口。这是一个带有接收锥的被动混合式对接口，即将在此处对接的是我们的服务舱段 CM，其前部过渡舱上装有一个混合式主动对接装置。

混合式设计不仅仅出现在舱段上。

对于复杂的多阶段“阿尔法”国际空间站计划而言，针对其在轨组装的各个节点都要预设几种不同的对接口使用方案。其中一个方案就是要求“联盟号”载人飞船与异体同构对接口对接，因此就要对该飞船进行“混合式”改型，并为改型后的飞船设定了新的序列号：分别为201号和202号。历史再度重演，当年在“暴风雪号”计划中用于搭乘或营救宇航员的“联盟号”飞船也同样是安装APAS-89的异体同构飞船，编号为101号和102号。正如大家所知道的，其中一艘飞船后来飞上了太空，这就是与“和平号”空间站对接的异体同构飞船“联盟TM-16”。有谁知道这些混合式联盟飞船到底该怎么归类？

实现和改变对接构型的想法只剩下一步。该想法是为了完成设计并教会宇航员改变对接组件飞行中的构型：将其变成主动带杆的对接、被动带锥的对接或者神秘的内部带有齿环的主动或被动异体同构式对接。我再次回顾我们是如何成功地在“和平号”空间站上部分实现这个想法，以及宇航员在空间站基础模块的过渡舱段是如何吃力地完成舱盖变化以在侧泊位上接收下一个舱段的：他们穿上宇航服，对过渡舱段进行密封解除后，在该泊位上安装接纳锥。那是1990年年中，当时“晶体号”舱段停靠在“和平号”空间站上，后面一次在1995年夏天。

完全或者大致实现这一想法还为时尚早。别的不说，这个想法有助于扩展通道，可将过渡通道的直径增大至近乎理想的1 m，甚至可以达到难以企及的1.25 m，这样就能够拓宽视野范围。我也希望自己能够活到那个时候，亲眼看看这个神奇的异体同构装置如何实现童话般的华丽变身。“我们生来就是为了让童话故事成真的”，在我年少时，少先队员和共青团员如此唱道。我相信，古希腊的神话不仅深化了我们对历史和全人类的认知，而且造福了航天科技，为我们的创作活动做出贡献，提高设计工作的产出率。

只有设计才有意义！

Only designing makes sense!

对于早在1950年刚考入莫斯科国立鲍曼技术大学的17岁的我来说，还不理解也无法理解这句话，只有生活能够帮助我理解它。

“我们生来就是为了让童话故事成真的”。

4.11　1994 年：拜科努尔及其他

你可以相信或者不相信民间的征兆，但是生活证明，其中的许多征兆是有道理的。有这样一个征兆：你怎样度过新年的第一天，那么接下来的一年都会这样度过。我的生日也是如此。我的经验告诉我，这终究是有原因的。征兆是基于统计数据，而统计数据是公认无法被歪曲的。想要按照你计划在新的一年中做到的那样（例如开始新的生活），随心所欲地度过新年夜后的第一天，这并不容易。生日也是一个特殊的，非常规的日子，我想让它变得与众不同、令人难忘。结果如何往往不仅仅取决于我们。

我们几乎还没有过完新年圣诞节，新的繁忙的 1994 年就开始了。自 1992 年以来，我们已经习惯如此。此时，一个耶稣诞生的东正教大节日正式回到了俄罗斯人这里。那时我开玩笑道："我的生日就是休息天。"早在 1 月 2 日，被称为"快速反应小组"的技术管理团队已经飞往拜科努尔发射场。"联盟 TM－18 号"飞船计划 1 月 8 日发射。在发射前夕，也就是所谓的第一个发射日，与伙伴们一起喝完一瓶从莫斯科带来的"肯兹马拉乌里"红酒后，我庆祝了自己的生日。

1994 年就这样开始了：准备"联盟号"和"进步号"，前往发射场和其他热点地区，开展其他的航天和非航天的工作。

发射两天后，即 1 月 10 日，我们已经在飞控中心就位。"圣诞联盟"的对接顺利完成（意指"联盟号"在 1 月 10 日这天完成对接，而这一天正好是东正教的圣诞节——译者注），此次抵达太空的宇航员 B. 波利亚科夫进入了空间站，他将在这里创下停留 15 个月的纪录。再过四天，即 1 月 14 日，载人航天、"和平号"空间站以及我们所有人又经历了一场考验。

在几乎已成为例行操作的分离后，B. 齐布里耶夫和 A. 谢列波罗夫在"联盟 TM－17 号"飞船完成了绕"和平号"飞行。他们的任务是拍摄空间站，主要是拍摄"晶体号"舱段上装有美国靶标的异体同构对接口。这一点要求在未来航天飞机对接准备计划中做到。发生了一件几乎令人难以置信的事情：飞船与空间站相撞了，两次沿着异体同构舱段擦过。还好我们是幸运的：无论是飞船还是空间站都没有受到明显的损坏。正如接下来的分析所表明的那样，运动控制手柄上的开关被安装在了一个错误的位置上，飞船没有对指令做出反应。

包括宇航员着陆在内的所有事情都顺利结束了。

* * *

在四次拜科努尔发射场之行中，3 月中旬的第二次是最不寻常的。那年，哈萨克斯坦遭遇了极其寒冷的冬天。2 月，那些地区开始下起罕见的暴雪，强风沿着道路把降雪吹到发射阵地和其他障碍物处。试验大楼和宾馆的供暖时断时续，我们早在 1 月就已经历过这种情况。装配试验大楼内的最老的“2 号”发射台起火了。在国际妇女节这天，也就是 3 月 8 日晚，在“联盟-阿波罗”时期留下的那栋美国人的房屋里，更衣休息室的一个自制加热器着火了(许多试验人员在冬季都使用这样的加热器)。幸运的是，没有人伤亡，几个军官和士兵在最后时刻从着火的控制室逃了出来。即将准备飞行的“进步 M－21 号”货运飞船奇迹般地幸免于难。它只是在姗姗来迟的消防人员灭火期间被略微弄脏。最近的消防队“开始预防性检修”，而较远的消防队则跨过雪堆艰难到达“2 号”发射台。试验台和电缆都烧坏了，因此来不及完成飞船的最终检测。而在此之前，已经通过转移通道装载了飞船的货舱。我们的对接机构是在最后阶段安装到舱口盖上的，尚未测试。工作组于 3 月 8 日赶到发射场，决定将这些测试改到发射阵地上进行。我和最后一组试验队于 3 月 14 日飞到了拜科努尔。

我生平从未见过与在哈萨克斯坦南部发生的类似的情形。我至今都很遗憾没有带上相机，我记得自己曾萌生过带相机的想法。老式的苏联教育让我打消了这一想法：带相机去秘密发射场，一定会被作为间谍抓起来。这一次整个发射场就像被不同寻常的雪堆“逮捕”了一样。所有的公路和铁路都被大雪严严实实地盖住了，不得不在上面挖出一条条深深的通道。这些雪道有的深达 7～8 m。我们到达时，白雪已经在春日的阳光下开始沉陷。在从机场到“2 号”发射台的路上，我们的车掉进了 3～4 m 深的雪沟。当对面有车过来时，就要停下来倒车，寻找在雪墙中挖出来的专用错车道。

所有的平民和军人，尤其是挖雪道的士兵们，确实都应该看到并经历这一幕。

被命名为“三八队”的“最快速反应”小组成员告诉我们，最困难的是，为了给“进步号”飞船加注推进剂，需要把它运到距离“2号”20 km远的加注台。而恰巧这段铁路被埋在了最深的雪里。

最终，“进步号”货运飞船和运载火箭被运到了发射台。那里也挖了雪道。军人和平民像在前线一样在雪道里移动：从发射台到地堡铺设了一条比人还高的真正堑壕。在第一个发射日，我和A. 米申、B. 斯捷潘诺夫及其他专家测试了对接机构。令人难忘的1967年4月已经过去近27年了，那时我第一次爬到30 m高的服务桁架，正在准备将B. 卡马洛夫送入轨道的第一艘“联盟号”飞船。而我现在需要在火箭头部整流罩所在的最高平台真正地工作。地面恒温调节系统是在发射时用来加热飞船的，断开该系统的导气管后，我们通过舱口跟踪对接杆的伸出和卡锁的情况，它们将根据地堡的指令完成工作。从十层楼的高处可以看到，载有美国代表团的大客车正在驶近。他们像着了迷似的抬头仰望我们，而我们则俯视着他们。30年前甚或20年前都不会有这样的情景。

和A. 米申在飞控中心

第二天，火箭成功起飞了，又过了两天，“进步M-22号”飞船与“和平号”空间站完成了对接。

* * *

关于第三次拜科努尔之行的故事已经在本书的开头提及。正是在1994年7月，我的想法日渐成熟，并写下了本书的第一部分。那段在发射场的夏季岁月也成为我人生中的一个重要阶段。

1994年10月的秋天，我作为技术领导之一，最后一次前往拜科努尔。那时“联盟TM-20号”已经做好发射准备，其乘员组包括A. 维克多连科、德国人U. 梅尔堡（来自欧空局）和E. 康达科娃。这是第一次有女宇航员执行长期太空飞行。这位叶莲娜是宇航员B. 柳明的第二任妻子，也曾到过拜科努尔，她的哥哥米哈伊尔与我的妻子在林业学院的理论力学教研组共事。关于她的坚韧性以及她作为女性承受过载的非凡耐力，在我们这里流传着很多传说。真实的太空失重情况证实了地面试验的结果。她的身体出色地经受住了长时间太空飞行的考验。据说最让叶莲娜感到遗憾的是，2月6日美国"奋进号"轨道器未能与她所在的"和平号"空间站对接，尽管两者近在咫尺。俄美两国的宇航员只能隔着舷窗相互挥手致意。

即便如此，女性宇航员在太空的壮举是不可能被埋没的。第20次主要飞行计划被部分缩减了。我们的多次可展太阳电池阵再次被搁置了，没有被转移到"晶体号"舱段的新位置上。美国航天飞机计划夏天发射，而如果缺少这个用于航天飞机对接的关键操作，1995年的复杂计划是无法完成的。这个操作很不简单，需要多次出舱，它被推迟了，可以说是被拖延到了最后。结果如何，后文将继续讲述。

* * *

这就是1994年我在发射场的生活。每日、每周、每月都排满了各种工作以及许许多多的地面试验，有的在西方，有的在我们东方。

从拜科努尔发射场回来后，1月9日我们就进入收尾阶段，准备将第一套APAS、宇航电子设备和其他试验设备运往大洋彼岸。工人们、总装车间、仪器制造车间和其他车间都按时且出色地做好了准备。这是久远的1974年以来的第一次大型海外发运任务。我们再一次感受到了高涨的热情，尽管体力已不如从前，毕竟都老了20岁。但这不是最意想不到和最困难的，发运本身已经变得大不一样了。

到1月15日，也就是规定日期的前一天，我们签署完所有必需的随附文件，关上了所有包装箱和集装箱的盖子。但从芬兰运输公司的4吨拖车驶离车间大门到运至赫尔辛基又花了将近两周的时间。我们航天物资的运输路线出人意料的复杂。抵达赫尔辛基后，我们的APAS和宇航电子设备使用渡轮沿波罗的海和北海转运至鹿特丹，然后再通过公路运输至莱茵河畔法兰克福，再从那里通过飞机运送至洛杉矶。接着，APAS和所有其他设备继续通过汽车运输，完成了从LAX国际机场到位于道尼的洛克威尔工厂的最后一段路程。

直到2月初，运输工作才得以完成，而1月的整个后半月我们都在制定

发运第一套 APAS

运输路线，寻找运输工具，解决关税壁垒和其他手续等大量杂事。我十分怀念1974年的日子，那时我跟B. 克诺尔一起，有专门的护送队陪同。国家交通检查局负责接应并护送物资。物资由美国空军的飞机运输，包括海关在内的所有国家机关都对我们敬礼，对这批特别重要的国家物资大开绿灯，没有任何阻挠和拖延。也许，更让我感到惊讶的是，美国的运输部门竟变得如此迟钝和缺乏预见，而大洋彼岸的官僚主义也变得如此强大，可以说是顽固不化。我将会再次讲到运输APAS正样件的问题，半年后我们遇到的这些问题变得更加复杂、出人意料。

一切总有结束的那一天，最终我们克服了所有的困难。我清楚地记得1月27日星期四那天，那时所有的设备都装载到了拖车上。装载过程给我们的美国同事留下了深刻的印象。他们像着迷了一样站在那里，看着我们总装车间的员工像杂技演员一样，先用桥式吊车的钢索将半吨重的集装箱吊起，然后再将它们堆垛到有篷的芬兰货车上。“换成我们的话，需要一整个甚至两个工作班次，才能完成这些操作。”勃兰特说道。两周后，在道尼的洛克威尔工厂（俄罗斯的设备验收团队已抵达），我们确认了勃兰特的这个“乐观”估计。

这次，我们需要在洛克威尔工厂工作两周半。起初，运抵设备的准备工作进展得十分缓慢。但我们并未感到无聊，正在并行开展俄-美电缆的制备工作，主要工程技术人员正在开展试验准备工作。与此同时，我们已经开始设计用于第二次飞行任务的系统，关于这些之后再讲。系统兼容性问题仍然困扰着我们，即“单线”轨道器与我们“双线”仪器的兼容性问题。几个月前，美国计算机在个别电子元器件的故障中发现了这一不兼容性。回到莫斯科后，我们的电气专家才修改完图纸，提交给仪器生产部门进行改进。该部门的领导B. 埃菲莫夫斯基答应为“实验板”改进仪器，但要到4月才能完成。

总体而言，我们并不感到“无聊”。但是最困难的事情还在后面。

在描述1994年发生的大事时，我几次翻阅我们在俄罗斯和美国的会谈纪要。两年间，共累积了一打多厚度不一的纪要本，共有几百页文字。在2月和3月在道尼的两次会谈之间，双方在波德利普基举行了两轮谈判。我们关注的问题之一就是为我们提供用于局域计算机网络的电子设备。春天，F.莫斯卡尔、A.麦克斯温和洛克威尔公司的其他专业人员沿着我们破旧大楼的走廊铺设了崭新的亮黄色高频电缆。它们在斑驳的走廊的衬托下显得异常醒目。我们自己也因这些设备而在单位各部门中显得与众不同。应该说，我们的助手、科室和实验室也多少有所获益。

飞回莫斯科处理完业务工作后，我们又于3月底回到了加利福尼亚州。我们对接系统的地面模拟产品“实验板”已做好第一次接通准备。试验开始了。

标准工况和备用工况下的所有对接和分离操作都检测完毕。俄罗斯系统与美国航天飞机集成后的第一次试验全部完成。这是首次成功。

* * *

我们都乘坐美国达美航空公司的飞机跨洋飞行，这家航空公司早在20世纪70年代起就因往返纽约和休斯敦的飞行而为我们所熟知，我们中的许多人都成为它的常旅客会员。常旅客的特权成为前往地球另一端的艰苦旅程的某种补偿，这种旅程有时耗时24小时以上。常旅客会员有机会免费携带亲友登机。

7月的美国正在进行世界杯足球赛。随着岁月的流逝，我对这项运动的热情有所下降，但仍未消退。虽然不像20世纪70年代在休斯敦时那样经常去踢球了，但在道尼，我们整个“球队”还是会去城市体育场踢球，那个足球带有世界冠军的标记。20世纪60年代，我曾与阿里·松古洛夫在车间球队踢球，30年后的现在，我们有时会在午休时，开着自己的“福特”前往洛克威尔的运动场，加入美国的欧洲足球迷队伍中。球迷的组成也很有代表性。有一次在为一支球队踢球时，我向自己的老朋友大喊：“阿里!”半支球队的人都回头看向我。现在的加利福尼亚州日益成为一个双语、三语甚至多语种的州。

从年少时起，世界杯足球赛就一直是我们同辈人心中的一件大事。我们关注美国和欧洲体育场的比赛，尽量不错过任何一场新闻报道。那会儿，我们所在的加利福尼亚州正在举办世界杯比赛。我们没能赶上俄罗斯队的比赛：

得飞往旧金山。但是我们很幸运，7月13日左右，在距离道尼不到1小时车程的帕萨迪那将进行巴西与瑞典的半决赛。当然，没人能帮我们搞到门票。一位球迷给了一个建议：临近比赛开始时前往比赛现场就能够买到更便宜的门票。阿里、叶卡

在道尼的“幼儿园”

1994年巴西-瑞典世界杯比赛期间，
和阿里·松古洛夫在著名的“玫瑰碗”

捷琳娜和我就这样做了。我们把自己的车停在了绿色的草坪上，这个停车坪围绕着著名的“玫瑰碗”体育场。我们前往体育场那里时已经人声鼎沸，就像我年轻时前往莫斯科彼得洛夫斯基公园的迪纳摩体育场入场时那样。我们买的转让票的额定面值是300美元一张。我们在20年前的休斯敦一个月也赚不了这么多。20年后这仍是一笔大数目，相当于我两个月的工资。我们还是买了门票，“总共”花300美元买了三张票。过去的20年里，苏维埃国家也在突破自己的极限。

这次比赛，“黄色”巴西球迷带来的激情以及鲜明的足球氛围永远留在了我们的记忆中，我们将它连同照片和价值300美元的门票一起珍藏，作为珍贵的纪念品。战胜瑞典队的巴西队在下一个周日夺得了世界杯冠军。决赛时，我的团队已回到莫斯科，通过电视观看了比赛。

* * *

与斯维特兰娜在巴黎

1994年夏天的艰辛工作一直持续到了深秋，关于这些，我将在后文描述。我于10月前往拜科努尔，在"按程序"取得出国护照后，我途经乌克兰去了保加利亚。

我们已逐渐不再对俄罗斯、苏联其他共和国和社会主义阵营国家中所发生的事情而感到惊讶了。但我仍对人们在盛产粮食的乌克兰首都基辅，因持续的物价上涨而在秋天里排长队买面包的情形感到惊讶。保加利亚是我自学生时代起以及与保加利亚宇航员结下友谊以来就想去的国家，它比乌克兰繁华一些。"保加利亚是个好国家"，我们年轻时如此唱道，但现在已经没那么好了，国内已流露出猖狂的极端主义迹象：道路两边，在被快速取缔的以前的集体农庄中，空荡荡的牛棚里满是破碎的玻璃，这很好地证明了这一点。

我和斯维特兰娜受到老朋友T. 沃兹德维任斯卡娅的邀请，她在索菲亚的俄罗斯文化中心工作。由于她的辛勤付出和关心，我们这趟旅途变得非常有意思。我得以再次见到宇航员Г. 伊万诺夫，他已经转行从事商业航空，但仍没有忘记自己过去从事的航天事业，他给我妻子留下了深刻的印象。保加利亚航天研究所所长波涅夫召集沉寂多年的保加利亚航天活动的积极分子，举办了一场别开生面的见面会，来自保加利亚中央电视台的一个可爱的姑娘问了几个常规的问题。

1994年春天的巴黎和秋天的马德里这两座欧洲繁华的首都给我们留下了截然不同的印象，但是我们没有在那里感受到人们对航天活动的强烈兴趣。

4.12 “和平号”-“航天飞机”：确保多次飞行

20 年前，“联盟-阿波罗”的对接是一个重大的国际事件。它展现了两个强大且毫不妥协的竞争对手的政治意志和美好愿望。20 年后，这两个国家和整个世界都发生了重大的变化。长期计划起到了很大的作用。尽管如此，一切依旧从政治出发，而政治是经济的缩影。首次对接依然将是意志和能力的一种展示。另一方面，由于没有大大小小的政治干预，早在具体方案的决策时就已经清楚了，首次对接将不再是唯一事件，不会成为一个偶然事件，也不会仅仅是一次出色的交会：一次“萍水相逢”，就像 1975 年炎热 7 月里的两次在轨对接。那时，两艘飞船像一对恋人一样相遇，它们就像两个来自不同世界的漂亮子嗣，有着鲜红色和天蓝色两种不同的肤色。它们分离了，只留下了美好的回忆、照片、关于自己和在高高的地球上空两次对接的传奇故事。这就是 20 世纪太空时代的美丽故事，就像小说《罗密欧与朱丽叶》一样，但结局是美好的。

20 年后，这次双方的意图在最开始就被认真地研究了。所有的一切就像一桩婚事，包括了对近期和远期的多年规划、求婚、订婚、婚约和喧闹的婚礼、互利共赢的协议和未来多年的共同事业。“新郎”和“新娘”的背后有强大的力量和规划，站着大大小小的人物，包括经济学家和政治学家、不同派别和层级的活动家，他们都试图通过这一步来更新计划，挽救自己岌岌可危的地位。

两国的总统也不再站得离这些协议那么远了。

* * *

就此打住，讽喻太多了。

所有这一切的背后，更准确地说，所有这些活动都是建立在技术之上。

最终，基于各种经济，无论是计划经济还是市场经济，技术催生了一系列的任务和协议。在任何时代，政治、权力都是以技术为支撑的：技术越完善越高超，防御和进攻就越强大，国家也就越强大，人们的生活也会越富裕，探索未知的能力也就越强。

值得一提的是，直到准备阶段中期，我们才做好准备，立刻马不停蹄地转入历时多年的地面和太空工作计划中去。对于美国领导人和 NASA 而言，改造国际空间站是一个战略目标。这是一个全球性的计划，需要来自各方面的广泛经验。除了工程任务和航天医学以外，它还需要科学界和工业界专家们相互协作的经验，以及行政机关的配合。对于我们工程师来说，完成所有这些任务的方式，主要就是执行为期三年的航天飞机飞往"和平号"空间站的多次飞行计划。这需要付出大量额外的努力。这方面的活动早在第一次联合任务前就已经开始了。

我们还在全力准备航天飞机向"和平号"空间站的第一次飞行，而我们和 NASA 的设计师们已经开始研究同对接一起的其他任务的可能性。在苏联的空间站中，"和平号"是最长寿的，它在轨时间已接近十年，成为唯一的长期运行的载人飞行基地。它的核心舱段于 1986 年 2 月 28 日发射入轨，之后还有三个舱段被发射入轨并完成对接。40 多艘"联盟号"飞船将宇航员送入了轨道，60 多艘"进步号"飞船运去了必需的物资。正是凭借这种长期的努力坚持，"和平号"空间站才能延续它的太空之旅。多年来，不止一次发生过危急情况：仪器和系统发生故障，飞船无法对接，设备不断老化。天上的宇航员，特别是地面的许多人，他们没有抛弃自己的"孩子"，支持着空间站的在轨运行。

我们还在坚持。"只要'和平号'还在飞行，我们就还活着"，20 世纪 90 年代中期，我们经常这样说。无论是普通的工程师还是大领导，大家都这么说，而且不止我们俄罗斯人这么说。

美国航天界领导人决定，只要"和平号"空间站还在轨道上，就应该飞往那里，直到"阿尔法"国际空间站计划启动。被称之为"MultiMir"的航天飞机的多次飞行和对接计划就此开始了。

* * *

根据 1993 年"能源"火箭航天集团公司与洛克威尔公司签署的合同，出售的对接系统仅用于与"和平号"空间站的一次飞行对接。那时，双方尚未完全明白政治、商务甚至技术方面存在的这些局限性。尽管从“联盟-阿波罗”项目以及苏联“暴风雪号”航天飞机研制中获得了一些知识和经验，但我们仍有许多未知的东西。我们不知道 NASA 对载人飞行（特别是多次载人飞行）服务系统的具体技术要求。20 世纪 70 年代，双方都在建造和负责各自的飞船，众所周知，我们主要是通过外部接口实现对接的。经济因素和政治因素对我们来说仍然很陌生。

结束了“亚特兰蒂斯”轨道器所用对接系统的研制后，我们和 NASA 的设计师们开始分析重复飞行的可能性。为此，我们的系统首先应该多次飞往太空。但也不仅限于这些。

同时面临的几个因素使多次飞行计划的实施变得复杂了。除对接系统外，问题还在于空间站的构型，这与对接和重新对接设备有关，也与我们的多次可展太阳电池阵有关。但是应该从单纯的对接问题入手。

开始研究多次飞行的可能性时，我们发现，不是所有的技术性能都符合这些要求：首先是飞行次数、机构和其他部件的工作寿命不符合要求。问题并没有乍一看那么简单。我们传统上都是基于不长的寿命计算来研制装备的。一次性使用的飞船通常仅对接一到两次，只有 1985 年的一艘“联盟 T-15 号”完成了三次对接：两次对接“礼炮-7 号”空间站和一次对接“和平号”空间站。另一个问题关系到空间站上安装的对接系统的配合部分。上面已经说过，“和平号”空间站上对接装置的寿命问题是如何解决的。为解决这个问题，我们还研制了手动拉紧对接口的设备。但并不是所有的问题都可以通过这种方式解决。

在轨对接和分离的次数只是问题的一半。我们在开始“暴风雪号”研制计划的工作中遇到了所有关于多次飞行的问题。问题在于，此前所有的设备都是设计和演练搭载一次性运载器飞往太空的，也就是用于唯一的一次飞行。火箭将飞船加速到轨道速度需要近 10 分钟时间。在这段时间里，飞船承受着巨大的过载，设备需要在这段飞行过程中承受考验并有效工作。为完成多次太空飞行，需要确认结构能够在更长时间内承受所有的飞行条件。众所周知，“暴风雪号”计划并没有进行到底，设备的测试计划也没有全部完成。抗长时间振动和其他过载的强度问题只解决了一部分。许多问题需要重新做试验。

NASA 对航天飞机上几个服务系统的一些要求是比较严苛的。其中首先包括火工品。我们传统上采用爆炸螺栓，它们安装在对接装置的锁钩中，它们保证了紧急备用分离的可能性。就像子弹或者炮弹一样，爆炸螺栓是不能进行试验的，因此我们一直心存疑虑，它们是否能引爆，会不会哑火。就像子弹一样，爆炸螺栓也是批抽检的。受制于飞行条件和高可靠性的要求，航天火工品有许多特殊性。这些我们之前已经提及。

早在20世纪70年代，我们就接触到了美国对飞船上的火工品使用的一些特点，20年后我们又一起更加细致地开展这些工作。我们在许多方面做的都是一样的。但是美国人开展了更多的试验，更加谨慎地对待它们。也许这么做是对的。这些试验占据了联合工作的一大部分。

* * *

延长对接系统的寿命是一个重要但是局部的问题。另一个问题更加具有全局性，它与空间站的总体构型、各舱段的布局、轨道器靠近和对接的能力等相关。

为完成计划于1995年6月发射的代号为STS-71的第一个联合任务，需要彻底重构空间站。首先，需要将"晶体号"舱段转到轴向对接口，以便轨道器能够不触碰其他结构件而无障碍地进行停泊。但是这一切复杂得多。在实施国际任务之前，"和平号"空间站还需要接纳另一个被称为"光谱号"的舱段。计划将该舱段放置在原"晶体号"所在的对接口上。该舱段需要通过两次重新对接才能转位至其中一个空闲对接口上。最后，在完成四次重新对接任务之前，还需要最先完成一个操作，即收拢两个太阳电池阵。它们因具备折叠和转移的功能而获得"可重复使用"的名称。只有完成了堪称太空改造的所有这些重构工作之后，"和平号"空间站才具备接纳美国航天飞机的能力。

第一次任务后，"晶体号"舱段需要再次打道回府，回到为它选择的对接口上，为此需要执行第五次重新对接。之后它将一直停留在那里，直到"和平号"结束运行。

继续开展这一联合计划遇到的主要问题是，在这种构型下，在"晶体号"舱段处于这个位置时，无法进行对接。轨道器在靠近自己的异体同构对接口时，受到安装在核心舱段上的另一块太阳电池帆板的干扰。为解决这一问题，继续执行原定的对接计划，我们研究了几个方案。所有的方案都有各自的优缺点。很显然，"晶体号"舱段每次都需要转位，重新对接到轴向对接口上。但是我们只得放弃这一方案，因为机械臂的寿命不够，它设定的有效寿命仅为七次重新对接。我向我们的设计师提出了另一个方案：改造"光谱号"舱段，为它增设一个异体同构对接口。尽管该舱段还在赫鲁尼切夫工厂制造，但不知为何，该方案还没做经济评估就遭到了拒绝。

最终，我们选择了一个远非简单但“漂亮”的方案，它包括了地面和太空的诸多作业。该方案是制造一个附加的适配器，并通过航天飞机的有效载荷舱送入太空。这个转接器被称为对接舱，是圆柱形的，两端都安装了对接装置 APAS。舱内装有对接控制仪器，以及保持常温和气压的设备。一套 APAS 用于与轨道器自身对接，另一套用于与“和平号”空间站，与安装在“晶体号”舱段上的 APAS 对接。计划在航天飞机的第二次任务结束后，留下对接舱，使其保持与空间站对接的状态。这就是该项目的主要构想。依靠对接舱适配器，“晶体号”加长了近 5 m，从而将轨道器与太阳帆板凸出的“和平号”核心舱段分开。毫无疑问，在太空实施对接适配器的操作增加了计划于 1995 年年底实施的代号为 STS-74 的第二次太空任务的工作量，使第二次任务变得更加复杂多样，包括重构、卸载、操作机械臂和两次对接。

新的对接舱适配器为地球上的俄罗斯人和美国人提供了额外的工作岗位，而且大量的技术人员都参与到联合工作中。与美国人开展合乎人性的合作的意愿是可以理解的，但是有点过分了。其结果是，对接舱中出现了一个在我看来纯属可有可无的设备。整个对接舱将在美国的肯尼迪航天中心发射场进行试验，当然也包括这个设备。关于这阶段的工作还将继续讲述。

* * *

对于我们对接人来说，这个项目也带来了大量额外的工作，这既是好事也是坏事：有活干当然比无所事事好，可是如果活儿多得干不完，那或许更糟。先贤曾说，尺度高于一切。我们需要另外研制两套改进型 APAS，最主要的是对轨道器上面的对接控制进行大量修改。我们分几个阶段，历时数年重新设计了控制台和其他设备。但所有这些还不是最糟糕的。

我们的工作环境在变差。任务量增加了，但技术人员没有增加，我们继续在按照社会主义原则工作。实际上，我们的工资因持续的通胀而大幅减少了。同时，我们与美国人的工作组织原则也发生了变化。这事需要详细讲讲。

当用于第一次飞行的对接系统的研制工作进行到最紧张的时候，我们就开始准备第二次飞行任务，以便与对接舱对接，然后将轨道器与对接舱一起对接到“和平号”空间站上。我们根据与洛克威尔公司签署的主合同的补充协议完成了这些任务，为“能源”火箭航天集团公司额外挣来了几十万美元。

我们以为不久后会再单独签署一份合同。但这时 NASA 和更高层领导的政策发生了变化。NASA 与俄罗斯航天局开始准备一份大而全面的合同，其中涵盖了近期及远期有关载人航天的所有工作。一开始，“能源”火箭航天集团公司的领导试图坚持就对接系统单独签署一份合同。毕竟这是将在美国航天飞机上安装的唯一的一套俄罗斯系统。但是我们所有的尝试都无果而终，尽管洛克威尔公司的领导也支持我们。洛克威尔公司的副总裁 B. 科洛比这样评价此事：“你说得就像有得商量那样，没人反对你，但言语就像指尖的干沙，最终什么也剩不下。”

在上层理清关系的过程中，我们失去了将近一年半的时间。但这还不是我们唯一的损失。决策的效率变得更低了。NASA 的技术人员变得更加主动，而我们这儿却出现了中间人。

实际上直到 1994 年年底，也就是一年后，我们才重新回到用于第二次飞行的改进型对接系统的设计工作，那时其他系统的研制进度也被拉到了我们的水平。1995 年 2 月，NASA 和洛克威尔公司的一个大型专家组再次来到我们这里，以便开展结构关键设计评审（CDR）。我们对半年内开展的设计工作进行了评审，做了一个 review。评审结果表明，我们设计的系统具有强大的功能。

除了航天飞机上的 No. 1 主对接机构 APAS 外，在对接舱上还安装了两个 APAS，分别是 No. 2 号和 No. 3，从轨道器座舱对它们进行控制。当 No. 1 APAS 与对接舱上的 No. 2 APAS 连接后，No. 3 APAS 作为主动对接装置开始工作，将轨道器与“和平号”空间站对接在一起。

联合飞行结束后，需要再次切换到对 No. 1 APAS 的控制，以便实施分离，留下对接舱与“晶体号”舱段相连接。连接 APAS、宇航电子设备和控制台的电路很多，增加了电气重构这一新任务的难度。首先需要拉出对接舱的电路，再将约 500 根电线拉到轨道器的外部气闸舱。那里安装了宇航电子设备。当时，我们又想起了 1992—1993 年为第一次飞行任务设计 APAS 时用到的那些对接电插头，它们已经安装在“晶体号”舱段的 APAS 上了，但是后来因为没有用处，又从航天飞机的 APAS 上去掉了。

为了不对系统整体进行改造，以便保留宇航电子设备，早在 1993 年年底我们就提出建议，并设计了一个可以远程控制的机电转换开关。该转换开关中采用了与 APAS 对接处相同的电连接器。通过专用驱动器断开一组插头，连接另一组插头。总的来说，这是一套紧凑且有效的结构。

* * *

1994 年秋天，第二次飞行任务中的对接系统设备在推迟一年后投产了。时间被白白浪费了，工人们当然表示抗议。我和我的同事因未采取正确的技术方案，加之未与总设计师协商图纸而受到指责。“MultiMir”计划的经理 B. 柳明也加入批评我们的队伍中，甚至要求“见血”。但 H. 泽连西科夫作为所有计划经理的上司，没有支持他们的提议。

生产机器开动起来了。就像之前多次发生的那样，我们还是赶上来了。

后文将讲述电气重构后的“和平号”是如何对国际空间站发挥作用的。

4.13 20年后：1994年的炎炎夏日

历史总是以惊人的方式一遍遍地不断重演。

1974年夏天，我的对接团队度过了一段艰难而繁忙的岁月。当时我们几乎没有遇到大的技术问题，在休斯敦进行超高温和超低温极端环境试验时，我们的APAS-75表现良好。即便如此，还是有人在我们周围营造了类似的极端氛围。但不管怎么样，我们挺过来了。

20年后，1994年夏天，命运再次为我们准备了一次考验。这次的问题出在工程环境上。这一次，这个炎炎夏日显得尤为漫长。

* * *

事情是这样的。困难和技术问题如惊涛骇浪般涌来，就像愈演愈烈的坏天气。这段困难时期总共持续了好几个月。

即使按照莫斯科的标准，1994年的夏天也是有些凉意的。从某种意义上来说，这是一件好事。6月初，车间和实验室开始变得热闹起来。这一时期正好与APAS鉴定试验的高峰期重合；环境“温度”陡升。

起初，就像20年前那样，问题出现在低温环境下。在-50 ℃温度下，通过了鉴定的对接机构变得更加坚硬了。在过去的几年里，我们成功改进了机构的许多部件，但是到底没有办法违反自然属性。在初始对接条件的恶劣环境下，对接机构无法在“锥体”动力学试验台上实现连接。与此同时，如通过更加精准的接近使捕获偏差降低，机构就能正常工作。20年前在休斯敦，在相同的情况下，装备自身起到了决定性作用，因为双方都同样倾向于寻求妥协。当时双方很快商定，将苏联和美国的两个APAS-75置于温度下限为-35 ℃的更人性化的条件下进行鉴定。到了1994年，权力分配产生了变化，NASA渴望最大限度地压榨APAS-95（此处疑似作者笔误，应为APAS—75——译者注）的能力。以《航空与空间技术周刊》（Aviation Week & Space

Technology）为代表的媒体甚至搜集了我们的黑材料，刊登了关于1994年7月“俄罗斯寒冬”困境的文章。

根据宇航员的建议，轨道器对接时的额定交会速度远远小于EPAS项目（“联盟-阿波罗联合试验飞行计划”）中的速度值，为0.1英尺/秒，这大大增加了工作难度。我试着调侃道（这通常是困难时刻的保护性反应）：“我们真不走运，如果这只‘脚’（英尺‘foot’一词有‘脚’的意思，作者这里用了一个双关语——译者注）有半米长，那事情就靠谱多了，要是能直接把英尺变成米，那就更简单了！”（1英尺约等于0.3米，作者第一句玩笑是希望1英尺＝0.5米，第二句玩笑是希望1英尺＝1米——译者注）

在确定工作温度范围时，双方的热控工程师都很保守，经常过于谨慎。经常由那些确定在轨温度的人来决定结果。

热控分析一直是一件不简单的工作。结构温度取决于许多因素，包括太阳和地球的光照条件、被称为“裸露面光学特性”的内部散热，以及物理学家所说的“黑暗”程度等。另一方面，从第一颗人造卫星开始，航天器的设计师们就一直在为使机构和其他构件的温度尽量接近正常室温而努力。和其他分析专业的工程师一样，热控工程师也使用数学模型，他们通常都不简单。项目的领导通常很难也无暇去深入了解这些“暗处”的细节。在这种情况下，专家们就有可能倾向于过度保险：为什么要冒险？人类责任的熵值是趋于最大的，就像热力学过程中一样。

我经常回忆起自己偶尔预测在轨温度的一些实例。当时我们非常惊讶地了解到，根据对“暴风雪号”飞船的总体要求，其机构需要在±150 ℃的温度下正常工作。当时我们有个嘲笑的理由：如果在这样的条件下还能正常工作，那么所有的热控工程师都可以开除了，不需要他们的分析了。当我发现洛克威尔公司对航天飞机有效载荷舱设备的要求几乎与我们对“暴风雪号”设备一模一样时，我不禁想起了这个笑话。不，原来这两艘飞船彼此如此相似并非偶然。

生活终究会自我修正并缓和极端主义。我们在预测结构在轨热条件方面积累了大量经验。例如“进步号”货运飞船对接装置上的补加注液压接头。推进剂通过这些接头被输送到空间站。这些液压接头对零下低温非常敏感。当时要求我们安装加热器，如果温度降至低于－10 ℃，将在对接前两小时内通过指令链路启动加热器。在过去漫长的15年里，对接工程师都提前来到飞控中心，但温度从未降到过零下。

但也许采取过度保险措施和压榨设计师更容易一些。极端主义中也有积极的一面。我们制定了一条规则：如果设备能够在低温下正常工作，那么它也能在正常条件下很好地工作。这首先关系到各个机构。正如我们无处不需要常识和中庸之道一样。因此，应该在困难时刻才使用工作性能的备份和冗余。

20年后，洛克威尔公司和NASA都先后派遣联络人过来。他们参与分析结果，准备方案。然后，又从华盛顿来了一个高级小组。其成员包括美国EPAS团队的老将G. 拉尼和T. 斯塔福德。EPAS的前经理是第一次到访我们"能源"火箭航天集团公司。我和他回忆起过去的时光和我们原来的规矩，当时甚至不让谈及"能源号"。就好像宇航技术是在密不透风的围墙后面自己诞生的，又或者是被一只鹳叼来的。这次我向来宾们展示了一个甚至对内都严格控制进入的秘密车间。我还向他们介绍了一种密封机构，在过去20年中，该机构被作为APAS-89上的一个备份使用，非常可靠。我们保证很快就能克服当前的困难。他们似乎相信了我。

我们进行了各种温度下的补充试验。涉及几套对接装置，包括第一个实验用的No.1 APAS。试验结果很好地符合了要求，美国人同意了协商后的方案，高兴地各回各家了。

事实证明，好景不长！

* * *

当我们还在加利福尼亚州的洛克威尔公司测试我们对接系统"实验板"的电磁兼容性时，发现了第一个告警信号，随之就迎来了第二波问题。在例行的电话交谈中，我们得知，在APAS正样件的检测试验中，连接对接隔框卡锁的钢索裂开了。这个断裂乍一看像是偶然的，它看起来就像夏日湛蓝天空中的一朵小云。

但根据多年的经验，我们明白这一次的偶然故障意味着什么。何况，在对接装置的所有部件中，没有哪一处断裂会比这条钢索的拉裂更危险。正如从事航天装备各系统安全性分析的可靠性专家说的那样，这样的故障是"危险程度"最高的。如果钢索是在对接状态下的飞行中断裂的，那可能造成灾难。"靴子会飞"，我们有时这样形象地来描述类似的情况。众所周知，当汽车高速撞到人时，即使系紧的鞋子有时也会从脚上被拽下来。在太空中瞬间漏气时，什么事都可能发生。我一直希望，这样的情况永远都不要发生。

在掌握了可靠性和安全性分析后，我们开始确定所有部件的临界系数，学会正确地设计自己的结构，提高最危险位置的可靠性。早在20世纪60年代末的设计初期，我们就几乎凭直觉将两个对接隔框做成一模一样，每一个都有独立的锁系。这种构型以及对最重要机构的冗余处理显著提高了整个系统的可靠性和安全性。在设计APAS-89时，我们走得更远，采用了两个独立半套的设计，将对接隔框的卡锁分为两个部分，每一部分都由独立的钢索连接。最终获得了一个四倍冗余的系统。有时认为，这个设计过于冗余，但安全高于一切。

尽管对锁系进行了双重冗余处理，也采取了其他的安全措施，但地面试验期间的钢索断裂还是变成了一个紧急情况。这种情况已经发生了不止一次，单点故障原来只是一长串麻烦的开始。

正如俄罗斯谚语所说的：祸不单行。

* * *

在从洛杉矶回莫斯科的飞机上，我已经开始惴惴不安。越多想到这起事故，就越紧张地想象在波德利普基进行机构试验时发生钢索断裂的情形。事实上，情况比我想象的更糟糕。

这次新型故障从最开始就引起了“能源”火箭航天集团公司、洛克威尔公司和NASA领导的高度关注。当我们还在洛克威尔公司时，美国人就已准备好关于该机构的参考资料，并发往了休斯敦和华盛顿。紧随我之后，NASA的专家和特使再次来到莫斯科。回到设计局后，我发现单位已经下达命令，成立了专门的事故调查委员会，并任命我为委员会主席。新一轮的调查工作开始了。从周一开始，委员会每天早上都会在总装车间主任办公室召开会议。我们开始详尽分析这一切：分析钢索为什么会断裂，分析钢索的结构和工作特点、装配和调节的工艺、进行的试验，以及制造和检测工艺等。关于钢索的第一部分工作总共用去我们“炎炎”7月中三个星期的时间。

一开始我们相信，钢索拉断是一次偶然事件。为了向自己和其他人证明这一点，我们快速地更换了损坏的钢索，并对APAS进行了70个周期的加速鉴定试验。我们看似做对了。

NASA的代表参与了调查和方案准备。就像之前一样，我们不仅要花精力开展分析，找出原因和制定解决方案，还要让所有人相信我们的行动是正确的。我领导着委员会的工作，需要目标明确地做事，有时还必须强硬。在与洛克威尔公司和NASA进行谈判时，我同样需要表现得既圆滑机智又态度强硬。

历史在重演，但我们已不是20年前的模样。一方面，我们变得经验丰富，另一方面，这个工作团队的成员也已经变老。无论发生什么，我们的总设计师E. 波布罗夫、总计算师C. 杰姆诺夫、总试验师O. 罗森伯格和近几年晋升为室主任的Б. 奇日科夫都仍然保持着专业能力和工作热情。实验机械制造厂也不同以往了。哎，我不禁想起了Г. 马尔科夫和他的副手们、总工程师И. 哈扎诺夫和其他许多人！他们都是在战争时期和战后成长起来的。那些天，我还想起了1975年三月那场APAS-75漏气事故调查委员会的会议。往事不复返。

但我们必须坚持下去，负重前行，直到终点。

当看似找到出路的时候，再次传来噩耗：又一根钢索断裂了，紧接着又是一根。不是开玩笑，大家都吓坏了。尽管没有惊慌失措，但我们都明白，这件事情非常严重。领导们甚至建议不要将此事告诉所有的同事。当得知我们决定再次更改结构时，已经回国的B. 勃兰特又回到了莫斯科。分析表明，主要原因还是出在额外的摩擦上。

钢索沿着导向滑轮移动，导向滑轮上涂了固体润滑脂。这种主要由二硫化钼制成的润滑脂优质耐用，可减少真空中的摩擦，似乎到处可用，例如可用在暴露的表面，而其他的润滑脂会在暴露表面受热并气化。这种涂在导向滑轮上的固体润滑脂跟我们开了一个恶意的玩笑。在较大的载荷作用下，它逐渐散落，堵塞了工作间隙。结果导致导向滑轮停止转动，钢索不再沿着导向滑轮转动，开始在小槽里恶意地打滑，钢索的线头被磨破，最终断裂。需要让导向滑轮继续转动，然而后来证明这个假设是正确的。

基于这种假设，我们需要改进对接装置的正样件，并对其进行鉴定。

所有人再次非常努力和高效地完成了工作。在屈指可数的几天时间里，我们修改了图纸，然后制造、装配、调试和试验了No.4正样件和No.3鉴定件两套APAS机构。就像20年前一样，我仅凭编号和"看脸"就能认出我的两个异体同构双胞胎。

在对修改后的机构完成鉴定试验前，我们担心了好几天。为了确信钢索还在原位，没有磨损，没有裂开，还在改进后的滑轮上转动，我一天要往车间跑两三趟。美国人非常警惕地看着这一切，似乎在怀疑我们有所隐瞒。但两套APAS都工作正常。在完成一些手续后，我们来到了终点线。

只剩下最后的一些操作了。

* * *

乌云好像已经散去，炎炎夏日似乎终要过去。但很遗憾，事与愿违。

NASA和洛克威尔公司的专家坚持要在钢索机构重装后对APAS进行最后一次振动检测。犹如初秋的一个晴天霹雳，我们陷入了新的灾难。

钢索还在吗?

在运往美国之前的最后检查过程中，车间试验人员发现对接机构失调，信号传感器有异常。经过一番详细检查之后，发现六个螺母中的一个螺母有点歪斜，它在旋转时可能会偏摆。我们立刻召集召开故障诊断会议。波布罗夫建议在不完全拆卸机构的情况下将这个螺母取出，完全拆卸机构需要花费大量的时间和精力。我的第一反应是反对：这个损伤非同小可，需要彻底查清。但所有人都因长期连续不断的工作而累垮了。我只得妥协，同意走捷径，也许我们走运呢。是有些走运，但灾难并没有过去。我们走运的是，在没有完全拆卸机构的情况下成功取出了螺母。但最糟糕的是，拆卸后在螺母座上发现了裂痕。

为获得衡量损伤情况的一个客观标准，我们立刻设计并快速制作了一个测量螺母偏摆的工具。测量结果出乎意料。只有APAS No.4正样件的螺母偏摆增大了。无论是APAS No.3鉴定件，还是“暴风雪号”留下的，已通过包括长时间振动的所有验证试验的对接装置，都不存在任何误差。测量结果几乎把我弄糊涂了，使我一时偏离了正轨。这些结果充分表明，损伤只是个例，仅出现在正样件上。为此我们不得不多做了一些补充试验。但所有试图复现损伤的尝试实际上都没有得到任何结果：裂痕没有再出现。

与此同时，在不对整个机构进行调整的前提下，我们制定了更换工艺。回头再看，应该说，我们为这项工艺投入了近半年的时间。那段时间，无论是在我们波德利普基工厂，还是在美国的洛克威尔公司，以及卡纳维拉尔角肯尼迪航天中心的发射场，这个方法都是不可替代的。“替换滚珠螺母座”（ball screw housing replacement）这一术语成为英俄两种语言中的流行语。几个月来，它一直被人们挂在嘴边、写在备忘录中，偶尔也会出现在双方的文件和报告中，在NASA和俄航局各级官员的办公室中也经常提到这个术语，甚至在媒体报道中都能看到。

* * *

这一切都在前面等着我们。而当时，在1994年8月底，我们需要查明损伤的原因并采取解决措施。事情已经很紧急了。

我深知不能再耽搁了：由于对接设备正样件的延迟交付，洛克威尔公司装配外部气闸舱的时间被耽误了整整一个半月，造成了不可逆转的推迟风险。同时也耽误了包括“亚特兰蒂斯号”轨道器在肯尼迪航天中心装配、试验在内的所有工作。B. 勃兰特对我直言，洛克威尔可能遭受高达一百万美元以上的罚款，而这些费用将由他个人承担。

尽管在重复振动试验（准确地说，是第三次试验）时又出现了螺母损坏的情况，经征询我部门同事的意见后，我还是向工厂总工程师A. 斯特列卡洛夫（Ю. 谢苗诺夫、B. 列戈斯塔耶夫都不在莫斯科）打了电话，我们决定再次按照检验过的方法更换螺母，并将APAS No. 4正样件运往大洋彼岸。当时，所有的证书（包括华盛顿交通部的放行许可）都已经准备就绪。于是一个装有APAS的集装箱就飞往了加利福尼亚州。

然而关于螺母的故事至此还远未结束。

由于最近一次的螺母损伤，我们不得不在振动试验时，又转而采用临界载荷的方案。当我看到我们对接机构在振动试验台上经历的一切，我感到胆战心惊。我不得不再次确信，亲自参与所有的测试是多么重要，不应该将习以为常的检测当作无聊的事情。在后续的试验中，我们当然采取了措施，限制了最关键位置的过载，并进行了额外的测量。情绪感受需要用量化检测来佐证。我们和试验人员一起制定了研究计划，编制、签署了检测大纲并开始准备。

我需要稍做喘息。长达一个半月的连续研究和试验、改进和复测、喜忧参半的会议和研讨使我精疲力竭。我利用因前往ESTEC（欧洲空间研究与技术中心）协商ERA机械臂接口文件而办好的手续，于8月29日周一去了荷兰，在那里待了四天，在北海岸边大口呼吸欧洲的空气。的确，那里也有一个难题在等着我，等着俄罗斯航天局的C. 车尔尼科夫和宇航员训练中心的A. 鲁琴科，他们都是务实的好伙伴。但这毕竟只是一份口头工作，算是个“轻松活”。

* * *

下一个周一，也就是9月5日，我再次回到岗位，再次做振动试验，再次进行测量和分析。就这样又过了两个星期。尽管我们竭尽全力，包括提高振动量级，增加振动时间，甚至故意切断APAS试验件上的一个零件，我们还是没能复现螺母的损伤。这就像神秘主义。好像我们真的在主面前犯有过错，而他决定惩罚我们。我无法更详细地阐述这一假设，谢苗诺夫宣布对我进行“正常”处分。原因是，我们向他汇报无法确定损伤原因，但在这种情况下，还是需要更换已在美国的对接装置正样件上的所有螺母。总经理向我翻起了所有的旧账：未征得他的意见擅做决定，测试方案存在不足，“溜去”欧洲等。为了能将事情做完，我决定忍了，只是建议他做出秘密处分，希望“家丑不要外扬”。这也许是关于对接的最后一份秘密文件。

毕竟，与一年前第一次因某些人的告发而无缘无故被处分相比，第二次的处分没有那么令人反感，也让我知道了“谁是谁”（尽管我自己也猜到了）。

坦白地说，我们最终也未能识破这个秘密，确定这些损伤的原因。在我们的实践中很少出现这样的情况，甚至在远离地球的深空故障中也很少碰到。在太空中，我们可以通过遥测，心灵感应般地猜测同样复杂的谜语，解开错综复杂的疑团。而这次，留给我们的只是几个似是而非的可能。

在西班牙度假（1994年10月）

10月初，我开始请假，准备好好休息，写下并执行筹备已久的计划。但是杂事缠身，休假一再推迟。其中包括又去了一次拜科努尔。这样又折腾了两个星期，我甚至在临行前赶着修好了停放两年多的"伏尔加"。最后我终于和妻子一起离开了莫斯科，这次我没有留下回信地址。

那是1994年10月底。

4.14 汽车——奢侈品、代步工具和其他

在讲授自动化系统设计方法的课程时，我一般会基于航天学资料。在技术领域中行之有效的方法同样也适用于其他领域。为了拓宽视野，我经常会援引汽车系统这个被人熟知、应用广泛的学科。这种影视工作者经常挂在嘴边的“取象比类”的方法，是非常益于知识的理解和掌握的。很多年后，当我讲授自动化系统课程时，我会尽量使授课内容多样化，除了航天器各系统以外，我还会举一些汽车系统的例子。通过对这两个差别较大的技术领域进行对比，可以论证这些系统的共同原理。汽车是最普及，最完善，“快要飞起来”的一种自动化系统。两个领域的技术可以互相借鉴，我也在其中助了一臂之力。

我觉得有必要在本书的这个章节做这样的一种“取象比类”。不管航天有多么先进和高端，即便是最热情的读者，恐怕都已经有点厌烦了。在这种情况下，应该讲一下汽车，就像当年在需要更快移动，更快到达其他好玩的地方或需要去的地方时，汽车应运而生一样。

* * *

И. 伊利夫和 E. 彼得洛夫合著的《金色长笛》这部小说教育了不止一代苏联人。书中有一段精彩的语言，和奥斯达普·班杰尔的其他语录一样，已成为名言：“汽车不是奢侈品，而是代步工具。”作者借主人公之口这样说。

在 20 世纪 20 年代的苏联，私人轿车还是很稀有，与其说是代步工具，不如说是奢侈品。到 20 世纪 30 年代和 40 年代私人轿车还没有普及。到了 20 世纪 50 年代中期，情况开始慢慢变化。国家给个人发放的轿车配额依旧很少，但价格很低，工薪阶层都买得起。教授两个月工资就可以买一辆“莫斯科人”，副教授则三个月。但 25 年后，就算是我这样的高收入博士，也得工作差不多三年才能买得起一辆普通的“伏尔加”轿车。

1956年年中，在我刚进入第1试验设计局（OKB-1）工作时，我和父亲合买了第一辆轿车“莫斯科人-402”。轿车在当时不只是奢侈品，还是稀缺品。这是我们这个教授和副教授居住区的第三辆轿车，也是收入不低的OKB-1设计局员工中的第四辆轿车。造成这种稀缺的不仅仅是价格和排队的长龙。汽车爱好者们在莫斯科巴库宁大街上唯一的汽车商店登记买车，几个月后才能轮到。我们波德利普基文化用品商店贴出了一张告示：出售“吉姆”（当时一种7～8人座的豪华轿车），价格4万卢布（1961年货币改革前）。大家看到告示只是笑笑。但是几年后，工薪阶层喜欢上了轿车，就不管长达数年的等待，都去排队买车了。是人们的意识，想从社会集体人变成个人的心理决定了这一切。随着50年代末的解冻，第一个变革时期就这样到来了。

从一开始，汽车对我来说就不仅仅是单纯的代步工具。就像歌里所唱的，可以说“运动就是生活，甚至高于生活……”

运动是每天的事，而汽车在我的生活中占据了很重要的位置。

驾驶“莫斯科人-402”

驾驶，特别是初学驾驶，给我带来了移动和独立操控的狂喜，可以与驾驶飞机相提并论，甚至比冲浪更刺激。我永远无法忘记第一次驾驶的经历。刚开始简直茫然无措，还没等我做好准备，第二次驾驶的时候，陌生感就忽然消失了。学驾驶就像学滑雪，学数学，学计算机，都应该趁年轻。

汽车对我而言是一所额外的技术学校，我学到的不是纸上的理论，更多的是实际操作。我们这些五六十年代的汽车驾驶员很少使用汽车维修站的服务。当时汽车很少，维修站更少。和买汽车一样，维修汽车也需要排队，提前登记，有时要等候几个月，而且维修质量也不高。修车时车子可能会被“拆解”，紧缺的零部件可能会被拆除或更换。因此我不得不利用调休或直接请假去修车。但维修站经常不让进，管理人员不让车主接近修车工人，生怕他们腐蚀“无产阶级”。真是一言难尽。

塞翁失马，焉知非福，我们就在实践中摸索到了汽车的很多技术。汽车也教会我们独立生活。我们长期在父母的照顾下生活，不懂得如何去独立生活，一切都要靠自己，包括修缮房屋，为自己的言行负责。汽车便成了最好的老师。国家的经济状况剥夺了很多年轻人独立生活的能力。但自从生活中有了汽车，人们就可以担负起高危环境下自己应承担的责任。

汽车也让车主变得受人欢迎。当你年轻时，你需要受人瞩目。汽车会吸引很多人，男男女女，你身边会出现很多新朋友和熟悉的姑娘。领导也对年轻的汽车驾驶员另眼相看，会邀请你一起去钓鱼或打猎。

“生活美好的原因之一是可以旅游”——这句话出自旅行家普尔热瓦尔斯基，他生活在那个主要靠骑马出行的年代。我开车旅游时经常会想起这句话。在 40 多年的开车生涯中，我从北到南，从西到东，去遍了国内的欧洲部分，去过和看到了很多没有汽车就不可能看到的景致。顺着我国单线公路开上 1 000 多千米，这需要车技、毅力和耐力，经常还需要一点运气。对于这样的旅行，通常需要做好充分的准备，就像准备太空飞行一样。需要生命保障系统：食物、水、餐具，包括儿子的便盆，以及后来女儿的便盆。

不过主要的车辆里程数还是在莫斯科市里开车累积的。在市区开车也是一种特别的经历。波德利普基的很多 60 年代的驾驶员都是人到中年才学开车的，他们过不了自己的心理关，缺少年轻人的闯劲。封闭的社会主义教育限制了他们，使他们不敢开车去莫斯科。年轻一代不受这种限制，他们很快习惯了在市区开车。我得说，莫斯科是一个特别的城市，包括开车。莫斯科路况复杂，就像在欧洲老城的狭窄街道上行驶，而且这里的司机都很生猛，你有可能随时被堵车，被超车，同时还要被对方辱骂。就像作战中的歼击机飞行员，开车时你不但需要观察前方和后视镜，还要转动脑袋看看两侧的情况，否则活不了。

* * *

众所周知，汽车需要车库。我们的情况是，车库不仅仅是用来停车的，它还是苏联人需要的一个地方。对很多人来说，车库的意义要比单纯的停车位大得多，车库还代表着一种生活，车库生活。车库就像一个俱乐部，大家在此聚会，讨论各种事件和问题，可以整晚都待在这里，周末的话可以待一整天。我的一个朋友春天去了车库，深秋才回来。车库里可以存放任何物品。大多数车库都有一个存放食品的地下室。除了存放土豆以外，地下室还可以存放很多其他食品，包括各种小吃和饮料。置身地下室，就像在地铁里，夏天凉快,冬天也不是很冷。如果地面上位置不够的话,还可以在这里过夜。

波德利普基流传着一个俄罗斯风格的离奇的周末故事。说的是,有一对颇有经验的情侣,在车库发动不了发动机,于是准备跑出去买些酒来御寒。买酒是男人的事。于是男的把女友锁在车库里(以免女友变卦),去了商店。他在商店里遇到一个朋友,朋友跟他说“我可不会喝独酒”。于是两人就喝上了。他喝得忘记了一切……直到星期一才想起来。女孩又冷又气,找到一把大锤,把车砸得面目全非。也许也是为了御寒。

我的邻居亚历山大选择车库作为自杀地点。他在汽车工业局工作,他的一个职责是按照领导指示制定汽车的划拨清单。从 20 世纪 70 年代开始,汽车几乎无法自由销售,在苏维埃国家中盛行的是这种汽车分配体制。所有的国家机关都有汽车配额,连贸易部都不例外。这些配额掌握在那些手握实权、负责紧俏物品分配的人手中。我的邻居只是一个普通的执行者,他上面有几个领导,清单是由这些领导审核并签署的。在亚历山大的葬礼上,许多人都在谈论此事。他受已开始调查的这起舞弊案所牵连,被当成“替罪羊”。他非常痛苦,精神崩溃了。在寒冷的 11 月的一个周日,他离开了家。后来我们在车库找到了他,他坐在驾驶座上,紧抓着方向盘,人已冰凉。工作台上有一瓶喝剩下三分之二的伏特加,车子仍打着火,发动机因氧气不足已经熄火了。留下邻居柳霞带着两个女儿守寡。

按照清单划拨紧缺汽车的制度是鼓励先进劳动者、先进生产者的一种有效措施。各部委下放了各自的汽车配额,由各企业的领导在下属部门中进行分配。如果完成了“党和政府”的特殊任务,企业将获得额外的配额。我们单位在 1975 年因为“联盟-阿波罗”任务而获得了几辆车,1989 年又因为“暴风雪”项目而获得了更多车(约有 100 辆)。但我从没有享受到这些福利,领导并不重视我。甚至是在截然不同的新的时期,在商业经济时期,“旗帜”实验带来的福利也避开了我。社会主义已经被破坏,名誉扫地,但是许多原则如果能保留下来,哪怕只保留一段时间,都会更有利。一些人工作,创新、创造,甚至将广告打到太阳帆上,其他人则在分配福利。

好在“列宁奖金获得者”的称号帮了大忙,这个称号可不只是可以免费看花园林荫路的马戏。如果有人跟你说“写封信来”,这就说明“上面”决定帮你了。1977 年,B. 科诺尔跟贸易部打了招呼,一位副总经理签署了我的信件,这封信起作用了。

当这张购买“伏尔加”的批条已经放到了南方码头的商店里时,又出现了一个问题需要解决。当时有个10年资格限制：要买新车，旧车购买必须满10年。需要去和平大街的中央交通监管局，那里设有专门的卡片库，负责开具相关证明。我说服B. 库巴索夫这位曾经飞过“联盟号”并登上过“阿波罗号”的宇航员和我一起去找特列古波夫。后者是莫斯科苏维埃贸易总局的局长，是个强势人物，在物资匮乏的莫斯科无人不知。我们的事对他来说就是件小事，但要求我们写一个书面解释，申请对此事做特殊处理，并要了几张航天照片以作纪念。几年后，在安德罗波夫掌权时期，爆发了特列古波夫在莫斯科贸易局任上的舞弊案。物资短缺总会使人们设法投机，从而产生其他问题。

第一辆“莫斯科人-402”汽车我开了17年。“初恋”总是印象最深刻的，它会深藏在你心中，念念不忘。我很难忘怀第一次驾车出行，以及其他许多事情。

我还记得，试驾新车后，我是怎样拒绝了低价推介给我的左侧外胎的——我要来干啥？几年后，当我回忆起此事，我很后悔。驾驶“莫斯科人”时我经历了很多事情，有高兴和失望，困难和成功，以及事故和不幸。第一次碰到从来向汽车的车轮下面蹦出的碎石，石子撞碎了钢化挡风玻璃，视线马上变得模糊；第一次翻到沟里，是由于经验不足和来向车灯晃眼导致车辆失控；第一次车库经验，是为了争一块地方建车库；第一次起火，所幸未酿成火灾，之后不仅是理论上，还实际采取了消防措施；第一次不幸，不是撞人，而是被人撞。这是一个不幸的事件：在一个漆黑的秋夜里，在空旷无人的“北方人桥”上，为了点小偷小摸而逃避民警追捕的一个小伙子猛然从旁边跑出来，撞上了我的“莫斯科人”的右车架，交警对这起夜间发生的车祸进行了审理，以不构成犯罪结案；第一次驾车旅行，沿着高加索的山路，当然还有单线的南方国道公路，穿过俄罗斯和乌克兰无数城市的中央大街，往南开去。我记得奥廖尔这个城市和一位差点就被我轮胎碾过的女士，她撞到我车上，因为受惊又迅速跑掉了，而我则一晚上被扣留在警察局里，民警最后也没找到这位女士。适逢苏联成立40周年的大赦，我被法庭以在奥廖尔超车的名义罚款150卢布，一直逗留到下一个发薪日即11月7日前才回到家里。每年春天会进行技术保养，但备件严重短缺。从莫斯科到波德利普基这一路上，外胎穿孔的轮胎磨损严重，有时候不得不每隔20 km就换两次。此时车上的妻子还在给儿子喂奶。路边自卸加油车的SS标号汽油价格为每升1卢布（1961年货币改革前）。在20世纪60年代，还有很多很多的故事发生在俄罗斯、乌克兰、白俄罗斯和波罗的海沿岸地区，发生在莫斯科和莫斯科郊区的大街小巷。最后一次驾驶这辆车出行是1972年冬末与A. 米申去亚述出差，在同样的南方公路上行驶，车况也差不多。我们在奥廖尔附近的服务站做了一次小修（油管裂了），是自己动手修的。那是哈尔科夫城外的一个凌晨，树上挂满雾凇，发动机的水滚烫，差点酿成悲剧。因为一个不小心的动作，沸水烫到我脸上，差点伤到眼睛。我们把"莫斯科人"留在了亚速，半年后，经过简单的维修，将它卖给了当地的一个汽车爱好者。

我们的"共青团员"车库建了近10年，在1970年建成，但离我家步行只有五分钟，而且造价非常荒谬——总共花了1 000卢布。M. Φ. 卡赞采夫是"共青团员"车库的技工，他将苏联汽车驾驶员分为两大类：爱好者和使用者，爱好者的典型代表是我的老同事H. B. 乌特金。他太爱惜自己的车子，以至于尽量不开，尤其是天气不好的时候。我和妻子则属于不折不扣的使用者，从不吝惜使用我们的汽车，不管冬天夏天都开。我和斯维特兰娜，还有我们的车子都得到了锻炼。

汽车不是奢侈品，而是代步工具……

时代不同了，新人辈出，当然也出现了新的汽车。一切都变了，风尚也变了。宽大老式的"伏尔加"驳船已经被轻巧灵敏的"九号"和与众不同的"梅赛德斯"所取代。政治局委员的用车也不限于进口车了。车灯设计得越来越花哨，更花哨的是逆向行驶（"驳船"即指苏联"伏尔加"系列汽车，因其车体宽大，操控性欠佳而获此绰号；"九号"是指VAZ－2109紧凑型两厢轿车，属于苏联最畅销家用轿车系列——译者注）。

新的时代唱新的歌曲。

在1985年年底，改革刚开始的时候，我们"能源"科研生产联合体的总经理答应为我卖掉旧车提供协助，并同意我卖掉旧车。当时有这么一个规矩：劳动者必须通过寄售商店才能卖掉自己的旧车，即"无盈利"卖车。卖车后可以拿到一张诚信证明，这张证明是购买新车所必需的手续（当然光这一张证明是远远不够的）。我至今还保留着这张"未供货"证明，和那些购买别墅建材的发票放在一起。

这样，我在自己工作的企业中，未曾获得过一枚勋章、一个奖章，连一辆轿车的配额都没有得到。

于是我们不得不再次寻找"迂回路线"，所谓"改道绕行"（Rerouting）。这次我们选择了"林中小道"，直接从林学院致函林业部。由此，斯维特兰娜最终在1986年成为著名的“伏尔加”GAZ 24-10的拥有者，当然，这里也少不了航天部门的影响。为了买到白色轿车和使用76号汽油的发动机，我们又致信高尔基市（当时还是这个市名）的GAZ汽车厂。坦白说，我们并没有指望“宇航员邮局”能起什么作用，更有用的还是私人交情。但是没时间也没精力去找人，只能等待了。

6月，正当我们在别墅度假时，突然来了一个报信的，说整个州贸易局都在找我们。原来，有辆白色“伏尔加”已经到诺金斯克好几天了，出厂时就“明确买主”，但还是围了一群爱好者，每天向销售人员打听情况。对我妻子来说，买第一辆车不仅是一件大事，还让她体会到了各种商业官僚主义做派。各种补充文件、收入证明、诺金斯克各级机关——这些后来都变成家庭的谈资。功夫不负有心人，几天后，我们就驾驶着这辆漂亮的白色轿车行驶在我们的“轨道”上了。

我后来还是分到了一辆“公用”轿车。这也是一件大事，值得一说。1992年1月，过渡时期刚开始，此时物价刚刚松动，开始缓慢而不规则地上升。我们财团有了一些钱，于是我们决定买几辆轿车。早在1972年，我和B.科诺尔以EPAS（“联盟-阿波罗”）项目的名义购买“莫斯科人-412”的时候，我就和“列宁共青团汽车厂”的总经理B.П.卡丹尼科夫初识了。我写了封信，晚上去了趟汽车厂。我正好碰到总经理，当时他刚离开办公室，我们一起从11层坐电梯下楼，我做了自我介绍，还介绍了我们当前的项目和来访的目的。

几天后，我们拿到了批示。在1月底之前，去汽车厂的各个部门和车间跑了几趟后，我们开回来三辆最新的“莫斯科人-2141”。两周后，B.П.卡丹尼科夫突然去世。整个工厂、半个莫斯科、半个俄罗斯，以及所有开“莫斯科人”的车主和其他车主都为他哀悼。

* * *

我是从上一章末尾开始写汽车这个主题的，我写了自己的开车历程，我打算再说一些在美国开车的经历，然后就应该结束这个主题了。这是1995年1月14日的清晨，在驱车前往肯尼迪航天中心之前，我正在宾馆里写这些汽车故事。这次去肯尼迪中心，是为了在将APAS正样件安装到“亚特兰蒂斯号”的轨道器之前，继续对它进行维修。那天是个周六，道路空旷。全新的“福特”很好开，但方向盘挡住了速度表，看不清楚，上面的数字又很小。因为R. 阿杰米安就站在附近，所以车速有点快，大概超出限速5英里左右。忽然我从后视镜里看到了警车。于是我减速继续行驶，但他们继续尾随。于是我决定停车，并按照俄罗斯的习惯准备下车。这时一个女警官命令道"Back to your vehicle"（回到你的车上），她脸色吓人。我坐回驾驶座，掏出驾驶证，她一把夺过去。接着又有两辆警车先后驶近。我看到警察与雷（即R. 阿杰米安——译者注）在谈话，并没搭理我。我明白，看来不会被枪击了。其他警车陆续撤离了"犯罪现场"。现在势均力敌，只剩下一名女警官。几分钟后，她走过来，表情也缓和了不少。"Excuse me，sir"，她说着，把驾照还给了我。"Excuse me，man"，我松了一口气。我指着我的同事Б. 鲍恰洛夫说："This is the quality control man in Russia，he is watching me driving and not speeding"（这位是俄罗斯的质检官，他负责监控我的驾驶和车速）。"He should have watched before I had stopped you"（那他应该在我阻止您之前提醒您），女警官笑着说，"Good luck!"

在美国开车

那天一整天，肯尼迪航天中心周六上班的人都在讨论这次俄美之间的道路冲突，晚上D. 汉密尔顿也打来电话询问。大家一致认为，最令人惊讶的是，我这次企图逃避警察的行为竟然免于牢狱之灾，甚至都没有收到罚款的ticket（罚款单）。于是在1995年1月中旬，我成为卡纳维拉尔角的一周名人。

我是从1993年夏季才开始在美国开车的，第一次体会到了过去20年未曾经历过的那种禁忌的快感。我仿佛又一次回到了年轻时候，尝到了在没有红灯的高速公路上自由飞驰的快乐，体会到了独立操控的乐趣，见识了道路与驾驶技术的完美结合。

汽车对于旧世界的人有着重要的意义，对于新世界的人来说更为重要。对苏联人来说，汽车的意义是无与伦比的。

4.15 跨入 1995 年

我生活中的每年都发生着各种事情和成就，还有一些不同凡响的重大事件。本书记录的内容就是很好的证明。在 20 世纪的最后十年中，1995 年是个中间年份，大概也是最精彩的一年。

每年秋天，我们的设计师都会制定计划进度表，即“和平号”下一年度的飞行计划。计划包含最基本的内容，主要是：发射飞船（将主要考察队或访问考察队的乘员组送入太空）、出舱和其他任务。这些计划进度表都需要与设计局的相关部门进行协调。我记得这一年是计划最多的一年，涉及空间站的改造、调整等。这些工作都涉及飞船和舱段的对接、转位对接、太阳电池阵的折叠、移动和重新展开、起重臂的使用等。与航天飞机的两次国际性对接标志着所有这些内部工作的圆满完成。在完成与航天飞机的对接时，还对接了附加对接舱段，同时送来了补充太阳电池阵。可见，这些操作都与我们的系统相关，因此我们都积极参与其中。

在我们“能源”火箭航天集团公司，妇女承担了很多航天技术工作，这一点和整个国家的情况一样，照 Л. 威利尼茨基的话来说，在集体农庄和铁路上就是如此。特别是那些需要注意力、细心和耐心的工作，包括设计师、材料工程师，甚至试验员。主管设计师的队伍里从来没有女性的身影，因为前者的职责是引领前进，按期催要产品：向设计局催要文件，向工厂催要硬件。详

Л. 威利尼茨基与整个设计处合影

细的计划进度表都是女性细心绘制的。

编写原则性的、长期的计划进度表相当于一份设计工作。"和平号"的计划进度表是由设计师 M. 瑟乔娃编写的，这是一位条理清晰、忠于事业的女士。这些品质大概是最为人们所重视的，其他的品质尚属其次。一般来说，与女性相处时，男性应该严肃些。当然，如果这位女士比较机灵，你甚至可以跟她开玩笑，但尽量不要冒犯你的女助手，不要说出"你们应当快点搞清楚男士需要你们做什么"之类的话。玛丽娜不需要这样的提醒，但她很懂得玩笑。一整年的飞行计划很长，写在了卷轴纸上。我们密切协作，相互理解，必要时也会寻求妥协。很高兴与这样的女性共事，虽然只是工作关系。

对于如此复杂的 1995 年"和平号"飞行计划，大家都没有太大的意见。

* * *

2 月初，例行发射了一架航天飞机。不，不算是例行，因为编号为 STS-67 的这次飞行是不寻常的，它是 6 月份对接前的一个总预演。"发现号"轨道器是采用"我们的"倾角 51.7°发射升空的，在完成了所有机动后，它于 2 月 6 日与空间站交会。它完成了一次 dry run（演习）：在采用数学模型而非真实对接开展试验准备时，美国人是这样教我的。航天飞机的交会和飞行很成功。宇航员拍摄并带回了一些精美的"和平号"照片，此前我们还从未有过这么好的照片。

当时我们都说，这次是向轨道上派去了一些"媒人"，从各个角度端详"新娘"。此时，工程师们在继续做地面准备。我们在继续研究对接技术。

到 1995 年年初，"和平号"空间站上的电能状况进一步紧张。蓄电池电量两次降至临界水平，即所谓的"U-最小值"。鉴于这种能源状况，以及推迟处理困难和风险的自然愿望，转移多次可展太阳电池阵的任务被拖延了，虽然早在 1986 年就已经在"量子"舱段上为它们预留了位置。几年后，在这个位置安装了对日跟踪驱动器和专用磁性锁，减小了宇航员舱外活动的难度，同时继续敷设电路，并准备其他设备。在对接新的"光谱号"舱段前，转移多次可展太阳电池阵的任务变得刻不容缓，但由于资金不足，该舱段的发射也一再推迟。当时还有其他一些原因。到了现在，1995 年，我们已经无路可退，不能再拖了。

在上述事件发生的前几年，发生了一件具有象征意义的事情。1991 年，在"进步号"发射前夕，人们从列宁斯克市的军人服务社买了一面苏联国旗，搭载“进步号”升空，在展开的桁架上竖起了这面国旗。几个月后，苏联不复存在了，又过了半年，这面红旗在太空“溶解”了。摧毁它的是宇宙风：太阳风、有害紫外线、原子氧和臭氧残留物（侵蚀性很强，和地球上一样），速度达到 8 km/s 的其他离子流和原子流，以及微陨石。迥异于地球的太空环境吞噬了这面代表苏联航天的旗帜，它就这样消失了。

5 年来，我们的多次可展太阳电池阵也是在同样的“七种风”环境下工作，同样的效应作用在电池阵的感光元件、太阳光-电能转换器，以及所有的机构上面。尽管我们做了特别的保护，感光元件没有挥发，没有溶化，效率损失没有超过 30%。对于升空 5 年以后仍需工作的各机构来说，情况怎么样，我们并不知道。当时这甚至比效率更重要。在我写这段文字时，我们仍然不清楚其情况。但是我们很快就会知道，距这项工作还剩不到两个月了。

虽然转移太阳电池阵的准备工作早就开始了，在最后时刻还是做了很多调整。

对于我们这些多次可展太阳电池阵的研发人员来说，最复杂的是它的折叠阶段。所有 30 块帆板应当整齐地叠放在专用箱中。在执行这步操作时，两个宇航员应置身于专用箱的两侧，监控各机构的动作，必要时就调整下帆板。为了减小任务难度，飞行手册中规定，每块帆板都需要花较多时间进行叠放。为此我们决定改进桁架控制系统，引入所谓的“分步折叠”。早在 1994 年秋天，我们就已经制作了附加的电缆，对它们进行了地面试验，并将它们送入了轨道。宇航员需要将这些电缆连接到控制台，并检查整个系统。改进的系统可以接通桁架驱动机构，以便一步一步地完成折叠。

1 月末，2 月初，进行了主、备两个宇航员乘员组的最后训练。每个人的轨道工作分工都已明确：指令长是 32 岁的 B. 杰如洛夫，认真，训练有素，虽然是名新手（这将是他的第一次太空飞行），但他年富力强，正值耐力最强，经验最丰富的年龄。乘员组的第二名成员是我的好友兼邻居 Г. 斯特列卡洛夫，他是一名老将，这是他的第四次太空飞行。根那季（即 Г. 斯特列卡洛夫——译者注）已经不年轻了，但他经验丰富，智慧过人，这些都是他的长处。大家对他们非常倚重，他们是前线梯队。他们将得到“后方梯队玩家”的支持，这就是宇航员诺曼·塔加德，他将留在“家里”，即留在空间站内，在收到出舱的同伴们发出的同意开展下一步操作的指令后，通过控制台来操控系统，接通驱动机构。我们所有人（设计师、试验员、教官、“热心人”和宇航员）都在我们的检测试验站待了半天，再次折叠我们的实验用多次可展太阳电池阵。在1989年的多事之秋，在准备"晶体号"舱段的飞行时，我们对这套太阳电池阵进行了长期的试验。更早的一周前，还对后备乘员组进行了训练，其成员是老将A. 索洛维耶夫，另一位新手H. 布达丽娜，以及此前已经乘坐航天飞机三次上天的美国宇航员B. 邓巴。

2月底，跨部门委员会批准EO－18乘员组搭乘"联盟TM－21"的飞行任务。我推掉了其他工作和各种会谈，还是去了星城的宇航员训练中心，签署了报告，为宇航员们送上了祝福。NASA的代表T. 哈洛维和我的"学生"宇航员F. 卡尔柏森都参加了国家委员会的工作。结束时，我再次祝福了宇航员们，并提醒他们，2月20日是"和平号"成功发射9周年。柳明再次提醒乘员组，对待太空之家一定要像对待自己地球上的家一样。我想了想，两者可能确实没有太大的差别：不管在地球上还是在太空中，人的变化都不大。柳明还说要多关心常居太空的宇航员。他说起了B. 波利亚科夫，他在轨道上工作了400多天，而他的妻子E. 康达科娃，在空间站飞了半年之久。

* * *

随着1995年的到来，我们又迎来了另一个意外。1994年秋季，这些事件发生前的几个月，我们的设计师在最后一刻发现，几近完成飞行准备的新的"光谱号"舱段在太空转位对接的过程中，其太阳电池帆板会撞上旧的"晶体号"舱段，后者此时应已转接到另一个侧向对接口。大家急忙寻找解决问题的方案。以往的经验告诉我们，旁观者清，于是这次任务就落到我们头上。设计团队的某个人建议改进电池，但为此需要折腾协作单位，折腾太阳电池阵的研制单位——赫鲁尼切夫国家航天科研生产中心。在新的经济条件下，这种折腾是需要付费的。我们可以安排自己人"无偿"工作，付给他们原来的工资就行，甚至可以因为迟到或不服从安排而扣掉他们的"加班津贴"。我用Л. 戈尔什科夫最喜欢的一句话提醒了他："万一……玻利瓦尔驮不动两个人。"（语出欧亨利小说《我们选择的道路》，形容不可能双赢，获胜者或解决方案只有一个——译者注）

读者可能还记得，在转位对接"量子-2号"和"晶体号"舱段时，我们是如何屏息凝神看着自己的"钟表机构"完成任务的。现在这套机构（我们的"爪子"）和整个转位对接系统都需要升级，当然也要开展新的试验。按照设计师的要求，需要使机械臂沿斜向轨迹移动，以免对接杆触碰空间站，然后将太阳电池帆板从"晶体号"舱段下方移走。为完成该任务，需要改变控制策略，使两个机械臂驱动机构同时启动。但这种控制会引起附加振动，使过程更复杂。机械臂上安装了新的传感器，电子设备也有变化。我们自然也有抵触，设法使领导注意到这些额外的风险和困难。整改期限很短，使形势更加严峻了。此外，由于机械臂驱动机构失去了冗余，整个系统的可靠性也降低了。由于需要保持高精度的斜向轨迹，所以已经不允许再出现单点故障了。

但我们无路可退。我们只好自己编写技术方案，又自己完成。依靠工程师和工人的双手双脚，仪表工、电缆工和同一批主要车间装配工的技能，我们和工厂一起落实了技术方案。几周内，在波布罗夫和奥布曼金的领导下，改变了机械臂的结构，巴宁和他的助手们则设计并组装了改进后的控制电路。我们一起为全世界奉献了一套实验性装置，一套独一无二、不可替代的装置，我们用这套装置测试了整台“机器”，它也多次引起“锥体”实验室参观者的赞叹。在克服了另外一些困难后，我们终于在 3 月初之前到达了终点线。但“前面还有一场恶战”，可能还不止一场。

* * *

2 月 24 日，周五，总设计师委员会正式召开评审会——这是我们传统的评审会，载人飞行之前都要进行。很早以前，“能源”火箭航天集团公司的各总师、各主要系统的协作单位和研制者就做了关于“和平号”空间站状况和“联盟 TM 号”飞船准备情况的报告，汇报了一些公开的问题、悬而未决的问题和新发现的问题。委员会主席 Ю. 谢苗诺夫要求只谈技术，就像他近年来常做的一样，要求不要屡屡抱怨经济状况或其他人为和非人为因素。尽管有所顾忌，但大家还是针对情况态势各抒己见。

我也做了发言，并简要地报告了对接研制情况、多次可展太阳电池阵遇到的问题，以及对转位对接系统的改进。当听到在改进这套系统时不得不放弃冗余措施时，谢苗诺夫有些不安。在问了我几个问题后，他说：“你对这些系统负个人责任吗?”我很想问他，他指的是“个人津贴”吗？但我忍住没说。评审会再次重申了转位对接的备用模式，我对此很满意。在备用模式下，“光谱号”舱段的太阳电池阵需要偏转。为了准备这个方案，我们公司和赫鲁尼切夫国家航天科研生产中心的设计师和工人都需要付出巨大的努力。最后，我谈到了轨道器对接系统的研制工作及其最终试验，计划在“亚特兰蒂斯号”总装完毕后在 3 月底进行这些试验。

柳明没有忘记太空飞行面临的各种问题，他请我留意采用分步模式控制多次可展太阳电池阵时用到的那些补充电缆。这些电缆自秋季以来一直放在空间站内，很可能会在一大堆新旧设备中遗失。

这次的总设计师评审会有别于之前所有的评审会，称得上史无前例。在我国载人航天的历史上，第一次有来自 NASA 的美国专家出席参会。就像在宇航员训练中心的会议上一样，T. 哈洛维做了一个简短的发言，汇报了 STS-71 飞行准备工作的进展。他还引用我的发言，确认了在肯尼迪航天中心发射场开展最终试验的期限和工作内容。

会议结束后，美国人又花了很长时间，向我询问在与“亚特兰蒂斯号”对接前，对“和平号”空间站进行重构的所有常规和非常规的程序，有关舱外活动、转移多次可展太阳电池阵，以及转位对接等操作的问题。他们之所以再三询问，是因为这些复杂操作的链路确实很长。为了安慰他们，我说，我也没法一下子就记住所有这些操作的顺序。

在轨道工程开始的四个月前，我们所有人都想不到，在太空中要应对哪些情况。

周六和周日，当我们在“锥体”实验室研究转位对接系统的时候，从飞控中心又传来了一个令人不安的消息：电池又降到了“U-最小值”。柳宾斯基通知，“为防万一，准备分离，可能会提前下降”。我来到飞控中心，在那里碰到了由柳明、索洛维耶夫和布拉戈夫领导的整个工作小组，他们已经分析了所有可能的紧急情况和解决方案。

预测是悲观的。我们留了一组人在飞控中心值班，其他人都回家了。

先活到周一再说！我们知道，最困难的还在后面。

4.16　20年后：造访加利福尼亚和佛罗里达

历史恰好在20年后重演了。20年前，1975年1月，我的对接团队飞往加利福尼亚道尼市的洛克威尔公司。这是一次计划外的行程，目的是测试“联盟号”和“阿波罗号”飞船所用APAC-75的导向杆和插槽。之前的2个月，由NASA与洛克威尔公司专家组成的一支美国快速响应团队已经更换了“阿波罗”飞船两个对接机构正样件上的导向杆和插槽。20年后的1995年1月，距离航天飞机飞往“和平号”空间站不到半年，我再次组建了一支突击小组，我们一起飞往加利福尼亚州道尼市，然后又去了佛罗里达州卡纳维拉尔角的肯尼迪航天中心。这两次行程虽然间隔久远，却有一些共同之处。我们的角色和任务都已改变。时过境迁，人事已非。我和E. 波布罗夫也已老去，两鬓斑白，然而，就像20年前我们的指挥员和政委说的，我们还有能力完成“党和政府交给的任何任务”。这一次，同行的还有一些也不年轻的同事，他们也是首次来到美国。

这就是我的下一个故事。

* * *

1994年，从酷暑到秋天，好几次我们都在讨论“螺母座”的问题。在我们和NASA、洛克威尔的专家一起编写的正式文件中，就是这么称呼这些零件的。最终，大家都同意用APAC正样件来更换受到质疑的这些零件。准备工作进展缓慢，但没有停止：没有人敢质疑Ю. 谢苗诺夫签署的决定。只能相信NASA和洛克威尔。我不着急加快这项工作，原因是：首先，需要准备所有技术文件，验证工艺、所有的装配和试验工序。这事还关系到对接机构的正样件，关系到如何通过精密调试和检测来修复该机构最复杂的部分。我们工厂具备所有必需的部门、设备和技术人员，但不负责执行这些操作。在更换时，需要避免对机构其余构件的调试造成破坏。其次，为完成所有这些操作，需要培训一支技能高超、值得信赖的小型专家团队，包括工程师和工人。选拔和培训团队需要花费不少时间。第三，据我理解，还需要给洛克威尔公司展现其按时履行合同，遵守与NASA商定的时间表，按时组装和向肯尼迪航天中心交付外部气闸舱，以及开始为航天飞机的飞行做准备的能力。最后一点是，我只是想换换环境，从高强度的工作中稍事休息，如果继续把上午的工作也当作休息的话。当然，我还在继续写书、备课和讲课，抽空参加了两次会议并做了发言，还在基辅和索菲亚见了朋友。我前文讲述的最近一次的出行，对我而言是特别值得的，我从学生时代起就一直想去保加利亚。

最后一点（正如美国人所言，按顺序，而非按重要性）是，早在1994年夏季，我的该年出国次数额度就已经用完了，但新的一年又有了新的额度。游戏规则就是如此。

与海外合作伙伴的另一场游戏在继续。他们都很犹豫，没人愿意拍板。NASA犹豫不决。洛克威尔的领导们则公开将皮球踢给NASA。

11月底，在与休斯敦的电话会议上，为了推进这个游戏，我向D.汉密尔顿声明，如果不修复对接机构，我是不会在准许飞行的结论上签字的。这一招成为决定性的关键一步。

12月中旬，B.勃兰特、S.戈弗雷尼安和R.阿杰米安在圣诞节前最后一次飞抵莫斯科。对勃兰特来说，这次出差是两年半合作期间的第25次飞行。他的飞行频率击败了所有人，积分升至前所未有的达美航空公司常旅客里程数。当然，这次出差的主要成果并不是创造飞行频率纪录。

需要最终决定是否改进对接机构的正样件。洛克威尔的立场确实很为难。他们理解技术原因，知道为什么应该更换可疑的零件，他们看到了我们的强硬态度和实现想法的坚强决心。他们也感觉到，NASA此时也开始倾向我们的意见。另一方面，最终维修的程序违反了所有关于正样设备准备的通用规范。为了完成这样的工作，通常需要重复所有的检查，包括检验性振动试验。洛克威尔仍是NASA的总承包商，负责包括外部气闸舱和对接系统在内的轨道器总体。如果他们同意我们的意见，独立做出决定，这将意味着他们需要承担所有责任。这是很难做到的，从外交上来说，也许是不正确的。我理解他们的立场，所以没有坚持己见。

这次谈判时间不长，谈判后的纪要是用最恰当的外交辞令写成的。首先概述了总体情况，然后提出了可用的方案和各方的立场。最后提出，如果NASA决定改进对接机构，洛克威尔将尽全力完成任务。

下一个任务是组建一支领导认可的团队。应当说，这个团队非常棒：总设计师 E. 波布罗夫、工艺师 И. 茨冈、试验员 A. 米申，两个都叫维克多的技工（一个姓克留齐科夫，一个姓诺维齐科夫）、工厂总检验师 Б. 鲍恰洛夫，以及我自己。

洛克威尔没有异议，他们提前发来了正式邀请函，以便我们及时获得签证。B. 列戈斯塔耶夫的行为策略也是经过思考的，他削减了一半的成员。我坚持己见，认为这个团队的所有人都必不可少。最终，Ю. 谢苗诺夫二话不说就批准了所有成员。我得说，他经常觉得，讨价还价是不合适的。

在某些方面，列戈斯塔耶夫的决定也是对的，他试图减少我们出差的时间。他建议我们先去道尼，先在“实验板”上进行维修，然后飞往佛罗里达州的肯尼迪航天中心。洛克威尔公司也支持该计划。

在进行这一内部协调的同时，我们继续抓紧准备团队，准备图纸、技术手册、替换用零件、工夹具和测量器具。最后，还有一个头疼的问题，就是例行准备各种随附文件和海关文件。Б. 鲍恰洛夫在这件事上帮了大忙，他认识全厂的人，是个权威人士。

对于我来说，前一年即 1994 年是从飞往东方的拜科努尔发射场开始的。新的 1995 年则是从飞往西方即美国的发射场开始的，我们将飞往卡纳维拉尔角的肯尼迪航天中心。所有的迹象似乎都表明，旅行之年又开始了。

* * *

1 月 3 日，星期一，早上 5 点刚过，带着所有的仪器设备和图纸，我的团队乘坐工厂大巴接上了我，前往“谢列梅捷沃-2 号”航站楼。我们的长途旅行开始了。

由于有充分准备，我们在海关没有遇到任何问题。莫斯科和洛杉矶的海关都大开绿灯。洛克威尔的代表在洛杉矶接机，虽然引起了一些官员的怀疑（又是这些俄罗斯“走私犯”），但很快我们就坐进了宽敞的“维也纳”车里，我们的老熟人、殷勤体贴的司机鲍勃载着大家沿 105 高速公路向道尼市飞驰而去。

一切都在按计划进行，除了阳光明媚的加利福尼亚有时会下起倾盆大雨以外。在新年的头几天，我们就被淋透了。好吧，我们在俄罗斯已经习惯应对各种天气了（包括真实的天气和比喻的天气）。但在这里，我们的设备也几乎湿透了，不得不立马抢救。在属于美国政府的战前修建的老旧“洛克威尔”

大楼里，屋顶没有经受住这么长时间的降雨。我惊讶地看见，雨水是怎么淹没装满航天飞机有效载荷的箱子的。

这样的天气在这里实属罕见。应该说，全球气候变化显然已经蔓延到这块福地。在两年半的加州之行中，我们看到过这里的所有自然灾害：火灾、地震、飓风和洪水。

列戈斯塔耶夫的计划是正确的。我们的团队修复了“实验板”，并进行了补充练习。洛克威尔和NASA的设计师同意了所有的文档、图纸和技术手册。一切准备就绪，可以进入决定性的一步了。

尽管下着雨，我们还是度过了一个美好的周末。1月7日，我们庆祝了东正教圣诞节和我的生日。出乎意料的是，我甚至还收到了И. 古伊德曼从遥远的新泽西州寄来的一束红花。美国的服务效率简直堪比真正的圣诞老人。周日，我带着我的新团队来到圣莫尼卡海滩，阿尔伯特·米申这位登山健将、永远的旅行家和伊戈尔·茨冈在寒冷而“太平”的大洋中畅游。就冲这一点，也值得不远万里而来。

前面等着我们的是大西洋、航天飞机和我们的对接系统。

* * *

1月11日，一个依然下着雨的清晨，打包好所有设备后，带着一大束鲜花和没喝完的酒，我们从西到东穿越整个美利坚合众国，飞到了卡纳维拉尔角。在佛罗里达州的奥兰多机场，迎接我们的是和煦的暖意和明媚的阳光。两个小时后，经历了租车的困难和搞混机场出口的混乱后，我们终于来到可可海滩，来到了大西洋的岸边。天已经黑了，但我们都待不住，沿着海边散步，走了约一英里半，甚至有人衣服都来不及脱，就迫不及待地跳进海里游泳。那天晚上，按照俄罗斯人出差的传统，我们在酒店房间里一起吃了晚饭。我收获了一个小小的惊喜：苏珊·赫尔曼送来的一束花和一张贺卡。她去年秋天到访我们“能源”火箭航天集团公司，热情地投身到我们的联合项目和合作中，甚至开始积极学习俄语。我的心情很好：一切都在按计划进行，我们成功地完成了第一部分任务。但是最重要的工作——维修对接机构正样件——尚未开始。

第二天下午，花了一些时间办理通行证后，我们到达了现场。

尽管自然环境和人工设施有很大差异，但进入美国发射场的感觉还是有点像我们的拜科努尔：在车道的几个地方设置了通行证检查点，类似我们的通行检查站，同样是不下车检查通行证。周围非常空旷，不同于遍布蛇蝎的哈萨克沙砾草原，这里是鳄鱼出没、苍鹭齐飞的河网密布之地。守卫美国空军基地、NASA 和民用的肯尼迪航天中心的不是士兵，而是宪兵。

雷·阿杰米安将我们移交给“洛克威尔佛罗里达运营中心”的另一个部门，该部门主任约翰·特莱布向我们表达了真切的关心。他的职业生涯引人注目：在 20 世纪 60 年代初太空时代曙光初现时，他从英国的大学毕业，决心献身于航天事业，他分别向美国和苏联去信，毛遂自荐。我们国家甚至没有给他回信，我对此一点都不奇怪。他来到卡纳维拉尔角时还是个年轻人，至今已经历了美国所有的航天项目。他的妻子后来带着孩子回到了英国，而他至今仍然坚守自己的梦想，跟他的“航天”女秘书结婚了。

在相互介绍和熟悉后，我们打开行李，短暂收拾后就进入了工作状态。我们在世界上最大的生产厂房里，完成了有关轨道器外部气闸舱和我们对接系统的所有操作。这座厂房建于“阿波罗”月球计划时期。当时，“土星-5号”火箭和飞船以垂直状态组装后被运往发射台。

20 世纪 70 年代，这座厂房经过改造，用来组装航天飞机的火箭航天系统。紧挨着该厂房高度跨间的两侧又盖了几栋 30 层楼高的附属建筑。在其中一栋建筑里放着外部气闸舱和我们的系统。我们在那里度过了一整周，包括周六也在工作。改进工作是计划外的，大家都希望尽快完成，避免打断“亚特兰蒂斯号”飞行准备的总进度表。

在肯尼迪航天中心更换螺母的操作

从第一天起，就来了一百多人好

奇地打量我们这些俄罗斯人。我团队里的新人，特别是机械工，明显紧张起来，他们向我抱怨："就像在马戏团里表演一样。"我只好向工程负责人反映，请他们抑制下同事们的好奇心。克留奇科夫和诺维奇科夫在一个完全陌生的环境下工作，他们的每一步操作都被录了像，每一个动作都被录下了。

应该再说一次，我们已经为更换做了充分的准备：所有的操作都经过深思熟虑，工具都齐备，经过多次排练。我们几乎把所有需要的东西都带来了。我们用到的美国设备仅仅是热空气吹风机和收集微粒垃圾的吸尘器。参与者、监督员和检验员一致认为，我们的工作完成得非常"优秀"。应当感谢东道主，他们为我们提供了力所能及的帮助，及时响应了我们所有的需求。

联合专家团队不仅完成了主要任务，维修了对接机构，我们还与肯尼迪航天中心的专家开了几次会，讨论了夏天即将执行的 STS－74 飞行准备计划，STS－74 是航天飞机飞往"和平号"空间站的第二次任务。我们还讨论了测试轨道器对接系统的问题，由于引入了新的对接舱段，所以这套对接系统会有较大改动。为多次飞行做准备的工作实际上已经开始了。

当时，在我看来，这个中心的许多工作人员也很愿意与我们合作，参加讨论，就像我们很愿意和他们在美国的发射场一起工作一样。我还感觉到，NASA 和美国公司的许多人工作中缺少新鲜事物，而与俄罗斯人的合作则为单调的航天飞机例行飞行准备带来了新鲜感。我们在肯尼迪航天中心碰到的美国人中，有很多真正的宇航技术爱好者，有男有女。其中一位挺着大肚子、举止不便的年轻女士给我留下了深刻印象。她正处于我们说的"待产中"。"伙计们（Folks），"她说道，"等你们夏天带着你们的对接舱、对接系统和太阳电池阵回到这里时，我已经生好小孩，准备重新工作了。"我们答应她一定会回来，并且提醒她不要着急，一切都要严格遵循个人的计划进度表。

* * *

我得说，肯尼迪航天中心的工作人员真的很多。据我在这次短暂出差期间的观察，有两个因素造成了这种情况：第一个因素是复杂而漫长的飞行间维护流程，准备航天飞机每次例行的流程冗长。第二个因素是肯尼迪航天中心工作人员的梯次结构。不算其他公司，该中心拥有三大专家团队：NASA 团队；作为 NASA 轨道器项目主要分包商的洛克威尔佛罗里达州分部（佛罗里达运营中心）团队；还有作为 NASA 航天飞机维护（Processing）主分包商的洛克希德公司团队。洛克威尔和洛克希德这两家公司在工作上是互相配合的，虽然可能效率不是很高。但这种协作并没有使他们放松对彼此的警惕。他们甚至跟我们抱怨，觉得两家公司一起做这件事过于浪费了。当洛克希德的领导看到我的西装上别了一个镶有三颗碎钻（代表30年工龄）的洛克威尔徽章后，他们答应同样送我一个这样的公司徽章。但正如我父亲当年所说，说话要算数。何况我同洛克威尔的合作在25年前就开始了。当然，每个组织都有自己的架构和部门，有很多上级、好秘书和其他的支持。在肯尼迪航天中心之外，洛克威尔公司还有另一个强大的部门，配备了我们社会主义时期常说的“最尖端的科技”，这个部门的任务是为承担航天飞机运行的各主要部门提供支持。该部门装备了丰富的设备，可以制造各种部组件、仪器以及电缆和机床，在那里我们甚至还看到了最现代化的程控机器。

当我们参观位于我们住的可可海滩酒店附近的这个部门时，我与我们的“向导”交谈甚欢，他是当地的部门经理，是一个讨人喜欢的中年黑人。鉴于我有一些改革时期军转民的经验，我突然心血来潮，问他，这样一个独特“工厂”的效率如何，他们是否也搞军转民。他顿时来了精神，跟我说，他正在找机会与周边地区的非航天机构签一些小合同。

我和Б. 鲍恰洛夫、A. 米申想到了我们的拜科努尔发射场及其配套试验机械厂的能力，比较了两个发射场的工作条件。我们非常羡慕美国同事，从工作条件上看，美国的发射场似乎真的好很多。

我们的团队在肯尼迪航天中心

（E. 鲍布罗夫、A. 米申、B. 谢拉苗尼科夫、Б. 鲍恰洛夫）

20世纪80年代初，我在我们的“国外航天和火箭技术”新闻公报中看到一篇文章，讲述了NASA是如何与洛克希德公司签署合同，维护航天飞机的。正如当时文章中所写的那样，签署合同的目的是大幅缩减人员，节省开支。最初两年运行这种可重复使用空间系统的经验告诉美国人，需要寻找和实施上述措施。洛克威尔当地分部的一位领导不满地告诉我，在20世纪80年代初，他们的员工人数甚至不足现在两家公司的三分之一。

众所周知，"有钱就有人"。美国这么富裕的国家有能力花巨资支持一个强大但"亏本的"航天工业。

当时，我再次想起那些从飞行员退役的美国将军们，他们是SSTO（单级入轨）项目的支持者，我很明显地意识到他们不满的原因。这些前行动指挥官想看到一架不一样的航天飞机——一架能够着陆、加油和再次起飞以执行新的作战任务或非作战任务的太空飞机。

当我们在海角工作时，正值传闻要大量裁撤NASA和对应的承包商的人员。这事自然引起了很大骚动。老人们本来就是到年龄就要走的，正好借此机会抗议新管理层的这个政策。约翰·特赖布邀请我某个周五的晚上去参加肯尼迪航天中心主任R. 克里彭的告别晚宴，后者是宇航员出身，他曾和我的老朋友约翰·扬一起驾驶第一架美国航天飞机进入太空。我和罗伯特·克里彭先生曾经见过一面，按美国的习俗，既是同行，又彼此慕名已久，所以见面就像老朋友一样。这次也是这样。这是在1月份一个非常暖和的夜晚举办的一场户外宴会，来了很多当地人、NASA总部和其他中心的客人，桌上摆满桶装啤酒和各式小吃。这次晚宴给我留下了很多温暖的回忆，当然也拍了照片，晚宴主角第二天亲自在照片上签了名。他确实是退役宇航员的杰出代表，退役后又在地面工作上做出了积极的贡献。

宇航员罗伯特·克里彭退休

在那些日子里，我一直在思考宇航技术的历史、现状和未来。就在我整个航天职业生涯中最大最豪华的办公室（这个办公室是一位刚退休的洛克威尔资深员工转让给我的）的窗户前，就躺着一枚几乎做好了飞行准备的，货真价实的"土星-5号"火箭。这是1972年12月提前结束的月球计划中未使用的火箭之一。它在休斯敦宇航员训练中心和亨茨维尔肯尼迪航天中心都是水平展出的。它就像一个躺卧的巨人，向人们诉说着美国航天的黄金时代，

在肯尼迪航天中心的专业参观

提醒人们记住那些仍然健在和已经逝去的杰出人物，是他们创造了这个航天奇迹。现在看上去，沃纳·冯·布劳恩的这部世界级的绝唱就像是一枚普通的火箭，尽管它的管路和密布附件的三级火箭发动机有着巨大的贮箱和喷管。“土星”的长度几乎是美国航天飞机和我国“能源”火箭的最大组件——外挂贮箱——的两倍。当年是否应该抛弃这枚令人惊叹、运载能力最强和最可靠的运载火箭，只是因为它不满足“研制可重复使用火箭”的口号？在那些日子里，我第一次将航天飞机的飞行间维护与旧车维修联系起来，俗话说“黑狗是洗不白的”。

有一天的工作间隙，我们稍有余暇，当时对接机构上的螺母更换后打了铅封，上面的环氧腻子还没干透。我们利用这个温暖晴朗的日子参观了肯尼迪航天中心的其他设施。当时“发现者号”已经被运到了发射台，差不多做好发射准备了，这就是三周后将在太空中与我们“和平号”空间站交会的那架航天飞机。我们贴心的美国同事不仅把我们带到了发射台底座，作为最尊贵的客人，我们还获准登上了维护桁架的顶端。我们甚至看到了宇航员的驾驶舱，地面人员正在那里进行最后的飞行前测试。

“我们”的“亚特兰蒂斯号”此时正矗立在一个 Processing building（准备厂房）中，四面都是桁架，技术人员像蚂蚁般忙碌工作。我们还参观了外部气闸舱和我们对接设备等待总装的地方。两个半月后我们还会来这里，参加最后的集成试验。

那天的日程可以被称为专业参观。最后我们混迹在真正的游客之中。一月并非长途旅行的旺季，但肯尼迪航天中心的参观者络绎不绝，他们参观各种空间和地面设施，大到火箭，小到纪念章，来参观的人真是不少。美国航天工业像一台精心调试过的机器，这也是其中的一部分。

在剩下的日子里，我们完成了最后的维修和纸面工作，并向莫斯科汇报了任务的完成情况。

1月21日，周六，我们启程返航。

4.17 “再来一杯?”

熟人和亲戚都认为我不喝酒，这是有原因的。但我偶尔也会畅饮。我特别喜欢啤酒。也许我不能像我的大学同学 B. 希罗克瓦索夫斯基那样，被归类为真正的啤酒爱好者，让人惊讶的是，我跟他住在一起，也在同一个小组学习。有一年暑假，我和他来到一家捷克斯洛伐克酒馆。弗拉基米尔的酒量高不可攀，他的个人纪录超过十几杯，不是现在的那种 330 mL 的小杯，而是大杯。20 世纪 80 年代中期，苏联正处于普遍的物资匮乏之中，大家都很想念从前的日子。当我们来到布拉格的瓦茨拉夫广场上，我的这些伙伴们却喝不完半打啤酒，也许是上了年纪了。似乎自从啤酒党像啤酒酵母一样产生并壮大以来，我就从来没有被当成是其中的一员。这些啤酒党人的一句口头禅是：“再来一杯?”未尝不可。毕竟，啤酒略带苦涩又层次分明的味道是无与伦比的，很适合我们的心灵。难怪啤酒被称为成年男人的牛奶。几杯好啤酒下肚后，人们也会想要做一些好事，而且他也有能力做成。如果无事可做，也可以喝酒聊天。这是最好的聊天场景，不是臆想出来的，甚至比“三人行”也不遑多让……

“再来一杯?”

我谈起啤酒和啤酒爱好者并非偶然，也不仅仅是想起了这句话。我的老战友 O. 罗森伯格喜欢重复这句话，他是一个和我一样酒量不大的人。很早以前我们就开始共事了，我甚至都不记得是什么时候开始的，反正是在加加林飞行之前，这点我是确定的。我们一起为本国和国外的飞船测试了所有的APAS。

罗森伯格不是单纯地喜欢这句话，这句话还反映了他的想法变化。我也觉得"再来一杯"这句话富有哲理，是一种思维和行动的方式。在本书的故事中经常可以发现，历史在不断重演，生活不可预测，"再来一杯"这种形象的说法恰好反映了生活的螺旋式发展，同时融合了上述两个特点。"再来一杯?"可进可退：每喝一杯，我们要么就螺旋向上，要么就螺旋向下，掉到生活这杯酒的杯底。

* * *

本节的故事便开始于这种啤酒哲学。在结束所有的试验和麻烦事后，我们又面临另一个两难境地：是否需要改变对接控制策略？大家再次聚集到我的办公室后，罗森伯格说出了这句有预见性的话："再来一杯?"

B. 巴甫洛夫、A. 松古洛夫、M. 尤本科斯、O. 罗森伯格和A. 基玛耶夫在"轨道"别墅

这个问题是有其来历的。

1994年夏天，在APAS动力学试验中发现，在某些情况下，导向环会出现偏斜。这个问题没有引起很多人的注意，美国人不了解细节，因而没有讨论过这个问题，拖了很长时间才解决。补充试验表明，情况比最初预计的更严重。

一般来说，动力学是一个很精密的学科，它是不可预测的，就像自然灾害。这就是这么多资金、力量和时间被投入动力学分析的原因。

航天飞机与"和平号"空间站的对接是一个独特的操作。一个主要原因是，这种操作涉及大量的结构连接。此前100吨的飞船还从未在太空中对接过。然而，难题并不仅如此。两个航天器的构型并不对称。由于质心相对于对接轴产生偏移，因此会产生附加扰动。因此需要开发一种特殊的算法来控制轨道器的喷气发动机，以补偿不对称引起的扰动。通过在试验台上进行动力学试验，采用模型进行分析，在对接机构中设置了更大功率的可控制动器，以便吸收包括附加扰动在内的振动能量。后来又根据分析结果，修正了制动器的启动顺序。

遗憾的是，在试验和仿真时，关注重点放在了对接的初始阶段，并未对拉紧过程开展深入分析。在试验台上测试这个对接阶段是很难的，有持续时间和伴生振动方面的问题。结果，我们实际上仍然没有搞明白这个对接阶段。老实说，根据我的经验和直觉，拉紧速度是很小的，只有 1～2 mm/s。

直到在鉴定试验、检测试验中成功地完整再现了这个对接阶段后，我们才明白，这个环节非常重要，不能忽视。

需要采取一些措施了。

* * *

总的来说，事情进展缓慢。需要大约 9 个月的时间才能做好准备，做出最终决定。期限这么长的原因是各种状况不断出现。

一开始，我们都一头雾水，需要了解更多细节。然后出现了其他更紧迫的问题亟待解决。在 1994 年的炎炎夏日，我们所有的想法和行动都先后聚焦于避免钢索断裂和解决螺母问题。我头脑中整天想的都是钢丝绳和螺母座的贯穿裂纹。当时，我很难迫使自己去思考未来的潜在危机。

直到那时，我还未向上级报告新产生的问题，他们关注此事，并有所不满。在这种情况下，我不得不灵活一些，采用大学里教的“分部积分法”。B. 柳明无论在地面还是在太空都需要自己解决大大小小的问题，他有一句更时髦的口头禅“要喝到嗓子眼”，苦也好，甜也罢。总之，首先需要自己搞清楚情况，然后才能更上一级。

直到深秋时节，我们才回到详细分析阶段，与美国人讨论问题。和往常一样，同事们最初对问题都报以怀疑。这在一定程度上是好事，“现在我来给你解释，我自己也搞搞明白。”在新的国际条件下，Л. 威利尼茨基的这句开场白仍然好使。在 11 月下半月和 12 月的例会上，主要议题仍然是更换螺母，我们希望借此机会前进一步，解决关于动力学的问题。此时已经制定了一个具体的方案。解决方法是，不要将导向环伸到前支承点，而是留出时间，使振动停止。但是为此需要中断自动对接过程（在自动对接时，所有操作都是一个接一个依次执行的）。好在我们找到了一个很简单的解决方案，不用对硬件设备做任何更改。我们的控制专家设计了一套程序，并将之简化为由乘员组发出的一组附加指令。

之后，需要修改飞行手册，让飞行员熟记。当然，这也需要努力和时间。我们希望宇航员和教官能够理解我们，不要固执，毕竟距离飞行还有大约半年时间，时间是够的。

我还想做另一个更改。当拉紧速度降低时，扰动就会减小，因此我产生了一个想法：断开其中一个驱动电机，这会将速度降低一半。但是，在这种情况下，宇航员在飞行中就有了另一个额外负担：如果要换保险丝，他们将不得不爬到"地板下"，在我们的一堆宇航电子设备中翻找。最后，我们放弃了这个方案。后来发现这些都是徒劳的。

1995年圣诞节前夕，双方举行了这一年的最后一次会议。当时美国人都急着回家，我们实质性达成更改操控流程的共识。根据手册，宇航员在导向环开始伸出后中断自动对接过程。等到振动消除和对准后，再重新启动拉紧。之后的对接过程仍然是自动的。

新的流程看起来更合理，大大减少了构型不对称导致的扰动，同时还可以完成强制对准。在拉紧时，会自动打开定位器，阻止偏斜，克服不对称构型的扰动。这个控制方法灵活可调整，增加了对执行后续太空任务的信心。

遗憾的是，当时我们并不掌握全部问题。一年后，在"亚特兰蒂斯号"第三次飞行任务STS-76期间，我们又碰到了一些问题。

1995年年初，我们继续利用每次见面的机会，推动在飞行准备的各个环节采用我们拟定的新流程。培训宇航员乘员组的部门应当采用这套流程。最终，宇航员应当掌握这套流程。

早在1994年秋天，当指令长R. 吉布森（绰号"胡德"，hood）率领的第一个STS-76乘员组来到我们"能源"公司的时候，我就给他们上过课。我放弃了常规的培训方法，向他们解释了问题的症结所在和新的对接流程。乘员组成员（主要是负责对接控制的飞行员）认真听了我的课，提了很多相关问题。我们约好在做出决定后再次见面。可惜飞行前没能再见到这个乘员组。但从那时起，在"能源"公司对航天飞机乘员

与航天飞机乘员组在173房间

组进行授课就成了惯例。后续所有任务的飞行员都来过我们的173号实验室，这个房间是1993年秋季配置好的。我们宇航员培训部门的工作人员每次都会在美国宇航员到来之前打电话给我。

我不准备编写一个专门的技术方案，就像我们在“能源”火箭航天集团公司通常做的那样。事实上，这是一套美国轨道器的操控流程。我也不热衷于“往上爬”。向B. 柳明和O. 巴布科夫汇报后，我就直接行动了。

1995年6月和11月，两次飞行都很圆满，一帆风顺，直到第三次飞行。

* * *

此处快进一年。

我再次回想起1996年3月关于新的操控流程的那个方案。3月4日，周日，上午5点，我们正在莫斯科郊外的飞控中心。5时35分，轨道器碰到了“和平号”空间站。航天飞机当时正在执行它的第三次任务，意外来得毫无征兆。监视器收到来自“亚特兰蒂斯号”的遥测信息。接触，连接，一分钟后自动装置启动，对接机构也开始工作。15～20秒后，飞行员发出指令，对接机构停了下来，就像培训的那样。突然，“环已对准”的信号消失了，“对接杆线性位移”参数1、2和3跳了出来，表示飞船存在俯仰和偏航振动。我们没有看到可视画面：“亚特兰蒂斯号”和“和平号”都没有向飞控中心发来视频信息，连遥测都是未经处理的原始数据。因此我们无法估算出太空中一个重达百吨的飞船的振幅。振动周期很长，几乎持续了5分钟，就像理论预测的那样。但是可以看到，振动在快速减弱。

乘员组表现出了专业的耐力：振动持续了近十分钟，比手册上预计的更长。此后再没有发生其他情况，对接正常完成了。

经验告诉我们，为了搞清楚动力学问题，我们需要真实的遥测参数记录(我们称之为“胶片”)。屏幕上的信息是远远不够的，我们既无法据此解释原因，也无法反演。我又电话联系了休斯敦，讨论了这个情况，并索要了胶片。有必要向领导汇报。在A. 索洛维耶夫的办公室里，谢苗诺夫和柳明默默地听我说完，没有表现出多少兴趣：对接全部完成了，其他的都是小事，你们去搞定吧。

后来我们查明，引发突然振动的首要原因是，用来在两器连接后起到减振作用的其中一个可控制动器没能在释放压力后脱开连接，在导向环伸出时产生了作用力，导致偏斜。

为了详细搞清楚这一点，需要飞一趟休斯敦，何况去美国出差的手续早已办妥，美国签证也是现成的。此外，那边还有些与"阿尔法"国际空间站有关的事情需要处理。然而，当巴布科夫跟谢苗诺夫说了这件事后，后者的反应一如既往地不可预测，他说，那边现在没啥可做的。没啥就没啥吧，我没有争论。该怎样就怎样吧，"再来一杯"。

为了准备 STC－76 的飞行报告，B. 布拉戈夫的小组已经离开，这次那边一个对接专家都没有了。没有人关心我们的问题。柳明一开始答应进行干预，但后来也莫名地不关心这事了。我们继续通过电话进行沟通，幸好与美国 NASA 的直通连线工作正常，继续为我们提供帮助。当几个对接小组因其他事情去休斯敦和卡纳维拉尔角出差的时候，我给他们派了额外的任务。工作在缓慢往前推进。

对首要原因的推测得到了充分的证实。最后，我们再次修改了对接控制流程，将对接机构在连接后伸出的时间缩到了最少。

生活和工作仍在继续，万物各有其时。

4.18 “端到端”试验

在此之前，我从来没有听说过这样一个术语，既非俄语表达，也非英语表达：“end to end test”。起初没有人能向我解释清楚这个用语的起源。经过更深入的思考，我明白了这句话的基本思想，以及背后的深意。

任何一艘飞船，包括加加林的“东方号”，美国的 A. 谢泼德和 J. 格莱娜的“水星号”飞船，都是在发射前不久在试验场进行的飞行前测试。所有的飞船分系统都要通过测试，测试的主要目的是检查飞船系统与软件的性能。需要确保与工程模型测试没有偏差，一切都符合设计要求。每次飞行前，都有很多需要测试的理由。

美国的航天飞机也不例外，需要进行飞行前试验，而且可能比其他飞船更需要这种试验。轨道器不但需要经过飞行前试验，还需要接受两次例行飞行之间的检查。所有的航天飞机都需要进行此类试验。

* * *

和 B. 勃兰特和 E. 波布罗夫在对接装置旁

1995 年春天，“亚特兰蒂斯号”首次安装了一个带有我们对接系统的外部气闸舱，美国人将我们的这个对接系统称为“轨道器对接系统”。在计划于 6 月实施的“亚特兰蒂斯号”与“和平号”对接（STS - 74 任务）之前，整个系统都需要在肯尼迪航天中心的发射场经过彻底检查。并且,测试不仅是针对这一次的飞行任务,在这次飞行之后还安排了一系列飞行,完成时间多达三到四年。因此,不仅需要检查一套星载系统,还需要验证后续几年各阶段的地面试验方法。在地面试验中,不仅要使用和运行星载设备,通常还要启动很多地面设备,包括控制台、电缆、工夹具,甚至包括响应对接装置,即用来检验对接效果的被动 APAS。一方面,所有这些系统和设备都是与轨道器其他系统协同工作的,另一方面,还要与大量的地面检测试验系统和控制系统相互协同,包括位于此处卡纳维拉尔角肯尼迪航天中心的发射控制中心,以及休斯敦航天中心的飞行控制中心。

在前几个阶段,我们先后在波德利普基的“能源”火箭航天集团公司和道尼的洛克威尔公司做了许多试验。在洛克威尔的航天部门,我们利用“实验板”和集成式工程模型,做了很多检测甚至修复。但是这毕竟不是最终的飞行配置,“没到最后”:缺少一些重要设备,例如宇航电子设备正样件和电缆。此外,我们至今尚未连接上控制回路的另一“端”,即包括许多设备和部门的那些地面中心。不仅如此,对我们对接系统的计算机和软件连接也没有检查。程序、方法和流程等其他软件也没有检查。在肯尼迪航天中心的所有基础工作都是由美国工作人员完成的,他们此前并没有维护和测试我们系统的经验。所有这些都是根据从未在这里使用过的方法来完成的。所有东西都要检查一遍,最后进行清洁和润滑,从头到尾,直到最后。

这便是本章标题的来由。

我们一个小型的试验团队于 1995 年 3 月 22 日抵达肯尼迪航天中心。

* * *

经过了 1 月份修复 APAS 的重要过程,我已经基本熟悉了卡纳维拉尔角这个通过太空轨道的美国之门了。我认识很多人,和他们在佛罗里达的暖冬一起工作过,而现在则需要进行最终试验。试验队的其他成员还是第一次来到这里。他们是 E. 叶利谢耶夫、我们的首席遥测员 A. 布里亚特金和首席火工品技师 B. 别尔古特。在洛克威尔的“实验板”中,他们都积累了与美国人合作的丰富经验。这些经验非常有助于这里最后阶段的工作。

在我看来,这次美国同事没有像 1 月份那样表现得热情好客。也许是因为当时他们跟我们一样也是第一次来到这里,所以感情外露,没有加以克制。我以前的办公室已经有了新主人,他从前主人这里不仅继承了办公室,还有亲切和勤奋的秘书李小姐。他甚至开玩笑地感谢我有如此丰厚的遗产。在酒

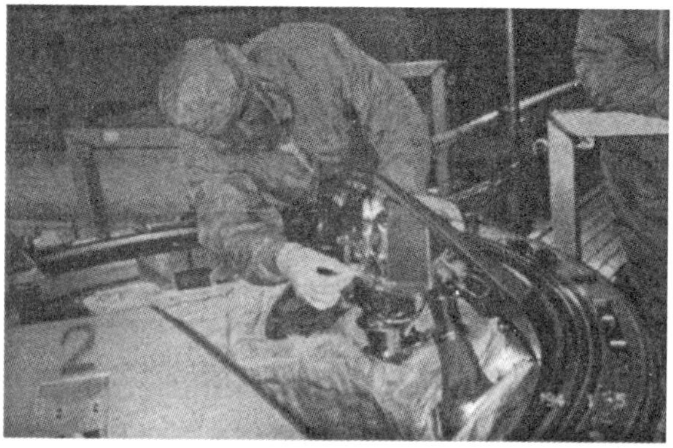

戴着头盔

店里也没有人像上次那样准备鲜花。苏珊·赫尔曼也和我们保持距离，像是有人关照过她，就像EPAS时期我们被有关部门关照过一样。

工作环境是正常的、务实的，美国同事再次帮助我们迅速进入工作状态，开始试验过程。

* * *

此时，上面装有我们的APAS，地板下面装有宇航电子设备的外部气闸舱已装到有效载荷舱内，而“亚特兰蒂斯号”自身则在试验大楼内，四面都搭建了维护桁架。美国式的系统方法在一切事物中都有所体现，例如保洁措施。不像我们总装车间的白大褂，只能用于“遮羞”。所有进入试验大楼的人，都配发一整套防护用具：连裤工作服、包发帽、手套，这套用具将整个人严严实实地包裹了起来。几天后，当我和叶利谢耶夫获准参观轨道器座舱时，除了通常的“制服”，还给我们发了一个头盔，戴上后只有鼻子能露出来。我们拍照留念了，照片看上去很像科幻电影的镜头。

我们主要在有效载荷的入口、上面和周围工作。轨道器有两扇巨大的舱门，每扇尺寸为17 m×5 m，都已敞开，舱门上面架设了维护平台，但工作起来不是很方便。我当时在想，在太空失重状态下，穿着宇航服操作吊车机械臂会不会更容易一些。为百吨重轨道器这种需要在失重环境下工作的庞然大物进行维护确实很不简单。我再次确认了，对空间结构进行地面维护和试验绝不是一件轻松的事情。

我们也开始了解到，为什么可重复使用的航天飞机会比单次发射的飞船更费钱。我开始了解到航天飞机计划的成本为何如此高的许多细节。

开发新一代飞船实属不易。

* * *

和1月份一样，我们再次同时与三个专家团队合作：飞行间“处理器”

的主承制方——洛克希德公司、轨道器的总体单位——洛克威尔公司，以及肯尼迪航天中心的老板——NASA，作为航天规模的系统制造商，NASA负责整合所有其他渠道的资源。NASA本身也是这种全球性工程计划的执行方，负责协调各个环节和阶段的发射和飞行工作，包括我们这次的试验。

我们采用两班制工作，白班和晚班。白天一般完成准备工作，主要的工作都是晚上做的，反正里面没有窗户。显然，经济因素是另一个更有力的原因：夜间和加班工作的报酬高得多。我们也是这种制度的受益人，所以我们不反对。马克思是对的，经济是第一性的，意识是第二性的（马克思主义物质观认为，物质是第一性的，意识是第二性的，物质决定意识，意识是物质的客观反映。此处作者以"经济"取代"物质"，意思基本相同——译者注）。

能够顺利安排轮班工作和弹性作息的原因是没有交通方面的问题。这里的每个人都有自己的私人汽车，可以随时将其送到需要去的地方。人们来去很方便。然而，汽车又使人们掉进了另一个陷阱，在上百马力的引擎轰鸣声中，美国人的孤独感和个人主义进一步加剧了。

洛克威尔公司这次也为我们提供了私家车，剥夺了我们悲伤的孤独感。我们仍然按照过去的原则作息，正如社会主义时期所教导的：一起工作，一起休息。我们住在大西洋岸边的一个宾馆里，团队成员充分利用了这里的濒海便利。当我早上埋头写作时，他们可以利用上班前的闲暇，观赏旭日初升的大海。

在此期间，我刚刚用英语完成了"一百个故事"的简述。方法是成功的和有益的。在翻译了每个故事的第一页并将它们合在一起后，我成功地以单行本的形式呈现了这本书，它不但对读者将要阅读的故事做了一个介绍，还非常有助于后续的工作。不仅如此。英语版作品以新的方式看待故事，做了一些改动，以便从一开始就引起读者的兴趣。这确实有助于完善风格，此外，英语让写作变得更简洁。

我的美国秘书们帮了大忙，他们准确地辨认出了天书般难认的手稿，当然，也亲自或借助电脑改正了错误的拼写。与他们一起工作的时候，我想起20年前美国的秘书们是如何打字的：每个人桌子上都有一本厚厚的字典，他们时不时停下打字，检查拼写是否正确。会讲英语的人并不能完全识字，这是她们自己说的。计算机技术极大地推动了这方面的人类工作，也帮了我们这些英语世界后来人很多。

另一个令人愉快的时刻与这项工作有关。也许并非我一个人急切盼望着作品变成印刷品，更别提第一个读者的反应了。热情的美国人带给我双重乐趣：他们把我的“天书”变成了贴着黄色贴纸的印刷体文字，贴纸上写着“有意思”甚至“太精彩了”的评语。

* * *

现在，需要将视线从卡纳维拉尔角的生活条件、生活方式，从我的记忆中再一次拉回到装备上来。我们正在准备这套装备，以便再次将一组地球人送入远离地球生活的那个地方。这个小组将和已经在高高的轨道上生活和等待了好久的一个国际团队进行交接。执行第19次主要考察任务的ЭО-19乘员组正在“和平号”空间站上做最后的准备工作，以便迎接航天飞机的到来。他们还需要在太空中完成许多工作，这需要单独叙述了。

当时，在4月初，我们正在等待“亚特兰蒂斯号”的乘员组。根据培训计划，该乘员组打算从休斯敦专门飞往海角，参加对接系统的最终试验。毕竟，这个系统对他们来说也是新的，非常重要：对接永远是大事。

事与愿违，天气和自然灾害经常会干扰我们人类的计划。这一次，休斯敦的恶劣天气阻挡了宇航员乘坐的“非航天飞机”起飞。因此我遗憾地错过了再次与飞船驾驶员在工作中相遇的机会。

但是培训进度不能随天气改变。美国人没有慌张，他们找了一个“圈内”的退役宇航员，把他带到了肯尼迪航天中心。他的表现堪称优秀，我们没有任何意见。但是我们明白，在太空中实际操作的将是其他人，是真正的乘员组，我们希望能在四月份与这个乘员组在休斯敦见面。

当时我们还不知道，这次会面注定不会实现。

* * *

问题来自另一个方面：在综合试验的最后阶段，APAS正样件差点被损坏。

我们执行了常规的程序，使用悬挂在专用夹具上的响应对接装置，即被动APAS，完成了所有的对接操作。这套流程在我们的总装车间经过了很好的验证。当时，我们还编写了详细的操作手册，翻译成英语，在洛克威尔的“实验板”上使用过。一切都很顺利，只剩下检查最后一个操作——脱开对接。

在地面上脱开对接也需要一定的技能。原因是，当打开卡锁时，悬挂在弹簧挂架下面的上部被动对接装置会被四根弹簧推杆推开，四根推杆的总推力为150 kg。需要用手抓住该装置，避免它再次往下摆动。这需要经验。美方的技师虽然也有经验，但从来没有这样做过，甚至没有见过真正的脱开对接。我提前将这些特点和操作要领告诉了他们，然后站到几米远处，因为APAS作业平台上有人数限制。也许是因为我们是在深夜工作，整个团队都累了。脱开对接经常出乎意料。这一次，当对接锁钩解锁后，上部对接装置立即上升，技师们没办法抓稳，抓住顶部的点，于是该装置再次往下摆动，导向杆打到了对接处。受到撞击后，APAS正样件的端部形成了一个明显的凹陷。幸运的是，导向杆砸偏了，没有砸到对接处的橡胶封严件。我们做了仔细的检查和分析，起草并签署了一份报告，认为这处损坏不影响整个结构的工作性能，系统可以发射升空。

这一事件再次提醒我们，所有地面工作都需要认真准备，全神贯注。也许，不应该在"小事"上搞节约，我们应该带一个有经验的装配工到海角的，即使从道尼派一个技师过去也可以。

试验临近尾声。在试验间隙，美国人多次邀请我们参加会议，讨论夏季将运来的对接舱。召集了很多专家参会，讨论流程问题，不知为什么，给我留下了愁闷的印象。可能是因为会上说了太多的话。美国人也注意到我的消极和不同寻常的怀疑，甚至还在一个纪要中特别提出。我想了想，没关系，没有我，他们也能解决，生活会迫使你去解决问题。大概我也觉得，我没有必要直接参与这些试验。我们测试部门的一组专家正准备来这里。确实，当时我还不知道，真的会有很多专家来到这里。

这就是在飞行间更换轨道器的轮子

* * *

最后阶段之一是火工品检查，又是在晚上。美国人检查爆炸螺栓导火线供电电路时，带着他们特有的谨慎。

除了我们惯常允许的低压绕流以外，他们也测量了整个电路的电阻值，包括星上电缆和试验电缆。同时，让我们惊讶的是，他们使用的是相当原始的方法和通用设备，检查的时间很长，还难以避免出错。风险在于，有可能不小心引爆APAS正样件的24个爆炸螺栓的其中之一，而在APAS总装状态下是无法替换爆炸螺栓的。责任使然，我一直留到了最后，而不是站在一边，苦等这些慢吞吞的工人。秘书李小姐前一天打印出来的一章英文版故事的手稿，以及随时随地都能写作的能力解救了我。

我们的工作不时被其他一些更重要的操作所打断。这一次，他们又要对轨道器的起落架做些什么了，需要把它放下来。于是我们都被撵出厂房，导致检查又推迟了几个小时，我们又收获了一个不眠之夜。

没有发生任何“击发”，就像我希望的那样，我们没有碰到爆炸螺栓在飞行中的“起爆”。一切都是正常完成的。B. 别尔古特准备出发，他不打算飞往休斯敦。他第二天直接从办公室去了机场。

别尔古特离开后，我们三个人还有一个空闲的周末，我们租了一辆福特轿车，在周围转了转。我们去了一个有游艺表演的热闹集市，还参加了火箭航天中心附近空军基地举办的航空节。

离开时，我觉得，我们从头到尾完成了主要任务，或者可以说，“端到端”完成了任务。“亚特兰蒂斯号”已做好对接准备，不应该再有什么阻碍了。

那时，在四月初，我只是隐隐感觉到，在春末夏初我们还得经历一段漫长而艰苦的岁月。前方还有很多真正的考验。

4.19 再去休斯敦?

这个故事可能是最短的，因为1995年4月的休斯敦之行没有成行。虽然提前按要求做好了计划、办完了手续，准备得比较早。并且，我的小团队几乎全员都在去得克萨斯中途的佛罗里达州。在最后一刻发生的事情是违背常理，违背协议，没有预兆的，像是偷偷摸摸决定的。4月4日周五是最后一个工作日，这一天工作快结束时，作为“亚特兰蒂斯号”航天飞机对接系统的试验员，我们三个人几乎都已经准备好执行与“和平号”空间站的联合任务，正在整理最后的文件，和卡纳维拉尔角肯尼迪航天中心的同事告别。我们口袋里装着飞往休斯敦霍比机场的现成机票，那里已经为我们预订了一辆汽车，当然还有酒店，其他准备工作也做好了。飞控中心的会谈大纲、在训练器上的最后训练计划，包括与航天飞机STS-71乘员组的见面，都已通过传真达成一致，并在前一天获得了批准。

电话铃响了，是J. 鲁比茨基，来自我们“能源”公司驻美国华盛顿办事处的可亲的珍妮。她一开口，我就从她的语调听出来，有事情发生了。“谢拉苗尼科夫先生，您的行程被取消了。根据列戈斯塔耶夫的指示，我取消了你们去休斯敦的机票，改订了去莫斯科的机票。”这是她的原话。

我的上司和谢苗诺夫当时正在休斯敦。前一天，我曾和他通过电话，请他从莫斯科给我们增派援兵，他却向我询问关于后续训练等工作的详细计划。我们明确了最后的一些细节。现在我懂了，该利用现有力量来解决问题。就像《战争与和平》中说的，“巴格拉季翁不需要增援。”（巴格拉季翁是拿破仑战争时期的俄军名将，以胆识过人、骁勇善战著称——译者注）

我给休斯敦打了电话，虽然我知道已经于事无补了。我没有从我的休斯敦同事D. 汉密尔顿那里打听到消息，没人通知美国方面。列戈斯塔耶夫简短地告诉我：“这是总经理的指示。”我嘟囔了几句，说你至少应该先打电话给我，而不是给珍妮这样的指示。其实他知道原因也知道该怎么做，他知道，如果机票没有被取消，我可能不会听他的。蛮横和恣意妄为有损事业。这不是第一次，也不会是最后一次。但是在临登机前来这一出，还是令人难以置信，无法容忍。

三天后，在海角度过一个周末后，我们飞往莫斯科。这个故事到此结束，真的太短了。

然而，这件事实际上并不是一个单独的插曲。它不是偶然发生的。这个决定不仅仅是在坏心情和棘手的情况下做出的。“他们在那里无所事事”是领导在做很多决定时所用的借口，很多专家团队都碰到过这种情况，特别是那些个人能力突出的团队。不需要勉强自己去翻看对方的说明，也不需要听取其他观点，“无所事事”就行了。这已经成为一种哲学，一种指导思想。我不止一次面对这样的态度，都是亲耳所闻。

不，关于这起事件，还是要讲一下，我还想起了许多类似的事情，如鲠在喉，不能不说。

在三年的项目工作中，我的美国同事 B. 勃兰特来莫斯科超过 30 次。作为洛克威尔公司对接项目的主管，他在我们这儿确实有事要做。而对我们来说，在美国的事情大概也不少。确实，我和其他专家经常需要飞往大洋彼岸，尤其是在合作的开始阶段。1994 年，当“阿尔法”国际空间站计划展开后，出差更频繁了。管理层实行了出国限制，限制了每年的总出差天数，包括抵达日和出发日在内。除了推出这种制度以外，还需要按照“谢列梅捷沃-2号”航站楼的护照检查印戳进行严格统计。在繁忙的 1995 年，我到年中就用完了我的额度。剩下的其他事都不算事，不重要了。

* * *

经济是第一位的，这是社会主义时期我们一生牢记的道理。在社会主义时期，大多数劳动者生活在贫困之中。1991 年以后，诚实的俄罗斯人开始领取极其微薄的工资，有时还领不到。这种情况甚至也适用于科技精英，适用于稀缺的航天专业人员，包括部门负责人，甚至副总设计师。只有那些直接接触所谓商业的人除外，而这些人多数是总裁身边的人。我们的工资只够支付最必需的开支：支付公共事业费（房租、电费、车库和乡下别墅的费用等），采购食品，偶尔开个车，但油费几乎按国际价格收。

对于我们大多数从事国际合作的专家来说，唯一的额外收入就是出国补助，可以用来改善家庭的收支。每天的补助约为 60 美元，出差一周就可以带回约500美元，这笔收入已经超过部门领导的月薪加所有津贴。何况是去美国或者欧洲，可以享受免费旅行和西式的服务，结识有趣的伙伴，从事有意思的工作。因此大家都趋之若鹜。

20年前，我们都很穷，但毕竟不是一贫如洗。在苏联政权的监督下，我们几乎所有人的收入都是持平的。政府及其下属机关都在警惕着，确保没有人有不当收入，党委是阶级利益的坚定守护者。只有"人民公仆"才享有特权。那时，对于我们这些普通的苏联人来说，出国就好比飞往太空，好比登月。

当时，航天专家出国出差的人很少。载人航天不仅为宇航员创造了机会，有时也为它的创造者创造了机会。现在我们的经济基础已经动摇了。1996年，在荷兰参加欧空局中心召开的关于欧洲ERA机械臂的PDR评审会时，我对我右边邻座的B. 日沃格洛托夫说："你瞧，弗谢沃洛德，我左边坐着的这个欧洲航天专家，他的工资是我的十倍以上，责任却是我的十分之一还少。这就是所谓的国际合作和宇航技术的一体化，就在冷战刚结束的20世纪末，就在人类文明发展的巅峰时期。"

我们应该向我们的外国同事致谢，他们总的来说非常关心我们。可以说，他们为我们去洛克威尔公司以及荷兰Fokker Space公司出差的专家提供了优惠条件。我们也尽力不使他们失望。

与B. 日沃格洛托夫、C. 杰姆诺夫和B. 巴甫洛夫合影

我很了解总体形势和劳动者的经济状况，因此我总是竭尽所能，尽量使我的人多出国，并且特别照顾那些老同事，他们和我一起创建了我们的空间系统，为此奉献了才智和力量，甚至是自己的一生。

为什么"能源"火箭航天集团公司的高层如此无情地将自己的员工从出国名单中剔除呢？是怕他们赚得太多、一夜暴富吗？苏联时期的哲学、观念以及作为经济缩影的政治仍然大行其道。政治局的总路线依然有效，还在控制着工人阶级和劳动者，这个群体应该默默工作，服从指挥，不能出风头，而要安守本分。只有他们这些“委员”过去拥有一切，现在就更不用说了。所有的限制和控制都随着党和社会主义一起被拆除了，恐惧也随之消失。

这就是经济基础，是领导层的出国政策和受此政策影响的我们的工作所构成的经济基础。就像马克思主义辩证法所说，经济是第一位的。

这些年来，特别是知名人士都受到这套出国政策的冲击，包括许多副总设计师、几乎所有的部门领导和许多认真积极的主管。他们都拥有宝贵的宇航技术和经验，并坚守航天事业多年。在“能源”火箭航天集团公司，所有出国名单都由总裁亲自签署，即使在他出差或休短假期间，他的第一副手通常也无权签署出国文件。对出差人数和天数的限制一直都是严格和常态的。

社会主义就是统计！这个说法在社会主义终结之后仍然有效。

反之，为了奖励自己人和身边人，高层组建了专门的精英出国团组。他们的阵容独一无二。我不禁要回顾一下，更详细地讲述下我是如何获邀于1995年7月前往卡纳维拉尔角，观摩航天飞机的首次发射的，那是未成行的休斯敦之旅之后的两个月发生的。

我接到D. 汉密尔顿的电话，说NASA决定邀请我到卡纳维拉尔角肯尼迪航天中心参观发射。美国人认为有必要适当补充他们从“能源”科研生产联合体收到的来访人员名单。大卫将这份令人好奇的名单副本寄给了我。当我撰写这段文字的时候，我甚至有个冲动想把这份文件在此公之于众，不过后来还是打消了这个念头。在6位男性和5位女性的姓名之后，排在最后一个的是我的名字。当时我天真地以为，这一次，总经理肯定会带我去的。我甚至答应我们的财政“部长”A. 科泽耶娃，回来后给她讲述美国发射场和著名航天飞机的有趣细节。天真就像愚蠢一样，也是无止境的，我的老板们甚至没告诉我有这个邀请。

我当然想看航天飞机是如何发射升空的，哪怕看一次也好，更何况“亚特兰蒂斯号”上面还有我们的对接系统АПАС-89。但是我记得，我倒不是非常失落，因为更重要的是，6月份我就获准飞往休斯敦了，去美国飞控中心，这也是我第一次参与国际航天任务，为航天飞机与“和平号”空间站的对接提供支持。

在所有这些活动中都体现出了阶级团结和阶级意识，仿佛马克思主义科学又一次得到了验证。

* * *

继第一次任务之后，其他任务也随之而来，需要完成所有的飞行前和飞行后阶段，进行准备、发射和控制，以及编写飞行报告。任务名称和代号也变了：STS-71之后是第二次任务STS-74，采用了新的对接舱和其他设备；再之后是STS-76任务，这次对接有些异常，但解决方法仍然不变，政策和领导指示再次重复。我们和美国人的思维、感受、生活及工作的方式各有不同，大家身处不同的环境，遵循不同的阶级利益。

大概正因如此，苏联政权才会迅速垮台。整个政权走向了蜕化，而腐败分子——精英阶层——又背叛了它。而现行制度才多长时间?

4.20 1995年的5—6月：重构

如今另外一个
正在绳上行走。
细绳就在脚下
掉落，消失。
但不知为何，
他必须走完
这漫漫长路。
——维索斯基

1995年上半年，我们照常生活，准备重构“和平号”空间站。重构是必需的，以确保在太空与航天飞机的对接。不做这种改造，美国的轨道器就无法停泊到俄罗斯的“和平号”上。我理解，太空改造将是困难的，其难度几乎和地面上一样。然而，现实生活再次被证明是不可预料的，困难超出了所有人的预期。但是，不同于我们多灾多难的俄罗斯，轨道改造最终还是获得了成功。

通往这次成功的道路很艰难，1995年春末夏初的事情值得详细描述。

* * *

最重要的阶段缓慢却毫不迟疑地临近了。轨道上的工作最早是定于4月底开始的。但是未能如期开始。某种来自我们苏联时代的超强惯性起了作用——在5月上旬的5月1日和胜利日之间，几乎没有开展过任何重大和重要的工作。尽管民间充斥着愁闷和悲观的情绪，但依然保留了对我们光辉历史中这一特殊时期的纪念。和往常一样，每个人都以各自的方式庆祝了节日(那一年是胜利50周年)，集体也庆祝了。

轨道上发生了意外。除了技术问题外，还发生了人员的医疗问题。早在4月初，Г. 斯特列卡洛夫在从事例行维修时，爬上空间站的外壳，一根保险用的钢丝扎破了他的手。这看上去是件小事，却差点演变成一场真正的灾难，并再次表明，我们的整个计划是多么脆弱，各种偶然事件、可预见和不可预见的危险对计划的影响有多大。

斯特列卡洛夫被扎伤的手肿起来了，皮肤表面和内部开始发炎。我想起了1974年那个炎热的夏天，由于适应不了得克萨斯州的气候，我的一只脚感染后肿了起来。起初有人告诉我，说这是皮肤病复发，我还开玩笑，想起一个皮肤科医生的笑话。这名医生解释选择这个专业的原因是，皮肤病患者从不在晚上请医生出诊，皮肤病几乎永远不会致死，也永远不会完全康复。

但这一次，情况要严重得多。大家很快知道这不是开玩笑的：手这样了，还要穿着宇航服舱外活动，这是不可想象的，只得中断考察任务，返回地球。即使乘员组还有能力继续飞行，空间站内部状况尚可维持，也已经完全破坏了主要程序。只有出舱才能完成预定的对接任务。乘员组中的两位俄罗斯宇航员需要频繁出舱几次，才能完成这个前所未有的艰难、繁重的工作。而乘员组中的另外一名美国宇航员基本帮不上忙。

说归说，这个美国人还是帮上了忙，是的，他从一个意想不到的角度帮了忙。

美国的航天医生为N. 塔加德配备了丰富的药品，包括有效的抗生素。Г. 斯特列卡洛夫吃了他自己的药、美国的药，以及所有可能有用的药品。地面上的俄罗斯相关人员也尽其所能，给了很多建议。

在大家的共同努力下，俄罗斯宇航员（包括一位战前出生的资深宇航员）在胜利来临前已经集结完毕，准备完成任务，就像以前常说的：“准备完成党和政府的任何任务。”

4月底，谢苗诺夫签署了一项命令，责成所有领导亲自监督工作进度表的执行：1）执行四次舱外活动，将多次可展太阳电池阵从“晶体号”转移到“量子号”；2）对接新的“光谱号”舱段；3）执行“晶体号”和“光谱号”舱段的四次转位对接；4）执行STS－71航天飞机与空间站的对接和联合飞行；5）拍摄“和平号”和轨道器脱开对接的视频。该命令还要求“在‘和平号’空间站工作期间取消这些专家的长期出差和休假”。

这样的工作进度表很适合我。显然，传统双节之间的日子对我来说几乎是“暗淡的”，所以我和领导说好，决定利用上一个假期的剩余天数，飞往美国，领取美国AIAA（航空航天学会）正式会员（Fellow）的荣誉证书。我是获颁该高级称号的第一个俄罗斯人。

AIAA正式会员证书，旁边是NASA局长D. 戈尔丁

回到莫斯科后，我在家里度过了胜利日，观看了电视转播的阅兵。我看到一些年纪很大的老兵在吃力地向右看齐，列队行进。我也是一名航天老兵，正在尽我所能帮助另一名宇航员老兵和他的年轻同事，在轨道上组装用于“亚特兰蒂斯号”与“和平号”空间站对接的那套唯一的构型。

这是这一时期的主要任务。它包括折叠和转移我们的多次可展太阳电池阵，包括执行几次对接和转位对接，对接一个新的“光谱号”舱段（上面装有一套升级后的转位对接系统）。舱段已基本做好发射准备，在拜科努尔进行收尾工作。当我收到来自华盛顿和普林斯顿的贺信时，发射场正要召开一场关于加注准备情况的技术负责人会议。他们没有找到我，于是派了B. 日沃格洛托夫去参会，为了以防万一，他们给我签发了5月11日开始生效的出差证明。出发日期被改了几次，5月13日获悉，Ю. 谢苗诺夫——这位总是喜欢亲自修改去发射场的随行名单的领导——这次剔除了大多数的系统专业人员。这是一个正确的决定，情况变得异常复杂。不管看起来有多么重要，都已经顾不上发射前仪式了。我留在莫斯科，在飞控中心工作更重要。

＊　＊　＊

第一次出舱发生在5月17日凌晨。白色和灰色、明亮和半明亮的夜晚和白天交织的5月的史诗开始了。

俄罗斯宇航员在空间站外缓慢但沉着地工作着。工作被一分为二，“从日出到日落”，间隔时间很长，白昼工作大约50分钟，然后轨道上迎来40分钟的黑夜，什么也做不了。我们不得不一直提醒他们注意安全，保险拉绳千万别丢了。“和平号”与飞控中心之间的通信时长更短，在跨区时会发生中断。

卫星系统通过我们高增益天线的工作也是时断时续。可能是为了省电，或者是空间站姿控导致的故障，也可能完全是不明原因所致。

不出所料，起重臂帮了宇航员大忙，他们沿着这个起重臂移动，几乎就像行走在森林小径的原木上。以前的乘员组曾多次试走这条路线。是时候使用这个机械臂本来的功能了，毕竟我们设计它的目的，正是为了转移多次可展太阳电池阵。当起重臂被发射到太空后，它就被称为太空吊车了，使用这具吊车的时刻终于来了。

然而，通往这个最终作业的道路仍然很漫长：首先，需要折叠 15 m 长的多次可展太阳电池阵，将它做成可运输的。5 年前，连同所有的机构、电插头和装吊工具一起，我们就构思、设计了这个电池阵的结构，并在地面验证了上述操作。所有这些结构件均已升空 5 年之久，不管在我国，还是在其他国家，此前都没有这样的经验。不管是俄罗斯人，还是从基辅过来的 A. 扎格列别伊内，都心存疑问，在经过这种没有保护的长期存放后，太阳电池阵的工作表现会如何。

在 3 小时内"总共"走了 30 m 后，这些同一时间随空间站飞行了近 10 万 km 的俄罗斯宇航员终于到达了工位，准备执行主要操作。我们的第一个美国宇航员也做好了准备，坐到了多次可展太阳电池阵的控制台前。

1994 年秋季，我们专门改进了多次可展太阳电池阵的控制策略，引入了所谓的分步模式。系统是在地面研制和测试的，早在 9 月份就向轨道上送去了补充电缆，宇航员在太空装配并测试了电缆。系统升级后，可以分步折叠桁架：每个指令控制一步，长度约1 m。这种模式减轻了宇航员对各机构工作情况的监控，需要的话还可以在箱子中折叠太阳帆板。

宇航员 5 月 17 日舱外活动的成功证明，操作策略是正确的，操作是有效的。最后，当时间所剩不多的时候，宇航员几乎折叠好了全部电池阵，只剩下尾部少量没有折叠完。虽然这种情况要求我们在地面进行补充试验，以便制定下一步方法，但这仅仅是为了第二天可以确认，这确实是有助于航天装备可靠工作的策略。

和预期的一样，宇航员顺着原路线返回舱内，比舱外活动时快得多，没发生任何意外。这是通信恢复后我们得知的。听到气闸舱中宇航员的报告后，包括医务人员在内，大家都舒了一口气。地面和太空保持着双向的人机联络。

* * *

经过一天的休息，5月19日，俄罗斯宇航员再次进入太空，准备将多次可展太阳电池阵从“晶体号”转移到“量子号”上。和第一次一样，他们移动得很慢，中途还不得不拉长太空吊车的起重臂，为此耽误了一些时间，这是之前没有考虑到的。再次进入每隔1.5小时的轨道日夜交班，再次出现间歇性通信，再次为了省电而没有工作图像，医务人员和我们的担心也再次出现：来得及还是来不及？能否在新的位置用卡锁固定？在最后这一步转移操作前夕，我们也再次在地面，在我们的总装车间，利用模型做了验证试验。所以尽管我们没有置身太空，但我们对整体情况还是有所了解的。

宇航员在太空没有顺利完成计划中的所有事情。在轨道上的这几个日夜，宇航员成功做到的，就是将一个500 kg重的电池转移到一个新的位置，固定在离新的目的地不远的地方。无论如何，这都是一个巨大的成功：用这么长的起重臂将500 kg重的物体与宇航员一起转移实属不易，在地面和太空中的我们所有人都在紧张地等待着这步操作。两个多月后，当我和Г. 斯特列卡洛夫在我们地面的“轨道”别墅见面时，他告诉了我他在太空“翻跟斗”期间的体会。这简直是Salto Mortale（死亡跳跃），不是在马戏场圆顶下10 m高处，而是在400 km高的天穹下，在真空失重状态下，在天地之间跳跃。根据我们的建议，宇航员采取了一切预防措施。飞船指令长В. 杰如洛夫是吊车操作员，位于起重臂的底座旁，他非常平稳地转动着驱动机构的手柄。根纳季本人（即Г. 斯特列卡洛夫——译者注）则走近起重臂的中部，旁边数吨重的结构正在以2～3 m的振幅摆动。所以我们很担心机构的完整性和乘员组的安全。

感谢，总算一切都顺利结束了。

* * *

第二天，5月20日，“质子”火箭携带“光谱号”舱段按计划发射。好运伴随着我们，火箭继续起飞，新舱段“看起来”状态良好，所有系统都工作正常。5月22日，宇航员执行了第三次出舱任务。他们在太空经历了同样的困难，我们地面飞控中心的人又是一番激动，提了很多建议。多次可展太阳电池阵到位了，没有出现问题。这一次，根据地面指令，太阳电池阵在新的位置上再次展开，但这并非它的最后一个太空任务。最后，在舱外活动快结束时，宇航员又一次在紧迫的时间内，将留在"晶体号"上的第二个多次可展太阳电池阵折叠了 10 m，以便剩下未折叠的 5 m 不会影响该舱段的转位对接。

就这样，我们基本上已为空间站重构的下一个最重要阶段做好了准备，这是计划中四次转位对接中的第一次。下一阶段从 5 月 23 日"进步号"货运飞船脱开对接开始，这艘飞船为还在自主飞行的"光谱号"舱段腾出了标记为"－X"的轴向对接口。但是在"光谱号"对接之前还有很多事情要做。"晶体号"舱段需要跨越这个对接口，我们最后一周一直在忙这件事。为了完成这个操作，需要利用转位对接系统和我们的机械臂，完成两次转位对接。机械臂俗称"爪子"，在 5 年前的 1990 年 6 月初，它像钟表机构一样，首次验证了 60 分钟的工作能力。

在 5 月 27 日和 30 日进行的两次转位对接之间，还插入了第四次舱外作业，以便将唯一的锥形盖从侧向转接口"－Z"（"晶体号"腾出来的对接口）转移到"－Y"（"晶体号"舱段去往的临时和过渡对接口）。只有对过渡舱释压，才能改变这些盖子的位置。早在 1985 年，在紧急改造空间站期间，我们的设计师就设计了这个太空流程。"晶体号"舱段这个太空旅行者还将再次停泊在"－X"这个轴向对接口上，以便迎接美国"亚特兰蒂斯号"轨道器，之后才会最终转位对接到指定位置，即再次对接到"－Z"对接口上。这条路也是漫长而复杂的。

在第一次转位对接时，宇航员汇报说两个舱段发生碰撞，"晶体号"舱段的重构开始了。一开始是碰到了位于端面的雷达天线，然后承力隔框两次相撞。我们在地面上看不到也不知道这些，地面测控站的通信区在转位对接开始 20 min 后就结束了。就像几年前，这个过程在地面上中断了一个多小时。在这段时间中，我们完全不知道轨道上发生了什么，那里远在视线之外，就像地球仪上看不到的另一半。我当时不停踱步，尽量不去想任何事情——无论是对接还是转位对接，但求好运降临。到了指定时间，在巨大的地图上，当表示"和平号"空间站的光点缓慢但坚定地移动到最西端地面测控站区域的边界时，我们再次回到监视器前，紧盯着空空的遥测行。终于，遥测出现了，空行上出现了内容：ЛПШ（对接杆线性位移）－448 mm，ДОГ（密封性保障传感器）－ 压紧等，这些都说明对接和转位对接都完成了。乌拉，大家都欢呼庆祝。

在此期间，我们一共经历了 5 次这样的转位对接：5 月两次，6 月两次和

7月一次。每次都很困难，每次都有新的情况发生。

5月30日凌晨2点，转位对接过程中出现嘎吱声，就像我日志中记录的那样。与以前的操作不同，这次我们冒了个险，让太阳电池阵定向系统继续工作，虽然这会带来机械臂额外扰动和过载的威胁。没有别的办法。如果“捕获 U_{min}”，即电源总线的电压达到最小值，这将是更危险的情况。到时候一切都会停止。3点30分收到乘员组报告，他们再次汇报说发生撞击和嘎吱声。但这可能是心理作用，“晶体号”就停在“侧面”，看起来一切正常。后来才发现，并非一切正常。我没等检查结束就回去了，回到了“轨道”别墅，它更近也更可靠。

11点的时候，宇航员阿克肖诺夫的妻子玛丽娜来敲门，她告诉我，我的女儿打电话来，要她立刻联系我。我意识到，可能出问题了。原来是B.布拉戈夫急着找我，“晶体号”和侧向对接口之间的对接处发现漏气了。

我们花了半天来了解详情，但是和往常一样，最重要的问题是：怎么办？我们开始准备试验，采取各种措施来弥补缺陷。我突然想起五岁儿子闯祸以后问我的问题：“西瓜打碎了怎么办？”幸好这一次，它还没到碎的程度。

第二天一大早我们就汇报了总经理。首先做出结论：目前还不是灾难性事故，每天仅“丢失”1 mm Hg。虽然这个数量不少，但可以坚持到原计划10天后进行的“晶体号”的下一次转位对接。

第二天，6月1日，夏初。凌晨5点，“光谱号”对接，天已经大亮了，一切都很顺利，比几年前对接“量子号”“量子-2号”和“晶体号”还要顺利。这三个早期舱段的对接都曾经充满困难和挑战。人定胜天，有种信念支撑我们挺过了困难的日日夜夜：交会，精准接触，连接，拉紧。我们这些对接人甚至有足够的测控区域来获得有关该操作完成的完整信息。“对接和内部通道系统（ССВП）模式完成”——这种情况是很少发生的。

每个人都很高兴，尤其是菲力人和哈尔科夫人。他们一起离开了飞控中心，去庆祝成功了。

我们没时间庆祝，晚上轮到折叠第二个多次可展太阳电池阵。这时谢苗诺夫又交代了一项额外的任务：与中央机械制造研究所一起编写关于载荷的结论。乍一看是个小差事，但我没想到，这份工作会给我们带来这么多麻烦、不安和失望。

按照过去社会主义的日历，6月1日是一个保护儿童的节日，现在却变成了不受保护的成年人的节日。那天下午，我们工作热情饱满，一如清晨。下午5点，我们又回到飞控中心。令人惊讶的是，那里一个领导都不剩了：总裁第二天将带着随行人员飞往拜科努尔，参加发射场40周年庆，柳明在美国某地，索洛维耶夫和布拉戈夫休息了。

在这种情况下，我甚至被推到了飞行指挥的位置上，当晚的指挥是轮值飞行指挥 B. 丹科夫采夫，一位 EPAS 的老将。我和 Ю. 格里高利耶夫一起给他帮忙，格里高利耶夫不时打电话，向在发射场的泽连西科夫和谢苗诺夫汇报情况。

不同于第一个多次可展太阳电池阵的操作，这个电池阵需要在没有宇航员帮助的情况下折叠起来。乘员组留在空间站内，从舷窗观察折叠的过程。我们也希望看到这个过程，本来答应我们会通过中继卫星直播的。我们很害怕折叠不当，造成（柔性）基板形成褶皱，无法放进收纳箱。但是没有电视直播，我们只能听宇航员传来的消息。总的来说，消息不错：第二个太阳电池阵表现良好，似乎不太需要帮助了。但还剩下一个问题没有解决，它能折叠到什么程度而不会形成褶子。我决定再保守一点：只折叠到5 m，后面再折叠就太危险了。设计师们很紧张，他们至今没有一个可靠的模型，可以模拟舱段在转位对接过程中的完整运动画面，以及展示哪些构件会彼此相撞。

就这样，在结束太空操作后，我们近乎武断地认为，在“光谱号”和“晶体号”舱段后几次转位对接时，5 m的电池阵不会碰到其他结构件。然而，这只是一个纸面上的方案，到最后都没有说服别人。在签署这份文件时，我不由自主地想起与 Л. 戈尔什科夫的争执，后者坚持主张使用我们简化的动力学模型来评估可能的碰撞。作为项目设计部门，拥有这么多精通计算机图形的专家，他们9个月来却什么也没做出来，而同一时间，我们却由于他们的失误，不得不改造了已通过验证试验的系统！对这种华而不实的做派我实在无法理解。采用飞控中心的方法模拟转位对接时，我就知道无论如何都不可能（被太阳电池阵）卡住。

那天晚上，我甚至在和宇航员交谈时向他们提出建议，告诉他们折叠帆板的注意事项。在太空担任指挥的似乎是我的邻居 Г. 斯特列卡洛夫。我告诉他，我们飞控中心和“轨道”别墅一切正常，大家都在等他，都很牵挂他。

几个小时后，当我回到别墅时，在入口处遇到丽达·斯特列卡洛娃，我向她转达了她丈夫的最新问候。她看起来很不开心，抱怨 B. 柳明对她丈夫的“欺凌”。我尽我所能安慰她：“不，丽达，不是这样的，他在那里可能升迁得不是很快，但却做着正确的事情。”俄罗斯有句谚语：“老马不会失蹄。”他们

和宇航员 Г. 斯特列卡洛夫合影

在太空中完成了重要的任务。

那天晚上我在地面的“轨道”上就是这么说的。

第二天晚上，“光谱号”按计划将进行转位对接。我还是决定一早就回家，办理一些事务，午餐后再午睡一会儿。但是那天还是没能休息。总的来说，6月2日可能是最漫长和最困难的一天，发生了许多琐碎的事情，同时也是最重要和最关键的一天。U_{min}再次出现，这使得转位对接更复杂了。在这种情况下，星上开始断电，而丧失定向会使电能状况变得更糟，因为失去定向的空间站无法将太阳电池阵对准太阳。这几乎是一个恶性循环，而计算机也再次发生故障了。

总裁及其团队已经飞往拜科努尔庆祝纪念日了，我们则被留下来应付各种问题。

新老问题层出不穷，其中之一就是如何强化本部门下属某研究室的领导配置。这天中午，我签署了一项部门决定，任命我的“赋闲”的副职 B. 巴甫洛夫为代理室主任，两年半前 Э. 别里科夫抛弃了这个室。一直以来，我都未能找到一个合适的替代者。没有什么比这更好的了。常务副职 B. 沃洛申打算去肯尼迪航天中心，那时我不知道，他后来只活了六个月。

当天剩下的时间是在与飞控中心的通话中度过的：B. 布拉戈夫仍然建议我晚上去一趟，虽然他也知道，恢复轨道上的供电并进行转位对接准备实际上已经没有希望了。尽管如此，我晚上还是向飞控中心发送了我的对接指令和转位对接指令，以防万一。

工作日连带这一周即将结束。不知怎么的，我脑海里浮现出了美国的一个缩写词 TGIF（Thanks God it's Friday），意思是“感谢上帝，今天是周五”。

晚上7点，我来到飞控中心，那里已经聚集了一些专家和“所剩无几的”领导：B. 索洛维耶夫、B. 布拉戈夫、O. 巴布科夫和 Ю. 格里高利耶夫。在两个圈次中，我们讨论了可能的方案，分析了太空传来的信息。令人失望的是，"安培小时"的余量很少。最危险的是，如果机械臂卡住了，那一切都完了：在采取有效措施前，剩余电量就会耗尽。毕竟，150 Ah 只能支撑舱段运行 5 个小时，而机械臂上抓取的舱段实际上是不可控的，无法长时间停留在轨道上。那么只能返回地球，到时候就真完了。

到了晚上 10 点，已经没有人可以商量了。H. 泽连西科夫从发射场打过来几次电话，发射场所处的时区在东边，比我们这里早两个小时。后来连这些电话也没有了。必须立刻做出决定：是现在冒险一试还是推迟到明天？明天是周六，当然这不是问题，问题是再拖一天情况可能会更糟。下一个通信时段是 10 点 30 分，分析组组长安托舍奇金报告了当前的安时数。23 点，我们一致决定在 150 Ah 时启动操作。

到了午夜零点，6 月 3 日已到来。我们都在大厅里。"怎么样了？"索洛维耶夫在另一头向安托舍奇金大喊，都没用会议电话。"马上汇报"，又过了几分钟，他回答："145 Ah。"飞行指挥做出了最终决定："开始。"

我顺着工作楼梯跑上自己的工作间——小厅里的 208 房间，这里负责舱段控制。接班的沃尔琴科夫紧张不安，他们还没准备好，只能错过一个地面测控站的通信时段了，来不及这么快传输指令。当我们再进入通信区域并获得遥测信号时，又浪费了宝贵的 7min 时间。终于，指令发出，操作过程启动，开始动起来了：机械臂伸出、捕获、完成，半"捆"在一起的舱段消失在地平线之外。

接下来又是一个小时的等待：我再次来回踱步，一会走到布拉戈夫那儿，一会走到索洛维耶夫这儿，保持我的两根手指交叉，就像美国人教我的一样(万一有用呢)。最后，时间来到 1 点 30 分，我们再次上去，再次看着半空的监视器屏幕。忽然，最喜欢的 ЛПШ - 448 mm 跃入眼前，紧接着，其他参数都出现了，这证明舱段已经对接到了侧向对接口——又成功了！

下面的所有人都在相互祝贺，特别是祝贺我们对接人，只有戈尔什科夫镇定如常。

* * *

我们休息了几天。

到下周末，6 月 9 日，又是一个周五，开始准备"晶体号"与轴向对接口"-X"的最后一次转位对接。又是同样的问题：电力不足，担心才折叠到 5 m

的太阳电池阵被卡住。经过又一番分析和争论后，我们决定再保守一点，将可展开太阳电池阵再折叠几米。大家分手时已经很晚了，明天继续。

6月10日，周六，情况与一周前几乎相同。设计师认为情况甚至更糟，他们曾希望“晶体号”上也有一台改进后的机械臂。调整后的斜向转移轨迹当然更为有利，因为外伸构件之间的间隙更大。但我们还没有学会如何在太空轨道上就地改进我们的机器人。

晚上9点30分，比一周前略早，但同样采用了150 Ah，再次“开始”。这是第四次转位对接，还是在208房间，还是只有一开始能监控上面的工作。这一次连遥测也失常了。E. 巴宁无法忍受，神经绷紧到极限，他是从医院被直接送到飞控中心的。根据遥测判断，机械臂停在那里，像是被卡住了。我尽量去安慰他：“看，读数是矛盾的。”但连我自己都怀疑自己说的话。之后又是一个小时的等待，又是一开始像眼眶一样空空的监视器屏幕，然后又出现ЛПШ（对接杆线性位移），又一次成功——“以一当十，不惜任何代价”（出自苏联影片《白俄罗斯车站》的主题曲《我们一心只想着胜利》——译者注）。

时间来到22点59分。还得再等一个圈次，因为还不清楚轴向对接处是否已经密封。到了半夜12点半，显示已经密封。现在可以回到自己的地面“轨道”了。

周日来临。我们已经做好迎接美国航天飞机的准备。距离对接还有15天。

4.21　20年后：新使命

最初计划在5月底发射航天飞机，飞往“和平号”空间站。当“光谱”舱的发射准备开始拖延时，就预示了联合飞行不会早于6月初进行。在轨重组的复杂性进一步推迟了这一新的国际任务的日期。直到6月中旬，当几乎一切准备就绪时，似乎只剩下最后的手续。但是，即使在轨道上已经完成了所需的配置，技术问题仍然存在，使准备执行期待已久的太空对接和其他太空联合操作的所有人都感到紧张。而且不仅如此。

20年来变化巨大。总的来说，外界环境变得更加严苛，更加专业了，技术人员恪尽职守。现在看来，可以说这次飞行毫无意外，波澜不惊。执行太空交会对接主要操作的宇航员们展示了高超的技能，我们的技术也没有让人失望，但是没有人像过去那样赞美对方了。一切都是公开的，航天的神秘光环消失了，随之而来的，外界的兴趣也在很大程度上消失了。媒体进入飞控中心，就仿佛进入了自己的领域，他们提出了相当专业的问题。没有事故和爆料，这次任务变成了一个近乎普通的事件。这很好，但令人沮丧。我只得满足于内心的激动。不，尽管如此，我们还是兴高采烈的。这是一件大事，它开启了航天的新纪元。

6月10日，星期六，在完成最后一次紧张的转位对接及其相关工作后，我们似乎可以自由呼吸了，希望略微放松一下。然而好景不长，只有喘口气的时间。随后发生的事情和麻烦再次驱使我们去体验已经熟悉的紧张氛围：争论，奔忙，劳神费力，搞科学就像踢足球。

这一切都始于“晶体”舱在转位对接到“-Z”轴后，侧向对接口上的“晶体”舱对接处发生泄漏！就像在6月漫长的白天和短暂的夜晚所做的一切重要和不重要的事情一样，这次操作并不容易。诸事缠身，繁忙中日子过得很快。我们没有因期待自己的荣耀一刻而苦恼，我们一直都没有时间。关于泄漏，我再次回忆起1977年的秋天，当时在“联盟-16号”对接失败后，我们做了最坏的打算。那时我们已经做好准备，一旦发现对接处大量漏气，就在太空中维修“礼炮-6号”上的对接装置。那一次没有发现任何损坏，对接处是完全密封的。而现在的泄漏是真实的，尽管不太大：压力每天下降约1/1 000 atm。但也不是很小，大约相当于1 kg的空气，这在没有空气的太空中显得非常珍贵。

起初，我们成功地在对接处再现了与太空中相同的泄漏。然后，回顾18年前的案例，我们提出了一种从转移通道一侧向对接处涂抹特殊密封胶的方法。在我们的材料学家的积极帮助下，我们很快验证了一种方法来密封太空设备的缝隙。当时，围绕这一未来的功劳也产生了嫉妒和竞争。但是，尽管有阴谋，一个装有密封胶的特殊包裹还是被送到了美国，并在几天后搭载航天飞机进入了太空。回头再看，我必须说，经过另外两次转位对接（对接至“-X”轴以停靠航天飞机，以及向后“侧向”对接至“-Y”轴），以及航天飞机离开后，对接处再次变得密封，一个多余物（另一个“不明飞行物”）消失在无垠的太空中，所以没有人获得胜利。

当所有麻烦事似乎又都过去了的时候，又出现了一个问题。这一次是人为制造的问题，有人在完成本职工作的时候只顾自己的利益，为保自身平安不惜给别人制造麻烦。而这些额外的麻烦让我和我的同志们足足忙活了将近一周。事情是这样的，在6月10日完成转位对接后，针对中央机械科学研究所就空间站与美国航天飞机对接处的强度出具的结论，谢苗诺夫直接在飞控中心发布指示，要求解决此事。我事先被提示过这一点。就像以往经常发生的那样，从一片看似不大、看似无害的“云”中爆发出恶劣的天气，差点酿成杯中风暴。

中央机械科学研究所强度研究室的领导是新人。我们的总体研究所仍然是强度标准的制定单位和监督标准执行的主要单位。他们很好地适应了这个老式工程学科的新变化。生活迫使我做出改变，适应生存，在俄罗斯航天局拨付的微薄资金之外我要另找投资。业务素质和蛊惑宣传之和是一个常数，被这些强大的经济因素所放大，而后者却比人类行为的所有其他动机更高效。这条旧规则完美适用于新的室领导，他是新的“当代英雄”。就连在1989年年底测试多次可展太阳电池阵的艰难时期与我们一起工作的那些“老人们”也在这些年里重新站队，并学会了利用积累的知识和经验攻击我们。

我们被出具了书面“意见”，但我们洗刷了自己，证明我们做的“一切都很好”，然后我们又收到了新的意见。就这样来回交锋，在达成共识，产生

"结论"方向进展甚微。我和 C. 杰姆诺夫几乎放下了其他所有事情，并且与我们的载荷专家 A. 日加耶夫、B. 梅任和 C. 波贝列夫一起，我们还敏锐地找到了所有新的重要论据。但是尽管我们有这种本领，作为进攻方的反对者的阵地仍然一如既往地强于防守：他们可以向我们进球得分，而我们只能挡住另一击。

最终，在国家委员会成立前夕，谢苗诺夫召开了一次会议，邀请了反对者。对方在总师面前没有慌张，但他很快就看出了冲突中的经济本质："你们需要多少钱才能完善评估我们结构强度的科学方法？一亿够吗？我们会找到钱的。"

顺利过渡后，我们很快就谈妥了。

* * *

6 月 19 日在飞控中心蓝色大厅召开的国家委员会会议进行得相当顺利。美国人没有被邀请去那里。由于空间站的总体状况在某些时刻达到了临界状态，因此总体上有很多批评。飞行指挥 B. 索洛维耶夫的报告以及答复提问花了整整一个小时。中央机械科学研究所总经理 B. 乌特金的发言多次刺伤了我们这些对接人。他还提到了对接处的漏气问题，以及在美国航天飞机之后的飞行过程中应采取的措施，当然也说到了过去和即将进行的转位对接的复杂性。他们没有提到我，尽管我事先已被告知需要回答问题。大家都明白，这是第一次需要将 100 t 级的美国轨道飞行器与 100 t 级的空间站对接，更不用说其他独特的功能了。对接系统是在前所未有的新的国际合作的特殊条件下测试验证的，但是没有人来合乎情理地问一句，系统是否准备就绪？原因不外乎两点：要么非常信任，要么非常嫉妒。

总路线被坚持到了最后。

一天后，即 6 月 21 日星期三，谢苗诺夫和他的团队飞往佛罗里达。他们甚至都懒得告诉我，我的名字在美国 NASA 的官方邀请函上排在第 12 位。名单很有意思，想看的人也很多，但在那个年代最好保持沉默。

坦白说，我并没有因为未能参加航天飞机的发射而感到非常沮丧。我更想稍后再去那里，去测试对接舱，为下一次飞行做准备。那时的主要任务是不同的：需要参与第一次联合飞行的控制，需要前往休斯敦飞控中心，所有信息都在那里汇聚，在那里可以和乘员组通信，收到来自轨道的电视图像。这事比观摩发射重要得多，无论发射是多么壮观和令人难忘。

经过这么多年的工作，在莫斯科郊区飞控中心度过这么多日日夜夜，在“联盟号”和“阿波罗号”对接之后，这次我被邀请到了另一个控制中心，到了地球的另一面。我被这个曾经执行独特的探月任务的地方所吸引。我想身临其境，身处事件的中心，而不是从旁观看已经发生的事情。我想成为这个大型全球控制系统的一个普通却必要的一环。

这不仅仅是参与即将开始的对接，而对接始终是一件大事。这是合作，是我们的未来。

6月22日，星期四，我和E. 波布罗夫和Б. 瓦库林飞往休斯敦，我们的远程交会阶段开始了。

就像20年前一样，休斯敦之行总是困难重重。这次的路线更复杂，经过三次起降，路上还遇到了很多麻烦。在辛辛那提机场最后一次向南飞行之前，莫斯科时间是凌晨2点，我们需要等待几个小时以便转机。我把同事留在登机口后，就去了商务舱沙龙，坐在沙发上打算睡觉。当我睁开眼睛看手表时，正好是3点15分——起飞时间。我匆忙跑过去，进了某个应急门，警报声响起。当我跑到登机口时，那里已经空无一人，透过窗户，我看到飞机像一艘轮船驶离码头一样慢慢离开跑道。“也许我会赶上的，”一个疯狂的念头闪过。还需要穿过另一个紧急出口，但是那里也没有飞机，拐角处能看见其他的登机口。于是我开始寻找贴切的词语，向冷静的三角洲航空公司客服女孩解释事情原委。“机票?! 您的登机口已经改了，请尽快去87号。”于是我又完成了一次150 m赛跑：确实，我的航班停在那里，似乎在等人，而波布罗夫和瓦库林正安坐候机，镇定自若。

10分钟后我们起飞了，一个小时后我们降落在熟悉的霍比机场。在那里也碰到了一些麻烦。我没有信用卡，在和艾维斯汽车租赁公司的汽车女郎磨了一番嘴皮后，我才勉强在半夜打通了加利福尼亚的电话。B. 布朗特确认了我们的信用，我们终于租到一辆福特汽车，穿过我和波布罗夫挥洒青春、赢得荣耀的地方，穿过韦

在得克萨斯的上空

伯斯特别墅，沿着夜间的45号高速公路疾驰。这次的旅程通往新建的“希尔顿”摩天大楼，在那里办理入住时一切顺利。

其余的问题后来出现了。

* * *

航天飞机的发射已多次推迟。佛罗里达州接近7月的天气一再干扰国际太空任务的计划。我们被告知，在那里等待发射的谢苗诺夫团队无法忍受，没有等到期待已久的“亚特兰蒂斯号”发射，就飞回了莫斯科。

我们在休斯敦并不感到无聊，除了熟悉了解美国的飞控中心以及轨道遥测信号传输和飞行控制的特点以外，我们的空闲时间也总是安排得满满的。准备航天飞机的下一次飞行以及推进“阿尔法”国际空间站项目实施是不变的话题。了解NASA的航天飞机发射准备系统也很有意思，前EPAS（“联盟-阿波罗”联合试验飞行）同事鲍勃·怀特几年前向我介绍了这套系统。之后他彻底脱离了对接领域，转而研究一个新的课题。他领导了一个评估发射条件（尤其是天气）的小组。他们不仅分析了卡纳维拉尔角的天气条件，还分析了欧洲和非洲备用着陆机场区域的天气条件，以防飞行提前终止。一个专家小组（其中包括我的马德里朋友，宇航员美杜）负责获取来自世界各地的信息，及时处理和评估这些信息，以这种方式连接不同的领域和大陆。对接始终是一种合作。

发射推迟后，B. 怀特回家了，我们则去解决未来对接的问题。

航天飞机直到6月27日星期二才发射入轨。这一天，我和B. 怀特坐在他的“评估室”，直到最后一刻我们都不知道他们是否会同意放飞。一切正常。进入轨道后，“亚特兰蒂斯号”开始追赶我们的“和平号”空间站。

第二天，这艘主动飞船按惯例伸出了对接机构环，做好了对接准备，而异体同构对接接点也需要伸直。

在休斯敦对接期间

6月29日到了，这是对接的日子，我用英语将其命名为D日（Docking - day，对接日）。我们在早上6点左右到达飞控中心，和美国同事一起，观察了“亚特兰蒂斯号”是如何极其缓慢地接近我们“晶体号”舱段上的“和平号”异体同构对接口的。

宇航员按照培训的步骤完成了所有操作，甚至比培训时做得更好：APAS对接机构环甚至没有发生颤动，他们极其精确地泊稳了自己的100 t重轨道飞行器。喷气控制发动机不辱使命，可以看到两个重达百吨的庞然大物只是相对于彼此轻微晃动了几下。对接系统还没感觉到接触，很快就连接成功了，然后按照仿真、试验和训练的内容，完成了其他操作。之后拉紧，关闭锁钩，执行完最后一些操作后，完成了对接。一切都非常顺利，无可挑剔，顺利得甚至有些枯燥。

航天飞机与“和平号”空间站的对接

不，那天我并没有感到枯燥。毕竟确实有很多人参加了这次任务，我们所有人，包括俄罗斯人和美国人，都为准备这次任务投注了太多的时间和精力，并且已经等了很长时间。

11点钟，我和该计划的美方负责人受邀参加新闻发布会。首先，飞行指挥和NASA总部的“阿尔法”国际空间站计划经理V. 特伦顿做了发言。我们的发言是在全美进行实况转播的，后来又多次重播。我们谈了成功，谈了历时整整三年的艰辛求索，谈了冷战结束后合作探索太空的努力。我和B. 布朗特回忆起，20年前我们是如何开展“联盟号”和“阿波罗”飞船对接准备的。我说，这一次不是转瞬即逝的相遇，不是两个美丽而坚强的恋人的约会，他们在广阔的世界中相逢，却在短暂的太空相会后永远分手。这一次，我们的任务更像一场婚姻，具备婚姻所有的属性和衬托：牵线搭桥、一纸婚约、爱与算计，以及仪式和欢闹。

我们有说有笑，玩笑不断。没有人无动于衷。那次我不但把这一天叫作D-Day，还叫作V-Day（V-Victory，意思是“胜利”），后者不知为何更受美国人喜欢，被很多报纸和评论家引用。在这次发布会上，我还说，无故障操作也是一个了不起的成就，但媒体不知为何不相信我。

在休斯敦召开的新闻发布会

一位记者问我们是否想好了未来国际空间站的名称。俄语单词“改革”已经为全世界所知，非常适合国际广播，我很想向全世界大声说出来。但是不知为何，我没敢说出来：这个新闻发布会对我来说太正式了。之后D. 汉密尔顿和我都后悔错过了一个宣传国际理念的机会。

对接随时随地需要决心。

新闻发布会结束后，记者们又折磨了我很长时间。我必须说，与20年前的莫斯科（大概也包括休斯敦）相比，这次参加休斯敦发布会的记者要少得多。一份20年前还不存在的新生报纸《今日美国》的记者决定删掉对我的详细采访，简短地问了方方面面。我最终也没能在他的报纸上看到我的回答，除了一条播报已完成对接的简讯。

当然，所有这些都不是那么重要，只是媒体的关注和态度反映了围绕新的航天计划的总体氛围。《今日美国》没有发表对我的采访，也代表了这一特点。我们的领导层和美国媒体的态度有共同之处：他们为什么要为俄罗斯的工程做广告？

我记得我的老朋友、《太空新闻》周报的欧洲记者彼得·德·塞尔丁几个月前在莫斯科郊区飞控中心对我的采访：这时候对接的消息已经传开了。我之所以记得这一点，还因为在新闻发布会期间，我又遇到了另一个法国人F. 卡斯特尔，他按照《太空新闻》的约稿为我拍了照。现在他说，他一定会找到那篇（据他所知）刊登已久的有他所摄照片的访谈，但他终究没有找到，因为它根本不存在。9 个月后的 1996 年春天，彼得·德·塞尔丁再次打电话给我，说："我们别管政治，谈谈技术吧。"我在电话里告诉了他当时的想法。采用这张旧照片的一篇新的访谈很快就问世了，并获得了成功。

但是第二天晚上我和卡斯特尔在航天中心附近的前哨航天酒馆相谈甚欢。这个曾经很受欢迎的地方一半已经空了，没有宇航员出没，尽管这是世界性的对接事件。

在此之前，我遇到了我的老熟人 A. 皮亚特聂茨基。他是航天中心的资深摄影师，20 年前他为《美国》杂志拍摄了我和宇航员约翰·扬在对接通道中的照片，之后又拍了很多我的团队和 J. 怀特（现已去世）的照片。约翰·扬是为数不多的忠于 NASA 的资深宇航员之一，在对接期间，他出现在几乎空无一人的贵宾台上，甚至中心的新主任不知为何也不在场。这一次皮亚特聂茨基更热衷于为我和地面通信主任合影，后者邀请我到飞控大厅，飞控大厅的进入仍然是非常受限的，不像我们的飞控中心。在与乘员组通话的间隙，地面通信主任抽空和我谈论了航天的过去、现在和未来。大厅里的所有人（按我们的术语叫作"控制人员"）都赞同一点：对接始终是一种合作。

这次皮亚特聂茨基的照片并未被采用。

* * *

联合飞行的日子很快就过去了。分离的那天或者说是 un-D-DAY 到了。分离操作安排在早上 5 点，所以我必须在天还没亮时就到达飞控中心。这一天适逢 7 月 4 日，是美国的独立日。如果不算额外"机动"（字面和引申意义上），那么一切都很顺利，没发生任何意外。

美国航天飞机对接在"和平号"空间站上

早在计划联合飞行时，谢苗诺夫和柳明就有意铭刻一幅历史性画面：美国的航天飞机伴飞俄罗斯的"和平号"空间站。要做到这一点，只有一种可能：首先分离"联盟号"飞船，使其环绕空间站和航天飞机综合体飞行，在分离的时候拍下航天飞机的照片。他们如愿做到了。当然，这需要付出额外的努力并伴随着风险:(“联盟号”)无法与空间站对接,无法返回空间站的可能性总是存在的。为此,宇航员们甚至封存了太空之家,他们尽可能收拾妥当,客人离开后还断开了所有不必要的设备,关上了身后的门。

一切都很正常,没发生任何意外。太空藏品中增加了一些独特的照片。然而对它们的需求并不是很高。

终究值得用一场宴会来庆祝我们的胜利。在飞控中心一个单独的房间里,一个俄美联合控制小组聚集在一起,我们这些对接人员也受邀参加。这是一个真正意义上的“宇宙”规模的派对,因为参与者同时分布于两个大陆。在相隔数千公里的两个飞控中心中,他们不仅仅是在喝香槟和祝酒。每个祝酒的人都走近开通电话会议(按我们的叫法是“免提电话”)模式的电话说出祝酒词,现场所有人、电话那头的人都在谈论、倾听,喜笑颜开,各抒己见。

我又想起了EPAS。我说,20年后,我们不再只是在轨道上对接,然后“像海上的船一样分开”,而是开始了长期的合作、协同和共同的生活。对接就是一场“太空婚礼”。我们活了下来,我们坚持到了20年后的这一天。

晚上举行了节日烟花会演。我们的酒店在以平房为主的美国这一地区堪称高楼了,在酒店附近,数以百计的人和汽车蜂拥而至,人群嗡嗡作响。我们认为庆祝活动也属于自己,一直散步到很晚。我们爬上停泊的小船,梦想征服新的高峰,开辟遥远的土地。

* * *

我们的休斯敦之行只剩下一天了。我们莫名地有些着急。一天后,主要咨询小组离开了。距离飞机起飞还有三个多小时的时候,我们写完了报告的最后几行字。

我至今不明白,当时为什么要这么匆忙。等我们醒悟过来时,已经来不及通过洛杉矶和华盛顿来变更所有手续和文件了。

三年来我们都在不断地紧张工作,而为了研制出新型APAS,20年过去了。距离“联盟号”和“阿波罗号”对接的7月17日只差20天。在飞往莫斯科的20个小时内,我想起了很多往事,也思考了很多。

在美国,似乎没有人在意我们。想必家人都在期盼我们回家吧。

4.22 飞行之后

为了讲述20年前的事情，我写了关于EPAS联合试验飞行后的三个故事：关于我们如何准备飞行后报告的故事、关于所获奖励的故事，以及关于“联盟号”和“阿波罗号”的一本书（该书在联合飞行一周年之际出版）的故事。这些事不知为何都发生在1995年7月之后，并且各具特色。我没有在飞行后报告上签字，我甚至没有看到这份报告。我是在半年后就被推荐颁授“俄罗斯功勋科学工作者”称号的，但是不知道为什么，不是在1996年4月12日的航天日颁奖时被授予这一称号的，当时叶利钦总统正在积极竞选并且特别慷慨，他向所有参与和未参与的人许诺和分派奖励，不仅为太空探索成就而奖励宇航员，还奖励杰出的科学家和工程师。那本书的出版也耽误了。不过当时出版了一本讲述我们“能源”公司的周年纪念册，书中介绍了我们科研生产联合体（现在的“火箭航天集团公司”）的所有成就。

尽管如此，还是值得更详细地讲述这一切。

* * *

7月5日，星期三，匆忙写完最后几页报告，我们把东西扔进一辆租来的福特汽车，赶往霍比机场返回莫斯科。在国内，新的对接工作正在等着我们：莫斯科团队正在全力以赴开展“Multi－Mir”项目。装有两个APAS和一组备用多次可展太阳电池阵的对接舱已经抵达佛罗里达州的肯尼迪航天中心，第一个测试团队已启程前往那里，但在波德利普基需要完成剩下的测试。

当然，我们决定庆祝新任务的成功，同时也庆祝EPAS联合试验飞行20周年。20年前，“能源”科研生产联合体也迎来了双重胜利：随着“联盟号”与“阿波罗号”的成功对接，苏联宇航员的“礼炮－4号”飞行也圆满完成了。当时，在飞行后的竞赛中，谢苗诺夫的主队击败了布舒耶夫的国际队。

就定义和参与程度而言，我们对接人更接近国际主义者，但我们参加了两次庆祝活动。现在，"能源"火箭航天集团公司的所有活动都已合并为一个共同的计划："联盟号"-"和平号"-" 航天飞机"。但是没有设置任何节日。不管是为了庆祝俄罗斯航天的新成就，还是为了纪念苏联航天成就的20周年，领导层都不打算举办任何庆典。

不，节日还是有的，是一个内部的庆祝活动，一个永远与你同在的纪念日，甚至比海明威式的假日还要多。这是一个双重的节日，一次对成就的庆祝，一种事业成功的自豪感：20年前取得的成就是在两种社会制度的激烈对抗中取得的。20年后的今天，我们自豪的是，我们准时到达了改革的转折点，开始去完成这样一桩伟大的事业：将俄美两国的航天工业、两国的宇航员联合起来，长期合作。

* * *

我们这些EPAS的老兵们仍在积极工作，打算为即将到来的周年纪念日做一些特别的事情。活跃的飞控中心控制师Л. 扎沃荣科夫向列戈斯塔耶夫建议，在天空中打出以下文字和数字："联盟"与"阿波罗"1975-1995"和平"与"航天飞机"。这需要钱，需要两三千万卢布，没有人支持我们。

最终，周五下班后，在我的办公室，我们低调地庆祝了我们的20周年胜利日，第二天，也就是7月15日，星期六，我们又和E. 杜霍夫斯基和B. 波杰良金在我们的"轨道"别墅相聚。我已经很长时间没有见到弗拉基米尔了，这次见面竟是永诀，他于10月去世，距他60岁生日还不到一年，结束了他不平凡的地球之旅。7月中旬那次，我们甚至还在我家的草坪上踢过足球，规划未来。我给他们看了手稿，这本书开头的第一个版本。

与E. 杜霍夫斯基和B. 波杰良金
在"轨道"别墅的家庭聚会

我飞到休斯敦不是为了庆祝EPAS，也不是为了写报告。俄罗斯航天局派其代表B. 科兹廖夫和E. 哈利多诺夫前往那里，他们20年前曾在INTERCOSMOS项目下工作过。后来他们和我的女同事A. 波特维恩科和M. 尼古拉耶娃（她们和

B. 布拉戈夫的飞控小组一起起草了航天飞机与“和平号”的对接报告）告诉我，美国人隆重而热烈地庆祝了周年纪念日。直到离开，布拉戈夫都没有说出是谁从名单中删除了我的名字，但这已经不重要了。

周年纪念日之后的那个星期一，7 月 17 日，我又早早起床工作：早上 7 点 30 分，我们已经到达飞控中心，参加“晶体”舱从轴向对接口转到侧向对接口的最后一次转对接。经过习以为常的冗长乏味的过程之后，该舱段转到了侧面。我在飞控中心又待了一个圈次，等待密封性检查的结果。一个月前发生泄漏的对接处这次是密封的，看来当时确实有什么东西掉进了对接装置的两个端面之间。搭乘“亚特兰蒂斯号”上天的辅助密封件这次没有派上用场。

那些天我们还在等待美国乘员组的到来，他们正在为 11 月的下一次 STS-74 飞行做准备，他们有更多的对接操作要执行。在这次演练中，通过操作培训，我们再次意识到即将到来的秋季任务的艰巨性。我自己没有参加训练，因为我去 Fokker 公司参加 ERA 机械臂的会议了，谢苗诺夫签署并附言“转对接结束后”的出差证明已经在我的口袋里放了很久了。

在飞机上，我沉浸于对一个救生飞船项目的思考，洛克威尔公司已经开始研究该项目，项目主管是 B. 布朗特，他几乎完全转向了新的项目。

* * *

在与管理层达成一致并承诺参加计划于 9 月初进行的“联盟 TM-22”的发射和对接后，我开始请假，准备休一个完整的博士假期，即 8 周。“这是什么?”谢苗诺夫在请假条上这样批示。我没有争论，决定对我的科学地位和特权稍作让步，于是我重写了一张 6 周的请假条。与各位“高参”的预测相反，最后的方案通过了。

8 月中旬，我和斯韦特兰娜飞往中国，我早就被邀请来中国做几场讲座了。在上海的一周过得饶有趣味且富有成果。

我的秋季长假一直持续到 11 月初：我将假期分成几小段使用。在休假的 6 周里，我做了很多事情。我去了东亚、西欧，还两次飞往美国。真是一言难尽，也无须尽言。我仍然会想起关于中国、巴黎和斯特拉斯堡以及“太空竞赛”财团的那些事，后者于 1995 年秋天恢复了其在太阳帆方面的积极工作。关于那次短暂却特殊的加利福尼亚之旅，我还是要说几句。

出人意料的是，在得到 NASA 的批准后，洛克威尔公司以私人名义邀请我参加《大众机械》杂志的颁奖仪式，该杂志每年都会表彰技术领域的杰出成就，1995 年表彰的是我们完成的“和平号”与航天飞机的对接。显然，在俄罗斯人缺席的情况下表彰这一事件是不合适的。按照美国的传统，典礼被简化为一场宴会，安排在著名的远洋游轮“玛丽皇后号”上举行。洛克威尔公司人员热情接待了我，将我安置在离“玛丽皇后号”最后一个码头不远的一家酒店，直接入住已经熟悉的“燕尾服”房间。

和 J. 马克曼艾曼、A. 穆拉什科、F. 阿拉尼斯和 B. 布朗特在“玛丽皇后号”游轮上

不知为何，整个庆祝晚会我都觉得不自在，显然是因为漆皮鞋太紧了。《大众机械》的主编颁奖。我们是最后获奖的。我本来还期待自己也能得到一个简单却有纪念意义的奖杯，结果却是三人共同获得这个奖杯。没错，他们答应寄出杂志的，但显然他们后来忘了。我记忆中只剩下我们这个国际联队的几张照片，手上拿着一个奖杯。

第二天，我把“海景”酒店的房间和“燕尾服”房间都退了，搬到了心爱的“Embassy Suites”酒店，在那里又住了几天，开着洛克威尔公司的汽车奔走于道尼，办完了最后的一些事情。回程的时候，我没有乘坐熟悉的“达美”航线，而是改乘飞经阿姆斯特丹的

与奖杯合影

荷兰皇家航空公司班机。坐在舒适的商务舱座椅上，我想到了机票的差别，估算了一下它们的价格。结果和我的年薪差不多。

10月，在我们安葬了B. 波杰良金之后，B. 沃洛申也突然猝死了。几天前，他膝盖剧痛，甚至被送进了医院。不知道在他治疗过程中为何引发了心脏血栓。

我们埋葬了沃洛申——我们的战友和同事，并与他道别。谁也无法道尽一个人的一生。就算这么多亲友聚在一起，也没有任何言语能与已故战友的生死相提并论。然而，有必要说明他是谁，他做了什么，以及他留下了什么，因为他曾经是我们中的一分子。我还想说，他的人生道路并不容易，他也不是平庸之辈。实际上，不管外界怎么宣传，说我们过去、现在和将来都只不过是普通的苏联人和后苏联时代的人，但我们都不是普通人。我忍不住再次想起了Э. 别里科夫，是我建议他让沃洛申担任他的副手的，他们两人当时的协作是多么高效啊。当然，还需要记住他作为领导和同志的才能，以及生活是如何打断这曲美妙的二重奏，将其撕碎并散落一地的，而现在死亡将其中一个人永远带走了。当时我没有说的是，为什么没有在别里科夫跑路后任命沃洛申为部门负责人。不知道为什么，当时我也没有想起来，他在去世前的两个月还去了肯尼迪航天中心，这是他第一次也是最后一次去美国。他在那里参加了多次可展太阳电池阵的飞行前准备，现在距离发射只剩下两个月了。这些事确实可能没想起来。

我们这些头发花白的老人就这样站立默哀，在场所有人几乎都是苏维埃国家的劳动者，而旁边则是开着进口汽车抵达的新俄罗斯人，埋葬了他们被杀的黑帮弟兄。

* * *

直到航天飞机第二次飞行之后的11月，高层才谈起对成功的奖励，或者更确切地说，对启动一个大型国际太空项目的奖励。在过去的20年里，我对奖励的态度变得达观，并且几乎接受了这样一个事实，即列宁奖实际上在“我的余生中”一直伴随着我。我甚至不希望这种独特性受到破坏。然而，我不可能对我们项目相关的事情完全漠不关心，这是违反我们的人性的。顺便说一下，T. 德拉格内诗更为我鸣不平，她当时和各种报纸杂志合作，写了很多关于宇航员和我们这些技术人员的文章，站出来捍卫“被侮辱和被损害的人”。她在报上发表了很多文章，为EO-19乘员组的成员B. 杰如洛夫和Г.

斯特列加洛夫辩护，他们在飞行后每人被罚款一万美元。宇航员毕竟完成了一个非常复杂的程序，并成功对接。需要鸡蛋里挑骨头吗？不，我们可能永远不会明白这一点。最后，斯特列加洛夫被免除罚款，并且只免除他一个人，但怨恨和苦涩仍在，特别是对于执行退役前最后一次飞行的这名老将来说。

德拉格内诗为我辩护是动真格的。在"联盟 TM 号"完成对接后，她在飞控中心的新闻发布会上公开向管理层发难。我那时不在蓝色大厅，我在大凉台上耽搁了，但很快就有人告诉了我，后来我又从录音中详细知道了一切。

又过了 3 个月，奖章和其他奖励的名额才到达"能源"火箭航天集团公司。获奖人员和奖项当然是由总裁领导下的集体决定的。有人还记得，在苏联时期，"功勋科技工作者"的称号是非常光荣的，我和 B. 列戈斯塔耶夫、B. 布拉涅茨和 Б. 索科洛夫一起被列入了获奖候选人名单。当整个名单最终确定后，谢苗诺夫打来电话。他难得打电话过来，这是他在 1993 年 1 月 7 日之后打给我的第一个电话，那一次总经理祝贺了我的 60 岁生日，并提醒我不要骄傲自满。这大概就是我对这通电话的记忆如此深刻的原因。这一次我正好在车间，总算幸免于他的说教。他兴头一过，也就不想打第二通电话了。为了表示民主，集团的科学技术委员会召开会议，会上科技界同意了各项奖励。名单很长，看起来什么人、什么事都没有被遗忘，涵盖积极参与"联盟号"和航天飞机的准备和发射的所有人，人人有份。这个称号的候选人需要无记名投票通过，我作为科技委委员也投了票。投票结果公布了，几乎所有候选人都是全票通过的，只有一个人对谢拉苗尼科夫投了反对票。坐在旁边的 Г. 捷戈加连科对我说，这样的人总是存在的。

我高兴的是，每个人都知道了一切：我给每个人都投了赞成票，可能只对我自己投了反对票。

当我们对接人意识到，除了我和 Б. 契日科夫之外没人获得奖励时，我们决定写一份抗议书。我们向人事处和 H. 泽连西科夫提交了我们的增补名单，其中包括我们部门的许多主要专家，例如波布罗夫、И. 奥博曼金，以及协作部门的一些专家，他们为共同的事业做出了重要贡献。我们的抗议部分奏效了：B. 巴甫洛夫、B. 别尔古特和 A. 布里亚特金获得了奖励，尽管数额不大。

一个月后，我们这些未来的功勋工作者，在我们人事处的指导下，自己收集了真正的俄罗斯院士的建议。这些都是苏联时代制定的规则。又过了两个月，有消息传出，俄罗斯的荣誉称号中只剩下"科学"，显然，技术的科学价值被剥夺了。

在航天日前夕，在《卡马宁将军日记》一书的发布会上，我遇到了宇航员 A. 谢列波罗夫，他周旋于克里姆林宫高层中，因此知道克里姆林宫将在 4 月 12 日颁奖。确实如此，H. 泽连西科夫、B. 柳明和 A. 鲍里森科等人都是从俄罗斯总统本人手中接过奖章的。在所有获得“功勋科学”称号的代表中，有一些功勋更为卓著的人物，其中包括新上任的菲力的总经理涅代沃达（“菲力”是赫鲁尼切夫航天科研生产中心所在地，此处代指该中心。——译者注）。次要获奖者的奖状还要再等几个月：总统很快就顾不上我们了，总统选举临近了。选举结束后，承诺早被置之脑后了。

不，我必须承认，我还是以一种有点出人意料的方式触摸到了克里姆林宫颁奖典礼。20 世纪 60 年代，在航天的曙光中，有一首好歌被广为传唱，其中有这么几句歌词：“……让我们用儿子的眼睛看看其他星球。”30 年后的现在，我也可以换种唱法：“……让我们用女儿的眼睛看看其他……拼花地板!”(俄语单词 Планеты “星球”与 Паркеты “拼花地板”发音接近，作者以戏谑的方式改写歌词，表达对俄罗斯政府不重视航天发展的不满——译者注）事实上，我的女儿叶卡捷琳娜参加了庆祝航天飞机与“和平号”对接的颁奖典礼。她应欧空局（ESA）之邀为一名欧洲宇航员翻译。结果我收到了一份详细的报告，几个月后又收到一张纪念照片。我们将这张摄于俄罗斯荣耀象征——圣乔治大厅的照片挂在正门口，紧挨着“There no place like home”的牌匾。

摄于克里姆林宫圣乔治大厅的照片

新项目周围不再有克格勃了，我还不清楚他们的继任者在做什么。20 年前，B. 波杰良金倡议编写《“联盟号”和“阿波罗号”》一书，秋天他就去世了。似乎没有人打算详细描述这一全新的国际太空任务。没有人请我写书，没有人催我，也没有人补充材料，但是仅靠一个人是不可能写出这样的鸿篇巨制，描述这样一个庞大的国际航天项目，必须从不同的角度，不同的层次来描写。

我一个人的讲述不可能是完整的。

不，我说的不全对：就在那个时候，一本大部头书已开始编撰。作为筹备“能源”火箭航天集团公司 50 周年庆的项目之一，这本由我们总裁主编的巨著已被列入。谢苗诺夫确实非常重视这本书的出版，他亲自校审并指导编写，书中多次提及他的姓名。

这就是 1975 年 7 月事件发生整整 20 年后发生的一切，20 年前适逢苏联航天的新的火枪手时代。或许，就像大仲马著名小说描写的那样，我们青春的浪漫和英雄主义已经被成熟和实用主义所取代。

4.23 STS－74：第二个国际任务

美国“太空梭”航天飞机与“和平号”空间站的第一次对接，是对俄罗斯和美国航天专家近三年来直到1995年7月所开展大量工作的一个总结。20世纪90年代中期的第一次国际任务开启了两个国家（随后是国际航天界）共同努力进行载人飞行、征服宇宙的新纪元。“对接就是合作!”这个口号真正实现了，实际上早在第一次飞行前就已经开始制定新的延伸计划了。第一次飞行结束后，该计划不断往前推进，美国宇航员继续飞往俄罗斯“和平号”空间站，而“亚特兰蒂斯号”轨道飞行器则准备好执行后续任务，并完成名为“多维世界（MultiMMir）”计划下的新飞行任务，同时更快、更大范围地开展国际空间站计划（“阿尔法”国际空间站）。从时间上来说，所有这些计划已经延伸到下个世纪甚至下个千年的中叶，涵盖未来的20年。

第一个国际太空任务终究在1995年中期成为历史。这是第一个国际合作计划，为后续其他多个飞行任务开辟了道路。其中的每次飞行都为总的计划做出了新的贡献，每次飞行都各具特点，也各有问题。“对接永远是一件大事”这句口号也得到了多次验证。

1995年年底的第二次STS－74飞行在其中占据了特别的位置。

* * *

我们的APAS和20年前的EPAS－75一样，再次不负众望：这次它开辟了一条延续计划并继续扩大国际合作的大道。对接总是关乎合作。

下一次飞行计划在11月执行，与第一次飞行间隔短短的4个月。这次飞行的计划和布局方案远比第一次复杂，因此很早就开始准备这次飞行而且花费了很长时间。任务的复杂性在于，需要将空间站的异体同构对接口移动约5 m，以便航天飞机无阻碍地“从侧面”对接至空间站，而无须像第一次飞行那样，每次都要完成复杂的操作，将该舱段转对接至轴向对接口。但是为此需要完成大量的工作：准备新的对接舱，改进轨道飞行器自身的对接系统，进行集成，并对所有的软硬件进行地面检测。

早在6月初我们准备第一次飞行任务，对接舱正样件、大量的试验设备，以及一套改进后用于"亚特兰蒂斯号"的APAS就被运到了佛罗里达海角。这套APAS将在几个月后安装在轨道飞行器上，取代为第一次飞行准备的那套APAS。

当时我想起自己是如何在遥远的1989年宣传APAS－89，必须谈到它的一个核心优点：它可以环绕对接隔框进行周边包覆。那里有一些"吊挂"元件——电气插头和液压接头，在对接时可自动连接起来。在1992—1993年编写第一次飞行的技术任务书时，NASA拒绝采用这些插接头。现在只好重新安装电气插头，幸好不需要对APAS的结构做太大改动。

插接头对接后形成的电气连接是用来控制和检验新的对接舱的，包括安装在这个辅助舱段上的两套APAS中的一套。在第4.12节"'和平号'－'航天飞机'：确保多次飞行"的故事中，已经介绍了新方案的很多细节。本节的故事则是关于STS－74任务的最后准备阶段以及其飞行本身的。

* * *

专家们紧随"铁块"来到了美国的海角。我们富有经验的试验员队伍也集中到那里了。这些人肩负着火箭和航天器集成试验的责任，已经习惯了长期远距离出差，但主要是去我们东方的拜科努尔发射场。他们熟悉业务，工作井然有序，远离家乡也能安排好自己的生活。现在他们要去西方，在一个新的世界，在全新的条件下生活和工作。等待他们的是更为复杂的情况：在拜科努尔有许多管理部门和所谓的"考察队"来保障出差人员的生活和工作。美国人当然更关心自己。当我的团队1995年1月启程去海角时，我们做了一点努力，采取了更原始的方法，在没有任何额外支持的情况下就适应了新的环境。

去肯尼迪航天中心出差的团组是由B. 肯加夫里洛夫带队的，他是我们实验室的主任。他能够快速掌握情况，与各种人都能打成一片，并且有效地安排自己的工作。在新的环境下，这些特点对他也很有助益。美国人也喜欢他的坦诚和易于沟通。与我们的同志们和熟悉的同事们一样，他们也管他叫"斯拉瓦"。他这个昵称非常适合美国人打招呼的方式，也很符合维亚切斯拉夫·伊万诺维奇的形象。在对接舱进行飞行准备的150天里，我都没能去肯尼迪航天中心。但我还是能够想象，在远离中心的异国他乡，我们的团组身处什么样的环境。

一共大约有70人去了海角，大部分是试验员骨干、维护人员、司机和翻译，他们在那里度过了从准备、工作到结束阶段的整个周期。根据工作需要，还征召了对接舱设备和系统方面的专家去帮助主要出差团队。其中包括舱段对接系统的专家，以及两个补充太阳电池阵系统（连接至我们的可重复太阳电池阵和与之类似的辅助太阳电池阵）的专家，这些系统都将随“太空梭”航天飞机一起飞往太空。辅助太阳电池阵系统已经在A. 马尔科夫的带领下，由我们部门的一个专家组成功研制。

总的来说，对接舱是A. 卡兰采夫的设计师团队研制的，而整个工程是由副总设计师И. 叶夫列莫夫领导的。他做了大量的工作，完成了对接舱的生产，并很好且及时地对其进行了试验。按照原定计划，叶夫列莫夫作为主要技术负责人应该前往海角，在重要的收尾阶段结束这个不平凡的项目。但是在临出发前，我们工厂再次发生紧急情况：新型“亚马尔”通信卫星的生产失败了。总经理得悉情况后，不出所料地大发雷霆。作为整改措施之一，叶夫列莫夫被禁止出国，虽然他跟“亚马尔”关系并不大。

我也遭受了不管是同情者还是居心叵测者的嘲笑：为什么你两个APAS的麻烦事比对接舱其他所有系统的都要多，而你们只派了两个人去那儿？我要么默不作声，要么开个玩笑敷衍过去，虽然我很为自己的部下难过，他们本可以出差去新的环境和条件下工作，见识新世界并证明自己：他们一点也不比别人差，甚至可能更优秀。

尽管如此，我们还是再一次做了一点努力就解决了另外一个复杂的任务。将两套APAS安装对接舱上，舱内装有航天电子设备，它们通过内外部电缆网互相连接，另一套改进后的APAS装在航天飞机上，与更改后的控制系统一起，最后太阳电池阵采用了我们最后一块多次可展太阳电池阵。以上这些设备都先后完成了准备和试验：先是单独的自主试验，然后以总装构型完成了最终试验。

从第一个“礼炮号”空间站开始，在长达30年的时间内，空间站的构型在太空中不断变化和丰富，我们也逐渐制定了空间站的试验方法。在飞船与舱段的对接过程中，各个系统和分系统之间的辅助电气线路会进行连接，由于数量众多、结构复杂，这些系统和分系统被统称为“轨道系统”。该系统的一部分正是通过安装在对接装置上的电气插头相互连接起来的。地面试验方法的一个主要原则是，按照后续将在太空中实现的各种方案和构型，检测所有电气系统和设备的工作。要做到这一点并完成全部试验绝非易事：最常见的是，轨道系统无法在地面实现完全对接；系统的各个部分是在不同时期制造甚至设计的，它们每年进行检测。

为克服所有这些困难，避免失误，我们也想了各种办法。比如，飞船和舱段之间只进行电气对接：为此我们制造和使用了专用的长电缆，也被称为"延长线"。这些延长线的长度有时可达到几十米。

在美国肯尼迪航天中心发射场进行对接舱试验时，我们的这些策略和经验都非常管用。轨道飞行器、飞行器的外部气闸舱、附加的对接舱、地面试验设备都采用此类延长线相互连接起来，按照各种构型和模式进行了多次试验。

在随后的太空飞行中，所有设备都工作正常，没发生问题，一次也没有"冒烟"，没有一台仪表或一根导线被烧坏，这些都充分证明，我们的地面试验策略是对的。

地面试验是值得的。

* * *

地面试验时采用的特殊构型反映了任务的复杂性，需要在即将到来的STS－74飞行中予以验证。

当1996年秋"亚特兰蒂斯号"再次进入轨道，在宇航员打开轨道飞行器有效载荷舱的舱门与我们的"和平号"进行对接之前，他们首先需要改变自己飞船的构型。他们启动了巨大的15 m长机械臂，之后打开了紧固件，释放了对接舱：第一个任务是，利用机械臂将对接舱与外部气闸舱对接起来，即完成美国人称之为"泊位"的操作。

对接舱对接至外部气闸舱后，从有效载荷舱中向上竖起一根5 m长的"管子"，其上端装有另外一套APAS，我们为其编号No.2。这就是将用来与"和平号"对接的那套机构。为操纵这套APAS，需要改变轨道飞行器对接系统的构型。宇航员检查确认了电气插头已经对接好，对接舱设备工作正常，之后就接通了机电转换开关，重新换接了轨道飞行器的对接电子设备，以便操纵No.2 APAS。系统已准备好与空间站对接。美国航天飞机继续追逐俄罗斯的"和平号"。

所有这一切都发生在11月"亚特兰蒂斯号"成功入轨之后。在这个巅峰性事件之前完成了大量的准备工作，包括在海角的肯尼迪航天中心结束对接舱的试验。

* * *

由于当时我没有去过海角的肯尼迪航天中心，所以我利用第一次任务 STS-71 期间留在休斯敦的约翰逊航天中心的机会，详细了解最重要的操作，为航天飞机的下一次飞行 STS-74 做好准备。

两年前我首次成功地在综合练习器上将轨道飞行器与我们空间站进行对接，现在已经在这个练习器上准备了一个新的模型，模拟机械臂与航天飞机其他各系统的工作，包括捕获有效载荷舱中的对接舱、释放对接舱、操纵机械臂将对接舱移至外部气闸舱，以及利用两套 APAS 完成对接的所有操作。在完成包括独立操作复杂机械臂在内的所有操作后，我确信这对飞行员的技能、准确度和注意力要求极高，也了解了在飞行前仅剩的几个月里还需要注意哪些事项。

练习器的“主人”——教练员们都称赞我表现出了“勇敢精神和英雄气概”，就像那些完成太空飞行的宇航员一样，无论任务多么复杂，无论成功或者失败，都能勇敢面对。而我也很兴奋，就像每个超越自我、勇往直前的人一样。说真的，这次短暂的训练体验对我而言至关重要，使我彻底认清了我们这些系统的作用和它们所完成的操作，以及操作者在其中所扮演的角色。所有经验也同样适用于未来国际空间站（ISS）这类大型复杂计划的系统设计。

* * *

仲夏至秋，所有事情都在按计划进行，没发生特殊问题和意外情况。对接舱已做好飞行准备，通过了试验。我的一支专家小组帮了忙，他们没有动用大的试验员团队，在没有试验员帮助的条件下，仅仅通过与美国人以及洛克希德、洛克威尔和 NASA 专家们的协作，就完成了轨道飞行器对接系统要求的所有工作。在最后阶段，当对接舱装入有效载荷舱后，所有团队做了最终的综合检查，一致同意飞行。

我们的 B. 沃洛申所在的一个辅助小组准备了莫斯科-基辅制造的多次可展太阳电池阵，以及哈尔科夫-旧金山-莫斯科制造的辅助太阳电池阵，并对它们进行了试验。

发射日期日益临近，鉴定文件已经准备好，咨询小组云集海角和得克萨斯。和 6 月那次一样，谢苗诺夫的高层小组飞抵观摩航天飞机发射，另外两个团组（对接小组和宇航员 S. 克里卡列夫带领的一个大组）则前往休斯敦控制中心。临近年末，我 45 天的“出国期限”也结束了，于是我向总经理写了一份书面报告，表示我应该去那里，管理即将开始的所有复杂对接操作，但这个理由对我们总经理并没有起到任何作用。

所有相关的人都飞去大洋彼岸了，而我们则留在莫斯科，继续做自己的事。

航天飞机发射正常，开始了轨道作业。STS－74 乘员组工作正常。加拿大宇航员操纵加拿大的机械臂，他操作缓慢但有条不紊，顺利地对接至外部气闸舱，并使“亚特兰蒂斯号”做好了主要对接的准备。交会和停靠也没发生任何意外。对我们来说，唯一的一个意外是，在对接时美国人不跟我们商量就决定使用机械臂，目的是利用机械臂上的电视摄像机从侧面观察对接口。原因在于，与上次对接（其实也包括之后所有对接）不同，美欧宇航员不擅长通过舷窗来观察 APAS。机械臂夹持的电视摄像机可以部分弥补这一缺点。从侧面看一看被连接的对接口是地面和太空中任何对接人的梦想。在莫斯科，任何人对此都不知情，虽然我们都理解，补充的视频信息有助于交会对接的控制，但我们还是很担心，这根矗立的机械臂会不会碰到我们的空间站。

最后一切都顺利结束了。“亚特兰蒂斯号”略晚于设计时间与“和平号”实现了对接。

航天飞机的乘员组在对接精度、时间和空间等方面都在暗暗较劲，他们得到了位于休斯敦和莫斯科郊区飞控中心咨询小组的支持。当我们评价 STS－74 对接出现偏差时，美国顾问们略显失落。我安慰他们：6 月份胡特・P. 吉普森的任务比较简单，他们没有对接舱。一切都很正常，请转告乘员组，我们地面人员对他们在天上的工作非常满意。

几天后，联合飞行结束了。再次改变我们系统的构型后，轨道飞行器利用自身的对接口脱开了对接，留下对接舱对接到空间站。“和平号”空间站增加了 5 t 的质量，而其“晶体”舱则加长了 5 m。升级后的“和平号”留在轨道上，等待下一次对接。轨道飞行器回到了地球，准备下一次地球-太空-地球之旅。地面和太空的生活都在继续。

* * *

依照惯例，12 月底在谢苗诺夫的办公室举行了 1995 年工作总结会。和往常一样，总经理重点陈述了最近取得的成就，罗列了过去几个月来的重大事件，着重指出了各主要部门的贡献。和参加此次盛会的其他部门领导一样，我也希望听到自己这个新组建部门的编号。可惜在总经理的发言中甚至都没提到“对接”这个词。不过，他将对接舱的研制和发射列为最成功的项目，还点了两位优秀专家的名字：对接舱主设计师 И. 叶夫列莫夫和主试验师 B. 加夫里洛夫。同时，总裁分享了自己 11 月观摩 STS-74 航天飞机发射的感想。他坦言自己原本很担心美国人对我们到访团队的评价，但是他们从国外同行嘴里听到的只有褒奖，没有一句微词。大家对总经理表达的意思心领神会，顿时神采飞扬。

会后我向加夫里洛夫表达了祝贺，祝贺他获得了我们领导和美国领导的高度评价。斯拉瓦大概感觉我有讽刺挖苦的意思，就开始顾左右而言他，说总经理不该在新年前夕絮叨这些往事。

党的领导路线已成为遥远的历史，但是总经理的领导路线仍旧一成不变。

1996 年到来了，等待我们的是向“和平号”空间站的新一轮飞行任务，航天飞机 STS-76 的新任务，以及为国际空间站（ISS）研制对接系统的紧张工作。这个空间站在去年年底失去了自己的前缀名——“阿尔法”，在新的一年还没有找到属于自己的名字。

4.24 另外七次对接和其他事件

在1995年“太空梭”航天飞机完成飞往“和平号”空间站的两次任务之后，我们的生活进入了另一个新的国际航天轨道，在未来两年半的时间里，还要完成七次这样的飞行对接。我们沿着已经开辟的道路前进。究其实质来说，我们的工作是重复已经完成的操作。众所周知，美国人、NASA和美国航天工业各公司都具备强大的系统性策略和完备的工作流程。我们力争不落后于他们，在技术和时间方面都不出现失误。我们的协作几乎是无可指摘的。至少这是一项积极的工作，而太空飞行在任何时候都有可能带来意外，必须在所有准备阶段都始终保持警惕，无论是思想还是行动。

1996年3月底，“亚特兰蒂斯号”执行了第三次飞行任务，与“和平号”空间站完成对接。在这次STS-76任务的对接过程中，我们第一次解决了一些新的关键问题。问题出在APAS对接机构上——有一个缓冲制动器意外地没有脱开，导致自动对接程序开始后发生了严重的偏斜。我们采取了有效措施，顺利完成了对接。令我惊讶的是，不管是NASA还是我的领导们，没有人对此事予以应有的关注。一切都在按部就班地进行，就像什么事都没有发生过，之后也没有新的飞行任务了似的。我们的总经理已经顾不上对接机构发生故障这种“小事”了，他正被其他全局性的问题所折磨，首要的便是经济问题。不幸的是，他教育自己的副手们不要反复核算成本，特别是涉及与国际合作相关的项目。而美国领导层的做法则完全相反，NASA和工业部门是将工程问题的成本核算交由承制方来解决的。问题解决了，但并非一帆风顺，主要是有时候没有进行应有的协调。不管怎么样，我们还是勉强在发射前夕商定了更改飞行和对接控制程序，而发射计划在夏季末进行。

但是“太空梭”航天飞机的下一次飞行，即STS-79任务延期了，此次任务是执行与“和平号”空间站的第四次对接。7月初，在距离早前宣布的发射日期还剩下4周的时候，这个消息就被公布了。这有助于我们解决自己的地面问题。而由于延期滞留，美国宇航员 S. 露茜德也打破了我国宇航员 E. 康达科娃创下的女子太空飞行 183 天的纪录。9 月执行的“亚特兰蒂斯号”任务进行得很顺利，在太空展现了专业性，地面支持也很充分。

* * *

在第四次 STS－79 航天飞机任务开始前，“和平号”空间站的最后一个舱段“自然号”发射升空，这个舱段是在 20 世纪 80 年代就开始构思和建设的。“自然”这个名称应该象征着这个科学设备的主要用途，它被放置在这个 20 t 重的舱段的内外部。和之前于 1995 年对接到空间站的“光谱号”一样，这个新的舱段也成为国际计划的一部分。该舱段的科学设备重达 3 t，其中约有 2 t 是进口设备，分别来自美国、欧洲和其他国家，它们将“自然号”与我们的“和平号”连为一体。

在“第 173 国际”中和 STS－79 乘员组合影

我们对接人有自己的难题，我们不得不再次改进自己的机械臂、我们的定时机构。“自然号”在对接到轴向对接口后，还需要转对接至唯一空闲的侧向对接口上，从而完成空间站的建设。到达最后一个对接口的路径非常狭窄，需要采取所有必要措施，避免碰撞其他舱段。尽管我们继续抱怨，吐槽命运再次迫使我们去改正别人的错误，但由于我们在一年前已经做过这一切，所以这次没遇上特别的困难就解决了问题。

发射、交会和对接都进行得非常顺利，不像以前。转对接时，在紧张的最后时刻，我们有些焦急，而在太空中，那些巨大的隔框发出咯咯巨响，同样刺激着宇航员的神经。好在最终这一切都正常结束了。

确实，科罗廖夫是对的。他曾经说过，主设计师应该是个走运的人。总设计师则应该加倍走运。就像在战时，将军有责任夺取成功，获得胜利。我们的生活就像战争。战争的很多特征始终伴随着我们，在人们的生活和工作中，经常能看到战斗的精神和伴随这种精神的特点。

我们的总设计师是个走运的人。作为领导这场耗时多年的航天"战役"、前所未有的航天大事件的"将军"和"总司令"，他在艰难时刻展现了不屈不挠的意志、坚强和坚持。在苏联时期的联盟内部，苏联解体后的新国家内部，伴随着所有领域的崩溃，他的这一品质在外交活动中显露无遗，也显现在与近邻各国（指原苏联各加盟共和国——译者注）、新旧世界的新伙伴的合作中。命运对他的这些品质和活动报以成功，从而促成我们共同事业的巨大成就。作为这些工作的积极参加者、支持者和爱好者，我们应该承认，这是一种独特的航天成就，关于这些我也应当在此再次讲述。

* * *

当时俄罗斯航天工业的状况在继续恶化。并且，在仲夏时节，总统选举临近结束的时候，国家预算的情况也急剧恶化了，大量的资金被挪作他用。苏联体制似乎已经成为历史，但是很多领域仍然保留了"社会主义残余"。勃列日涅夫时代有一则笑话，上面决定召唤体制之父来搞清楚第一辆社会主义汽车发生故障的原因。列宁认真思索了一会，说道："你们把所有功率都给喇叭了。"在后苏联年代，"喇叭"仍然从国家机器和某种新的反国家机器中抽取着巨大的功率。

与这个"喇叭"不同，航天发射平台在继续遭受破坏。N. 赫鲁晓夫可能是对的，他在 20 世纪 60 年代初将航天与社会主义等量齐观。破坏而不建设，放任各种破坏者和建设者的后果可想而知。

* * *

我们准备和支持联合任务的工作同样进入了平稳的轨道。这项工作在向几个方向发展。

和以前一样，在发射航天飞机的数月前，乘员组来到我们这里，我们在一楼的那个实验室里为他们讲授了对接系统课程。我有理由说，我们的第 173（房间号）国际表现出色。美国宇航员们认真听课，对以运行状态展示的 APAS 进行了更多的观察和研究。他们能够亲自摁下控制台上的按钮，就如同乘坐自己的轨道飞行器在轨飞行一样。特别是飞船驾驶员和负责对接操作

STS－86 指令长 Ch. 普里克特全神贯注于对接问题

与 E. 柯林斯合影：他不戴眼镜认不出来

的靶标专家，他们都在努力搞懂我们操作的所有细节。乘员组中有我的一些熟人。Ch. 普里克特是第一次任务的驾驶员，现在担任 1997 年 5 月第六次任务 STS－84 的指令长。令人难忘的 E. 柯林斯被任命为“亚特兰蒂斯号”的驾驶员，我和他 1993 年就认识了。乘员组中还有我非常熟悉的 E. 康达科娃，第一位登上美国航天飞机的俄罗斯女性。在这些略显死板的学术会议中，在与即将飞往太空，并真正进行太空对接的那些人的沟通中，我同样获得了情感激励。

在某种程度上，参与对美俄两国宇航员的培训帮助我摆脱了自青年时期以来就挥之不去的对太空飞行，对未能实现的梦想，对亲身体验太空并在太空中试验自己研制的结构的渴望，毕竟我未曾经历太空飞行，没有亲自触摸和感受过太空。

OPF——Orbiter Processing Facility
（我们管它叫"轨道飞行器处理设备"）

* * *

"联盟号"和"进步号"飞船继续在地面制造和准备。包括我们这些对接系统专业人员在内的系统人都在车间和检测试验站工作，经常与自己的产品一道去靶场，去拜科努尔。从1995年开始，我们又多了一个任务，又多了一个发射平台，那就是佛罗里达的肯尼迪发射场（肯尼迪航天中心），航天飞机在那里进行"处理"，也就是飞行间维护。

我们的一个专业小队飞往海角的肯尼迪航天中心，对轨道飞行器的对接系统进行"端到端"试验。每次我们的专家都不仅参加计划中的常规检查，时不时还要处理一些突发的问题，例如传感器用坏，遥测参数显示有错等。通常，这都是小事，设备整体工作并无故障，也按照我们的方法完成了收尾工序：清洁和润滑了滚珠丝杠和其他构件，完成了自查。

NASA为我们的越洋出差花了不少钱，因此他们会间歇性地提出质疑，那里是不是每次都需要我们？我的立场一贯强硬：如果我们不在现场，责任将由你们来负。这个观点是无可辩驳的：是的，万一发生什么事情呢？要知道无论是我们的"和平号"，还是即将到来的国际空间站计划，在访问空间站的任务中，无论过去、现在还是将来，对接仍是一个危险的操作。

* * *

还有一个对接热点是休斯敦飞控中心。伴随着每次联合任务，都会有两支俄罗斯专业团组飞抵休斯敦：大组负责大系统，小组负责对接。我也得以跟随执行了几次这样的对接任务。虽然既不需要从太空，也不需要从得克萨斯搭救任何人，但每次这样的越洋任务也都是一件大事。在飞控中心执行所有当前项目任务的同时，参与飞行控制的工作为我们和美国同事都丰富了经验，使所有人都做好了在接下来的21世纪开展对接的准备。

我们也努力留下自己系统在轨工作的“纸面痕迹”。虽然没有人对此提出要求，但我们还是决定在每次飞行后收集和处理遥测记录和其他信息，并形成简报。因此在三年的联合任务期间，我们积累了大量的宝贵资料，其中包含APAS和整个对接系统的所有主要工作参数：从结构件在太空中的温度和机构的功能，到包含力和力矩、缓冲器位移、电气指令和电气信号在内的动态参数。

“像会计一样记账”，毕竟喜欢账目清晰的不仅仅是钱。

* * *

1996年年初，开始了谈判，计划增加到9次飞行，以延长“和平号”-“航天飞机”国际计划的飞行任务。对此的理由是很“充分”的。首先，很显然，国际空间站计划的飞行阶段将要延期。因此对新计划中的另外两个轨道飞行器进行预先试飞貌似非常合理，可以趁机“教会”它们对接。同时，这也刺激和加速了我们为“奋进号”和“发现号”轨道飞行器装备对接系统的联合工作。这需要我们付出额外的努力，参与到联合工作中。我们的设计局和工厂，美国道尼的洛克威尔公司、肯尼迪航天中心等地都开展了这些工作。

新的“发现号”航天飞机被首次用于执行倒数第二次任务STS-89。这架轨道飞行器是为国际空间站计划的首次飞行准备的。为完成这个未来任务，需要采用两年半前对接STS-74时使用的相同构型，当时STS-74向“和平号”空间站送去了对接舱。这些技术储备和经验都是非常有用的。再一次在Aerolock即外部气闸舱中装上了APAS和电子设备，包括电路换接器，该换接器可以控制轨道飞行器自身，以及ISS的首个美国舱段系统。

我国飞行员柳明参加了1998年5月的下一次飞行，即STS-91任务。他决定不能落后于自己年轻的妻子。和大多数宇航员一样，他在地面就开始锻炼身体。这位58岁的宇航员这次成功瘦了20 kg多，还开始学习英语……

对于我们对接人来说，这次飞行的特点在于，在第三架“发现号”轨道飞行器上安装了为ISS研制的带柔性APAS的全新升级的对接系统。因此，我们率先为新的空间站在轨试验了星载系统。飞行中所有设备都运行正常。所有人都很满意，包括柳明这位“和平号”-“航天飞机”计划的经理，而他没多久就担任了国际空间站俄罗斯部分的负责人。

第5章

未完待续，后20年的起点

5.1 最后的引言：世纪之交，矛盾的统一和对立

按照老习惯，每天清晨，我早早上班，打开 Retro 收音机，启动新式电脑，开始漫长的一个工作日。自从拿“对接”挣来的钱成功地添置了电子设备，甚至架设了和美国 NASA 的直通电话后，我就开始将自己的办公室称为 Office 了。在苏联歌曲等老歌的陪伴下，从早到晚，我都在埋头处理各种事情，其中大部分是面向近期和远期即 21 世纪的。往事不可追，能做的只是当下，回忆过往，规划未来，而老歌可以愉悦心情，激发灵感。

越接近 20 世纪 90 年代的尾声，越感觉到时代的撕裂。我们长期赖以为生的那些东西已经随着 20 世纪远去了。具有象征意义的是，我们的“和平号”空间站也在结束自己的飞行，而在 20 世纪结束之前的一年多时间里，载人航天的新世纪已经开始了。同时开展的两个大型载人航天计划的工作加剧了我们的分歧，激化了矛盾。往事无法回避，也无须回避——正如老歌难忘，为什么要忘记过去的时光呢……回忆过去不仅是为了记住，也是为了今天的我们更正确地抉择和做事。

工作日的清晨

最后一章的故事名为“未完待续”，是关于 20 世纪最后几年的航

天大事，以及关于我在世纪之交（甚至可以说是千年之交）所投身的事业和理想。这一时期因开启了航天转折时期而引人注目，在此期间，向太空中发射了两个空间站：象征苏联航天壮丽尾声的“和平号”空间站，以及新世界的产物——国际空间站（ISS）。在这两个项目的最后和最初阶段，可以看出我们这个时代和世纪末的典型特点，并对地球轨道和太空轨道做一比较。

* * *

和其他许多行业一样，俄罗斯航天在继续为生存而奋斗。以“和平号”空间站为例，可以说，该空间站在太空和地面都备受考验。近乎灾难的事故顶峰发生在1997年，当年年中发生了史无前例的太空碰撞。俄罗斯付出了巨大的努力，挽救了“和平号”甚至使它更强大，并使“和平号”坚持到了最后，在太空和地面都没有抛弃它。但是，俄罗斯航天经历的不仅是这些一时的困难。虽然解决了轨道上的危机，并且排除了故障和事故的后果，但是在我国整体经济和高技术领域发生的反向政策变化，才是更主要的后果，更确切地说，是更为致命的后果。虽然缺乏资金已经成为普遍和持续的现象，但俄罗斯航天缺乏的不仅是资金。航天工业的整个基础设施崩溃了。赖以制造和将飞船发射升空的大量企业都面临生死存亡的边界。它们失去了一切：人才、技术、精神和薪水。最后还是由于领导层和同志们对宇航事业的坚持，才成功制造、装配了每艘“联盟号”飞船、每艘货运飞船并将它们送往“和平号”空间站。就所需克服的困难和其他特征而言，“和平号”空间站与地球的联系堪比战时被围困的圣彼得堡的生命之路。

在新世纪的前夜，我们得过且过，在俄罗斯苟延残喘的不仅是老人。没有五年计划，也没有百年大计。国家幸存下来，但既无计划，亦无战略。国家理念遭到违反、劫掠和破坏。我们不知道，“和平号”将面临什么样的结局。政府颁布了一些奇怪的命令，比如“如果你们自己能找到资金的话，空间站还能飞个几年”这种。

距离20世纪结束还有一年半，风烛残年的苏联航天迎来了最后的时光。1998年5月结束了“和平号”-“航天飞机”计划，只剩下我们的“和平号”空间站，它继续在太空中飞行。几个月后，国际空间站的飞行任务开始了。我们就这样在徘徊中迎来了新的1999年。站在新世纪和新千年的门口，1999年是不寻常的一年。正如以前常说的，五年计划的最后一年开始了。还可以多说一句，这是一百年和一千年的最后一年。这个不寻常的年份连接起了两个时代。

在飞控中心指挥“联盟 TM－27”对接时，飞控大厅内聚集的人员甚至多于往常（如果按照国际乘员组的“种类”划分的话），人脉宽广的宇航员 A. 谢列波罗夫向美国人（来了很多美国人，包括国际空间站的领导）点点头，跟我说：“他们需要我们的‘和平号’，否则谁能证明能飞 15 年？”我们的“和平号”两年前就已经飞行了 13 年。

在两年前的 1996 年年底，曾经积极尝试合并两个项目，甚至试图在轨连接两个空间站。然而政治家和新计划的战略家并不需要这些。在他们看来，已经从我们的“和平号”获得了主要信息，在老旧的“和平号”上接驳新的国际项目是无利可图的。这个想法欠缺考虑。

* * *

人的本性是摇摆不定的，据说只有傻子才从不怀疑。

总的来说，人性的两面性不是偶发现象，它存在于人的本性中。某位马克思主义者说过，这是矛盾的统一和对立。这一行为学定律包罗万象，适用于人类个体和社会。从这一套哲学中可以引申出许多有益于我们这个转折时代的东西，此时，主要的马克思主义理论和实践仍残留在苏联和整个社会主义阵营的残垣断壁下。

我想起关于这个主题的另外一本科普著作，这是一本名为《The Naked Ape》（《裸猿》）的书，这是我在恶补英语时期的案头书。本书作者是美国人莫里斯，作为一位杰出的动物学家，他以生动、科学的笔触描述了人类的“动物”天性，从人类的起源到那些不可磨灭的品性，这些品性自尼安德特人时期起传承至今，不论是文明发展还是科技文化进步都无法令其改变。书中有很多有趣的内容，描述了我们的两面性，解释了为什么我们会如此频繁地动摇，甚至在欲望和责任、眷恋和创造之间摇摆不定。

两面性是普遍的。即使威严、强力如 B. 柳明之流也具有两面性：“太空就像毒品——身在太空，就想返回地球；等你回来了，却老想着回到那里。”

如果回到对接这个话题，应当说，对接需要在轨道上联合飞船和舱段，将它们连接在一起，这就将地面的人员连接起来了。我们学会了独立做事，不管科学、政治和宗教。这可能有助于航天计划和其他计划。

在苏联解体以及新俄罗斯发生了一系列事件后，我们的内心愈加彷徨。我们不赞成也无法接受新兴事物：恶意满满，善意些微。如今终于明白了当时社会的问题所在，以及从从赫鲁晓夫“解冻”到戈尔巴乔夫改革期间都改变了什么。但我已告诫自己不再展开全面评论，因此仍旧回到宇航话题。

在林学院，在“我们的林子”（已改名为“莫斯科林业技术大学”）发生的变化很好地反映出时代的延续和冲突。我们技术控制论教研室以前的研究生重新调整了教学程序，甚至基于商业原则设立了新的专业，然后将教研室改名为“管理和信息技术教研室”。我和“能源”火箭航天集团公司教研室分部的老专家们仍然遵循旧的名称和旧的教程，教授工程专业课程。虽然不多，但仍然有一部分大学生毕业后来到我们这儿工作。我们尽量安排他们从事前沿技术工作，他们也逐渐成长为真正的航天工程师。

我对领导的态度也是具有两面性的。一方面，多亏了Ю. 谢苗诺夫的一长制作风，他的决心、才干，甚至他的运气，才得以在最后的十年中，成功保留了苏联的载人航天计划（还不止），并将其带入21世纪。另一方面，他对人态度多变，委婉一点说，需要改善。

在最后几年中，我们还遇到了另一个实际的两难问题，那就是同时开展的两个载人航天计划——我们原来的“和平号”空间站和新的国际空间站（ISS）。向太空发射了国际空间站的头几个舱段后，矛盾激化了。所有的优先级——最主要的是，所有的资金——都拨付给了新的国际合作计划。俄罗斯航天局（RKA）为了对美国NASA和其他国家的航天局负责，主要关心国际空间站。不同于已经随政权消逝的苏联航天，俄罗斯残存的航天计划得到的仅仅是一纸没钱的政府命令。作为负责“和平号”运行的单位，我们的“能源”火箭航天集团公司被租赁了，被授权开展完全的自主经营，被要求自行筹措资金以维持飞行。大概并非所有事情都做得很职业。太空依旧吸引着富人去追逐理想和财富。当然了，这一滩浑水吸引了形形色色的人，包括梦想发财的人和各种投机者。

可能找不到一个具备必要的品质，首先希望帮助航天，实现航天理想，其次才考虑自身收益的人。

“曙光号”被发射入轨，偏离“和平号”轨道180°。这是特意设计的，以便两个航天器不相交。这不是为了安全，而是为了避免它们在太空中因相互吸引而发生连接。自助者天助。诚然，我们的弹道专家仍然残留着一些乐观主义精神，他们承诺，如果非常努力，利用地球的所谓“扁平性”，可以在几年间，将它们带回公共太空轨道。但是又有谁来纠正我们有时非常扁平的脑袋瓜呢！

一个月后，APAS（异体同构周边式对接机构）对国际空间站的头两个舱段进行了在轨连接。首次对接开创了人类征服太空的新纪元，也由此成为一个重大事件。从工程角度来说，此次对接并非毫无问题。困难无处不在，尤其是在边界部位，而这次的难点却在于国家间的边界，更确切地说，在于俄罗斯、加拿大和美国之间的对接面上。不过经过大家的共同努力，最终消除了分歧。

所有主要的工作以及由此产生的问题都尚未触及。厂所和技术团队获得了喘息之机。但是真正的工作即将来临，其最复杂的部分不可避免地日趋接近，所有的成就都需要付出代价。预计这个阶段的高峰将在2000—2001年到来。

这之后就是初始阶段，国际空间站的两个对接舱段在不载人模式下飞行了半年。直到5月才计划让航天飞机执行一次计划外飞行，向空间站运送辅助设备，包括我们一半的太空吊车，再过半年运送另一半，以便赶在2000年年中开始工作。

最近几年，我对美国航天，对他们的作为、双方相互关系的感受和想法是矛盾的。他们能做到很多我们做不到的事。与此同时，他们又缺乏我们在地球上和太空中已经验证了的，全人类的专业经验。众所周知，美国人具有认真做事的精神，列宁也曾经向我们指出过这一点，但是他们仍然在某些方面逊我们一筹，甚至在工程组织方面，特别是需要集中力量，握紧拳头的时候——那时候我们会变得高不可攀和不可战胜。大概这是“为了面包”以及其他许多东西而“斗争”的理念教会我们的。这种本领不可能从书上学得，正如我们无法效仿他们的系统性策略一样。

似乎有点倾向于我们原来的社会主义方法了，虽然它们并不是最有效的，也并不总是成功的。1998年年底，当国际空间站的头两个舱段被发射入轨并在太空完成对接后，所有的航天局都发布报告，宣称其已经履行了所承担的“资本主义义务”。

但不能说，他们计划项下的所有事情都完成得很出色。光靠金钱不能解决全球性航天计划的所有问题。

* * *

我的矛盾不仅局限在想法，它还延伸至业务。最近几年，在为“和平号”、国际空间站和其他计划研制主要的机电产品的同时，在“太空帆船赛”

财团框架下，我们还重启了近乎“奇幻”的太阳帆业务。在普遍衰退和贪婪的背景下，该业务显得尤其不凡，吸引了社会各界的注意。

如果再次用经典著作（这次是文艺作品领域）来类比，那么可以回忆下Э. M. 雷马克杰出小说《黑色方尖碑》（我的另一本案头书）的主人公。作为迷失的一代，主人公与他身处的时代格格不入，在许多方面表现出明显的双重人格，踯躅于肉欲与情爱、现实与扭曲的心理世界之间。当我重读这本充满哲学和辛辣讽刺的小说后，我脑海里浮现出类似的航天情节。我们的对接技术是载人太空飞行赖以实现的技术。除了这个“尘世的”业务，我和我的同事还被其他的神奇事物所吸引，这些事物结合了中世纪的浪漫精神和航天理论泰斗们的梦想。我们仍然试图在实践中实施太阳帆和空间镜，建立自己的镜像。难怪美国人将这种技术称作奇幻技术。我们没能在20世纪做成我们打算做的所有事情，直到最后一刻我们才获得成功。

开辟新大陆的哥伦布通过三次旅行才到达那里。1999年，我们再次尝试重启在“哥伦布-500”项目中开始的工作。不同于这位伟大航海家和引路人的探险之旅，我们的第二次尝试没有成功。我们已经非常接近目标了，地平线后方已经显现新的海岸了，但是海岸边的暗礁戳破了我们脆弱小船的船底。

尝试没有成功。21世纪带给我们的将会是什么？哥伦布也是在世纪之交完成陌生的航行的。

想到未来，我经常会转向喜欢的、想象中的混合体，在纸上画出来或去落实它。对相邻领域发生的事情的观察强化了这种眷恋。极端主义和对片面决定的迷恋导致了令人不满的结果。国内整体的极端主义将我们所有人都带到了灾难的边缘。想到局部问题，我试图推动我的机电专业。相邻领域同样激发了那些可能会产生新效果的事物。谁能在实践中实现所有这些？能够实现吗？但是需要相信，“一切基于信心……”

每个人都在继续做自己的事。现代商人更喜欢用最快的方法套现资金。他们抛弃了经典公式“钱-商品-钱”的关键中间环节，从而使生产变得极端高效。1998年8月，在最年轻的政府执政时期，俄罗斯的危机爆发了。国家经济再次坠落深渊。但是难怪O. 本德尔说，金融深渊是所有深渊中最深的深渊，整个生活都可能因此陷落。但是国家生活不应该以一代人的退出而结束。为了避免这种情况发生，应该保护和扶持文化幼苗、广义的人类文化，并且拔尽杂草。据估计，有上百万公顷的俄罗斯耕地上长满了飞廉。那些未离开也未学会（不能说“不想”）赚钱的人继续保持并发展了自己的工程技术。

对接系统对接了剩下的“联盟号”和“进步号”，解决了自身的接口任务。

在世纪之交的最近几年，所有这些想法都以这样或那样的方式浮现在我脑海里。

* * *

20 世纪的最后一年已经过了几乎一半。在计划经济时代，大概会说，结束了五年计划的最后一年，还可以加上“百年大计”甚至“千年伟业”这些定语。

最难的是和老同志们离别。命运将我们联系在一起，从事共同的事业并为之奉献一生。当然，逝去的朋友无法挽回，但生命的纽带可以延续。

不知道为什么，我常常回忆起鲍里斯·拉乌申巴赫院士。同许多睿智且经历丰富的人物一样，他知识渊博，更重要的是，他著作颇丰。但不管怎么说，他选了一条相对轻松的道路，像一个幸运的运动员，在到达荣誉的巅峰后马上功成身退。用他自己的话说，在最精彩的航天初创时期，他有机会经常辗转从事不同领域的工作。人们都说，不同于我们共同的领袖谢尔盖·科罗廖夫，拉乌申巴赫院士并非战士。性格决定命运。我们则继承先驱们开创的事业，肩扛十字架走到了终点。

本书的最后章节写于为我们“和平号”空间站的抗争进入决定性阶段的时候。可以说，全世界都在为“和平”抗争。战后半个国家都变成了废墟，凭借令人难以置信的毅力，我们先后研制出了原子弹和氢弹。斯大林提出口号：人民只有将和平事业掌握在自己手里并捍卫到底，才能保持和巩固世界和平。

在 20 世纪，和全世界人民一样，群众性口号和政治口号始终伴随着我们。在 20 世纪末的最后一年，围绕“和平”的斗争达到了顶点。

5.2 1997年的“和平号”

对我们的空间站来说，1997年是关键的一年。这一年年中，空间站面临毁灭的边缘。在6月的对接失事之前，发生了其他一些紧急事件。依靠地面和太空中的巨大努力，其姿态才得以稳定。

1998年5月，曾经在“礼炮-6号”空间站驻扎过一整年的资深宇航员B. 柳明进入“和平号”空间站。以前只有“和平”的“思想家”K. 费奥克基斯托夫有幸有过这种经历。但是他是在太空时代的曙光中，乘坐最早的飞船之一“上升号”升空的。20世纪80年代初，老将费奥克基斯托夫试图飞往“礼炮号”空间站，他甚至通过了我们的星载系统考试。由于各种原因，他的热情未获支持。

其他航天设计师只好满足于地面经验和从轨道返回的工程师和指令长的叙述。当然了，最好是亲眼所见。我也渴望亲眼看一下空间站，并用自己的双手触摸它。这种飞行将是一种无与伦比的经验，大概称得上“大事”了。完成了这种使命，这种真正的人生转折后，可以变成另外一个人——集设计师、操作员，甚至管理者于一身，如柳明那样。

这位当今俄美联合计划大领导的主要结论是，“和平号”空间站还可以在太空中继续飞行若干年。他还出人意料地指出，空间站飞得越久，寿命就越长。这一言论乍一听不可思议，但受到很多人支持。在地面和太空都面临困难的条件下，人们积极地为“和平号”的生存而斗争，方案日益丰富。

许多年以前，那时我的女儿还在上五年级，我给她们班做了一次讲座，将地球上和太空中的生活做了比较，我用孩子们可以理解的语言讲述了太空生活：关于厨房、寝室、办公室、工作间、健身房等，甚至还包括便盆。所有这些生活和技术设施都应该维护和补充完整。需要每天收拾，并时不时地清理太空垃圾。如果水龙头在失重环境下渗漏，那这就不是普通的漏水了，简直是一场灾难。

我还记得，相比那些学生，我的叙述更强烈地触动了那个女教师。

总的来说，空间站是一种综合性的工程设施，包含必要的工作机构和系统。空间站首先是一部机器，装满各种技术设备，在自身运行的同时，为居住在其中的人员提供保障，满足他们的生活和科技工程需要。这就像空气和水、热量和食物、阳光和能量、卫生和体操、睡眠和闲暇。这涉及发电站和喷气式发动机、导航和控制、信号和通信、电视以及其他许多东西。这种生活的一个方面是在轨实验，这是太空飞行的目的之一。最后要说的是，太空任务是远离地球的高空飞行任务，在真空中飞行，速度将近 8 km/s，要时刻牢记这一点。

我没给孩子们讲述工程系统方面的事，现在也不打算这么做。

任何一次太空飞行都需要做好准备，长时间飞行的要求更多。飞往空间站途中，需要完成各种各样的工作，这样的飞行会给宇航员留下深刻印象。人类是从地球进入太空的，众所周知，地球上的人是形形色色的。虽然宇航员是经过选拔的，且经受过长时间的高强度培训，但是仍然很难克服教育的欠缺，更不可能在短时间内被培养成为一个周到、认真的人。另外，男人们在地球上习惯了女人的照顾，在上面只得自寻生路。同时，乘员组乘员还应该彼此包容。在不同寻常的太空环境中，固有的俄罗斯文化会强化宇航员的个性，如果谁具有排他性，特别是当几个宇航员一起长期飞行时，尖锐地表现出这种排他性就会带来严重后果。因此，对未来的国际空间站来说，这个问题不是凭空臆造出来的。

“和平号”乘员组平均每半年轮换一次。基本上每次更换三人，几乎和冰球赛一样。这里是旅馆、客栈和轨道出租房。每隔三个月，货运飞船就会为空间站送来燃料和成吨的固体物资，从食品到备件，应有尽有。这些物品都需要卸货，分置于台架上，登记造册，并按计划均匀使用。

结合我们的地球经验，再加上一些想象力，可以想见十年后的太空之家会变成什么样子，尤其它是这样一个定期更换房客的旅馆，来自地球的“外来人士”在这里进进出出。

在“和平号”运行的第 12 个年头，命运为我们准备了一个又一个新的考验，环环相扣几乎贯穿了一整年。火灾、星载计算机和其他设备一个接一个的故障，最严重的一次是与货运飞船相撞，飞船整个船身钻入空间站的腹部下方，将一个侧部舱段撞出了一个窟窿，险些酿成不可挽回的后果。

在整个飞行期间，“和平号”空间站从未面临 1997 年这样艰难和紧张的时刻。虽然经受了损失，地面和太空还是挺住并克服了困难，又至少继续飞行了两年。

危急时刻暴露出很多技术和管理上的缺陷。和以往一样，俄罗斯人能够马上行动起来。美国人被紧急事件搞得措手不及，能否继续联合飞行变得不确定了。最后，NASA 作为忠实伙伴，顶住了压力，为共同的事业做出了贡献，而且不仅仅是资金支持。

作为主要“玩家和教练”的人才也引起了职业领域和社会的广泛关注。能否在太空飞行 1～2 周甚至半年？还有，是否可以不显露真实品性、优点和缺点而成为英雄？正如战时在前线一样，在危急时期，人们会完全、快速地敞开心扉。这种事发生在 1941 年的我国，也发生在 1997 年的“和平号”空间站上。事件拉近了人们之间的距离。特别有意思且值得注意的是，他们代表了不同职业团队的利益，甚至代表了（美国人喜欢说的）不同文化的利益。所有这些都关系到俄罗斯及美国的生活，关系到在这两个国家和世界其他地方发生和改变的一切。在俄罗斯，我们在地面和轨道上的所有人都在新的经济条件下工作，因此宇航员始终处于额外的压力下，并且没有忘记，他们的报酬取决于所完成工作的质量和数量。

* * *

前面是我的回忆和泛泛的议论，描述了组织-社会方面的进程和问题，是时候转到 1997 年发生并伴随“和平号”空间站飞行的真实事件上了。

应该说，最近几年的宇航员飞行计划完成度较高，仅有少许偏差，并且没有中断。一个奇怪的事实是，在国家经济整体崩溃，包括高科技领域在内的多数行业整体衰落的背景下，轨道上的生活却在继续。尽管整体的衰落涉及航天领域，但总的来说，飞船和运载火箭仍然在按照这些计划准备。即便在计划经济时代，由部长们亲自调遣，在党政机关的严格监督下，也不曾有过如此的（飞行计划）连续性。尽管拜科努尔发射场的服务有所降低，标准不一，但仍然准确完成了发射升空，没有发生中断和事故。只有少数人知道，人们为此付出了多少努力。飞控中心和分布在俄罗斯广阔领土上的地面监测站保持着与全世界探测设备的通信，对飞船和舱段实施了控制。确实，如目击者所说，它们的状态已临近极限。

毫无疑问，首先应归功于“能源”火箭航天集团公司、俄罗斯航天局下辖配套企业的领导层，以及最后的“航天兵”，后者为保持残存的往昔实力和自身的存活，进行了英勇的斗争。

1997年2月，新的乘员组来到空间站，开始了EO-23，即第23次任务。B. 齐布利耶夫和A. 拉祖特金需要在轨工作半年。在这次例行飞行的一个月之前，STS-81航天飞机将美国宇航员J. 利纳基尔送到了“和平号”。又过了三个月，在下一架航天飞机（STS-84）到来以后，他被M. 佛奥替换，后者是出生于英国并毕业于剑桥大学的美国人。看来命运给这个混合乘员组的乘员准备好了最大的考验，而且考验的不仅仅是他们。火灾发生在换班时，前一艘“联盟TM-24”飞船的指令长B. 科尔祖恩和随航工程师A. 卡列里只得去扑灭着火的氧气罐。他们在顺利返回地球后被授予“荣誉消防队员”的称号。

对于EO-23的指令长B. 齐布利耶夫来说，这是他第二次飞往“和平号”执行任务。他的首次飞行大体上是成功的，是和富有经验和声望的随航工程师A. 谢列波罗夫一起执行的。在这次飞行中，当他们的飞船在最后绕飞空间站以便照相时，发生了史无前例的碰撞，这给他的首次飞行蒙上了一层阴影。宇航员们忘了切换拨动开关，没能及时启动喷气控制手柄。万幸当时没人受伤。

齐布利耶夫表现得非常矛盾。1997年他向“和平号”的飞行一开始是成功的，在最后几米，当自动装置突然发生故障后，指令长成功地完成了手动对接。这一次，作为一个不具备领袖气质的宇航员，他面临更为复杂和艰巨的任务。这次和他一起工作的已经不是那个博学的谢列波罗夫了，而是另一个萨沙，是稚嫩的拉祖特金，以及刚愎自大的杰瑞，后者即使和其他美国人也很难沟通，不管是在太空中，还是在地面上。利纳基尔主要喜欢用练习器健身，以便回到地球时有一副健美的身材，他还喜欢科学项目，以便向NASA汇报。进入太空，站在敞开的舱口前，他立刻惊慌失措了。他还给尚在哺乳期的儿子写公开信，详细描绘了如何在失重环境下小便，以及在那里上“大号”是多么困难。据说他就是用这种方式开始准备国会竞选宣传的。但是俄罗斯人已经很难对政治感到惊讶了。

在整个飞行过程中，包括在轨道上，以及在一些困难情况下，人的主观品质总是叠加在客观情况上，从而使情况变得更复杂。乘员组与飞控中心的关系也变得紧张。一般来说，与所有乘员组的这种关系都很难处理，但是宇航员的职业素养越高，协作配合就越简单，越能有效调和，这是事实。众所周知，“地面”自身有不少缺点，但由于它很大，所以在正确组织的情况下，集体智慧总是更聪明一些。

危机在逐步逼近，而爆发是在 6 月末的盛夏。空间站上的几处严重故障（寻找防冻液渗漏部位和维修空间站空调管道是特别困难、旷日持久的工程），以及 3 月份再次尝试与“进步号”货运飞船的对接，都是这次灾难性碰撞的先兆。这次对接的目的是验证从几千米距离外进行手动交会控制。名为 TOPУ（遥控操作模式）的设备和方法可控制飞船的机动和靠泊，从空间站对飞船实施控制操纵。1993 年 2 月，难忘的（太阳）帆式“进步 M－15 号”飞船就开始了此类尝试，验证了短距离操作，当自动系统在约 200 m 距离处失效时，TOPУ 设备甚至挽救了至少一艘飞船。现在已经是第二次尝试在几千米距离处进行交会了，此时相对运动速度降到了每秒数米。众所周知，在这种运动条件下，轨道力学定律起了很大作用，飞船交会任务变得异常复杂。正如后来在事故审查中查明的那样，当时，在没做好充分准备的情况下，决定冒险一试。这项复杂的任务要求采用经过验证的方法，宇航员应经过良好的培训，飞船和地面应当紧密配合。总之，当时并没有在现有条件下借助 TOPУ 完成远程交会的把握。

1987 年，B. 查尼别科夫与垂死的“礼炮－7 号”对接成功后，就有人认为，已经掌握了“手动方法”，可以放弃自动装置了，后者的关键环节仍然是“航程”雷达。我们的对接机构是不可或缺的，但有人非常希望取消 B. 苏斯连尼科夫的“航程”。在艰难时期，激进分子照样游刃有余，活跃异常。其野心被新的野蛮的经济规则炙烤着。雷达的主要器件仍然在乌克兰制造，这使得情况更为复杂。基辅无线电厂的领导应该比谁都清楚，没有他们不行，所以无耻地抬高了价格。我们常说，“独立国家联合体”没有“联合体”，只剩下“独立”了。

可靠的朋友和忠实的战友 B. 苏斯连尼科夫

在 3 月份，由于某个原因，宇航员在 TOPУ 手动系统的电视监视器屏幕上看不到画面，他们目视发现了飞船，当时飞船正高速飞过空间站，处于与空间站非安全距离处。俄罗斯技术人员没能从此事中得出真实结论，而美国人则压根没当回事。他们在发生碰撞后才惊慌起来。正如俄罗斯谚语所说：“不打雷就不祷告”，指的不光是我们自己。

正是在这样长期和复杂的背景之下，由宇航员借助 TOPУ 操纵的“进步 M－34 号”飞船一头扎进了“和平号”空间站。幸亏承受主要撞击的是（对接在空间站侧面的）“光谱号”舱段的太阳电池阵，空间站和乘员组的性命才得以保全。

我当时累坏了，决定不去飞控中心见证这艘“进步号”的再次对接。飞船已经完成了它的主要任务，在第一次对接后，船上的物资都已经转移到了空间站，而飞船舱内则堆满了太空生活垃圾。

焦虑令我坐立不安，我还是跑到了飞控中心，此时货运飞船已经不再对“和平号”构成威胁了，“光谱号”被撞出窟窿，通往“光谱号”的过渡舱口的盖子已经关闭并密封。操作没有预想的那么糟糕，我尽力对操作结果进行了分析。交会是在可视区域之外完成的，飞控中心无法对该操作的进程进行干预。反映飞船和空间站上设备工作情况的遥测数据直到下一个圈次才下传。

当然，我们检查了我们的对接遥测，并且惊奇地发现了两个异常情况。第一个情况是，靠泊时对接系统处于未接通状态。第二个情况是，飞船的对接机构未触及空间站，对接杆头部的传感器均未动作，阻尼器未发生形变。我向飞行指挥汇报了分析结果。

第一个使我们感到惊讶的事实说明，该操作应该没有准备到位。预计有两种可能，要么和 3 月发生的情况一样，压根没有重新捕获到飞船，要么是宇航员像自动装置那样根据航向完美操作，飞船悬停在 200 m 距离处。从第二个事实则可以推断，碰撞是无序的，结构件没有缓冲，无法抵御碰撞。随后的分析证实了上述结论，查出的细节震惊了所有人，包括经验丰富的老将和毫无经验的新手。当飞船的运动轨迹被复现出来后，就明白了，为什么对接机构的传感器没能启动，而且不止这一个问题。

分析表明，飞船是“沿曲线”靠近空间站的，速度逐步降低，但仍然高出允许值数倍。只有在最后一刻才通过舷窗目视观察到了飞船，此时已经来不及使用激光测距仪了。安装在飞船上的 TOPУ 摄像机是朝向空间站的，因此宇航员在空间站的显示屏上看到的是自己。他们应该是看到了飞船冲着自己直冲过来，却没有尝试及时转向和绕开，而此时制动已经来不及了。

20 年前，在货运飞船的后部曾经贴过一个流行的标语，号召乘员遵守安全规则：“保持距离！太空不是地面!”1997 年，这个口号被略加改动后引用。

航天器的操纵手柄不同于延时作用的汽车方向盘，正如数学家所说，它是按照二次导数、加速度来进行操纵的，而加速度需要双重积分。并且，飞船姿控喷气发动机产生的加速度很小。因此根本不可能在太空中快速转向。总之，这还远不是可以自动实现的。

现在我应该对乘员组、所有乘员，包括5月份替换利纳基尔的M. 佛奥说些好话了。从各方面来说，在所有7个宇航员之中，成长于英国的M. 佛奥为与“这些俄罗斯人”结伴进行长时间太空飞行做了最充分的准备。

正是在此期间，在整个太空飞行历史上，空间站首次因碰撞而丧失密封性。压力下降，触发了警报。在碰撞发生前，指令长已经感觉到危险，命令M. 佛奥撤到“联盟号”救生飞船上。经过短暂的慌乱后，俄罗斯宇航员评估了情况，意识到压力并没有灾难性地快速下降，而撞穿的窟窿位于“光谱号”上。拉祖特金开始按照紧急程序关闭通往被撞穿舱段的舱口盖。为此首先需要清除敷设好的软管和电缆。火花四溅。穿过通道的最后几根电缆是带电的动力电缆，无法分开，只得切断。乘员组成功完成了这起抢险任务。

3点就成立了一个很大的事故调查委员会。从当天开始，每天都有200多人参加会议，相关和不相关的人员太多，以致飞控中心的“蓝色”大厅无法容纳所有人员。整整一个月，几乎每天都是这种情况。

委员会分析的不仅是在这次不幸对接过程中发生的情况。以B. 索洛维耶夫为首的控制专家每天都通报空间站的实时状态、为维持空间站所采取的措施，以及地面为修复所准备的情况。需要解决的第一个问题是供电。“光谱号”舱段装有4面最新的太阳电池阵。因此，关闭通往“光谱号”的舱口盖，并为此断开所有电气电缆后，宇航员们实际上断开了这一电能容量最大的舱段。

碰撞仅仅发生3个多小时后，就快速损失了几乎一半的太阳电池阵。出现“低电压”告警信号后不久，所有的设备（包括舱段定向系统）都开始断电了。进入阴影区后，空间站陷入了黑暗。此外还出现了另一个灾难的苗头。乘员组开始了又一轮的生存抗争。佛奥承担了大脑中枢的角色，制定了空间站转弯策略，以使剩下的太阳电池阵重新捕捉到太阳。为了赞扬他在此次操作中的理论贡献，空间站的宇航员们直接称他为“剑桥”。

最终，依靠太空和地面的共同努力，轨道之家再次被成功“点亮”。

因此，首要的、最紧迫的任务是组织、设计一条电气化的“密封通道”，经过被关闭的舱口盖（舱口通往已释压的“光谱号”）。为此我们建议使用锥形盖。这是过渡舱的“第五个”舱盖，曾用于各舱段与侧面对接口的转位对接，已经弃置很久了。这个著名的多功能过渡舱，起初是作为出舱时的气闸舱使用的，包括1990年用来营救第一个“量子”舱段，现在它又可以重操旧业了。顺便说一句，这个锥形盖非常便于在其中安装带有贯通式电气接头的新型罩子。很快（严格地说是在一天内）就画好了这个不寻常零件的图纸并提交了工厂。它被叫作“锅”，既是电气设备，又是“高压锅”（因为制作很快）。

对于我们对接人来说，第一周是特别紧张的。正如经常发生的那样，工作高峰在周末到来。在工厂的制造持续了一昼夜，直到周日接近午夜才结束验收。周一已经在检测试验站装配了。在最后的总装阶段产生了分歧。我们建议提前在“锅”的内部对接好短的转接电缆，以减轻穿着加压服的宇航员的工作量。有人建议使用一个专用开关。该建议被采纳，以节约电缆转接器。

媒体在那些天表现出了极大的热情，热衷于报道各种戏剧性事件。我也得以参与其中。CNN找了一些会说英语的专家。我向他们描述了我们的盖子，盖子带有电气“高压锅”，可以从空置的“光谱号”上抽取需用的电能。

周二这个“铁块”就飞往靶场了。在那里，“进步M-35号”完成了准备工作。这艘货运飞船于7月5日起飞，两天后在自动模式下顺利与空间站对接。入轨后，首先需要将盖子与我们的“高压锅”装配好，之后连接外部电缆。然后，在对这个有名的过渡气闸舱释压后，需要进入“光谱号”，从另外一端连接电缆，并使用新的盖子来关闭舱口。

完成这个复杂的操作需要进入“封闭太空”（飞控中心那时的叫法），最初是计划委托抢险参与者来完成的。但是拉祖特金操作不慎，分开了通往中央计算机的重要电路。这一失误再次引起连锁反应，导致本已非常严峻的形势进一步恶化。在丢失定向后，电池阵停止了供电，设备相继开始断电。EO-23乘员组最后丧失了地面的信任，并且齐布利耶夫深受失败和不安折磨，开始出现严重的心律失常。

并行工作的还有一个捷戈佳连科挂帅的委员会，捷戈佳连科是危险性实验的积极拥护者之一。该委员会的主要任务是找出损伤部位，准备器材消除泄漏。他们长时间工作却一无所获。无法进入太空，不管是外太空还是封闭太空。“光谱号”带着它所有的科学设备永远地丢失了。

总的来说，事态逐渐稳定下来。有些东西能够修复，有些只能认命。8月初完成了一次换班，“和平号”迎来了新的乘员组，乘员有所精简：法国人只好“下车”，其飞行被推迟到下一年。新的宇航员包括老将A. 索洛维耶夫和新人П. 维诺格拉多夫，他们成功地执行了一个重要的操作，接入了“光谱号”的电源。随航工程师的首次出舱非常困难，开局就一波三折。一开始是无法对过渡舱释压，然后不得不再次归零，以更换宇航服上漏气的手套。幸好维诺格拉多夫没有冻坏。

总的来说，这次操作是成功的，但并非十分顺利。维诺格拉多夫穿着充气宇航服，艰难地将17个插头塞进“锅”里，但仍有一个插头没有对接上。他的电缆转接器不够用了，我因为当初没有坚持己见而深感自责。结果太阳电池阵的驱动机构没能使帆板对日定向。

直到几天后才进入了真正的外太空。宇航员们徒劳地寻找着穿孔位置。但还是成功地展开并手动修正了太阳电池阵的方向，以使它们略微接收到光照。几个月后才成功地完全恢复了这一最重要系统的工作能力。一年后，我们“锅”内部的一个插头自动脱开了对接。这本来不是宇航员的错，但他们只得再次去修复。

早在这些舱外活动开始之前，B. 齐布利耶夫和A. 拉祖特金就返回了地面。我决定去星城见见这个倒霉的乘员组。他们承受了太多的闲言碎语和报道。我不会向他们提尖锐的对接问题，此类问题早已纷至沓来。我感兴趣的是，他们是怎么在丧失密封性后，在需要自救或抢救空间站的情况下，能够成功地快速在轨处置这个最危急的事态的。

关于这个乘员组的操作，已经有很多专业的评判和业余、煽情的故事了。“谁的错”是个主要问题。每个部门、所有的相关单位都在为自己人辩护，捍卫自己的利益。谢列波罗夫直接动用克里姆林宫的力量，竭力帮助自己的人。但是提出的问题并非完全准确。错在哪里？向指令长下达的是一个即便经过更精心准备也很难完成的任务。因此，指责齐布利耶夫没能完成对接是不对的。但是，如果不深究细节，那么可以说，陷入这种复杂而缺乏准备的情况后，面对过去和当前情况下的各种性质特点，乘员组指令长严重违反了安全规则。他独自操纵飞船，为碰撞负责任。这个人出现在艰难的时刻，在其他条件下他可能就正常飞走了，正如其他主角那样。

美国人此次在太空和地面的表现可圈可点。事故发生时，宇航员M. 佛奥没有惊慌失措。可以说，他表现出了个人勇气和英雄气概，完全配得上“联盟号”和整个“和平号”英雄的荣誉。

与此同时，轨道上的碰撞也在地面产生“火花”，引起“火灾”。NASA开始大范围排查，和往常一样，很快想起了所有的新旧错误。合作伙伴之间因利益不同而产生的矛盾，从未像这期间一样表现得如此直观。当然，没有国会甚至白宫是搞不定的。在我们这儿臭名昭著、因富有攻击性而被戏称为“圣贝尔纳狗”的参议员圣森布里纳有事没事总爱攻击“这些俄罗斯人”。成立了几个专门的委员会，当然，没有“我们的”斯塔福德（汤姆·斯塔福德，原NASA宇航员，后来成为“和平号”-航天飞机项目的技术顾问，也是“奋进号”航天飞机与“和平号”空间站“光谱”舱相撞事故的调查委员会成员。——译者注）也是行不通的。最后，压倒性多数支持航天飞机继续飞行。

9月末执行了STS-86航天飞机任务，D. 沃尔夫搭乘它来到了“和平号”。这位宇航员有着几乎犯罪般的过去，似乎是唯一一个同意来到俄罗斯轨道区接受“劳改”的美国宇航员。说真的，这位光棍汉宇航员喜欢浪荡（顺便说一句，即使在莫斯科准备期间，他也不改旧习），不止一次陷入麻烦并被公之于众。有意思的是，FBI掌握了他的弱点，以贿赂引诱，企图收买他。这使我想起了EPAS（“联盟-阿波罗”联合试验飞行）年代里，克格勃的一些工作人员用来对付我们的手段。秘密警察的工作似乎与它所服务的体制关系不大。

据说这匹自由散漫的美国狼最后学会了服从真正的俄罗斯指令长索洛维耶夫。总的来说，他们飞行正常，没有发生意外和冲突。

* * *

奇怪的是，在堪称灾难性的1997年之后，故障和事故的数量却急剧减少。民间开始流传甚至描绘关于汉格利院士及其运到“和平号”上的神石的故事了。世界上什么都可能发生，包括奇迹，只要人们不袖手旁观，努力帮助自己，而不是仅仅期待成功。困难将人们动员起来，并教育了他们。人们在地面和太空中都做了很多事情。不管怎么样，如果“平静”这个词汇适用于我们这种不平静的地面和太空生活的话，那么接踵而至的1998年就是令人惊奇的平静的一年。

1999年2月末，“和平号”空间站开始了其太空飞行的第14个年头。13年前，当“质子号”运载火箭携带未来空间站的第一个舱段，在拜科努尔的天边划下一道亮光，向上升起，然后消失在黑暗的天空时，我们之中没有人会想到，在之前所有7个“礼炮号”之后，这个例行的载人计划会走向何方。所有这些老旧的空间站总共断断续续运行了15年，偶尔也有持续的运行。很少有航天设计者相信，这个被称作“基础级”的舱段会在10年间逐渐滋生出其他舱段，成为这个被我们称作“轨道系统”（即“空间站”）的复杂航天构筑物的核心。当然当时也没人能够预言，我们的“和平号”空间站将会活得比社会主义苏联更长久，美国的航天飞机将会与之对接，并且美国宇航员将在其中飞行好几个月。在 80 年代下半叶和整个 90 年代，直到 20 世纪结束，这个“和平号”占据了我们的整个生活。

在第 3 章和第 4 章的叙述中，我已经写了很多关于“和平号”空间站的故事了，关于它可以写的不止一本书，这是一部长篇史诗。这个航天重大事件无愧于“史诗”称号，可以说，它提供了最丰富的独特材料。在本章故事中，选择 1997 年并非偶然，这一年在“和平号”这一太空重大事件中占据了特殊的地位。这一年，接近于灾难的各种事件、戏剧性事故层出不穷。有人说，我们的“和平号”正在死去，它已经衰老了，用坏了，已经到了风烛残年。但是衰老的不仅仅是技术装备啊，还包括大量的地面工作人员，那些研制飞船以及从地面控制轨道系统的人们。一方面，技术人员不但没有丧失其专业技能，还获得了新的独特经验；另一方面，所有这些人也都在随着其数十年来所研制、发射和提供在轨支持的技术装备一起变老。尽管有些人的健康日益恶化，有些人已不复往日精力，但他们仍在继续负重前行，直到终点。人才更新的进程被连根破坏，预示了逐渐逼近的人才危机。只有在最顺利的，能够确保新生力量、年轻工程师持续涌入的情况下，这一进程才不会飞速发展恶化。

1997 年年底，我们这个总体上已经老化的机构的领导也早就不再年轻了，他开展了一场大规模的领导层更新运动。如果不去考虑此事的某些特殊之处，那么其基本理念是正确的：需要年轻的领导者，而有经验的老人可以改任副职，向年轻人传授自己的独特经验，发挥余热。这个过程被称为“轮换”，虽然不完全准确。

但是，众所周知，真相隐藏在细微差别里。在这件事上，细微差别是非常重要甚至可以说是决定性的。遗憾的是，在如今的载人航天领域，很多事情还在依靠上了年纪的人。我们没有那么多的年轻人可以向其传授经验。

有人提到过一句俄罗斯谚语：“不要砍掉你坐着的那个枝杈”，也就是说，这种事时有发生。还可以继续引用关于这种俄式狩猎特点的其他谚语。对此我们似乎无能为力。

5.3 只谈国际空间站：1995—1997 年

1985 年开始的改革导致了 6 年后苏联的解体。又经过 5 年，我们已经生活在一个面目全非的国家和一个全新的世界了。从 1995 年年中开始，美国的航天飞机开始与俄罗斯的“和平号”空间站对接，两国的宇航员继续轮换和重组。改革开始后，“自由号”空间站先是改为“阿尔法”空间站，几年后就开始被干巴巴地称为国际空间站（ISS）了。NASA 总部在空间站命名评选中并未采纳我们建议的“改革号”空间站，我和休斯敦的对接领域同事 D. 汉密尔顿则不管，继续称为“改革号”空间站。应当指出，这次评选本来就是半途而废，简直是一团乱麻。无论如何，国际空间站继续在完善。出于内部和外部的不同原因，在世纪之交的新的人类文明中，空间站的配置和构型发生了改变。

改变不但涉及了空间站，也涉及了地面设施。作为牵头单位，麦道公司没完成“自由号”项目，逐渐退出了竞争。波音公司的宇航分部成了国际空间站的总体单位。美国航空航天工业的改革并未止步于此。NASA 对麦道公司保留的国际空间站舱段的研制情况并不满意，我们对接工作者直接参与的那些国际性事件加剧了这种不满。最后，1997 年，麦道公司连同洛克威尔公司的航空航天分部一起，被出售给了吞噬一切的波音公司。我们开始与这个巨头在空中、太空和地面开展合作。

和 D. 戈尔丁和 P. 萨格捷耶夫在合影

11月初，我赴美国协调俄罗斯-美国联合科学计划。会谈是在与华盛顿交界的马里兰州大学进行的。会谈期间，P. 萨格捷耶夫的东西方（“East - West”）中心非常积极。无论对于科技工程界，还是全人类，这都是一次很有意义的会谈。

在这次会谈中，这位苏联院士对我表现出了极大的兴趣，因为我是“能源”火箭航天集团公司的唯一代表。作为“东西方研究中心”主任，他需要更多其他的资讯，于是他抓着我的手在走廊上徘徊良久，询问改革的最新动态。结束时，他信誓旦旦地通知我，NASA局长D. 戈尔丁打算第二天接见参会人员，并希望与我私下交流。接见俄罗斯和美国学者的规模并不大。我们进行了交谈，并一起合了影。但是局长并未提任何问题，甚至在我提及救生飞船项目且它的紧迫性与日俱增的情况下，局长也没有对该项目表现出兴趣。东方和西方可以一起工作，但是生活仍然各分东西。

截至1995年底，整个国家和我们“能源”火箭航天集团公司的经济状况仍在恶化，前景仍然阴暗。这个情况加上其他原因促使我们的领导层采取积极的行动。我们的总裁Ю. 谢苗诺夫试图依靠其能力和毅力，合并“和平号”空间站和国际空间站这两个计划。他首先在我们设计局负责准备技术方案的科室之间进行了内部动员。从工程视角来看，一切都不错。剩下的主要问题是，美国人以及受到美国国家领导支持的NASA将如何对待这个事情。

1995年秋，俄罗斯航天计划的领导人先是通过非正式渠道，然后通过书面形式致函NASA，建议从对接到我们的“和平号”起步，开始建设国际空间站。正如预料的那样，第一个反应是令人失望的。美国专家很快看出了其中的技术难度，即使工程师都明白，此事的政治主动权已经转移到了俄罗斯“伙伴兼对手”的手里。此外，将“和平号”拉进国际空间站可能会拖延俄罗斯舱段的准备。实际上，我们大部分人都清楚，这个倡议不会获得支持，这个建议会被拒绝。

* * *

此时，B. 列戈斯塔耶夫转到其他项目，他从1993年起就和Л. 戈尔什科夫一起负责“阿尔法”国际空间站的俄罗斯部分。这个最初研制阶段具有很强的政治意义，两个大国都在竞相追求自己的光荣目标。美国人关心的是，空间站的建设应该从他们自己的舱段开始，而不是从俄罗斯舱段开始。而我们，即俄罗斯航天的设计师和建筑师们则力图维持在这些年里受到严重破坏的国家威信，那时我们已研制了大量的舱段。在太空中装配“和平号”空间站的 6 个舱段用了整整 10 年，大部分是在社会主义时代完成的，那时能够集中力量进行重大项目建设。国际空间站的俄罗斯部分就像一面镜子，映照出了旧时代和新时代的不同特点。客观地说，容纳乘员组乘员，以及安装科学院提供的已经严重受损的科学仪器是不需要这么多舱段的；此外，国家的航天工业也无力承担这样的任务，最后一届政府的预算干瘪，分块划拨后，甚至已经无法拨出一部分来支持该计划了，即使国内和美国方面持续施压，周期性地提醒俄罗斯政府遵守已签署的协议，承担自身责任。

B. 列戈斯塔耶夫具备外交才干，被调去从事海上发射项目，该项目在当时上升迅速，预期会有很高收益，但需要能干的领导层和国际协作。海上发射并非新的构想，但是很有创意，因为它一方面依托航天的基本原理，另一方面依托苏联火箭宇航技术的成就，以及国际上开发海洋大陆架的装备技术。

这个项目不是简单几句话就能介绍清楚的。要介绍该项目，需要先说明，很大一部分人造卫星是发射进入位于赤道面的所谓地球同步轨道的，从地球的赤道地区发射此类卫星是有益处的。著名的法国库鲁发射场位于北纬 5°的南美洲大西洋海岸，此处执行的“阿里安”火箭商业发射占到了一半以上。世界各大洋的东岸非常适于发射，因为火箭是沿着地球自转方向，向东飞行，而耗尽的火箭级则掉落在大洋中。所有的生命体和非生命体都以 0.5 km/s 的速度在地球表面的赤道上旋转，在此基础上加速到地球同步卫星的速度，即约 3 km/s 的速度在轨道上运动。但好处不仅仅是简单的加速。在从高纬度地区，例如从位于北纬 45°的拜科努尔发射场，发射进入地球同步轨道的过程中，轨道面会发生偏转，还需要另外“消耗”1.5 km/s，因此会丢失多达 25％的有效质量。而如果发射场位于赤道，则立刻可以获得可观的、几乎是免费的增量。

有意思的是，早在 20 世纪 60 年代，海上发射这一构想就吸引了意大利工程师，他们借助美国火箭从非洲东海岸发射了小卫星。然而这一开端并没有获得后续发展，大概是过于超前吧。

到了 20 世纪 90 年代中期，情况发生了变化。这些年，火箭制造业和其他工程领域都获得了极大的发展，开始实际建设可移动的海上发射平台。海上发射平台的基础之一是浮动平台，在沿海岸大陆架开采石油时，该技术得到了发展和普及。海上发射项目的另一个重要环节是自动化，运载火箭的所有准备、加注和发射操作都需要实现自动化控制。在最近几十年里，苏联已经在此领域取得了巨大的成就。“天顶”成为适合该目标的典型火箭，它与发射系统一起，已经达到了很高的完善度。所有这些装备都被用作建设海上发射项目的基础。

这个国际联合企业的成员都是火箭航天工业和海洋工业的巨头：“能源”火箭航天集团公司抓总负责火箭系统技术集成，挪威 Kvarner 公司提供海上装备，航空航天超级巨头波音公司是联合企业的牵头单位，负责组织和资金问题。需要说明的是，这个项目的负责人遇到了巨大的困难——组织、资金甚至政治问题。俄罗斯和乌克兰火箭航天工业的分家为项目增添了更多的麻烦。“天顶”火箭的总体单位“南方机械厂”科学生产联合体位于第聂伯罗彼得洛夫斯克。该企业的规模和体量不允许国家机构坐视不管，后者非常认真地对待这个全球性构想。所有这些活动都需要高超的外交技巧。

因此，作为这个项目的主要发起人，“能源”火箭航天集团公司的总裁Ю. 谢苗诺夫任命 В. 列戈斯塔耶夫担任“海上发射”项目的副手就不足为奇了。

于是，曾经领导我们从事“和平号”–“航天飞机”计划的 В. 列戈斯塔耶夫离开了“阿尔法”国际空间站，其执行经理 О. 巴布科夫成为我的新上司。他受命主持技术工作，而经费管理仍由其他人负责。当时一落千丈的总体经济形势令局面雪上加霜。

在这样的条件下，我们仍然在继续从事设计和工程研制，国际空间站在继续改进和往前推进。

* * *

12月中旬，离圣诞节还有一个多星期，以 О. 巴布科夫和俄罗斯航天局副局长 Б. 奥斯特罗乌莫夫为首的代表团飞往美国。会晤是在休斯敦波音航天大厦举行的，大厦坐落于美国宇航员使用的阿灵顿空军基地对面。该计划的 NASA 负责人以这种方式直接表明，NASA 拒绝我们的建议。他们为此次会谈做了精心准备，“反对”的理由非常充分。

我们的负责人开始寻求妥协。主要构想以及与之对应的设计方案是，简化俄罗斯部分，并节约总的费用。该方法有助于继续当前的“和平号”空间站计划。联合飞行仍在继续，因此美国人也对此表示关心。两国的航天已经通过可见和不可见的纽带紧密交联，谁也无法独善其身了。于是继续寻求妥协。

签署完协议后，我们准备启程回家，而美国的同事们则准备欢度圣诞假期了。

在休斯敦制定航天计划的同时，我们还得以参与国内的政治生活：我们参加了俄罗斯杜马的选举。我们大部分人都是第一次在国外投票，投票被安排在某个出售俄罗斯商品的商店里。正如很快就知道的那样，大部分人都是投票支持共产党员的，人民表现出对“改革政策”的不满。买好新年礼物（包括圣诞节火鸡）后，我们再次启程，经过几次转机（包括紧急降落在法兰克福并在那里度过了计划外的一晚）后，我们终于回到了大雪纷飞、严寒刺骨的莫斯科。

在休斯敦参加杜马选举（1995年）

1995年即将过去，这一年硕果累累。

* * *

国际空间站俄罗斯部分的改造在继续。主要变化涉及我们照旧称之为“科学能源平台”（我们喜欢科学名称）的舱段。在最初的方案中，科学能源平台是由两个舱段组成的，它们依次从侧面对接到俄罗斯部分的主舱段——服务舱，在12月的休斯敦会谈中草拟，并在晚些时候批准了一个方案。在这个方案中，科学能源平台将全部在地面建造，并使用航天飞机整体运送到轨道上。NASA认为服务舱和科学能源平台这些首批舱段具有重要意义，对整个国际空间站都有极其

国际空间站

重要的作用。特别是在轨道建设的初始阶段，此时科学能源平台连同其上安装和展开的太阳电池阵一起，同时为俄美两个部分供电。因此美国人同意让航天飞机再飞一次。这也需要使用机械臂对接重型的科学能源平台。这步操作与“亚特兰蒂斯号”第二次飞往“和平号”时在对接舱完成的操作不同。这次需要转移重达 12 t 的科学能源平台，并利用“锥-杆”将其对接到服务舱的侧面对接口。

电池阵自身的展开也需要机械臂操作。此外，要完成这部分的轨道建设工作，单靠“一只手”的机械臂是不够的，而我们的欧洲机械臂正好可以派上用场。按照计划，先由加拿大机械臂将太阳电池阵从飞船上卸下来，再传到欧洲机械臂的“手中”，接着由欧洲机械臂将太阳电池阵转移到科学能源平台桁架的另一端。我们的机械臂专家，尤其是年轻的工程师们，为有幸承担这个重要的任务而倍感欣慰。

我们还得以参与研制另一个纯美国的临时按制舱（ICM）。这个舱段由另一家美国联邦机构——美国海军研究实验室（Navy Research Lab，NRL）公司——按照 NASA 的订单研制。作为第一批俄罗斯人，我们得以在这个机密的海军研究所里工作，集成和测试我们的异体同构周边对接系统（APAS）。研制这个舱段的目的在于，当我们的关键服务舱发生某些故障时，将 ICM 与功能货舱（FGB）对接，确保空间站的喷气控制。

在此期间，欧洲最终决定研制太空用机器人。荷兰政府支持该项目，因为荷兰福克空间有限公司（Fokker Spece BV，FS）是研制 ERA 的牵头企业。在一次去该公司出差时，我得以见到工业部的官员，并与他们聊起太空机器人装备的前景。我们在俄罗斯继续将它集成到俄罗斯部分中。尽管科学能源平台仍在改进，并且取消了“拖车”，机器人仍然可以沿着碎石般的基点前行，并通过基点保持与主舱的通信，获得电能、指令，并与星载中央计算机和地面站交换信息。

1996 年春天，在欧洲空间研究与技术中心（ESTEC）和牵头的福克公司举行了初步设计评审（Preliminary Design Review，PDR），简称“评审”。在这次漫长的分阶段评审中，西方很好地展示了其关于宇航系统研制的策略。专家们审查了大量的文件，提出意见，在不同层级的委员会中依次评审了这些意见。5 月中旬，我照例来到 ESTEC，参加欧空局的一位领导菲斯德尔·博海尔主持的末次会。在会议结束时面对委员会的发言中，我表示，虽然我们早在 20 年前从事 EPAS 项目，以及 20 年后准备美国航天飞机与“和平号”

对接时，都“评审”过对接系统，但我从未参加过如此冗长的议程。我的最后总结“大概，我们说服美国人相信我们了”引起哄堂大笑。

与 ERA 项目的负责人迪科・本塔尔、R. 施坦迈因和 F. 申亚涅兹合影

可能到了这个时候，欧洲人开始批判性审视自己的火箭航天装备研制和太空飞行策略，学习和借鉴我们对未知事物开拓研究的经验了。也许当时欧洲在地球轨道上的成就是更为显著的。航天计划需要宇宙速度。

三周后，我有机会更为详细地阐述俄罗斯的航天项目、航天计划实施策略。我再次受邀去国际宇航大学授课，讲授对我来说也是全新的课题。回首走过的路，回顾苏联火箭宇航技术的成就，我第一次清楚地意识到，我的老同志们和我这一代人做了什么，是怎么样、依靠什么在这个太空时代里建树卓著的，是怎样征服“太空西伯利亚”的，又是怎样进入最遥远“东方”的轨道并从“西方”凯旋的。

总的来说，由于缺乏资金，科学能源平台的设计工作进展缓慢。更多精力需要投入首批功能货舱和服务舱两个舱段的制造，因为其真正的建设工作阶段已经开始了。

* * *

需要讲述下纯粹关于对接的事情。

早在 1995 年秋天就发布了关于组织这些工作的命令。命令签署前曾有很多争议、争论和协调。我直到最后都没有会签这个对我们至关重要的文件。文件对我们的利益考虑极少，而工作组织又不符合任务实际。这一立场可用下列指标性数字予以佐证：在 1992 年至 1995 年的 3 年内，我们完成了 2 000 万美元的工作量，而在随后的 2 年内预计将完成更多（约 4 500 万美元）的工作量，这还不算俄罗斯舱段的工作量。这段时间该项目的领导班底有所削弱，因为常务副总裁 B. 列戈斯塔耶夫、刚毅正直的 B. 波戈尔留克等一些技术协调专职领导都转去负责“海上发射”项目了。

对接部门仍然在黑暗中摸索。我们继续干着重要和繁重的工作，挣来巨额的金钱，自己却一无所有，不能自主支配，甚至无法偿付我们的分包单位。在长达数个月的时间里，我们不得不争取签署协议，供应配套件，采购原材料或结算欠账。

但是不管怎样，工作仍在继续。

总的来说，我们的“红旗”电机厂和“能源”火箭航天集团公司就像一部调试完好的机器，在继续运转，如期完成了合同义务。1996—1998年，连同航空电子设备和电缆一起，一共向美国提供了7套APAS正样件，地面成套配件、其他装备和设备除外。另外，我们还出国参加了在NASA和其他公司的工作。

对接系统在航天飞机上的集成仍然是在坐落于道尼的洛克威尔公司进行的。麦道公司则位于相邻的大洛杉矶市的亨廷顿海滩。在1、2、3节点舱的增压匹配对接器（Pressurized Mating Adaptor，PMA）上安装了我们的APAS，其中一个是主动机构，两个是被动机构。当时我们还与NASA发生了正面冲突，引起NASA的极大不满，差点酿成国际事件。

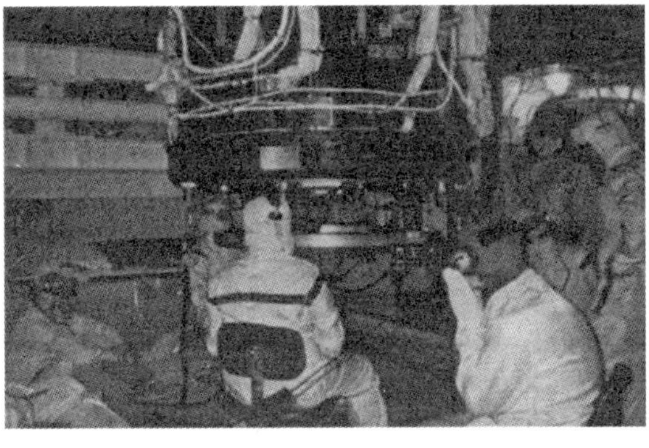

在PMA上检测APAS

在装配时，美方在我们没有参与、甚至没有告知我方的情况下，擅自将对接处的密封机构做了局部分解。在远程了解情况后，他们在试验时先后打开和关闭了过渡通道的盖子，严重损伤了悬挂支架。说来也怪，他们在另一个舱段中又犯了同样错误。在更换我们按照联合方案改进的驱动机构时，我亲眼见证了他们装配试验工作的组织不力。在空旷的车间内聚集了很多人，但要弄清楚谁是谁却很难。我们的装配工为一把螺丝刀就得跑一次超市。

还有一次事件发生在约翰·肯尼迪航天中心发射场，所有的PMA都被送往这里，与被称为NODE的节点舱进行总装和试验。在进行检验性对接时，他们忘记取下我们传统的“红点”（用来保护对接处电插头的红色保护盖）。

此事可能酿成悲剧。我和E.波布罗夫只得飞赴佛罗里达进行检查。幸运的是，损伤并不大，我们准许我们的APAS继续飞行。

* * *

1996年盛夏，美国副总统A.戈尔飞抵莫斯科。在此之前叶利钦再次当选总统，开启第二个任期。承诺的时间已过，新一轮的经济衰退又开始了。火箭航天装备的经费形势更趋紧张。我们的领导层也试图再次在美国人面前展露真实处境。但这次上面发话了："不要说，会给钱的。"戈尔走了以后，我们受命起草政府令，就像过去一样，不管年景好坏。

无论如何，国家的生活在继续。在我们的参与下，在赫鲁尼切夫国家航天科研生产中心装配好了"曙光号"功能货舱。又过了几个月，对接舱段的初样件和正样件先后运到了我们的检测试验站。关键阶段到来了。

5.4 混合策略

辩证法教导我们，发现隐藏在事物的交叉点，这就是科学。

“混合体（杂交）”的最初含义是通过将不同品种或等级的生物混合而得到的动物或植物。从这个意义上说，我们为国际空间站研制的混合装置几乎也是通过这种方式，通过混合我们之前设计和研发的结构而得到的。

技术术语“混合”起初被用于由离散组元和模拟组元构成的计算机。六自由度动力学试验台是这方面的经典混合体，其中首次使用了两种计算机。但是其中的混合元素还有很多：用数学模型替换了不能在地面再现结构件真实对接的航天软件。

技术装备发展越快，其中出现的混合结构就越多，这不是偶然的。任务愈发复杂，愈需要采用基于各种物理现象建构的新型要素和原理。

我的主专业是电机学，从某种意义上来说也是混合专业。在这些机构中，电能和机械能这两种能量发生转换。我们的系统控制是有人参与的。从物理学视角来看，人也是一种复杂的混合体，人体中有最多样化的能量进行转换，其中有些能量似乎目前还无法被现有仪器观测到。

生物界和人类自身早就引起了科学家和工程师的兴趣，他们力图复制生物进程和机制，仿生学因而诞生。随着计算机的出现，这一过程被大大加快。现代机器人就是一个典型的混合体。机器人装备的能力简直是无限的。但是，事实上，就连这都不是终点。新的任务激发了独特的原理。综合、混合方法催生了新型结构和系统。

* * *

现在我想岔开一下，回忆一下登记编号为 3123 的科学发现。这里说的是偶然发现的一个独特现象。一个科学家和工程师团队（我的老朋友 E. 杜霍夫斯基积极参与其中）在进行实验，在被要求解释实验结果（确切地说，是没有结果）时，发现了一个科学现象。事情是这样的，那个技术员实际测出了真空中的摩擦，与所有的预测值和理论值相反，摩擦为零。正如科幻作品描述的那样，摩擦真的消失了，我把这种摩擦称为“Science Fiction”（科学摩擦）。这真的令人难以置信。当时我和叶夫盖尼还非常年轻，刚开始沉浸在科学（Science）之中，就产生了真空摩擦问题，我们期待过种种答案，但没有想到过这个答案。在这之后我开始相信科学和技术的奇迹。

就像在毕业庆祝宴会上大家说的那样，最困难的是如何在不妥协的科学流派之争中捍卫科学发现。

* * *

最近几年，有一个混合系统的构想吸引了我，这个构想基于三个技术领域：电机学、喷气控制和微电子学。这些要素的组合原则上可以优化飞船的运动控制，大幅提升轨道机动的精度，甚至可以节约昂贵的太空推进剂。

从 20 世纪 60 年代中期开始，当我们和“喷气”控制设计师在一个研究室工作时，这个课题就时不时地吸引着我。“联盟号”飞船进一步刺激了我，该飞船确实需要精确机动。我们的弹道设计师深受现有喷气系统缺点之苦，他们将角度转弯时产生的轨道扰动称为“邪恶力量”。特别是在需要精确轨道机动的试验（如我们的“旗帜”）中，会产生很大的麻烦。针对这些喷气混合体的工作还在后面。我希望这个构想能为我开辟一条道路。

* * *

从事对接、机器人装备和其他机电系统等专业时，我们需要解决控制问题。很大程度上这属于模拟技术，同时越来越多地使用到离散和数字要素。这个方向的大量工作早在“暴风雪”项目时就已经开始了。在美国和我国的航天飞机上，信息显示和遥测都已经是数字化了。如果没有计算机技术，我们集成至国际空间站俄罗斯部分的欧洲机械臂无论如何是无法工作的。我们为阿里安货运飞船（ATV）开发了微电子设备，通过数据总线实现了指令和信号交换。

与此同时，飞船和空间站上的星载主计算机仍然受控于整个航天器以及航天器空间运动的控制专家。许多主管专家都是伴随着这些计算机成长起来的，已经成了它们的积极拥护者，甚至可以说，是痴迷者。在对计算机的许多工作特征做出应有的评价，特别是评价该设备的复杂性和所完成操作的重要性时，必须指出，这种极端主义有时也会带来严重的问题。

自主性飞行器（包括飞船和飞机）的现代控制策略从表面就能看出是基于对数字仪器和模拟仪器的综合使用，例如大型客机的座舱，飞行员周围的仪表板上布满了指针式仪表和电子显示器。计算机设备的能力确实超乎想象。但是，实践也表明，在执行重要任务时，必须采取灵活的策略。与此相关的首先是那些控制回路中包含计算机的系统。在这些系统中，如果计算机在工作中发生中断，可能会导致系统的严重故障甚至事故。

这方面的例子可以找出很多。在我们的“和平号”空间站上，计算机故障频频发生。原则上，所有设备都可能在飞行中发生故障，但是这种计算机的故障是最致命的。它们会带来一系列连锁反应：陀螺稳定器关机、定向破坏、蓄电池放电和其他后果。需要经过长时间的太空和地面工作，才能恢复其工作能力。所以当提出延长空间站在无人模式下飞行的问题时，最终还是决定引入模拟的定向控制回路。

* * *

应该说，飞船总体上是混合结构的一个优秀范例。如果在前述例子涉及的系统中增加一个基于其他物理原理（如无线电、光学）的设备，那就会产生一个出色的混合体。研制此类结构涉及多个工程和科学学科，会使任务更复杂，但也会使任务变得非常有意思。这种有针对性的工作具有无限完善和创新的可能。这大概就是航天装备吸引了立志高轨道飞行的豪迈勇士的原因吧，它也将继续吸引有志于在无垠的太空中探索自己独特的混合之路的年轻人。

* * *

最后我想再次回到“对接”这个本书的主要话题。

长久以来，如何利用含细小对接杆的对接机构来对接重达 100 t 的轨道飞行器，这个问题一直困扰着我。这个问题多次被 NASA 的专家热议，他们试图说服我使用现有的“联盟号”对接机构。但这是不可行的，对于航天飞机这样的庞然大物来说，它的对接杆实在是太细了。

需要采用某种混合构想，提高对接杆的承载能力，以及对接杆吸收巨大飞船能量的能力。正如之前多次发生的那样，对策和主要概念总是不期而至。

与年轻研究生的交流似乎有所帮助。得到了介于APAS和多次使用的老旧“锥-杆”之间的某种新的混合体。这一次，不同于近乎由成品部件组合而成的现有混合装置，我脑海里诞生了一个新的混合对接机构。遗憾的是，此时美国人失去了对这个诱人方案的兴趣。我们的“暴风雪号”现在已经不需要补充发展轨道能力了。

年轻人总是在某方面超越我们，超越我这一代人。总之，我答应了一个年轻的学者型企业家，不会浪费我的创意，不会将它白送给富有的美国人。

* * *

我又一次想起了辩证法。毕竟辩证法总能指明方向，将思维引向正确的方向。这是对哲学这个“科学中的科学”的要求，我们青年时期就学过。遗憾的是，辩证法连同社会主义和共产主义学说已经被社会抛弃了，就像洗完澡后连婴儿带澡盆一起扔掉一样。遗憾的是，我们摒弃的不仅仅是所有的旧的理论，还包括实践经验，正如我们常说的，连肉饼带苍蝇一起扔掉。

5.5 在轨的国际空间站：“非我们”时代的开始

1998 年深秋，新的太空时代开始了。这之前进行了大量的准备工作，并且渡过了紧张的飞行前阶段。

1998 年 10 月，经过谈判、争论和妥协，最终商定了国际空间站首批舱段的发射日期，政治家和工程师们在莫斯科和休斯敦工作着，拜科努尔和佛罗里达两个发射场都进入了最后的准备阶段。总指挥部位于华盛顿，NASA 展现出了坚决性，并连续提出进军新领域的计划。谁花钱谁点歌。

很快就公布了首批舱段的名称。从久远的切洛梅“金刚石”时期保留下来的 ФГБ 这一官方缩写（美国人按自己的方式称之为 FGB）变成了“曙光”。装有增压匹配对接器（Pressurized Mating Adaptor，PMA）的 NODE 节点舱成了“团结号”即“Unity”。需要在轨连接这些新命名的舱段。

* * *

终于到了对我们的异体同构周边系统（APAS）进行飞行前试验的时候了，它被安装在第一个美国“对接舱”即“团结号”上。我们早就担心这些试验了，主要是因为试验是在发射前最后一刻的航天飞机上进行的。此时航天飞机已经矗立在发射台上，一个月后就将发射。跟往常一样，我只好在最后一刻启程赴美，去解决麻烦。我只身飞往佛罗里达，我团队里的其他成员还没拿到签证。结果我的两位老战友 A. 米申和 B. 雷达诺夫，以及装配车间的机械工 B. 列夫琴科在几天后才抵达肯尼迪航天中心。即便是我也来迟了，试验已经开始了。美国人很着急，剩下的时间勉强够用，工作都是按小时来安排的，不分昼夜。他们不能等我们说服自己的所有领导，也不想等待，因为随着他们逐渐掌握我们的对接技术，对我们这些“神秘莫测的俄罗斯人”的依赖也在减少。

装有 2 个 PMA 的节点舱与轨道飞行器并肩直立，后者打开了有效载荷舱的舱门，如同在太空中一样。只有航天飞机和 PMA－1 上面的 2 个 APAS 利用地面电缆完成了连接。完全按照美国方式确保了工位周围的清洁度，也按美国方式为一个叫作"大桶"的巨大宏伟的设施提供了一块真正干净的场地。这个大桶和航天飞机一起，用阿波罗履带式牵引车运往发射场，安装在发射台上。所有的一切都显得深思熟虑：牵引车矗立在一旁，以便在发射前将大桶转移到安全距离。而在我们那里（不，现在已经不是我们那里了，是在哈萨克斯坦的拜科努尔），即使在固定建筑物里我也没见过这么干净的场地。

试验持续了几天。我的老战友拿到签证后，终于紧急赶在试验的最后阶段到达。没有发生我们担心的事情，如果不算与工艺电插头有关的那件小事（插头暴露，没有保护盖），试验是成功的。可能在我们工厂就忘了盖上保护盖，也可能是在肯尼迪航天中心这里，取下保护盖，连接试验电缆后就弄丢了保护盖。在与莫斯科和休斯敦方面讨论了这个情况和可能的各种方案（当然还包括撰写了报告）后，我们决定就以这种状态，即"裸露"触点的状态飞往太空。两害相权取其轻，虽然这较轻的害处也违反了我们的原则。因为没有时间等待莫斯科送来"标配"的盖子了，也不敢安装替代品，因为它们可能在发射时掉落。

关于掉落的可能性，77 岁高龄的美国资深宇航员约翰·格伦不久前乘坐"发现号"航天飞机发射升空时发生的一起严重事件给我们敲响了警钟。在那次事件中，火箭离开发射台之前降落伞包的盖子就已经掉落，为轨道飞行器的降落带来危险，专家们最近都在热烈讨论此事。

10 月 7 日是周六，我们受邀观摩航天飞机的着陆。在此之前，我只观看过一次航天飞机的最后操作。整个美国都在关注这次飞行之后的降落，观者云集。从观众人数来说，其盛况仅次于观摩起飞。晴空万里，能见度极好，这些都有助于降落成功，提升现场观众的满意度。"发现号"沿着跑道在我们旁边隆隆驶过，顺利地停了下来，特种车辆鱼贯驶近，以便第一时间展开后续服务。

几小时后，我们在宾馆通过 NASA 的电视频道看到了从远处看不到的场面：既看到了各位贵宾，也看到了那位如同颠簸的军舰上的老水手一样步履蹒跚的航天老将。第二天转播了对宇航员和支持团队的采访。听了医疗专员对老将刚返回地球后的步态的评论后，我想：格伦还仅仅是个参议员，如果他是总统又会怎么样呢？要知道这是很有可能发生的，就像在我们这儿，"一旦做成，就变成惯例”。

周一，我们开始执行一个额外任务，使用 APAS 备件来更换驱动机构。这项工作是在水平试验大楼里进行的，这栋大楼正好位于“发现号”航天飞机旁边，航天飞机是在着陆后停放在这里的。我对此很好奇。我跟一个年轻工程师聊了会儿，打听到一些有意思的细节。从他向我展示的电脑照片中可以看出，即使没有盖子，降落伞看上去仍然完整无缺，但这还不是最有意思的。“航天飞机降落后您有没有立刻靠近它?”美国人问我，“没有? 可惜了。否则您就能知道太空是什么气味了。经过超热大气层后这玩意还会长久放毒气的。您看，每次飞行后都要更换主起落架的轮胎，真是怕了橡胶。现在倒好，降落伞没了，连轮挡都磨损了，工作量又增加了。”“SSTO（单级入轨）怎么样?”我问他。“这个嘛……”小伙子摆了摆手。

航天飞机的降落

* * *

在 FGB 发射的前一天，ESA 一反传统，提前举办了一个发布会。欧洲人迫不及待地宣布了即将到来的盛事。他们的 DMS 计算机也装在飞船上升空了，（不由想起）我国航天局用它换来了对接装置。再也找不到其他时间了：受邀观摩发射的客人半夜就飞往拜科努尔了。

我们在自己的飞控中心观看了发射。空置的“暴风雪号”大楼被改作新项目的控制大厅，不过大多数客人都聚集在旧凉台上，何况控制大厅甚至都不允许进入观摩最初的轨道操作。赫鲁尼切夫的工作人员素以严谨著称，而在长时间的中断之后，这种作风更是上升到了国际高度……

“质子号”的发射堪称出色，飞船各系统和机构的运转也完全正常，除了一些小问题。

我及时回到了单位，傍晚我们齐聚在一起，庆祝新的重大项目开始了飞行阶段。回想起我们研制国际空间站的第一个舱段是多么不容易，还有那些研制出这个舱段并将它送去拜科努尔发射的同志们，我说道，对于我们这些对接人来说，"曙光号"功能货舱是一个特殊的舱段。仅在这一个舱段上就安装了3种类型的对接装置。和25年前一样，我们准备采用异体同构方式与美国人对接。为了对接我们的"联盟号"和"进步号"飞船，在侧面安装了一个老式但久经考验的接收锥（指"锥杆"式对接机构——译者注），此外，"混合体（对接机构）"还实现了太空首飞，以便从后面与俄罗斯主舱段——对接舱——实现强力对接。所有的要求和风格都得到了满足。

在家接受电视台采访

还在飞控中心凉台上的时候，一些电视台工作人员向我走来。这是些外国公司。晚上我在单位接到俄罗斯公共电视台的电话，他们通知我，说准备去我家采访。实际上，他们可能是租车过来的。这一天，电视台由于负债被查封了资产，可能是得罪了某人。那天晚上，我向他们详细介绍了国际空间站和我国的"和平号"空间站，当然还介绍了对接方面的知识和我们取得的新成就。到了午夜，他们开始广播，但时间不长。我记得我说过，东西方的"曙光"——作为结合国情特点开展新型国际分工的产物，这个真正的俄美联合，美国出资、俄罗斯建造的舱段——进入了轨道。

几天后，在美国驻莫斯科大使官邸（我只在1975年"联盟号"和"阿波罗号"对接后去过一次）召开的招待会上，NASA 局长 D. 戈尔丁向客人们致意后，分发了国际空间站银质徽章。他认出了我，"啊，Vladimir!"片刻犹豫后，他从另一个口袋里掏出一枚镀金的国际空间站徽章。"Thank You Mr. Goldin for golden medal"，我说道。招待会在热烈、友好的气氛中结束了。

* * *

几天后，为国际空间站运送首批有效载荷"PMA1 - NODE - PMA2"和我们的 APAS 的航天飞机，开始了发射前的最后准备阶段。显然，老将们想飞越大洋、亲身参与这架航天飞机在肯尼迪航天中心试验的愿望再次落空了。根据领导的要求，我留在了莫斯科，改派了一个年轻的团队去休斯敦控制中心。有的去肯尼迪航天中心观看发射，有的去休斯敦控制飞行。

“Thank You Mr. Goldin for golden medal”

发射并未如期在 12 月 3 日进行。轻微的慌乱已经足够中止发射了：“发现号”的指令长没能快速识别出假信号。但是第二天一切又变得十分顺利。

12 月 6 日，莫斯科时间的半夜，利用机械臂从有效载荷舱中取出了“团结号”，并完成了第一个美国舱段的对接。宇航员们从容不迫、准确地完成了工作。不出所料，最精密的操作是机械臂操作员 N. 科里完成的。这位美国直升机驾驶员精确地完成了所有操作，不到 3 h，NODE 和 2 个 PMA 已经牢固地固定在轨道飞行器的上部，做好主要对接准备了。

第二天，准确地说又是午夜，开始了与“曙光号”功能货舱交会对接的最终阶段。

交会阶段完成得波澜不惊。美国人确实将这个复杂、工序众多的操作做到了尽善尽美。于是“团结号”这个公共舱段缓慢但坚定不移地靠近了，精巧地悬垂在有效载荷舱的正中部，就像动画片里的情节：原来，玩具似的机械臂是从侧面抓捕舱段的，接下来就是技术活了，几乎跟昨天一样，但又不完全相同。准确地说，结果完全不是那样，发生了一些谁也没预料到的事情……

我们在位于科罗廖夫飞控中心 NASA 协调组房间里，根据画面和少量的通报显示，看到钢铁南希是如何不急不躁地操控自己的铁臂的。最终她将舱

祝贺“曙光号”对接成功

段送到最上面，与从昨天开始就在有效载荷舱上方约 10 m 处的 NODE 同轴放置，完成了舱段的转移。在轨道上经历了日出和日落。加拿大的太空视觉系统（SVS）在这些条件下表现怎样？根据来自轨道飞行器和休斯敦的说法，这些测量实际上不是很可靠。但是南希和她的“伙伴”有足够的辅助数据和时间，毕竟这不是成败以秒计的直线对接。终于，在莫斯科凌晨时分，所有设备看上去都同轴了——四周响起了一片“OK”的声音，大家纷纷从座位上跳起，南希，用铁臂抓着帽子（谢幕）吧。遥测也收到了——连上了，并且几乎没有偏差和波动。又过了几分钟，开始拉紧，对接杆线性位移跑起来了，70%、60%…30%，剩下不多了。一会儿中断，一会儿对不准。往后……往前……往后，这样来回数次。

R. 博内尔问我，要不要脱开机械臂？我说当然必须脱开，但是我们缺少信息，什么也决定不了。所有的操作控制都是休斯敦负责的。

我的年轻顾问们回来后说，美国人此前几乎从未注意过他们，这时候却惊慌失措，甚至跑来征求他们的意见了。

然后一切变得明朗了：几乎拉直，甚至“解除制动”的机械臂横向矗立，阻碍了正常拉紧。对接环继续移动、歪斜并向宇航员控制台和地面发送信号。他们及时做出反应并通报了故障情况。

不，一切都是正常设计的，什么也没有破坏。只不过需要又一次解决突然产生的操作难题。APAS 当然可以加力到 150 kg，将机械臂靠在压刷上，将加拿大铁臂拧出来。虽然成功克服了困难，但是 NASA 并没有过分宣传这个意外的困难，没有承认它所造成的破坏和损伤。他们负责综合操作的全部数学模型，不太愿意吸收我们参加飞行前后的完整分析。我对这次事件的一个直觉是对预防异常的准备不足。

大众媒体对国际空间站首次对接出现的故障反应冷淡。最后一切都正常结束了，没有引起热议。可以理解美国人，他们非常需要一个成功的开端。全面报道此事的“航空周刊”（Aviation Week）甚至都没提到这一意外事件，他们认为不需要。而我们的自由媒体及其支持者却经常令人不解。

我们完成了自己的任务。和往常一样，万事开头难。所有参与者都从这次事件中吸取了宝贵的教训。今后不会再发生这种事了。必须这样！但是前方还有很多对接任务，而每次对接都是一次考验。

* * *

然而对接并非国际空间站计划开始阶段最困难的事情。1999 年年初是个死寂的季节，飞往新空间站的计划还在冬眠，但是地面系统已经开始满负荷运转了。我们的“能源”航天集团公司及其配套企业开始服务舱的总装和试验阶段，并着手改进“联盟号”和“进步号”飞船。俄罗斯部分的下一批舱段已经严重滞后了。我们俄罗斯舱段小而先进，为 3 个轨道飞行器准备的对接系统都已通过试验，做好飞行准备了。我们新的活动主要与 Space Hab 公司和 ICM 有关。

国际空间站总体上是一个非常复杂的超级系统，需要建设和运行。世纪之交的两年应该是决定性的，需要祝福所有人都获得成功。

对“能源”火箭航天集团公司和整个俄罗斯航天业来说，已经进入地面准备最终阶段的服务舱是一个里程碑。我们的检测试验站已经对综合试验台进行了一年多的试验，从 1998 年 9 月开始又加入了飞行舱。飞行舱的构型和系统很大程度上和“和平号”空间站的基础部件是相同的。不同于原型，在过渡舱的前部安装了 3 个对接口，而不是 5 个，并且是强化的混合装置。它们在地面的麻烦事要多得多，舱口盖重量为 100 kg，带有一个小钩，还是比在失重状态下等待“自己的另一半”的“曙光号”主动对接装置的口盖略轻。服务舱的后部仍然安装了一部高增益卫星通信天线，其结构与 20 年前设计的相同。

舱段的主要创新在于其控制、信息处理，以及包含程序和数字软件的计算机。程序员的岗位一如既往地关键。在 B. 布拉涅兹领导下的程序员队伍受到的批评最多。我再次记起，软件对于领导就像鸦片。不但对于他，对整个航天装备来说都是这样。但是他们无处可逃，我们经过水火磨炼的总控制师对此心知肚明。他经常被折磨，但确实无路可退。1998年年中，一纸升迁命令发布，B. 布拉涅兹成了副总经理。

在承担现有任务、改进的"联盟号"和"进步号"任务、其他舱段，以及飞行中的"和平号"等任务的同时，控制师们还承担了大量的其他工作。有时候感觉这是一个技术上非常复杂、完全无法承担的重任。控制师们会耽误、会失败，但最后他们总能修正，然后继续工作。在整个集团中，他们的部门是最大的，也是最有学术氛围的。自然，在那里工作的都是些性格迥异、形形色色的专业人员。大部分人不但要动脑，还要动脚。有人在寻找机会生活得轻松些，有人甚至按照自己的理解翻译了莎士比亚的作品。领军人物、部门主任B. 布拉涅兹本人，像我一样的工作狂，在无数的太空和地面事故中，保持着克制和清醒，沉稳地带领自己的队伍走向前方和太空。很多年以前，20世纪70年代末，在他的领导下，制作出了第一艘计算机模拟的"联盟-T"飞船。自那以后，全能的计算机就成为所有载人和无人航天器的大脑中枢。这一技术成为后续研发、设计飞船和空间站的基础。他们成为自己方法的痴迷者。我并不喜欢这个技术策略的所有部分，当电子大脑发生故障，宕机的不仅是计算机自身，而是整个空间站。从我的性格和内心来说，我总是更倾向于混合策略。生物体中的控制是按照多回路原则建构的，除了头脑以外，独立的预防性链路和备份链路也在工作。自然界维持着灵活的策略，极端的直线方案很难存活。极端主义已经给人类社会特别是我国带来了很多灾难。

与B. 布拉涅茨合影（左侧为B. 列戈斯塔耶夫）

由于缺少拨款，其他舱段的工作进展缓慢。在这些舱段中，科学能源平台应该是一个全新的舱段，它主要是用来供应能量的。计划在该舱段上安装俄罗斯部分的主要太阳电池阵，这些太阳电池阵是仿照我们的复用型太阳电池阵设计的。正如"和平号"的设计，入轨后，需要将太阳电池阵转移到展开位置。这应该是欧洲机械臂的第一步操作。我们为这个超现代的跨步式机器人准备了备份，升级了起重臂。与自己更简单但更出名的前辈相比，这台可手动控制的太空吊车具备了新的性能。它身上多出了一个手柄，即第三个手柄，通过它，即使身处底座，也可以从所谓的操作员工位进行操作，折叠起重臂，缩短其长度。我希望21世纪的宇航员们会喜欢它。

5.6 第三个天体

惊讶的人们

并不知道，他们将要做什么

睡觉或是起身

A. S. 普希金致 B. K. 屈谢尔贝克尔

圣经上说："……于是上帝创造了两个很大的天体，大的掌管白天，小的掌管黑夜。"人类做了很多坏事，也做了很多好事，以便地球上的生活变得更光明。

1989 年，当我开始从事"哥伦布-500"计划下的太阳帆船研制，并发现太阳帆就是宇宙光线的反射镜时，我脑海里浮现出一个开展应用实验的念头。"新光"计划和"旗帜"实验应运而生。由于背负了如此重任，这面"旗帜"在新的条件下显得举步维艰，几乎不堪重负。1993 年 2 月 4 日，那道来自宇宙的光在黎明时分划过欧洲西部，之后融化在白俄罗斯上空的旭日晨晖中，我们竭力想使这道光不完全熄灭，可惜没有找到方法。

一切都比起初预想的要复杂得多。前路漫漫，荆棘载途。这一次命运没有垂青我们，就好像屡次故意要考验我们似的。我们历尽艰辛进入了太空，进入了轨道，最后仍失望而归。

* * *

"旗帜-2"实验之后不久，"太空竞赛"财团的生命终止了。我们建立的 GAZKOM 公司选择了另一个可以说是真正的商业计划，旨在进行"无阻挡"的太空通信。在积极推进"和平号"-"航天飞机"和国际空间站的背景下，我们的太阳帆项目在"苟延残喘"。在和 NASA 就这些计划签订的合同框架内，毕竟有支持俄罗斯科学的内容，但大部分资金都被用来支持航天医学，相较于我们这个前途渺茫的项目，航天医学当然具有更高的优先权。在最后一刻，我们还是成功获得了一笔最少的资金。我们利用这些资金恢复了“太空竞赛”财团，付清了税款、租金，更重要的是，我们准备了几份科学报告，这些报告成为我们的“商品”，甚至参加了在俄罗斯和美国举办的学术会议。同时，在这样的困境下，保留下来的还不只是纯科学和理论工程学。它们都成了后续工作和在太空中继续进行“旗帜”实验的基础和依据。

这几乎是整个“太空竞赛”了

“旗帜-3”是带70 m反射镜的下一个关键阶段。在分析了该阶段技术途径显示的问题后，我们认为有必要采取过渡步骤。由此产生了被不标准地称为“旗帜-2.5”的一个项目。那时设定了两个主要任务：第一个任务是通过裁切和其他改进来完善反射镜，拉长薄膜，形成真正的平面镜；第二个任务是完成镜面的定向控制，以便将反射光线指向地球上的需要位置，以及延长实验的时间。

我们的理论家设计了离心力拉长的薄膜结构的数学模型。从外部添加一个2 m的近乎密实的环圈，然后打开八瓣“洋甘菊”，使它不像“旗帜-2”那样起皱。还有一个模型也可以用来评估光学特性。实验中规定宇航员需要观测地球上的反射光光点。为此，为了评估人眼的能力，光学专家建立了一个物理模型，可同时用作练习器。还有一个宇航练习器也被用来开展设计，以及被宇航员用来练习如何在遥控操作模式（TOPУ）下操纵带有反射镜的飞船。为了使飞船正确地对日定向，还引入了所谓的阴影指示器，这是一个并不复杂，但很有效的照准器，安装在飞船上TOPУ电视摄像机的视场中。弹道专家的任务最重、最复杂。只有将飞船转入绕飞空间站的轨道后，才有机会在长达数圈的时间内操纵反射镜。1995年春夏，“联盟-TM”乘员组的乘员G. 巴达尔卡和S. 阿夫捷耶夫利用以上这些和其他的练习器，多次进行练习，为这个复杂的综合实验做好了充分的准备。

由此，在开展理论研究的同时，我们决定再次转向实践。真实实验当然更为麻烦和危险，但我们已经习惯了这样的生活。“飞机为飞行而生，人类在飞行中成长。”如果不算超级计算机电子大脑生成的虚拟画面，那么只有在太空中，才能真正创建巨大而几乎没有重量，但却是真实的、地球上难以完成的结构。

通往太空的道路需要技术方案来实现，而技术方案需要编制、协商和领导的批准。这份技术方案是由 50 个站点编写的，汇集了 100 多个签名，但是即便这样也没有获得官方认可。1997 年仲夏，技术方案编写完成。在此之前，我们实际上已经开展了设计、生产和试验工作。恰逢此时爆发了灾难：“进步-M 号”全速插入了“和平号”空间站，它不但撞坏了“光谱号”，还破坏了我们的计划、我们的“旗帜”。

我明白，在这种情况下，为了实验的事去找领导是毫无希望的。我们不急不忙地继续着工作。1997 年下半年我们做了不少事。

* * *

1997 年年底，当我们从“进步号”的撞击中差不多恢复了元气，并最终明白，“光谱号”无法完全修复后，我们开始重新编写“旗帜-2.5”的技术方案。在东正教圣诞节之后的第一个工作日，1 月 9 日，我们召集了这项工作的所有主要参与人。会议伊始，就号召大家再进行一次（可能是最后一次）在轨展开“旗帜”的尝试。距已通过审查的“进步 M-40 号”发射还剩 7.5 个月。让我们“再次签署”几乎已经完备的技术方案吧。所有一切几乎都从头开始。

一共收集了约 150 个各级领导的签名。每个签名背后都有执行者和相应的工作：图纸和示意图、仪表和电缆、实验和试验等。总经理的签名是 2 月 21 日获得的。但是直到赋予该技术方案 No. 16 的编号，使其获得官方地位后，工作才成功开展起来。我们被要求抓紧时间，以便列入货运飞船的工作总进度表。

我们在 3 月就完成了气压舱的最后试验。试验结果表明，打开舱门后，在离心力的作用下立刻向外抛出的、这个几乎密实的附加外围薄膜环圈大幅降低了转速，展开过程遭到破坏。在试用了几个方案后，我们决定引入飞轮，并采取其他一些改进措施。各种设备、仪器和附加电缆被陆续送到总装车间。

在开展主要的工程活动的同时，还应当想想钱的问题，这可以额外刺激领导。

4月末，利用受邀参加AIAA学会年会的机会，我尝试在国外宣传我们的实验计划。参会者饶有兴趣地听了我的发言，但应者寥寥。真实的结果要在几个月后才显现。

5月末最后一次飞往“和平号”的航天飞机STS-91任务成了我们“增加经费”以继续实验的另一次尝试。在休斯敦期间，我几乎已经和约翰逊中心的财务人员谈妥了如何修改合同，但是在肯尼迪航天中心发射场遇到的一些大领导打乱了我们的计划，剩下的所有资金都划拨给了国际空间站。

* * *

春季，当互联网上公布了关于“旗帜-2.5”实验的消息后，我们通过邮箱收到了很多反馈。很快，每天的邮件数量超过了几十封，多达一半的邮件对我们的倡议表达了赞成和支持。与此相反，大部分天文学家对此感到不安，有些人辱骂甚至威胁我们。芝加哥的某个天文爱好者（可能是美国黑手党的后代）甚至扬言要雇佣杀手（显然是俄罗斯职业杀手）。我决定通过互联网发布公开答复。以下贴出略经删减的答复。

对天文学家、天文专业人员和天文爱好者的公开答复

尊敬的学术同行们：

来函收悉。针对贵函中充斥的大量过激情绪、对我们毫无根据的指责甚至侮辱（羞于卒读），我们认为有必要做出如下回应：

“旗帜”这一科技实验计划旨在检验由离心力形成的大型薄膜结构，并开展应用实验，如轨迹生成、遥控、地球照射、观测等。未来计划将大型薄膜结构用于各种领域，如太阳帆、能源卫星、太空照明、屏蔽戒断器、微流星防护、太空天线和望远镜等。

关于“旗帜-2.5”实验的照射部分，有必要补充如下。该实验的主要目的是评估反射镜的反射特性，控制反射光线、宇航员观测并“手动”控制光点。照射将只在凌晨时分短时间（3～5 min）进行，不会对包括观测夜空的人员或关心此项任务在内的人员造成威胁。

从太空照射地球是全世界科学巨擘、俄罗斯、美国、德国和法国都在研制的未来系统，对此我们说明如下。无疑，我们应当谨慎对待“照射”这一课题，需要经过全面的评估，包括考虑天文学和天文学家的利益，但同时应

当冷静，不要臆想和无知。最需要照明的是对自然界影响最小的冬季的极地地区，是在极夜的“白天”。这样谨慎的策略不会破坏生物节律的运转。在发生自然灾害，进行救助工作时，人工照明将极为重要。照明也有助于打击犯罪和开展反恐斗争。来自太空的光线也可以用于特殊建筑施工。在“小月亮”（相较于“月亮”）范围内的温升微不足道，估测月球能提高 0.1℃ 的地球温度。

作为空间大型结构的研制者，我们不仅希望天文学家不要被我们的极限实验所困扰，还希望为科学家创建一些独特的工具，以便真正进入此前从未探索过的宇宙深处，就像在艰难时刻，地球上的有识之士为人类进步而做出贡献那样。

此信发出后，批评的数量和程度锐减。但是出现了独特的访客。来自蒙特利尔的一位年轻工程师毛遂自荐，申请到财团工作。我想起加加林升空后，没有得到委员会答复的洛克威尔公司的那位英国人，于是我也没有回复这位年轻人，但是找了另一个理由。能给他提供什么呢？我们的工程师待遇吗？即便他在他那儿是个失业者，他领取的补助金也高得多。

* * *

1998 年 7 月，总设计师委员会召开会议，决定执行飞往“和平号”的后续任务 EO－26。一切都按部就班地进行，最后中央机械科学研究所的代表陈述了鉴定意见。那一次他们在这件事上还是新手。总的来说，他不错地汇报了总体研究所的结论，在结尾还提到了一个名为“旗帜-二-点-五”的有趣的实验。对于这位代表的困惑，有人瞬间就反应过来了：“这就是我们的‘旗帜-2.5’。”我想了下，名称出现偏差是两次翻译的结果，科学似乎真的成了跨国界的事情。

在“全体”同意后，由于经济因素的介入，事情很快变得严峻起来。我们再一次处于危急关头。原计划 1998 年底向“和平号”空间站发射 2 艘货运飞船，为缩减“和平号”空间站的维持经费，决定只保留 1 艘货运飞船。并且 No. 239（未来的“进步 M－40 号”）赶不上规定的发射日期了。一切都在向右转（“趋向饱受”“守旧”之意——译者注），但是对我们来说最可怕的是，他们把飞船上的科学载荷，那些和飞船运行无关的东西都扔掉了。几天后我们获悉，包括“旗帜－2.5”在内的所有实验都被取消了。我决定抗争到底。

我们编写了几份汇报。我不得不去说服几十个高层和中层领导，真是一言难尽。柳明乘坐美国航天飞机飞行的结果意外地帮了大忙。在总师会议上，我就注意到了他关于“和平号”空间站上的耗材和设备存在大量备份件的报告。在他这次发言后，制订了盘点航天资产的计划，而盘点的结果非常有助于在关键阶段为在轨“旗帜”开展地面斗争。在大大小小的会议，包括总部的会议上都讨论了这个情况，总经理多次翻阅我们的报告。最终，我们的坚持获得了回报，已经下马的“旗帜”被再次捡起，继续前行。

我们遇到困难的消息传到了媒体，他们开始询问、来电。虽然直到最后一刻仍有疑虑，但我们仍然相信我们的太空之星。这种状况一直持续至10月底的发射前，其间通过了在车间和检测试验站的所有试验、最后的检测，以及在拜科努尔装上飞船，甚至持续至发射升空以及和空间站对接后。直到那时我们才相信成功了。

* * *

在发射携载“旗帜-2.5”的“进步 M-40号”飞船的前一天，计划举行一次总预演，这是一场真正的航天测验。就其实质来说，这次测验很不简单，远比预计得更为复杂。在准备测验、飞行中，以及飞行后的分析阶段，困难始终伴随着我们。但是“进步 M-39号”的这个弹道测试使我们获益良多，并且后续实验的这部分得到了真正的检验，与“圣洁和邪恶”之力一起，展现了轨道机动的很多细节。

突然又产生了一个近乎紧急的情况，在飞船与空间站脱开对接前的最后一刻，需要最终决定是否进行该项测验。根据“进步 M-34号”飞船碰撞事故跨部门委员会的意见，所有新的动力学操作都需要与中央机械科学研究所协调。遗憾的是，我们直到最后一刻才想起这个规定，很晚才向总体所提交了鉴定方案材料。

为完成此次测验，“进步 M-39号”飞船装备了专用的相同的照准器，用于远程控制其对日定向。乘员组需要在绕飞空间站时操纵飞船。测验的主要任务是，使用自动和手动装置，使飞船绕空间站飞行，但不能飞离太远，以便飞船处于可视和可控范围内，也不能飞得太近，以确保安全。飞船相对于空间站的绕飞和运动轨迹是由轨道力学律确定的，被称为“安全椭圆”。空间站和飞船都按照椭圆轨道绕地球飞行。采用极小的机动就可以改变这些轨道，使相对运动也变成椭圆形运动。对于要求乘员组参与的大量空间实验来说，这种轨迹是理想的。绕飞我们“和平号”空间站的航天飞机就曾多次这么运动。我们遇到的另一个麻烦是，需要使用遥控操纵模式（TOPУ）来远程操纵“进步号”，而这种模式却毁誉参半。

“进步 M-34 号”碰撞事件后，许多人对这种模式畏之如虎，特别是承担安全责任的那些人需要“歃血”签名。那一次我们最终也没能“流这一滴血”。当从中央机械科学研究所获得同意的希望破灭后，正在拜科努尔的 Ю. 谢苗诺夫承担起了责任。这事发生在 10 月 25 日，当晚便开展了测验。

总的来说，测验大纲是全部完成的。机动演练结束后，飞船开始绕空间站飞行，椭圆形轨迹的参数与计算值一致，不过它是“漂移”的。正如我们弹道专家所说，在向前或向后飞行方向上的椭圆偏移是一个定义不稳定的参数，需要定期修正。所有人都正确执行了操作，但随后又花了两个月之久，“挖掘”偏差比预期值大的原因。再次开始详细分析，如果飞船携载“旗帜-2.5”升空，扰动可能会来自何处？到了次年 1 月，当开始准备主要实验时，这些经验都非常有用。

* * *

时间和空间有时会发生令人惊讶的巧合。这一次开展实验的日期就重合了，2 月 4 日，和 6 年前是同一天。从表面上看，日期是有意重合的，但实际上，这种巧合有点像占星术。为了从轨道上照亮地球，考虑了太阳相对于轨道面的位置和角度、月相和月球位置，以及其他天文参数。此外还需要使这个日期接近下一艘“联盟号”飞船的发射日期，以避免对接口暴露在外，避免其在这种形态下经受加热或冷却。

与 1993 年最大的不同在于，照射不是在凌晨时分进行的，而是在日落之后立刻进行的。傍晚代替了凌晨。太阳落到了背后，飞船从向阳面飞行，这是街上的人们最有活力的时刻。现在一切都取决于天气和运气了。

很遗憾，并不仅仅是晚上代替了凌晨，这一次运气躲着我们。在飞控中心的我们所有人都看到了货运飞船上所装遥控操纵系统电视摄像机传来的实时画面。“看，”响起了星地通信人员的声音，“现在发指令展开，应该能展开的。”它展开了，开始旋转，几乎和在气压舱中试验时一样。突然，它的右侧猛然撞到某个之前没人注意的突出物上，是雷达天线，不知道为什么是打开的！这根倒霉的杆子就这么插在我们的薄膜轮盘中，哪怕它有个好听的名字——“天线”。怎么办？问题和主意纷至沓来。遗憾的是，展开机构和展开过程都是一次性的，就像迟发弹一样。已经没法做什么了，完了，谁也无计可施了。在我的脑海里，就像计算机一样，出现了一幅画面：薄膜从各个缝隙中钻出来，搅成一团，怎么使劲也没法解开。

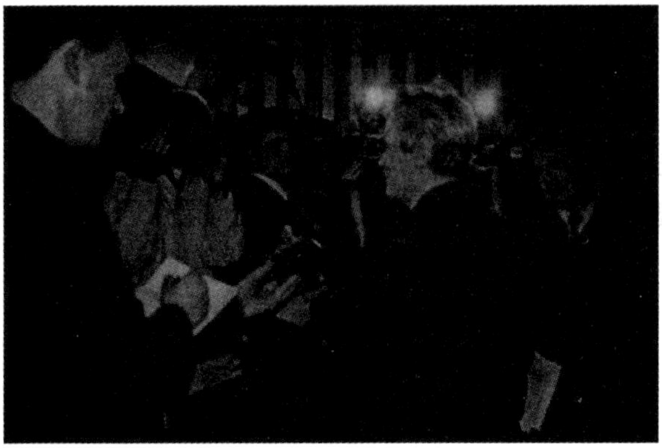

“如果它展开了呢?”

应该去汇报领导了，即便他们应当已经知道了。“谁能管一下这部天线就好了，上次一切都正常的”，我在走廊上就跟谢苗诺夫和泽连西科夫说，他们正在发布指示，组织事故调查委员会。

我们又一次观看了录像，商量了下，讨论了各种方案。所有讨论都针对“病人死之前有没有发汗”这个问题。接下来还需要跟媒体解释，电话都被他们打爆了，摄像机镜头就像机枪一样从凉台上对准了控制大厅。

“你们都亲眼看到了，成功的希望实际上已经破灭了，飞船会沉没，我们会搞清楚天线自动打开的原因，损失不可估量，实验是在主要工作和责任背景下准备的，我们很伤心，垂头丧气”，应该这么坦白地说。

又飞了两圈，经过 270 min 后，我和 A. 松古罗夫看了下改称“安全椭圆”的绕飞轨迹后，从“波德利普基-达奇内”站台坐上了 21：07 的电气火车，回到了家中，妻子、孩子和日常必备的美酒等待着我们。

第二天，在祝福 E. 廖布卡的 42 岁生日时，我自然提及他对这个成功走到最后一刻、距离成功只差一步的项目的积极贡献。“我们所有人，包括你自己在内，都为你今天的生日送上了一份不好的礼物。太空飞行的整个经验都证实了一个道理，那

和 E. 廖布卡在飞控中心

就是，任何时候都可以说，是自己的错。因为在地面准备的所有事件和工作中，总能找到干预和改正的环节。我们的装备非常复杂，是由很多不同的系统和工序构成的。哪怕一个人绝顶聪明，他也不可能独自掌握整套系统包含的知识。这就是为什么需要集合各种专业人员，召开跨专业咨询会的原因。叶夫盖尼，你情况好些，你还年轻，年轻是坏事，也是好事。你前程远大，大概也会碰到一些倒霉事，失败乃成功之母嘛。祝你成功”。我在2月5日就是这么说的。

这次我们没能征服“惊讶的人们”。据说，屈谢尔贝克尔为普希金的这几行诗生气了。我们则没有抱怨任何人，是我们自己的错。错误的源头是软件，是最后一刻才上传到“进步号”计算机的“程序插件”。它跟包含“天线”指令的6年之久的插件不同，就是这样才麻痹了我们的警惕性，控制计算机所用程序不仅仅对于领导是一种“鸦片”。在地面如何测试那些将要指挥太空计算机的程序，这确实是个大问题，这里没有放之四海而皆准的方法，这也是一种艺术，需要具有创新精神且非常认真细致的人员。

可惜的是，事情的发展并没有令人惊喜。最重要的是展示我们宇航技术的能力，保持日渐减少的对它的兴趣。说来也怪，我们甚至从负面结果中也获得了某种好处。大家满怀同情地看待、谈论和描写着我们。我们没有变得忧郁，埋头于从试验到草图设计各个阶段的各种事情和日常工作帮助我们摆脱了低落的心情。

“全世界宇航员，对不起!”
(“旗帜-2.5”没有展开，1999年02月04日)

2月8日，周一，我被邀请参加当时深受欢迎的电视节目“观点”。犹豫片刻后，我同意了。直播访谈非常有趣，引人入胜，能激发新的想法和理念。我阐述了过去和现在的一些工作，并提及后续的计划。在回答节目主持人A. 柳比莫夫的提问、那个记者钟爱的话题时，我说道，为什么我们不知道这个东西的价值呢？是因为我们根本不需要去考虑，反正没钱。除了航天话题，我们还讨论了俄罗斯农村的问题，并讲述了《黑暗王国之光》的故事（《黑暗王国之光》是达布罗柳波夫于 1860 年写的一篇关于 A. H 奥斯特洛夫斯基的戏剧《暴风雨》的评论文章，后来该文章的名字成为一句流行语，意为在任何错综复杂的情况下都存在光明和希望——译者注），在梁赞市郊有一个充满生机的集体农庄，很多苏联加盟共和国和车臣的难民都投奔到这里。我也想参与进来，讲述下我所了解的美国农场及其强大的基础设施，他们的基础设施可以让一个人独立耕作 100～200 hm^2 的土地。但没有时间了，况且我也不想涉足其他领域和政治。于是我简单说了下自己的“设计师集体农庄”、道德因素，以及应该在全国推广的广义上的机制问题。

我们的薄膜结构属于真正的精密技术，被美国人称为“幻象”，也就是说，是近乎虚幻的技术。从某种意义上来说，这是对的。我着重说明，我们几乎是在工作间隙来准备我们的实验的。对，作为一个战斗的工作集体，我们是受指派或委托从事前瞻性工作的，但是完成这些工作是需要条件的。那次似乎没能创造这些条件，而六年前的准备工作受到的关注要多得多，并且还有俄罗斯天然气工业公司的资金支持。我被迫再次为我的团队辩护。本来一切都有可能不同的。

但那次没有成功。卡尔·马克思在 20 世纪末会怎么说？“全世界无产者……对不起！”

5.7 绝唱：我们的“和平”终结了吗？

也许，我们所有人和我们的“和平号”都能撑到20世纪结束，这倒也不赖。

1998年年中，我们变得形单影只，“和平号”-“航天飞机”计划结束了。此后NASA几乎对我们失去了兴趣。美国人集中力量于新的国际空间站，以弥补被我们“和平号”分散的注意力。俄罗斯微薄的预算资金甚至不够支撑一个国际合作计划。在这种条件下，即便是我们的俄罗斯航天局也不是非常支持本国的航天计划，因为它需要对NASA负责。

* * *

当有人预言2000年是世界末日时，他们不太可能意指我们的“和平号”空间站。但是预言以一种意想不到的方式转变了。最初追求社会平等和团结的共产主义思想被极端主义所曲解，给20世纪的人类社会带来了许多灾难。社会主义世界崩溃了，其残垣断壁下埋葬了许多我们这个狂乱大国曾经珍视和宝贵的东西。有赖于苏联航天在最后几十年中的挣扎，为我们保留了一些航天的碎片。抢救我们的“和平号”空间站，就等于抢救我们许多人为之奉献终身的些许先进航天科技。抢救“和平号”使我们相信，我们正在为现实的航天理想做出贡献。我们继承了高科技并推动了其发展，继承并完善了工程组织方法。

战后20世纪40年代末，在研制全球性武器的同时，政治家们也在高呼为和平而斗争，这个口号贯穿了整个冷战时代。我们这儿通过授予列宁奖金来表彰杰出成就，敌对方则设立了诺贝尔和平奖。

早在20世纪50年代初就流行这样一个“亚美尼亚电台”笑话：“会发生战争吗？”“不，不会的，但是会为了和平而斗争，直到片瓦无存。”

为了使“和平号”空间站继续飞行，首先需要找到资金。1995年年底，那些在这些年里始终支持“和平号”、在地球上建造飞船并将其发射升空的相关人员，从俄罗斯政府那里获得了事实上无限的权力，可以随心所欲地做事，但是有一个条件：需要自己去找钱。关于钱的最大问题是，需要数亿美元的巨量资金。好在在地平线上，准确地说是在地平线后方，出现了潜在的赞助者。但是谁也不愿白白掏腰包的。并且，当今改革时代的企业家是按照“钱-钱”的公式来工作的，他们渴求在这个领域也创建某种航天规模的金字塔，并通过它来盈利。早在20世纪90年代初期，我就曾经和规模比这小得多的这种意图发生过冲突，当时我们发现，没有人愿意白白将钱投入“虚无缥缈”的航天事业。

我们工程师队伍中的大部分人当时都操心技术问题。为了降低“和平号”在轨运行的费用，我们考虑了多个方案，包括让“和平号”采用无人模式飞行。这里的主要问题是如何确保星载设备工作的可靠性，因为设备一旦发生故障，没人可以维修。历史经验告诉我们，首先应关注星载计算机。数字控制回路一旦失效，会导致灾难性后果，使空间站丢失定向，蓄电池放电，后果不堪设想。在共同压力下，我们的控制人员果断设计了模拟回路，与其他措施一起，提高了“和平号”空间站的生存概率。

* * *

圣经记载，2000年以前，上帝派圣子拯救地上的罪人。也许，上帝也决定拯救我们的“和平号”空间站吧。

上帝之路是不可预测的。

除了直接抢救“和平号”以外，还产生、推行了一些新颖的构想，比如利用空间的特性（简直是神力），将空间站保持在轨道上。这些异乎寻常的想法吸引了精神充实，甚至物质丰富的人们。当两人合体，就构成了一个新的团体，另外的一个世界。如果用钢索连接在轨飞行的两颗卫星，就可以获得一个令人惊奇的东西。20世纪60年代中期，当我们在科罗廖夫领导下设计“人造重力”时，我们没有料到，在我们的“上升号”与“И”舱段围绕地球做相对运动时，会产生某些意想不到的现象。多年以后，理论家们研究了天体力学的这个美丽任务，然后将这个理论投射到太空经受实践检验。

1994年，当我在加利福尼亚准备航天飞机与“和平号”的对接工作时，我结识了乔·柯列尔。此前他的首批“钢索”已经发射升空，正在寻找采用这种柔性缆索来连接俄美两国航天器的途径。

和乔·柯列尔合影

上帝之路确实不可预测。在乔的生活中，无论是在地面道路还是天空之路，这种情况都已经多次显现了。年轻时他从事宗教工作，当他最终认识到成为一个神父并非他的愿望时，他转向了航天，找到了自己的道路。在完成航天飞机与“和平号”的前几次对接后，乔来到了莫斯科，我向他介绍了我们的钢索。那时候这方面还毫无进展，虽然想法很多。

连接体在轨飞行时，只有当连接是指向天底即地心时，才会形成稳定状态。此时，钢索长度越长，拉得越紧。拉力随着它们之间距离的三次方成比例增加。如果在飞行中切断钢索，会发生始料未及的一幕：上面的卫星将会上升得更高，下面的卫星将会下沉得更低。如果钢索足够长，它甚至会碰触到大气层，从而离开轨道。

当时，基于这个合理和美丽的构想，有人建议将完成货运任务的“进步号”沉没。不同于使用喷气发动机的常规方法，钢索法可以在不消耗推进剂的前提下执行重要的任务。并且，在上面的空间站还可以飞得更高，也不需要消耗推进剂。采用这种方法，只要一艘货运飞船，就可以在虽然稀薄，但还明显的大气层里将“和平号”的轨道再额外抬高20 km，补偿因为减速而损失的高度。

在危急时刻，可以采用这种方式，牺牲某个舱段，使其离开轨道，就像抛弃压舱物一样。例如，一个 20 t 的舱段可以将留在轨道的航天器的高度向上整整抬高 50 km。这样一个接一个，直到留下某个航天器，完成抢救。

然而美丽甚至华丽的科学构想距离实际总是有很长的一段路。工程学需要将理论变为实际，工作量很大，经常会碰到巨大的困难。因此总体负责人非常害怕新的事物。但是危急时刻就需要冒险。

就像其他热心人一样，乔·柯列尔也饱尝保守派做法的折磨，他决定冒险一试，尝试帮助我们的“和平号”，顺带推销自己的钢索技术。关键时期的进步有时堪称飞速。这一次，他们也做了尝试。

1998 年年底，正值 FIND 航天基金寻找非官僚途径进入航天领域之际，我们再次见面，FIND 基金将我们推向了这个独特的抢救“和平号”的方法。

我们花了两天时间编制技术建议书。除了常规的纯机械式钢索方法以外，在这份文件中占据中心位置的是电动钢索的构想，利用电动钢索可以取得堪称惊人的额外效果。这是因为，机械式导电钢索在地球磁场内飞行，电动力会导入钢索。空间的另外一个属性也有助于接通经过电离层的电路，收集自由飞行的离子和电子，这样就形成了空间构型中的经典电路。

和地面一样，这种电路也可以采用两种模式进行工作：发电机模式和发动机模式。如果只接通电路，带磁场电流的导体将承受一个作用力来遏制运动。此时飞行速度将减小，整个轨道系统开始下降。这种模式可用于不消耗推进剂的离轨。如果接通电动钢索的电源，就进入发动机模式，开始加速向上运动。

这就是我们的构想，是那些希望将“和平号”保留在轨道上，在 21 世纪继续延长其空间寿命的人们决心推动的构想。

5.8 混合式飞船

前文曾经述及，1983 年，我们的总设计师 B.П. 格鲁什科曾经建议我，在计划外任务中撰写《飞船》这样一本手册。1984 年，这本手册通过知识出版社出版了。冬季在黑海岸边休假期间，我开始编写这本通俗手册，并首次了解了飞船的各种概念。稍晚，在学习美国航天飞机的历史时，我偶然找到一些所谓“钝头体”在大气层中减速的资料。这是一种很有效的构型，是美国空气动力学家在艾伦（即后文的 M. 费吉特——译者注）领导下于 1951 年论证的，最早研究用于导弹的弹头，直到 20 世纪 50 年代末才在 NASA 主设计师 M. 费吉特的领导下，被首批“水星号”和“双子星座号”轨道飞船的设计师们所使用。

1984 年以后，通过分析早前的飞船研制情况，我觉得有所不足，于是空闲时我开始思考，在飞船从轨道返回地面时，如何改善机翼的防护：新的想法起先是模糊的，然后逐渐清晰，到了 20 世纪 80 年代中后期，一个独特的方案出现了，后来实际上成了研制混合式飞船的基础。

在这期间，在 K. 费奥克基斯托夫的倡议下，在 B. 格鲁什科的大力支持下，开始制定名为“曙光”的方案。“曙光”是一型可多次使用的飞船，通过采用喷气发动机，它应该能够实现软着陆。坦白说，我们大部分的研制人员都是不赞成这个构想的：姑且不论其不合理性（减速时消耗推进剂过多，设备过重），考虑到软着陆操作过程的临界性和短暂性（距自由坠落地面总共不足 10 s），这一操作的危险性不容乐观。但是此时格鲁什科认为，在他做了这么多，将宇航员送入太空后，是时候让宇航员使用自己的喷气发动机返回了。当我向他汇报了自己的建议，听到他“什么？使用机翼而不是发动机来着陆？行不通！”的反应后，我才终于明白了他的想法。

20 世纪 90 年代，我时不时会重新捡起我的想法，但没有深入展开，主要是缺乏特别实际的促进因素。在 90 年代中期继续学习美国航天飞机研制历史，了解其实际装备的过程中，我进一步从总体上认识到轨道飞行器和空间运输系统有翼方案的不足。

2003 年 2 月 1 日，正当我即将结束在早期文明遗址（雅典）的休假时，得知“哥伦比亚号”航天飞机失事。这一事件令我震惊，也激发了我的认知。一年后，布什总统宣布了新的航天倡议，促使我开始思考和设计：美国的乘员探索飞行器（Crew Exploration Vehicle，CEV）是“密封舱”式的主要方案，我国的“快速帆船”是有翼的“升力体”，但是，正如大家说的，两种方案都可行。

这些年里，和其他科室主任一样，我每周需要花数个小时参加会议，我们这儿将这种会议称作“总部会议”。会上有充足的时间，可以聆听主要领导 N. 泽连西科夫的指示、其他人的工作报告，有时我自己也会发言。2004 年 2 月，在一次总部例会上，我最终形成了下列混合型飞船的方案和构型，它是在“联盟号”飞船和运载火箭的基础上，广泛采用了“暴风雪”、美国航天飞机、“水星”和“双子星座”的研制经验和配置要素而形成的。

5.8.1 混合方案

—从初始构想到技术建议书。

—发射构型：不含头部整流罩，以及不含头部整流罩但包含紧急逃生系统推进器（图 1）。

—价廉的“联盟号”运载火箭，适合载人飞行。

—轨道飞船，包含两个主要舱段：返回舱（包括乘员组座舱、对接舱、含涡喷发动机和折叠机翼的尾舱，以及含喷气控制系统的前舱）和基于“联盟”软硬件的服务舱（图 2）。

—含对接舱敞开式舱门和改进后对接机构的对接构型（图 3）。

—使用前部喷气控制系统进行控制，密封舱式再入大气层（图 4）。

—从尾部朝前飞行变构型为头部朝前着陆（图 5）。

—在跑道上着陆（图 6）。

—可在所有飞行阶段使用的紧急逃生系统（图 7）。

—混合式飞船采用模块式结构（图 8）。

—轨道场次（图 9）。

—国际空间站组成中的混合式飞船（图 10）。

—月球场次（图 11）。

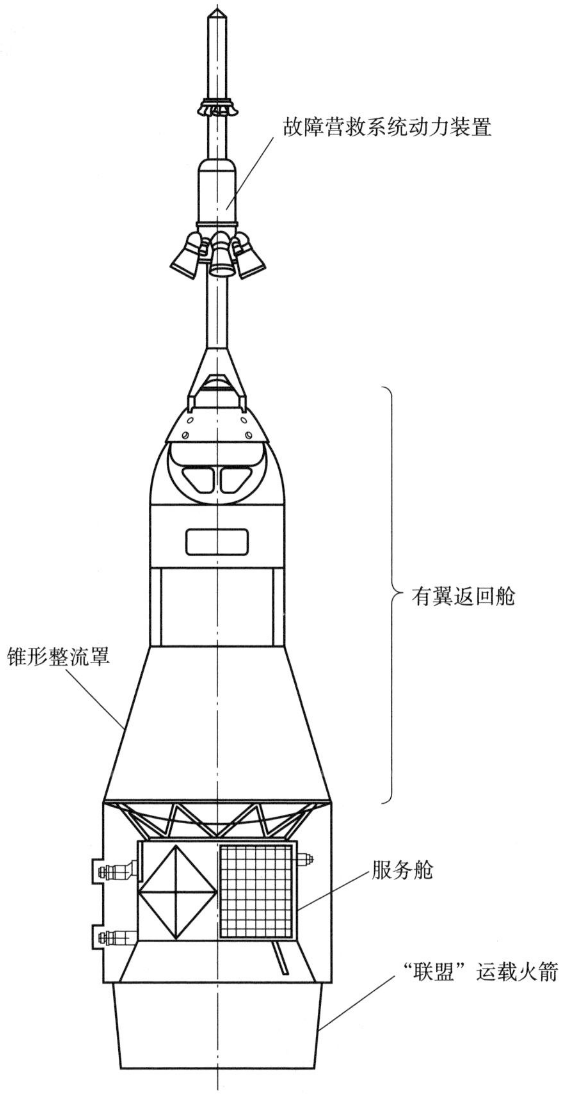

图 1 混合式飞船的发射构型

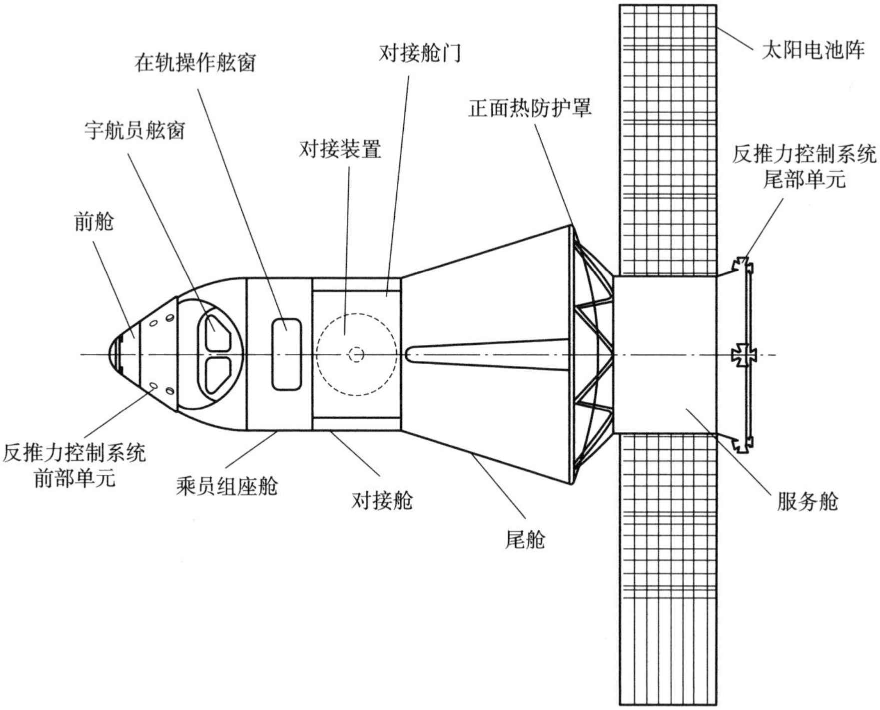

图 2 混合式飞船，在轨构型

图 3 混合式飞船，准备对接

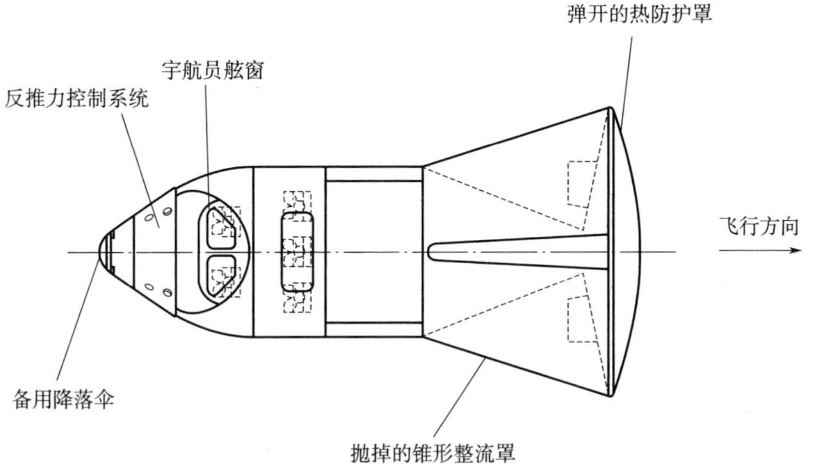

图 4　混合式飞船，返回构型

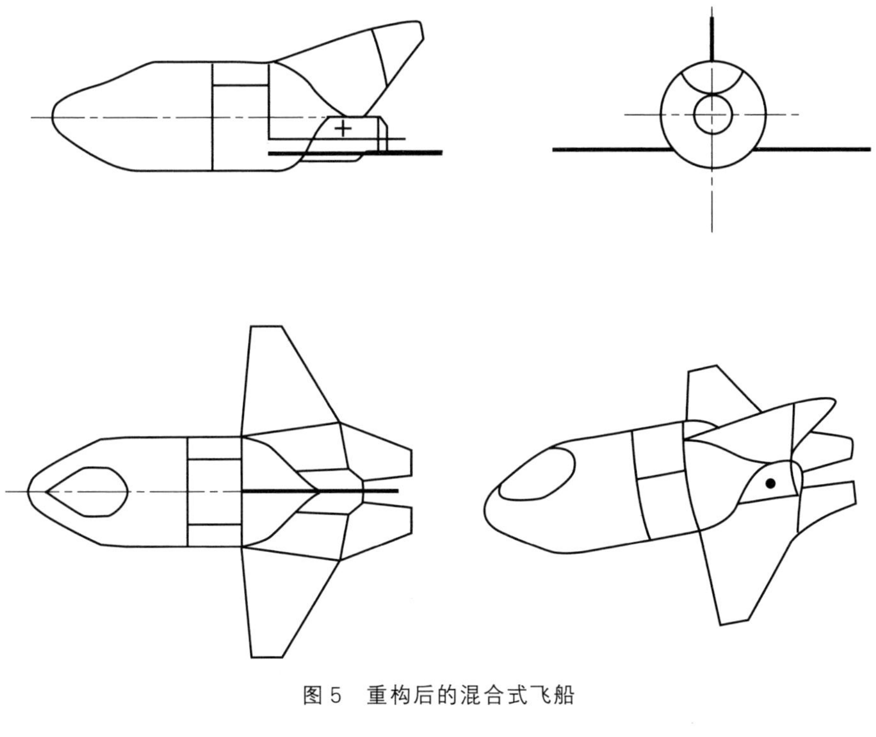

图 5　重构后的混合式飞船

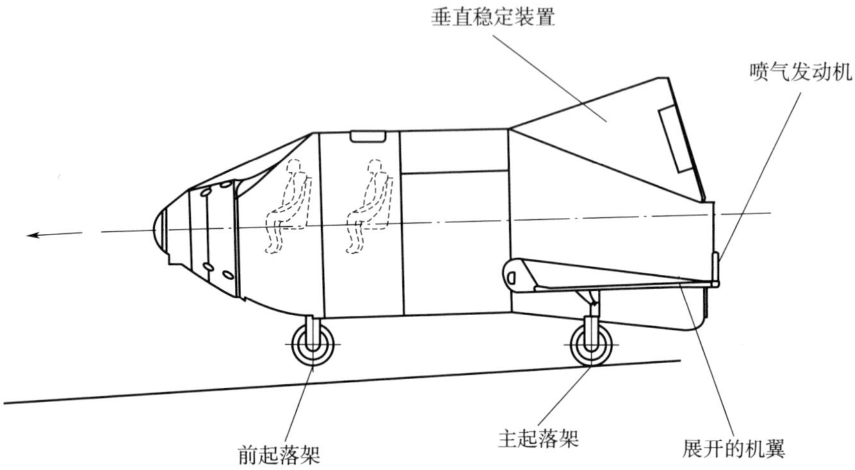

图6 混合式飞船，着陆构型

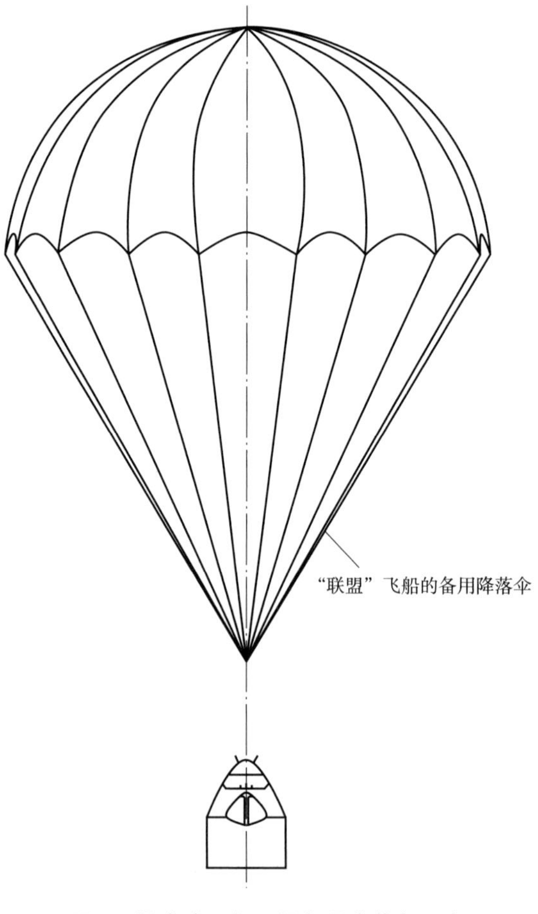

图7 混合式飞船，用备用降落伞下降

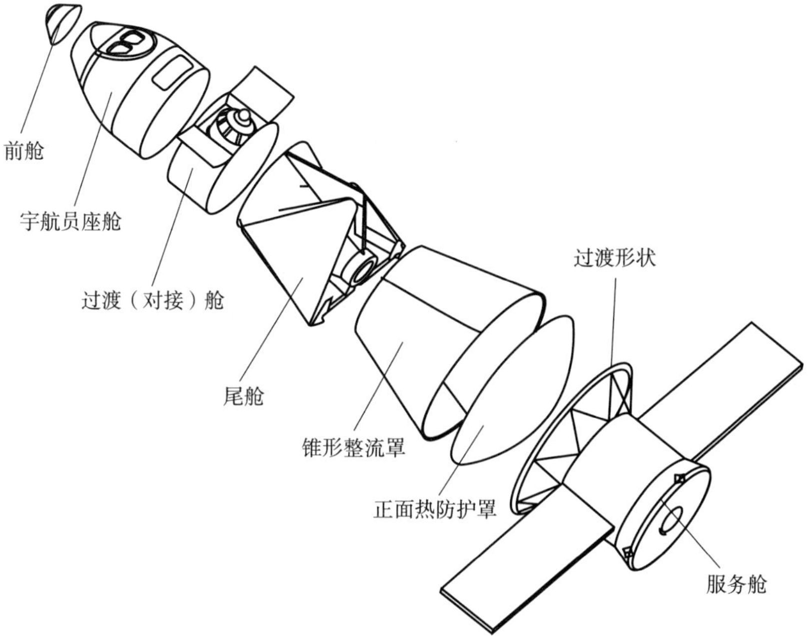

图 8 混合式飞船结构图

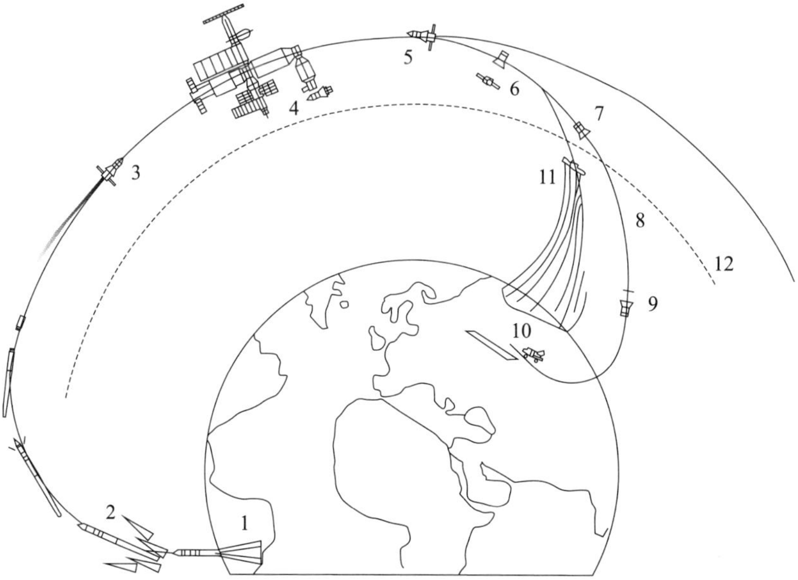

1—发射；2—入轨；3—自主飞行；4—对接；5—离轨；6—舱段分离；7—进入大气层；
8—可控式下降；9—重构10—着陆；11—服务舱损毁；12—大气层分界线

图 9 轨道飞行典型线路图

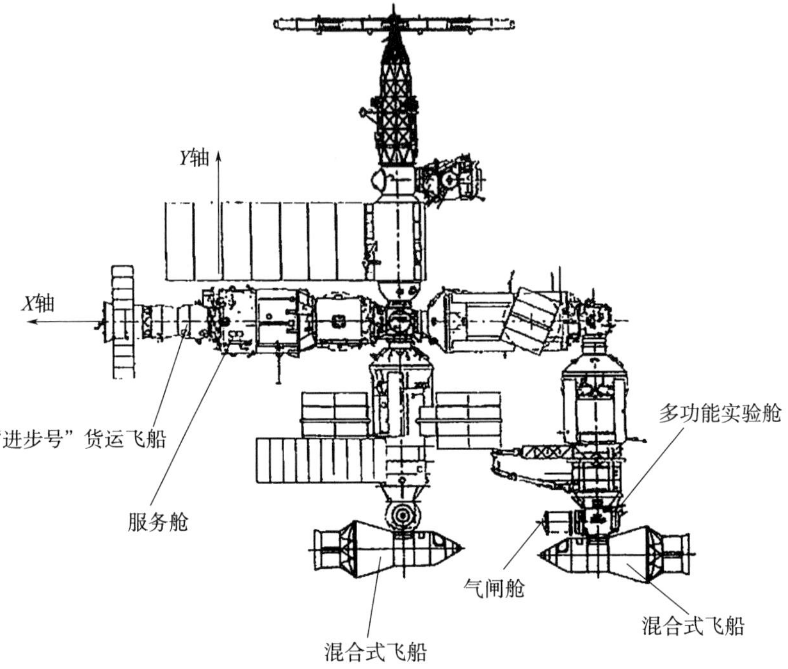

图 10 两艘混合式飞船与国际空间站对接

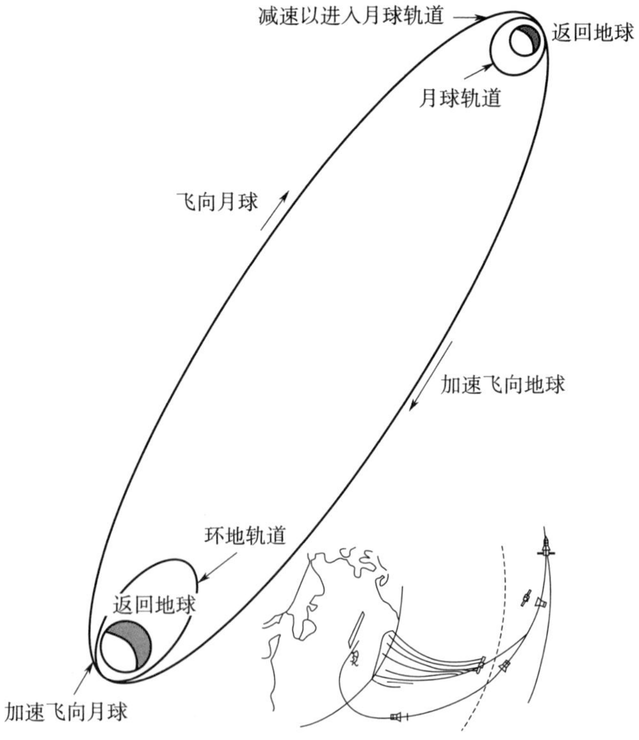

图 11 混合式飞船奔月路线图

5.8.2 运载工具

“联盟”运载火箭（改进后方案），其最新型号（“联盟-2/3”），以及其他运载火箭。

5.8.3 工程的关键部分和潜在问题

—入轨段的空气动力学和热力学；
—再入段的空气动力学、热力学和控制；
—滑翔和着陆时的空气动力学和控制；
—密封舱式构型的重心；
—有翼构型的重心；
—系统-仪器配置；
—多次使用型热控设计（耐热合金壳体和绝热）；
—乘员组座舱构型和配置；
—横轴对接；
—对接机构型号；
—主系统，型别；
—飞行中变构型；
—尾翼，展开和控制；
—含推进系统、进气道和发电机的空气喷气发动机；
—密封舱构型的平衡；
—着陆起落架；
—紧急逃生系统，着陆缓冲；
—重量平衡（舱和系统）。

5.8.4 分两个主要阶段进行试验验证

第1阶段-乘员组2人和第2阶段-乘员组5人（20世纪80年代初美国航天飞机就采用了类似方法完成了试验验证）：

(1) 第1阶段

—自主试验（系统和部件，综合试验台）；

—舱段的划分；
—变构型；
—飞机试验（滑翔和着陆）；
—紧急逃生系统；
—综合飞行试验（乘员组2人）。

(2) 第2阶段

—乘员组满员（5人）的系统和设备地面试验；
—满员飞机试验；
—飞行试验（联盟-2/3火箭）。

5.8.5 结论

1）制定的技术方案展示了方案的优点和性能。

混合方案的优点和性能：

—混合式飞船总体构型和配置的合理性；

—飞船与“联盟”运载火箭（不含头部整流罩）和紧急逃生系统的良好兼容性；

—在完成主要轨道操作（定向和机动、交会和对接）时的构型合理性；

—从轨道下降时的良好保护性和可控性，并且满足机动要求；

—完成变构型操作的顺序合理性；

—可在普通跑道上着陆；

—乘员可在（从发射台到着陆的）主要飞行阶段完成逃生。

2）继承“联盟号”飞船的结构件、设计方案和制造工艺。

3）使用验证合格（适合载人飞行）的“联盟”运载火箭（在混合型飞船的验证阶段）；

4）项目期限乐观，成本和未来运营费用可控。

PS. B. S. 谢拉苗尼科夫日记摘录[①]：

2005年7月

“切尔托克：要是科罗廖夫在，我们3年后就能发射混合型飞船了！

---

① 编辑添加。

我想把混合型飞船献给科罗廖夫，因为作为滑翔机和飞机的设计师，他一直梦想着，宇航员返回地球不是依靠厚厚的宇航服，而是乘坐货真价实的飞行器；降落伞是救生装置。我相信，如果科罗廖夫在，他会支持我们（这个）设计的。”

5.9 国际空间站的周边环境

2001 年 11 月，我决定休假，这个假期我已经积攒了半年多了。作为一个文明世界的旅行者，我首次前往此前从未去过、尚未成为航天大陆的非洲。去非洲的路程很长，把我妻子吓退了：她决定留在家中，开始房屋的修缮工程，顺便说一句，这事也拖了半年之久了。

当我几周后回到家时，房子正在如火如荼地修缮中，我只得躲到堆满杂物的卧室中，和我的便携式电脑一起蜷缩在床上工作。由于身体虚弱，我甚至没去飞控中心观看当前发射的“进步号”的对接，我相信，这一次，我的久经考验的“布尔什维克们”没有我也行。

“你那里又有啥没有对接成功”，妻子从厨房里叫我，厨房里的电视机正在播放新闻。在漫长的对接岁月里，这是我第一次通过媒体获得重要的工作消息。在修缮过程中挖断的电线使我们丧失了惯常的通信方式——电话静默了。直送到我床上的现代通信的另一个成就——邻居家的 900 MHz 听筒——帮了忙。“快来，我们停下了，尽量赶在下一个通信场次前赶到”，我的“对接人”这么通知我。

我匆忙刮掉在两周假期里长出来的胡子，半小时后就来到了我们的集体车库。从 20 世纪 60 年代中期开始，当我们在“女共青团员”领导下开始协同工作时，我们就仍然将这个车库称为“共青团员”。一路通畅，没有习以为常的堵车，我几乎准时到达了飞控中心。那里已经草拟了命令，准备成立事故调查委员会了，并且委员会已经开始分析研究了。N. 泽连西科夫被任命为委员会主席，副主席是宇航员 B. 索洛维耶夫、飞行指挥和我。这份命令由我们的总设计师尤里·巴甫洛维奇·谢苗诺夫签署，于第二天，即 2001 年 11 月 26 日发布，而命令规定的工作在签署的前一天就开始了。

从太空收到的遥测表明，正常交会后，阻尼器动作，消除了剩余速度，对接机构对接杆的驱动机构接通，完成对准，而拉紧状态一直持续到对接口关闭前一刻对接杆停止动作：对接隔框中的传感器没有起动，并且“锁钩不动”。我们立刻决定再次发送指令接通对接杆的驱动机构，但于事无补：对接杆线性位移的遥测参数没有变化，对接杆杵在那里，纹丝不动。

这个情况让我想起1987年，当时在将首个“量子”舱段对接到一年前发射的“和平号”空间站主舱段时，我们也没能拉紧对接口，形成刚性密封连接。当时虽然经验不足，但我们还是在几天内就很快解决了这个意外问题。现在来看，我可以说，这一次的调查总共拖延了数月之久，虽然我们在几天后也通过舱外活动对接成功了。

事故调查委员会的工作总体上持续太久的原因是，这次事故的起因不是普通的机械障碍，不是宇航员个人的失误，而是复杂的多层次现象，这种现象反映了不同来源的物理-化学过程。

所有这些都需要进行多方分析，被吸收参加分析的有各个领域，甚至各大洲的各种专业人员。国际协作的国际空间站项目也在这次事故分析中做出了贡献。

现在，就像15年前我们在飞控中心从决定再次认真检查对接处开始一样，这次我们决定先检查国际空间站的对接接口，“进步号”货运飞船就靠泊在这个接口上，但是没能实现完全对接。按照多年前就严格规定的流程，所有来自太空的电视图像都被妥善存储在地面站，可随时查看。这次我们首先查看了“进步号”飞船电视摄像机传来的画面，此时飞船正无助地挂在对接机构的对接杆上。在认真观察接触前一刻的国际空间站服务舱对接处以后，可以看出有某个绳索状的物体。画面不是非常清晰，我们想起另外一部视频短片，它可能有助于我们的调查。这是关于前一艘“进步号”货运飞船脱离对接的视频信息，这艘飞船是在2001年8月22日至11月24日的4个月期间，对接在这个对接口上的。另外一个太空画面证实，在国际空间站的对接处确实存在多余物。

我们没有忘记15年之久的独特经验，虽然新的“不明飞行物”的来历不明，我们还是建议让宇航员做好出舱准备，以便取出“不明飞行物”，排除影响我们“进步号”的障碍。

领导同意了，准备工作启动了，同时还分析了关于这个“不明飞行物”来历的几个版本和说法。我们猜测，这可能是一根电缆，是宇航员在上次舱外活动期间遗落的，然后不知怎么地掉落到对接口。为此我们仔细询问了当时的宇航员们。有人则提出了“橡皮”说：前一艘货运飞船主动对接装置上的密封垫可能因某种原因附着在国际空间站的匹配对接口，现在成了新“进步号”道路上的绊脚石。我记得在第一副总N. 泽连西科夫主持召开的大会上，我说这个说法很“漂亮”，同时指出，这个时候重要的不是搞清楚这个不明物体到底是什么，更重要的是如何更好地做好出舱准备，为飞船配齐所有工具，做好处置应付任何突发情况的准备。

出舱日期定在了12月2日。

30年的空间站飞行经验使我们学会了如何正确、专业地工作。出舱准备和舱外活动都进行得高效和顺利。这次的“不明飞行物”被查明来自地球，确实是一块橡胶垫，因为某种暂时未知的原因粘在了国际空间站的对接口上。我们“广播”接通了对接机构的驱动机构，分离了对接口，使对接杆完全伸出，以便我们的主角们可以更轻松地够到这块倒霉的橡胶垫。虽然穿着宇航服，宇航员还是很轻松地撕下了粘附的橡胶垫，切断一处，从机构中抽了出来。现在对接口干净了，可以完成对接了。和15年前一样，对接操作进行得很成功，没发生其他意外。

“现在最重要的是，不要放过事件的主要证人——橡胶垫。”我们告诉宇航员。不同于15年前的事件，当时我们希望获得这个“不明飞行物”进行研究，完成异常和意外事件原因分析，搞清楚“谁的错”，但这次我们知道，这块橡胶垫不是平白无故粘上去的。这块密封垫是在被填入特型环形槽中，形成“燕尾”型连接的过程中粘牢的。

为了从槽中拔出这块垫片，需要很大的力，这会带来严重问题，当时还完全不理解这个问题的原因所在。此外，多年的经验告诉我们，应当分析透彻，深挖到底，以免将来再发生类似问题。正是这种态度确保了航天装备的高可靠性。

这就是这次我们委员会需要长时间调查的原因，我从一开始就敏锐地感觉到了。橡胶垫应该是这次调查工作的关键环节，它是事件的唯一证人和参与者，除了宇航员之外，这块垫片也是可以返回地球的，毕竟宇航员可能还看到或知道一些我们在地球上尚不清楚的情况。因此我们极力推动将这块倒霉的橡胶垫带回家，这是一条漫长的道路，事实上涉及国际航天合作。

可以说，我们是幸运的，紧随“进步号”之后，美国航天飞机向国际空间站进发了。由于我们的事故，美国人已经数次推迟这架航天飞机的发射了。他们决定再等等，等我们把太空中的事情研究清楚再说，而不管我们已经额外进行了作业分析，制定并向大洋彼岸发送了正式的许可结论。在许可结论中阐明，在只用对接机构对接杆（而不是对接隔框中的刚性连接锁）连接至空间站的“进步号”飞船参与组成的新型特殊构型中，美国人的100 t航天飞机可与另外一个异体同构对接口对接。做出这个结论，不仅需要我们对半拉紧对接口的强度和最大可能载荷进行工程分析，还需要处理这种异常情况的决心。

航天飞机直到12月5日才发射，当时国际空间站上一切问题都处理好了：我们的货运飞船最终完成了对接，国际乘员组开始卸货。

不同于“进步号”，航天飞机的对接很顺利，异体同构对接口一切正常。航天飞机任务也成功完成了。“奋进号”轨道飞行器于12月17日在佛罗里达着陆。除了其他太空货物以外，宇航员还将我们的橡胶垫带回了地球，垫片是用一个塑料袋仔细包裹的，以保持块状和空间站大气试样用于分析。在送到我们“能源”火箭航天集团公司之前，这个太空包裹不得不先完成另外一个漫长的地球之旅：先转运到休斯敦，然后由我们在那里出差的一个同事通过我们俄罗斯海关，将这个来自太空的圣诞礼物带到莫斯科。

研究就从分析塑料袋中的空气样品开始，我们来自火箭燃料实验室的化学专家成功地从中提取出了某些东西：他们发现了戊基和庚基的蒸气，这是喷气控制系统发动机推进剂的组分。化学分析的这些初步结果揭示了后续研究的一个方向。

下一步是目视检查橡胶垫，对其测量和检查力学属性。获得的结果使我们掌握了宝贵的信息。我们首先发现了垫片密封工作表面的严重损伤：橡胶垫有一段（长度约为2 cm）是撕裂的，两端则有很长的蜂窝，虽然不大，但是很多。

在装配车间试装垫片后，我们确定这是一个内部垫片，要知道，为了保证高可靠对接，可以说，我们从一开始，从第一个“礼炮号”开始，就按照惯例，使用2个密封垫，对所有飞船和在轨舱段之间的转移通道进行密封。此外还检测了从安装槽中拔出垫片所需力的大小。所需作用力为几十公斤，这表明橡胶垫是牢牢粘贴在对接口上的。这个重要的中期结论为我们明确了后续研究的方向。

下一个分析阶段是对橡胶垫作理化分析，为此我们将垫片交给了真正的专家——橡胶封严件的研制者。在材料学家的参与下，来自橡胶工业科学研究所的专家们深入研究，准确地找到了发生撕裂的部位。在这个部位确实检测到了材料的化学和结构变化。

自此开始了最重要的研究阶段——查明原因，为什么垫片会牢牢粘在铝合金制的对接隔框上，就像焊上去的一样。

在飞船与空间站30年的飞行和对接历史中，此前从未发生过这种事。可见情况发生了变化，必须查明，以免将来重蹈覆辙。

这方面的研究总共又花了两个多月的时间，但是早在这个漫长研究刚开始的阶段，材料专家就断言，橡胶垫熔结可能是酸性或碱性的化学活性物质造成的。从这个可能性出发，针对我们遇到的问题，开始积极研究有机物起源假说。

我记得，在东正教圣诞节的第二天，1月9日，在N. 泽连西科夫主持的我们每周的总部例会上，我首次提出了这个问题的尿源说。我的发言引起一片喧哗，主要是由于这个说法是假设的厕所起源。某种程度上我是故意发表这种奇谈怪论的，目的是激起我们航天界积极思考。外部环境直接或间接地将我推到了这一步：很显然，因为需要考虑各种因素，所以需要吸收更多的专业人员参与研究，还应该分析国际空间站的内外环境。第二天，对这个“总部学说”的最快反应已经显现了：在乘坐早班电气火车上班途中，周围人已经在引用尿液学术语进行交谈了。

在我发表惊人言论之前，我们已经在研究中取得了很大进展。

首先，橡胶专家开展的首批实验证明，如果人尿滴入橡胶和金属之间的结合处，在几天时间内，材料的密封性就会遭到破坏，可能和太空中发生的情况相似。不同于碱性的尿液，火箭推进剂的组分具有酸性，也有类似作用。

其次，我们开始理解，整个国际空间站的周围环境、空间站的内外部卫生环境，说好听点，都有待改进。

早在20世纪70年代末，我就清楚地记得一些宇航员的叙述，他们在完成头几次真正长期的、长达数月的“礼炮号”空间站的飞行后返回了地球。他们说，开始在轨运行后，很快，空间站内部大气就越来越像火车站，而且还是挨着火车站公厕的那部分。我也没有忘记，在飞船和空间站之间的转移通道中我们的对接隔框内，经常发生滴水，有时候水汽积聚太多，不得不使用毛巾甚至脏衣服等手头的擦拭材料去收集。

原因在于，构成通道的隔框内部金属表面没有任何防护，它应该是完全“裸露”的，因为要形成接收锥的部分表面，便于对接机构的对接杆插入。在不利的热力条件下，该表面是冷的，而如果空间站内部大气的湿度过高，该表面就会开始工作，如同增加了一台水分收集器。水汽是工业用水，很大程度上是宇航员生命活动的产物，特别是体育锻炼时会分泌很多水分，众所周知，没有水汽是无法在太空长时间飞行的。

在收集了这些信息后，我能够勾勒出一幅画面，侵蚀性水汽是如何进入对接口，如何在出现微小缝隙后渗入我们的封严件的。当然，这是一种略显怪诞的猜测，但最终，它和更实际的假设一起，帮助我们再现了整个画面，使我们得以认识到潜在的危险，为将来战胜这种危险做好准备。由此，宇航员个人卫生设施和流程也引起了我们的特别关注。

厕所是任何人类居所的脸面。在失重状态下大小便，这又是一个宇宙飞行中的大问题。带来的附加问题是，人体排泄物放在哪里？航天圈和准航天圈都流传着不少有关这个微妙问题的故事。

最初，在制定第一个“水星”载人计划时，美国人就低估了任务的难度。头几次飞行的额定时长总计约几分钟，未设置任何小便设备，更别提大便了。但是在艾伦·谢泼德准备第一次亚轨道飞行时，火箭问题就直接或间接地变成难以忍受的小便问题了。

从另外一方面来说，将穿着密封宇航服的宇航员从密封舱中拖出来小便，浪费时间的同时，还可能发生其他的火箭-航天麻烦事，这也是不可取的。飞行指挥建议局部问题就地解决，他说，没什么大不了的，大英雄也有小尴尬。大约就是从这首次历史性飞行开始，小便成了惯例。的确，当宇航员库佩尔乘坐“水星号”密封舱执行最后一次飞行时，在最后时刻，由于未能经受住温热潮湿又有化学活跃度的环境的考验，星载仪器发生了故障。虽然飞行时间长达两周的第二个载人计划“双子星座”是很成功的，但有时，长时间飞行还是在不卫生的条件下完成的。毕竟工作、饮食、睡觉、脱裤子，还有很多其他事情，几乎所有事情都只能在两人密封舱非常拥挤的座舱内完成，不能离开大小如老式“大众”的太空汽车的前排座椅，而且一待就是 14 天。

对于月球飞行来说，美国人自然为本国的首批“外星人”提供了舒适得多的条件，何况太空对地球来客是很严酷的。不同于环地球飞行，从月球返回是不可能的。

因此，为了保险起见，宇航员在穿戴密封宇航服的同时，会穿上特制的浸胶外衣，以免被自己多日的宿便熏死。上帝偏爱勇敢的人，没让他们经受这种超级考验，但俗话说，天助自助者。正如特立独行的巴兹·奥尔德林在自己那本引起争议的书中所写的，他没能成为第一个踏上月球的人，仅仅是尼尔·阿姆斯特朗之后的登月第二人。但是这名乖张的宇航员却成为在月球真空中撒尿的第一人。

不同于客机，美国的航天飞机没有足够大的收集液体排泄物的贮槽，它也不是携带排泄物降落在跑道上的。应该定期扔掉排泄物的液相（可以说成“太空污水”），通过一根特殊喷管将其排放至外太空。应当看看这个操作。于是我们饶有兴致地看了一些特殊的录像：在阳光照射下，一股犹如来自健壮的壮年骟马的强力水柱，精确而耀眼地激射而出。当然，这种美国式的做事理念简化了太空排泄物的回收利用，还带来了其他优点，但它主要是基于操作有限、有效载荷相对不多的自主飞行设计的。

当美国航天飞机对接到空间站上，作为巨大空间站的一部分开始长达两周的飞行时，就出现了严重的问题。

一方面，照旧需要排放液体排泄物，因为我们服务舱的太空厕所并不是设计用来服务这么多的所有航天飞机的客人的。

另一方面，还出现了太空梦遗的危险，毕竟空间站里有很多元器件和表面都对脏污敏感。其中包括光学表面、传感器的敏感元器件、舷窗、太阳电池阵和散热器，此外，正如已经查明的，还包括对接口。

从中世纪的历史中可以知道，当城市人口增长，而周围空间已经无法用自然或生物手段处理人类排泄物的时候，城市会面临哪些问题。环境不再像农村那样消化排泄物，在农村，大地通过“非污水”坑、垃圾堆和堆肥，吸收了所有的废弃物。污水通过窗户泼溅到城市街道，使其变为可怕的传染病的源头，而传染病又导致了毁灭性的流行病。正是这样的灾难才迫使中世纪的城市进行改造，最终出现了下水道等现代文明的标志物。

那时候，我将抛入外太空的液体排泄物和通过窗口泼溅的污水做了比较。实际上，国际空间站舱段的不断增加，以及太空规模的空间站建设都是太空城市化的开端。如果齐奥科夫斯基和其他前辈科学泰斗的预言在某个时候得以实现，并产生真正的太空家园，那么将通过采用最尖端技术，设计和建成排泄物回收利用系统。而目前，美国工程师只能尽量使航天飞机的现有系统适合新的运行条件和目前的任务。

在休斯敦讨论问题时，美国专家提供了大量资料，其中包含了对航天飞机液体排泄物排放时其射流运动轨迹仿真的结果。进行仿真的目的是确定这些排泄物不会再次碰到在环空间站轨道上飞行的飞船，这是弹道学家在评估太空飞行安全性时的典型任务。这个不简单的理论给出了尿液射流速度矢量的方向，该方向应可以避免这种腐蚀性液体再次接触空间站。如果不是因为

“牛顿第四定律”，结果可能不会这么差。我们这些粗鲁的大学生认为，不管采取什么措施，男人的最后一滴尿液都不可避免地会滴到裤子上。

50年前的当时，当然不能设想，我会一本正经地进行这种不寻常的比较，来证明除了喷口边缘的主射流以外，尿滴会积聚（很遗憾，不是单独的），滴落，无序移动，不但会滴到裤子里，还会滴落到更敏感的部位。确实，在这过程中，某些较大的尿滴会转化成雪片状，但不会减少其危害性，它们可能会掉落到任何部位，按照危害性定律，会掉落到最不恰当的部位。出于礼貌，美国人频频点头，但爱莫能助。这是些专业面狭窄的专家，并未研制过排泄物回收利用设备，并且当时在航天器上改进这样的系统也是一项非常复杂的任务。

国际空间站的美国舱段上至今没有真正的厕所。他们在自己的“太空实验室”里进行某些活动，但仅仅是用于太空医学研究，而真正的大小便是跑到我们的服务舱来解决的。当然不是免费的，也没有将放射性排泄物排放到我们的西伯利亚，但还是有点死乞白赖的。说句公道话，在太空中，我们交易的不仅是资源，也不只是一些排泄物。

我聊起美国人的太空厕所并非偶然。我们了解到，美国人在自己的太空实验室中对太空尿液进行科学分析后，将尿液送到了我们的尿液收集器，途中发生了渗漏。

下一艘“进步号”的发射日益临近。跟往常一样，需要针对前面的问题出具结论，这一次还包括了对我们橡胶垫的结论。

首先需要对事故调查委员会框架下所做所有工作的结论进行确认。我们的总设计师尤里·谢苗诺夫在我飞往美国的当天接见了我们，使我面临的情况复杂化了。

谈话的主题是讨论将作为辅助备件制造的另外一组对接装置的技术要求。除此以外，我们还利用这次会面，开会讨论了橡胶垫的状态和研究现状。自然，我谈起液体排泄物或者美国人所谓“工业用水”的排放问题。就是在这次会面后，美国人向我们提交了材料，材料中给出了射流沿相对于空间站轨道运动的仿真结果。这是一份内容丰富、系统性阐述的文件。

美国人通过常设安全委员会或在我们每周的遥控对接期间，周期性地要求我们提供研究现状，从而持续提醒着我们。

正如前文所述，除了尿液、自然界的碱性液体以外，火箭推进剂的组分等酸性液体对橡胶垫的危害也不小，已经在从太空中带回的一包橡胶垫中发现了这些组分的痕迹。空间站外部环境中有很多这种组分。

首先，燃尽和未完全燃尽的残余推进剂不可避免地会从喷气发动机的喷口等部位流出；其次，对空间站贮箱补加注推进剂后，当“进步号”飞船与加注管路脱开对接时，推进剂也会喷溅。

自从“礼炮-6号”开始使用该系统后，关于这个推进剂组分含有剧毒的问题就不断出现。但是每次分析都以相同的结论告终，即无垠的太空会化解和宽恕一切。暂时是这样的。

当收集到合适的材料后，我再次召集我们委员会开了一次例会，交换了信息和看法。我也定期向总部汇报了事情进展，总体来说我是获得支持的，主要的支持者是材料学家，但同时我也感受到了由于情况不完全明朗而导致的小心翼翼。

调查在继续，剩下的是进行所谓的仿真测试。虽然我们没做任何期待，他们还是带来了意想不到的结果。原来，哪怕将橡胶垫短时间预加热到150～200 ℃，其表面活性也会急剧升高，进而导致酸、碱等化学物质的后续影响明显提高。于是我想起了另外一个问题，这个问题在最近几年中一直困扰着我们。

我说的是大速压头对飞船的影响。利用运载火箭将飞船发射入轨后，在抛掉头部整流罩后，飞船在剩余大气中继续飞行。尽管在约60 km高度上的空气已经非常稀薄，但是由于飞船飞行速度极高，超过声速足足10倍，因此飞船和火箭还是会受到明显的所谓残余空气速压头的作用，单位为kg/cm^2。更早抛掉头部整流罩有一定的好处：可增加火箭运载的有效载荷的重量，火箭各级的所谓落区也可能改变为更有利的方向。当拜科努尔发射场成为独立的哈萨克斯坦的领土后，这个趋势就更明显了。

那么，根据入轨轨迹的优化结果，残余速压头会从4 kg/cm^2逐渐升高至7 kg/cm^2，最后达到15 kg/cm^2。外部结构件的加热温度相应升高，并且不是与压头成正比，而是平方关系。分析表明，在飞船的所有构件中，最危险的是我们的对接装置。确实，除了头部整流罩以外，带对接杆的对接机构、带锁扣、电插头和液压接头的对接隔框都是没有其他任何防护的，在抛掉头部整流罩后，对接机构和对接隔框都处于最前部，可以说是在飞行尖端，将首先承受速压头的作用。对接封严件也是遭受加热并对加热敏感的构件。表面上，根据技术条件，这个特制的硅酮橡胶垫能够承受高达150～200 ℃高温的加热，我们负责所有这些参数评估的空气动力学家也给出了这样的温度计算结果。

因此，理论上我们还处在材料工作性能的范围之内。每次当有人来和我讨论这个问题时，我都会直觉地反对这种最优化。但是，为了迎合共同的利益，也由于在知识层面上我还缺少100%的论据来提出“反对”，所以只得签署同意飞行的意见。这种状况一直持续到对我们橡胶垫的最后几次测试。

仿真测试再现了所有可能影响橡胶垫的条件，结果出人意料，并最终使我们搞清了“进步号”在太空对接时发生了什么。当然，我们永远都不会得知，究竟是什么东西掉进了我们封严件的对接处，是尿液、火箭推进剂还是两者兼有？但是，这个问题已经不那么重要了。反正都要采取措施，避免或者至少减少这些腐蚀性物体掉入对接口的概率。对我们来说，最重要的是了解、识别温度因素：速压头引起的加热急剧增大了橡胶件对化学腐蚀性物质的敏感性。

因此，在对飞船进入太空轨道的轨迹进行优化来解决一个问题的同时，我们也在急剧增大类似2001年11月26日事件的紧急情况的发生概率。

在我的备忘录中，我就是这么写的，我将这份备忘录发给了我们设计局的相关部门。

这就是这段有趣又富有教益的航天历史的起源和展开过程，这事持续了约半年。

最近几年，我时不时会去看望我们传奇的火箭航天先驱鲍里斯·切尔托克，向他讲述手头上的事情，当然也会讲起关于橡胶垫的这场事故。跟往常一样，他总是饶有兴致地听着，并多次告诉我，一定要把这事写下来。当然，我自己也明白，这段航天历史值得单独铭记。它不仅应该留存在事故调查委员会寥寥几份报告的页面中，也不应仅仅停留在事件参与者的记忆中。当时工作和其他事情繁多，使我无暇完成这项任务。只有到了夏天我休假的时候，我才写下了这个故事，希望将他放入我的《太空对接故事》这本书的下册，它在那里一定会占据一席之地。

尾　声

回首往事：科学家、政治家和设计师的天分

在 1994 年 7 月中旬短暂的洛杉矶之行后，我回到了莫斯科。跟往常一样，在这样的飞行中，我总能抽时间看看书或尝试小憩，以弥补下 jet - lag，即所谓的“时差”。旅途虽短，收获满满：除了协调即将到来的对接任务之外，我还有机会生平第一次（也可能是最后一次）观摩了世界杯足球赛。依靠成功洗白的巨额金钱以及科卢布科夫·科利亚和廖尼亚兄弟等新兴电视传媒英雄的帮助，这次的世界杯吸引了许多“新俄罗斯人”。我们两个老俄罗斯人也得以来到距我们所在的道尼 50 英里的帕萨迪纳“玫瑰碗”体育场，观看巴西对瑞典的半决赛。我们也展现出了我们俄罗斯式的风度，以及基于老牌球迷过去经验的机智。我们选择了正确的策略：我的女儿、我和我的老朋友（几乎跟我一样的足球迷）一行三人在球赛开始前的五分钟来到体育场，“总共才”花了 100 美元的“低价”，买到了原价 300 美元的球票。

在巴西-瑞典半决赛中和巴西球迷合影

但是这不是关于足球的故事。这一次，在飞机上，我不再关注新闻，整个航程都潜心阅读刚出版的一本书《苏联科学家的塑造》（*The making of Soviet scientist*）。职业和命运使我和书的作者——宇航研究所前所长萨格捷耶夫院士在过去的苏联和如今的美国数度相遇。毫无疑问，他用毕生的时间天才般地塑造了（the making）一个苏联科学家的锦绣前程。

他和我同一年中学毕业，他毕业于喀山，我毕业于波得利普基。我们俩都表现出在精密科学方面的才华，喜欢国际象棋和足球。萨格捷耶夫选择了物理，1950年进入莫斯科国立大学深造。他在书中这样写道，“Only physics makes sense”（只有物理才有意义）。在那个年代，物理学家确实是科学界的精英。作为L. 朗道的学生之一，萨格捷耶夫成了物理学家中的精英。大学毕业后，他娶了物理学教授的女儿，先在原子弹之父И. 库尔恰托夫的精英团队中工作，然后又在阿尔奇莫维奇和列昂多维奇两位院士麾下工作，准备并完成了副博士论文答辩。之后他又找到了另一块跳板——新西伯利亚。我的同辈学者都很清楚地记得这个西伯利亚的科学城，它是赫鲁晓夫根据M. 拉夫连季耶夫院士和A. 布特盖尔院士的倡议建立的。在新西伯利亚，萨格捷耶夫成了可控热核反应的专家，这是当时最时髦的专业。这个问题如能解决，将为人类带来无尽的能量。但是“攻势”很快变得迟缓起来，最后陷入僵局，停滞了。

20世纪60年代末，这位新晋西伯利亚院士回到了莫斯科。70年代初期的宇航研究算不上处于上升期，太空飞行的“黄金时代”已经随着1972年12月的月球之旅结束了。但是开始了长时间轨道飞行和国际合作的阶段，发射了APAS。苏联科学院院长M. 科尔德什帮助萨格捷耶夫进入了“航天等离子区”，提拔他当了宇航研究所所长。宇航研究所成了我国对欧洲和美国等地区开展科技交流的一扇窗口，堪称我们的“屋顶”。应当承认，这位年轻的所长很好地领导了科学工作，帮助了我们这些技术人员。在著名的“织女星”探测器飞往遥远而奇特的哈雷彗星后，他刚刚攀越成功的顶峰，结束了自己的仕途。在那个年代，改革开始后，包括萨格捷耶夫在内的航天领域的许多领军人物，在“星球大战”和M. 戈尔巴乔夫倡导的全面裁军这两个乍一看水火不容的领域都变得非常激进。改革推动了国际关系，为其赋予了新的特征。在这些高级会议期间，这位苏联院士结识了苏珊·艾森豪威尔，她是二战中传奇般的美军总司令、战后美国总统的孙女。

当天才的古巴国际象棋棋王、传奇的何塞·卡帕布兰卡迎娶福特之女时，他说过，这是他最好的“一局棋”。而当我祝贺萨格捷耶夫迎娶苏珊时，他也跟我说了这样一番饶有趣味的话：“现在大家都在说俄罗斯和美国联合探测火星，这可是需要花费好几百亿美元的事，而我这个是免费的。”

当时我来到宇航研究所，为研制太阳帆寻求支持。我们需要的钱并不多，更需要的是苏联和美国航天界的科学-政治支持。作为回应，萨格捷耶夫介绍我认识了例行访问宇航研究所的美国代表团的某位成员。听了我天马行空般的讲述后，老人家冷不防问我，能不能安排一辆车带他回宾馆服药。

下一次见面是在1993年夏天。我们的代表团在华盛顿就国际空间站的集成开展例行工作，新婚夫妇苏珊和罗尔德邀请我们星期天去他们不久前购买的郊外庄园做客。这是一次各方面都很棒的旅程，从穿过马里兰州最美林地的一条路出发。女主人光彩照人，男主人则亲自下厨，为我们做了正宗的鞑靼手抓饭。桌上摆满了各种饮品，每个人都尽兴畅饮。我们还踢了足球，当然，院士没参加。和我们一起受邀来到别墅的还有NASA总部的一些客人，男主人只能沿着花园小径在各处盘桓，与这些俄罗斯和美国的重要客人们一一寒暄。这一次我聊起了加加林，1994年是他60岁的冥诞。我提议一起努力，以某个不寻常的项目，例如发射绘有地球第一位宇航员肖像的太阳帆，来纪念加加林的诞辰。我说道，加加林可能是我们留下的唯一的珍宝了。萨格捷耶夫向我介绍了约翰·艾比，未来的休斯敦中心主任，我跟他早在EPAS项目期间就有过合作。

唯有物理学才有意义！

* * *

和R. 萨格捷耶夫（中）和D. 戈尔丁合影

看书时，我真切感受到了作者的天才、惊人的科学和政治嗅觉，以及经过精密计算的超级棋路。我跟他同岁，只比他大一个月，虽然我们几乎一起上的大学，但差距却如此之大。

想起往事，我不由得回顾起自己的一生和职业生涯。遥远的50年再次浮现在我的脑海里，那时我刚刚笨拙地考入莫斯科国立大学，在莫斯科国立鲍曼技术大学仪表系机械地学习，开始了普通的工程师生涯。不，不是普通的！要知道我的职业生涯是在第一特种设计局开始的，并且是在C.П.科罗廖夫这位真正的俄罗斯天才的领导下，和火箭、航天装备这些先后蓬勃发展的航天事业一起成长的。

如果没有这个开端，没有许多像我一样的人长达40余年“工农”般的繁重劳动，没有我们打下的基础，就不会有未来的航天装备赖以组成的独特的部组件、结构和系统，不会有第一批空间站，包括“联盟”-“阿波罗号”、“和平号”-“航天飞机”等项目，甚至不会有“织女星”，而且，大概也不会有太阳帆。

只有结构设计才有意义。

我大体上是一个“慢一拍”的人，我的进步是缓慢而循序渐进的。这表现在生活常识、人情世故，以及后来的管理才能等很多方面。我从未剧烈改变过自己的工作方向，只是一步一步地扩大其领域：从组件到附件，再到系统，最后到航天器项目。我的道路是我的性格和事业渐进式发展的鲜明反映。我从来没有靠山，没有强力人物助我飞黄腾达。与此相反，有几次，当有人赏识我的时候，他就去世或者退位了。我自身也缺少某些可以吸引其他人的人格魅力，有时候就是缺少运气。在我们的时代，升迁经常是通过其他途径、其他人和其他品质来实现的。

我也并不总是循规蹈矩。身为我所处时代的人，我随着社会大潮浮沉，寻找并找到了自己的道路。我并非天生叛逆，但也从不曾是个温顺的人，面对自己的恐惧和风险我会采取行动，而这些行动不止一次差点逾越雷池。风险没有转变为冒险，并且多次给出了意外的、令人惊奇的结果。

我的天性里没有坚强的性格。这个缺点多少被其他品质补偿了一些。对最终结果的执念、持之以恒的实践工作、对自己和部下的鞭策肯定培养和锤炼了我和我的性格。

我在有些地方表现出了弱点，在有些地方不够果断。我可以确定，弱点总是会转变为损失，总是对我和我的事业不利。

总的来说，我不应该抱怨自己的命运。父母给了我一个聪明的头脑、健康的功名心，以及顽强拼搏的精神。命运将我引领至科罗廖夫这位航天世纪的天才跟前。在他的领导下，我们的事业成了装备和工程领域的最大成就，成了我们时代的象征，并且最终使我下定决心，拼尽全力写出了这本书，这本关于我自己的生活，关于我所从事的工作，以及关于我的同志们的书。想法诞生于纸上，就像结构一样。

只有结构设计才有意义。

时事：一代人的演出？

当我思考时事，脑海里就会浮现出历史上的类似掌故，但是我不想沉浸于对国际时事的评论。

有时候我觉得，太空就像一个最高的舞台，载人航天的凯旋和失败、悲剧和喜剧在那上面轮番上演。从这个意义上来说，命运将我带到了一个剧团，在数十年的时间里，这个剧团演出了许多史无前例的剧目。我并不是总导演，但是我也有机会搭建自己的舞台，甚至参与演出并在其中扮演主角。

众所周知，剧院是从衣帽间开始的。然而一个好的剧院首先需要一个真正的导演和一群天才的演员。剧院催生和推动着时代，在生活中和舞台上总会出现各自时代的英雄。我们的总导演是个天才人物，他奇迹般地起死回生，又赶上了自己的时代。“剧团”在他的领导下，积聚了十年的力量，在下一个十年，在各方面和各种表现上都成了一个繁荣发展的独一无二的“剧院”。领袖的去世和混乱时期都没能断送我们共同的事业。“剧院”欣欣向荣，在新导演的带领下逐渐成熟起来。职业团队几乎可以在最高舞台上做成一切事情。

许多剧院都经历过繁荣和衰败的时期。航天“剧院”也不可避免这样的起伏。时光飞逝，演员们一个接一个离去。但这还不是最主要的：不同的时代唱不同的歌。“剧院”失去了观众，新的价值观开始吸引新的人群，政治家们不再对艺术感兴趣了。

* * *

1995 年 3 月 1 日，星期五，我们的“小型”学术委员会照例于十点钟召开。本次学术例会非同寻常，我们汇聚于此，是为了庆祝我们的主席、至今仍健在的火箭宇航技术泰斗——切尔托克的特殊诞辰。事情的起因是这样的：尽管鲍里斯·叶夫谢耶维奇（切尔托克）已将所有最高级别的科学和学术头衔收入囊中，但他却从未进行过任何答辩。1990 年年底，切尔托克的第一部回忆录《火箭与人》出版，大家决定将这本书以科学报告的形式呈交学术委员会。

前一天，学术委员会副主席 Л. И. 阿列克谢耶夫给我打电话，将日程告诉了我，请我作为这次特殊答辩会的第一正式评论员发言。由于没能立刻领会作者卓越思想的深刻内涵，我一大早就醒来，翻了一下书，草拟了即将发言的纲要。

当我们都到齐后，阿列克谢耶夫宣布会议开始，并宣读了事先拟定的议程。直到此刻，我才彻底明白了大学者的真正意图。

这是一次不同寻常的会议，一个不同寻常的生日，也是一次不同寻常的答辩会。

当我们永远的学术秘书格奥尔基·亚历山大洛维奇·斯捷潘——另外一位火箭宇航技术老将——根据会议流程作履历调查汇报，然后请寿星本人做报告时，我快速重新构思并草拟了新的发言纲要。

我们永远的学术秘书 G. A. 斯捷潘

"尊敬的学术委员会委员们，"我按部就班地开始了自己的发言，"我有幸接到一个特殊的任务：在自己导师的答辩会上作为评论员发言。39 年前，当鲍里斯·耶夫谢耶维奇接收我入职的时候，我完全无法想象，我会等到这一天，见证这样的大事。我看了最高学位评定委员会的条例，我发现，章程没有禁止这么做。虽然我没有通读全书，但我知道，这是一部汇编作品。尽管如此，由于学位申请人的贡献如此巨大，我们应该承认它完全符合最高学位评定委员会的要求。"

我在这样的情绪中继续发言，我觉得，一方面，我成功地指出了切尔托克的真正功绩，另一方面，我也表明了大多数人对待我们半专业的书信体艺术的态度。每个描写了自己一生的人，都等于活了不止一次，何况是充满不可思议的事件和遭遇的一生。切尔托克可以将此书称为《在列 60 年》，我们也希望能庆祝他参加火箭航天事业 70 年。他凭借着少有的物理和分析能力而早早脱颖而出，而罕见的机遇则在合适的时间将他放到了合适的位置上，和那些带领大家向科学技术战线发起全线进攻的能人并肩作战。

和鲍里斯·叶夫谢耶维奇·切尔托克合影

不，这毕竟是一次不同寻常的会议。会议也不是严格按照议程结束的。在后面那个经常用来统计表决结果的房间内，已经摆好了宴席。为了不去费神考虑稿费的用途，作者决定和自己的学术好伙伴们一起“喝掉”它。再说（斯大林格勒战役参加者、坚强的Л. А. 基里别尔克领导下的）“机械制造”出版社支付的稿费也只够勉强举办这么一个“朴素”的传统仪式。宴会结束时，回忆已经汇流成河，再写几本书都写不完。于是最终好事成真：在第一本书之后又写出了三本书。

切尔托克和他的生活、工作都是苏联火箭航天事业的历史。主要有两代人从事这一事业：年长的“胜利者一代”，即那些锻造胜利武器，甚至亲身参战的人；以及年轻的“战争儿童”一代。

20 世纪 30 年代，在我还没上学的时候，切尔托克已经设计出了飞机用的设备。战争即将结束时，他作为工程师队伍的一员，参加了未来苏联火箭技术专家的小组，来到战败的德国，以便用德国战利品来充实苏联的武器库。1946—1956 年，当我还在接受通用训练和工程训练时，我的年长的同志们和同事们已经在为苏联火箭技术打基础了，并且推动火箭技术向着以太空为起点的前沿进发。我是那些为数不多的，在 1957 年 10 月 4 日以前进入第一特种设计局的其中的一名战争儿童。

* * *

有时“航天”被继续称为“苏联航天”，这可能是正确的。苏联当局为发展航天事业建设众多，苏联航天发展的条件值得单独进行详细分析。

1996 年 1 月，国际宇航大学（ISU）建议我就苏联航天的历史、航天计划的管理特点讲授几节课。我努力向大学生和教师们介绍了我的工作经验和我充分准备的材料。众所周知，在讲授规定题目的第一堂课上，讲师自己才是获益最大者。这次也不例外。

就事论事，我首先想强调一下苏联火箭航天的典型特点：目标明确，着眼于军用项目和首创项目，同时实行集中制管理。国防领域和其他高科技机构都采用主设计师和总设计师制度。战时他们被授予将军军衔不是没有道理的。在这些企业里，在其组织架构的内部，很容易发现一种金字塔结构，负责“产品”组成部分（飞机、导弹/火箭、飞船）的领导们居于中间的上端。从最上层到下层，到主要执行人，每个人都需要对所承担的事情负责，而且责任是多方面的，包括行政责任、党团责任，甚至工会责任。

在这样的条件下，从部门领导到班组长以及普通技术人员都投入到这个充满活力的庞大组织架构内，成为它坚固而富有创造力的一部分，他们的全部思想和成就都融入了共同的事业。难怪有句口头禅非常流行：我们甚至和婆娘们聊起了自己的工作（的确，当时在工作中偶尔也会说说婆娘们……）。毫无疑问，社会保障体系为人们提供了保障，即使是苏联式的微弱保障，但也是最低限度的可靠保障。

实验室、研究室和其他部门都鼓励团结，并在劳动和闲暇中以多种形式贯彻团结。难怪人们都说，“集体”是无所不能的，系统性、多方位的多年工作结出了成熟的果实。所有这些要素共同搭建了俄罗斯航天曾经依赖并继续在努力保持的基础。

在整体萧条甚至衰落的时期，苏联载人航天仍然展示了其令人称羡的稳定性、可靠性和先进性。

据说，形成稳定的传统和学派需要经过四代人的传承，而我们的火箭航天事业大约只持续了两代，遗憾的是后面都乱套了。

在转折时期成功保留了工作能力并存活下来的主要是那些保留了强有力的集中领导的企业。我们的“能源”火箭航天集团公司可以作为佐证该观点的最突出例证。首先，我们的总设计师依循惯例成为总裁后，获得并扩大了实际上无限的权力。其次，苏联航天在保持其先进地位的同时，通过国际合同和国际项目，赚取了额外的资金。由于权力集中，即使在经费有限的条件下，也在几年间成功飞往了太空。专权管理的弊端体现在第二个层面：自由创作的空间丧失殆尽。

在这样的条件下，作为科罗廖夫近卫军的老兵们仍在负重前行。对于他们中的很多人来说，航天曾经是、现在仍然是他们毕生的事业。并非我们用双手创造的一切如今都已没落，也并非如寓言警句所说，在我们这里，并不是只有孩子才是好样的。

* * *

同样在 1996 年，我的“40 年以后”，我们的火箭航天事业庆祝了几个纪念日。

50 年前的 5 月 13 日，约瑟夫·斯大林签字发布了一条著名的命令，要求组织开展火箭装备的研制工作。同月即成立了总体研究所——第 88 科学研究所，8 月，科罗廖夫被任命为该所的弹道导弹总设计师。在准备八月纪念会的过程中，我们决定同时纪念两件大事：科罗廖夫第 3 研究室（1950 年以后的第一试验设计局）成立 50 周年及其独立 40 周年。两个重要的日期交相辉映，

我们成了历史

庆祝会的筹备也堪称高水平，学术委员会、纪录片、书籍、奖章、宴会和礼物都已准备就绪。来宾中有相当多的第一代胜利者，虽然其队伍已经明显地日渐稀疏了。“能源”火箭航天集团公司的多数现任领导是战争儿童。

回首往昔，我们会记起我们的事业，那些以各种方式被本书提及的事情。所有这些都是我这一代人构思和实现的。一两年后，最后一批战前的儿童就退休了。再过几年，他们的痕迹也无从寻觅了，就像我的同龄人建造的产品什么都没留下一样。我们成了历史。

第一试验设计局的所谓专业室负责主要的航天工程，在 21 世纪前夕几乎一半由在职的退休人员组成。最可悲的是，这是这些部门中效率最高的部分。把他们弄走，整个单位就散了。很遗憾，这是事实。

整个这一时期，都能看到代际的鸿沟。20 世纪末这一现象表现得更为严重，原因有很多。一个主要原因是多方位的信息轰炸效应。以前，多数人或多或少地生活在封闭、有限的群体中，相互联系很紧密。今天，以电视和计算机为代表的形形色色的大众媒体为人们打开了新的世界。儿女们很快脱离了其父母，对后者来说，荧屏只是现实生活的调剂，计算机营造的虚拟现实并没有成为人生的一部分。我们的生命是在现实、创造和斗争中度过的。

我一个法国朋友的 15 岁儿子初到莫斯科，就很快和自己的俄罗斯小伙伴找到了共同爱好。他们整日坐在电脑屏幕前。我问爱德华，难道没有别的好玩的事情了吗？他回答：“网络无所不能，可以随心所欲，街上……要打架的。”

但是，我需要再次强调，经济是第一位的。共产主义垮台的内部原因就是贫穷，广大人民生活困苦。大部分“100 卢布”青年人不想再像以前一样生活，过那种缺吃少喝，无力购买住房和汽车，没有装饰品，不能去其他世界旅行的毫无希望的生活。

经济因素也决定了整个苏联航天的命运。所谓的改革破坏了国家的高科技。无情的领导者没有放过任何人和任何事。抬眼一看，航空工业很快“躺平”了，甚至早了好几年，令人咋舌。由于载人航天确实走在了世界前列，所以又多撑了几年，这也是美国人决定飞往我们的“和平号”的原因。以这种方式赚到的钱支撑了火箭和其他所有航天装备的研制。

最后一个因素是舆论，它通过大众传媒表现出来。舆论不断在变化，反映了国内变化的实质。最后，除了天上的事故和地上的闹剧，已经没什么能引起报纸和杂志（特别是电视）的兴趣了。

* * *

1997年5月，我成了同代人奥尼尔创办的一个研究会的成员。奥尼尔是一个未来学家，他像我们的齐奥科夫斯基一样预言了太空家园的建设，是一个伟大的现代幻想家。

就是在那时，处在十字路口的我为自己的“日祷”（午饭时的发言）选择了一个哲学-历史题目，题目名称也很符合主题——“螺旋上升的方法”。依靠从漫长的中小学、大学和研究生时代就灌输在我们脑海里的哲学知识，我尽力引用了辩证法原理，最主要的是那条以“否定之否定”闻名的定律，或者可以更简单地称之为“螺旋上升”定律。在目前的情况下，这条定律已经成功地被用来分析过去和当前的航天问题，并展望未来。

很大程度上，我的“日祷”的主要意思已经在本书中得到了很好的证实，也在本书的书名、章节和故事中得到了体现。词组“20年后”以副标题的形式不断重复。

显然，截取20年的一段时间并非偶然，这是人生中的一段特殊时期。实际上，20岁、40岁、60岁和80岁（可能还有）的年龄都决定了我们生命中非常重要的时期。地球上只有不到0.01%的人能活到100岁。大概，伟大的法国作家亚历山大·仲马以《Vingannesapres》 （此处应指大仲马小说《Vingtansapres》，中译《20年后》，作者笔误——译者注）来命名自己那部著名小说不是偶然的。按照法国式的统计方法，20是一个特殊的数字，80是20的4倍，90是4×20+10，这样一直到100。

在本书所描述的那些事件的发展中，可以很清楚地发现螺旋辩证法：20年后，很多事件又令人惊奇地再现了，就像躺在为它们辟出的时间片段中静静等待着一样。这条定律的另外一面是，必然会发生改变，事件发生的条件和事件本身都会变化，这些也是非常明显的。再现使这些事件更容易被比较。

至于未来，那么哪怕能够看到20年后的世界，也是极好的。如果一种理论能够帮助我们不但解释过去，还能预测我们的未来是什么，那它就是好的理论。螺旋上升的方法提示我们，历史会重复，新一代人会取代旧一代人。从另外一方面来说，生命是不可预测的，很难猜出，螺旋圈次会拐向何处。

在普林斯顿的时候，我很自然地想起了两位学者——我的伟大同胞齐奥科夫斯基和太空研究学会创办人奥尼尔。与我相比，他们都是乐观主义者。我不得不从事大量的实践工作，众所周知，悲观主义者就是熟悉情况的乐观主义者。我可以很轻松地说出，地球人需要具备哪些条件才能移民太空，仅仅具备哪怕是最大的“升降机”也是行不通的。还需要一个（可能不止一个）非常先进的宇航技术螺旋圈次，才能推进到建造太空城市所需要的下一个层级。现有的宇航技术距离将人类送上火星尚且路途遥远，而和20年前相比，我们现在的距离更大了。我担心，我的孩子恐怕都等不到见证这一奇迹。

从某种意义上说，预测遥远的未来更为简单，因为更难以验证预言是否正确，人们会忘记这事。大概，这就是共产主义实践家更喜欢长期预测的原因吧。他们向人民许诺共产主义，许诺天堂般的现实生活，但……是在遥远的未来。

* * *

在不同的年代里，这个故事我尝试写了好几次。本书最后一章的写作适逢“和平号”空间站飞行的最后阶段。我们的“和平号”似乎坚持不到20世纪这个航天金色世纪的结束了。“金色世纪”有好也有不好，不好是因为这个称呼表示曾经有过很好，甚至辉煌的时期，但这已经过去了。我们是幸运的，我们亲自创建了这个金色的年代，我们用自己的劳动和才华创造了辉煌。因此对我们来说，这个年代至今仍然弥足珍贵。

20世纪即将结束，航天的金色年代也将随之落幕。作为20世纪航天成就的顶峰、被征服的科技高峰，以及航天成就的象征，“和平号”空间站正在结束自己的飞行。就计划的规模、投入的劳力、技术设备和操作的多样性、任务持续时间之久、事件的不可预测性、产品的美观度和吸引力，以及其他许多要素和性能来说，“和平号”都无与伦比，甚至“阿波罗”探月计划与之相比都相形见绌。

多年以后，细节将被遗忘和模糊，皱纹将会舒展开来，记忆中将只剩下故事和传说，而传给后代的照片将会是一幅梦幻般的画面，是逝去时代的纪念像：在漆黑苍茫的太空背景下，露出了蓝色星球的一角，一具由美国航天飞机组成的壮观的轨道飞行器正在飞往我们的“和平号”——苏联航天的埃菲尔铁塔。

1986年2月为新的空间站命名时，并没有赋予它“礼炮”这个序列编号。这可能是因为历史悠久的“礼炮”序列的最后一个空间站（第七个）还在轨道上飞行，其使用计划还未结束。不过我认为，选择这个新名称的那些人没有被自己的直觉所欺骗。新的空间站转变成了一个轨道系统，并且有了一个世界性的名称——“和平号”（“和平号”空间站俄语为Мир，兼有“世界”之意——译者注）。

众所周知，这个单词在俄语中有两个意思。在苏联，人们对这个单词的钟爱无以复加。“为世界带来和平”曾经是非常流行的一句口号。因为，正如我们的领袖们宣称的那样，在国际竞争中，共产主义将在全世界获胜。

然而没有获胜。选择的道路没能够获胜。武力不算。武器被大量制造出来，除了装备本国，还大量输出国外，并且长期如此。早在二战结束后，斯大林就高呼为了和平而进行全球斗争。当苏联先后试验了原子弹和氢弹后，有一个广播小品就广为流传，小品从一个问题开始：“会发生战争吗？”回答是：“不会发生战争，但是会为了和平而斗争，直到片瓦无存。”

最近几十年来，所有战线上都在继续“为和平而斗争”，或者说为了这个单词代表的所有意思而斗争。

太空属于全世界。我们的太空“和平号”也开始属于全世界。很多国家和民族的宇航员到访过“和平号”。最后，我们做了一些工作，以便美国宇航员可以到访我们的空间站，并在那里居住和工作。

1998年，为“和平号”进行斗争的最后阶段到来了。由于国际宇航员陆续飞往“和平号”空间站，该计划坚持到了这一年的年中。随着6月份STS-91任务的执行，“和平号”-“航天飞机”计划结束。由于国内整体形势的急剧恶化，该计划的经济状况进一步严峻起来。此时的总理还是维克多·切尔诺梅尔金，他结合历史与现状来处理问题，尽管有失误，但基本上能够遵守承诺。到了3月份，谢尔盖·基里延科被任命为总理，这一任命是出人意料的，令人一时有点莫名其妙。几个月后，我们就明白了，不要指望新总理支持陈旧的、行将结束生命的“和平号”。我们的最后一丝幻想破灭了，而政府则一开始就没有这种想法。尽管如此，该计划的领导层，特别是尤里·谢苗诺夫，仍然无望地试图争取投资，希望像措辞表达的那样，体面地结束这一计划。这些措辞都写进了致总统、总理的信函中，甚至还写进了致所有其他国家总统、政府首脑以及联合国的公开信草案中。

情况确实非同小可：在失控状态下飞行的空间站不断下降，最终以碎片“雨”的形式降落地球，而这些碎片的大小从几百公斤到几公斤不等。“和平号”的碎片可能覆盖南北纬52°之间的许多国家的领土。在这些国家中生活着地球上90%以上的人口。无论是对于“散漫自在的巴黎人”，还是更谨慎的民族，这些碎片掉落在他们头上的概率都不小。打击是双重的：70 t的美国

“天空实验室”散布在澳大利亚的沙漠地带，而苏联的“礼炮-7号”则坠毁于阿根廷，杀死了一头母牛。第三次可能更为严重——重达140 t的潜在“榴霰弹”在太空中飞行着。

* * *

我这一代人——战争儿童——同样在结束自己的螺旋圈次。到1999年，30年代出生的最后一个婴儿就将到达退休年龄。战争前夕出生的儿童，以及数量极少的在战争年代出生的儿童也已经徘徊在退休的门槛边。在整个俄罗斯，在我们奉献一生的航天界，很多人都将和我们一起离去。

万事皆有终。动荡的20世纪临近尾声，带走了它所有的局部或全球性事件。

世界大战的硝烟已经散去。第一次世界大战带来并留下了带有极端主义思想和军国主义倾向的独裁和专制。第二次世界大战是第一次大战的后果，带动了超级武器及其全球投射手段的研制。进入太空以及航天装备本身都完成了地球技术向全球性水平的跨越，拉近了所有国家和大洲的距离，使它们转变为全球性文明，在地外监测和通信设备的监视下，在全球性灾难的边缘保持平衡。

我们走到了新世纪和第三个千年的起点。它会带给我们什么？我们航天工程师的新起点从国际空间站开始。正如以前的计划，这项新的航天计划反映了新时代的特点，带着所有的新时代特征。

我打算在本书最后一个即第100个故事中向这个新时代投去一瞥。

俄罗斯，你的归宿在哪里？

万事皆有终结。苏联时代落幕了。20 世纪临近尾声。我们的“和平号”也走完了自己的岁月。这是本书结尾的最后一章。

但是生活并未终结于此，它仍将在我们之后继续。21 世纪的生活将会是什么样子？地球上、我们周围和俄罗斯将会发生什么大事？不同时期，不同国家的无数的人都向自己提出了这些问题。

“观察生命的终结”——先贤如是说。不管长者还是少年，我们祖先的哲学都倾向于冥想。20 世纪的哲学是一种积极甚至带有侵略性的哲学。岁月教会我们斗争到底，竭力为自己改变现状。行动需要计划，领导须有预见。

* * *

在写作这最后一章时，我尝试去厘清，在我们工作和生活的条件下，我对俄罗斯航天和世界航天的感受。我在本章初稿中写过很多这方面的感受。我讲述了俄罗斯航天是怎样来到世纪尾声的，甚至还讲述了那些本可以做成却没去做的事情。需要做什么才能保留下独特的基础，将经验传给年轻人？在思考这个问题时，我写下了关于年轻人，关于国内和国际上的大小问题的段落。尽管饱受折磨，但灾难深重的祖国的命运仍然牵动着 A. 索尔仁尼琴的心。政客们无耻地嘲笑他，而无视他除了大声疾呼，还提出了很多实实在在的建设性建议。但是我也想搞清楚，如何建设航天而不损害地球上其他人的利益。我描写了关于俄罗斯企业，以及关于与东西方合作的内容。总的来说，我写了一篇这样的社会-政治谴责文章。那天，当杜马第一次尝试通过 200 亿美元的 1999 年预算时，我甚至决定不付印已经写完的篇章了。第二天早晨，我写完了最后几行字。

如果整个俄罗斯的预算仅仅略微超过美国的航天预算，那还有啥好写？有啥好说？在听了杜马议员和高级官员的讲话后，我清楚地意识到，这次问题甚至不在他们。政府连同所有的征税部门和警察机关希望筹措到的这点微薄的资金，只能反映出整个国家及其经济和体制的衰落程度。

人是具有多面性的，人性中有几个天生具备和后天习得的基础性品质，如道德、智力和教育、工作能力和职业技能。这张清单可能并不完整，但其中的道德是重点，占据了第一的位置，这并非偶然。道德是社会的回馈。

20世纪，在全世界范围内，道德水平都在加速坠落。90年代俄罗斯的道德品质被摧毁殆尽。不幸的是，在俄罗斯上台掌权的是一些不道德的领导人。和苏联政权一起被严重破坏的道德几乎跌落到零位。人们经常说一套，做一套，而这几乎成了常态。人们已经习惯于这种社会现实主义，他们不再反应敏锐，不再愤怒，不再抗议。在苏联的百科辞典里没有“信条”这个词，而代之以“狂饮”（“信条”俄文为заповедь，“狂饮”俄文为запой，两者词根相近，意思却截然相反，此处用于讽刺——译者注）。伟大的信条已经随着宗教一起消失了。不要杀戮，不要欺骗，不要背叛……所有的一切都已被抛诸脑后。但背叛永远被视为大罪。善于变化的妖魔永远不会被人类所承认，也不可能成为真正的人。

干部所拥有的（权利和责任）比普通人多得多，但是他们对此却难以忍受。而且所有人都惧怕因犯错和破坏党的信条而受到惩罚，或者简单地说，他们惧怕面对上司。干部们渴望挣脱束缚，奔向自由、民主和改革。“您支持还是反对改革?”成为20世纪90年代初的流行口号。解释细节被视为是不合时宜的，也是没有好处的。因为，众所周知，真理是躲在阴影中的。情况就是这样。在无差别选举中获得一定经验的干部们，凭借着巧妙的蛊惑，快速掌握了更具煽动性，更巧妙的对被称为“选民”的老百姓的宣传手段。

任何革命都需要重新审视道德基础。报复会催生不道德行为。很遗憾，现在的革命没有导致资本主义的复辟。与实际发生的情况相比，可能资本主义对百姓更是一种福利。国内各领域都充斥着违法和抢劫行为，这不足为怪。

恢复法制是国家复兴的首要任务，但是没有道德的法制是不存在的，因此道德标准就应当成为选举和任命官员的基本要求。

在写作本书时，我不得不多次克制自己，不要脱离本书的航天主题太远。但是此时，在本书的最后一章，我不能不谈一下全球问题。

在我们的一次“总部授课”（每周关于技术、管理和经济问题的工作会）中，采购人员“挑起”了铝的采购问题。1998年8月17日之后，这种俄罗斯制品的价格暴涨了3倍。为什么？因为80%的“铝”资本都属于外国人。要知道这都是苏联时期由劳动人民建立的工厂，这些劳动者先是被掠夺一遍，然后又被以微薄的工资打发，甚至没有工资。外国资本采用的就是这种纯粹的新俄罗斯手法。通过这种方式，俄罗斯的全民财富就转移到了“黑色兄弟姐妹”手里了。这些不正常的垄断行为是怎么产生的呢？

和很多人一样，我无法直视这些需要为人民遭到空前洗劫负责的人。不，这说的不是他们这些傀儡，说的是我们。资本玩弄普通人和玩弄傀儡是一样的，没用了就丢弃。国家利益的保护在哪里？联邦安全委员会在做什么？安全委员会主席又在哪里？总之，一个人为什么要觊觎别人的亿万财富呢？比尔·盖茨和他的微软另当别论。这是他的事业，是他自己创办并从一粒种子培育长大的王国。人们购买他的商品，折服于他的令人惊叹的软件，为自己开启了一个无尽的神奇世界。而我们这些总理和副总理呢？按照法律，他们本应该靠着薪水生活的。

我喜欢斯维特兰娜·索罗金娜。她来自“森林”系（斯维特兰娜·索罗金娜，俄罗斯著名电视节目主持人，早年毕业于林业技术学院，故作者有此一说——译者注），因主持“600秒”节目而家喻户晓，她的成名虽然不同凡响但却实至名归。当她不再主持《消息》节目时，我甚至写了一个类似于呼吁书的东西，向俄罗斯国家电视台提出抗议，作为公民对那个新俄罗斯式的新闻播报方式表示反对。尽管她具备足够的职业素养和迷人魅力，但仍未能从众多的另类人物中塑造出“今日人物”（这里作者用了一个双关语，喻指索罗金娜离开俄罗斯国家电视台的《消息》节目后，转去俄罗斯独立电视台主持了一档名为《今日人物》的节目——译者注）。作为“第二个古老职业”的新闻业，未来将会如何呢？

为我们所有人、“林中的兄弟姐妹”感到难过。

* * *

最后，我必须说下国内的问题，不仅是因为这些问题牵涉到每个俄罗斯人。在其他国家，太空探测在任何时候、任何地方都是全国性事业。对航天的支持和拨款是国家体制的试金石，也是推动国家进步的一个指标。当然，所有这一切都是在财政平衡的条件下完成的，而不能让人民自掏腰包。

俄罗斯，你的归宿在哪里？不，不在齐奥科夫斯基预言的太空中！不管投入多少资金和资源，我们这一代都没能幸运地真正走出“摇篮”，建立太空家园。这事仅仅依靠一个国家是做不到的，需要重新安排在地球上的生活。

我们的载人航天进步更快，因此与国家的其他高科技相比更具生命力。最近十年，我们在国外很抢手，也学会了自己挣钱养活自己。但是这种形势不可能长期保持。必须重建国家。这要求人们应当有尊严地活着，而不是光靠面包活着。

到那时我们将重返太空，进入整个人类演化螺旋上升的新的圈次。